Hintergründe & Infos

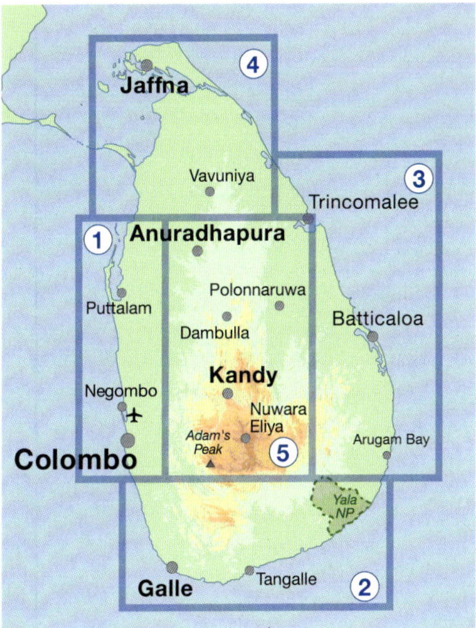

UNTERWEGS MIT ANDREAS HALLER

Eine exotische wie bequeme Art der Fortbewegung in Sri Lanka ist die Fahrt mit dem Three Wheeler oder Tuk-Tuk. Der Dreirad-Kabinenroller mit Zweitaktmotor ist aus dem sri-lankischen Straßenbild nur schwerlich wegzudenken. Er ist an den Seiten offen, sehr wendig und passt in jede Parklücke.

Meine erste Taxifahrt mit dem Tuk-Tuk fand ausgerechnet in Colombo statt, bekannt für halsbrecherische Autofahrten durch ständig verstopfte Straßenzüge. Prima, wenn Fahrer wie Gast den Abgasen schutzlos ausgeliefert sind!

Ich hatte gerade erstmals sri-lankischen Boden betreten. Die sonnenentwöhnte Hautfarbe sowie der saubere Rucksack entlarvten mich als Landesneuling – mit anderen Worten als Freiwild. Dachte ich zumindest. Jedoch weit gefehlt: Weder wurde ich vom Tuk-Tuk-Fahrer übers Ohr gehauen, noch passierte irgendein nennenswertes Malheur. Nur verstand der Fahrer nicht, wohin ich eigentlich wollte. Er wusste sich jedoch zu helfen, indem er mir sein Mobiltelefon mit Navigationssystem reichte. Ich musste nur noch meinen Bestimmungsort eingeben .... Wer glaubt, die Sri Lanker leben noch im Mittelalter, irrt.

Text und Recherche: Andreas Haller **Lektorat:** Britta Dieterle, Heide-Ilka Weber **Redaktion:** Annette Melber **Layout:** Susanne Beigott, Jana Dillner, Dirk Thomsen **Karten:** Hans-Joachim Bode, Theresa Flenger, Judit Ladik, Annette Seraphim, Gábor Sztrecska **Fotos:** alle Fotos von Andreas Haller, außer S. 10 by Tonyjeff, based on national symbol. [Public domain], via Wikimedia Commons **GIS-Consulting:** Rolf Kastner **Covergestaltung:** Karl Serwotka **Covermotive:** oben: Fischerboote am Strand von Marawila unten: Elefantenstation Pinnawala am Maha Oya River mauritius images / imageBROKER / Martin Moxter gegenüberliegende Seite: Höhlentempel von Dambulla

1. AUFLAGE 2018

SRI LANKA

ANDREAS HALLER

Sri Lanka – Reiseziele 120

Kartenverzeichnis

Zeichenerklärung für Karten und Pläne

Autobahn
Autobahn im Bau
teilweise vierspurige Straße
Hauptstraße
asphaltierte Straße
teilweise asphaltierte Straße
Bahnlinie
Piste
Fährverbindung
Nationalpark
Naturreservat
Park
Wald/Grünfläche
Gewässer
Schwemmland
Stadtfläche

Strand
Sportplatz
Friedhof
Internat. Flughafen
Flughafen
Fähre
Bushaltestelle
Parkplatz
Hafen
Ausgrabungsstätte
Fort
Buddhistischer Tempel
Hinduistischer Tempel
Kirche
Moschee
Sehenswürdigkeit
Museum

Information
Post
Krankenhaus
Turm
Leuchtturm
Strand
Wassersportzentrum
Golfplatz
Natursehenswürdigkeit
Berg
Aussicht
Höhle
Wasserfall
Quelle
Walbeobachtung
Elefantenbeobachtung
Vogelbeobachtung

Alles im Kasten

Vielen Dank! Zahlreiche Einheimische haben mit ihren wertvollen Tipps und Hinweisen vorliegendes Reisehandbuch bereichert. Ein besonderer Dank gebührt Kumudula De Silva (engagierter Inhaber des Hotels Mapakada Village in Mahiyangana), V. Sivahar (Gästehausinhaber und Initiator zahlreicher touristischer Projekte in Kalkudah), Arqam Azhar (umtriebiger Leiter einer Full-Service-Agentur in Mount Lavinia) und der kultivierten wie freundlichen Familie, die der Kanda Land Villa in Monaragala ihr unverwechselbares Flair verleihen. Nicht zuletzt möchte ich mich ganz herzlich bei Paramalingam Senthurvelautham bedanken: Auf gemeinsamen Reisen staunte ich immer wieder über seine fast grenzenlose Sachkenntnis. Etwaige Fehler im Reisehandbuch hat nicht er zu verantworten, sondern gehen auf meine Kappe!

nachhaltig, ökologisch, regional

Sri Lanka:
Die Vorschau

Perle im Indischen Ozean

Seit der griechischen Antike haben die Reisenden die legendäre Schönheit der Tropeninsel besungen. *Taprobane* – so lautete der älteste in Europa bekannte Name: die Kupferfarbene. Der antike Erdkundler und Diplomat Megasthenes versah im 3. Jh. v. Chr. das ferne Eiland mit diesem Prädikat, wahrscheinlich ohne es jemals gesehen zu haben. Karten aus dem Mittelalter erwähnten die Insel von Zeit zu Zeit, häufig mit unklarer Verortung. Die alte persische Bezeichnung für die Insel lautete *Serendip*, die Übersetzung eines persischen Märchens machte sie im 16. Jh. im Abendland populär. Der englische Autor Horace Walpole leitete daraus den Begriff der Serendipität ab; er steht für unerwartete Entdeckung oder auch für Findigkeit. Arabische Kaufleute nannten das Eiland *Serandip*, woraus die portugiesischen Kolonisten zunächst *Ceilão* und danach die Briten ihr *Ceylon* schöpften. Natürlich gab es auch Eigenbezeichnungen mit unklarer Etymologie: Der Name *Lanka* geht auf das indische Epos Ramayana zurück und definierte ursprünglich das Reich eines dämonischen Herrschers. Perle im Indischen Ozean oder Teich der roten Lotusblüten sowie Land der funkelnden Rubine sind weitere schwelgerische Namen, mit denen die Reisenden das tropische Paradies bedachten.

Das Antlitz Buddhas

Zu den prominenten Reisenden zählte der Dichter Hermann Hesse. 1911 reiste er gemeinsam mit dem Maler Hans Sturzenegger auf die Tropeninsel. Besonders eindrücklich empfand er die tiefsitzende Religiosität der Menschen – Hindus, Buddhisten oder Muslime.

Eine besonders große Anziehungskraft auf viele Menschen im Westen genießt der weit verbreitete Buddhismus im Land. Nach dem Selbstverständnis zahlreicher Sri Lanker ist die Insel der Ort, an dem sich die Erleuchtungslehre Buddhas in seiner ursprünglichen Form bewahrt hat. Vielerorts zieren die weiß getünchten Stupas (Reliquienbehälter) Klöster, Pässe, Straßen und Plätze. Die Anzahl der aktiven Mönche wird auf 15.000 geschätzt, der Buddhismus ist Staatsdoktrin.

Unverfälscht, wie gern proklamiert, ist die heutige Erlösungsreligion allerdings nicht: Auf ihrer langen Reise von der indischen Gangesebene nach Sri Lanka wandelte sich die buddhistische Praxis und passte sich vielfach an die zuvor praktizierten religiösen Riten an. Auf diese Weise flossen hinduistische Elemente sowie Teile der alten Volksreligiosität in den sri-lankischen Buddhismus ein. Die Verehrung von (Schutz-)Gottheiten und politische Machtlegitimierung sind heute ein integraler Bestandteil der religiösen Praxis, obwohl beides in der ursprünglichen Lehre des Erleuchteten nichts zu suchen hatte.

Heilkraft aus der Natur

Hinduismus und Buddhismus sind auf dem indischen Subkontinent zu großen Weltreligionen gereift. Auch Ayurveda, das Wissen vom Leben, hat seinen Ursprung in Indien. Alljährlich reisen Tausende auf die Tropeninsel, um sich in abgeschiedenen Resorts der sanften Heilkraft aus der Natur zu verschreiben. Ölmassagen, Dampfbäder, Yoga sowie Aromatherapien stehen ebenso auf der Agenda wie eine Ernährung, die genau auf die individuelle Person abgestimmt ist. Ayurveda-Ferien gleichen Auszeiten vom zuweilen hektischen Alltag in den westlichen Ländern. Besonders häufig sind traditionelle sri-lankische Wohlfühl- oder Gesundheitsoasen an der West- und Südküste anzutreffen.

Eine gesunde wie bekömmliche Küche ist indes auch außerhalb der Ayurveda-Zentren erhältlich. Bestes Beispiel ist das sri-lankische Nationalgericht: Reis und Curry kommen in vielerlei Varianten auf den Tisch, abhängig von der Saison und der geografischen Lage. Die Basis der Ernährung ist saisonales Gemüse, das durch raffinierte Currymischungen seine unverwechselbare Würze erhält. Während jedoch in Ayurveda-Zentren vorzugsweise mild gewürzte Speisen aufgetischt werden, ist die Basarküche traditionell scharf. Seit Vorzeiten gilt Sri Lanka auch als Insel der Gewürze, ein Grund dafür, warum die europäischen Kolonialmächte seit der frühen Neuzeit ihre begehrlichen Blicke auf das Eiland gerichtet haben.

Reizvolle Nationalparks

Für viele Besucher ein Hauptgrund für die Reise nach Sri Lanka sind die Nationalparks. Sie befinden sich auf der ganzen Insel verstreut und machen zehn Prozent der Gesamtfläche aus, die in etwa so groß wie Bayern ist. Wichtigstes Wildtier ist der Asiatische Elefant, der in kleinen Herden lebt und, je nach Saison, von Park zu Park zieht. Manche Schutzgebiete sind durch einen Korridor verbunden, um Elefanten ihre Wanderung zu erleichtern. Nicht immer verläuft das Zusammenleben zwischen Menschen und Dickhäutern friedlich – zu Konflikten kommt es vor allem dann, wenn Tiere genüsslich eine Plantage voller Mangobäume abernten oder ein gereizter Elefantenbulle außer Kontrolle gerät. Denn trotz vieler Schutzgebiete schrumpft in Sri Lanka der Lebensraum für Wildtiere von Jahr zu Jahr.

Während in einigen Nationalparks mit großer Selbstverständlichkeit Elefanten gesichtet werden können, müssen Safariteilnehmer bei den Leoparden auf ihr Glück vertrauen. Beste Chancen, die seltene Raubkatze zu erspähen, bietet der Yala-Nationalpark im Südosten der Insel, der aus diesem Grund seit jeher zu den beliebtesten Nationalparks Sri Lankas zählt.

Entspanntes Strandleben

Ein weiterer Grund für die Beliebtheit der Tropeninsel bei Reisenden sind die exotischen Traumstrände. Entlang der Südküste reihen sie sich wie Perlen auf einer Schnur, weshalb der Süden über eine vergleichsweise gute touristische Infrastruktur verfügt. Auch an der West- und Ostküste finden sich ausgezeichnete Sandstrände, zuweilen unter Schatten spendenden Palmen und eingerahmt von pittoresken Klippen. Die günstigste Reisezeit bestimmt der Monsun. Im Winter herrscht daher im Süden Hochkonjunktur, wohingegen an den Stränden im Norden und Osten die Sommermonate die beste Zeit im Jahr sind.

Die Ferienorte an der Küste haben sich mittlerweile bestens auf die Wünsche und Bedürfnisse westlicher Urlauber eingestellt. Gästehäuser sowie Hotels in nahezu jeder Preisklasse sind ebenso Standard wie das behagliche Café für entspannte Lesestunden am Strand. Zu den beliebtesten Aktivitäten zählen – neben Baden im Meer – diverse Wassersportarten wie Surfen, Tauchen oder Schnorcheln. Außerdem gehören inzwischen mancherorts Miet-Scooter oder Leihfahrräder zur vollkommenen Ausstattung – perfekt für individuelle Touren in die nähere oder weitere Umgebung.

An der Schwelle zur Moderne

Sri Lanka ist kein Reiseziel, das mit prominenten Highlights glänzt: Es gibt kein Taj Mahal und kein Angkor Wat. Dennoch listet die UNESCO nicht weniger als sechs Weltkultur- und zwei Weltnaturerbestätten für Sri Lanka auf. Der spezifische Reiz der Insel erwächst aus einem attraktiven Gesamtpaket, bestehend aus unterschiedlichen Landschaftstypen von betörender Schönheit, einsamen Klöstern auf aussichtsreichen Bergen, einer vielfältigen Tierwelt, bunten Märkten, reizvollen Sandstränden und nicht zuletzt auch der Freundlichkeit der Menschen.

Sri Lanka ist mitnichten ein klassisches Dritte-Welt-Land, sondern vielmehr ein Land an der Schwelle zur Moderne. Als Beleg dienen u. a. das vergleichsweise hohe Bildungsniveau sowie die Qualität der Straßen. Das Laboratorium für die Moderne ist die Hauptstadt Colombo: Im Schatten der Wolkenkratzerkulisse schrumpfen die ehrwürdigen Gebäude aus dem europäischen Kolonialzeitalter zur (scheinbaren) Bedeutungslosigkeit. Ohne Preisgabe der ureigenen Identität verändert sich Sri Lanka und passt sich dabei den Erfordernissen der globalen Welt behutsam an.

Ayubowan und Vanakkam

Keine Frage, die meisten Sri Lanker sind mit der Willkommenskultur bestens vertraut. Vielerorts werden Gäste mit einem wohlmeinenden Segen begrüßt. Die singhalesische Grußformel lautet *Ayubowan*. Sie bedeutet weit mehr als nur ein simples Grüßgott oder ein schnödes Guten Tag. Der Adressat des Grußes möge, so der tiefere Wortsinn, ein langes sowie segensreiches Leben führen. Ein Jammer, dass das Wort so schwierig auszusprechen ist.

Tamilen stellen die zweite große Ethnie in Sri Lanka und grüßen mit dem Wort *Vanakkam*. Die Bedeutung variiert mit dem Kontext, drückt aber meistens den Respekt vor dem Gegenüber aus. Häufig legen Grüßende die Innenseiten der Hände zusammen und verneigen sich respektvoll – aber nie unterwürfig. Das leichte Wiegen des Kopfes indes, das zunächst wie eine Verneinung wirkt und letztlich das Gegenteil davon bedeutet, sollten Urlauber besser nicht imitieren. Es sei denn, man hat vor der Reise beim Yoga geübt ...

Wie auch immer: Die meisten Sri Lanker verhalten sich höflich und freundlich – und erwarten natürlich selbiges auch von ihren Gästen!

Die Highlights

Häufig sind es nicht die „großen" Besichtigungsattraktionen, die für die schönsten Reiseerinnerungen mit nachhaltigster Wirkkraft sorgen, sondern ein romantischer Abendspaziergang am Sandstrand oder die Spontanbegegnung mit Einheimischen. Auch der Ausflug zu einem Kloster abseits ausgetretener touristischer Pfade oder das jähe Tête-à-Tête mit einer Elefantenherde im Nationalpark können unvermutete Glücksmomente auslösen.

Natur und Wildtiere

Welcher Nationalpark Sri Lankas sich am meisten lohnt, hängt von der Jahreszeit und den individuellen Vorlieben ab. Man muss aber nicht unbedingt Eintritt zahlen, um wilde Tiere zu sichten: Bei einem Ausflug z. B. von **Arugam Bay** sind Krokodile, Elefanten, Büffel und Wasservögel zu beobachten. Bestes Fortbewegungsmittel ist der Motorroller!

Günstigste Zeit für Tierbeobachtung sind die Morgen- und späten Nachmittagsstunden, weshalb die meisten Nationalparks Safaris in diesen Zeitfenstern anbieten. Wer zeitig dran ist, kann an verschiedenen Seen Wasservögel und andere Tiere beobachten. Perfekt dafür ist z. B. der Horabora Wewa am Ortsrand von **Mahiyangana.**

Kolonialflair

Sehenswerteste Stadt an der sri-lankischen Südküste ist **Galle,** wo sich die koloniale Atmosphäre vergangener Tage bestens erhalten hat. Die Altstadt präsentiert sich prächtig herausgeputzt. Den besten Überblick erhalten Besucher bei einem Rundgang auf der Stadtmauer.

Klassische britische Hill Station ist **Nuwara Eliya.** Der Golfplatz des höchstgelegenen Ort Sri Lankas leuchtet in gepflegtem Grün, und noch immer finden hier Pferderennen statt. Die wichtigsten Gebäude aus britischer Zeit sind das Grandhotel und der legendäre Hill Club.

Wandern

Mannigfaltige Möglichkeiten für Spaziergänge und Wanderungen im Hochland bietet **Ella:** Teeplantagen, aussichtsreiche Berge und ländliches Ambiente bei angenehmen klimatischen Bedingungen. Unvergesslicher Höhepunkt ist der Sonnenaufgang vom Gipfel des Little Adam's Peak.

Die **Horton Plains** sind der höchstgelegene Nationalpark Sri Lankas. Von

Reiserouten

Trotz der überschaubaren Größe der Insel lassen sich innerhalb von zwei oder drei Wochen natürlich längst nicht alle Attraktionen kennenlernen. Urlauber sollten aus diesem Grund Prioritäten setzen und das Reiseprogramm entsprechend anpassen. Die folgenden Routenvorschläge sollen bei der Entscheidung helfen.

Welche Route für wen?

Wenn das Hauptinteresse der Naturbegegnung gilt, stehen sicherlich die Nationalparks auf der Agenda, wohingegen Kulturinteressierte sich eher auf die Königsstädte im Norden konzentrieren. Kombinationen beider Aspekte sind in fast allen Fällen möglich. Ohnehin lassen die meisten Gäste die Reise abschließend am Strand ausklingen – falls sie sich nicht schon im Vorfeld auf ein Standortquartier an der Küste festgelegt haben, um von dort Ausflüge ins Inselinnere zu unternehmen. Negombo (wegen der Nähe zum internationalen Flughafen) sowie Kandy (aufgrund der zentralen Lage in der Inselmitte) stehen in fast allen Fällen auf dem Reiseplan, während Colombo vorwiegend für diejenigen attraktiv ist, die im Reiseverlauf noch etwas Metropolenluft schnuppern möchten.

Die Kurzvisite

Wer sich nur eine Woche auf der Insel aufhält, verbringt nach der Ankunft am Flughafen den Tag in Negombo und fährt am nächsten Tag weiter nach Kandy. Von dort geht es mit der Bahn über Nuwara Eliya nach Ella ins südliche Hochland. Den krönenden Abschluss bilden zwei Entspannungstage am Strand, z. B. in Galle oder Beruwela.

Der Klassiker

Zwei Wochen benötigen Urlauber mindestens für diesen populären Reiseklassiker, der von Negombo zunächst in den Norden nach Dambulla führt. Die Königsstädte Anuradhapura und Polonnaruwa sowie die Felsenfestung Sigiriya lassen sich notfalls von einem zentralen Standort im Rahmen von Tagesausflügen ansteuern. Danach geht es in südlicher Richtung über Kandy und Nuwara Eliya ins Hochland. Weitere Hochlandstationen sind Haputale, Ella und die Horton Plains. Eine

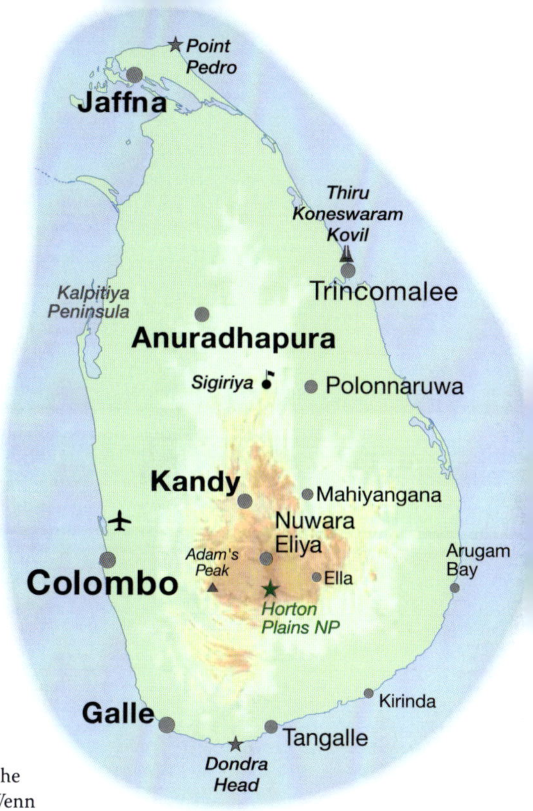

der Abbruchkante World's End ist bei klarer Sicht sogar das Meer zu erkennen. Ein treffender Name für einen Ort, der nur zu Fuß zu erreichen ist. Allerdings muss man früh da sein, sonst verdecken Wolkenbänke die Sicht!

Pilgerziele

Der südlichste Punkt der Insel bei Matara ist ein etabliertes Pilgerziel. Die Nordspitze, Point Pedro auf der Halbinsel von Jaffna, ist weniger überlaufen. Das am spektakulärsten gelegene Heiligtum befindet sich in **Trincomalee** an der Ostküste: ein prächtiger Shivatempel hoch über der Steilküste.

Ein Höhepunkt ist die nächtliche Besteigung des **Adam's Peak.** Wenn das Wetter mitspielt, lässt sich vom 2243 m hohen Gipfel ein unbeschreiblicher Sonnenaufgang genießen. Zuweilen drängen sich zwischen Dezember und Mai die Pilgermassen auf einer viel zu kleinen Plattform. Gute Kondition sollte man beim Gipfelsturm mitbringen!

Palmenstrände

Gewöhnlich sind die Strände auf der **Halbinsel Kalpitiya** eher Wassersportlern ein Begriff. Man kann hier aber auch wunderbar schwimmen und entspannen.

Etablierte Stranddestinationen sind Beruwela, Hikkaduwa und Mirissa. Insider aber wissen, dass die schönsten Strände bei Tangalle liegen. Je weiter man nach Osten gelangt, desto weniger überlaufen sind die Küstenorte. Warum dann nicht gleich bis **Kirinda** fahren? Das Pilgerziel bietet menschenleere Sandstrände vom Feinsten!

Kultur

Festungen und Klöster auf markanten Felsen befinden sich im ganzen Land. Die berühmteste Festung ist das UNESCO-Welterbe **Sigiriya.** Allerdings muss man sich das Plateau mit vielen Besuchern teilen. Lohnende Alternative ist der wunderbare Blick auf Sigiriya vom Nachbarhügel!

Die archäologischen Stätten der alten Königsstadt **Polonnaruwa** mit ihren Tempeln, Skulpturen und Dagobas besichtigt man am besten mit dem Fahrrad. Und wer eine Pause einlegt, radelt zur nächstgelegenen Einkehr.

Safari im Yala-Nationalpark kann mit Sightseeing in Kataragama oder Tissamaharama kombiniert werden, bevor Reisende sich in Tangalle oder Mirissa ein paar Tage am Strand erholen.

Der Norden – intensiv

Die Erkundung der tamilischen Siedlungsgebiete im Inselnorden lässt sich ohne Weiteres mit dem Besuch der klassischen Königsstädte verknüpfen. Ausgehend von Negombo führt die Reise zunächst über Dambulla und Sigiriya nach Polonnaruwa. Von hier ist es nur ein Katzensprung an die Ostküste und zu den Traumbuchten von Kalkudah und Passekudah. Anschließend empfiehlt sich die Weiterfahrt nach Trincomalee, wo weitere Sandstrände warten. Von Trincomalee geht es via Vavuniya in den hohen Norden auf die Jaffna-Halbinsel. Die Rückfahrt führt über Anuradhapura zurück nach Colombo bzw. Negombo.

Der Süden – intensiv

Bei der Reise durch den Süden stehen das Hochland mit den Teeanbaugebieten und die Strände an der Südküste im Zentrum. Ab Negombo führt die Reise in klassischer Manier zunächst nach Kandy und anschließend mit der Bahn nach Hatton. Nach einem Abstecher zum Adam's Peak geht es über Nuwara Eliya sowie die Horton Plains nach Ella. Danach stehen Tissamaharama, der Yala-Nationalpark und der Uda-Walawe-Nationalpark auf dem Programm. Auf der Rückreise nach Colombo lassen sich kürzere Stopps an verschiedenen Küstenorten einlegen, z. B. in Unawatuna, Hikkaduwa oder Beruwela. Die Besichtigung der sehenswerten Stadt Galle ist ebenfalls ein Höhepunkt.

Entlang der Ostküste

Von den Königsstädten im Norden ist Polonnaruwa der beste Ausgangspunkt, um Strände und Attraktionen an der Ostküste zu erkunden. Die erste Station ist Trincomalee, bevor die Reise über Passekudah bzw. Kalkudah südwärts bis nach Batticaloa führt. Der südlichste Punkt der Ostküste ist das Surfermekka Arugam Bay. Von dort wendet sich die Reiseroute landeinwärts und steuert via Monaragala die Nationalparks und Strände im Inselsüden an.

Baden, Surfen, Tauchen

Die überwiegende Mehrzahl der bekannten Strandziele befindet sich im Inselsüden zwischen Beruwela und Tangalle. Einige Küstenorte bieten neben Bade- auch diverse Wassersportmöglichkeiten an: Wellenreiten steht besonders hoch im Kurs, etwas rarer sind die Optionen für Wind- und Kitesurfen. Als Tauchmekka gilt Sri Lanka nicht unbedingt – professionell arbeitende Tauch- und Schnorchelbasen gibt es jedoch (abgesehen vom Inselnorden) in vielen Küstenorten. Das Schwimmen im Indischen Ozean ist nicht immer gefahrlos: Wasserratten sollten bei zu hohem Wellengang generell Vorsicht walten lassen und außerdem auf die gefährliche Unterströmung achten!

Tropische Strände

Bentota-Aluthgama: Exklusiver Sandstrand mit mannigfaltigen Wassersportmöglichkeiten auf einer Küstenlagune.

Beruwela: Der Strand an der südlichen Westküste ist ein Augenschmaus und nicht nur für Pauschaltouristen eine Option.

Hikkaduwa: Die etablierte Stranddestination mit Patina zieht als Partyhochburg v. a. junge Reisende aus aller Welt an.

Kalpitiya: Abgelegene Sandstrände vom Feinsten auf einer weitläufigen Halbinsel.

Kirinda: Das Strandparadies mit karger Infrastruktur in der Nähe des Yala-Nationalparks ist bislang eher Insidern ein Begriff.

Matara: Schönste Stranddestination bei der Distrikthauptstadt im äußersten Süden ist der Polhena Beach.

Mirissa: Mekka für Rucksacktouristen an einer wunderschönen Halbmondbucht im Süden.

Mount Lavinia: Der Küstenort südlich der Hauptstadt Colombo ist eine Feriendestination mit Tradition.

Negombo: Ein beliebtes Ziel aufgrund der Nähe zum internationalen Flughafen.

Nilaveli: Kilometerlanger Sandstrand an der Ostküste, die „Taubeninsel" ist ein beliebtes Ziel für Taucher.

Passekudah: Die Küstenenklave mit Luxushotels vom Feinsten ist auch für Familien mit Kindern ein guter Tipp.

Tangalle: Eine Handvoll teilweise abgelegener Traumstrände östlich und westlich der Stadt mit rudimentärer Infrastruktur.

Trincomalee: Der berühmteste Strand der Hafen- und Garnisonsstadt liegt im nördlichen Küstenvorort Uppuveli.

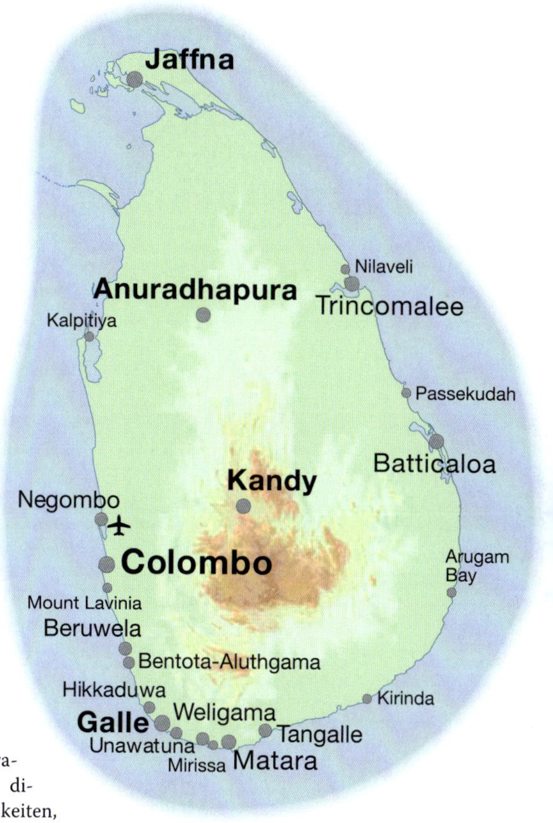

Unawatuna: Etablierter Urlaubsort für alle und in Schlagdistanz zur sehenswerten Stadt Galle.

Surfen

Arugam Bay: Angesagtes Surfparadies an der südlichen Ostküste für sämtliche Schwierigkeitsstufen.

Hikkaduwa: Jeden Nachmittag wagt sich in der Saison eine Phalanx von Surfern hinaus ins Meer.

Midigama: In Schlagdistanz zu Weligama (s. u.) trifft sich hier alljährlich die fortgeschrittene internationale Surferszene.

Mirissa: Das Backpackerparadies bietet jungen Gästen diverse Wassersportmöglichkeiten, u. a. auch Wellenreiten.

Unawatuna: Anfänger versuchen ihr Glück auf Surfbrettern in einer Bucht mit Blick auf die Festung von Galle.

Weligama: In der weitläufigen halbmondförmigen Bucht im Süden geben eindeutig Surfer und nicht Schwimmer den Ton an.

Tauchen

Hikkaduwa: Eine der größten und bestgeführten Tauchbasen veranstaltet Kurse für jedes Level.

Mount Lavinia: Mit der Skyline der sri-lankischen Hauptstadt in Sichtweite steht hier Wracktauchen hoch im Kurs.

Negombo: Mehrere Tauchschulen sind ideal für Urlauber, die sich zum ersten Mal unter Wasser trauen.

Passekudah: Zahlreiche Agenturen bieten Tauchen sowie diverse (Fun-)Wassersportarten an.

Trincomalee: Von den Stränden in Uppuveli und Nilaveli geht's zur „Taubeninsel" und zu versunkenen Schiffen.

Unawatuna: Tauchbasen bieten Übungskurse und Exkursionen in allen Schwierigkeitsstufen an.

Wasserski

Bentota-Aluthgama: Ein Heidenspaß auf dem Bentota River, die Ausrüstung stellen diverse Wassersportzentren.

Wind- und Kitesurfen

Kalpitiya: Die Halbinsel an der sri-lankischen Westküste ist das wichtigste Wind- und Kitesurfrevier.

Ayurveda und Wellness

Ayurveda, die „Wissenschaft vom Leben" (→ S. 73 ff.), erfreut sich bei Gästen aus dem Westen steigender Beliebtheit. Sri Lanka bietet Reisenden eine breite Palette an Möglichkeiten, von klassischen Gesundheitskuren in abgelegenen Resorts mit streng reglementierten Abläufen bis zu gewöhnlichen Strandferien in Luxusdomizilen mit angeschlossenem Bereich für ayurvedische Anwendungen. Der Unterschied: Reine Kurbetriebe kochen vegetarisch und üben bei Volksdrogen wie Alkohol und Tabak Verzicht. In einigen Resorts ist sogar Handyeinsatz verpönt!

Gesundheitszentren aller Art

Abgesehen von einigen wenigen Ausnahmen liegen die meisten Einrichtungen an der Südküste. Hochburgen der traditionellen Gesundheitspflege sind u. a. Beruwela und Dikwella, empfehlenswerte Adressen werden in den jeweiligen Ortskapiteln genannt. Gesundheitszentren ohne Übernachtungsmöglichkeit ergänzen das Portfolio, sie konzentrieren sich meist auf Massagen mit ayurvedischen Ölen. Wellness in stylischem Ambiente bietet *SPA Ceylon*. Das Unternehmen besitzt Filialen in verschiedenen Städten, u. a. in Colombo, Negombo und Galle. Einfache Massagezentren gibt es obendrein in den meisten größeren Ferienorten, v. a. an der Südküste sowie in Colombo und Kandy. Vorsicht ist bei den kommerziell operierenden ayurvedischen Kräutergärten angebracht: Zwar ist der Besuch oft lehrreich, allerdings refinanziert sich der angebotene Service häufig durch überhöhte Preise im angeschlossenen Verkaufsshop.

… in Ambalangoda

Sri Lanka Ayurveda Garden: Traditionelles Kurzentrum am Strand mit fleischloser Küche und Alkoholverzicht.

Lotus Villa: Ayurveda-Resort am Strand zwischen Ahungalla und Balapitiya mit gestrengen Regeln für Kurgäste.

Roman Lake Ayurveda Resort: Gesundheits- und Wellnesshotel im Hinterland am Rand eines Naturschutzgebiets.

… in Bentota-Aluthgama

Laluna Ayurveda Resort:. Gesundheitszentrum am Bentota Ganga für Tagesanwendungen und Mehrtagesaufenthalte.

… in Beruwela

Heritance Ayurveda Maha Gedara: Bekannte Ayurveda-Institution für Wellness und Gesundheitskuren am Moragalla-Strand.

The Eden Resort & Spa: Großhotel am Moragalla-Strand mit angeschlossenem Ayurveda-Bereich und großartigem Außenpool.

Barberyn Reef Resort: Authentisches Ayurveda-Resort in traumhafter Strandlage, mit einer Filiale in Weligama.

Hiru Villa's: Gesundheitskuren nach althergebrachter Art mit familiärem Ambiente wenige Kilometer nördlich von Beruwela.

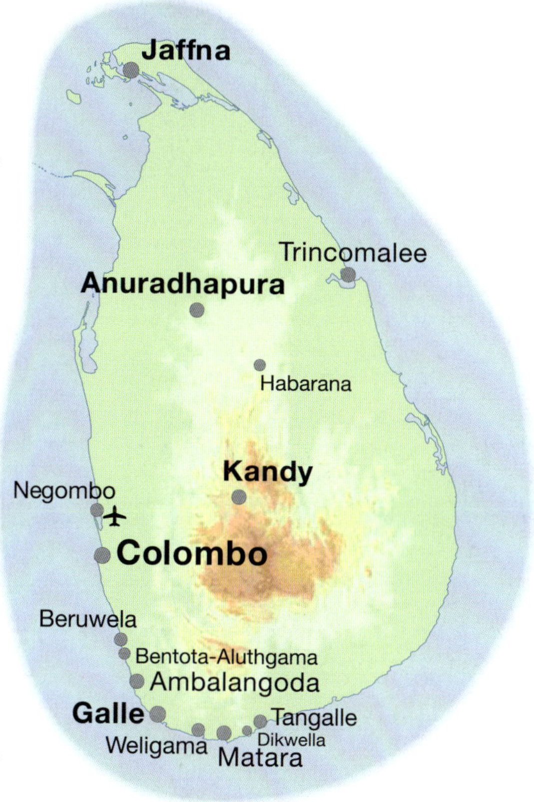

… in Dikwella

Vattersgarden: Puristisches Gesundheitsresort in Küstennähe unter deutscher Leitung.

Austrian Beach Resort: Die namhafte Ayurveda-Institution unter österreichischer Leitung liegt inmitten eines herrlichen gepflegten Parks.

… in Habarana

Wedagedara Spa: Bodenständige Wellnessinstitution mit Gästehausbetrieb in Schlagdistanz zu den Königsstädten im Inselnorden.

… in Matara

Surya Lanka: Namhafte Ayurveda-Institution am Talalla-Strand östlich von Matara, auch Yoga wird regelmäßig praktiziert.

… in Negombo

Jasmin Villa: Sympathischer Familienbetrieb für Ayurveda-Anwendungen aller Art mit angeschlossenem Gästehaus.

Karunakarala Ayurveda Resort: Komforthotel wenige Kilometer nördlich von Negombo für Gesundheitsferien ohne starres Regelwerk.

… in Tangalle

Eva Lanka Hotel: Das bei Gästen aus dem deutschsprachigen Raum beliebte Resort hat einen großen Ayurveda-Bereich.

… in Weligama

Barberyn Beach Resort: Abgeschiedenes Ayurveda-Idyll nach traditioneller Art oberhalb der Steilküste.

Die Nationalparks

Neben den tropischen Traumstränden zählen die Nationalparks zu den wichtigsten Argumenten für eine Sri-Lanka-Reise. Gegenwärtig existieren 26 Nationalparks, die zusammen eine Fläche von 5734 m² bedecken – fast neun Prozent der Gesamtfläche der Insel! Dazu kommen weitere Schutzgebiete, z. B. mit dem Sinharaja Forest Reserve ein Biosphärenreservat, das wegen seines reichen Primärwaldbestands zum Weltnaturerbe gehört.
Eine Nationalparksafari ist jedoch kein preiswertes Vergnügen, denn zu den Eintrittspreisen gesellen sich diverse Gebühren, hinzu kommen die Kosten für Jeep und Fahrer.
Ausführliche Informationen zu den wichtigsten Nationalparks und Schutzgebieten befinden sich in den jeweiligen Kapiteln.

Bundala-Nationalpark

Das Schutzgebiet zählt mit knapp über 60 km² zu den kleineren Nationalparks. Das wasserreiche Ambiente ist v. a. für **Zugvögel** interessant. Ausgangspunkte für Safaris sind Hambantota und Tissamaharama.

Gal-Oya-Nationalpark

Das 1954 zum Nationalpark erklärte Schutzgebiet bedeckt ca. 260 km² und liegt etwas abseits im Ostküstenhinterland. Rund um die Ufer des **Senanayake Samudraya** (größter Wasserspeicher des Landes) tummeln sich zahlreiche Wasservögel, Elefanten und einige Leoparden.

Kumana-Nationalpark

Das auch als Yala-East-Nationalpark bekannte Schutzgebiet erstreckt sich über 350 km² und ist mit seiner üppigen **Vogelwelt** v. a. bei Ornithologen beliebt. Ein günstiges Basislager ist Arugam Bay.

Minneriya-Nationalpark

Das ca. 90 km² große Schutzgebiet wurde erst 1997 zum Nationalpark erklärt. In der Regenzeit ziehen sich die hier lebenden **Elefanten** allerdings vorzugsweise in den benachbarten Kaudulla-Nationalpark zurück. Günstige Ausgangspunkte sind Polonnaruwa, Habarana und Sigiriya.

Horton-Plains-Nationalpark

Hier steht nicht die Fauna im Vordergrund, sondern die spektakuläre **Landschaft.** Ein Teil des Schutzgebiets kann sogar individuell zu Fuß erkundet werden. Beliebter Ausgangspunkt ist Nuwara Eliya.

Pigeon-Island-Nationalpark

Das knapp 5 km² große Areal an der Ostküste ist wegen seiner **Korallen-**

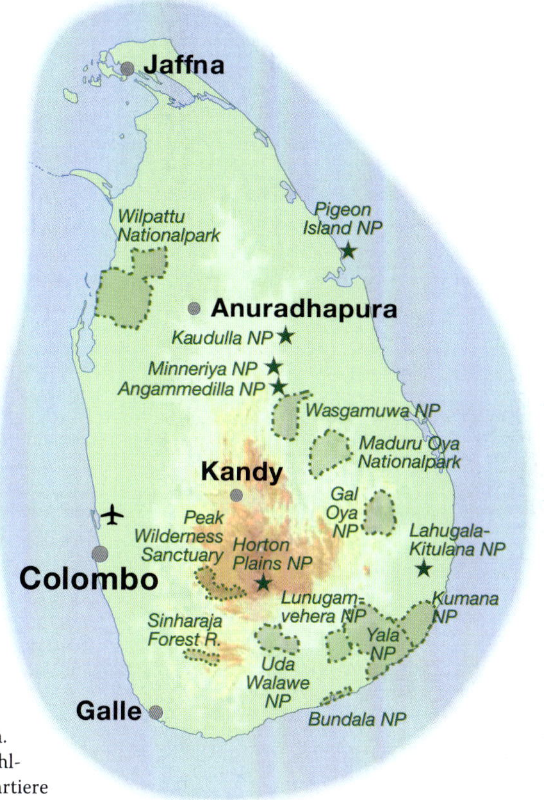

bestände eines von nur zwei Meeresschutzgebieten in Sri Lanka. Ausgangspunkte für Bootstouren sind die Strände Uppuveli und Nilaveli nördlich von Trincomalee.

Uda-Walawe-Nationalpark

Das etwa 310 km^2 große Schutzgebiet liegt im Inselsüden und kann von diversen Küstenorten angesteuert werden. Protagonisten sind die wilden **Elefanten,** die den Nationalpark in großer Zahl durchstreifen.

Wasgamuwa-Nationalpark

Das Schutzgebiet bedeckt ca. 390 km^2 und beherbergt zahlreiche wilde **Elefanten.** Quartiere und Zufahrtsstraßen erschließen das erst 1984 zum Nationalpark geadelte und bisher selten aufgesuchte Areal. Günstige Basislager sind Mahiyangana und Polonnaruwa.

Wilpattu-Nationalpark

Das mit knapp 1320 km^2 größte Schutzgebiet Sri Lankas leidet noch immer unter den Folgen des Bürgerkriegs. Der Nationalpark beherbergt eine ansehnliche Population von **Leoparden,** beliebtester Ausgangspunkt für eine Safari ist Anuradhapura.

Yala-Nationalpark

Der beliebteste Nationalpark Sri Lankas ist auch unter Ruhuna-Nationalpark bekannt und bedeckt fast 980 km^2. Hier sind die Chancen **Leoparden** zu sichten am größten! Ausgangspunkte für Safaris sind Tissamaharama, Kataragama und Kirinda.

Peak Wilderness Sanctuary

Das Naturreservat im Hochland gehört seit 2010 zum Welterbe und ist mit 224 km2 das drittgrößte Schutzgebiet des Landes. Markanteste Erhebung ist der **Adam's Peak** (Sri Pada), Sitz der Schutzgottheit Saman und zwischen Dezember und Mai Ziel Tausender Pilger.

Sinharaja Forest Reserve

Das schwer zu erreichende Regenwaldareal im Inselsüden bedeckt fast 90 km^2 und ist v. a. bei Ornithologen beliebt. Unter der Führung von Rangern kann man den UNESCO-geschützten **Primärwaldbestand** zu Fuß erkunden.

Kunst und Kultur

Neben einer atemberaubenden Landschaft verfügt die Tropeninsel über ein reiches künstlerisches und kulturelles Erbe. Hauptursache dafür ist eine frühe Blütezeit, die seit dem 3. Jh. v. Chr. mit einer regen Bautätigkeit und verschiedenen Innovationen in den Bereichen der Hoch- und Alltagskultur einherging. Ausschlaggebend für die kulturelle Vielfalt heute waren u. a. die Einführung des Buddhismus und die architektonischen Einflüsse aus Südindien. Am augenfälligsten hat sich das Erbe der Vergangenheit im Inselnorden erhalten.

Archäologisches

Die wichtigsten archäologischen Stätten liegen in den beiden Königsstädten Anuradhapura und Polonnaruwa. Mit einer Höhe von ursprünglich über 120 m galt der massive **Jetavana Dagoba** in Anuradhapura als antikes Wunderwerk der Baukunst.

Die idyllisch unter Kokospalmen schlummernde Ausgrabungsstätte **Panduwas Nuwara** liegt im Westen Sri Lankas. Kurzzeitig war der Ort der Nabel der singhalesischen Zivilisation, bevor sich die Gewichte nach Süden verschoben.

Bildende Kunst

Die sog. **Wolkenmädchen** in Sigiriya gelten als kunsthistorisches Highlight Sri Lankas. Dabei handelt es sich um vor über 1500 Jahren entstandene Fresken in leuchtenden Farben, die eine Felswand des Löwenbergs zieren. Sie zeigen 22 anmutige, üppig geschmückte Schönheiten – eine Freiluftgalerie in stupender Lage!

Die zahlreichen buddhistischen Höhlentempel gleichen häufig kunterbunten Bilderbüchern. Die prachtvollsten Galerien unter Tage präsentieren die **Tempelhöhlen von Dambulla.** Seit 1991 zählen die religiösen Kultstätten zum Weltkulturerbe.

Sakrale Skulpturen

Die größte und vielleicht auch eine der schönsten freistehenden Buddhastatuen Sri Lankas befindet sich nordwestlich von Dambulla in **Aukana.** Das Meisterwerk der Bildhauerkunst stammt aus dem 5. Jh. n. Chr.

Die aus dem harten Granitgestein gehauenen Felsreliefs von **Buduruwagala** bei Wellawaya sind besonders bemerkenswert, weil sie – völlig untypisch für den Inselsüden – einen starken Einfluss der buddhistischen Mahayana-Schule dokumentieren.

Buddhistische Kultstätten

Die wichtigste buddhistische Kultstätte des Landes ist der **Sri Dalada Maligawa** in Kandy. Das Nationalheiligtum dient zuvorderst der Aufbewahrung der Zahnreliquie Buddhas und steht alljährlich im Juli/August bei einem prächtigen Tempelfest im Mittelpunkt zahlreicher Zeremonien.

Mit seinen irrwitzig vielen interessanten Motiven ist der **Gangaramaya Tempel** in Colombo ein Fotografenmekka. Zum Komplex gehört auch der pittoreske Seema Malaka auf einer künstlichen Plattform am Ufer des Beira Lake.

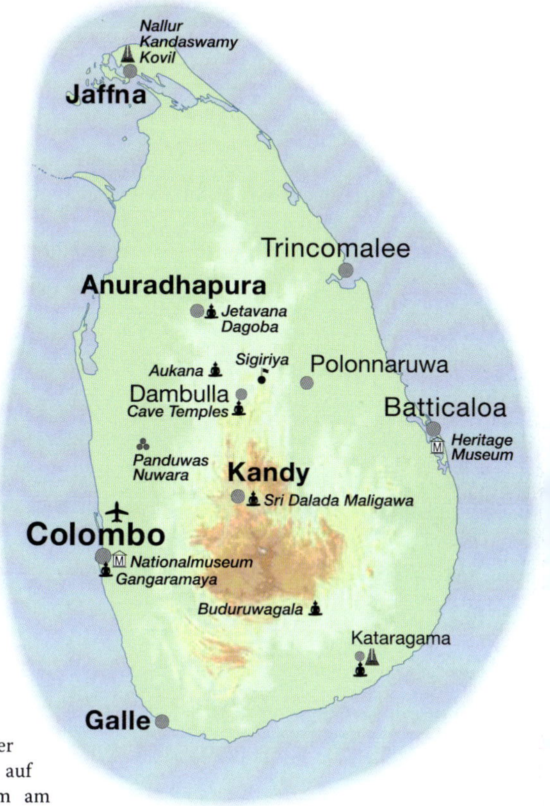

Hinduistische Kultstätten

Das größte und wichtigste Tempelheiligtum der Hindus befindet sich in Jaffna. Alljährlich ist der **Nallur Kandaswamy Kovil** mehrere Tage lang Zentrum eines großen Tempelfestes. Bereits aus der Ferne ist er dank der hohen und reich verzierten Tempeltortürme bestens zu erkennen.

Kataragama im Südosten Sri Lankas ist eines der wichtigsten Pilgerziele des Landes. Wie so häufig auf der Tropeninsel wird dieser Ort sowohl von Buddhisten als auch von Hindus angesteuert. Kataragama ist gleichzeitig der Name einer der wichtigsten Schutzgottheiten der Insel. Gemeinhin wird er mit dem Hindugott Skanda bzw. Sri Murugan gleichgesetzt.

Kulturhistorische Museen

Das größte und wichtigste Museum des Landes ist das **Nationalmuseum** in Colombo. Hier lässt es sich leicht einen ganzen Tag in Kunstschätzen aller Epochen schwelgen. Ein besonderes Augenmerk gebührt der hinduistischen und buddhistischen Kunst aus den beiden Königsstädten Anuradhapura und Polonnaruwa.

Überzeugend ist auch das **Heritage Museum** südlich von Batticaloa: Die Ausstellung zur muslimischen Kultur in Sri Lanka präsentiert sich didaktisch auf erfreulich hohem Niveau.

Farbenspektakel im Vallipuram Alluvar Kovil auf der Jaffna-Halbinsel

Hintergründe & Infos

Tropischer Traumstrand in der Umgebung von Tangalle

Landschaft und Geologie

Die Tropeninsel punktet mit ihren vielen reizvollen Landschaftsformen: weitläufige Küstenlagunen, felsige Sandbuchten, brettflache Savannen und dichtbewachsenes Hochland. 35 % der Insel liegen in der Feuchtzone, 65 % in der Trockenzone.

Sri Lanka liegt rund 900 km nördlich des Äquators auf der Nordhalbkugel der Erde. Das Gebirge im zentralen und südlichen Hinterland erreicht eine Höhe von über 2000 m und fungiert als **Wetterscheide**. An den Berghängen stauen sich die Wolken, die von den Monsunwinden herangetrieben werden, und regnen sich ab. Daraus resultiert die grobe Unterteilung der Insel in eine Feuchtzone im Südwesten (mehr als 2000 mm Niederschlag im Jahr) und eine Trockenzone im Norden und Osten (weniger als 2000 mm). Die Zweiteilung wirkt sich nicht nur auf die Landschaft und Vegetation aus, sondern war auch der Grund für die zahlreichen **Bewässerungsprojekte** seit der Antike. Die frühen Zivilisationsschwerpunkte befanden sich in der **Trockenzone** und hingen stark von der wasserintensiven Agrarwirtschaft ab. Resultat dieser „Bewässerungszivilisation" sind die zahlreichen Wassertanks und Reservoirs, die heute das landschaftliche Bild in der Trockenzone vielerorts prägen. Allerdings hat sich inzwischen das Verhältnis umgekehrt: Heutzutage siedeln die meisten Menschen in der **Feuchtzone** der Insel, während die **Bevölkerungsdichte** in der Trockenzone geringer ist. Die meisten Sri Lanker leben im Westen und Südwesten, viele in den Großräumen Colombo und Negombo. Überraschenderweise präsentiert sich auch das Hochland im Inselsüden verhältnismäßig dicht besiedelt, dagegen wähnen sich Reisende auf der Fahrt entlang der Ostküste oft allein auf weiter Flur.

Die Insel wirkt mit einer Fläche etwas kleiner als Bayern zunächst ziemlich überschaubar. Mit knapp 21 Millionen Einwohnern ist sie jedoch dichter besiedelt. Die **Küstenzonen** präsentieren sich im Wesentlichen brettflach. Ausnahmen bestätigen die Regel und diese befinden sich im äußersten Süden bei Tangalle, Galle und Kirinda. Insgesamt listet Sri Lanka beeindruckende **1330 Küstenkilometer** mit zahlreichen palmengesäumten Traumstränden auf. Wo nicht Sandstrände dominieren, geben Mangroven, unzugängliche Feuchtgebiete und Kokospalmenplantagen den Ton an, wobei besonders Letztere mit dem Strandbetrieb prima harmonieren. Typische Landschaftsformen sind auch die **Lagunen:** Seen in kurzer Distanz zur Küstenlinie, die durch Fahrrinnen mit dem Meer verbunden sind und aus einem Gemisch von Süß- und Salzwasser bestehen. In den Morgenstunden lohnt sich eine Bootstour auf der Lagune – eine gute Gelegenheit, um seltene Wasservögel zu beobachten.

Flach oder flachhügelig ist meistenteils auch das unmittelbare **Küstenhinterland**. Während sich die Insel Mannar, die Halbinsel von Kalpitiya oder die Halbinsel von Jaffna durchweg als plattes Land entpuppen, geht andernorts die Ebene recht bald ins Hügelland über. Das eigentliche Hinterland hingegen ist durchweg bergig oder sogar gebirgig, wobei der Norden der Insel ein ganz anderes Gesicht zeigt als der Süden. Der in der Trockenzone liegende Norden weist eine dünnere Vegetationsschicht und einen geringeren Artenreichtum auf. Prägend erweisen sich hier **Bergsolitäre** – steile Granit- oder Gneisfelsen, die sich unvermittelt aus der Ebene stemmen und zuweilen von Klostereinsiedeleien sowie schwer zugänglichen Festungen geschmückt werden. Der Löwenberg von Sigiriya und die UNESCO-Welterbe-Höhlentempel von Dambulla sind die prominentesten Beispiele für diesen Landschaftstypus im Inselnorden.

Ganz anders ist das Bild im **Hochland im Süden,** das größtenteils in der Feuchtzone verortet ist. Dichte, oft nebelverhangene Bergregenwälder bedecken die bis 2500 m hohen Gebirgszüge, die von serpentinenreichen Straßen sowie einer spektakulären Eisenbahnlinie erschlossen werden. Eine **Bahnfahrt durch das Hochland** von Kandy nach Badulla zählt zu den erlebnisreichsten Touren, die Besucher im Hinterland unternehmen können. Die Hochlandeisenbahn ist ebenso ein Erbe aus dem britischen Kolonialzeitalter wie die ausufernden **Teeplantagen.** Vielerorts haben sattgrüne Teesträucher die ursprüngliche Vegetation verdrängt und dadurch das landschaftliche Erscheinungsbild radikal verändert. Die markanteste Erhebung im Inselsüden ist der 2243 m hohe Adam's Peak oder Sri Pada. Die sich nach oben verjüngende Gipfelpyramide eröffnet die freie Sicht auf weite Teile des Hochlands und des südlichen Hügellands und gilt als Sitz einer bedeutenden Schutzgottheit.

Blick vom Little Adam's Peak

Sri Lanka bietet seinen Gästen die Komplexität eines Kontinents komprimiert auf die Dimensionen eines überschaubaren Eilands. Der **Artenreichtum** an Tieren ist pro Flächeneinheit zwanzigmal so hoch wie in Brasilien. Im Verlauf der erdgeschichtlichen Entwicklung war es um den Artenreichtum nicht immer so gut bestellt. Viele Tiere – und wahrscheinlich auch die ersten steinzeitlichen Jäger – wanderten vor rund 20.000 Jahren ein. Damals verband eine 80 km lange Landbrücke die Insel mit dem indischen Subkontinent. Ein Überbleibsel der Landbrücke ist vermutlich die **Adam's Bridge** zwischen dem südindischen Bundesstaat Tamil Nadu und der Insel Mannar, die der sri-lankischen Westküste vorgelagert ist. Der Landkorridor, der die Palk Strait an der schmalsten Stelle überbrückt, entpuppt sich als eine Kette von Inseln, Sandbänken und Korallenriffen. An dieser Stelle ist das Wasser so seicht, dass die Kette für Hochseeschiffe unpassierbar ist; auf dem Weg vom Golf von Bengalen zum offenen Ozean müssen sie Sri Lanka aus diesem Grund östlich umfahren. Im Schatten der Inseln und Sandbänke blühte bis in die 1950er-Jahre das einträgliche Gewerbe der **Perlenfischerei.**

Erdgeschichtlich betrachtet ruhen ca. 85 % der sri-lankischen Landmasse auf einem Schild, der im Zeitalter des Präkambriums vor etwa zwei Milliarden Jahren entstanden ist. Die Oberfläche dieses Schilds besteht aus **metamorphen Gesteinen** – durch Druck in großer Erdtiefe zusammengepresstes und durch Hebungsbewegung wieder nach oben befördertes Material wie Gneis oder Granit. Wichtige Bodenschätze sind Eisenerz, Mangan, Nickel, Kobalt und Tellur. Außerdem ist Sri Lanka ein Dorado für **Edelsteine**, von denen der blaue Saphir am bedeutendsten ist. Die Theorie der **Plattentektonik** erklärt die geologische Entstehung der Insel mit der Kollision des indischen Subkontinents mit der eurasischen Landmasse vor 45 Millionen Jahren. Bei diesem „Auffahrunfall", der im Übrigen auch die Geburtsstunde für den Himalaja bedeutete, löste sich die Insel vom Festland ab.

Sri Lanka – Zahlen, Daten und Fakten

Fläche: 65.610 km²

Bevölkerung: 20,9 Mio. Einw.

Bevölkerungsdichte: 333 Einw./km²

Staatsbezeichnung: Demokratische Sozialistische Republik Sri Lanka

Staatsform: Republik (Regierungsform: Präsidialdemokratie)

Hauptstadt: Colombo (Regierungssitz: Sri Jayawardenepura Kotte)

Wichtigste Städte: Colombo (ca. 753.000 Einw.), Negombo (ca. 122.000 Einw.), Kandy (ca. 118.000 Einw.), Matara (ca. 115.000 Einw.), Galle (ca. 91.000 Einw.) und Jaffna (ca. 79.000 Einw.)

Höchste Erhebung: Pidurutalagala (2524 m)

Längste Flüsse: Mahaweli Ganga (335 km), Malwathu Oya (164 km), Kala Oya (148 km) und Kelani Ganga (145 km)

Flächenmäßig größte Nationalparks: Wilpattu-Nationalpark (1320 km²), Yala-Nationalpark (980 km²) und Wasgamuwa-Nationalpark (390 km²)

Nördlichster Punkt: Point Pedro auf der Halbinsel von Jaffna

Südlichster Punkt: Dondra Head östlich von Matara

Pflanzen und Tiere

Die Tropeninsel entpuppt sich als Mekka (sub-)tropischer Flora und Fauna. Der Grund für den außerordentlichen Artenreichtum liegt in der Vielzahl unterschiedlicher Terrains – von immerfeuchten Mangroven an der Küste bis zu Nebelwäldern im ganzjährig kühlen Hochland.

Zwölf Nationalparks und 52 Schutzgebiete bedecken etwa 10 % der Inselfläche und beherbergen ein Großteil der rund 6800 Pflanzenarten Sri Lankas. Dazu gesellen sich 89 Säugetier-, 439 Vogel- und 38 Amphibienarten. Eine besonders große Bedeutung genießt der Asiatische Elefant. Dickhäuter spielen bei den zahlreichen hinduistischen und buddhistischen Inselfestivitäten eine zentrale Rolle, besonders beim Fest zu Ehren der Zahnreliquie Buddhas (*Esala Perahera*) in Kandy (→ S. 374). Elefanten zieren die Embleme und Wappen zahlreicher politisch-gesellschaftlicher Organisationen. Den Status als offizielle sri-lankische Nationalpflanze nimmt seit 1986 die blaue Seerose *(Nymphaea stellata)* ein. Sie blüht in zahlreichen Tempelteichen oder wird als Opfergabe von Pilgern in den Gebetsstätten niedergelegt. Im Buddhismus steht die (dort Lotus genannte) Blüte für Wahrheit oder (spirituelle) Reinheit. Der Nationalbaum hingegen ist der Eisenbaum *(Mesua ferrea)*, der eine Höhe von 30 m erreicht und nicht mit dem strauchartigen Eisenholzbaum *(Parrotia persica)* verwechselt werden darf. Ersterer kommt nicht nur in Sri Lanka, sondern auch im Himalaja sowie in Südostasien vor und liefert ein äußerst stabiles und schweres Holz in rötlicher Farbe. Die tragenden Frontsäulen des Embekke Devalaya bei Kandy sind beispielsweise aus dem Holz des Eisenbaums gefertigt. Das Pflücken oder gar Mitnehmen von Pflanzen ist insbesondere in den Horton Plains sowie im Sinharaja Forest Reserve streng verboten; Zuwiderhandlungen werden mit empfindlichen Geldstrafen belegt.

Tropische Vegetation

Es ist keineswegs überraschend, dass der größte Artenreichtum auf die Feuchtzone Sri Lankas entfällt. 92 % aller Pflanzenarten des Landes sind hier beheimatet. Vom Primärregenwald, der die Insel einst vollständig bedeckte, sind heute rund 95 % verschwunden. Schuld daran trugen die Engländer, die in der Kolonialzeit den **Regenwald** für ihre Plantagenwirtschaft in großem Stil abholzten. Aber auch nach der sri-lankischen Unabhängigkeit 1948 kostet die in die Wildnis ausgreifende menschliche Zivilisation Jahr für Jahr endemischen Pflanzen die Existenz. Mit die letzten Überbleibsel des ursprünglichen Primärregenwalds kann man noch im Sinharaja Forest Reserve im Süden der Insel entdecken. Zu erkennen ist Primärwald an den Urwaldriesen, deren Kronendächer den Vegetationsteppich überwölben. Überdies zeichnet sich Primärwald durch weniger Bodenbewuchs aus, weil das Sonnenlicht seltener durch das Kronendach bis zum Erdboden dringt.

Neben diesen Nationalpflanzen Sri Lankas genießen weitere Bäume und Blütenpflanzen eine besondere Bedeutung. Dabei ist die Artenvielfalt bei Bäumen weitaus geringer als bei den übrigen Pflanzen, was mit der spezifischen erdgeschichtlichen Entwicklung zusammenhängt: Vor einer Million Jahren war die Insel vollständig von Savannenland bedeckt, in der damaligen Trockenperiode starben zahlreiche Pflanzen aus. Aus dem kulturellen Erbe der Insel kaum wegzudenken ist der **Bodhibaum** *(Ficus religiosa)*. Angeblich erlangte der historische Buddha unter

▲ Die Blaue Seerose
ist die Nationalblume Sri Lankas

▼ Blüte des Kanonenkugelbaums

▼▼ Bambuswald in Kandy

einer solchen Pappelfeige die Erleuchtung; jedes buddhistische Kloster verfügt deshalb heute über einen Bodhibaum, der von Pilgern als heilig verehrt wird. Er gehört zur gleichen Familie wie der Banyanbaum *(Ficus benghalensis)*, der traditionell bei den Hindus besondere spirituelle Wertschätzung genießt. Eine markante Erscheinung ist aufgrund seiner schirmartigen Krone der **Regenbaum** *(Samanea saman)*. Er ist auch in anderen tropischen und subtropischen Ländern zu Hause und dient häufig als Schattenspender in Parks und Gärten. Einen fotogenen Kontrast zu den grünen Teesträuchern ergeben die roten Blüten des Afrikanischen Tulpenbaums. Ein ebenfalls ansehnliches Fotomotiv ergeben die gelben oder knallroten Blüten des **Flammenbaums,** der sich aus diesem Grund als Zierstrauch großer Beliebtheit erfreut. Ähnliches gilt für den Trompetenbaum, freilich mit dem Unterschied, dass die sri-lankischen Arten üblicherweise rosafarbene Blüten haben.

Auch Palmen genießen in Sri Lanka als Nutzpflanze eine hohe Wertschätzung. Die **Palmyrapalme** wächst sowohl in den Küstenzonen als auch im Hinterland bis in Höhen von knapp 800 m. Früher nutzten Mönche die breiten Palmblätter als Schriftträger für Palmblattmanuskripte, später wurden dafür Blätter der Talipot-Palme bevorzugt. Die mit Abstand am häufigsten vorkommende Palmenart ist die **Kokospalme** *(Cocos nucifera)*. Angeblich gibt es etwa 100 Millionen Kokospalmen auf Sri Lanka, die insbesondere an der West- und Südküste sowie im flachen küstennahen Hinterland regelrechte Wälder bilden. Als Baum des Lebens wird die Kokospalme in Sri Lanka auch deshalb bezeichnet, weil aus den Fasern der Kokosnuss vielfältige Produkte hergestellt werden wie Fußmatten, Matratzen, Besen, Bürsten, Schnüre und Seile. Die Kokosnussmilch ist ein gesundes Erfrischungsgetränk, außerdem liefert die Pflanze 8 % des weltweiten

Pflanzenöls. Heute ist Sri Lanka fünftgrößter Kokosnussproduzent der Erde. Wegen der gefiederten Palmwedel und ihrer schlanken Stämme sind **Areka- oder Betelpalmen** jederzeit problemlos von anderen Palmenarten zu unterscheiden. Die rote Betelnuss ist ein populäres Genussmittel der bäuerlichen Bevölkerung mit leicht stimulierender und euphorisierender Wirkung. In Sri Lanka heute weniger verbreitet, wird die Betelnuss hauptsächlich nach Indien exportiert.

Von den rund 6800 in Sri Lanka vorkommenden Pflanzenarten sind etwa 3000 endemisch. Die Vielfalt ist in der Tat beachtlich: Im südlichen Hochland, z. B. im Nationalpark Horton Plains, gedeihen Rhododendren, in trockeneren Zonen ist die Kaktusfeige heimisch. Eine besondere Bedeutung kommt den zahlreichen **Orchideen** zu. Botaniker haben 170 Orchideenarten auf der Insel gezählt, von denen 74 endemisch sind. Orchideenliebhaber sollten den **Botanischen Garten** in Kandy aufsuchen, denn im dortigen Orchideenhaus findet sich die exotische Blütenpracht auf engstem Raum versammelt. Weitere botanische Gärten befinden sich bei Hambantota an der Südküste, in der Nähe von Nuwara Eliya im südlichen Hochland und im Hinterland der Westküste bei Negombo. Viele Pflanzen genießen traditionell eine hohe Reputation als Heilpflanzen im **Ayurveda**. Es ist erstaunlich, wie exzellent sich viele Einheimische bei den Heilindikationen der jeweiligen Pflanzen auskennen: Der Meerrettichbaum *(Moringa oleifera)* wird z. B. zum Absenken des Blutdrucks verwendet, Tulsi (*Ocimum tenuiflorum*), auch als indisches Basilikum

Lipton Tea – eine Weltmarke mit ceylonesischen Wurzeln

Als der schottische Selfmade-Unternehmer **Sir Thomas Lipton** (1848–1931) 1890 erstmals ceylonesischen Boden betrat, war die Teerevolution auf der Insel bereits in vollem Gang: Nachdem der verheerende Kaffeerost 1867 die florierenden Kaffeeplantagen im Hochland nahezu vernichtet hatte, verfiel ein gewisser James Taylor auf die geniale Idee, ehemalige Kaffee- in Teeplantagen umzuwandeln. Die erste Plantage war nur 7 ha groß, Grundlage bildeten Samen von einem chinesischen Teestrauch aus dem botanischen Garten in Kandy. Taylor und Lipton stammten beide aus Schottland, beide verband zudem die Freude am unternehmerischen Experiment. Lipton war in bescheidenen Verhältnissen aufgewachsen und hatte sich seine ersten Meriten mit einem simplen Tante-Emma-Laden in Glasgow erworben. Dies genügte dem aufstrebenden Geschäftsmann jedoch nicht: Zunächst wandelte er sein Geschäft in eine Kette mit mehreren Filialen um. 1888, als sein Imperium bereits 300 Ladengeschäfte umfasste, stieg er in den Teehandel ein. Zu diesem Zweck reiste er nach Ceylon und lernte dort Taylor kennen.

Lipton wollte guten Tee preisgünstig erwerben. Deshalb kaufte er in großem Stil Kaffeeplantagen auf und wandelte sie in Teeplantagen um: Das war der Startschuss für den schwindelerregenden Aufstieg von Lipton Tea zur globalen Marke. 1902 erfolgte in England der Ritterschlag sowie die Erhebung zum adligen Baronet. Heute gehört die Marke mit dem roten Logo auf gelbem Grund *(Lipton Yellow Label)* zum niederländisch-britischen Unilever-Konzern mit über 170.000 Angestellten und einem Weltmarktanteil von 15,5 % an verkauftem Tee. Zahlreiche Orte im Hochland rund um die Ortschaft Haputale gedenken heute an den bemerkenswerten unternehmerischen Erfolg im Kolonialzeitalter.

bekannt, soll Stress und Schmerzen lindern. Aufgrund seiner mannigfaltigen Heilindikationen wird Tulsi zuweilen auch als Königskraut bezeichnet. Zahlreiche Ayurveda-Pflanzen finden überdies in der sri-lankischen Küche als **Gewürzpflanzen** Verwendung wie die Blätter vom Currybaum, Vanille, Kardamom, Zimt und Pfeffer.

Dominanteste Kulturpflanze im südlichen Hochland ist der Chinesische bzw. Indische **Teestrauch.** Die Teeplantagen prägen seit dem letzten Drittel des 19. Jh. das landschaftliche Erscheinungsbild von weiten Teilen des Hochlands, häufig auf Kosten des ursprünglichen Primärwaldes. Heute bedecken Teesträucher die ungeheure Fläche von 200.000 ha, der Export von Ceylon Tea ist ein wichtiger Wirtschaftsfaktor der Insel. Die hochwertigsten Sorten gedeihen in den Hochlagen ab 1200 m, die Mehrzahl der insgesamt etwa 600 Teefabriken befindet sich rund um Nuwara Eliya, Ella und Hatton-Dickoya.

Wildlife

In Anlehnung an die berühmten „Big Five" afrikanischer Nationalparks werden die drei großen Wildtiere Sri Lankas gemeinhin als „Big Three" bezeichnet. Darunter fallen Elefanten, Leoparden sowie Lippenbären. Der Ceylonlöwe hingegen, der seit 1948 die Flagge des unabhängigen Inselstaats schmückt, gilt seit prähistorischen Zeiten als ausgestorben.

Schätzungen zufolge leben 2500–6000 wild lebende **Elefanten** auf der Tropeninsel, davon 70 % außerhalb der Nationalparks. Nach einer offiziellen Zählung im Jahr 2011 waren es weitaus mehr, nämlich 7389. Die Arbeits- und Tempelelefanten sind in diesen Zahlen noch nicht einmal mit eingerechnet. Fans von Dickhäutern dürfen sich freuen, denn Sri Lanka gilt als eines der Länder mit den besten Aussichten, wild lebenden Dickhäutern zu begegnen. Die Elefantenbullen mit großen Stoßzähnen heißen *Tusker*. In der britischen Kolonialzeit reduzierte sich deren Zahl erheblich, denn die Bullen waren beliebte Jagdziele. Das massenhafte Abschießen von Tieren galt als sportliches Ereignis; der Kolonialrichter Major Thomas Rogers brachte es angeblich allein auf 1400 Abschüsse im südlichen Hochland. Samuel White Baker, Gründer der britischen Hillstation Nuwara Eliya und leidenschaftlicher Jäger, kritisierte diese inhumane Mentalität. In seinem Buch „The Rifle and Hound in Ceylon" bezeichnete er im Jahr 1853 Elefanten als „wahre Könige der Tiere". Während des sri-lankischen Bürgerkriegs machten Wilderer Jagd auf die Tusker, um die chinesische Nachfrage nach Elfenbein zu befriedigen. Der fortschreitende Prozess der Besiedlung und der damit einhergehende Landschaftsfraß im 20. Jh. ließ den Lebensraum der Wildtiere immer weiter schrumpfen. Folge dieser Historie ist, dass heutzutage nur noch 5 % der Bullen Stoßzähne haben. Elefantenherden wandern: Je nach Jahreszeit halten sie sich dort auf, wo sie die günstigsten Lebensbedingungen vorfinden. Grüne Korridore zwischen den Nationalparks tragen heute dazu bei, die Dickhäuter bei ihren Wanderungen zu unterstützen. Der Elefant wird in Sri Lanka als heilig verehrt. Buddhisten betrachten ihn als Symbol für Kraft, Weisheit sowie Fruchtbarkeit. Nach dem Glauben der Theravada-Anhänger habe ein vom Himmel herab segelnder weißer Elefant im Schoße der Königin Mayadevi die Empfängnis Buddhas ausgelöst.

Im Unterschied zu Elefanten ist der **Leopard** nur äußerst selten anzutreffen. Die Weltnaturschutzunion IUCN listet die Raubkatze unter der Rubrik „stark gefährdet". Im Kolonialzeitalter reduzierte sich aufgrund der Jagd die Anzahl der Leoparden erheblich: Allein im letzten Drittel des 19. Jh. wurden von den englischen Kolonialherren nach offiziellen Zahlen 8473 Raubkatzen erlegt. Heute leben Schätzungen zufolge nur noch 600 Leoparden auf der Insel. Die sri-lankischen Leoparden erreichen eine Kopf-Rumpf-Länge bis 1,5 m und sind damit größer als ihre Artgenossen in anderen Ländern; ihre Fellmuster sind so individuell wie der Fingerabdruck des Menschen. Weil die Raubkatzen jedoch nachtaktiv sind, ist die Chance, sie zu sichten, überaus gering. Die besten Gelegenheiten bieten sich auf Safaris im Yala- und im Wilpattu-Nationalpark. Was für Leoparden gilt, trifft auch auf Lippenbären zu: Wer einen dieser zotteligen Einzelgänger erspähen möchte, muss eine gehörige Portion Glück haben. Die Raubtiere, die sogar auf Bäume klettern, sind u. a. im Yala- oder im Minneriya-Nationalpark zu Hause. Zu den großen Säugetieren Sri Lankas zählen natürlich auch Meeressäuger wie **Blau-** und **Pottwale**. Auf Walbeobachtungstouren vor der Küste von Mirissa im Inselsüden ist die Chance am größten, einem dieser Ozeanriesen zu begegnen.

Der Hanuman-Langur ist nach dem indischen Affengott benannt ▲
Begegnung im Uda-Walawe-Nationalpark ▼

Wenig überraschend wimmelt es auf der Tropeninsel nur so von **Primaten** jeglicher Couleur. Am häufigsten sind Makaken anzutreffen, die im gesamten süd- und südostasiatischen Raum verbreitet sind. Makaken leben in Gruppen, die bis zu hundert Tiere umfassen können, sind tagaktiv und zeigen eine verhältnismäßig geringe Scheu vor Menschen. Wesentlich reservierter treten Schlankaffen oder **Languren** in Erscheinung: Die häufigsten sri-lankischen Unterarten sind der Weißbartlangur und der Südliche Hanuman-Langur. Der Name Hanuman verweist auf den affengestaltigen Gott in der hinduistischen Mythologie, der dem Helden Rama dazu verhalf, den Dämonenkönig Ravana in Lanka zu bezwingen. Der Heerführer des Affenvolks sowie Sohn des Windgottes gilt als Überwinder von Hindernissen und zählt zu den populärsten Volksgottheiten der Hindus. Der endemische **Rote Schlankori** steht auf der Liste der gefährdeten Arten und kommt mit drei Unterarten in Sri Lanka vor. Seit 1939 galt z. B. der Horton-Plains-Schlankori als gänzlich ausgestorben, ehe er 2010 von einem Team der Zoologischen Gesellschaft London wiederentdeckt und abgelichtet wurde – eine zoologische

Sensation! Eine weitere endemische Primatenart ist der Ceylon-Hutaffe aus der Unterfamilie der Langschwanz-Makaken.

Weitere Säugetiere, die sowohl in als auch außerhalb der Nationalparks angetroffen werden, sind Axis- und Sambarhirsche. Letztere erreichen eine Kopf-Rumpf-Länge bis 2,5 m, ein Gewicht bis 260 kg und gelten deshalb als eine der größten lebenden Hirscharten überhaupt. Andere Säuger hören auf exotische Namen wie Mangusten, Fischkatzen und Muntjaks. Eine ziemlich beeindruckende Erscheinung ist auch das **Sri-Lanka-Riesenhörnchen**. Allein der Schwanz erreicht eine Länge bis zu 35 cm, so lang wie ihr gesamter Körper, womit die Nagetiere zu den größten Hörnchenarten weltweit gehören. In der Morgen- und Abenddämmerung kommen darüber hinaus allerlei possierliche Streifenhörnchen aus der Versenkung. Die biologisch korrekte Bezeichnung der Nager lautet Gestreifte Palmenhörnchen.

Sri Lanka entpuppt sich als unerschöpfliches Reservoir für **Reptilien**; nicht weniger als 70 Reptilien- und 50 Schlangenarten sind auf der Insel heimisch. **Binden**- und **Bengalenwarane** sind tagaktive Schuppenkriechtiere und in allen Regionen relativ häufig anzutreffen. Sie erreichen eine Länge bis 3 m und sind – neueren Forschungen zufolge – sogar giftig. Ihr bevorzugter Lebensraum sind brackige Feuchtgebiete und Mangrovenwälder. Um Binnenseen herum und in küstennahen Lagunengewässern gibt es jede Menge Krokodile, vor denen Feriengäste sich grundsätzlich in Acht nehmen sollten: Im September 2017 wurde der tragische Tod eines britischen Journalisten bekannt, der an einer Lagune bei Arugam Bay von einem Krokodil erfasst und ins Wasser gezogen wurde. Ansonsten verhält es sich jedoch eher umgekehrt: Größter Feind der Wildtiere ist der Mensch. Dies galt (und gilt zum Teil noch immer) auch für **Wasserschildkröten**, deren am Strand entlang der Südküste abgelegten Eier manchmal eine willkommene Beute einheimischer Fischer sind. In beinahe sämtlichen tropischen und subtropischen Regionen heimisch ist der nahe Verwandte des Afrikanischen Hausgeckos. Die nachtaktiven Echsen kleben auf der Suche nach Insekten an Hauswänden und haben Dank ihrer hervorragenden Anpassungsfähigkeit ihr Überleben seit 50 Millionen Jahren gesichert.

Sri Lanka ist ein Ornithologenparadies, und dies ist nicht einfach nur dahergesagt, denn in zahlreichen Fällen wird eine naturkundliche Exkursion zwar keine Säugtiere vor die Linse bringen – wohl aber Vögel jeglicher Couleur. Auf der Insel sind 33 endemische Vogelarten beheimatet, darunter der Schmuckkitta, der unter dem angelsächsischen Namen **Sri Lanka blue magpie** bekannt geworden ist. Der zur Rabenfamilie gehörige Vogel erreicht eine Körperlänge von 50 cm und besticht durch sein blaues Gefieder sowie durch seinen leuchtend roten Schnabel. Der Schmuckkitta steht auf der Roten Liste gefährdeter Arten und kommt u. a. auf den Horton Plains, an den Hängen des Sri Pada sowie im Sinharaja Forest Reserve vor. Der sri-lankische Nationalvogel ist das **Ceylonhuhn**, das seit 2008 auf der Roten Liste gefährdeter Arten steht. Es ernährt sich von Würmern, Samen, Insekten und herabgefallenen Baumfrüchten. Die Hähne sind aufgrund des typisch gelben Flecks auf dem feuerroten Kamm jederzeit gut zu erkennen. Beste Optionen für Vogelbeobachtung bietet der Sinharaja Forest Reserve. Wer den weiten Weg scheut, sollte an den Binnenseen die Stunden der Morgen- und Abenddämmerung nutzen: Zu sehen gibt es dann u. a. Kohavögel, Schwarzstörche, Graukopf-Seeadler, Eisvögel, Pfauen, Bienenfresser und allerlei gefiederte Gesellen, für die der deutsche Wortschatz noch keinerlei Entsprechung bereithält: Emerald Cove, White-Rumped Shama, Asian Paradise Flycatcher oder Greter Coucall.

Buddhistische Dagoba zwischen Galle und Unawatuna

Geschichte

Das wichtigste Ereignis im Altertum war die Einführung des Buddhismus im 3. Jh. v. Chr. Immer wieder mussten sich die singhalesischen Herrscher im Inselnorden tamilischer Invasionen erwehren. Erst in der Neuzeit tauchten mit den europäischen Kolonialmächten neue Akteure am Horizont auf. Der Bürgerkrieg im 20./21. Jh. ließ die uralte Rivalität zwischen Singhalesen und Tamilen wieder aufleben.

Die wichtigsten Informationen über die Geschichte Sri Lankas bis zum Beginn des Kolonialzeitalters liefern Inschriften in Tempeln und Klöstern sowie archäologische Ausgrabungen. Darüber hinaus existiert eine ganze Reihe schriftlicher Quellen: Die **Große Chronik** *(Mahavamsa)* wurde im 6. Jh. n. Chr. von einem buddhistischen Mönch in Anuradhapura auf *Pali* (Sprache, in der die frühen buddhistischen Lehrtexte verfasst waren) niedergeschrieben. Das Geschichtswerk behandelt die Religions- und Herrschaftsgeschichte der Insel von ihren legendären Anfängen bis zur Regierungszeit von König Mahasena im 3. Jh. n. Chr. Eine weitere wichtige Quelle ist die **Inselchronik** *(Dipavamsa)*, an deren Abfassung im 5. Jh. n. Chr. vermutlich mehrere Autoren beteiligt waren. Letztere war ein Auftragswerk des Königs Dhatusena von Anuradhapura und enthält ebenfalls Indizien, aufgrund derer Historiker die Geschichte der frühen Zeit rekonstruieren können. Das Problem beider Kompendien ist, dass sie nicht (oder nur ansatzweise) zwischen Legende und historischen Fakten unterscheiden. Dieses Muster zieht sich bis in die heutige Zeit hinein. Auch online verfügbare Fachartikel neigen zur Vermischung beider Ebenen, ebenso einige Fremdenführer vor Ort. Eine häufig kolportierte Erzählung, die in Sri Lanka heute quasi Faktenstatus genießt, handelt von den **„drei Besuchen Buddhas“**

auf der Insel: Ihr zufolge gelangte der Erleuchtete – mit himmlischen Heerscharen und anderen Persönlichkeiten im Gefolge – nacheinander nach Mahiyangana, Jaffna und nach Kelaniya bei Colombo. Der Zweck dieser Besuche, die in der Großen Chronik festgehalten sind, galt vor allem der Mission. Heute den Wahrheitsgehalt dieser Begebenheiten öffentlich anzuzweifeln, käme einer Verletzung der religiösen Gefühle sri-lankischer Buddhisten gleich.

Vor- und Frühgeschichte

Die ersten zivilisatorischen Spuren der Insel stammen aus der mittleren Steinzeit. Paläontologen entdeckten in einer Höhle in der Nähe des heutigen Horton-Plains-Nationalparks 12.000 Jahre alte Skelette von Menschen, die möglicherweise die Vorfahren der heutigen Vedda waren. Nach dem Fundort wird die steinzeitliche Zivilisation Sri Lankas in der Literatur häufig als **Balangoda-Kultur** bezeichnet. Der *Homo sapiens balangodensis* war vermutlich aus Mittelindien über die Palk Strait auf die Insel gelangt und lebte vorwiegend von der Jagd, später auch von Landwirtschaft und Viehzucht. Geometrisch geformte Faustkeile und Knochen sind die wichtigsten Artefakte aus der Vor- und Frühgeschichte des Landes.

Die Ankunft indoarischer und dravidischer Siedler

Die eigentliche Geschichte beginnt mit der Ankunft indoarischer und dravidischer Siedler etwa seit dem 5. Jh. v. Chr. Die ersten Neuankömmlinge waren die **Singhalesen,** die vermutlich aus Bengalen oder Orissa stammten und zu einem Teil die vedische Kultur nach Sri Lanka importierten. Eine in der Großen Chronik tradierte Legende berichtet vom Prinzen namens Vijaya, der Sohn des Löwenbezwingers Sinhabahu, der wegen Fehlverhaltens aus seiner Heimat Indien fliehen musste. Mit 700 Gefolgsleuten in Sri Lanka angekommen, besiegte er zunächst den Yaksha-König (gemäß singhalesischer Geschichtsschreibung sind *Yaksha* ein indigener Volksstamm oder dämonische Naturgeister), bevor er sich selbst als neuer Herrscher installierte. Die Chronik berichtet ferner von „wunderbaren" Koinzidenzen mit der Vita Buddhas: So soll der Prinz just sri-lankischen Boden betreten haben, als der Erleuchtete ins Parinirvana einging. Mehr noch, Buddha selbst soll diverse Schutzgottheiten ins Gebet genommen haben, damit sie Vijaya Unterstützung angedeihen ließen. Die Erzählung fungiert als **Gründungsmythos** der Singhalesen, deren ureigene Aufgabe Schutz und Förderung der buddhistischen Lehre ist. Der Löwe *(singha)* ist noch heute das Nationalsymbol der Singhalesen.

Allerdings waren die Singhalesen zur Zeit ihrer Ankunft auf der Insel keineswegs Buddhisten – die Religion gelangte erst im Verlauf des 3. Jh. v. Chr. nach Sri Lanka. Auch hier liefert die Große Chronik das ergiebigste Material: Demzufolge brachte ein gewisser Mahinda, ein spiritueller Meister *(arhat)* und Spross des indischen Maurya-Herrschers Ashoka (der Kummerlose), die neue Religion nach Sri Lanka. In Anuradhapura hielt Mahinda Vorträge, führte Mönche in den Orden ein und initiierte den Bau eines Stupa für die mitgebrachten Reliquien. Seine Schwester Sanghamitta folgte ihm einige Zeit später nach – im Gepäck hatte sie einen wertvollen Ableger des **Bodhibaums,** unter dem der historische Buddha seine Erleuchtung erlangte. Dieser Ableger der Würgefeige ist bis heute eines der bedeutendsten buddhistischen Kultobjekte des Landes. Ein weiteres wichtiges Kultobjekt war (und ist) die **Zahnreliquie Buddhas** in Kandy (→ Kasten, S. 368), die seit dem frühen 4. Jh. n. Chr. in Sri Lanka verehrt wird.

Indoarier und Draviden im Zeitalter der Veden

Ein besseres Verständnis der Migrationsbewegungen im Altertum vermittelt ein Blick auf den gesamtasiatischen Kontext. Im 2. Jh. v. Chr. waren wohl aus der kaspischen Senke stammende Halbnomaden in die Gangestiefebene eingewandert. Die Rinder- und Pferdezüchter bezeichneten sich nach einem altiranischen Terminus als *arya* und entwickelten sich in der Folge zu den Trägern der vedischen Kultur Nordindiens. Dieser Prozess ging einher mit der teilweisen Verdrängung der dortigen dravidischen Bevölkerung in den Süden des Subkontinents. Die Draviden waren vorzugsweise Ackerbauern. Noch heute werden in Südindien dravidische Sprachen (z. B. Tamil, Malayalam, Telugu) gesprochen, während Nordindien Heimat der indoarischen Sprachfamilie ist (u. a. Hindi-Urdu, Bengali), die sich aus dem Altiranischen sowie dem vedischen **Sanskrit** ableitet, der Sprache, in der auch die vedischen Texte verfasst wurden. Die Singhalesen sind Nachfahren der indoarischen Einwanderer, dagegen zählen die Tamilen zum dravidischen Volk.

Etwa zeitgleich mit den Singhalesen, tendenziell aber etwas später, gelangten auch die ersten Draviden von Südindien auf die Insel. Es handelte sich um Vorgänger der **sri-lankischen Tamilen**. Spätestens seit dem 3. Jh. v. Chr. sind permanente Wohn- und Handelsniederlassungen im Norden Sri Lankas aktenkundig. Es wird außerdem gemutmaßt, dass tamilische Seefahrer für die Handelsbeziehungen mit dem Mittelmeerraum und somit für die globale Vernetzung der Insel in den Blütezeiten des Königreichs von Anuradhapura verantwortlich waren.

Stimmungsvoll: Buddhistische Klöster

Das buddhistische Königreich von Anuradhapura

Nur zweimal in der Geschichte war die Insel über einen längeren Zeitraum eine **politische Einheit**: als Kolonie des britischen Empire sowie in den Blütezeiten der singhalesischen Königreiche. Anuradhapura im Inselnorden avancierte im Lauf der Jahrzehnte nach Ankunft der indoarischen Siedler zum Herrschaftszentrum der singhalesischen Bevölkerung Sri Lankas. Der erste historisch nachweisbare Regent hieß Devanampiya Tissa (Regierungszeit 307–267 v. Chr.), der die Einführung des Buddhismus nicht nur als Augenzeuge miterlebte, sondern auch offiziell zum neuen Glauben konvertierte. Allerdings war Anuradhapura in der Anfangszeit mitnichten das einzige politische

Machtzentrum: Ein zweites wichtiges Herrschaftszentrum war das **Königreich Ruhuna** im Südosten, es wurde – vertraut man den Chroniken – von einem Bruder Devanampiya Tissas nach innerfamiliärem Disput aus der Taufe gehoben. Ein weiteres Fürstentum befand sich an der Westküste im Großraum der heutigen Metropole Colombo.

Anuradhapura liegt in der Trockenzone der Insel. Neben der Verbreitung des Buddhismus wurde aus diesem Grund der Aufbau eines Bewässerungssystems zur vordringlichsten Aufgabe der Machthabenden. Abgesehen von einigen Phasen, in denen die Herrscher schwach waren, gelang dies im Lauf der Jahrhunderte dergestalt erfolgreich, dass die Epoche der singhalesischen Großreiche buchstäblich als **Bewässerungszivilisation** (→ Kunst und Kultur, S. 62 f.) bezeichnet werden kann. In der Tat bildeten die Wassertanks und Kanäle die wichtigste materielle Basis für die in der Folgezeit blühenden indoarischen Städte und Siedlungen. Obgleich seine Regierungszeit nur mit Mühe aus dem Legendenreigen heraustritt, erwies sich besonders Dutthagamani (161–137 v. Chr.) als markante Herrscherpersönlichkeit: Der ursprünglich aus Ruhuna stammende Regent befreite das Königreich von einem tamilischen Usurpator namens Ellalan und begründete das buddhistisch-singhalesische Königtum neu. Er genießt deshalb bei Singhalesen den Status eines Nationalhelden, vielerorts finden sich noch heute Denkmäler, die ihn verehren. Eine weitere **Reichskrise** spielte sich im 5. Jh. n. Chr. ab: Kassapa, ein unehelicher Spross des Königshauses, usurpierte den Thron in Anuradhapura, während der rechtmäßige Herrscher nach Südindien flüchtete. Aus Sicherheitsgründen verlegte Kassapa den Regierungssitz nach Sigiriya und erbaute eine Felsenburg, die heute zu den beeindruckendsten Sehenswürdigkeiten im sri-lankischen Norden zählt. Allerdings kehrte der geflohene rechtmäßige Herrscher mit einer indischen Armee nach Sri Lanka zurück, besiegte seinen Halbbruder und etablierte Anuradhapura erneut als Reichshauptstadt.

Zum kleinen Einmaleins buddhistischer Glaubenspraxis zählt, dass sich ihre Anhänger jederzeit auf die sogenannten drei Juwelen beziehen: auf *Buddha*, die Lehre *(dharma)* und die Gemeinschaft buddhistischer Ordensangehöriger *(sangha)*. Mit zunehmender Zahl von Mönchen und Nonnen wuchsen gleichsam die Klöster wie Pilze aus dem Boden, die sich als Folge von herrschaftlichen Schenkungen zu veritablen Machtzentren mit üppigem Grundbesitz mauserten. Das Königreich registrierte auch den Aufstieg des **Sangha** von Anuradhapura zur Gelehrtenhochburg, die spätestens bis zum 5. Jh. n. Chr. in der gesamten buddhistischen Welt hohes Renommee genoss. Die auf Mahinda und Devanampiya Tissa zurückgehende Gemeinschaft avancierte zum Gralshüter des Theravada (→ S. 57). Zu den bedeutenden Meistern, die hier wirkten, zählte u. a. der aus Nordindien stammende Buddhaghosa, der mit der Lehrschrift „Visuddhimagga" (Weg der Reinheit) zu Ansehen gelangte. Leitenden Mitgliedern des Sangha oblag es zudem, eine ideologische Basis für die umfassende Verschränkung von Religion und Politik zu entwickeln, von der damals Anhänger wie Herrschende gleichermaßen profitierten.

Chola-Intermezzo und singhalesische Renaissance

Von wenigen Unterbrechungen abgesehen hatte das buddhistische Königreich von Anuradhapura nahezu ein Jahrtausend lang Bestand. Allerdings zeigen die beiden oben skizzierten Reichskrisen, dass die Herrschenden nicht jederzeit fest im Sattel saßen. Immer wieder musste sich das Königreich tamilischer Nadelstiche erwehren – singhalesische Chroniken listen nicht weniger als acht tamilische Invasionen auf. Gefahr strahlten dabei weniger die dravidischen Siedlungen auf der Insel aus, sie ging vielmehr vom indischen Subkontinent aus. Protagonisten der Überfälle waren die **Dynastien der Chola** aus dem heutigen südindischen Bundesstaat Tamil Nadu. Die Blütezeit des Chola-Reichs lag zwischen dem 9. und dem 13. Jh. n. Chr. Neben einer einzigartigen Kunstfertigkeit – Beispiele sind der Shiva-Tempel in Thanjavur oder die berühmten Chola-Bronzen (→ S. 66 f.) – war der expansive Ausgriff über die Grenzen des indischen Subkontinents hinaus ein typisches Kennzeichen der Chola-Politik. Bevorzugte Ziele militärischer Interventionen waren Indonesien – und Sri Lanka. Eine militärische Expedition unter Führung des Chola-Regenten Rajaraja I. erbrachte 993 n. Chr. den endgültigen Fall des singhalesischen Königreichs: Der letzte Regent von Anuradhapura, Mahinda V., hatte der Überlegenheit der Chola-Armee nur wenig entgegenzusetzen und floh in den entlegenen Südosten nach Ruhuna. Derweil verlegten die neuen Machthaber die Hauptstadt aus strategischen Gründen von Anuradhapura nach **Polonnaruwa**.

Die Chola-Periode, die von einem Kulturexport aus Südindien begleitet war, währte immerhin mehrere Jahrzehnte. Als im Ruhuna-Königreich im Jahr 1055 n. Chr. Vijayabahu I. den Thron bestieg, begann eine neue Phase der sri-lankischen Geschichte: In einem 17 Jahre währenden Feldzug gelang es ihm, die Cholas von der Insel zu vertreiben sowie das singhalesische Königtum in Polonnaruwa von Neuem zu konstituieren. Ebenso wie Dutthagamani genießt Vijayabahu I. daher auch heute noch den Status eines nationalen Idols, dessen Name allen Schulkindern geläufig ist. Bedeutendste Herrscherpersönlichkeit in der Polonnaruwa-Periode war Parakramabahu I. (1123–1186). Der Regent brachte erstmals seit Langem wieder weite Teile der Insel unter Kontrolle; unter seiner Ägide nahmen die Bewässerungsprojekte wieder an Fahrt auf; der (inzwischen restrukturierte) Sangha war wieder imstande, seiner Funktion gerecht zu werden. Weil auch das Kunstschaffen in dieser Zeit zuvor eine nie erreichte Perfektion erlangte, sprechen manche Geschichtsschreiber von einem **Goldenen Zeitalter.** Die Herrschenden konnten es sich sogar leisten, ab und an selbst militärische Einheiten nach Südindien oder Burma zu entsenden.

In der Spätphase der Polonnaruwa-Zeit konnte sich kein Herrscher mehr auffallend in Szene setzen. Die Nachfolger Parakramabahus I. mussten im Gegenteil zusehen, wie 1215 ein aus dem indischen Dekkhan stammender Kriegsfürst namens Kalinga Magha mit 24.000 Soldaten an sri-lankischen Gestaden landete und den Norden der Insel eroberte. Er machte anschließend Jaffna zur Hauptstadt und begründete das unabhängige **Königreich von Jaffna**. Unter der Ägide der ihm nachfolgenden Herrscher der Aryacakravarti-Dynastie sollte es bis zur Übernahme des Inselnordens durch die portugiesischen Kolonisatoren Bestand haben.

Politischer Zerfall in der frühen Neuzeit

Die chronische Schwäche der singhalesischen Regenten in Polonnaruwa sowie die Gründung eines unabhängigen Hindu-Königreichs im hohen Norden läutete eine längere Periode der politischen Fragmentierung ein, von dem am Ende ein gänzlich neuer politischer Akteur profitieren sollte: die Portugiesen.

Im Anschluss an die Invasion von Kalinga Magha und dem Kollaps des Königreichs von Polonnaruwa zerstreuten sich Hofstaat und Sangha in alle Winde. Das Vakuum füllten in der Folge unabhängige buddhistische **Regionalfürstentümer**, wobei sich die zivilisatorische Basis der Singhalesen allmählich vom Inselnorden in den Süden verlagerte. Auch die Zahnreliquie Buddhas verließ im 13. Jh. das heutige kulturelle Dreieck im Norden und gelangte nach Süden bzw. ins Hinterland nach Kandy.

Aufbewahrungsort der Zahnreliquie

Das erste bedeutende Regionalreich wurde von den Nachfolgern der Herrscher von Polonnaruwa gegründet und hatte bis 1345 Bestand. Nach der ersten Hauptstadt Dambadeniya (auf etwa halbem Weg zwischen Kurunegala und Negombo) wird dieses Reich in der Literatur zuweilen auch als **Königreich von Dambadeniya** bezeichnet. Den Herrschenden gelang zwar die Wiedervereinigung des Sangha, sie mussten ihre Residenz jedoch aus Sicherheitsgründen immer wieder in andere Inselteile verlagern: Hauptstadtfunktion genossen nacheinander Yapahuwa, Polonnaruwa (für einen ganz kurzen Zeitraum) sowie Kurunegala. Nach 1345 ging das Reich ins erstarkende **Königreich von Gampola** auf, das seine Herrschaftsbasis im Umland der heutigen Stadt Kandy hatte. Auf diese Weise etablierte sich erstmals ein singhalesisches Machtzentrum in der Inselmitte: Ende des 15. Jh. verlagerten die Regenten ihren Herrschaftssitz von Gampola ans Ufer des Mahaweli Ganga und errichteten für Hofstaat und Sangha sowie Zahnreliquie ein neues politisch-religiöses Zentrum in Kandy. Das **Königreich von Kandy** sollte bis 1815 Bestand haben.

Zur eigentlichen Hegemonialmacht avancierte indes das **Königreich von Kotte**, das zwischen 1412 und 1597 die Geschicke im sri-lankischen Westen und Süden lenkte. Mit der Wahl der Hauptstadt Jayawardenepura Kotte rückte dabei erstmalig die heutige Metropolregion Colombo in den ereignishistorischen Fokus. Die wichtigste Herrscherpersönlichkeit war König Parakramabahu VI. (Regierungszeit 1412–1467). Er regierte nicht nur ungewöhnlich lang, sondern erwies sich als so mächtig, dass er sogar vorübergehend den Aryacakravarti-König aus Jaffna vertrieb. Unter seiner Ägide erblühte die frühe singhalesische Literatur zur veritablen Kunstform. Überdies beobachtete seine Herrschaftsperiode den Aufstieg der sri-lankischen Muslime zu wirtschaftlich bedeutenden Trägern des Außenhandels. Aufgrund seiner Lage an der Westküste war das Königreich von Kotte das erste singhalesische Reich, das mit den europäischen Kolonialmächten in Berührung kommen sollte.

Portugiesen und Holländer

Protagonisten des europäischen Aufbruchs in neue Welten zu Beginn der Neuzeit waren die **Portugiesen**. Treibende Kraft für europäische Seefahrer war neben Abenteuerlust und Prestige die Aussicht auf Teilhabe am gewinnträchtigen Handel mit Gewürzen. Seit dem Scheitern der mittelalterlichen Kreuzzüge waren die

Handelswege zu den fernöstlichen Gewürzparadiesen durch den „muslimischen Erbfeind“ blockiert. Deshalb mussten neue Routen nach Indien bzw. Hinterindien ausgekundschaftet werden, die einen weiten Bogen um die islamischen Herrschaftsgebiete schlugen. Seit den Kreuzzügen kursierten außerdem Legenden vom Priesterkönig Johannes, der angeblich über ein machtvolles christliches Großreich im Rücken der Muslime herrschte. Diesen potenziellen Bündnispartner galt es für die eigene Sache zu gewinnen.

Mit diesem Bündel an Motivationen im Gepäck brach 1497 Vasco da Gama von Lissabon auf, um einen neuen **Seeweg nach Indien** rund um das Kap der Guten Hoffnung zu entdecken. Ein knappes Jahr später landeten er und seine Getreuen in Kalikut an der indischen Malabarküste und etablierten in der Folge ein Handels- und Herrschaftszentrum in Goa. Von Goa aus segelten portugiesische Schiffe weiter nach Osten und gelangten auf diese Weise auch nach *Ceilão*, wie die Tropeninsel in portugiesischen Schriften genannt wurde. Nach flüchtigem Erstkontakt in Galle an der Südküste segelten die Europäer weiter nach Colombo. Zwar stand die Insel wegen ihrer Zimtvorkommen in gutem Ruf, größer indes war ihre geostrategische Bedeutung als Zwischenstation an der entstehenden Handelsroute in den Fernen Osten. In den zwölf Jahren, die der Landung im Jahr 1505 folgten, errichteten die portugiesischen Neuankömmlinge einen befestigten Stützpunkt an der Westküste und wurden sukzessive als Akteur in die politischen Zwistigkeiten innerhalb des Königreichs von Kotte involviert. Intention der Europäer war zunächst die Kontrolle über den Gewürzhandel, aber nicht der Erwerb politischer Besitztümer. 1521 mischten sich die Portugiesen in eine Revolte gegen König Vijayabahu VII. von Kotte ein *(Vijayaba Kollaya)*. Sie endete mit dem gewaltsamen Tod des Regenten und führte zu einer Aufteilung des Reichs unter seinen Söhnen, aus der die Europäer politischen Profit schlugen. Als der letzte Monarch aus der Linie 1597 starb, ging das ehemalige Königreich aus Mangel an Mitbewerbern in portugiesische Hände über. Eine Hinrichtung von sechs katholischen Missionaren auf der Insel Mannar wiederum war der Casus Belli für einen Feldzug, der 1591 mit der Eroberung des Königreichs von Jaffna im Norden endete. Die Kolonialherren beherrschten nun weite Teile der Küstenzonen; sie besaßen faktisch das **Monopol über den Zimthandel**. Und sie zerstörten islamische Moscheen, hinduistische Tempel und buddhistische Klöster.

Das Hinterland mit den wichtigen Gewürzplantagen wurde indes von den Königen von Kandy beherrscht und entzog sich portugiesischer Kontrolle. Das Reich erwies sich als gefestigt genug, um sich in diversen kriegerischen Auseinandersetzungen zwischen 1527 und 1658 zu behaupten. Allerdings benötigte Vimaladharmasurya I. im Konflikt gegen die Portugiesen militärischen Beistand und kontaktierte deshalb 1603 die **Niederländische Ostindien-Kompanie VOC** *(Vereenigde Oost-Indische Compagnie)*. 20 Jahre zuvor hatten die Niederlande das Joch der katholischen Habsburger abgeschüttelt. Die erst ein Jahr vor Ankunft der ersten Schiffe in Sri Lanka ins Leben gerufene Handelskompanie fungierte als internationaler Arm der Republik, hatte de jure das Monopol über den Handel mit Gewürzen und verteidigte es mit eigenen Streitkräften gegenüber konkurrierenden europäischen Mächten. In den überseeischen Gebieten übte die Handelskompanie, die in der Literatur häufig auch als Prototyp eines multinationalen Unternehmens bezeichnet wird, tatsächlich politische Herrschaftsbefugnisse wie Rechtsprechung oder Strafvollzug aus. Im Verbund mit den singhalesischen Verbänden glückten 1656 der VOC die Eroberung von Colombo sowie zwei Jahre darauf die Vertreibung der Portugiesen aus Jaffna. 1660 war das portugiesische Regiment auf der Tropeninsel Vergangenheit.

Basis holländischer Eroberungspolitik war ein 1638 geschlossener Vertrag zwischen Rajasingha II. und der VOC, demzufolge die Kompanie die eroberten Regionen im Tausch gegen die **Bewilligung eines Handelsmonopols** an das Königreich von Kandy abzutreten hätten. Dieses Monopol erstreckte sich auf sämtliche Güter mit der Ausnahme von Elefanten. Faktisch konnte jedoch von einer schiedlichen Übergabe von Territorien an die Singhalesen schwerlich die Rede sein, denn die Niederländische Ostindien-Kompanie besetzte schlicht und einfach die Lücke, die durch die vertriebenen Portugiesen entstanden war und ersetzte an den Küsten das alte europäische Kolonialregime durch ein neues.

Ceylon als Teil des britischen Empire

Die holländische Hegemonie über die Weltmeere endete 1795 mit der Eroberung der Niederlande durch französische Revolutionstruppen. Unter dem Eindruck des Ereignisses schmiedete das Haus Oranien mit den Engländern ein Vertragsbündnis, demzufolge die Briten Teile der niederländischen Kolonien in Verwahrung nahmen und schließlich zur Gänze in ihr wachsendes Weltreich inkorporierten. Flugs boten die neuen Machthaber dem Königreich von Kandy den Status eines subordinierten Protektorats an, was der singhalesische Machthaber im Hinterland natürlich sofort zurückwies. Diesen negativen Bescheid wiederum interpretierte Großbritannien als Kriegserklärung und schickte 1803 eine militärische Strafexpedition ins Hinterland. Nach anfänglichen Erfolgen musste sie sich jedoch geschlagen geben und wieder an die Küste zurückziehen. Eine Regierungsintrige nahmen die britischen Kolonisten zehn Jahre darauf zum Anlass, erneut den Marsch auf Kandy zu wagen: 1815 wurde die Hauptstadt eingenommen, der letzte Herrscher flüchtete nach Indien, und das vier Jahrhunderte lang bestehende Königreich von Kandy war Geschichte. Erstmals seit der Blüte des buddhistisch-singhalesischen Königreichs von Anuradhapura war die Insel wieder eine **politische Einheit** – wenn auch unter fremder Flagge.

„Very British" geht es auch heute noch in der Altstadt von Galle zu

Von 1803 an betrachtete Großbritannien Ceylon als **Kronkolonie**, die dem englischen Königshaus unterstellt war und von einem Gouverneur verwaltet wurde. Während große Teile Indiens zur gleichen Zeit als Protektorate betrachtet und innenpolitisch autonom regiert wurden *(indirect rule)*, war Ceylon gänzlich fremdbestimmt *(direct rule)*. Britisch-Ceylon verfügte über eine eigene Armee – die Ceylon Defence Force – und einen effektiven Verwaltungsapparat – den Ceylon Civil Service. Angestellte rekrutierten die Europäer aus der sri-lankischen Bevölkerung, wobei vorzugsweise Burgher (→ S. 54) und Angehörige aus der tamilischen Vellala-Kaste (→ Kasten, S. 52) die höheren Ränge bekleideten. Auf dem wirtschaftlichen Sektor ergänzten zunehmend großflächige Kautschuk- und Kokosplantagen die traditionellen Gewürzplantagen (Zimt, Pfeffer, Vanille und Kardamom). 1876 hatte der britische Ökonom und Naturforscher Henry Wickham 70.000 Samen des aus Brasilien stammenden **Kautschukbaums** nach Ceylon gebracht – Startschuss für einen einträglichen Erwerbszweig. Noch größer war die Bedeutung des **Kaffeeanbaus**, dessen Blütezeiten in den 1860er-Jahren im südlichen Hochland lagen. Seit der gewaltsamen Niederschlagung der Uva-Revolte 1817–18 und der Matale-Rebellion 1848 war das Hinterland befriedet und wurde von europäischen Naturforschern sowie Ingenieuren erforscht und vermessen. Allerdings vernichtete in den 1870er-Jahren der Kaffeerost beinahe sämtliche Pflanzen, woraufhin man die Plantagenwirtschaft im Hochland von Kaffee auf Tee umstellte. **Ceylon-Tee** genoss bald als Marke Weltruf. Für den besseren Abtransport der Teeernte zu den Auktionsplätzen in Colombo wurde eigens eine Eisenbahnlinie eingerichtet, der Bau der ingenieurstechnisch aufwendigen Hochlandbahn zählt zu den wichtigsten Infrastrukturprojekten aus britischer Zeit.

Das letzte Drittel des 19. Jh. war zudem durch das Erwachen einer **buddhistischen Erneuerungsbewegung** gekennzeichnet. Die buddhistische Lehre war im Verlauf der Kolonialherrschaft immer mehr in Vergessenheit geraten. Klöster und Orden dümpelten auch deshalb vor sich hin, weil die wirtschaftspolitischen Eliten Ceylons an europäischen Erziehungsinstitutionen ausgebildet wurden, die sich für einheimische Traditionen kaum interessierten. Ein Protagonist dieser Erneuerungsbewegung war der Mönch und Schriftsteller Anagarika Dharmapala (1864–1933). Unter dem Einfluss theosophischen Gedankenguts suchte er nach einer zeitgemäßen Ausprägung des Theravada-Buddhismus und nahm als Repräsentant des „südlichen Buddhismus" (→ S. 57) sogar 1893 am Weltparlament der Religionen in Chicago teil. Bereits 1862 war in Colombo die Gesellschaft zur Verbreitung der Glaubenslehre Buddhas ins Leben gerufen worden. Eine zur gleichen Zeit in Galle gegründete Druckerpresse widmete sich ausschließlich der Verbreitung buddhistischer Bücher und sollte sich ebenfalls als einflussreich erweisen. Das buddhistische „Erwachen" wiederum fungierte in der Folge als Überbau einer politisch motivierten Bewegung, die die **Unabhängigkeit Sri Lankas** von der britischen Herrschaft zum Ziel hatte. Nach dem Vorbild des großen Nachbars Indiens formierte sich der friedliche Protest u. a. im Ceylon National Congress (CNC), der 1919 gegründet wurde und auf dem langen Weg zur Autonomie eine dominante Rolle spielen sollte.

Unabhängigkeit im 20. Jh.

Anders als in Indien ging der sri-lankischen Unabhängigkeit kein zermürbender, von Rückschlägen gekennzeichneter Kampf voraus. Es wurde auch kein Volksheld wie Mahatma Gandhi durch die Emotionalität politischer Ereignisse nach oben gespült. Die sri-lankische Unabhängigkeit war im Unterschied zu Indien kein Ereignis von umwälzender Tragweite, keine Stunde Null, sondern ein weicher Übergang. Der Anpassungsprozess der Institutionen vollzog sich dabei in drei Stufen:

Im ersten Schritt zur Unabhängigkeit formierten sich Einheimische zu politischen Interessengruppen, der CNC ist hierfür das prominenteste Beispiel. Ein bedeutender Akteur war der Medienmogul Don Richard Wijewardena (1886–1950). Er publizierte Tageszeitungen in singhalesischer und tamilischer Sprache. Außerdem machte er sich gemeinsam mit Edward Walter Perera dafür stark, das Banner des letzten Königs von Kandy als Symbol neuer politischer Selbstbestimmung aus der Versenkung zu holen. Es ziert einen goldenen Löwen auf weinrotem Grund und sieht der heutigen sri-lankischen Nationalflagge ziemlich ähnlich. Als Folge des politischen Drucks und der sich verschlechternden sozialen Lage zahlreicher Einheimischer im Zuge der Weltwirtschaftskrise reiste 1927 die **Donoughmore Commission** auf die Insel, um Leitlinien eines künftigen semi-autonomen Verfassungsstaats auszuloten. Vier Jahre danach wurde die Donoughmore-Verfassung verabschiedet, die lediglich die Außenpolitik in der Verantwortung der europäischen Machthaber beließ. In der zweiten Stufe zur Selbstregierung bis zum Ende des Zweiten Weltkriegs wurde die letzte noch bestehende Beschränkung aufgehoben. Der 4. Februar 1948 markierte das offizielle Ende der britischen Kronkolonie – die Insel wurde zum **Dominion of Ceylon**. Seit 1931 garantierte das Statut von Westminster den Autonomiestatus der Dominions im britischen Commonwealth, der zufolge die ehemaligen Kolonien die komplette legislative Eigenständigkeit genießen. Der 4. Februar 1948 gilt daher bis heute als offizieller Tag der Unabhängigkeit und wird jährlich als Nationalfeiertag zelebriert. Erst zum Abschluss der dritten und letzten Stufe erhielt die Insel 1972 ihre heute gültige Staatsform und nennt sich seitdem **Republik Sri Lanka**.

Die Unabhängigkeitsbewegung in Sri Lanka vollzog sich – ähnlich wie auf dem indischen Subkontinent – nicht als geschlossenes Vorgehen aller gesellschaftlichen Gruppierungen. Die wichtigsten Akteure waren zunächst **Singhalesen.** Sie rekrutierten sich aus den gebildeten Schichten und Kasten, die mit der westlichen Kultur vertraut waren und Englisch sprachen. Der 1919 gegründete Ceylon National Congress hatte zwar den Anspruch, alle Bevölkerungsgruppen zu repräsentieren, war jedoch zuvorderst eine Institution, die sich mit den politisch-religiösen Symbolen der singhalesischen Inselhistorie schmückte. Das führte in der Folge dazu, dass zahlreiche **Tamilen** ihre politische Heimat andernorts suchten und eine eigene Interessengruppe gründeten: 1944 wurde aus diesem Grund vom Politiker und Juristen Ganapathipillai Gangaser Ponnambalam der All Ceylon Tamil Congress (ACTC) aus der Taufe gehoben. Die einzige politische Institution, die sich konsequent einem ethnischen Integrationsmodell verschrieb, war die 1935 ins Leben gerufene marxistische Lanka Sama Samaja Party (LSSP). Es handelte sich um die erste Organisation, die das Postulat der Unabhängigkeit in ihr Programm aufgenommen hatte.

Nach den ersten Wahlen im Herbst 1947 bildete die singhalesische United National Party (UNP) eine Koalition mit dem All Ceylon Tamil Congress. 1948 wurde Don Stephen Senanayake von der UNP als erster Premierminister des unabhängigen Inselstaats vereidigt. Der häufig auch als „Vater der Nation" bezeichnete Politiker strebte einen pluralistischen Staat für alle ethnischen Gruppen und Religionen an. Allerdings kapitulierte er gegenüber diversen politischen Interessen in den Regierungsparteien und versagte einem Teil der indischen Tamilen die Staatsbürgerrechte. Nach dem plötzlichen Tod des Premiers bei einem Reitunfall 1952 drängten

zunehmend nationalistisch-singhalesische Tendenzen an die Oberfläche der Politik. Bereits ein Jahr zuvor war das Kabinettsmitglied S. W. R. D. Bandaranaike (nach ihm ist der internationale Flughafen in Colombo benannt) aus der UNP ausgetreten und hatte die Sri Lanka Freedom Party gegründet. Im Unterschied zur pluralistischen UNP trachtete die Mitte-Rechts-Partei danach, den Buddhismus als Staatsreligion zu verordnen und das Singhalesische zur Leitkultur des Landes zu erheben. Bei den Wahlen 1956 errang die Partei einen erdrutschartigen Sieg, neuer Premierminister wurde Bandaranaike. Im weiteren Verlauf der neueren Geschichte sollten sich die nationalistisch-singhalesischen Ideen, getragen von einer Mehrheit der Bevölkerung, durchsetzen – mit fatalen Folgen für die Tamilen und anderen Minderheiten.

Der sri-lankische Bürgerkrieg

Ökonomisch betrachtet waren die ersten Regierungsjahre nach der Unabhängigkeit 1948 eine erfolgreiche Zeit. Die Plantagenwirtschaft boomte, der Export von Tee, Kautschuk und Kokosprodukten warf trotz sinkender Rohstoffpreise auf dem Weltmarkt Gewinn ab. Die 1970er-Jahre waren sowohl von Landreformen als auch Verstaatlichungen von Privatunternehmen unter dem Einfluss sozialistischer Ideen innerhalb der Regierungsparteien gekennzeichnet.

Auf der politischen Ebene verschärften sich indessen die Konflikte zwischen den führenden Ethnien. Als Knackpunkt erwies sich dabei die **Sprachpolitik** des Bandaranaike-Kabinetts: 1956 ersetzte der „Sinhala Only Act“ Englisch als offizielle Sprache durch das Singhalesische. Versuche des Premiers, der Sprache der Tamilen ebenfalls offizielle Anerkennung zu gewähren, zerschellten unter dem Protest des radikalen Parteiflügels. 1957 kam es zum sogenannten Shri-Streit, der sich – scheinbar banal – um Autokennzeichen in singhalesischer Schrift drehte. Zahlreiche Kennzeichen wurden klammheimlich in der jeweils anderen Sprache übermalt, was wiederum zu einer Kette von gewaltsamen Zusammenstößen und Pogromen führte. 1959 wurde Bandaranaike von einem militanten Mönch in seiner Privatresidenz erschossen. In den Nachfolgekabinetten blieben die Probleme zwischen den Ethnien erhalten. Die Tamilen fühlten sich vom zunehmend pro-singhalesischen Bildungssystem eigener Aufstiegschancen beraubt und interpretierten 1972 die Wahl des neuen Namens *Sri Lanka* als Bevorzugung der buddhistischen gegenüber der hinduistischen Tradition des Landes. Einige Tamilen antworteten wiederum auf die Kette von Affronts mit der Forderung nach einem eigenen Staat namens **Tamil Eelam** im Norden und Osten der Insel. Der Konflikt zwischen den ethnischen Gruppen kulminierte 1983 in einem bewaffneten Bürgerkrieg, der die Sri Lanker ein Vierteljahrhundert lang in Atem halten sollte.

Bis zum Bürgerkriegsende 2009 gingen etwa 240 Anschläge und Selbstmordattentate auf das Konto des paramilitärischen Flügels der tamilischen Freiheitskämpfer. Dieser kontrollierte bis 2009 große Teile des Nordens und Ostens der Insel und nannte sich **Liberation Tigers of Tamil Eelam (LTTE)**. Hauptgegner der tamilischen Befreiungstiger waren die sri-lankischen Streitkräfte. Den Konflikt nur auf die beiden Hauptgegner, Regierungstruppen gegen „Terroristen“ (31 Staaten stuften die LTTE als terroristische Vereinigung ein), zu reduzieren, wird jedoch der komplexen Sachlage nicht gerecht. Bei näherem Hinsehen verliefen die Konfliktlinien scheinbar wahllos zwischen den Fronten: radikale gegen gemäßigte Tamilen, städtisches Milieu gegen ländliches Milieu, singhalesische Modernisten gegen buddhistische Traditionalisten. Insgesamt kostete der Bürgerkrieg schätzungsweise 100.000 Menschenleben; fast

Ostküste: Wiederaufbau nach dem Tsunami mit schwedischer Hilfe

alle Tamilen hatten tote Verwandte und Bekannte zu beklagen oder Freunde, die im Gefängnis saßen (und zum Teil noch immer sitzen). Über 50.000 sri-lankische Tamilen verließen ihre Heimat und leben im Ausland – im südindischen Bundesstaat Tamil Nadu, in der Schweiz oder in Ländern der Europäischen Union (→ Kasten, S. 49). Auch die Indische Union wurde mit in den Konflikt hineingezogen, weil die LTTE ihre Verbindungen nach Tamil Nadu strategisch zu nutzen wusste. Ausgestattet mit einem Mandat der UNO und mit Einverständnis der sri-lankischen Regierung landeten daher **indische Friedenstruppen** (IPKF) auf der Insel. Sie wurden allerdings von LTTE-Verbänden erbittert bekämpft, 1500 indische Soldaten verloren ihr Leben.

Die militärische Pattsituation resultierte 2002 in einen Waffenstillstand, dem eine merkliche Phase der Entspannung folgte. Auslöser für die erneute Verschärfung des Konflikts war ausgerechnet der verheerende **Tsunami**, der am zweiten Weihnachtsfeiertag 2004 Urlauber wie Einheimische überraschte und etwa 35.000 Todesopfer forderte. Besonders betroffen waren die Süd- und Ostküste. Die durch ein Seebeben mit der Stärke 9,1 vor der Küste Sumatras ausgelöste Flutwelle riss u. a. in der Nähe von Hikkaduwa einen voll besetzten Zug vom Gleis – ca. 1000 Passiere starben bei dem Unglück. In den Bürgerkriegsgebieten spülte die Gewalt des Wassers zudem etwa zwei Millionen an den Stränden vergrabene Antipersonenminen (Landminen, die gegen Menschen eingesetzt werden) ans Tageslicht. Der Naturkatastrophe folgten eine internationale Welle der Solidarität und zahlreiche Spenden. Der neuerliche Konflikt zwischen Tamilen und Singhalesen entzündete sich an der Verteilung der Gelder in tamilischen Gebieten. Die LTTE beschuldigte das Kabinett unter Staatspräsident Mahinda Rajapaksa, die Hilfslieferungen in den Norden und Osten teilweise unterschlagen zu haben, eine Einschätzung, die von Vertretern des Internationalen Rotkreuzes und Rothalbmonds bestätigt wurde. Im Zuge wiederaufflammender Gewalt wurden ein Attentat auf den sri-lankischen Außenminister und ein Anschlag auf einen Reisebus verübt. Auslöser eines erneuten Militäreinsatzes jedoch war die Blockierung der Trinkwasserversorgung seitens tamilischer Rebellen gewesen. Die Blockade betraf im Wesentlichen die muslimische Bevölkerung in Mutur südlich von Trincomalee. Am 16. Mai 2009 erklärte schließlich Präsident Rajapaksa, der die kraftvolle militärische Schlussoffensive befohlen hatte, die Rebellen für besiegt und den Bürgerkrieg für beendet.

Ausblick

Die Konfliktforschung unterscheidet zwischen beigelegten und gelösten Konflikten. Gelöst ist ein Konflikt dann, wenn seine Ursachen beseitigt sind. Eine Analyse der heutigen Situation in Sri Lanka ergibt zweifelsfrei, dass es sich um einen ungelösten Konflikt handelt, denn von einer Gleichberechtigung von Singhalesen und Tamilen kann keine Rede sein. Dennoch deutet gegenwärtig nichts darauf, dass die Kämpfe kurz- oder mittelfristig wieder aufgenommen werden. Insofern scheint der Konflikt in der Tat beendet. Kritische Stimmen merken indessen an, dass der Krieg heute in anderer Form weitergeführt wird: Die Menschenrechtsorganisation Human Watch prangerte beispielsweise an, dass auch nach dem offiziellen Ende des Bürgerkriegs tamilische Frauen von singhalesischen Soldaten vergewaltigt und Männer unter dem Vorwand der Terrorprävention ohne Gerichtsverfahren inhaftiert würden. Die Regierung in Colombo wies Darstellungen wie diese regelmäßig als unbewiesen zurück. Hoffnung auf echte Entspannung nährte 2015 die überraschende Abwahl von Staatspräsident Rajapaksa. Dessen Nachfolger Maithripala Sirisena setzte ein starkes Signal in Richtung Aussöhnung, indem er mit Kanagasabapathy Sripavan einen Tamilen für das Amt des obersten Richters in Sri Lanka betraute!

Flüchtlinge in Europa und die Tamilenwallfahrt zu Kevelaer

Die meisten der über 50.000 Tamilen, die vor dem Bürgerkrieg in Sri Lanka flüchteten, landeten auf der anderen Seite der Palk Strait im südindischen Bundesstaat Tamil Nadu. Besonders der kleine Wallfahrtsort Rameshwaram ist ein Sammelbecken der Geflüchteten. Etwa 16.000 tamilische Flüchtlinge leben gegenwärtig in Deutschland. Einer Befragung zufolge sind die Tamilen vergleichsweise gut in die Gesellschaft integriert: 75 % der Tamilen standen im Befragungszeitraum in Lohn und Brot.

Am zweiten Samstag im August sorgt alljährlich die Tamilenwallfahrt nach Kevelaer für Furore. Durchschnittlich 10.000, in manchen Jahren sogar über 15.000 Tamilen aus zahlreichen Ländern Europas pilgern in ihren bunten Gewändern in die niederrheinische Wallfahrtsmetropole und huldigen der Marienstatue. Der Clou an der Sache: 60 % dieser exotischen Wallfahrer sind Christen, der Rest entpuppt sich überraschend als Hindus. Die Muttergottes genießt in Südasien einen exzellenten Ruf, nicht zuletzt, weil Jesus Christus als „Guru" überaus geschätzt und von einigen Menschen gar als Inkarnation von Gott Vishnu angesehen wird – ein Beispiel für den Synkretismus in der hinduistischen Glaubenspraxis. In Kevelaer bedanken sich Tamilen, Hindus ebenso wie Christen bei der Muttergottes für erfolgreich geleistete Hilfe in der Not.

Politik und Verwaltung

Sri Lanka ist eine der ältesten Demokratien Asiens. Der Sitz der Regierung ist nicht direkt in Colombo, sondern in Sri Jayawardenepura Kotte. Das Land unterteilt sich in neun Provinzen und 25 Distrikte.

Der offizielle Name des Inselstaats lautet Demokratische Sozialistische Republik Sri Lanka. Staatsoberhaupt ist der Präsident, der aufgrund der Verfassung aus dem Jahr 1977 mit einer erheblichen Machtfülle ausgestattet ist und für fünf Jahre gewählt wird. Der Präsident ist oberster Befehlshaber der Armee, er ernennt und entlässt den Regierungschef und genießt weitgehende Immunität. Gegenwärtig hat Maithripala Sirisena von der Sri Lanka Freedom Party (SLFP) das Amt inne. Das Parlament hat seinen Sitz in Sri Jayawdenepura Kotte, einem Vorort der Hauptstadt Colombo. Die gesetzgebende Versammlung wird ebenfalls alle fünf Jahre neu gewählt und setzt sich aus 225 Abgeordneten zusammen. Faktisch herrscht ein **Zweiparteiensystem:** Neben der linksliberal bis sozialistisch orientierten Freedom Party lenkte viele Jahre die liberal-konservative United National Party (UNP) die Politik des Landes. Das Emblem der aus der Unabhängigkeitsbewegung hervorgegangenen Partei ist ein grüner Elefant. Die politische Landkarte vervollständigen Parteien, die ihre Unterstützer im Wesentlichen aus diversen ethnisch-religiösen Minderheiten rekrutieren: Bedeutendste politische Vertretung der Tamilen im Norden und Osten ist die Tamil National Alliance (TNA); die Teepflücker-Tamilen im Hinterland sind großteils in der Tamil Progressive Alliance (TPA) organisiert; Muslime wiederum wählen bevorzugt den Sri Lanka Muslim Congress (SLMC). Am rechten Rand des Spektrums befindet sich die singhalesisch-nationalistische Jathika Hela Urumaya (JHU), die „Partei des nationalen Erbes“ wurde 2004 von buddhistischen Mönchen gegründet. Die **Nationalflagge** Sri Lankas ist seit 1978 ein goldener Löwe auf weinrotem Grund. Die vier Tropfen an den Ecken symbolisieren die vier (buddhistischen) „himmlischen Verweilzustände“ *(brahmavihara)*: Mitgefühl *(karuna)*, liebende Güte *(metta)*, Anerkennung *(mudita)* und Gleichmut *(upekkha)*.

Anwaltskanzleien im Basar von Kandy

Trotz der Unterteilung in neun Provinzen und 25 Distrikten wird der Inselstaat zentral gesteuert. Die Provinzräte werden direkt vom Volk gewählt, die Gouverneure ernennt aber der Staatspräsident, sie unterstehen dem Presidential Secretary, das seinen Sitz im ehemaligen Parlamentsgebäude am Galle Face Green in Colombo hat. Zu den Aufgaben des Zentralsekretariats gehört die Koordination der **Verwaltung** (Sri Lanka Administrative Service), die als Organisation direkt aus dem britischen Ceylon Civil Service hervorgegangen ist. Im Korruptionsindex von 176 Ländern der Welt belegt Sri Lanka gegenwärtig den 100. Rang.

Sri-lankische Familie beim Spaziergang in Passekudah

Gesellschaft und Bevölkerung

Die sri-lankische Gesellschaft ist multiethnisch und multireligiös. Die größte Volksgruppe im Land stellen die Singhalesen (74,9 %), gefolgt von der größten ethnischen Minderheit, den Tamilen (15,4 %). Der Rest der Bevölkerung setzt sich aus Moors, Burghers und weiteren Minderheiten zusammen. Spuren des traditionellen Kastensystems sind noch in Ansätzen erhalten.

Obwohl die Bruchlinien im Sozialgefüge heute hauptsächlich zwischen den Religionen, den ethnischen Gruppen und den gesellschaftlichen Klassen bzw. Schichten verlaufen, wird das Kastensystem (→ Kasten S. 52) von Teilen der Bevölkerung noch immer als ein relevanter Faktor für die Ausformung kollektiver Identitäten angesehen. Die auf den ersten Blick chaotische Melange unterschiedlicher ethnischer und religiöser Gruppierungen, die sich mit ihren Kasten, Klassen bzw. Schichten teilweise überlappen, ist ein typisch südasiatisches Phänomen und wird in der Fachliteratur gewöhnlich als **Kommunalismus** bezeichnet. Einerseits sorgt dieser für gesamtgesellschaftliche Stabilität, andererseits sind Gruppenkonflikte ungleich häufiger zu beobachten, als in anderen Gesellschaftstypen. Ein augenfälliger Beleg dafür ist der zurückliegende Bürgerkrieg zwischen Singhalesen und Tamilen.

Singhalesen

Die Singhalesen stellen die mit Abstand stärkste Bevölkerungsgruppe. Gemäß ihrer Selbsteinschätzung sind sie auch die Träger der Leitkultur des Landes. Die im 5. Jh. v. Chr. aus Bengalen oder Orissa immigrierten „Löwenartigen“ (*singha* heißt Löwe) sind indoarischer Abstammung (→ Geschichte, S. 38) und Buddhisten, ihre Sprache ist *Sinhala*. Die zwei wichtigsten Siedlungsschwerpunkte sind das zentrale Hinterland und die Südwestküste rund um Colombo, obwohl Singhalesen – mit Ausnahme der tamilischen Gebiete im Norden und Osten – tatsächlich auf der ganzen Insel zu finden sind. Die Singhalesen aus dem Großraum Colombo sind die Nachfahren der Bewohner, die dem Einfluss des europäischen Kolonialsystems am stärksten ausgesetzt waren und häufig ihre Sozialisation an englischsprachigen Schulen erfuhren. Aus diesem Grund unterscheiden sich der Lebensstil und die Alltagskultur der Westküsten-Singhalesen bis heute von den Bergland-Singhalesen. Letztere sind wiederum die Nachkommen der Bewohner, die von den Sitten und Gebräuchen des Königreichs von Kandy geprägt und überwiegend im dörflichen Milieu verwurzelt waren.

Die Geburt bestimmt die soziale Stellung: das Kastensystem

Der Prototyp des Kastensystems tauchte erstmals im vedischen Zeitalter Indiens auf: Der um ca. 1200 v. Chr. entstandene Rigveda beschreibt eine **Sozialstruktur aus vier Schichten**, die sich aufgrund von Hautfarbe *(varna)* unterschieden: Die Spitze der Bevölkerungspyramide markierten damals die Priesterschamanen *(brahmanas)*, gefolgt von der Kriegerkaste *(kshatriyas)*, den Kaufleuten *(vaishyas)* und am unteren Ende den Handwerkern, Bauern und Tagelöhnern *(shudras)*. Aus dem ziemlich groben hierarchischen Raster differenzierte sich in den folgenden Jahrhunderten das in Indien bis heute gültige Geburts-System *(jati)* heraus – mit Hunderten Geburtsgruppen, die sich den jeweiligen Farben zuordnen lassen und denen bestimmte Berufe oder Berufszweige zugrunde liegen. Die Kastenzugehörigkeit ist bereits zum Zeitpunkt der Geburt festgelegt und hat – in den allermeisten Fällen – bis zum Tod Gültigkeit. Den Begriff Kastensystem (das lateinische Wort *castus* bedeutet „rein") prägten portugiesische Missionare nach ihrem Studium des indischen Sozialsystems, das als Folge der Bevölkerungsbewegungen und des Kulturexports auch nach Sri Lanka gelangte und sich dort durchsetzte.

Im Verlauf der britischen Kolonialepoche hat das Kastensystem in Sri Lanka an Bedeutung eingebüßt. Nichtsdestotrotz wird zuweilen noch heute bei der Eheschließung auf die Kastenzugehörigkeit zukünftiger Partner geachtet. Zu den Besonderheiten des Landes zählt die Koexistenz von drei Kastensystemen nebeneinander: ein singhalesisches, ein weiteres für sri-lankische Tamilen im Inselnorden und -osten und ein drittes Kastensystem für die aus Südindien stammenden Teepflücker-Tamilen. Grundsätzlich ist aus religiösen Gründen das Kastenwesen bei den hinduistischen Tamilen stärker verwurzelt als bei den buddhistischen Singhalesen. Dominante singhalesische Kaste waren seit jeher die **Goyigama**. Die auf der gesamten Insel vertretene ursprüngliche Bauernkaste prägt heute zu wesentlichen Teilen das Wirtschaftsleben und die Politik. Obendrein existieren zwölf weitere Kasten, u. a. die Fischer *(karava)* und Reisbauern *(bathgama)*. Bedeutendste tamilische Kaste sind die **Vellala**. Wie die singhalesischen Goyigama waren die Vellala ursprünglich Bauern. Während der Kolonialzeit stiegen zahlreiche Angehörige in die gebildete Mittelschicht auf und bekleideten gut dotierte Verwaltungsberufe. Weitere namhafte tamilische Kasten sind z. B. die Händler *(chetti)* und die Seefahrer *(karaiyar)*. Eine Besonderheit im Königreich von Kandy war bis 1815 der **Königsdienst** *(rajakariya)*: Jeder Kaste wurde eine bestimmte Aufgabe für den Königshof sowie für die buddhistischen Klöster zugewiesen.

Tamilen

Tamilische Teepflückerin

Die überwiegend dem hinduistischen Glauben angehörenden Tamilen bilden in Sri Lanka zwei unterschiedliche Bevölkerungsgruppen: Annähernd zeitgleich mit den Singhalesen gelangten aus Südindien in mehreren Einwanderungsschüben Tamilen auf die Insel. Sie ließen sich insbesondere im Inselnorden nieder, wo sie das politisch-gesellschaftliche Klima im weiteren Verlauf der Geschichte befruchteten. Zur besseren Unterscheidung werden die Angehörigen dieser Bevölkerungsgruppe gemeinhin als **sri-lankische Tamilen** bezeichnet. Ihre Sprache ist *Tamil*, Siedlungsschwerpunkte sind der Norden mit der Halbinsel von Jaffna und einzelne Gebiete an der Ostküste, z. B. das Hinterland von Batticaloa. Sri-lankische Tamilen machen heute 11,2 % der sri-lankischen Gesamtbevölkerung aus. Die zweite tamilische Bevölkerungsgruppe gelangte im 19. und 20. Jh. als eine Folge britischer Umsiedlungspolitik von Südindien nach Sri Lanka. Diese **indischen Tamilen** waren Plantagenarbeiter, die von den Kolonialherren für die Kultivierung von Tee benötigt wurden. Demzufolge siedeln indische Tamilen heute im südlichen Hochland und in den Teeanbaugebieten um Kandy. Abgesehen von der Sprache sowie der gemeinsamen dravidischen Abstammung unterscheiden sich beide Bevölkerungsgruppen in ihren Anschauungen und in ihrer Alltagskultur. Im Unterschied zu sri-lankischen Tamilen waren indische Tamilen im sri-lankischen Bürgerkrieg kaum involviert und speisen ihre Interessen über ihre eigene Partei ins politische System ein.

Sri-lankische Muslime (Moors)

Der Islam gelangte mit der Ankunft arabischer Händler ab dem 8. Jh. n. Chr. auf die Insel. Im europäischen Kolonialzeitalter wurden Muslime als *Moors* bezeichnet, ein Name, der sich noch heute in mancher Straßennamen in den Basarzentren wiederfindet. Im alltäglichen Sprachgebrauch ist die Bezeichnung allerdings kaum noch präsent. Sri-lankische Muslime sprechen häufig Tamil und sind in ethnisch-religiöse Konflikte der Insel nur selten involviert. Seit der letzten Jahrtausendwende sind islamische Moscheen jedoch verstärkt Attacken militanter Buddhisten ausgesetzt gewesen. Die Muslime leben heute hauptsächlich in den Basaren größerer Städte. In einigen Gegenden an der Ostküste, z. B. südlich von Trincomalee und von Batticaloa, stellen sie sogar die Bevölkerungsmehrheit.

Burgher

Der auf das holländische Wort *Burger* (Bürger) zurückgehende Begriff definiert eine Bevölkerungsgruppe mit euroasiatischer Mischabstammung. Hervorgegangen sind Burgher im Kolonialzeitalter aus Mischehen von Europäern mit einheimischen Singhalesen oder Tamilen. 1883 verfügte der Oberste Gerichtshof von Ceylon, dass sich ausschließlich nur diejenigen als Burgher bezeichnen dürften, die einen auf der Insel geborenen Vater mit – wiederum väterlicherseits – mindestens einem europäischen Ahnen hätten. Ungeachtet dessen galten (und gelten) im allgemeinen Sprachgebrauch alle in Sri Lanka geborene Personen mit europäischen Wurzeln als Burgher. Mitglieder dieser Bevölkerungsgruppe sind oft schon aufgrund ihres Aussehens zu erkennen, außerdem tragen die meisten Burgher portugiesische oder holländische Nachnamen. Nach der Unabhängigkeit 1948 wanderten viele Burgher in Länder der englischsprachigen Welt aus – auch aus Angst vor Repressalien und unter dem Eindruck zunehmender nationalistischer Töne seitens der Singhalesen. Heute gibt es in Sri Lanka noch etwa 37.000 Burgher, die meisten von ihnen leben im Großraum Colombo oder in den Städten der Westküste. Ein prominenter Burgher ist der seit 1962 in Kanada lebende Schriftsteller Michael Ondaatje, der mit dem Roman „Der englische Patient" weltweit bekannt wurde.

Vedda

Als Vedda werden Angehörige indigener Völker in Sri Lanka bezeichnet, von denen heute Schätzungen zufolge nur noch einige Hundert auf der Insel leben. Die Waldmenschen *(Wanniya-laeto)*, so die Eigenbezeichnung, führen sich selbst auf die Prinzessin Kuveni zurück. Dem Mythos nach ehelichte die Tochter eines Yaksha-Stammesfürsten einen aus Indien verbannten Adeligen, wurde allerdings später von diesem wieder verstoßen. Ihre beiden Kinder wiederum avancierten in der Folge zu Stammhaltern des indigenen Volkes. Der Begriff Vedda, der sich als Bezeichnung der sri-lankischen Ureinwohner allgemein durchgesetzt hat, hat seinen Ursprung im tamilischen Wort *vedu* bzw. dem Sanskritwort *vyadha* (Jäger). Der linguistische Status der Vedda-Sprache ist umstritten: Die einen sehen in ihr eine Kreolsprache und verweisen in diesem Zusammenhang auf die zahlreichen singhalesischen – mit Abstrichen auch tamilischen – Vokabeln, andere pochen auf die Einzigartigkeit der Sprache, die sich seriösen Klassifizierungsversuchen entzöge. Sinhala- sowie Tamil-Elemente seien demzufolge erst im Verlauf der Geschichte ins Sprachgut der Vedda eingeflossen. Genuntersuchungen lassen indessen auf eine gewisse Verwandtschaft der Vedda mit den australischen Aborigines schließen.

Ursprünglich dürften die Siedlungsgebiete der Ureinwohner über die gesamte Insel verstreut gewesen sein – mit Schwerpunkten in Anuradhapura, Ratnapura sowie in einigen Gegenden zwischen dem Bergland und der Ostküste. Dass ihr Verhältnis zu den Singhalesen und Tamilen nicht immer einfach gewesen war, liegt auf der Hand, schließlich ist die Geschichte der Vedda auch eine Geschichte ihres schleichenden Untergangs. Als 1983 der Maduru-Oya-Nationalpark aus der Taufe gehoben wurde, rief dies den – vergeblichen – Protest der im Schutzgebiet lebenden Vedda-Clans hervor, die sich ihrer Lebensgrundlage – Jagd und Waldwirtschaft – beraubt sahen. Die beste Gelegenheit, die Dörfer der sri-lankischen Ureinwohner kennenzulernen, bietet sich in der Umgebung von Mahiyangana (→ Kasten, S. 384). Informationen über die Vedda: www.vedda.org.

Zu jedem Kloster gehört ein heiliger Bodhibaum

Religionen

Die wichtigsten Religionen in Sri Lanka sind Buddhismus und Hinduismus. Beide haben ihre historischen Wurzeln in der nordindischen Gangesebene. Die Mehrheit der Sri Lanker heute sind Buddhisten (70,2 %), gefolgt von Hindus (12,6 %), Muslimen (9,7 %) und Christen (7,4 %).

Der Buddhismus ist Staatsreligion – nicht nur die Politik, sondern auch große Teile der Gesellschaft sind von der Religion durchdrungen. Zu den typischen Merkmalen praktischer Religionsausübung zählt, dass sich Hinduismus und Buddhismus in Sri Lanka nicht immer scharf abgrenzen lassen. Ein Schmelztiegel der Religionen ist das Land deshalb noch lange nicht, sondern vielmehr ein Sammelbecken, in dem idealerweise alle Weltreligionen ihren Platz haben. Die **Religionsfreiheit** wird von der Verfassung offiziell garantiert. Dennoch kommt es gerade in jüngerer Zeit immer wieder zu vereinzelten Übergriffen radikaler Buddhisten auf Moscheen und christliche Kirchen.

Die Abgrenzung zwischen Buddhismus und Hinduismus ist historisch nicht immer eindeutig vorzunehmen, was teilweise mit Definitionsproblemen des Begriffs Hinduismus zusammenhängt. Nicht wenige Hindus neigen traditionell zur Ansicht, die Buddhisten als eine Glaubensgruppe innerhalb der umfassenden Klammer ihres eigenen Religionssystems anzusehen. Schließlich kennt Hinduismus per se keine Orthodoxie, sondern fungiert als Sammelbecken unterschiedlicher religiöser Bewegungen, die oftmals nur wenige gemeinsame Kennzeichen miteinander teilen. Dagegen pochen Buddhisten stärker auf Abgrenzung und legen Wert auf die Feststellung, dass sich aus dem Leben und Wirken des historischen Buddha etwas gänzlich Neuartiges entwickelt hat. Für beide Sichtweisen lassen sich historische Belege ins Feld führen.

In religiöser Hinsicht war die Epoche, in der Buddha lebte, von einer beispiellosen Aufbruchstimmung geprägt. Im 6. und 5. Jh. v. Chr. schossen religiöse Bewegungen wie Pilze aus dem Boden der nordindischen Tiefebene. Sie revoltierten gegen den etablierten **Brahmanismus** vedischer Zeit, der das Vermittlungsmonopol zwischen humaner und göttlicher Welt den gelehrten Priesterschamanen *(brahmanas)* überlassen hatte. Viele, die sich den neuen Bewegungen anschlossen, waren vom Bedürfnis angetrieben, die grundsätzlichen Fragen nach der eigenen Existenz selbst zu klären. In dem zeitgeistlichen Klima jener Epoche fielen die Lehren Buddhas natürlich auf fruchtbaren Boden. Die Brahmanen hatten dem beachtlichen Erfolg der religiösen Bewegungen zunächst nichts entgegenzusetzen; erst mit dem radikalen Niedergang des Buddhismus in Nordindien, lange nach der christlichen Zeitenwende, etablierte sich der „moderne" Hinduismus mit den heute bekannten Universalgöttern Vishnu, Shiva und Shakti. Er vollbrachte dabei das Kunststück, nicht nur die Innovationen aus dem **Zeitalter der Upanishaden** (der Epoche Buddhas) in das eigene System zu inkorporieren, sondern auch die vedische Opfer- und Ritualpraxis der Brahmanen in die heutige Zeit zu übertragen.

Zu den gemeinsamen Elementen beider Weltreligionen zählt der Glaube an die **Wiedergeburt**. Jede menschliche Existenz ist einem Kreislauf von Wiedergeburten *(samsara)* unterworfen. In Ausnahmefällen gelingt Adepten der befreiende Ausstieg aus dem Kreislauf: Die Hindus bezeichnen den Eingang in eine andere Daseinsform als Moksha, Buddhisten als Nirvana. Nicht jede hinduistische Schule erkennt den Ausstieg aus dem „Rad des Lebens" als mögliche Heilsoption an. Das Konzept der Wiedergeburt ist eng mit dem **Karma**-Begriff verbunden: Karma verweist zunächst schlicht auf den Umstand, dass jede Ursache eine oder mehrere Wirkungen hervorbringt. Auf das Bezugsfeld des Individuums übertragen bedeutet das, dass alle Handlungen und auch Gedanken Konsequenzen nach sich ziehen. Im Verbund mit dem Konzept der Wiedergeburt erhält Karma eine weitere Dimension: Handlungen (und Gedanken) in früheren Existenzen können sich nämlich auf das gegenwärtige Dasein auswirken. Hindus leiten aus diesem Nexus eine spezifische Lebensaufgabe oder „Pflicht" *(svadharma)* der Adepten ab; auch ihre Stellung im Kastensystem ist im Wesentlichen karmisch bedingt.

Der Buddhismus

Der historische **Buddha** (der Erwachte) war, vertraut man der Legende, der Spross eines Adelshauses und lebte etwa um 500 v. Chr. in Nordindien. Der Beiname Shakyamuni (Weiser [aus dem Stamm] der Shakya) verweist darauf, dass er der Volksgruppe der Shakya angehörte, die im heutigen Grenzgebiet zwischen Indien und Nepal lebte. Weitere populäre Beinamen sind Siddhartha und Gautama. Eines Nachts verließ der bis dato behütet aufgewachsene junge Mann als Reaktion auf eine Sinnkrise heimlich das Elternhaus, um Fragen der menschlichen Existenz nachzuspüren. Die von zahlreichen Umwegen und Irrtümern begleitete spirituelle Reise endete Jahre später, als Buddha unter einer Pappelfeige meditierend in der Tat „erwachte" und in einen andersartigen Bewusstseinszustand hinüberglitt, ein Zustand, der gewöhnlich als Erleuchtung *(nirvana)* bezeichnet wird. Prompt stellten sich Schüler ein, die sich ebenso auf der Suche befanden und vom Meister zu lernen trachteten – die Keimzelle für die Entwicklung des späteren Mönchsordens *(sangha)* war gelegt.

Buddha selbst hatte nichts notiert und wahrscheinlich auch nie die Absicht gehabt, eine Religion zu gründen. Die Faktenlage ist aus diesem Grund dürftig. Zunächst wurde die Lehre Buddhas *(dhamma)* von den Anhängern mündlich überliefert, erst ca. 400 Jahre nach dem Tod des Erleuchteten wurden die Lehren erstmals schriftlich festgehalten. Dass die Authentizität zumindest einiger Schriften durchaus zweifelhaft ist, belegen verschiedene Konflikte unter den Nachfolgern der ersten Schülergeneration. Die Meinungsverschiedenheiten, die auf Konzilen zutage traten, mündeten in eine Aufspaltung der Buddhisten in verschiedene Strömungen bzw. Pfade. Nichtsdestotrotz schrieb die werdende Weltreligion zunächst eine beispiellose Erfolgsgeschichte, die in dem „Übertritt" des nordindischen Königs Ashoka (304–232 v. Chr.) vom Brahmanismus zum Buddhismus gipfelte. Während der Regierungszeit des Maurya-Herrschers verbreitete sich die neue Religion in andere asiatische Länder – und gelangte auf diese Weise auch nach Sri Lanka (→ Geschichte, S. 38). Die heutige Landkarte der buddhistischen Welt spiegelt so die Schismen des Altertums wider: Sri Lanka gehört mit Myanmar, Laos, Thailand und Kambodscha zum „südlichen Buddhismus", der von den Anhängern als **Theravada** (Schule der Älteren oder Kleines Fahrzeug) bezeichnet wird. **Theravada** ist eine vergleichsweise konservative Strömung, die sich so weit wie möglich auf die ursprünglichen Lehren Buddhas zu stützen versucht. Zweite Hauptströmung ist der **Mahayana** (Großes Fahrzeug), der sich vor allem in Zentral- und Ostasien verbreitet hat und in China, Japan, Korea und Vietnam praktiziert wird. Der wichtigste Unterschied zum Theravada besteht in der Motivation für den Weg: Hier strebt der Praktizierende nicht nur nach der eigenen Erleuchtung durch das Praktizieren des „Edlen Achtfachen Pfades", sondern widmet seine Anstrengungen allen fühlenden Wesen, damit auch diese Befreiung aus dem Kreis der „leidvollen" Wiedergeburten erlangen können. Dabei wird im Mahayana die Existenz von Erleuchtungswesen, Bodhisattvas, angenommen, die die Suchenden auf dem Weg zur Erleuchtung unterstützen. Die dritte Hauptrichtung heißt **Vajrayana** (Diamantweg). Sie ist eine Variante des Mahayana und weist dem spirituellen Lehrer eine zentrale Rolle bei der Praxis und den Unterweisungen an die Schüler zu. Vajrayana wird im tibetischen und im mongolischen Raum praktiziert und wahlweise auch als Tantrischer Buddhismus oder Lamaismus bezeichnet.

Trotz der Unterschiede zwischen den Strömungen existiert in den Lehrinhalten ein großer gemeinsamer Nenner: Dazu gehören die **„Vier edlen Wahrheiten"**, denen zufolge menschliche Existenz auf Leiden gegründet ist. Wie die zunächst pessimistisch klingende Annahme exakt zu interpretieren ist, darüber gehen die Ansichten auseinander. Eine Auslegung ist, dass jede Existenz auf fatale Weise emotional und geistig verstrickt ist – durch karmisch bedingte Ursache-Wirkungs-Mechanismen aufgrund von Anhaftungen oder durch falsche Annahmen über die Existenz. Buddha zufolge beruhen die Verstrickungen auf Illusion und täuschen Menschen über ihre wahre Existenz hinweg. Ziel des buddhistischen Erleuchtungsweges ist es, die Schichten der Illusion Schritt um Schritt abzutragen, bis die wahre Existenz der Suchenden – die in jedem Wesen bereits angelegte Buddha-Natur – zutage tritt. Die neu gewonnene Daseinsform *(nirvana)* ist natürlich keine leidvolle mehr. Ein wichtiges Hilfsmittel ist die Meditation, weitere Handlungsanweisungen sind im „Edlen Achtfachen Pfad" festgehalten. Darunter fallen Hinweise ethischer Art wie rechte Gedanken, rechtes Handeln, achtsames Sprechen sowie Anweisungen, sich zu sammeln – also die stets unruhigen und abschweifenden Gedanken durch meditative Übungen und geistiges Training zur Ruhe zu bringen.

Der Theravada-Buddhismus, der in **Sri Lanka heute** praktiziert wird, war nach der Einführung im 3. Jh. v. Chr. einigen Anpassungs- und Veränderungsprozessen ausgesetzt. Im ersten Schub wollten die neuen Laienanhänger (sozusagen als Folge der Integration volksreligiöser Traditionen) zunächst auch von göttlichen Mächten und Kräften Beistand erbitten oder Zuspruch erfahren. Sie empfanden Götter als konkrete Bezugspartner nützlicher als eine philosophisch-abstrakte Befreiungslehre, die ironischerweise eine göttliche Instanz ausschließt. Die Tempel für die alten sri-lankischen Schutzgottheiten sind daher heute ein integraler Bestandteil zahlreicher buddhistischer Kultstätten. Vom 8. bis 11. Jh. n. Chr. erfreute sich der Mahayana in Sri Lanka großer Beliebtheit, bevor der Theravada wieder in den Mittelpunkt rückte. Aus diesem Grund finden sich in manchen Heiligtümern auf der Insel auch Skulpturen von Bodhisattvas, obgleich diese eigentlich im Theravada nichts verloren haben. Ein weiteres Phänomen ist die Politisierung der Religion in der Epoche des zu Ende gehenden Kolonialzeitalters. Dieser Prozess ist im Grunde bis heute nicht abgeschlossen. Der Buddhismus ist seit der Unabhängigkeit Sri Lankas 1948 **Staatsreligion**. Der vielleicht größte Verdienst der Theravada-Tradition gebührt der Tradierung des klassischen buddhistischen Schriftguts: Die im Pali-Kanon festgehaltenen Predigten und Texte wurden von Mönchen auf der Insel immer wieder abgeschrieben sowie später aus dem *Pali* (nordindische Sprache, in der die frühen buddhistischen Texte verfasst waren) ins moderne Singhalesische übertragen. Heute gibt es in Sri Lanka rund 6000 buddhistische Klöster, in denen insgesamt 15.000 Mönche leben.

Die Legitimation politischer Herrschaft durch die Religionen

Von den alten singhalesischen Königreichen im Norden bis zum neuzeitlichen Königreich von Kandy haben die Regenten immer wieder gern auf den Hinduismus zurückgegriffen. Die Gründe dafür liegen auf der Hand, denn der Buddhismus interessierte sich nie für politische Herrschaft – einziges Ziel ist der spirituelle Fortschritt der Schüler mit dem Ziel der Erleuchtung. Der Hinduismus – als religionsübergreifendes Normsystem – kennt dagegen sehr wohl ein politisches Herrschaftskonzept. Diesem zufolge ist der König der Beschirmer der Welt und Hüter des Dharma (der universalen Gesetze) und insofern für Wohlergehen und Harmonie in seinem Herrschaftsgebiet verantwortlich. Daraus resultiert zu einem Teil die Beliebtheit hinduistischer Glaubensvorstellungen in einem eigentlich buddhistischen Land. Bereits im singhalesischen Königreich von Anuradhapura schmückten sich die Regenten mit dem aus Indien vertrauten Titel *Maharaja* (Maharadscha, Großkönig), auch das königliche Zeremoniell in Kandy war viel stärker hinduistisch als buddhistisch geprägt. Nichtsdestotrotz (und ungeachtet der eigentlichen Ziele des Buddhismus) trug auch der Theravada in Sri Lanka zur Legitimation politischer Herrschaft bei: Die Könige stifteten Kultstätten und beschenkten Klöster, Mönche wiederum stützten Regenten. Ein System wechselseitigen Gebens und Nehmens, von dem die Mönchsorden wie die Herrscher gleichermaßen profitierten.

Der Hinduismus

Ähnlich wie der Buddhismus bezeichnet der Begriff Hinduismus eigentlich keine Religion. Ursprünglich entwickelte er sich aus der Fremdbezeichnung islamischer Invasoren, die ab dem 8. Jh. n. Chr. die Bewohner jenseits des Flusses Indus als Hindus bezeichneten. Die europäischen Kolonialmächte übernahmen später den

Begriff. Der Begriff Hinduismus fungiert als kulturell-kognitive Klammer, die gleich mehrere Religionen mit jeweils einer Gottheit an der Spitze umfasst. Bedeutendster dieser Hauptgötter heute ist **Shiva**: **Shivaiten** betrachten ihn als wichtigste Manifestation des höchsten kosmischen Prinzips. In anthropomorpher Gestalt tritt er abwechselnd als guter Hirte *(pashupati)*, als König der Tänzer *(nataraja)* oder als zorniger Rächer *(bhairava)* auf. Er gilt als Patron der Einsiedler und Asketen sowie als emotional handelnder Gott sinnlichen Rauschs. Die Legende berichtet, wie er einmal im eifersüchtigen Zorn seinem eigenen Sohn **Ganesha** den Kopf abschlug, da er in ihm einen Voyeur vermutete, der verbotenerweise beim Bad seiner geliebten Göttergattin Parvati zugegen gewesen sei. Shiva erweckte Ganesha anschließend wieder zum Leben, indem er ihm einen Elefantenkopf aufpfropfte. Shiva ist anhand seiner Attribute gut zu erkennen: Häufig trägt er einen Dreizack, sein Tragetier ist ein Stier *(nandi)*. Shiva-Kultstätten besitzen statt einer Kultfigur oft einen Phallus *(lingam)* – abstraktes Symbol männlicher Schöpfungspotenz, das eines weiblichen Gegenstücks *(yoni)* bedarf, um Wirksamkeit zu entfalten. Vor dem historischen Aufstieg zur höchsten kosmischen Instanz repräsentierte Shiva das Prinzip der Zerstörung im göttlichen Dreigestirn *(trimurti)* und agierte auf einer Ebene mit Brahma (Prinzip der Schöpfung) und Vishnu (Prinzip der Erhaltung).

Festlich geschmückte Muttergöttin

Vishnuiten wiederum verehren den Gott **Vishnu** als oberste Instanz des hinduistischen Götteruniversums. Der vor allem in Nordindien populäre Gott tritt in verschiedenen Inkarnationen auf den Plan, um die Welt vor Verfall und Zerstörung zu bewahren. Der epische Kampf der Götter *(devas)* gegen Dämonen *(asuras)* wird in den Göttergeschichten in unzähligen Varianten immer wieder neu aufgerollt. Die für die sri-lankische Mythologie wichtigste Inkarnation ist **Rama,** der nach Lanka reist, um den Dämon Ravana niederzuwerfen (→ S. 69 f.). Weitere Inkarnationen sind u. a. die Schildkröte, der Fisch, der Mannlöwe oder Krishna. Auf der Liste taucht sogar Buddha auf – ein exzellenter Beleg für die integrative Kraft des Hinduismus. Im Gegensatz zur wolllüstig-prallen Emotionalität Shivas wirken die Anekdoten um Vishnu häufig (aber nicht immer) kopflastiger: Sie handeln z. B. vom universalen Schöpfer, der im Milchozean ruht und mit jedem Atemzug die Welt hervorbringt, um sie anschließend wieder in sich aufzunehmen – der ewige Kreislauf von Schöpfung und Zerstörung! Unabhängig davon gilt Vishnu bei seinen Anhängern als absolute, allumfassende Referenzebene, die logischerweise – wie im

Fall von Shiva – auch sämtliche Eigenschaften, gute wie schlechte, enthalten muss. Vishnu-Kultstätten sind am Tragetier, einem Fabelgreif *(garuda)*, zuverlässig zu identifizieren. Außerdem befinden sich in Vishnu-Tempeln häufig Skulpturen, die Vishnu in Gestalt einer seiner zehn Inkarnationen zeigen.

Der dritte Religionskomplex innerhalb der Hinduismus-Klammer verehrt die große Muttergöttin als ultimatives universales Prinzip. Der Göttinnenkult verbindet sich häufig mit dem Shivaismus, seltener mit dem Vishnuismus. Weibliche Gottheiten kommen in unterschiedlichen Formen daher und tragen verschiedene Namen, z. B. wird die abstrakte Form weiblicher Universalkraft in der Literatur häufig als **Shakti** bezeichnet. Auch der **Shaktismus** kennt das Kräftemessen zwischen göttlichen und dämonischen Mächten: Eine berühmte Erzählung handelt von der Gottheit **Durga**, die erfolgreich ins Geschehen eingriff, nachdem sämtliche andere Götter mit ihren Versuchen gescheitert waren. Die blutrünstige **Kali** sowie **Parvati**, die Gattin Shivas, sind weitere populäre Manifestationen weiblicher Urenergie.

Ebenso wie der Hinduismus im südindischen Bundesstaat Tamil Nadu verfügt auch der **Hinduismus sri-lankischer Tamilen** über einige Besonderheiten: Die wichtigsten Gottheiten sind der zum shivaitischen Universum gehörende **Sri Murugan** (→ Kasten, S. 254) und die Göttin **Sri Mariyamman,** (Perlen- oder Regenmutter), die in Dörfern häufig als Wettermacherin oder zum Schutz vor Seuchen angerufen wird. Außerdem stoßen Reisende immer wieder auf Heiligtümer, in denen eine der **vier Schutzgottheiten** der Insel (im Übrigen auch von singhalesischen Buddhisten) verehrt wird: Beste Gelegenheit, den Kult für diese Wächtergottheiten Natha, Pattini, Vishnu sowie Kataragama alias Sri Murugan (s. o.) mitzuerleben, bietet sich jährlich im Juli/August während der großen Esala Perahera in Kandy. In der Stadt im Hinterland befinden sich auch die wichtigsten Heiligtümer für die Schutzgötter. Eine weitere bedeutende Gottheit mit Wächterfunktion heißt **Saman**. Ihr Sitz ist der Adam's Peak im südlichen Hochland, verehrt wird sie sowohl von Hindus als auch von Buddhisten.

Devatagaha-Moschee in Colombo

Der Islam

Beinahe jeder zehnte Sri Lanker ist ein Muslim. Die auf den Propheten Muhammad (571–632 n. Chr.) zurückgehende und auf den Qur'an als heilige Schrift basierende semitische Religion gelangte erstmals im 8. Jh. im Gefolge arabischer Kaufleute auf die Insel. Bereits wenige Jahrzehnte nach ihrer Ankunft kontrollierten diese von ihren Basarstützpunkten an der Küste den Gewürzhandel mit den Anrainerstaaten am Indischen Ozean. Seit der Ankunft der Portugiesen im 16. Jh. bürgerte sich für die Angehörigen der islamischen Gemeinschaften die Bezeichnung **Moors** ein. Die ebenfalls am Gewürzhandel interessierten Portugiesen betrachteten die Moors als natürliche Rivalen und zerstörten ihre Gebetshäuser – ein Grund dafür, warum heutzutage keine Moschee älteren Datums mehr in Sri Lanka existiert. Zahlreiche Muslime entzogen sich der Verfolgung durch die europäischen Kolonialherren, indem sie Schutz im Hinterland suchten und zum Teil im Königreich von Kandy Asyl fanden. Im 18./19. Jh. stieg die Anzahl der Muslime aufgrund der Zuwanderung von Javanern und Malaien unter der holländischen und britischen Kolonialherrschaft in deren Länder wieder an. Die Neuankömmlinge adaptierten einen Teil der gewachsenen islamischen Traditionen einheimischer Moors und fügten denen ihre eigenen Religionspraktiken hinzu. Das gleiche Muster wiederholte sich im 19./20. Jh. bei der Einwanderung von Muslimen aus Indien. Die beste Option, Kulturgeschichte und Alltagsleben der sri-lankischen Muslime kennenzulernen, bietet das Heritage Museum 5 km südlich von Batticaloa (→ S. 274).

Das Christentum

Mitte des 6. Jh. verfasste der aus Alexandria stammende Autor und Weltreisende Kosmas Indikopleustes ein einflussreiches Werk mit dem Titel „Christliche Weltbeschreibung“. Darin wird u. a. die Existenz einiger Gemeinden nestorianischer Christen auf *Taprobane* (Ceylon) erwähnt. Im Unterschied zu den Monophysiten glaubten die **Nestorianer** der Spätantike an die sogenannte Zweinaturenlehre, der zufolge Christus sowohl über eine göttliche als auch eine menschliche Persona verfügt hätte. Nach dem Verbot ihres Dogmas emigrierten die Nestorianer aus dem Patriarchat von Konstantinopel nach Persien und verstreuten sich von dort in die südasiatische Diaspora.

Mit dem Auftauchen der europäischen Kolonialherren zu Beginn des 16. Jh. begann eine neue Phase des Christentums: Während unter der portugiesischen Herrschaft der **Katholizismus** auf der Insel Einzug hielt, protegierten zunächst Niederländer und später Engländer das reformierte Christentum und den **Protestantismus** angelsächsischer Prägung. Besonders entlang der Westküste, wo sich die wichtigsten Kolonialniederlassungen befanden, gediehen die neuen Glaubensrichtungen nach Kräften – ablesbar noch heute an der erstaunlichen Anzahl von Kirchen in diesem exotischen Landstrich. Viele Tamilen niederer Kasten konvertierten zum Christentum, weil sie sich durch einen Wechsel zu einer Religion ohne Kastensystem bessere Aufstiegschancen erhofften. Die singhalesischen Buddhisten zeigten sich den Abwerbungsversuchen christlicher **Missionare** eher weniger aufgeschlossen. Die Renaissance des Theravada-Buddhismus gegen Ende des Kolonialzeitalters setzte schließlich der schleichenden Christianisierung ein Ende. Heute sind 6,1 % der Sri Lanker Katholiken, die restlichen 1,3 % verteilen sich auf andere Konfessionen. Seit der Jahrtausendwende nehmen **Übergriffe** radikal-buddhistischer Nationalisten auf christliche Gebetshäuser sowie auf islamische Moscheen zu. Im Januar 2017 war eine Dorfkirche im Nordwesten des Landes Ziel eines gewaltsamen Angriffs – der Anführer soll laut Augenzeugen ein Mönch gewesen sein.

Hinweisschild in der Altstadt von Galle

Koggala: sehenswerte Wandfresken im Sri-Poorvarama-Tempel

Kunst und Kultur

Weil die sri-lankische Gesellschaft stark vom Buddhismus bzw. Hinduismus geprägt ist, tauchen Kunst- und Kulturgüter häufig in religiösen Kontexten auf – gleichgültig, ob es sich um archäologische Stätten oder um lebendige Pilgerzentren handelt. Die wichtigste kulturelle Innovation allerdings, darin sind sich zahlreiche Altertumsforscher einig, war das Bewässerungssystem.

Die ersten Siedlungen indoarischer Einwanderer seit dem 6. Jh. v. Chr. befanden sich in der Trockenzone der Tropeninsel. Landwirtschaftliche Basis der Siedler war der Reisanbau, der traditionell hochgradig abhängig von – zuweilen unzuverlässigen – Niederschlägen des Nordost-Monsuns ist. In der Epoche singhalesisch-buddhistischer Reiche mit den Hauptstädten Anuradhapura und Polonnaruwa antworteten die Herrscher auf dieses Problem mit dem Ausbau eines ausgeklügelten **Bewässerungssystems** auf der Basis von Stauseen (Reservoirs) und Kanälen. Die damaligen ingenieurstechnischen Meisterleistungen können gar nicht hoch genug eingeschätzt werden. Historiker sprechen sogar buchstäblich von einer **„Bewässerungszivilisation"**. Die Staumauern waren ausreichend stabil gebaut, um hohem Wasserdruck zu widerstehen, an geeigneten Stellen installierten die antiken Baumeister Abflussvorrichtungen. In der Kolonialepoche bemerkte der britische Ingenieur Henry Parker, der während der Wende vom 19. Jh. zum frühen 20. Jh. in Ceylon tätig war, dass die frühen Konstrukteure eine Ventilkammer erfunden hatten, die der Regulierung des Wasserdrucks diente. Einen weiteren Beleg für die Genialität der damaligen Siedler lieferte 1979 ein kanadisches Ingenieursteam, das in der Umgebung von Polonnaruwa nach einem geeigneten Standort für ein neues Staudammprojekt suchte: Als Mitarbeiter an der betreffenden Stelle den Regenwald rodeten, entdeckten sie Reste von Fundamenten, die auf ein derartiges Projekt aus längst zurückliegenden Zeiten hindeuteten. In der Forschungsliteratur hat sich inzwischen für komplexe Bewässerungssysteme dieser Art der Fachterminus Tank Cascade System (TCS) eingebürgert, wobei dem Wort *tank* (Wasserspeicher) der singhalesische Begriff *wewa* entspricht. Insgesamt entstanden in der Polonnaruwa- und Anuradhapura-Periode auf einer Fläche von 40.000 km^2 etwa 30.000 Speicher, von denen viele über zwei Jahrtausende zuverlässig Dienst taten. Viele dieser Seen sind auf Landkarten noch heute als *wewa* verzeichnet: Tissa Wewa, Kumana Wewa, Kitul Wewa oder Dambarawa Wewa. Heutzutage dienen die Speicher nicht nur der Bewässerung, sondern fungieren auch als Ruheoasen für Wochenendausflügler sowie als Rückzugsraum für wilde Tiere, die an den Ufern Wasser und Nahrung finden. In der Antike und im Mittelalter bildete das Bewässerungssystem die Grundlage für die Entwicklung der frühen indoarischen Siedlungen zur späteren Hochkultur. Das künstliche Seenland zog klimatische Änderungen nach sich – Temperaturen gingen zurück, Niederschläge nahmen zu. Die Natur wurde durch die menschlichen Eingriffe bereichert, weil viele Pflanzen und Tiere neue Lebensräume fanden.

Buddhistische Kunst

Die Strukturelemente **buddhistischer Klöster** *(vihara)* haben sich in vorchristlicher Zeit in Nordindien herausgebildet und finden sich in abgewandelter Form auch in Sri Lanka wieder – sowohl bei antiken Ausgrabungsstätten als auch in heute noch aktiven Kultstätten. Größere Klosteranlagen befinden sich oft an Orten, mit denen wichtige historische oder legendäre Ereignisse für die Konstitution des Theravada-Buddhismus verbunden sind. Diese Klöster sind gleichzeitig mehr oder weniger bedeutende Pilgerziele. Andere Klosteranlagen wiederum befinden sich weit ab vom Schuss in der Einsamkeit des Waldes oder auf der Spitze einer markanten Erhebung. Auch diese Klöster können in der Pilgersaison von Laienanhängern aufgesucht werden. Nicht selten handelt es sich jedoch um entrückte Eremitagen, in denen Mönche *(bhikkhu)* oder Nonnen *(bhikkhuni)* ihren Obliegenheiten nachgehen: Dienst am Sangha zu leisten und den eigenen (Erleuchtungs-)Zielen näherzukommen. Jedes Kloster besitzt eine zentrale **Verehrungs-** oder **Gebetshalle** *(chaitiya)*, deren Innenwände oft prachtvolle Malereien (s. u.) zieren. Spirituelle Verehrung genießen zuvorderst sitzende oder liegende Buddhaskulpturen, die von weiteren Protagonisten aus dem Theravada-Universum flankiert werden. Bei den Ausgrabungsstätten werden Gebäude, in denen Buddhabilder oder -skulpturen verwahrt wurden, in erläuternden Texten meist schlicht als **Bilder-** oder **Statuenhäuser** bezeichnet.

Die Eingänge zu den Kultstätten fungieren als bewusst zu überschreitende Schwelle vom Profanen zum Heiligen und werden von Türhüterdämonen – Hüter der Lehre und Beschützer der Örtlichkeit – bewacht. Die Scharnier- und Schwellenfunktion unterstreichen auch **Mondsteine** *(sandakada pahana)* am unteren Abschluss der Treppenaufgänge. Es handelt sich um eine halbkreisförmige Steinplatte, die reich mit Reliefs verziert sein kann. Der aufgrund des hochwertigen Reliefschmucks berühmteste Mondstein Sri Lankas befindet sich in Anuradhapura. In den singhalesischen Königsstädten im Inselnorden erfüllten die Aufgabe zudem **Wächtersteine** *(muragala)* – Steinblöcke mit Figuren im Halbrelief – oder reich verzierte sowie mit fantastischen Fabelwesen geschmückte Balustraden *(korawakgala)*.

Ein weiteres wichtiges Strukturelement buddhistischer Klöster ist der **Bodhibaum:** Unter der schützenden Pappelfeige *erlebte* Buddha Shakyamuni der Legende zufolge seine Erleuchtung. Der Import eines Ablegers des heiligen Baums im 3. Jh. v. Chr. markierte den Beginn der buddhistischen Tradition auf der Insel. In Klöstern genießen die Bodhibäume daher eine ebenso große Bedeutung wie die Skulpturen in den Gebetshallen.

Einen immensen Kultstatus in Sri Lanka genießt auch der blütenweiß getünchte, häufig bereits aus großer Entfernung sichtbare **Stupa** *(dagoba)*. Unter einer Dagoba versteht man einen Reliquienbehälter, der einen Kasten mit der Asche eines herausragenden spirituellen Meisters *(arhat)* enthält. Wahlweise dient auch ein Knochenstück oder ein Haar, manchmal sogar von Buddha selbst, als Reliquie. Anhänger umschreiten den Stupa dreimal im Uhrzeigersinn, bevor sie die zentrale Gebetshalle aufsuchen. Andere Stupas wiederum befinden sich nicht in Klöstern, sondern markieren strategisch wichtige Orte wie Bergspitzen oder Pässe, wobei Zierstupas neueren Datums nicht immer unbedingt einen Reliquienschrein umfassen müssen. Dagoben kommen in unterschiedlicher Form und Größe vor: glockenförmig, blasenförmig, lotusförmig oder topfförmig. Während einige Stupas innerhalb von Tempelgebäuden nicht einmal einen Meter hoch sind, erreichten von Königshäusern gestiftete Stupas in der Vergangenheit zuweilen Hochhaushöhe. Die Dagoba ist daher in der Geschichte stets auch Ausdruck für die Machtpotenz eines Herrscherhauses gewesen. Die größte Sri Lankas war die Jetavana-Dagoba in Anuradhapura und maß vor ihrer Zerstörung durch die südindischen Cholas im 12. Jh. eine beeindruckende Höhe von 122 m (→ Kasten, S. 317). Wenn Form und Aussehen der Stupas auch variieren, so folgen sie dennoch alle einem einheitlichen Strukturaufbau, der sich auf die **fünf Elemente** des Buddhismus bezieht: Der quadratische Sockel korreliert mit dem Element Erde, der runde Kuppeldom sowie die schlankeren Aufbauten entsprechen nacheinander Wasser, Feuer und Luft. Die vergoldete Spitze wiederum repräsentiert das fünfte Element, das den erleuchteten Geist ausdrückt und auch als „Äther“ bezeichnet wird. Dagoben sind deshalb auch Symbole für den Kosmos in seiner sichtbaren und unsichtbaren Dimension.

Einen hohen kunsthistorischen Wert genießen die **Wandmalereien** in den Tempeln und Klöstern. Diese finden sich heute meistenteils in den Höhlentempeln aus dem Altertum, aber auch in einigen Gebetshallen aus der frühen Neuzeit. Seit dem 3. Jh. v. Chr. suchten Mönche und Einsiedler Schutz unter natürlichen Felsüberhängen. Sie gruben tiefe Höhlen in den harten Granit oder Gneis, die sich in der Folge zu veritablen Kultstätten wandelten. Die größten und prächtigsten Höhlenheiligtümer befinden sich in Dambulla und sind berühmtes Mitglied des Welterbes der UNESCO. Die Wandmalereien fungierten als lehrreiches wie unterhaltsames „Bilderbuch“ zur Unterweisung der seinerzeit überwiegend analphabetischen Bevölkerung. Die Darstellungen illustrieren Szenen aus dem Leben Buddhas sowie aus dessen früheren Existenzen, die in den Jatakas (Geburtsgeschichten) festgehalten sind und aus dem Sanskrit in andere Sprachen der buddhistischen Welt übertragen wurden. Andere beschäftigen sich wiederum mit historischen Ereignissen in Sri Lanka. Die Szenen sind zum Teil moralisierend, zuweilen staubtrocken, manchmal auch witzig-expressiv. Im Verlauf der Jahrhunderte wurden zahlreiche Malereien erneuert sowie stilistisch verändert. Am häufigsten ist der **Kandy-Stil** vertreten, erkennbar an den satten Rottönen sowie an der künstlerisch elaborierten Ausführung der Anekdoten. Seine Blüte hatte der Kunststil während der Herrschaft der Könige von Kandy, so dass es nicht verwundert, historische Ereignisse sowie Herrscherpersönlichkeiten jener Epoche an den Innenwänden wiederzufinden. Auch die Kolonialepoche wird hin und wieder durch Tempelkunst gespiegelt – z. B. ein Dämon, der europäische Militärabzeichen oder Insignien herrschaftlicher Machtausübung der europäischen Kolonisatoren trägt.

Die **buddhistische Skulptur** ist von Konventionen geprägt, die ihren Niederschlag in einer ausgereiften Ikonografie finden. Das Hauptaugenmerk lag und liegt dabei in der Körperhaltung, der Stellung der Hände sowie dem Antlitz der Buddhas und Bodhisattvas. Buddha Shakyamuni – der historische Buddha – wird am häufigsten in starrer Frontalhaltung dargestellt, bevorzugt meditierend im Lotussitz oder aber in liegender Stellung, die den Eintritt des Erleuchteten ins *Parinirvana* symbolisiert. Die Plastik macht einen Menschen sichtbar, der durch seinen Lebenswandel zum Weltenherrscher aufstieg, weshalb Buddha gewöhnlich mit den 32 Idealmerkmalen eines übernatürlichen Wesens versehen wird. Darunter sind u. a. seine feingliedrigen Hände oder sein wohlproportionierter Körperbau zu verstehen. Mit der **Haltung der Hände** *(mudra)* verbindet sich in der buddhistischen Ikonografie ebenfalls eine bestimmte Bedeutung: Berühren z. B. die Finger seiner rechten Hand die Erde, erinnert dies an die Standhaftigkeit Buddhas anlässlich der Versuchung durch den Antagonisten Mara (tödliches Unheil). Eine weitere klassische Handhaltung ist die Geste der Wunschgewährung: Im Gegensatz zur oben erwähnten Haltung ist hier die Innenseite der Hand nach außen gerichtet.

Hinduistische Kunst

Die Architektur der **hinduistischen Tempel** *(kovil)* folgt im Wesentlichen indischen Vorbildern, erreicht jedoch nicht die Monumentalität und Kunstfertigkeit der dravidischen Tempelstädte Südindiens. Außerdem ist zu berücksichtigen, dass zahlreiche hinduistische Kultstätten während des Bürgerkriegs zerstört oder stark in Mitleidenschaft gezogen wurden. Dennoch finden sich die grundsätzlichen Prinzipien hinduistischer Baukunst auch in den Hindu-Tempeln Sri Lankas wieder: Das von einer hohen Mauer umschlossene Tempelareal repräsentiert seit vedischer Zeit den Weltenberg Meru als Sitz der Götter und Zentrum des Universums. In der hinduistischen Kosmogonie ist der Weltenberg von vier Kontinenten umgeben, die sich in konzentrischen Ketten um den Gipfel legen. Blickt man aus der Vogelperspektive auf das Tempelareal, findet man häufig eben jene Anordnung wieder: Im Zentrum des Areals befindet sich das Allerheiligste mit dem Altar für den Hauptgott, in den äußeren Bereichen sind die Schreine für die assoziierten Götter derselben Familie, der Planetengottheiten oder populärer Volksgötter wie Ganesha oder Hanuman angesiedelt. Wer als Gläubiger und Pilger einen Hindu-Tempel betritt, ist sich bewusst, dass er die Schwelle zu einer anderen (numinosen) Welt überschreitet. Er reinigt sich und lässt irdische Ängste und Sorgen außen vor, symbolhaft ausgedrückt durch die Schuhe, die vor dem

Prozessionswagen in Chilaw

Tempeleingang ausgezogen werden. In manchen Tempeln müssen männliche Besucher sogar das Oberteil ausziehen und zurücklassen.

Im Unterschied zu nordindischen Tempeln sind Heiligtümer im dravidischen Stil schon aus großer Ferne am himmelwärts strebenden **Tempeltorturm** *(gopuram)* zu erkennen. Der Turm markiert den Eingang zum Tempel, er besteht häufig aus sieben (und mehr) Stockwerken, die sich nach oben verjüngen und durch Nischen eine horizontale Gliederung erfahren. Mancher Turm wirkt angesichts des reichen Figurenschmucks beinahe schon überladen, denn zahllose Götter und Dämonen zieren die honiggelben oder bunt kolorierten Fassaden – ein sinnliches Bilderbuch als Tor zur komplexen hinduistischen Götterwelt. Die meisten Tempeltortürme sind in der Neuzeit entstanden, viele sind sogar ein Werk aus der zweiten Hälfte des 20. Jh. Das **Allerheiligste** *(garbhagriha)* im Zentrum der Kultstätte enthält in einer Kammer den Schrein mit dem Kultbild oder der Statue des Gottes, dem der Tempel geweiht ist. Nicht-Hindus bleibt der Zutritt zum Allerheiligsten meist verwehrt. Überwölbt wird das kubische Zentralgebäude oft durch einen pyramidenförmigen Turmaufbau *(vimana)*, der reich mit Skulpturen aus Stuck verziert sein kann. Die Turmpyramide mit dem halbkugeligen Abschluss symbolisiert den Weltenberg Meru. Ein weiteres wichtiges Strukturelement dravidischer Tempel ist die Wandel- oder Versammlungshalle *(mandapa)*. Dieser Vorbereich zum Allerheiligsten dient religiösen Zeremonien oder ganz allgemein als Aufenthaltsort der Pilger.

Beispiele dravidischer Tempel finden sich in ganz Sri Lanka, zuvorderst natürlich in den tamilischen Siedlungsgebieten im Norden und Osten. Von hoher spiritueller Bedeutung sind die „Fünf Shiva-Heiligtümer" *(Pancha Ishwaram)*: Sie besetzen die strategisch wichtigen Küstenzonen und verleihen nach Ansicht vieler Sri Lanker der Insel eine Aura göttlichen Schutzes. Die Heiligtümer befinden sich in Trincomalee, an der Nordspitze der Jaffna-Halbinsel, am Übergang zur Insel Mannar, in Chilaw sowie an der Südspitze Sri Lankas bei Matara. Letzteres wurde allerdings 1588 von den Portugiesen dem Erdboden gleichgemacht und durch kleinere buddhistische Gebetsstätten ersetzt. Das mächtigste Hindu-Heiligtum in Sri Lanka ist der Nallur Kandaswamy Kovil in Jaffna. Wie viele hinduistische Kultstätten des Landes ist der Nallur-Tempel dem populären Gott Sri Murugan geweiht. Nach der Zerstörung durch die Portugiesen wurde das Heiligtum im ersten Drittel des 18. Jh. im Stil der neuen Zeit wieder aufgebaut.

Die meisten **Skulpturen** hinduistischer Gottheiten sind in den Tempeln entweder verhüllt oder in Schreinen hinter Schloss und Riegel fest verwahrt. Wer sich auf die Suche nach Göttern in Stein oder Bronze begibt, sollte deshalb besser die wichtigen archäologischen Museen aufsuchen. Hochwertige Exponate plastischer Kunst sind u. a. im Nationalmuseum in Colombo sowie in den beiden archäologischen Museen in Anuradhapura und Polonnaruwa zu finden.

Die klassische Bildhauerei Südasiens speiste sich aus zwei Einflüssen: der hellenistisch eingefärbten Gandhara-Tradition (Gandhara liegt heute in Pakistan) und der Mathura-Tradition (Mathura liegt zwischen Agra und Delhi). Beliebte Motive sind die einschlägigen Gottheiten, die gern in ihren epischen Kämpfen gegen die dämonischen Mächte dargestellt werden: Vishnu (in seinen Inkarnationen), Shiva (in seinen Manifestationen) sowie die Muttergöttin in Gestalt von Parvati, Lakshmi oder Durga. Eine Sonderstellung gebührt der Bronzefigur des „Königs der Tänzer" *(Shiva nataraja)* aus der Epoche der Chola-Könige: Die mit Wachsausschmelzverfahren hergestellten Bronzegüsse des tanzenden Hauptgottes Shiva zählen heute zu den bekanntesten hinduistischen Symbolen überhaupt: Der Tänzer steht inmitten eines Flammenkreises und tritt in orgiastischer Raserei den Zwergdämon Apasmara zu Tode.

Musik und Tanz

Die vielfältige Musikszene in Sri Lanka speist sich im Wesentlichen aus drei historischen Einflüssen: den uralten Volksliedern, den musikalischen Importen aus der portugiesischen Kolonialzeit sowie dem indischen Bollywood-Kino. Faktisch ist die sri-lankische Musik daher Weltmusik im besten Sinn – eine bunte Melange mit Anleihen aus unterschiedlichen Kulturen und aus verschiedenen Epochen. Die beste Gelegenheit, traditionelle Musikstile zu erleben, bieten die Kandy-Tanz-Veranstaltungen sowie die religiösen Tempelfeste. Moderne Musik hingegen dringt, oft reichlich verzerrt, aus zahlreichen Lautsprechern in den städtischen Basaren. Das klassische Konzerterlebnis sucht man auf der Insel meist vergeblich.

Volkslieder *(jana kavi)* werden in der Familie, während der Arbeit, bei Festivitäten oder bei der feierlichen Zusammenkunft von Menschen derselben Kaste gesungen. In den Dörfern oder auf Tempelfesten verbindet sich die volkstümliche Musik nicht selten mit religiös-buddhistischen Ritualen und mit Tanztheater-Performances. Die bekanntesten Tänze stammen aus **Kandy** und werden sogar allabendlich öffentlich vorgeführt. Typische Kennzeichen der **Kandy-Tänze** sind akrobatische Bewegungen und die opulente Kostümierung der Vorführenden. Die Ursprünge der tanzmusikalischen Tradition liegen im Dschungel der Legenden verborgen. So soll ein (historisch nicht verbürgter) König namens Panduwasdev einst unter Siechtum gelitten haben, möglicherweise durch schwarzmagische Praxis hervorgerufen, Gott Sakka – mythologischer Beherrscher des Götterhimmels – veranlasste daher, dass drei (wahrscheinlich aus Indien stammende) Tanzschamanen auf die Insel reisten, um den Regenten mittels eines magischen Tanzrituals zu kurieren.

Die Blüte der Kandy-Tänze begann im 15. Jh. Zur Perahera trafen Musiker aus dem gesamten Reich in der damaligen Hauptstadt ein, um ihre Kunst vor der königlichen Familie und während der öffentlichen Festumzüge zu präsentieren. Die Eroberung des Königreichs durch die Briten 1815 setzte eine jähe Zäsur, die bis zur Renaissance der Kandy-Tänze in der zweiten Hälfte des 20. Jh. andauerte. Heute umfassen die Tänze vier verschiedene Tanz- und Musikstile: *Naiyandi* kennzeichnet eine Tanzform, die traditionell bei Dunkelheit im Licht von Laternen praktiziert wird, zuvorderst bei Tempelfesten. Auffallend ist die weiße Gewandung der Tänzerinnen und Tänzer mit reichlich Silberschmuck auf der Brust oder an der Kopfbedeckung. Während der Naiyandi-Tanz grazil wirkt, ist der *Uddekki*-Stil rhythmisch geprägt. Der Name des Musiktanzes leitet sich von einer doppelseitig bespannten Trommel ab. Dem Volksglauben zufolge hat der oben erwähnte Sakka das Instrument eigens erschaffen, um die „erlauchten" Götter im Himmel zu amüsieren. Der *Pantheru*-Stil leitet sich vom Schellentamburin ab, das mit der volkstümlichen Schutzgottheit Pattini assoziiert wird. Angeblich wurde der Tanz schon zu Buddhas Lebzeiten praktiziert; in der Epoche der alten Königsstädte des Nordens flankierten Pantheru-Tänze singhalesische Feiern nach siegreichen Kriegen. Die Kostümierung ähnelt dem Uddekki-Stil, ist allerdings weniger prächtig ausgestaltet. Die vierte und letzte Ausdrucksform heißt *Vannam*. Traditionell unterscheidet man 18 Vannams, die das Verhalten verschiedener Tiere imitieren, am populärsten sind der Affen-, der Adler- sowie der Elefantentanz. Zumeist handelt es sich heute um Solotänze.

Eine weitere wichtige Tanztheatertradition sind die **Kolam-Tänze.** Das geografische Zentrum des Maskentanzrituals ist Ambalangoda an der Küste zwischen Colombo und Galle. Allerdings hat der Kolam-Tanz an Bedeutung eingebüßt und wird heute kaum noch praktiziert. Maskenbau als Kunsthandwerk wird indessen von einigen wenigen Familienbetrieben weiterhin gepflegt, in Ambalangoda existiert sogar ein öffentlich zugängliches Maskenmuseum. Häufig wurden Kolam-Tänze während der Schwangerschaft aufgeführt: Der Fötus im Mutterleib sollte beschützt und böse Mächte ferngehalten werden. Die Ursprungslegende spiegelt diesen Bezug wider: In einer schwangeren Königin erwachte plötzlich die vehemente Sehnsucht, einem Maskentanz beizuwohnen. Weil so etwas aber zur damaligen Zeit unbekannt war, konnten die königlichen Berater mit dem Wunsch nichts anfangen. Mithilfe von göttlicher Seite konnte das Problem gelöst werden, indem Himmelbeherrscher Sakka eine der vier sri-lankischen Schutzgottheiten mit dem Schnitzen von Masken betraute. Eines Morgens lagen sie im königlichen Hofgarten und das Ritual konnte beginnen. Die Tänze folgen keiner spezifischen Choreografie, auf der Tanzfläche erscheinen in loser Abfolge verschiedene Charaktere, gutartige wie bösartige Kräfte sowie Dämonen in Menschen- und Tiergestalt.

Die wichtigsten kulturellen **Veranstaltungen** in Sri Lanka → S. 86 f.

Die gebräuchlichsten **Musikinstrumente** sind Trommeln. Ohne eine Trommel – in welcher Variante sie auch immer daherkommt – sind musikalische Performances in Sri Lanka schwerlich denkbar. Neben den Rhythmusinstrumenten, die Kandy-Tänze begleiten, kommen Trommeln in vielfältigen Varianten vor und tragen ebenso unterschiedliche Namen wie *dawula, yak bera, gata bera, rabana* oder *thammattama*. Neben Trommeln ergänzen die einen schrillen Ton ausstoßenden Metallflöten das instrumentelle Portfolio. Häufig begleiten sie den „Auftritt" dämonischer Kräfte. Die Pferdegeige *(ravanatta)* kommt ebenfalls hin und wieder zum Einsatz. Als Klangkörper fungiert eine Kalebasse, die aus einem ausgehöhlten Flaschenkürbis gefertigt wird, für die Fertigung der Saiten wird traditionell Ziegenhaar verwendet. Weitere heute gebräuchliche Instrumente wie Gitarre oder Ukulele wurden während der portugiesischen Kolonialherrschaft eingeführt. Ebenfalls ein Import aus portugiesischer Zeit ist die ursprünglich aus Afrika stammende Bailamusik (*bailar* – tanzen). Baila-Songs wurden gern anlässlich von Hochzeiten und anderen Feierlichkeiten angestimmt. Künstler wie Wally Bastian machte sie in den 1960er-Jahren einem breiteren Kreis bekannt und sorgte damit für den Eingang in die Populärkultur Sri Lankas.

Mit dem Aufstieg der Filmindustrie (→ S. 69 f.) öffnete sich die Insel automatisch für musikalische Einflüsse aus Indien. Seit den 1950er-Jahren prägte die rhythmische Bollywood-Musik, Indiens wichtigstes modernes Kulturexportgut, die zeitgenössische singhalesische **Popmusik**. Auch traditionelle Tanzperformances veränderten sich im Zuge des Bollywood-Hypes und adaptierten die Choreografien aus Mumbai. Auf diese Weise gelangten auch Elemente der klassischen indischen Tanzkunst mit ihrem komplexen mimischen Ausdrucksrepertoire und den akrobatischen Körperstellungen vom Subkontinent auf die Insel. In den tamilischen Siedlungsgebieten im Norden und Osten orientierte man sich aber eher an Filmtheater und Musik aus den (tamilisch geprägten) Kollywood-Filmstudios in Chennai. Noch heute laufen in den Basaren von Jaffna tamilische Popsongs in gefühlter Endlosschleife – allerdings nicht unbedingt die neuesten Hits, sondern die Evergreens aus den 1950er- und 1960-Jahren.

Ramanaya: Statue des vielköpfigen Dämonengottes Ravana

Literatur und Film

Die frühesten literarischen Zeugnisse der Insel sind Berichte und Chroniken religiös-erbaulichen Inhalts. Ein Merkmal dieser Gattung ist die spezifische Vermischung von Sachebene und Fiktionalität – auch wenn Autoren wie Rezipienten diese oft nicht unterscheiden. Bis zum Auftauchen der europäischen Kolonialherren im 16. Jh. wurde zum Schreiben nicht Pergament oder Büttenpapier verwendet, als Trägermaterial dienten die Blätter der **Talipot-Palme**. Ausgebildete Mönche ritzten die Texte mit einem Griffel in die zuvor zurechtgeschnittenen, gekochten, getrockneten und glatt polierten Blätter. Sichtbar machte das Geschriebene ein Gemisch aus Ruß und Öl, das abschließend auf die Blattoberfläche aufgetragen wurde. Wegen der tropischen Witterung war die Haltbarkeit dieses Trägermaterials natürlich begrenzt. Größere Klöster verfügten allesamt über eine Palmblattbibliothek. Eine Ausnahmestellung gebührt der Bibliothek in Colombo: Deren Palmblätter genießen Orakelfunktion, die auf dem Glauben beruht, dass die Schicksale aller Menschen bereits in vorhistorischer Zeit von Dharma-Weisen erschaut wurden. Allerdings bedürfen die Texte der Interpretation durch einen Astrologen.

Ohnehin genießt seit jeher die **mündliche Überlieferung** literarischer Stoffe einen ungleich höheren Stellenwert als die schriftliche Fixierung. Die Gründe dafür liegen zum Einen im Tropenklima, das den Verfall des Trägermaterials rapide beschleunigt, zum Anderen daran, dass in der Vergangenheit die wenigsten Menschen lesen und schreiben konnten. Während die Alphabetisierungsrate heute in Sri Lanka erstaunliche 92,6 % beträgt (in Indien können im Vergleich dazu nur 61 % der Frauen und Männer lesen und schreiben), hatten früher ausschließlich Mönche das Monopol auf die schriftliche Überlieferung. Ein beliebter literarischer Stoff, der in Sri Lanka sowohl schriftlich als auch mündlich tradiert wird, ist das **Ramayana**. Das (ursprünglich) in Nordindien verortete Monumentalepos handelt vom Königssohn Rama, einer Inkarnation von Vishnu, seiner Frau Sita und seinem Bruder Lakshmana. Im Exil wird Sita vom Dämonenkönig Ravana entführt und nach Lanka gebracht. Mithilfe des affengestaltigen Gottes Hanuman gelingt es den Brüdern schließlich, Ravana in einer gewaltigen Schlacht zu besiegen und Sita wieder zu befreien. Vor allem im südlichen Hochland stoßen Reisende allenthalben auf Stätten, die sich mit Szenen aus dem Epos verknüpfen und die von Pilgern rege aufgesucht werden. Während das auf Sanskrit verfasste Originalwerk die Rolle des Antagonisten Ravana zuweist, der mit göttlichem Beistand in die Schranken gewiesen werden muss, zeichnen sri-lankische Versionen ein anderes Bild: Hier ist der oft mit zehn Köpfen dargestellte Held ein lauterer Buddhist, der im dritten vorchristlichen Jahrtausend in der Hauptstadt Lankapura (bzw. Malendura) herrschte und der Tropeninsel ein Goldenes Zeitalter bescherte.

Die moderne singhalesisch-tamilische Literaturgeschichte beginnt in der **Endphase des Kolonialzeitalters.** Stellvertretend für eine Reihe von Autoren jener Zeit steht Martin Wickramasinghe (1890–1976), dem in seinem Geburtsort Koggala an der Südküste ein Museum gewidmet ist und der als Begründer der modernen singhalesischen Prosa gilt. Wie viele Autorenkollegen in seiner Zeit besuchte Wickramasinghe eine englische Schule und war mit der Kultur des Westens bestens vertraut. Singhalesisch lernte er dagegen aus eigenem Antrieb, indem er Unterricht bei einem Mönch nahm. Die Auseinandersetzung mit authentisch sri-lankischen Kulturgütern zieht sich wie ein roter Faden durch sein Werk. Die oft provokante Neuinterpretation alter Stoffe rief zuweilen vehemente Kritik hervor: 1973 erschien z. B. unter dem Titel „Bava Taranaya“ eine Buddha-Biografie, in der er den Erleuchteten im Bettgemach seiner Ehefrau eine Szene erleben lässt, die einer gewissen Pikanterie nicht entbehrt. Am anderen Ende des literarischen Spektrums steht das 1953 publizierte Manifest „The Revolt in the Temple“ von Don Charles Wijewardena. Der 1893 geborene Bruder eines einflussreichen Pressemoguls war Mönch im Kloster und betrachtete sich als Visionär einer globalen Erneuerungsbewegung unter buddhistischen Vorzeichen. Das Buch spielte im erwachenden singhalesischen Nationalismus eine große Rolle, der Autor war ein leidenschaftlicher Verfechter des „politischen Buddhismus“.

Während die moderne singhalesische und tamilische Prosa nur selten in westliche Sprachen übertragen werden, gibt es eine Reihe von sri-lankischen Autoren, die auf Englisch schreiben oder gar im englischsprachigen Ausland zu Hause sind. Zu dieser Gruppe gehören auch Angehörige der Burgher wie Michael Ondaatje. Der bekannteste zeitgenössische Schriftsteller wurde 1943 in Colombo geboren und lebt seit 1962 in Kanada. Für sein namhaftestes Buch „The English Patient“ erhielt Ondaatje 1992 den begehrten Booker Prize. Im Gegensatz zu anderen Autoren blicken Ondaatje und dessen Kollegen von außen auf die sri-lankischen Verhältnisse, was den Büchern einen ganz spezifischen Reiz verleiht (→ Reiseliteratur, S. 96 f.).

Auch wenn die **Filmproduktion** in Sri Lanka keinesfalls mit Bollywood vergleichbar ist, genießt sie dennoch einen hohen Stellenwert in der singhalesisch-tamilischen Bevölkerung. Der erste Streifen wurde 1947 in singhalesischer Sprache gedreht und kam unter dem Titel „Kadawunu Poronduwa“ („Das gebrochene Versprechen“) in die Kinos. Bis Mitte der 1950er-Jahre wurden sämtliche Filme in indischen Studios produziert und lehnten sich stilistisch stark an Konventionen damaliger Hindi- und Tamil-Filme an. Einen Wendepunkt markierte 1956 der Schwarz-Weiß-Film „Rekava“: Das erstmals gänzlich in Sri Lanka gedrehte cineastische Epos erfuhr internationale Anerkennung und lief sogar im Hauptwettbewerb der Filmfestspiele von Cannes. Der Niedergang des populären Kinos seit den 1980er-Jahren ging einher mit einem Aufstieg des unabhängigen Autorenkinos. Das Bürgerkriegsepos „The Road from Elephant Pass“ von Chandran Rutnam heimste 2008 ebenso positive internationale Kritiken ein, wie 2005 „The Forsaken Land“ des Regisseurs Vimukhti Jayasundara.

Geoffrey Bawa – Architekt der Tropischen Moderne

Geoffrey Bawa (1919–2003) war der bedeutendste Architekt Sri Lankas und ein Protagonist der sogenannte Tropischen Moderne. Der Begriff bezeichnet die – erfolgreiche – Suche einheimischer Künstler nach neuen Ausdrucksformen im Bezugsdreieck der traditionellen Bau- und Wohnkultur, dem Einfluss des Kolonialzeitalters sowie den Erfordernissen und Ansprüchen der Gegenwart. Wichtigste Maxime von Geoffrey Bawa war das (buddhistische) Prinzip der Vergänglichkeit: Er bevorzugte Materialien, die unter dem Einfluss der tropischen Witterung korrodieren oder mit der Zeit eine ganz spezifische Patina annehmen – die Rückeroberung der Kunst durch die Natur! Der Architekt liebte außerdem unglasierte polierte Steingutfliesen. Das von ihm bevorzugte schwarzweiße Schachbrettmuster ist in seinem Werk ein häufig wiederkehrendes Element. Bawa sammelte fast schon ausschweifendend leidenschaftlich Glocken, die er exzessiv als wohnliches Accessoires einsetzte. Auch sonst gleichen die von ihm gestalteten Innenräume mit ihren handgeschnitzten, individuell bemalten Türen und ihrem Antikmobiliar aus aller Welt stilvoll gestalteten Museen. Mitunter betraute Bawa auch befreundete Künstler mit der Ausgestaltung der Details. Von außen wirken Bawas Bauten eher nüchtern und sachlich. Es dominieren horizontale und vertikale Linien, die seinen Gebäuden eine fast asketische Strenge verleihen. Innen kontrastieren hingegen schwelgerische Details den nüchternen Ersteindruck. Geschnitzte Holzsäulen im Chettinad-Stil (Chettinad ist die südindische Heimat einer im 19. Jh. in ganz Südasien tätigen Händlerkaste) oder mediterrane Skulpturen sorgen für eine behagliche Atmosphäre. Außerdem arbeitete der Architekt bevorzugt nach dem Sichtachsenprinzip: Fenster und weitläufige Veranden erlauben Blicke nach draußen auf eine bewusst gestaltete Parklandschaft.

Treppenhaus im Heritance Kandalama Hotel bei Dambulla

Besichtigungstipps

- Anantara Kalutara Resort in Kalutara → S. 176
- Bentota Beach Hotel → S. 184
- Chapel of the Good Shepherd in Bandarawela → S. 402 f.
- Gallery Café (Paradise Road) in Colombo → S. 146
- Hotel Heritance Kandalama bei Dambulla → S. 353
- Hotel Jetwing Lighthouse in Galle → S. 206
- Lunaganga Estate in Bentota → S. 186
- Number 11 (Stadtresidenz) in Colombo → S. 133
- Parlamentsgebäude in Sri Jayawardenepura Kotte → S. 137
- Seema-Malaka-Tempel in Colombo → S. 133

Fischer an der Westküste Sri Lankas

Wirtschaft und Tourismus

Sri Lanka ist ein Dritte-Welt-Land, das rein äußerlich wie ein Schwellenland wirkt. Während der Westen und der Süden einen verhältnismäßig prosperierenden Eindruck vermitteln, haben die ehemaligen Bürgerkriegsgebiete im Norden und Osten noch immer Nachholbedarf. Ein bedeutender Wirtschaftszweig ist der Tourismus.

Durchschnittlich verdient ein leitender Bankangestellter in Sri Lanka umgerechnet etwa 300 Euro im Monat, ein einfacher Kellner dagegen lediglich etwa ein Fünftel der Summe. Besonders krass gestalten sich die Einkommensunterschiede im Vergleich zu den Einkünften tamilischer Teepflückerinnen, die nach einem Erntetag umgerechnet gerade einmal umgerechnet 3–5 Euro (abhängig von der Pflückmenge) in der Tasche haben. Zum sozialen Frieden tragen seit jeher die vergleichsweise geringen Lebenshaltungskosten bei. So muss man für eine Fahrt mit dem öffentlichen Bus in Colombo lediglich 20 Rs bezahlen, umgerechnet sind das 11 Cent. Dieser soziale Frieden steht allerdings gegenwärtig auf tönernen Füßen, denn das größte aktuelle Problem der Wirtschaft in Sri Lanka sind die steigenden Lebenshaltungskosten. Während sich die jährliche Teuerungsrate in westlichen Industriegesellschaften um Werte zwischen 1–3 % eingependelt hat, betrug die Teuerungsrate in Sri Lanka im zweiten Halbjahr 2017 durchschnittlich 7 %. Die Preissteigerungen wirken sich nicht nur ungünstig auf den Außenhandel aus, sondern betreffen auch Privathaushalte, denn für Lebensmittel und Benzin müssen die Einheimischen immer tiefer in die Tasche greifen. Dabei ist das Preisniveau im Vergleich zu anderen asiatischen Ländern ohnehin bereits hoch.

Die bedeutendsten Wirtschaftszweige sind die Textil- und Bekleidungsindustrie, Teeanbau, Kokosnussprodukte und Edelsteine (→ Einkaufen, S. 78 ff.). Seit der Kolonialzeit hat die Trinität **Kokos, Kautschuk und Gewürze** ihre Bedeutung für die einheimische Wirtschaft nicht verloren: Die europäischen Kolonialherren begannen im fruchtbaren Hinterland der Westküste mit Plantagenanbau im großen Stil. Im Hochland kam nach 1815 der Kaffeeanbau hinzu. Allerdings setzte 1869 der Kaffeerostpilz den Bemühungen ein jähes Ende und zerstörte binnen fünf Jahren sämtliche Kaffeepflanzen; dies war zugleich der Startschuss für die **Teewirtschaft** und den Aufstieg der Marke Ceylon Tea. Heute ist Sri Lanka nach Kenia und China der drittgrößte Tee-Exporteur weltweit, jährlich werden über 330.000 t produziert.

Seit dem Ende des Bürgerkriegs 2009 verzeichnet der **Tourismus** kräftige Zuwächse insbesondere in den Küstenregionen des Südens. Die strategischen Ziele der Regierung lesen sich durchaus ambitioniert: Besuchten 2013 noch knapp 1,3 Millionen Feriengäste die Insel, sollen es 2020 bereits 4 Millionen sein. Dabei setzen die politischen Entscheidungsträger gezielt auf die betuchte Klientel aus dem Ausland und unterstützen Investitionen im Luxusbereich. Auch die Verkehrsinfrastruktur wird durch staatliche Programme aufgerüstet, wobei hier das Hauptaugenmerk auf Schnellstraßen und Airports liegt.

Der Großteil des sri-lankischen **Bruttoinlandsprodukts** wird durch den Agrarsektor und die Dienstleistungsbranchen generiert, die Industrieproduktion trägt mit rund 30 % zum volkswirtschaftlichen Gesamtwert aller produzierten Güter bei. Während sich die **Arbeitslosenquote** – vertraut man der offiziellen Statistik – mit lediglich 4,2 % durchaus sehen lassen kann, bereitet die hohe Jugendarbeitslosigkeit von ca. 20 % einige Sorgen. Die Wirtschaft verzeichnet seit Jahren ein gesundes Wachstum von satten 4–5 %. Auslandsinvestitionen werden allerdings durch ungewohnt hohe bürokratische Schranken und **Korruption** in Politik und Verwaltung erschwert. Der größte Auslandsinvestor in strategische Infrastrukturprojekte ist die Volksrepublik China. Unlängst erst unterzeichneten beide Staaten einen milliardenschweren Deal für den Ausbau des Überseehafens in Hambantota an der Südküste. Die ehrgeizigen Regierungspläne sehen eine Umwandlung der vom Tsunami schwer betroffenen Gegend in eine Art Sonderwirtschaftszone nach chinesischem Vorbild vor. Auch den großformatigen Umbau der Hafencity in Colombo mit neuen Wolkenkratzern und funkelnden Einkaufszentren ermöglichen chinesische Gelder. Indien hingegen tritt in der Hauptsache in den tamilischen Siedlungsgebieten im hohen Norden als Investor auf, allerdings in kleinerem Maßstab als die rivalisierende Volksrepublik.

Ayurveda – das Wissen vom Leben

Seit dem Ende der Kolonialherrschaft boomt die ursprünglich aus Indien stammende traditionelle Heilmethode. Der Begriff Ayurveda stammt aus dem Sanskrit und bedeutet Wissen vom Leben. Gesundheitskuren unter fachärztlicher Betreuung genießen auf der Tropeninsel bei Urlaubern einen hohen Stellenwert.

Der wichtigste Unterschied zur modernen westlichen Medizin lautet: Ayurveda ist nicht nur eine Heillehre zur Behandlung aktueller Krankheiten bzw. Beschwerden, sondern auch ein umfassendes (ganzheitliches) System zur **Gesundheitsvorsorge.** Traditionell bemisst sich die Reputation ayurvedisch praktizierender Ärzte nämlich nicht ausschließlich nach ihrer Heilungsquote, sondern daran, inwieweit es ihnen gelingt, Krankheitsausbrüche vorsorgend zu vermeiden. Von Erfolg gekrönt ist das Prinzip Vorsorge allerdings nur, wenn die „Patienten“ in ihrem Alltag Maß halten sowie die Grundsätze einer harmonischen Lebensweise beherzigen. Ähnlich wie in der traditionellen chinesischen Medizin spielen auch im Ayurveda Harmonien eine große Rolle: Ausgewogenheit der Ernährung, der Arbeit, der sozialen Beziehungen, der aktiven Betätigungen jeglicher Art. Denn das Individuum wird im traditionellen sri-lankischen Heilsystem nicht als isoliertes Subjekt, sondern als Wesen betrachtet, das auf vielfältige Weise mit seiner Umwelt verwoben ist. Befindet sich der Mensch mit der Umwelt im Einklang, fördert dies Gesundheit und Wohlbefinden.

Zum kleinen Einmaleins der traditionellen Heillehre gehört die Kategorisierung der Individuen in drei Grundtypen, die drei unterschiedlichen Lebensenergien *(doshas)* entsprechen: Doshas (wörtlich übersetzt bedeutet der Sanskritbegriff Fehler) sind sowohl in der Natur als auch im menschlichen Körper vorhanden. Befinden sie sich im harmonischen Gleichgewicht, fehlt Beschwerden grundsätzlich der Nährboden. Leider ist dieser Idealzustand in der Realität nur selten anzutreffen – und an dieser Stelle setzen ayurvedische Therapien an: Öl- und Pulvermassagen, auf individuelle Konstitutionstypen zugeschnittene Ernährungspläne, Reinigung *(panchakarma)* und allgemeine Tipps zur richtigen Lebensweise sollen dazu beitragen, das gestörte Gleichgewicht der Kräfte wieder herzustellen. Der erste der drei Doshas heißt **Vata** (Luft oder Wind): Vata sorgt allgemein dafür, dass Dinge in Bewegung kommen, grundlegende Attribute dieses Prinzips sind Leichtigkeit, Flexibilität, Trockenheit, Kälte und Aktivität. Personen, die dem Grundtyp entsprechen, sind dem ayurvedischen Bild entsprechend häufig schlank und feingliedrig, frieren leicht und neigen zu trockener Haut – allesamt Merkmale, die dem ayurvedischen Arzt helfen, den richtigen Konstitutionstyp herauszufinden. Zu den physiologischen Merkmalen gesellen sich bestimmte Charaktereigenschaften: Vata-Typen gelten als ideenreich, haben mitunter jedoch ein Umsetzungsproblem. Der zweite Grundtyp heißt **Kapha** (Erde und Wasser): Kapha sorgt für Struktur, die Attribute lauten Trägheit, Stabilität, Festigkeit, Verlässlichkeit, Fürsorglichkeit sowie Schwere. Kapha-Typen besitzen oft einen stämmigen Körperbau und neigen mitunter zu Übergewicht; die Haut ist glatt, die Bewegungen sind langsam. Kapha-Typen halten sich an Vereinbarungen, sind schwer aus der Ruhe zu bringen, haben zuweilen einen Hang zu Selbstmitleid und Melancholie. Der letzte Grundtyp ist **Pitta** (Feuer und Wasser): Pitta steht für Austauschprozesse (Stoffwechsel), Attribute sind Hitze und Trockenheit. Pitta-Typen haben oft einen mittelschweren Körperbau und gehen Dinge systematisch und gut organisiert an; sie lieben es, sich sportlich in freier Natur zu betätigen

Ayurveda-Werbung in Beruwela

und legen dabei Mut und Entschlossenheit an den Tag. Allerdings sind Pitta-Typen häufig auch ungeduldig sowie leicht erregbar. Unterm Strich ist die exakte Zuordnung eines menschlichen Individuums zu einem Konstitutionstyp alles andere als einfach und erfordert Erfahrung und Übung, denn in der Praxis repräsentieren Patienten nur selten einen der drei Typen in Reinform.

Die **Wurzeln des Ayurveda** gehen auf das vedische Zeitalter in Nordindien zurück. Allerdings existiert kein wissenschaftlich fundiertes medizinisches Handbuch über das Wissen vom Leben, jedenfalls ist ein solches nicht überliefert. Hinweise auf das alte indische Heilsystem finden sich in diversen Sanskritschriften verstreut und besitzen auch mythologische Anklänge. In klassischen Göttererzählungen wird u. a. ein gewisser Dhanvantari erwähnt. Der Arzt und Kräuterkundige soll eine Inkarnation von Vishnu gewesen sein, der wie ein Phönix dem Milchmeer entstieg, in der Hand einen Krug mit dem Nektar des Lebens *(amrita)* haltend. Im Verbund mit anderen kulturellen Errungenschaften des indischen Subkontinents dürfte auch das medizinische Wissen seinen Weg über die Palk Strait von Indien nach Sri Lanka gefunden haben, wo es sich mit der seit jeher praktizierten Kräuterheilkunde vermischte. Im Kolonialzeitalter teilte auch Ayurveda das Schicksal der traditionellen Kulturgüter: Die von den europäischen Fremdherrschern unterjochte Bevölkerung wandte sich von der alten Heilmedizin ab – das Wissen vom Leben geriet in Vergessenheit. Ein Wiederaufleben setzte Mitte des 19. Jh. ein, als man sich im Zuge des erwachenden singhalesischen Nationalgefühls allmählich wieder auf die eigenen Wurzeln besann. Neu gegründete akademische Institute vermittelten das traditionelle medizinische Wissen, Ayurveda wurde sogar zum integralen Bestandteil der kollektiven Identität Sri Lankas.

Heute nimmt die sanfte Heilmedizin eine wichtige Stellung im Tourismus-Portfolio des Landes ein. In vielen Küstenorten werben Schilder für Ölmassagen oder Aromatherapien. Darüber hinaus existiert eine erkleckliche Anzahl grundseriöser Gesundheitseinrichtungen mit gut ausgebildetem medizinischem Personal, eigenen Kräuterapotheken sowie einem Ambiente, das sowohl der körperlichen Gesundung als auch der Erholung dient. Die sri-lankische Version der altindischen Heilmedizin präsentiert sich heute mitnichten als orthodoxes System, sondern hat sich im Lauf der Geschichte mehrfach gewandelt sowie den aktuellen Erfordernissen angepasst. Ayurveda präsentiert sich gegenwärtig als faszinierende Melange – mit Zutaten aus der klassischen indischen Heilmedizin, aus der griechischen Antike (Stichwort: die Lehre von den Körpersäften) und aus der modernen westlichen Medizin. Kern der heute praktizierten, spezifisch-sri-lankischen Ayurveda-Version ist die **Ernährung:** Die Ingredienzen der sri-lankischen Küche können in sechs unterschiedliche Geschmacksrichtungen klassifiziert werden: bitter, süß, sauer, salzig, scharf und herb. Diese verfügen über ganz bestimmte Qualitäten, die wiederum mit den genannten Doshas korrelieren. Vata-Typen sollten sich danach an gekochte, warme Speisen halten (salzig, sauer, süß), während Pitta-Typen frittiertes und gebratenes Essen besser meiden sollten. Kapha-Typen wiederum, so die Empfehlung, sollten reichlich Gemüse essen, das scharf und bitter gewürzt ist. Fleisch und fettreiche Kost stehen aber bei fast allen Konstitutionstypen auf dem Index.

Empfehlenswerte **Adressen ayurvedischer Gesundheitseinrichtungen** finden Sie im Reiseteil bei den einzelnen Orten. Eine knappe Übersicht befindet sich vorne im Buch, → S. 20 f.

Gut sortierter Marktstand in Anuradhapura

Reisepraktisches von A bis Z

Adressen

Sri-lankische Adressen stellen traditionell die Hausnummern der Straße oder dem Platz voran. Die Hauptstadt Colombo besteht aus mehreren Stadtbezirken (→ S. 127), weshalb hier Hotel- und Restaurantadressen z. B. mit „Colombo 4" spezifiziert werden. In ländlichen Regionen wird zuweilen auf eine Straßenangabe ganz verzichtet und die Hausnummer direkt hinter dem Ortsnamen angefügt. Straßen haben nicht immer eindeutige Bezeichnungen: Wurden beispielsweise die Straßen in der jüngeren Vergangenheit umbenannt, steht manchmal die alte Bezeichnung in Klammern hinter der neuen, wenn sich der neue Name im allgemeinen Sprachgebrauch noch nicht durchgesetzt hat. In kleinen Orten wird eine Hauptstraße manchmal wahlweise als Main Road, Main Street oder als Kandy Road bezeichnet, wenn es sich um eine in Richtung Kandy führende Ausfallstraße handelt.

Folgende **Abkürzungen** finden in diesem Reisehandbuch Verwendung: Road: *Rd.*, Street: *St.*, Mawatha (= Straße): *Mw.*, Avenue: *Av.*, Place: *Pl.*, Junction: *Jc.*

Anreise

Nahezu alle Reisenden steuern die Tropeninsel mit dem Flieger an und setzen am **Bandaranaike International Airport** erstmals einen Fuß auf sri-lankischen Boden. Der Flughafen liegt 35 km nördlich von Colombo und 6 km südlich von Negombo, er ist bisher der einzige internationale Flughafen des Inselstaats. Regierungspläne sehen seit längerer Zeit vor, im Süden bei Hambantota ein zweites internationales

Einfallstor zu etablieren. Abgesehen von wenigen Verbindungen in die Golfregion, in der zahlreiche Sri Lanker in Lohn und Brot stehen, meiden jedoch internationale Airlines diesen Airport. Ebenfalls noch Zukunftsmusik ist die von offizieller Seite anvisierte Wiedereröffnung des Fährverkehrs zwischen Sri Lanka und Indien. Ein verheerender Zyklon hatte 1964 die bestehende Bahn- und Schiffsverbindung zwischen Talaimannar und Dhanushkodi im südindischen Bundesstaat Tamil Nadu zerstört. Der Bürgerkrieg und daraus resultierende bilaterale Differenzen verhinderten eine rasche Wiederaufnahme des Transitverkehrs zwischen beiden Staaten.

Verbindungen Folgende **Fluggesellschaften** mit Zubringerflügen aus Europa steuern u. a. den internationalen Airport Colombo an: *Air India* (www.airindia.de), *Austrian Airlines* (www.austrian.com), *Emirates* (www.emirates.com), *Etihad Airways* (www.etihad.com), *Oman Air* (www.omanair.com), *Qatar Airways* (www.qatarairways.com), *Sri Lankan Airlines* (www.srilankan.com), *Turkish Airlines* (www.turkishairlines.com).

Onlineportale errechnen die günstigsten Verbindungen für den Hin- und Rückflug, z. B. www.fluege.de, www.opodo.de, www.seat24.de, www.swoodoo.com, www.skyscanner.de.

Direktflüge aus dem deutschsprachigen Raum gibt es derzeit nur mit Zwischenstopp bzw. Umsteigen – z. B. via Amsterdam oder via Golfstaaten. Weitere Verbindungen führen über Bangkok oder via London. Eine preiswerte Flugverbindung von München nach Colombo bietet u. a. *Oman Air* mit Zwischenlandung in Maskat. Günstige Flüge gibt es bereits ab 500 € für den Hin- und Rückflug. Die staatliche Fluggesellschaft des Landes heißt *SriLankan Airlines* und verbindet Colombo täglich mit London.

Sri Lanka ist zudem durch Direktflüge mit mehreren **Städten Asiens** verbunden, u. a. mit Bangalore, Bangkok, Beijing, Kuala Lumpur, Mumbai, Shanghai und Singapur. Direktflüge gibt es auch in die **Malediven**.

Bandaranaike International Airport Der internationale Flughafen (**CMB**) nördlich von Colombo ist nach dem ehemaligen Premierminister S. W. R. D. Bandaranaike (1899–1959) benannt. Eine mautpflichtige Autobahn, der Colombo-Katunayaka-Expressway, verbindet den Airport mit der Stadtperipherie von Colombo. Die Fahrzeit beträgt außerhalb der Rushhour ca. 60 Min., nach Negombo 20 Min. Vor der Ankunftshalle befinden sich Wechselschalter diverser Banken. **Flughafeninformation**: www.airport.lk.

Vom Airport nach Colombo **Bus**: Eine günstige, bequeme Option ist der AC-Minibus, der alle 30 Min. vom Flughafenausgang über die Autobahn zum Hauptbahnhof Colombo-Fort fährt. Die Fahrzeit beträgt, je nach Stausituation, ca. 1 Std., für das große Gepäck löst man am besten eine zweite Platzkarte. Kein Haltestellenschild, Busse – meist in grüner Farbe bzw. Nr. 187 – warten an der Nebenstraße, vom Ausgang aus betrachtet zur Linken. 120 Rs.

Taxi: Das Taxi vom Flughafen ins Stadtzentrum kostet – je nach Entfernung – ca. 3000 Rs.

Vom Airport nach Negombo **Taxi**: Das Taxi vom Flughafenausgang zum 6 km nördlich gelegenen Küstenort ist mit ca. 1500 Rs alles andere als preiswert. Handeln lohnt sich.

Tuk-Tuk: Günstiger ist die Fahrt mit dem Three Wheeler. Diese stehen in ausreichender Anzahl an der Straße jenseits der Flughafenausfahrt (ca. 700–800 Rs).

Botschaften / Diplomatische Vertretungen

Sri-lankische Vertretungen im Ausland

Deutschland Botschaft von Sri Lanka, Mo–Do 9.30–12.30 Uhr. Niklasstr. 19, 14163 Berlin, ✆ 0049-30-80909749, www.srilanka-botschaft.de.

Generalkonsulat, Mo–Do 9.30–13 Uhr. Lyoner Str. 34, 60528 Frankfurt a. M., ✆ 069-660 53980, www.srilanka-botschaft.de.

Österreich Embassy of Sri Lanka, Mo–Fr 9–17 Uhr, Konsularabteilung 9–12 Uhr. Weyringergasse 33, ✆ 0043-1-5037988, www.srilankaembassy.at.

Schweiz Generalkonsulat von Sri Lanka, Mo–Fr 9.30–12.30 Uhr. Rue de Moillebeau 56, 1209 Genf, ✆ 0041-22-9191250.

Indien High Commission of Sri Lanka, Mo–Fr 8.45–17 Uhr. Kautilya Marg Chanakyapuri 27, 110021 New Delhi, ✆ 0091-11-230 10201, www.slhcindia.org.

Deputy High Commission, Mo–Fr 9–15.15 Uhr. Sterling Rd. 56, Nungambakkam, 600034 Chennai, ✆ 0091-44-28241896, www.slhcindia.org.

Malediven Embassy of Sri Lanka, So–Do 8.30–16.15 Uhr. G. Zafna, Lily Magu, Male 20-05, ✆ 00960-3322845, www.slhcmaldives.com.

Thailand Sri Lankan Embassy, Mo–Fr 8.30–16.15 Uhr. Ocean Tower II, 13th Fl., 75/6-7, Khlongtan Nuea, Khet Watthana, 10110 Bangkok, ✆ 0066-2-2611934.

Ausländische Vertretungen in Sri Lanka

Deutschland German Embassy, Mo–Mi 7.30–16, Do bis 16.30, Fr bis 13 Uhr. Alfred House Av. 40, Colombo 3, ✆ 011-2580431, www.colombo.diplo.de.

Österreich Honorarkonsulat von Österreich, Mo, Mi und Fr 9–13 Uhr. Car Mart Building 424, Union Pl., Colombo 2, ✆ 011-2696311.

Schweiz Embassy of Switzerland, Mo–Fr 8.30–11.30 Uhr. Srimath R. G. Senanayake Mw. 63 (Gregory's Rd.), Colombo 7, ✆ 011-2695117, www.eda.admin.ch/colombo.

Indien High Commission of India, Mo–Fr 9–17.30 Uhr. Galle Rd. 36–38, Colombo 3, ✆ 011-2327587, www.hcicolombo.org.

Malediven Embassy of Maldives, Mo–Fr 9–16 Uhr. Melbourne Av. 25, Colombo 4, ✆ 011-5516302, www.maldivesembassy.lk.

Thailand Royal Thai Embassy, Mo–Fr 8.30–12.30 (Visa-Anträge) u. 14–16 Uhr (Visa-Abholung). Wijerama Mw. 29 A, Colombo 7, ✆ 011-7529500, www.thaiembassy.org/colombo.

Einkaufen

Die ergiebigsten Städte für einen zünftigen Shoppingbummel sind Colombo und Galle, mit Abstrichen auch Kandy. Darüber hinaus haben sich bestimmte Regionen und Orte auf Kunsthandwerk oder andere Produkte spezialisiert, die für Reisende interessant sein können, z. B. Hikkaduwa, Beruwela und Ratnapura für Edelsteine oder Mahawewa und Matara für Batikkleidung und -accessoires. Auch Kosmetika und Massageöle nach ayurvedischen Rezepturen sind ein beliebtes Mitbringsel. Tee und Gewürze sind natürlich fast überall problemlos erhältlich. Die beliebteste und am häufigsten vertretene Supermarktkette heißt *Cargills Food City*. In den Städten genießen die roten Frontschilder der Filialen einen hohen Wiedererkennungswert.

Straßenverkauf von **Alkohol** ist in Sri Lanka streng reglementiert und auf *Liquid Stores* oder *Wine Shops* beschränkt. Sie sind zumeist an den grünen Ladenschildern zu erkennen und auch in kleineren Orten präsent.

Auf Märkten und in touristisch ausgerichteten Ladengeschäften ist **Handeln** generell möglich, sofern sich Inhaber bzw. Verkäufer nicht auf Fixpreise berufen.

Die **Öffnungszeiten** der Geschäfte sind nicht einheitlich geregelt. Meistens öffnen privat betriebene Geschäfte montags bis samstags von ca. 10–20 Uhr, sonntags sind viele Einrichtungen, darunter Banken, Postämter sowie öffentliche Einrichtungen i. d. R. geschlossen. In touristisch geprägten Küstenorten öffnen die Geschäfte häufig sieben Tage in der Woche und bis in den späteren Abend. Außerhalb der Saison können Ladengeschäfte hingegen ihre Pforten über längere Zeiträume hinweg schließen. Muslime legen während des freitäglichen Mittagsgebetes gern eine Pause ein. An Vollmondtagen *(poya)* schließen viele Geschäfte und auch einige Restaurants. Banköffnungszeiten sind landesweit einheitlich geregelt (Mo–Fr 9–15 Uhr), ähnliches gilt für Postfilialen (Mo–Fr 9–17 Uhr sowie Sa vormittags). Supermärkte schließen abends oft erst um 22 Uhr.

Ceylon-Tee

Basar im südlichen Hochland

Echten Ceylon-Tee gibt es überall zu kaufen – in Geschäften wie in **Teefabriken**, die sich auf Besucherverkehr eingestellt haben. Besucher werden meist grüppchenweise durch die Teeproduktionsräume geschleust und anschließend im Show- und Verkaufsraum wieder verabschiedet. Der Besuch einer Teefabrik ist natürlich ein Erlebnis und sollte integraler Bestandteil jeder Sri Lanka-Rundreise sein. Allerdings spielt die vor Ort zu erstehende Teequalität nur selten in der ersten Liga, weil die besten Erzeugnisse von der **Teeauktion in Colombo** direkt ins Ausland wandern, traditionell nach Großbritannien, heute bevorzugt auch nach Russland. Die bekannteste Marke „made in Ceylon" ist das Traditionslabel *Lipton Tea* (seit 1890), gut zu erkennen am roten Logo auf der zitronengelben Verpackung. Einheimische Renommiermarken heißen u. a. *Dilmah*, *Basilur* oder *Tea Tang*, wobei letzteres Unternehmen seit 1870 von Singapur aus operiert. Zahlreiche Unternehmen betreiben in einigen sri-lankischen Städten Filialen, in denen sich Besucher mit Tee eindecken können, wobei edel gestaltete Verpackungen nicht immer mit qualitativ hochwertigen Inhalten einhergehen. Und falls alle Stricke reißen, kann man sich im Abflugbereich des internationalen Airports in Colombo noch mit Tee-Souvenirs eindecken.

Edelsteine

Neben Textilien, Kokosnussprodukten und Tee sind Edelsteine die bedeutendsten Exportgüter Sri Lankas. Die Saphire, Turmaline, Katzenaugen, Rubine, Spinelle und Mondsteine werden nördlich von Kandy, im Hinterland von Hikkaduwa oder rund um die „Juwelenhauptstadt" Ratnapura (→ Kasten, S. 419) geschürft. Manchmal können archaisch anmutende Minen sogar gegen kleines Entgelt besichtigt werden. Während für den Abbau und für das Schleifen meist singhalesisch-tamilische „Ich-AGs" zuständig sind, liegt der Edelsteinhandel häufig in muslimischer Hand. Die meisten Ladengeschäfte befinden sich in Colombo, Kandy, Hikkaduwa oder Galle – empfehlenswerte Adressen finden Sie im Reiseteil bei den einzelnen Orten. Spannender als die Hochglanzauslagen in klimatisierten Geschäften sind die **Edelsteinmärkte** in Ratnapura oder Beruwela. Zwar lassen sich heute in Sri Lanka kaum noch echte Schnäppchen machen, dennoch liegt das Preisniveau niedriger als im westlichen Ausland. Um keinen unseriösen Angeboten auf den Leim zu gehen, sollten Interessenten beim Einkauf ein wenig Fachkompetenz mitbringen. Handeln ist nicht nur erlaubt, sondern angeraten. Eine **Quittung** sowie ein **Echtheitszertifikat** (s. u.) verhindern Zollprobleme bei der Rückreise ins Heimatland.

Echtheitszertifikate für Edelsteine vergibt die **Sri Lanka Gem & Jewerelly Exchange (SLGJE)**; die Regierungsinstitution mit Sitz in Colombo verfügt auch über eine Liste mit seriösen Händlern. Ein Show- und Verkaufsraum runden das Angebot ab. World Trade Center, Level 4/5, East Low Block, Echelon Square, Colombo 1, ✆ 011-2329352. www.ngja.gov.lk/en/. Seit 2003 gibt es eine Außenstelle in Ratnapura, Gem Centre.

Kosmetika / Ayurveda-Produkte

Ayurveda (→ S. 73 ff.) ist ein wichtiger Bestandteil der sri-lankischen Identität und obendrein ein nicht unbedeutender Wirtschaftsfaktor. Größere, auf ein westliches Publikum zugeschnittene **Ayurveda-Resorts** führen oft Gesundheitsprodukte unter eigenem Label, die in der hauseigenen Apotheke vertrieben werden. Darüber hinaus warten einige Orte mit Apotheken auf, die sich auf den Verkauf von Aroma- und Massageölen, ayurvedischen Kräutertees und weiteren Gesundheitsprodukten spezialisiert haben. Eindeutig in Richtung Wellness zielen die Erzeugnisse der Renommierfirma *SPA Ceylon*, die fast in jedem Urlaubsort und in den größeren Städten Filialen besitzt. Auch wenn die Cremes und Duschgels der Marke mit Ayurveda im engeren Sinn nicht viel zu tun haben, ist die Qualität der Produkte ausgezeichnet. Obendrein vermitteln die Geschäfte ein sinnliches Einkaufserlebnis.

Kräuter und Gewürze

Sri Lanka ist eine Insel der Gewürze – neben Zimt gedeihen hier u. a. Nelken, Chili, Kardamom und Curry (→ Essen & Trinken, S. 83). Einkaufsmöglichkeiten bieten größere Städte sowie die Ferienorte an der West- und Südküste, z. B. Colombo, Galle, Hikkaduwa und Bentota-Aluthgama. Man kann sie auch in **Gewürzplantagen erwerben**, auf die Werbeschilder an den Fernstraßen hinweisen. Ein wichtiges Plantagengebiet befindet sich z. B. nördlich von Matale an der A 9 in Richtung Dambulla. Hier kann man an einer Führung durch die Plantage teilnehmen und anschließend Gewürze einkaufen. Preiswerter und oft keineswegs schlechter sind die Gewürze, die auf den **Wochenmärkten** feilgeboten werden. Markttermine finden Sie im Reiseteil bei den jeweiligen Orten.

Textilien/Kunsthandwerk

Kleidung und Wohnaccessoires auf der Basis handgewebter Baumwolltextilien sind die bekanntesten Mitbringsel aus Sri Lanka mit kunsthandwerklichem Anspruch. Am größten ist die Auswahl in den schicken Boutiquen in der kolonial geprägten Altstadt von Galle. Auch in den eleganten Shoppingmalls in Colombo lohnt sich die Suche nach den schönen Dingen des Lebens, wohingegen in den Basaren gewöhnlich eher billige Dutzendware feilgeboten wird. Einen guten Überblick über die Bandbreite sri-lankischen Kunsthandwerks bietet die staatliche Ladenkette *Laksala* mit Filialen u. a. in Colombo und Kandy (www.laksala.gov.lk). Hier bezahlen Kunden meist etwas mehr als auf dem freien Markt – im Tausch für die Gewissheit, nicht übervorteilt zu werden. Beliebte Souvenirs sind z. B. **Holzmasken** und Marionetten, die man am besten direkt bei den Künstlern südlich von Colombo in Ambalangoda ersteht. Messingwaren sowie Schnitzereien aus Holz werden v. a. im Großraum Kandy hergestellt. Fast überall auf der Insel erhältlich sind Gegenstände aus Lack, **Buddhafiguren** sowie allerlei aus Bast und **Kokos**.

Preiswerter geht's kaum: Fast Food am Strand von Negombo

Essen und Trinken

Grundlage der sri-lankischen Küche sind **Currys**, die im Allgemeinen unter der Bezeichnung Rice & Curry auf den Speisekarten und den Büfetts der Restaurants zu finden sind. Wer längere Zeit bleibt und verschiedene Regionen bereist, wird feststellen, dass Currygerichte auch auf lange Sicht selten langweilen, weil sie mit wechselnden Zutaten und auf unterschiedliche Weise zubereitet werden. Obendrein sind Currys überaus gesund, der Übergang zur **ayurvedischen Küche** ist fließend. Der Begriff *Curry* bezeichnet einerseits eine Gewürzmischung aus diversen Ingredienzen wie z. B. Kurkuma, Pfeffer, Chili, Kardamom, Koriander, Kreuzkümmel, Bockshornklee oder Fenchel. Andererseits versteht man darunter auch exotisch gewürzte Eintopfgerichte mit Reis – basierend auf verschiedenen Gemüsen, manchmal zusätzlich mit Geflügel, Fisch, Garnelen oder anderen Meeresfrüchten. Currygerichte werden morgens, mittags und abends im Rahmen von Büfetts kredenzt oder direkt am Tisch auf Tellern bzw. in Schalen serviert. Je nach Region (bzw. auch nach Gusto) kommen bei der Zubereitung rote, schwarze oder weiße Currymischungen zum Einsatz: Bei roten Currys überwiegen scharfe Chilis, während bei schwarzen Currys dunkel geröstete Zutaten wie Koriander, Kreuzkümmel oder Fenchel dominieren. Auffallend mild schmecken wegen der hinzugefügten Kokosmilch die weißen Currys. Haushalte und Restaurants, die die Currys nach traditioneller Machart zubereiten, verweisen stolz darauf, dass sie ihre Gewürze selbst mischen und rösten, oft nach familieneigenen Rezepten und ohne Hinzufügung von Fett.

Rice & Curry-Gerichte sind nicht auf den singhalesischen Kulturraum beschränkt – man findet sie auch in den tamilischen Siedlungsgebieten. Tamilische Garküchen oder Restaurants bieten oft zusätzlich authentische **tamilische Gerichte** an, die man bereits aus Südindien kennt, so beispielsweise ein *Thali* oder *Meals* (einfache vegetarische Menüs mit Reis sowie diversen Gemüsebeilagen, serviert auf einem Teller) oder *Masala Dosa* (Crêpes mit Kartoffelfüllung und scharfer Sambalsoße).

Ein weiterer tamilischer Snackklassiker ist *Kottu Roti*: Unter *roti* versteht man Fladenbrote aus ungesäuertem Teig, die an speziellen Garküchenständen klein geschnitten, mit Currygewürz, Gemüse, Ei oder auch Fleischbröckchen vermischt und kurz angebraten werden. Ein Sri-Lanka-Aufenthalt, ohne *Kottu Roti* probiert zu haben, bleibt unvollständig. Zusätzlich zur echten sri-lankischen Küche servieren viele Restaurants auch einfache Gerichte auf der Basis von gebratenem Reis *(Fried rice)* sowie gebratenen Nudeln *(Fried noodles)* – jeweils angereichert mit Gemüse, Ei oder Geflügel, also Gerichte, die man bereits aus anderen Ländern Südostasiens kennt. Im Buch werden diese Essensangebote in den Restaurants bei den jeweiligen Orten als **panasiatische Küche** bezeichnet. In Colombo sowie in Tourismuszentren sorgen ferner thailändische und **westliche Küche** für kulinarische Abwechslung, wobei Pizza und Burger den Ton angeben.

Ein traditionelles sri-lankisches **Dessert** ist Büffelmilchjoghurt mit Palmsirup *(kitul)*. Die Kitul- oder Fischschwanzpalme, aus der der Sirup gewonnen wird, ist hauptsächlich im Süden der Insel beheimatet. Die beste Option, um die leckere Nachspeise frisch zubereitet zu genießen, bietet das flache Weideland nördlich von Tissamaharama, in dem die Büffelherden geeignete Lebensbedingungen vorfinden. Manchmal werden zum Nachtisch auch mit Palmzucker gesüßte Sesam- *(thalaguli)* oder Kokosbällchen *(urunda)* gereicht.

Hoppers – eine sri-lankische Snackspezialität

Eine beliebte Frühstücksspezialität, die seltener auch abends angeboten wird, sind schalenförmige **Reispfannkuchen** *(hoppers)*. Die dünn gebackenen und außen knusprigen Pfannkuchen fungieren als Schalen für diverse Zutaten wie Ei, Gemüse und Sambal (scharfe Soße). Im tamilischen Siedlungsgebiet heißt diese Spezialität *appam*. Eine Variante sind sogenannte **String Hoppers** *(idiyappam)*: Durch ein Sieb gepresster Getreide- oder Reismehlteig ergibt diese typischen Fadennudeln *(strings)*, die traditionell mit Kokossambal oder mild gekochtem Gemüse verzehrt werden.

Obst und Gemüse

Bereits der Gang über den Wochenmarkt zeigt, dass die fruchtbare Tropeninsel mit einer Vielzahl von Obst- und Gemüsesorten gesegnet ist. Es gedeihen nicht einfach nur Bananen, sondern gelbe, grüne und rote Bananen – und jede einzelne Sorte hat hinsichtlich ihrer kulinarischen Verwendung eine bestimmte Daseinsberechtigung. Melonen, Ananas, Papayas, Mangos und Passionsfrüchte sind auch in Mitteleuropa bekannt. Andere Obst- und Gemüsesorten sind weitaus exotischer, so wachsen auf Feldern und Plantagen – je nach Saison – Holzäpfel, Rambutanfrüchte, Breiäpfel, Sternfrüchte, Jackfruits oder eine in Sri Lanka endemische Tamarindenart.

Frühlingszwiebeln, Rettich, Kohl, Karotten und Rhabarber findet man auch auf sri-lankischen Märkten, erstaunlich ist jedoch die Vielzahl von Gurken: Neben der gewöhnlichen Salatgurke gibt es nämlich auch noch Schwamm-, Flügel- und Schlangengurken. Bei Kürbissen ist die Bandbreite ähnlich groß. Balsamäpfel mit auffälliger Stachelhaut, Schlangen- sowie Flügelbohnen, Auberginen, Peperoni, Yams sowie Schwarzer bzw. Indischer Nachtschatten ergänzen das ohnehin üppige

Gemüseportfolio. Vegetarier schöpfen daher aus dem Vollen, zumal auch Kartoffeln in Asien traditionell als Gemüse und nicht als Beilage zählen.

Erlesene Zutaten für die würzige sri-lankische Küche

Gewürze

Das aus historischer Perspektive wichtigste in Sri Lanka vorkommende Gewürz ist **Zimt.** Zimtbäume werden im flachhügeligen Hinterland der Westküste kultiviert, die goldbraunen Stangen riefen aufgrund ihres hohen Wertes bereits ab dem 16. Jh. die europäischen Handelsmächte auf den Plan. Die Liste der auf Plantagen oder wild wachsenden Gewürze erscheint endlos: Pfeffer, Kardamom, Muskat, Gewürznelken, Ingwer, Safran, Vanille, Paprika, Kreuzkümmel, Koriander, Zitronengras oder Senf. Sie alle – und noch viele mehr – finden in der sri-lankischen Küche Verwendung. Eine Besonderheit sind die Blätter vom **Currybaum**. Trotz der Namensgleichheit hat das Gewürz nichts mit den zuvor beschriebenen Currys zu tun, gleichwohl genießt es in der sri-lankischen (und südindischen) Küche eine hohe Bedeutung. Curryblätter verfügen über ein ausgeprägtes Aroma und werden wie Lorbeerblätter den Speisen unzerteilt zugegeben, häufig gemeinsam mit Kokos, Tamarinde oder Senfsamen. Die Blätter werden mitgegessen. Gewöhnlich wird in Sri Lanka **sehr scharf** gekocht. In den Unterkünften mit eigener Küche und in den klassischen Urlaubsorten werden jedoch die Gerichte zur Freude vieler Feriengäste ziemlich mild zubereitet. Andererseits lebt die sri-lankische Küche ja gerade von der Vielfalt der verwendeten Gewürze. Zu wenig von diesen Aromen geht auf Kosten des exotischen Genusserlebnisses.

Getränke

Das sri-lankische Nationalgetränk ist schwarzer **Tee**, der von Einheimischen stark gesüßt und mit viel Milch konsumiert wird. Gewöhnlich kommen Teebeutel oder preiswertes Teepulver zum Einsatz. Restaurants stellen oft Karaffen mit Trinkwasser auf den Tisch. Es empfiehlt sich, durch Fragen sicherzustellen, dass es gut gefiltert ist, im Zweifelsfall beim Wasser auf versiegelte Plastikflaschen zurückgreifen. Soft- und Fruchtdrinks gibt es in vielerlei Varianten, seltener auch *lassi* – ein vorwiegend aus Indien bekanntes, erfrischendes Joghurtgetränk, das gern zu scharfen Speisen genossen wird. Längst nicht alle Restaurants verfügen über eine (in Sri Lanka teure) **Alkohollizenz**. Während in touristisch frequentierten Küstenorten Bier oder Wein meist ohne

Probleme serviert werden, sind die Lokale in ländlichen Regionen häufiger gänzlich alkoholfrei. Manchmal gestattet jedoch der Inhaber des Restaurants, dass Gäste ihr eigenes Getränk mitbringen, das sie zuvor in einem lizensierten Alkoholshop gekauft haben. Die populärste Biersorte ist das süffig schmeckende *Lion Lager Beer*, das auf eine britische Brauereigründung 1849 im südlichen Hochland zurückgeht. Hochprozentiges gibt es ebenfalls – neben bekannten ausländischen Marken beispielsweise auch einheimischer **Arrak** in verschiedenen Qualitätsstufen. Arrak wird aus Palm- oder Zuckerrohrsaft destilliert, seltener aus Reismaische, er verfügt über einen Alkoholgehalt von 35–70 %. An den Vollmondtagen *(poya)* herrscht striktes Alkoholverbot. Neben Tee wird **Kaffee** als Heißgetränk immer populärer. Inzwischen wird Kaffee sogar wieder auf Plantagen kultiviert, wobei das Potenzial beim Röstverfahren geschmacklich noch längst nicht ausgeschöpft ist.

Restaurants, Cafés und Snackbars

Traditionell wird in Sri Lanka mit den Händen gegessen. Abgesehen von Snackbars oder Garküchen auf dem Land servieren jedoch heute nahezu alle Restaurants ihre Gerichte mit Messer, Gabel sowie Löffel – zumal, wenn es sich um Gäste aus dem Ausland handelt. In größeren Städten sowie in den klassischen Ferienorten an der West- und Südküste gibt es eine große an Auswahl an Restaurants jeglicher Couleur und für jeden Geldbeutel. Insbesondere in den Küstenorten haben sich Restaurants inzwischen auf die Bedürfnisse westlicher Reisender eingestellt: Man sitzt bequem auf Stühlen und wählt aus einem breiten Angebot mit westlichen, asiatischen und sri-lankischen Gerichten. Fast alle Küstenlokale haben sich auf Fisch und Meeresfrüchte spezialisiert, wobei Fleischgerichte sowie Vegetarisches das Angebot ergänzen. Ein sympathischer Trend sind Restaurants für **authentische Sri-Lanka-Küche**, was sich auch im Ambiente widerspiegelt: Man nimmt Platz auf Lehmbänken oder an rustikalen Holztischen unter einem natürlich belüfteten Verandadach; gekocht, gegart und gebacken wird an offenen Herdfeuern; kredenzt werden die Speisen nach traditioneller Art in Tontöpfen.

Straßenverkauf bei Kandy

Eine Besonderheit sind **Straßenrestaurants,** die morgens und mittags (seltener am Abend) ein Rice & Curry-Büfett anbieten. Obwohl Reisende in puncto Sauberkeit und Hygiene natürlich keine mitteleuropäischen Standards erwarten dürfen, ist die Qualität oft vorzüglich. Das Mittagsbüfett wird gegen 11.30 Uhr eröffnet und steht dann bis in den späteren Nachmittag zur Verfügung. Einziger Haken hier:

Wenn bei spärlicher Kundschaft nicht regelmäßig nachgelegt wird, nimmt gegen Nachmittag die Speisenqualität spürbar ab. Bei einer späten Ankunft sollte man deshalb zuvor einen prüfenden Blick auf die Speisen werfen, bevor man sich an der Kasse auf einen Deal einlässt. **Einfache Garküchen** ergänzen beinahe überall das Einkehrangebot, wobei hier die Verweildauer zumeist kurz ist. Im Unterschied zu den Essensgewohnheiten in westlichen Ländern, „verschwenden" die Einheimischen nämlich meist nicht viel Zeit beim Essen. Ein gemütliches Abhängen in **Kneipen** und **Cafés** ist vielerorts unbekannt. Anders jedoch in den Urlaubsorten, hier haben sich die Restaurantinhaber selbstverständlich auf die Bedürfnisse westlicher Reisenden eingestellt und bieten ein Ambiente, das zum längeren Verweilen einlädt.

Für eine gediegene Abendmahlzeit in einem Fischrestaurant am Strand inklusive einer Flasche Bier sollte man umgerechnet 10–15 € kalkulieren. Das ist zwar nicht unbedingt billig, aber im Vergleich zu Mitteleuropa immer noch preiswert. Büfett-Gerichte kosten meist 3–4 €, in exklusiven Nobelhotels auch schon einmal 8–10 €. Wer in landestypischen Garküchen oder einfachen Snackbars speist, wird bereits für einen Betrag von 2 € satt. Neben frischen Meeresfrüchten belasten insbesondere alkoholische Getränke das Reisebudget. Bier, Wein und Hochprozentiges sind vergleichsweise teuer, wobei auf den Listenpreis noch eine Steuer hinzukommt. In Restaurants herrscht obendrein die Praxis, Service- und weitere Gebühren aufzuschlagen. Die Zuschläge, die durchaus 10–15 % des Rechnungspreises ausmachen können, werden auf den Speisekarten leider nicht immer explizit ausgewiesen. In einfachen landestypischen Snackbars existiert diese Praxis hingegen nicht. **Trinkgelder** sind selbstverständlich auch in Sri Lanka willkommen, wobei der Rechnungsbetrag unkompliziert aufgerundet wird, schon um das Wechselgeldprozedere zu verkürzen.

Feste / Feiertage

In Sri Lanka wird viel und ausgiebig gefeiert. Dieser Umstand hängt zu einem guten Teil mit den unterschiedlichen Religionsgemeinschaften und deren Verflechtungen zusammen. So nehmen Tamilen oft an bedeutenden singhalesisch-buddhistischen Festivitäten Anteil, während umgekehrt anlässlich der großen hinduistischen Feste Buddhisten tamilische Tempel aufsuchen. Hinzu kommen islamische Feiertage wie der Ramadan. Die bedeutende christliche Minderheit feiert ungestört Weihnachten sowie Ostern. Das **Neujahrsfest** steht sogar zweimal auf der kalendarischen Agenda: Zunächst wird der Jahreswechsel nach westlichem Muster und mit einem zünftigem Feuerwerk gefeiert. Darüber hinaus existiert das singhalesisch-tamilische Neujahrsfest, das Mitte April stattfindet. Hinsichtlich der Bedeutung entspricht das Jahreswechselevent dem Weihnachtsfest: Die Arbeit ruht komplett, Familien kommen zusammen und essen, diverse Rituale dienen der Aussöhnung und Erneuerung. Die aus westlicher Sicht ungewohnte Terminierung des sri-lankischen Neujahrsfests geht auf eine Anschauung zurück, der zufolge beim Eintritt der Sonne in das Sternzeichen Widder ein neuer Sonnenzyklus – und somit das neue Jahr beginnt.

Die wenigsten Feiertage orientieren sich am Sonnenjahr bzw. am gregorianischen Kalender des Westens. In den meisten Fällen ist der auf Mondzyklen fußende Mondkalender für die Terminierung der Festivitäten verantwortlich. Andere religiöse Feste wiederum werden im Vorfeld von den Astrologen nach ausgeklügelten Verfahren festgesetzt. Ein gutes Beispiel für diese beweglichen Feiertage sind die **Vollmondfeste** *(poya)*: Bei den Poya-Tagen handelt es sich um gesetzliche Feiertage, an denen die meisten Geschäfte, Banken und Betriebe geschlossen sind. Auch viele Restaurants haben zu, es herrscht Alkoholverbot. Die zwölf Poya-Tage im Jahr sind traditionell Fastentage und gedenken der bedeutenden Ereignisse aus dem Leben des Erleuchteten oder aus der Geschichte des Buddhismus in Sri Lanka. Der **Nationalfeiertag** wiederum ist ein fixer Feiertag: Er wird alljährlich am 4. Februar in Gedenken an die Unabhängigkeit von der britischen Kolonialherrschaft 1948 begangen. Die **Hauptfestivalperiode** in Sri Lanka sind die beiden Sommermonate Juli und August.

Rund um die wichtigen Feiertage nimmt die Reisetätigkeit der Sri Lanker rapide zu. Die Züge sind gerammelt voll, Quartiere in bestimmten Destinationen oft Wochen im Voraus ausgebucht. Beliebte Reiseperioden sind insbesondere die Tage rund um das sri-lankische Neujahrsfest oder zwischen dem Beginn der Winterferien Anfang Dezember bis Sylvester. Wenn Poya-Tage auf einen Freitag oder Dienstag fallen, schieben die Einheimischen gerne einen Brückentag ein und verreisen.

Veranstaltungen kompakt: Wichtige Feste und Events

Januar/Februar **Duruthu Poya**: Das Vollmondfest, das auch bereits schon Ende Dez. stattfinden kann, erinnert an den ersten der drei legendären Besuche Buddhas in Sri Lanka. Die prächtigste Prozession findet im Kelaniya Raja Maha Vihara bei Colombo statt, wo der Überlieferung zufolge der Erleuchtete erstmals auf der Insel in Erscheinung trat.

Thai Pongal: Das viertägige tamilische Reisfestival findet alljährlich Mitte Jan. zu Ehren des Sonnengottes Surya statt, in manchen Jahren auch schon Ende Dez. Singhalesen spenden traditionell zur gleichen Zeit Reiskörner an Buddha und verschiedene buddhistische Gottheiten, besonders ausgiebig in Anuradhapura.

Nationalfeiertag: Der Unabhängigkeitstag wird landesweit am 4. Febr. mit Flaggenhissen, Tänzen, Paraden und Folkloreshows begangen. Am ausgiebigsten sind die Feierlichkeiten in der Hauptstadt.

Navam Poya: Beim Vollmondfest gedenken die Buddhisten der ersten zwei Jünger, die von Buddha zu Mönchen ernennt wurden, sowie an die erste offizielle Zusammenkunft der Anhänger nach dem Tod des Erleuchteten.

März/April **Maha Shivaratri**: Ende Febr./Anfang März findet die Nacht des Gottes Shiva statt. Es handelt sich um eines der wichtigsten Jahresevents der Tamilen. Der hinduistische Kalender terminiert das Ereignis auf den 14. Tag des Monats Phalguna, der aber auch noch in den Monat Febr. fallen kann.

Medin Poya: Das Vollmondfest erinnert landesweit an den ersten Besuch Buddhas in der Stadt seiner Geburt nach der Erleuchtung.

Neujahr (Aluth Avurudda): Das sri-lankische Neujahrsfest ist das bedeutendste Ereignis im jährlichen Festkalender. Viele Einheimische nehmen eine Woche Urlaub und verreisen; die Geschäfte und Restaurants sind mancherorts zwei Tage lang geschlossen. Reisende, die in dieser Zeit auf der Insel unterwegs sind, sollten unbedingt ihre Quartiere frühzeitig buchen.

Ostern: Wichtigster Osterfeiertag für sri-lankische Christen ist der Karfreitag *(Good Friday)*. In Gebieten mit einer nennenswerten christlichen Bevölkerung finden am Ostersonntag in den Kirchen Gottesdienste statt.

Bak Poya: Dieser Vollmondtag erinnert an Buddhas zweiten Besuch in Sri Lanka, der der Überlieferung zufolge fünf Jahre nach seiner Erleuchtung stattfand.

Mai/Juni **Vesak Poya**: Dieser bedeutende buddhistische Vollmondtag ist gleich drei wichtigen Ereignissen gewidmet: Buddhas Geburtstag, Buddhas Erleuchtung sowie sein Eingang ins Nirwana.

Ramadan: In der ganzen muslimischen Welt findet die Fastenzeit im neunten Monat des islamischen Mondkalenders statt, also von Jahr zu Jahr veränderlich (2019: 6. Mai–5. Juni, 2020: 24. April–24. Mai). Verschiebungen um ein bis zwei Tage sind möglich.

Poson Poya: Eines der bedeutendsten Vollmondfeste überhaupt erinnert an die Ankunft des Buddhismus in Sri Lanka im 3. Jh. v. Chr. Das Hauptfest findet in Mihintale bei Anuradhapura statt, wo einst der

Missionar Mahinda seine erste Predigt im Beisein des Königs hielt.

Juli/August **Esala Poya**: Das Vollmondfest markiert den Beginn der etwa dreimonatigen buddhistischen Fastenzeit und erinnert an zwei Ereignisse: Buddhas erste Predigt und die Ankunft der Zahnreliquie in Sri Lanka.

Adi Vel: In einer Prozession wird in Colombo die Verbindung des Hindugottes Skanda alias Kataragama (→ Kasten, S. 254) mit seiner Gattin Valli gefeiert.

Kataragama Esala: Auch der Pilgerort Kataragama im Inselsüden ehrt den Hindugott mit einer großen Prozession sowie vielfältigen Aktivitäten. Skanda/Kataragama ist einer der vier Hauptschutzgottheiten Sri Lankas; die Pilgersaison erreicht ihren Höhepunkt.

Nallur Festival: Beim fast 30 Tage dauernden Hindufest rund um den Nallur Kandaswamy Kovil herrscht in Jaffna der religiöse Ausnahmezustand, die Quartiere sind Wochen zuvor ausgebucht.

Esala Perahera: Ähnliches gilt für die größte Perahera Sri Lankas (Fest des Zahns des Buddhas) in der Königsstadt Kandy: Die zehntägige Festivalperiode mit mehreren prächtigen Elefantenprozessionen gilt als eine der sehenswertesten buddhistischen Festlichkeiten weltweit und markiert den Höhepunkt des sri-lankischen Festivalsommers.

Nikini Poya: Dieses Vollmondfest nimmt Bezug auf die meditative Einkehr der Mönche nach Buddhas Ableben und wird zumeist ausschließlich in Klöstern rituell gefeiert.

September/Oktober **Binara Poya**: Der Vollmondtag erinnert an die erste Frau (sie war die Stiefmutter des Erleuchteten), die offiziell in den buddhistischen Orden aufgenommen wurde. Buddhistische Nonnen heißen seither *Bhikkhuni*.

Deepavali (Diwali): Das vorwiegend aus Indien bekannte Lichterfest zu Ehren der Rückkehr des Gottes Rama nach Ayodhya wird auch unter den sri-lankischen Tamilen mit unzähligen Öllampen auf den Straßen sowie in den Häusern begangen.

Vap Poya: Das Vollmondfest markiert das Ende der buddhistischen Fastenperiode. In der Katina-Zeremonie erhalten die Mönche neue Roben, außerdem erinnern sich die Gläubigen an Buddhas Unterweisungen im Parinirwana.

Pilgerziel bei Kurunegala

Sooran Poor: Das hinduistische Tempelfest erinnert an den Sieg des Gottes Sri Murugan über den Dämonen Surapadma und wird hauptsächlich in tamilischen Siedlungsgebieten begangen. An Neumond Ende Oktober/Anfang November.

November/Dezember **Il Poya**: Dieser Vollmondtag ruft in Erinnerung, wie der Erleuchtete einst 60 neue Schüler aufnahm und die Missionstätigkeit in Auftrag gab.

Unduvap Poya: Im Gedenken an die glorreiche Ankunft des Ablegers des Bodhibaums in Anuradhapura genießt dieser Vollmondtag große Bedeutung.

Weihnachten: Sri-lankische Christen feiern vorwiegend den ersten Weihnachtsfeiertag. Auch nichtchristliche Sri Lanker legen rund um Weihnachten/Sylvester eine Pause ein. Am Heiligen Abend wird auf der Tropeninsel nicht gefeiert.

Fotografieren

Die Tropeninsel steckt voller fotogener Motive. Bei einer Nationalparksafari leistet ein Teleobjektiv mit einer Brennweite von mindestens 300 mm exzellente Dienste (berechnet auf das Kleinbildformat). Liebhaber der üppig sprießenden Botanik sind mit einem Makroobjektiv gut beraten. Wer vorzugsweise Menschen in Szene setzt, sollte sich zuvor das Einverständnis der Einheimischen einholen, denn nicht jeder möchte abgelichtet werden. Echte Fotografierverbote gibt es wenige: Sie betreffen im Wesentlichen Flughäfen und militärische Anlagen. Außerdem ist auch in vielen hinduistischen Tempeln das Fotografieren verboten. Buddhistische Klöster sind in diesem Fall liberaler, aber auch hier muss in Innenräumen die Kamera ab und an in der Tasche bleiben. Malereien in Felsentempeln sollte man ohne Blitz fotografieren – auch wenn diesbezügliche Verbote leider nur selten ausgesprochen werden.

Geld / Währung

Die Landeswährung ist die **sri-lankische Rupie** (ISO-Kürzel: LKR). Im vorliegenden Reisehandbuch werden Preise in einheimischer Währung stets mit dem Kürzel *Rs* wiedergegeben. 1 Rupie sind 100 Cent, wobei heutzutage Centbeträge im täglichen Zahlungsverkehr faktisch keine Rolle mehr spielen. **Umrechnungskurse** (s. u.) unterliegen naturgemäßen Schwankungen. Agenturen, Unterkünfte und manche Sehenswürdigkeiten weisen die Preise häufig in US-Dollar ($) aus. Dennoch kann man generell in Landeswährung bezahlen, wobei einheimische private Anbieter eventuell auch Bargeld in Dollar oder Euro entgegennehmen. Gängige Kreditkarten werden in Reiseagenturen, größeren Hotels sowie in einigen Souvenirgeschäften akzeptiert, sofern ein entsprechendes Symbol (z. B. an der Tür) darauf hinweist. Auch noble Restaurants nehmen zum Teil am bargeldlosen Zahlungsverkehr teil. Wer mit Karte bezahlt, sollte daran denken, dass dann im Heimatland meist Gebühren anfallen (ca. 1–5 % des Auszahlungsbetrags). Das Auswärtige Amt der Bundesrepublik Deutschland weist auf gelegentlich auftretende Fälle von **Kreditkartenbetrug** hin. Der Karteneinsatz sollte daher mit Vorsicht erfolgen.

Internationale Sperrnummern bei Kartenverlust: ✆ 0049-116116 oder ✆ 0049-30-40504050 (Deutschland), ✆ 0043-1-2048800 (Österreich). Bei Kreditkartenverlust oder Verlust Schweizer Bankkarten sind die jeweiligen Bankhäuser die ersten Ansprechpartner. Sie verfügen i. d. R. über eigene Notfallrufnummern.

In praktisch allen größeren Orten gibt es **Bankautomaten,** die mit den Buchstaben **ATM** gekennzeichnet sind. Die Abhebung mit Maestro- oder Kreditkarte (z. B. Visa und Mastercard) ist dann möglich, wenn das entsprechende Logo am Bankautomat angebracht ist. Im Zweifel sollten sich Reisende vor dem Abflug bei ihrer Hausbank erkundigen, ob mit der eigenen Bankkarte Abhebungen außerhalb Europas möglich sind. Dennoch liefert nicht jeder ATM-Automat zuverlässig Bargeld: Als durchweg problemlos haben sich beispielsweise die Automaten der *Commercial Bank* erwiesen, deren Filialen aufgrund des knallblauen Designs im Ortsbild jederzeit gut erkennbar sind. Reisende tauschen am besten bei der Ankunft am Flughafen Colombo einen kleineren Betrag um (etwa 100 €). Am endgültigen Bestimmungsort ergeben sich eventuell günstigere Wechseloptionen, seien es ATM-Automaten oder in **privaten Wechselstuben.** Letztere geben fast immer einen besseren Kurs, es gibt sie jedoch bei Weitem nicht überall. Häufig tauschen Juweliergeschäfte Bargeld unkompliziert um. Hotelrezeptionen haben ebenfalls oft einen eigenen Wechselschalter, wobei der Kurs hier fast immer etwas schlechter ist.

Wechselkurse (Stand Febr. 2018)

1 €	=	190 Rs	1000 Rs	=	5,26 €
1 $	=	155 Rs	1000 Rs	=	6,45 $
1 CHF	=	165 Rs	1000 Rs	=	6,06 CHF

Gesundheit und Vorsorge

Die immer wieder zitierte Faustregel für einen Schutz gegen ein Erkrankungsrisiko in tropischen Ländern lautet: „Boil it, cook it, or forget it!“ Nahrungsmittel (dazu zählt auch Wasser) sollten also entweder gekocht, gebraten oder, bei Früchten, geschält werden. Besonders bei Trinkwasser sollte darauf geachtet werden, dass die vielerorts angebotenen Flaschen am Schraubverschluss mit einer Schutzbanderole versehen sind. Darüber hinaus existieren in Sri Lanka nur geringe gesundheitliche Risiken. **Schutzimpfungen** sind keine zwingend vorgeschrieben. Es empfiehlt sich jedoch, im Zuge der Reisevorbereitungen einen Blick auf den Impfpass zu werfen und gegebenenfalls eine Auffrischung üblicher **Impfungen** wie Tetanus, Diphtherie und Kinderlähmung zu veranlassen. Überdies raten tropenärztliche Fachmediziner generell zu Impfungen gegen Hepatitis A (B) sowie Typhus. Aktuelle Informationen zur Gesundheitsvorsorge in den jeweiligen Zielländern geben die Internetseiten der Tropeninstitute (s. u.).

Sri Lanka ist seit 2016 offiziell **malariafrei**. Auch wenn damit die aufwendige Malariaprophylaxe entfällt, sollten sich Reisende vor ihrem Abflug über den aktuellen Status quo kundig machen. Gravierender als die Malaria ist ohnehin das **Denguefieber**: Die Erreger der Viruskrankheit werden von tagaktiven Stechmücken übertragen, am größten ist das Erkrankungsrisiko im Großraum Colombo und an der Westküste. Besonders die feuchten Monsunzeiten gehen regelmäßig mit Dengue-Ausbrüchen einher. In der ersten Jahreshälfte 2017 sind in Sri Lanka nach offizieller Einschätzung 114.000 Menschen infiziert worden, 315 sind an dieser Krankheit gestorben – so viele Fälle, wie im gesamten Jahr 2016. Symptome sind Kopf- und Gliederschmerzen, Fieber und in schweren Fällen innere Blutungen. Ein Impfschutz existiert nicht. Lange, helle Kleidung und ein geeignetes **Mückenschutzmittel** (s. u.) sind die einzigen sinnvollen Vorsorgemaßnahmen.

Die am häufigsten vorkommenden Erkrankungen während der Reise sind übrigens **Erkältungen:** Mitteleuropäer sind meist weniger an Klimaanlagen gewohnt, die in teureren Hotels oder Restaurants für kalte Zugluft sorgen. Abhilfe schaffen eine leichte Jacke oder ein Schultertuch, nachts kann die Klimaanlage im Hotelzimmer eventuell abgeschaltet werden. Insbesondere in den Badeorten an der Küste ziehen sich Feriengäste, die nicht mit der Intensität der tropischen Sonnen rechnen, leicht einen **Sonnenbrand** zu. Auch hier ist die Vorbeugung simpel: Eine Kopfbedeckung sowie Sonnencreme mit ausreichend hohem Schutzfaktor leisten gute Dienste. Als Schutz vor nachtaktiven Stechmücken erweist sich ein **Moskitonetz** als nützliches Accessoire. Unterkünfte ohne Klimaanlage verfügen meistens über entsprechende Vorrichtungen an den Betten, einige Urlauber nehmen sicherheitshalber das eigene Netz mit auf die Reise!

Obwohl die Qualität der Krankenhäuser und sonstigen Gesundheitseinrichtungen in Sri Lanka nicht mit westlichen Standards Schritt hält, ist die **ärztliche Versorgung** im Land keinesfalls schlecht. Das akademische Ausbildungsniveau der Ärzte ist im asiatischen Vergleichsmaßstab durchaus hoch, in allen größeren Orten gibt es Krankenhäuser, praktizierende Ärzte und **Apotheken**. Häufig besteht auch die Wahl zwischen ayurvedischen Ärzten und Schulmedizinern nach westlichem Zuschnitt. Private Krankenhäuser sind den staatlichen Kliniken vorzuziehen, vorbildlich ist die medizinische Versorgung in Colombo und Kandy. Krankenhausadressen finden Sie wie immer im Reiseteil bei den einzelnen Orten.

Internetadressen **www.fit-for-travel.de**: Ausführliches Informationsportal zu zahlreichen Reisezielen weltweit mit ausführlichen Texten, die auch für den medizinischen Laien verständlich sind.

www.health.gov.lk: Die Internetseite des sri-lankischen Gesundheitsministeriums informiert, auch auf Englisch, über aktuelle Entwicklungen im Land. Außerdem werden alle staatlichen Krankenhäuser gelistet.

Tropeninstitute/tropenärztliche Beratungsstellen **www.dtg.org**: Die Homepage der Deutschen Gesellschaft für Tropenmedizin und Internationale Gesundheit e. V. enthält eine vollständige Liste aller Tropeninstitute in Deutschland.

www.tropeninstitut.de: Nützliches Portal mit aktuellen Meldungen zu fast allen Reisezielen weltweit. Gut, um sich einen knappen Überblick über die Situation vor Ort zu verschaffen.

www.swisstph.ch: Die erste Anlaufstelle für Schweizer Staatsbürger ist das renommierte Schweizerische Tropen- und Public Health-Institut in Basel.

www.meduniwien.ac.at/hp/tropenmedizin/: Die renommierte Abteilung der Medizinischen Universität Wien bietet auch vorbeugende Schutzmaßnahmen wie Impfungen an. Weitere tropenärztliche Fachberatungsstellen gibt es v. a. in Wien, z. B. das Institut für Reise- und Tropenmedizin Stemberger (www.tropeninstitut.at).

Reiseapotheke **Mückenschutz**: Internet-Reiseportale empfehlen häufig ein Mittel mit dem Wirkstoff DEET, das auch hierzulande in Apotheken erhältlich ist. Wer Chemie auf der Haut tunlichst vermeiden möchte, kann auch auf Alternativprodukte (etwa auf der Basis von Zitronen-Eukalyptusöl) zurückgreifen. Auf ausreichenden Langzeitschutz achten!

Sonnenschutz: Besonders bei Reisen in der Hochsaison von Dez. bis Febr. sollte man auf ausreichenden Schutz vor der tropischen Sonne achten. Dies gilt insbesondere, wenn man sich lange Zeit in oder am Wasser aufhält. Sonnenschutzcremes sind auch in sri-lankischen Küstenorten problemlos erhältlich.

Durchfallmittel: Auch wenn Verdauungsbeschwerden längst nicht in der Regelmäßigkeit auftreten wie z. B. in Indien, gehören geeignete Tabletten und Elektrolytpulver unbedingt in die Reiseapotheke.

Sonstiges: Pflaster, Verbandsmaterial sowie ein Mittel zur Wunddesinfektion (Spray oder Salbe) zählen zur Grundausstattung jeder Reiseapotheke.

Notfallrufnummern

Ambulanz, Erste Hilfe und Feuerwehr: ✆ 110 oder 011-2422222

Polizei: ✆ 118/119, Touristenpolizei: ✆ 011-2421052

Internet / WLAN

Die allermeisten Unterkünfte bieten ihren Gästen kostenfreies WLAN (Wi-Fi) an, lediglich einige wenige Hotels in den oberen Preisklassen lassen sich den Service vergüten. In großen Städten sowie in den klassischen Ferienorten an der Küste verfügen auch Bars und Restaurants häufig über Zugang zu passwortgesicherten Netzen. Von Ort zu Ort kann die Geschwindigkeit stark schwanken. Dennoch sind die Zugänge meist schnell genug, um Mails abzurufen bzw. zu verfassen oder Internetseiten für die eigene Reiseplanung herunterzuladen. Onlinebanking und andere sicherheitssensitive Aktivitäten sollte man jedoch in öffentlichen Netzen unterlassen! Lücken existieren allenfalls in abgelegenen Regionen. Einfache Gästehäuser verfügen eher weniger über WLAN oder aber der Zugang ist (z. B. wegen Stromausfalls) zeitweise außer Funktion.

Internetseiten für die Reiseplanung

www.srilanka.travel: Die offizielle Website des staatlichen Ceylon Tourist Board präsentiert Sehenswürdigkeiten und Reisepraktisches in verschiedenen Sprachen, darunter auch Englisch.

www.sri-lanka-board.de: Deutschsprachiges Portal mit einer Fülle von Reiseinformationen zu Sri Lanka – von praktischen Einreisebestimmungen bis zu den Nationalparks.

www.auswaertiges-amt.de: Vor Urlaubsbeginn lohnt ein Blick auf aktuelle Reisehinweise und -warnungen des Auswärtigen Amts der Bundesrepublik Deutschland.

www.infolanka.com: Internetportal in englischer Sprache mit aktuellen Nachrichten sowie Kurzessays zu verschiedenen Themen aus Politik, Wirtschaft und Kultur.

www.lankapage.com: Englischsprachiges Onlineportal mit tagesaktuellen News aus Sri Lanka.

www.archaeology.lk: Interessantes Informationsportal über die archäologischen Stätten in Sri Lanka.

www.go-lanka.com: Onlinereiseführer in englischer Sprache mit ausgewählten Quartieren sowie Reisepaketen, die von einem örtlichen Agenturnetzwerk zusammengestellt werden.

www.srilanka-insider.de: Ein Deutscher, der jahrelang in Sri Lanka lebte und heute auf der Insel ein Hotel betreibt, teilt sein profundes Wissen mit Interessenten.

www.accuweather.com: Die zuverlässigste Wettervorhersage für Sri Lanka.

Klima und Reisezeit

Grundsätzlich lässt sich Sri Lanka ganzjährig bereisen – wenn man sich zuvor mit den Feinheiten des Inselklimas vertraut gemacht hat. Die Insel liegt in der **tropischen Klimazone** und wartet mit **ganzjährig warmen Temperaturen** auf. Vielerorts kommt es auch nachts kaum zur Abkühlung. Allenfalls im Inselnorden kann es bei Nordostwind empfindlich auffrischen, auch im Hochland muss generell mit kühleren Temperaturen gerechnet werden. Ab einer Höhe von 1400 m kommt es in Ausnahmefällen sogar zu Bodenfrost. Eine warme Jacke benötigen Feriengäste bei Exkursionen zum Adam's Peak, nach Nuwara Eliya sowie in die Horton Plains. Die heißesten Monate im Westen und Süden sind März und April, im Norden und Osten klettern die Temperaturen zwischen Mai und September am häufigsten über 30 °C.

Im Gegensatz zur gemäßigten Klimazone existieren in Sri Lanka keine Jahreszeiten. Stattdessen wird das Inselklima überwiegend vom **Südwest-** und **Nordostmonsun** bestimmt. Im Verbund mit niederschlagsreichen Intermonsunperioden sind sie für

	Colombo		Nuwara Eliya (1880 m)		Trincomalee	
	Ø Temperatur (Min./Max. in °C)	Ø Niederschlag (in mm)	Ø Temperatur (Min./Max. in °C)	Ø Niederschlag (in mm)	Ø Temperatur (Min./Max. in °C)	Ø Niederschlag (in mm)
Jan.	22,3 / 30,9	58	9,4 / 20,0	101	24,3 / 27,8	116
Febr.	22,6 / 31,2	73	9,5 / 21,1	78	24,5 / 29,1	105
März	23,7 / 31,7	128	10,2 / 22,5	72	25,0 / 30,8	56
April	24,6 / 31,8	246	11,4 / 22,8	158	25,8 / 32,9	49
Mai	25,5 / 31,1	392	12,8 / 21,4	176	26,4 / 34,5	50
Juni	25,5 / 30,4	185	13,2 / 18,9	172	26,4 / 34,7	25
Juli	25,2 / 30,0	122	12,8 / 18,5	165	25,8 / 34,5	64
Aug.	25,1 / 30,0	120	12,7 / 18,7	161	25,6 / 34,3	86
Sept.	24,8 / 30,2	245	12,3 / 19,2	179	25,2 / 34,0	100
Okt.	24,0 / 30,0	365	11,8 / 19,8	227	24,6 / 31,8	222
Nov.	23,2 / 30,1	414	11,5 / 19,7	222	24,2 / 29,2	343
Dez.	22,8 / 30,3	175	11,0 / 19,4	196	24,2 / 28,0	364
Jahr	**24,1 /30,7**	**2524**	**11,6 /20,2**	**1905**	**25,2/31,8**	**1580**

die meisten Regenfälle auf der Insel verantwortlich. Allerdings sind die Auswirkungen der Regenzeiten je nach Inselregion völlig unterschiedlich: Während der Südwestmonsun- inklusive der Intermonsunperiode zwischen Oktober und Dezember dem Süden und Südwesten Sri Lankas reichlich Nässe zuführt, sorgt der Nordostmonsun zwischen Oktober und Januar umgekehrt im Norden sowie an der Ostküste für erhöhte **Niederschlagsmengen**. Alles in allem ist der Nordostmonsun weniger „verlässlich“ als sein aus südwestlicher Richtung wehendes Pendant, da die

Abendstimmung am Sandstrand von Bentota

Luft sich über dem Golf von Bengalen etwas geringer mit Feuchtigkeit auflädt. Im südlichen Hochland indes stauen sich die regengesättigten Wolken zu beinahe jeder Jahreszeit, ganz gleichgültig, woher der Wind weht. Lediglich im Februar und März stehen die Chancen auf sonnige Tage in den Bergen gut. Das Hochland fungiert als Klimascheide: Regnet es an den Südwestabhängen, bleibt es weiter im Osten eher trocken – und umgekehrt. Die meisten Sonnenstunden verzeichnet im Übrigen die Insel Mannar im Nordwesten.

Auch wenn Sri Lanka eine Ganzjahresdestination ist, lassen sich nichtsdestotrotz zwei **klassische Reisezeiten** bestimmen: Für die tropischen Strände im Inselsüden herrschen von Dezember bis März allerbeste Bedingungen. Perfekt, wenn man der europäischen Winterkälte entfliehen möchte. Im Inselnorden und an der Ostküste geht die Hochsaison gewöhnlich von Mai bis September. Das **Preisniveau** der Küstenquartiere passt sich den entsprechenden Saisonverläufen an: Während die Preise in der Hochsaison – wie in vielen anderen Ländern – nach oben klettern, lässt sich andererseits außerhalb der Touristensaison viel Geld sparen.

Meteorologisches: Warum es in Sri Lanka so häufig regnet

Die florierende Landwirtschaft verdankt dies zum einen dem ausgeklügelten Bewässerungssystem und zum anderen dem Monsun, der verlässlich Jahr für Jahr den dringend benötigten Regen bringt. Dabei unterscheidet man in Sri Lanka zwei Monsunperioden: den Südwestmonsun zwischen Mitte Mai und September sowie den Nordostmonsun von Dezember bis Februar. Ursache des in tropischen sowie subtropischen Breiten bekannten Klimaphänomens ist die Kraft der Sonne, die Ozeane sowie Landmassen zu unterschiedlichen Graden erwärmt. Dabei bewegen sich feuchte Luftmassen – die Passatwinde – vom Wasser in Richtung Land. Diese driften in ihrem Richtungsverlauf ab – eine Folge der Erdachsenrotation. Wo im Äquatorialbereich die Passatwinde zusammentreffen, ist die Quellwolkenbildung am größten. Dieses Tiefdruckband verlagert die Position jahreszeitlich bedingt und wird fachlich korrekt als Innertropische Konvergenzzone (ITC) bezeichnet. Wenn sich die ITC im Juli nördlich von Sri Lanka befindet, steht die Insel im Einflussbereich des Südwestmonsuns. Hat sie ihre Position südlich von Sri Lanka wie im Dezember kommt der Nordostmonsun zum Zuge. Im Verlauf eines Jahres steht die ITC zweimal genau über der Tropeninsel. In diesen Intermonsunperioden muss zuweilen sogar mit noch mehr Regen als in Monsunzeiten gerechnet werden. Die erste Niederschlagsperiode dauert von März bis Mitte Mai, die zweite findet im Oktober und November statt. Nicht jeder tropische Guss in Sri Lanka ist daher ein waschechter Monsun.

Maße

Das metrische System findet auch in Sri Lanka allgemeine Verwendung. Wegen der britischen Kolonialvergangenheit stoßen Feriengäste jedoch regelmäßig auf das aus England stammende angloamerikanische Maßsystem: Kilometer werden ab und zu in *Meilen* angegeben, die Höhenangaben von Bergen zuweilen mit *foot/feet* spezifiziert. Auch macht es einen großen Unterschied, ob die Fläche z. B. eines Nationalparks in

Hektar (1 ha = 2,5 *acres*) oder in *acre* (1 *acre* = 0,4 ha) ausgewiesen ist. In nur wenigen Ausnahmefällen stolpern Reisende auf alte sri-lankische bzw. indische Maße, u. a. auf die beiden Hindi-Wörter *lakh* (1 *lakh* bezeichnet die Zahl 100.000) oder *crore* (1 *crore* = 10 Millionen).

Umrechnungstabelle: Meile, Fuß und Meter

1 Meile	= 1609 Kilometer	1 Fuß	= 0,305 Meter
3 Meilen	= 4828 Kilometer	3 Fuß	= 0,914 Meter
5 Meilen	= 8046 Kilometer	5 Fuß	= 1,524 Meter
8 Meilen	= 12.875 Kilometer	8 Fuß	= 2,438 Meter
15 Meilen	= 24.140 Kilometer	15 Fuß	= 4,572 Meter
25 Meilen	= 40.234 Kilometer	25 Fuß	= 7,620 Meter

Nachtleben

Bis auf wenige Ausnahmen ist ein Nachtleben in Sri Lanka nicht existent. Um 22 Uhr werden gewöhnlich die Gehsteige hochgeklappt, in den Urlaubsorten an der Küste öffnen Bars und Restaurants während der Saison je nach Betrieb auch länger. Colombo ist die einzige Stadt, die über eine nennenswerte Anzahl von Nachtklubs verfügt – hier können Nachteulen bis nach Mitternacht die Puppen tanzen lassen. Als Partyhochburg unter den Küstenorten gilt seit vielen Jahrzehnten das hippe Hikkaduwa. Wer die bekannten Partymeilen in thailändischen Ferienzentren kennengelernt hat, wird hier vielleicht etwas enttäuscht sein. In Arugam Bay feiert während der Saison die Surferszene am Strand bis in die tiefe Nacht. Auch in der Travellerhochburg Mirissa finden hin und wieder Strandpartys statt. Beliebte Partytermine sind Donnerstag, Freitag und Samstag, jeweils ab 21 oder 22 Uhr.

Pauschalurlaub

Neben den nachfolgend gelisteten Veranstalteradressen mit Sitz im deutschsprachigen Raum gibt es auch zahlreiche in Sri Lanka operierende Agenturen, die maßgeschneiderte Pauschalangebote für Interessenten anbieten – lediglich die Flüge müssen in diesen Fällen selbst organisiert werden.

Aytours: Der Spezialveranstalter für Ayurveda-Reisen bietet seine Kompetenz seit 1996 auf dem rasch wachsenden Gesundheitsmarkt an. Almeida Weg 35, D-82319 Starnberg, ✆ 0049-(0)8151-9987990, www.aytour.de.

Frosch Sportreisen: Eine 14-tägige Rundreise kombiniert Besichtigungen mit (sportlichen) Aktivitäten wie Baden, Wandern und Radeln. Dahlweg 112, D-48153 Münster, ✆ 0049-(0)251-9278810, www.frosch-sportreisen.de.

Kumara Reisen: Spezialist für Sri Lanka und die Malediven unter singhalesischer Leitung für Individualreisen mit Mietauto und Chauffeur. Kolumbastr. 5, D-50667 Köln, ✆ 0049-(0)221-962930, www.kumarareisen.de.

Lotus Travel Service: Seit über 20 Jahren Reisen mit Schwerpunkt Ayurveda und Wellness – nach Sri Lanka und in andere Länder Asiens. Baaderstr. 3, D-80469 München, ✆ 0049-(0)89-20208990, www.lotus-travel.org.

SriLankaNeo: Die Sri Lanka-Experten stellen seit 1983 individuelle Touren durch die ganze Insel nach den Baukastenprinzip zusammen. Venloerstr. 47–53, D-50672 Köln, ✆ 0049-(0)221-93372861, https://srilankaneo.de.

Studiosus: Vielfältiges Angebot an zumeist zweiwöchigen Studien- und Wanderreisen, die Kernkompetenzen liegen auf Kunst und Kultur. Riesstr. 15, D-80992 München, ✆ 0049-(0)89-500600, www.studiosus.com.

Wikinger Reisen: Der Wanderreisenspezialist hat u. a. auch eine Insiderreise sowie eine Fahrradreise an der Küste und im Hinterland im Programm. Kölner Str. 20, D-58135 Hagen, ✆ 0049-(0)2331-904741, www.wikinger.de.

Post

Die staatliche *Sri Lanka Post* ist ein Traditionsunternehmen, das 1798 zur Zeit der holländischen Kolonialherrschaft gegründet wurde. Postfilialen existieren selbst in kleineren Orten, Sendungen werden alles in allem verlässlich befördert. Briefe und Postkarten von Colombo nach Mitteleuropa sind im Schnitt eine Woche unterwegs, aus den übrigen Landesteilen zwei bis drei Tage länger. Wer ganz sichergehen möchte, dass der Urlaubsgruß die Heimat erreicht, kann den Brief oder die Postkarte direkt am Schalter abstempeln lassen. Nur in Ausnahmefällen sind Briefmarken am Kiosk und im Souvenirgeschäft erhältlich. Die Postkarte nach Europa kostet 25 Rs. Für die Beförderung eiliger Wertsendungen innerhalb Sri Lankas oder ins Ausland empfiehlt sich am besten ein (privater) Kurierdienst, z. B. *FedEx*, *UPS* oder *DHL*.

Preisniveau

Relativ niedrige Einkommen und niedrige Preise bedeuten nicht automatisch, dass Sri Lanka ein günstiges Reiseland ist. Im Vergleich zu anderen asiatischen Ländern wie Thailand oder Indien ist die Tropeninsel für Reisende aus dem Ausland sogar ein verhältnismäßig teures Pflaster. Besonders stark belasten Übernachtungskosten und Eintrittspreise das Reisebudget. Letztere fallen durchaus happig aus, wobei die Nationalparks und bedeutende kulturelle Attraktionen wie Polonnaruwa, Sigiriya oder Anuradhapura im internen Ranking einen Spitzenplatz belegen. Reisende aus dem Westen müssen sich obendrein daran gewöhnen, dass Ausländer ganz offiziell mehr für Eintritt berappen als Einheimische. Auch Hotels führen unterschiedliche Preislisten für Sri Lanker und für Gäste aus dem Ausland.

Andererseits lässt es sich auf der Tropeninsel durchaus preiswert leben und reisen, wenn man bereit ist, auf die eine oder andere Bequemlichkeit zu verzichten. Übernachtungen in einfachen Gästehäusern kosten oft nur einen Bruchteil dessen, was Komforthotels als Listenpreise ausweisen. Zwischenmahlzeiten in landestypischen Garküchen sind für Reisende aus westlichen Ländern spottbillig, gleiches gilt für den Kauf eines Bahn- und Bustickets. Budgetreisende greifen außerdem mancherorts auf Privatherbergen mit Mehrbettzimmern zurück oder bilden Fahrgemeinschaften, um kostengünstig per Taxi entlegene Ausflugsziele anzusteuern. Seltsamerweise differiert das Preisniveau von Ort zu Ort teils beträchtlich: Während Ella im südlichen Hochland eine Fülle preiswerter Quartiere bietet, ist Bandarawela ein eher teures Pflaster, obwohl beide Orte nur wenige Kilometer trennen. Wer über ein begrenztes Budget verfügt, sollte folgende Faustregeln beachten: Die Zimmerpreise sinken in der Nebensaison, überdies lassen bei geringer Auslastung Gästehausinhaber häufig mit sich handeln. In Tourismushochburgen mit einem Quartierüberangebot gelingen eher Schnäppchen als in Orten, in denen der Tourismus keine besondere Rolle spielt.

Mit diesen Reisekosten muss man rechnen

Reisende können durchaus mit einem **Tagesbudget** von 45 € auskommen, sofern sie auf Bequemlichkeiten verzichten sowie oben erwähnte Faustregeln beachten. Wer andererseits im Urlaub auf gehobenen Standard Wert legt und im Mietwagen mit Privatchauffeur reist, muss mit Größenordnungen um 75–100 €/Tag kalkulieren.

Reiseliteratur

Einführungen **Grünfelder, Alice (Hg.)**: *Sri Lanka fürs Handgepäck. Geschichten und Berichte – Ein Kulturkompass*, Zürich 2014. Namhafte Autoren wie Michael Ondaatje und Christoph Ransmeyer äußern sich in Essays über wichtige Themen mit Landesbezug.

Palzinsky, Florian: *Wie ein Fremder im Paradies. Vom Mönch zum Mensch. Über mein Leben als buddhistischer Mönch in Sri Lanka*, Ranshofen 2004. Der Österreicher verbringt einige Zeit in einem Kloster bei Kandy. Ausflüge zu buddhistischen Kultstätten führen ihn in alle Landesteile.

Schiller, Bernd: *Am Teich der roten Lotusblüten*, Wien 2015. Einfühlsam geschriebene Texte eines ausgewiesenen Südasienexperten zu verschiedenen Aspekten, Einheimische kommen ausführlich zu Wort.

Geschichte, Kultur & Religion **De Silva, Kingsley Muthumuni**: *A History of Sri Lanka*, Colombo 2005. Das gewichtige Opus des sri-lankischen Historikers ist ein Standardwerk.

Ramayana: *Die Geschichte vom Prinzen Rama, der schönen Sita und dem Großen Affen Hanuman* (übersetzt von Claudia Schmölders), München 2004. Vom teils auf der Insel Lanka spielenden Epos gibt es viele Übersetzungen. Die hier empfohlene Ausgabe fasst die epische Handlung im Stil einer Märchenerzählung zusammen.

Robson, David: *Geoffrey Bawa. The Complete Works*, London 2002. Der Bildband mit beeindruckenden Fotos beschäftigt sich mit dem Werk des bedeutendsten Architekten der sri-lankischen Moderne.

Schleberger, Eckard: *Die indische Götterwelt. Gestalt, Ausdruck und Sinnbild. Ein Handbuch der hinduistischen Ikonographie*, Köln 1986. Übersichtliches Kompendium, um in die Symbolik hinduistischer Kunst und Skulptur tiefer einzusteigen.

Schumann, Hans Wolfgang: *Buddhismus: Stifter, Schulen und Systeme*, Köln 2006. Das Standardwerk bringt Ordnung in die komplizierte buddhistische Geisteswelt.

Stietencron, Heinrich von: *Der Hinduismus*, München 2010. Komprimierte Einführung des Tübinger Indologen in die Geschichte und in die Götterwelt der Hindus.

Fiktionale Literatur **Arudpragasam, Anuk**: *Die Geschichte einer kurzen Ehe*, Berlin 2017. Poetisch beschriebenes Beziehungsdrama unter dem Zeichen des blutigen Bürgerkrieges. Das vielversprechende literarische Debüt eines jungen Autoren aus Colombo.

De Kretser, Michelle: *Der Fall Hamilton*, Zürich 2008. Die Geschichte der in Colombo geborenen und in Australien lebenden Schriftstellerin spielt während der Kolonialzeit in den 1930er-Jahren. Für dieses Buch erhielt sie u. a. 2004 den Commonwealth Writers Prize.

Ondaatje, Michael: *Anils Geist*, München 2001. Der erste Roman des holländisch-tamilisch-singhalesischen Literaten nach dem Welterfolg „Der englische Patient" entführt die Leser ins bürgerkriegsgeplagte Eiland.

Ondaatje, Michael: *Es liegt in der Familie*, München 1997. Die Reise durch Ceylon vor der Unabhängigkeit 1948 konfrontiert den Protagonisten mit seinen familiären Wurzeln und entführt die Leser in die exzentrische Welt des Kolonialzeitalters.

Solèr, Ernst: *Staub im Paradies*, Dortmund 2009. Der vierte Fall um den Polizeihauptmann Fred Staub spielt in Zürich und in Sri Lanka. Lockere Strandlektüre, pointierte Sprache und eine überraschende Wendung am Schluss.

Landkarten/Stadtpläne Die Standardstraßenkarte ist die **Nelles Map Sri Lanka** im Maßstab 1:500.000 (2016) – mit

Stadtplänen von Colombo, Kandy, Jaffna, Galle, Anuradhapura, Polonnaruwa sowie weiteren Orten.

Das Stadtplanheft *Arjuna's A–Z Street Guide* (2015) mit nützlichem Straßenverzeichnis ist in Buchhandlungen im Großraum Colombo erhältlich. Der Schwerpunkt liegt auf Colombo, weitere Ortspläne gibt es z. B. von Galle, Kandy, Jaffna, Trincomalee und Batticaloa.

Sicherheit auf Reisen / Kriminalität

Sri Lanka ist ein erfreulich **sicheres Reiseland.** Das bedeutet allerdings nicht, dass unterwegs nichts passieren kann. Kleinere Betrügereien von Tuk-Tuk-Fahrern oder Schleppern sind zwar unerfreulich, spielen sich jedoch zumeist auf einer harmlosen Ebene ab. Abhilfe schaffen eine gesunde Vorsicht sowie klare Absprachen mit Dienstleistern vor Ort. Das gilt für Deals mit Ausflugsagenturen oder Fahrern ebenso wie für den Souvenirkauf auf der Straße. Zu **Schleppern** sollte man grundsätzlich Distanz wahren. Sie lungern an touristisch frequentierten Orten wie Busbahnhöfen herum und sprechen mit wohlgesetzten, freundlichen Worten die Durchreisenden an. Welche verführerisch klingende Empfehlung sie auch immer geben – sie tun es, weil sie vom Kontakt profitieren möchten. Wird beispielsweise ein Gästehaus angepriesen, streichen Schlepper mit Sicherheit vom Inhaber eine Vermittlungsprovision ein. Die Zeche bezahlt anschließend der Gast in Form überhöhter Zimmerpreise. Zu prinzipiellem Misstrauen gegenüber Einheimischen sollte das Schlepperbeispiel jedoch nicht führen, denn die Mehrheit der Sri Lanker verhält sich Reisenden gegenüber uneigennützig wohlwollend und freundlich.

In der Vorstellung von wenig begüterten Einheimischen sind Ausländer aus dem Westen unvorstellbar reich. Dass diese Ansicht **Taschendiebe** auf den Plan ruft, verwundert wenig – sie gibt es in Sri Lanka ebenso wie in den meisten anderen Ländern auf der Welt. Wertsachen sollten daher in den Hotelsafes verwahrt oder – falls nicht vorhanden – im Gepäck abgeschlossen verstaut werden. Es empfiehlt sich außerdem, von den wichtigsten Ausweispapieren Kopien anzufertigen und sie

Frauen allein unterwegs am Strand von Mount Lavinia

an separater Stelle zu verwahren. Als wahres Eldorado für Taschendiebe erweisen sich Menschenansammlungen – etwa auf Tempelfesten, in Busbahnhöfen oder belebten Basaren. **Raubdelikte mit Gewaltanwendung** sind aber eher selten. Als vergleichsweise „gefährliches" Pflaster gilt die Westküste zwischen Mount Lavinia und Kalutara, wo es nach Einbruch der Dunkelheit in dunklen Gassen immer mal wieder zu Übergriffen auf Reisende gekommen sein soll. Etwas Achtsamkeit ist bei der Verwendung von Kreditkarten geboten, da in jüngerer Zeit verstärkt **Abrechnungsbetrügereien** bekannt geworden sind.

Finger weg von **Drogen**. Drogenbesitz und Drogenkonsum sind in Sri Lanka gesetzlich streng untersagt. Unter illegalen Drogen versteht der Gesetzgeber insbesondere Kokain und Heroin, wohingegen der Umgang mit Cannabis bzw. Haschisch laxer gehandhabt wird. Letzteres liegt nicht zuletzt daran, dass Hanf in Sri Lanka wild wächst und traditionell bei shivaitischen Hindus eine gewisse Rolle spielt. Hanfsamen finden auch in der ayurvedischen Medizin Verwendung. Gleichwohl ist der Cannabishandel verboten, der Besitz kleinerer Mengen für den Eigenkonsum wird meist mit einer Geldstrafe geahndet. Das größte Gefährdungspotential, mit illegalen Drogen in Kontakt zu kommen, bergen die beiden Hochburgen der internationalen Travellerszene Mirissa und Ella.

Frauen unterwegs

Die gute Nachricht zuerst: Auch für alleinreisende Frauen erweist sich Sri Lanka als eine sichere Reisedestination. In öffentlichen Bussen genießen Frauen aus dem Westen manchmal Vorzugsbehandlung und dürfen vorne in der Nähe des Fahrers Platz nehmen (lediglich buddhistische Mönche stehen in der Hierarchie höher und werden noch stärker begünstigt). Reisende weiblichen Geschlechts kommen jedoch auch nicht umhin zu bemerken, dass Sri Lanka eine klassische **Männergesellschaft** ist. Sexuelle Belästigungen sind leider keineswegs eine Ausnahmeerscheinung – aus Bentota-Aluthgama berichteten beispielsweise Frauen, dass sie sich auf dem Basar wie Freiwild vorgekommen seien. Selbstverständlich sind die Sitten nicht überall so rau wie an der Küste südlich von Colombo. Allzu freizügige Bekleidung sollten Frauen aber besser meiden, Vorsicht ist auch bei Alleingängen im Dunkeln angebracht.

Ein anderes Thema sind die sri-lankischen „**Beach Boys**". In den Küstenorten heften sie sich an die Fersen alleinreisender Urlauberinnen und wissen mit ihren sonnengebräunten, muskulösen Körpern und charmantem Gebaren rasch die Sympathien und das Interesse ihrer Opfer zu wecken. Für die Beach Boys ist diese **Sextourismus**-Variante ein einträgliches Geschäft: Ist die Liaison eingefädelt, kommt die zahlungskräftige Urlauberin aus dem Westen meistens für sämtliche Lebenshaltungs- und Vergnügungskosten auf. Beach Boys stammen (nach eigenen Angaben) meist aus armen Verhältnissen. **Prostitution** – auch wenn das Wort in dem Zusammenhang selten fällt und natürlich nicht gerne gehört wird – erscheint ihnen oft als der einfachste Weg zu den Pfründen des Wohlstands. Mit Liebe haben diese Beziehungen natürlich nur selten zu tun, was die Betroffenen desillusioniert zur Kenntnis nehmen, sobald ihre vermeintlichen Liebhaber verschwunden und der Geldbeutel um etliche Pfunde erleichtert ist. Doch es gibt auch Fälle, in denen sich aus flüchtigen Erstkontakten länger währende Beziehungen entwickeln: In den klassischen Urlaubsorten trifft man gelegentlich auf Cafés und Einrichtungen, die erfolgreich von solchen Lebenspartnerschaften betrieben werden, die Jahre zuvor am sonnigen Strand ihren romantischen Anfang nahmen. Doch das sind eher Ausnahmen.

Schwule und Lesben unterwegs

Homosexualität gilt in Sri Lanka als sittenwidrig und kann sogar strafrechtlich verfolgt werden. Faktisch sind jedoch kaum jemals Gerichtsurteile gegen Schwule und Lesben gefällt worden. Homosexuelle Paare brauchen sich daher grundsätzlich nicht zu sorgen, sofern sie in der Öffentlichkeit Zurückhaltung üben. Ohnehin gilt Händchenhalten junger Männer oder Frauen in Sri Lanka seit jeher als Zeichen der Freundschaft.

Notfallrufnummern → S. 90

Sport und Aktivitäten

Sri Lanka steckt auch hinsichtlich von Aktivurlaubsangeboten voller Überraschungen, wobei in den Küstenorten natürlich Baden sowie die üblichen Wassersportarten den Ton angeben. Besonders hoch im Kurs steht Surfen, an der Küste gibt es zahlreiche Tauchbasen mit erfahrenen Mitarbeitern. Wassersporthochburgen sind u. a. die Halbinsel Kalpitiya, Arugam Bay, Passekudah, Weligama sowie Hikkaduwa. Aktivitäten müssen natürlich nicht nur sportiver Natur sein: Im Süden der Insel sind derzeit Einführungen in die sri-lankische Kochkunst en vogue. Rund um die Bucht von Weligama sind Yogakurse ein starker Trend. Im Hinterland konzentrieren sich die Aktivitäten auf wenige Tourismushochburgen im südlichen Hochland oder im kulturellen Dreieck. Zu den sportlich orientierten Angeboten zählen Wandern und Rafting, weitere Aktivitäten sind Ausflüge in traditionelle Dörfer oder Elefantenreiten.

Aktivagenturen **Action Lanka**, seit 1995 führt der Fahrradspezialist mit Sitz im Großraum Colombo in Sri Lanka geführte Touren mit Mountainbikes durch. Darüber hinaus stehen Wandern, Rafting sowie Motorradtouren auf dem Programm. 366 Rendapola Horagahakanda Lane, Talangama Koswatta, ✆ 011-4503448, www.actionlanka.com.

Jetwing Eco Holidays, die zur sri-lankischen Nobelhotelkette Jetwing gehörige Agentur ist auf Natur-, Wildlife- sowie Abenteuerurlaub spezialisiert. Die Übernachtungen erfolgen u. a. in kleinen Gästehäusern mit ökologischer Ausrichtung. Jetwing House II, Navam Mw. 46/26, Colombo 2, ✆ 011-2381201, www.jetwingeco.com.

Lanka Sportreizen (LSR), die Angebote der Aktivagentur mit Sitz im Süden Colombos sind vielfältig und reichen von Wandern und Radfahren über Wildlife bis zum Wassersport. Das Unternehmen führt obendrein eigene Hotels. 29 B, S. De. S. Jayasinghe Mw., Kalubowila, Dehiwela, ✆ 011-2824500, www.lsrtravel.com.

Eco Team Sri Lanka, die den Grundsätzen ökologischer Nachhaltigkeit verpflichtete Firma organisiert seit zwei Jahrzehnten Wildlife- und Abenteuertouren auch in abgelegene Regionen an der Küste sowie im Hinterland. Fairfield Gardens, Col. 8, ✆ 011-5330581, www.srilankaecotourism.com.

Trekking Expeditor Kandy, das Familienunternehmen mit eigenem Gästehaus in Kandy ist auf Trekkingtouren in den Knöchelbergen spezialisiert. 41 Saranankana Rd., Kandy, ✆ 071-7204722, www.trekkingexpeditor.com.

Eine Auswahl der **schönsten Strände** und der **beliebtesten Surfspots** → S. 18 f.

Bootstouren

Wer zur richtigen Zeit am richtigen Ort ist, kann von verschiedenen Küstenhäfen per Boot zur **Walbeobachtung** aufbrechen. Blau- und Pottwale folgen gemeinsam mit Delfinen den Meeresströmungen und können einige Seemeilen vor der Küste erspäht werden. Bester Ausgangspunkt für Walbeobachtungstouren ist Mirissa im tiefen Süden, weitere Ausgangsbasen befinden sich in Trincomalee an der Ostküste sowie auf der Halbinsel Kalpitiya im Westen Sri Lankas. Bootstouren im Hinterland beschränken sich auf einige wenige künstliche Binnenseen (z. B. in Tissamaharama und Mahiyangana) oder auf geschützte Feuchtgebiete (Dodanduwa und Koggala). Auch **Flusstouren** mit dem Kleinboot erfreuen sich mancherorts großer Beliebtheit, beispielsweise nahe der Westküste auf dem Bentota Ganga (bzw. seinen Nebenflüssen) oder auf dem Madu Ganga nördlich von Ambalangoda. Negombo und Waikkal sind ebenfalls von einem dichten Netz von Flüssen und Kanälen umgeben, die per Boot erkundet werden können. Eine schöne Alternative zu geführten Bootstouren sind individuelle **Kanufahrten**. Einige Resorts an Lagunen im küstennahen Hinterland, z. B. östlich von Tangalle, verleihen Kanus und Kajaks an Hausgäste. Organisierte Kanutouren gibt es ebenfalls, u. a. im Hochland auf dem Kelani Ganga bei Kitulgala (→ S. 386 f.).

Elefantenreiten

Wilde Elefanten sind begehrte Fotomotive in den sri-lankischen Nationalparks. Auf den großen Tempelfesten werden sie reich geschmückt zu Szenestars erhoben. Wer auf eigens abgerichteten Elefanten reiten möchte, kann dies am besten in Sigiriya im Schatten der Felsenfestung oder im Elefantenmekka Pinnawala zwischen Colombo und Kandy tun.

Elefantenreiten in Sigiriya

Golf

Das Erbe der britischen Kolonialzeit ist vielerorts spürbar – so in Gestalt einiger Golfplätze, die den Vergleich mit professionellen 18-Loch-Anlagen anderer Länder keineswegs scheuen müssen. Die traditionsreichste Anlage Sri Lankas befindet sich in Nuwara Eliya und wurde 1889 von Engländern gegründet. Einige Plätze verfügen über Übernachtungsmöglichkeiten wie die Anlagen in Kandy und Hambantota.

Golfplätze **Nuwara Eliya Golf Club**, naturbelassene 18-Loch-Anlage mit viel Kolonialflair im Herzen der einstigen britischen Hochlandmetropole. www.nuwaraeliyagolfclub.com.

Royal Colombo Golfclub, die älteste und nobelste Anlage verfügt ebenfalls über

18 Löcher und befindet sich im Südosten der sri-lankischen Hauptstadt. www.rcgcsl.com.

Shangri-La Golf and Country Club Hambantota, der erst 2016 eröffnete 18-Loch-Platz liegt in einer ehemaligen Kokosnussplantage und gehört zu einem Luxushotel an der Südküste. www.shangri-la.com/hambantota/shangrila/golf/.

Victoria Golf Course Kandy, der hinreißend gelegene Golfparcours mit 18 Löchern blickt auf das Victoria Reservoir östlich der Königsstadt Kandy. www.golfsrilanka.com.

Golfreisen **Golf Asien**, Golf-**Pauschalreisen** nach Sri Lanka und in andere asiatische Länder können auch beim deutschen Spezialanbieter im Internet gebucht werden. www.golfasien.de.

Kricket

Kricket ist **sri-lankischer Nationalsport**, die Herrennationalmannschaft wurde 1992 Weltmeister, 2002 gewann sie die begehrte Champions Trophy. Bereits kleine Jungen improvisieren in den Dörfern regelmäßig mit Ball und Schläger und üben sich auf diese Weise für eine Athletenkarriere. Größere Kricketstadien gibt es in den meisten Städten, z. B. in Colombo, Galle oder Chilaw. Informationen und Onlinetickets: www.srilankacricket.lk.

Informationen zu **Radfahren in Sri Lanka** → S. 116.

Rafting

Die Stromschnellen des Kelani Ganga in Kitulagala an den Hochland-Westausläufern sind gegenwärtig der einzige funktionierende Raftingspot Sri Lankas. Professionell operierende Raftingagenturen säumen wie Perlen an einer Kette die Straße zwischen Hochland und Westküste. Allerdings wird gegenwärtig eifrig an neuen Staustufen zur Gewinnung von Elektrizität gebaut, weshalb das Fortleben dieser Aktivsportart an diesem Ort keineswegs gesichert ist.

Wandern

Trotz atemberaubender Landschaft ist Sri Lanka kein Wanderparadies. Mangelnde Infrastruktur (z. B. ausgeschilderte Wege) und tropische Witterungsbedingungen (Feuchtigkeit und Hitze) setzen dem Bewegungsdrang natürliche Grenzen. Einige Orte haben sich jedoch inzwischen auf die steigende Nachfrage Individualreisender eingestellt und bieten entsprechende Touren an. Die ergiebigste Wanderregion ist das **südliche Hochland:** Die wunderbare und an Attraktionen reiche Umgebung von Ella lässt sich – bei angenehmen Temperaturen – ebenso einfach erwandern wie der Nationalpark Horton Plains. In beiden Fällen sind sprudelnde Wasserfälle oder reizvolle Aussichtspunkte das Ziel, sie können sogar auf eigene Faust angesteuert werden. Dies ist auf der Insel aber alles andere als selbstverständlich, denn andere Gegenden – z. B. die **Knöchelberge** nordöstlich von Kandy – sind lediglich mit örtlichen Guides begehbar. Eine Herausforderung konditioneller Art ist der Aufstieg auf den **Adam's Peak:** Der 2243 m hohe Berg ist eines der bedeutendsten Pilgerziele Sri Lankas und obendrein ein unvergesslicher Aussichtspunkt. Einen herrlichen Rundblick bieten gewöhnlich auch die Gipfelplateaus der jäh aus der Ebene aufragenden Felsenberge. In zahlreichen Inselregionen prägen sie das

Gesicht der Landschaft. Oft schmücken uneinnehmbar wirkende Festungen oder buddhistische Einsiedeleien die Berggipfel, die oft nur über einen schweißtreibenden Treppenweg zu erreichen sind. Konkrete Wandertipps finden Sie im Reiseteil bei den jeweiligen Orten.

Yoga und Meditation

Yoga ist in zahlreichen Küstenorten im Inselsüden en vogue, besonders in Mirissa und Weligama. Auch in Surferhochburgen wie Arugam Bay oder Midigama bieten Unterkünfte ihren Gästen fast schon standardmäßig Yogakurse an. Yoga ist auch ein integrales Element im therapeutischen Angebot vieler Ayurveda-Resorts. Die wichtigste buddhistische Meditationsform, die auch heute noch in Sri Lanka praktiziert wird, ist die Einsichts- oder Achtsamkeitsmeditation *(vipassana)*. Ebenso wie Yoga ist diese Meditationsform inzwischen auch in westlichen Ländern verbreitet. In der Theravada-Tradition gilt Vipassana als wichtiges Instrument auf dem Weg der Schüler zu Achtsamkeit und Geistesklarheit. In Sri Lanka haben sich einige Institutionen der Nachfrage Reisender aus dem Westen geöffnet und lassen inzwischen auch Gäste – häufig allerdings keine Frauen – auf ihren Veranstaltungen zu. Unangefochtenes Eldorado der Meditationsszene ist die Königsstadt Kandy im Hinterland (→ S. 376).

Yoga-Retreats: www.bookyogaretreats.com

Badebucht an der Südküste bei Matara

Sprache

Offizielle Amtssprachen sind *Sinhala* und *Tamil*. Während Sinhala von rund 16 Millionen Singhalesen auf der gesamten Insel gesprochen wird, dient Tamil hauptsächlich in tamilischen Siedlungsgebieten als Verkehrssprache. Sinhala ist der indoiranischen bzw. indogermanischen Sprachfamilie zugehörig, während Tamil auch von den Tamilen Südindiens gesprochen wird und Teil der dravidischen Sprachfamilie ist. Beide Sprachen verfügen über eine eigene **Schrift** – ein Zwitter zwischen Alphabet- und Silbenschrift. Die Transkription in lateinische Lettern orientiert sich hauptsächlich an der englischen Aussprache, was ein Grund dafür ist, dass es bis heute keine einheitliche Übertragung singhalesischer und tamilischer Wörter gibt. Reisende erkennen das Problem an unterschiedlich geschriebenen Ortsnamen beispielsweise *Dambulla* oder *Dambulle*. Auch ein *h* hinter dem Konsonant wird in der Umschrift gern einmal weggelassen. Bis 1957 war auch **Englisch** eine offizielle Amtssprache. Heute dient Englisch in der Hauptsache als Verkehrssprache der gebildeten akademischen Schichten, außerdem ist sie Lingua franca in den Ferienorten an der Küste. Wer daher auf den ausgetretenen touristischen Pfaden wandelt, wird mit der Verständigung nur selten Probleme bekommen. Anders sieht es in ländlichen Regionen abseits der Hauptverkehrswege aus. Hier können ein singhalesisches oder ein tamilisches Wörterbuch durchaus gute Dienste leisten.

Strom

Die Netzspannung in Sri Lanka beträgt 230 V bei einer Frequenz von 50 Hz. Weil unterschiedliche Steckdosen verwendet werden (Typen D, M und G), benötigt man einen **Adapter**, der im deutschsprachigen Raum entweder in Elektrofachgeschäften oder im Onlinehandel erhältlich ist (www.welt-steckdosen.de/sri-lanka/). In den ländlichen Gebieten kann es hin und wieder zu kürzeren **Stromausfällen** kommen. In der Vergangenheit waren Netzstörungen in Sri Lanka gang und gäbe, heutzutage muss damit nur noch lokal begrenzt in Spitzenverbrauchszeiten gerechnet werden.

Telefonieren

Neben einem Festnetz existieren auf der Insel mehrere Mobilfunknetze. Die Netzabdeckung ist gut, Funklöcher existieren allenfalls in abgelegenen Gebieten. In Sri Lanka ist das Telefonieren preiswert, weswegen Mobiltelefone mittlerweile auch in einkommensschwachen Schichten verbreitet sind. Wer sich längere Zeit im Land aufhält und von unterwegs aus Quartiere bucht, telefoniert mit einer Prepaid SIM-Karte eines einheimischen Anbieters bei Weitem günstiger als mit Auslandskarten. Selbst Gespräche ins eigene Heimatland sind aus dem sri-lankischen Handynetz preiswerter als Direktgespräche von der Hotelrezeption aus. SIM-Karten sind unkompliziert in jedem Mobile Store erhältlich, selbst bei der Ankunft am internationalen Flughafen in Colombo gibt es bereits Angebote. Die zwei populärsten sri-lankischen Anbieter sind *Dialog* (www.dialog.lk) sowie *Mobitel* (www.mobitel.lk). Voraussetzung für den Erwerb einer Prepaid SIM-Karte ist die Vorlage eines gültigen Reisepasses. Das Aufladen des Guthabens geschieht ähnlich unbürokratisch und kann z. B. auch an der Kasse eines Supermarkts erledigt werden.

Ländervorwahlen

Sri Lanka: ✆ 0094, Deutschland: ✆ 0049, Österreich: ✆ 0043, Schweiz: ✆ 0041

Bei Mobiltelefonen ersetzt das Zeichen + beide Nullen der Ländervorwahl, die Null der örtlichen Vorwahl wird weggelassen.

Trinkgeld

Für touristische Dienstleistungen sind Trinkgelder üblich. Das Trinkgeld ist für das chronisch unterbezahlte Servicepersonal in den Hotels sogar ein fester Bestandteil der Einkünfte. Auch Servicekräfte in Restaurants und Cafés freuen sich über einen kleinen Obolus, der etwa 10 % der Rechnungssumme betragen kann. Manchmal ist auf der Rechnung eine zehnprozentige Service Charge ausgewiesen. Nicht immer erhalten die Bedienkräfte jedoch ihren Anteil, weshalb sich bei gutem Service noch ein kleiner Zusatzbetrag empfiehlt.

Trinkgeldempfehlungen

150 Rs	pro Gepäckstück, das im Hotel aufs Zimmer gebracht wird
500–1000 Rs	für längere Tagesausflüge mit Taxi oder Three Wheeler
500–1000 Rs	für Cityguides oder Nationalparkranger

Übernachten

Die Ferienorte an der Küste, insbesondere im Inselsüden, verfügen über eine reiche Auswahl an Unterkünften jeglicher Art – von einfach bis nobel. In der Hauptsaison sind viele Quartiere belegt, dennoch sind Spontanbuchungen oft noch möglich, wenn man einmal von Spitzenzeiten wie den sri-lankischen Feiertagen sowie über Weihnachten oder Neujahr absieht. Etwas spärlicher sieht – von wenigen Ausnahmen abgesehen – das Angebot im Hinterland und in den ehemaligen Bürgerkriegsregionen im Norden und Nordosten aus. Während in traditionellen Ferienorten im Süden der Standard der Unterkünfte erfreulich hoch ist (wenn auch nicht immer mit westlichen Standards vergleichbar), muss man im Hinterland sowie in den tamilisch besiedelten Gebieten mitunter Qualitätsabstriche machen. Ausnahmen bestätigen auch hier die Regel, wie das Beispiel des Küstenorts Passekudah zeigt, dieser liegt in einer ehemaligen Bürgerkriegsregion, wartet aber dennoch mit Unterkünften auf, die zum Feinsten zählen, was die Insel anzubieten hat.

Besonders gut aufgestellt ist Sri Lanka im **Luxussegment.** Die zahlreichen schicken Resorts, die auf den Geschmack der betuchten Klientel aus dem Westen zugeschnitten sind, lassen wenige Wünsche offen. Sie sind u. a. das Resultat staatlicher Anstrengungen, die bewusst Sri Lanka als Luxusdestination auf dem globalen Tourismusmarkt positionieren möchten. Auf der Tropeninsel findet man bekannte internationale Hotelketten, einheimische Marken sowie die Hotels und Resorts von *Heritance*, *Cinnamon* oder *Jetwing*. Qualitativ eine Stufe darunter sind **Boutiquehotels** angesiedelt. Darunter versteht man kleine, familiengeführte Anlagen mit fünf bis zehn exklusiv eingerichteten Zimmern in einer ruhigen Umgebung. Nicht selten bieten Boutiquehotels neben Komfort auch einen gewissen kolonialen Touch, was viele Urlauber aus westlichen Ländern schätzen. Ein kleines Manko ist das an einigen Orten spärlich ausgeprägte Mittelklassesegment: Hier weisen Beherbergungsverzeichnisse die größten Lücken auf, obwohl Boutiquehotels meistens gerade in diese Preis- und Qualitätsklasse fallen. Das untere Ende der Skala belegen einfache **Gästehäuser**. Hier ist die Bandbreite groß zwischen exzellent geführten Familienbetrieben mit behaglichen Zimmern und Einfachstunterkünften, die leider nicht immer sauber sind. In vielen Fällen kann man zwischen teuren Zimmern mit Air Condition (AC) und preiswerteren Zimmern mit Moskitonetzen am Bett wählen. Zahlreiche familiengeführte, einfache Quartiere bieten ihren Gästen zudem ein landestypisches Abendessen an oder verleihen Fahrräder und Mopeds. Fast alle Unterkünfte geben **Hilfe bei der Reiseplanung**. Bei großen Hotels ist dafür ein *Travel Helpdesk* in der Eingangslobby zuständig, während in familiengeführten Betrieben die Eigentümer sogar oft eine eigene Agentur betreiben, die Taxifahrten oder Safaris in Nationalparks vermittelt. Allerdings müssen Dienstleistungen vom Gast entsprechend honoriert werden: Eine vom Quartier vermittelte Taxifahrt ist immer etwas teurer als die Direktbuchung auf eigene Faust.

Das **Frühstück** wird im allgemeinen extra gebucht und berechnet. Nur in seltenen Fällen bietet eine Unterkunft kein Frühstück an. Ein einfaches Frühstück nach westlichem Gusto besteht aus Toastbrot, Butter, Marmelade und Omelett. In manchen Fällen können Gäste zwischen einem westlichen oder einem aufwendigeren sri-lankischen Frühstück wählen. Größere Hotels servieren zuweilen ein Büfett mit einer mehr oder weniger reichhaltigen Auswahl an sri-lankischen und westlichen Gerichten.

Luxus an der Westküste ▲
Boutiquehotel in Colombo ▼
Unterkunft im landestypischen Stil ▼▼

Ayurveda-Resorts

Eine Sonderstellung in Sri Lanka gebührt den Kur- und Gesundheitseinrichtungen, in denen man ein bis zwei Wochen oder sogar noch länger logiert. Häufig liegen die Resorts in klösterlicher Abgeschiedenheit, der Zutritt erfolgt nur nach vorheriger Anmeldung. Andere Einrichtungen gleichen wiederum normalen Strandhotels mit einem gemischten Erholungs- und Kurpublikum, empfehlenswerte Adressen → S. 20 f.

Privatunterkünfte/Homestays

In einigen Orten an der Küste sowie im Hinterland vermieten sri-lankische Familien ein bis drei Privatzimmer an Gäste. Der Standard ist meist einfach und ähnelt dem von Gästehäusern der untersten Kategorie. Als Ausgleich dafür erhalten Reisende einen ungeschminkten Einblick ins sri-lankische Alltagsleben. Frühstück und Abendessen werden häufig nach traditioneller Art zubereitet. Die Grenzen zwischen Gästehaus und Homestay verlaufen fließend, da auch in vielen kleinen regulären Unterkünften die Inhaberfamilien entweder das Erdgeschoss oder ein Nebengebäude bewohnen. Nicht immer verfügen Homestays über eine eigene Website, in den meisten Fällen erfolgt die Kontaktaufnahme telefonisch. Vorsicht ist generell bei „Insidertipps" – beispielsweise von Tuk-Tuk-Fahrern – geboten: Bevor man in ein Fahrzeug einsteigt, sollte man sich genau erkundigen, wie weit die angepriesene Privatunterkunft etwa vom Meer entfernt liegt. Im Zweifelsfall macht es Sinn, sich vom Fahrer die Telefonnummer geben zu lassen und zunächst die Inhaber direkt zu kontaktieren. Allerdings ist nicht jede Familie, die ein Homestay betreibt, der englischen Sprache mächtig.

Jugendherbergen/Hostels

Privat geführte Herbergen mit billigen Gemeinschaftszimmern sind in vielen Orten auf dem Vormarsch – besonders in den Backpacker- und Wassersportdestinationen an der Küste. Gut geführte Hostels befinden sich u. a. in Colombo, Kandy, Mirissa, Arugam Bay und Nuwara Eliya. In anderen Orten wie z. B. in Hikkaduwa ähneln diese Einrichtungen hingegen einfachen Privatunterkünften von schwankender Qualität. Ein verhältnismäßig junger Trend sind Quartiere, die ein Mischkonzept verfolgen: Neben Gemeinschaftszimmern mit vier und sechs Betten gibt es auch Privatzimmer, die in puncto Standard durchaus mit Gästehäusern oder Hotels mithalten können bzw. diese manchmal sogar übertreffen.

Rest Houses

Ein Relikt aus der Kolonialzeit sind die ehemals staatlichen Rest Houses. Bei diesem Quartiertyp handelt es sich häufig um ehemalige Kolonialvillen in exklusiver Lage. Nach der Unabhängigkeit wurden die Rest Houses von der sri-lankischen Regierung als Touristenunterkünfte weiterbetrieben. Servicequalität und Zimmerausstattung waren jedoch eher mangelhaft, sodass sich der Staat jüngst zu einer Privatisierung dieser Häuser entschloss. Heute sind viele Rest Houses zwar frisch saniert, bislang hält allerdings die Servicequalität meistenteils einen Vergleich mit regulären Hotels nicht stand. Namhafte Häuser wie in Anuradhapura, Sigiriya und Polonnaruwa besitzen dagegen Wahrzeichencharakter und sind wichtige Orientierungsmarken im Ortsbild.

Ferienvillen

Unter einer Villa versteht man einen Unterkunftstyp im küstennahen Hinterland, der insbesondere für Familien und Kleingruppen interessant ist. Nicht immer ist damit ein nobles Herrenhaus gemeint, das von einem Park umgeben ist. Oft handelt es sich um ein Wohnhaus, das vom Eigentümer an Feriengäste vermietet wird. Frühstück wird im allgemeinen nicht serviert, anders als in Ferienhäusern steht jedoch eine Küche für Selbstversorger zur Verfügung. Die meisten Ferienvillen gibt es an der Küste zwischen Colombo und Galle.

Zimmerbuchung

Zahlreiche Feriengäste buchen ihr Standortquartier vor Reiseantritt vom jeweiligen Heimatland aus. Aber natürlich können Kurzentschlossene im Land auch spontan Zimmer reservieren – persönlich vor Ort oder über ein Onlineportal (s. u.). Einfache Gästehäuser nehmen zuweilen keine schriftlichen Reservierungen entgegen, sondern vergeben ihre Zimmer an diejenigen, die zuerst da sind. Deshalb ist die Chance auf freie Übernachtungskapazitäten generell vormittags am größten. Wer über Onlineportale reserviert, bezahlt etwas mehr, weil die Quartierinhaber bis zu 20 % der Bezahlsumme als Provision an die Internetanbieter abführen müssen. Auch aus diesem Grund amortisiert sich eine sri-lankische SIM-Karte bei häufigen Quartierwechseln recht schnell. Wegen der hohen Stromkosten in Sri Lanka sind Zimmer mit Air Condition (AC) teurer als Zimmer mit Ventilatoren. Listenpreise sind bedingt verhandelbar, außerhalb der Hochsaison sind die Inhaber privat geführter Unterkünfte schon mal zu Abschlägen bereit.

Buchungsportale www.booking.com: Die meisten Quartiere ohne eigene Internetseite sind im – mit Abstand am häufigsten genutzten internationalen Internetportal – präsent.

www.hostelworld.com: Die Alternative zu oben genanntem Buchungsportal, hauptsächlich für Herbergen und einfache Gästehäuser.

www.go-lanka.de: Deutschsprachige Seite eines großen Hotelbuchungsportals – mit einer Auswahl von über 500 Inselquartieren.

www.villasrilanka.com: Das sri-lankische Buchungsportal ist auf exklusive Ferienvillen und Ayurveda-Resorts spezialisiert, hat aber auch gewöhnliche Hotelunterkünfte im Angebot.

Preiskategorien

Falls nicht anders angegeben, beziehen sich die Preise auf ein Doppelzimmer ohne Frühstück inklusive Gebühren wie Service Charge oder Steuern. Die in einigen Fällen angegebene Kategorienbandbreite (z. B. ②–④) erklärt sich aus den unterschiedlichen Zimmertypen (AC/Non-AC) bzw. den Unterschieden zwischen Haupt- und Nebensaison.

①	bis 15 $ (ca. 13 €)	⑤	bis 100 $ (ca. 84 €)
②	bis 25 $ (ca. 21 €)	⑥	bis 150 $ (ca. 126 €)
③	bis 50 $ (ca. 42 €)	⑦	bis 200 $ (ca. 168 €)
④	bis 75 $ (ca. 63 €)	⑧	über 200 $ (ca. 168 €)

Ein Tuk-Tuk ist der Klassiker der Fortbewegung in Sri Lanka

Unterwegs in Sri Lanka

Sobald man sich mit den grundlegenden Regeln vertraut gemacht hat, erweist sich das Reisen in Sri Lanka als überraschend unkompliziert. Der wichtigste Grundsatz für die Fortbewegung auf sri-lankischen Straßen lautet: Es herrscht **Linksverkehr.** Darüber hinaus wird auch relativ flott gefahren und nicht jede Verkehrsvorschrift streng befolgt. Während man sich aber strikt an Überholverbote hält, nötigt die eine oder andere rote Ampel sri-lankische Fahrer nicht unbedingt zum Anhalten. Zebrastreifen, sofern sie überhaupt existieren, dienen eher zur Zierde als zum gefahrlosen Überqueren verkehrsreicher Straßen. Nicht nur in diesem Sinn erweist sich Sri Lanka – wie die meisten anderen asiatischen Länder – als wenig fußgängerfreundliches Reiseland. Trotz dieser Einschränkungen ist die Insel alles in allem eine vergleichsweise sichere Destination, für welches Verkehrsmittel Reisende sich auch immer entscheiden.

Grundsätzlich wählen Feriengäste bei Inselrundtouren zwischen zwei Varianten: Zeiteffizient sowie angenehm ist das Reisen mit einem Miettaxi inklusive Chauffeur. Diese Variante bietet den Vorteil, dass unkompliziert abgelegene Destinationen angesteuert werden können, beispielsweise ein einsames Waldkloster oder ein Nationalpark fernab der ausgetretenen touristischen Pfade. Weitaus schonender für den eigenen Geldbeutel sind jedoch Fahrten mit öffentlichen Verkehrsmitteln wie Bus und Bahn. Beeindruckende Erlebnisse und Kontakte mit freundlichen Einheimischen sind bei dieser zweiten Reisevariante praktisch vorprogrammiert, auch wenn natürlich hinsichtlich Komfort und Bequemlichkeit einige Kompromisse eingegangen werden müssen. Tatsächlich sind die meisten Sri-Lanka-Rundreisen wohl eine Kombination beider Fortbewegungsoptionen: Je nach Gusto wählt man eine Bus- oder Bahnfahrt und steigt anschließend in ein Taxi oder ein Tuk-Tuk um. Besonders Fahrten mit den auf der ganzen Insel in großer Zahl verbreiteten **Dreirad-**

Kabinenroller – Tuk-Tuk oder Three Wheeler genannt – avancieren schnell zum selbstverständlichen Fortbewegungsmittel mit hohem Kult- und Spaßfaktor.

Unterwegs mit dem Flugzeug

Wegen der verhältnismäßig hohen Kosten sind Inlandsflüge nur für wenige Urlauber eine ernsthafte Option. Kleine Propellermaschinen und manchmal sogar Wasserflugzeuge verbinden die Hauptstadt mit entlegenen Zielen an der Ostküste sowie im Norden der Insel. Weitere Inlandsflughäfen befinden sich in Kandy, Sigiriya, Castlereagh sowie an der Südküste. Einige Destinationen werden täglich angeflogen, andere wiederum nur dreimal in der Woche. Einige Flüge im Land starten bzw. enden nicht am internationalen Flughafen von Colombo, sondern am Inlandsflughafen im Süden der Hauptstadt. Informationen zu den einzelnen Zielflughäfen im Land finden Sie im Reiseteil bei den jeweiligen Orten!

Fluggesellschaften **Cinnamon Air**, die größte inländische Airline verbindet Colombo mit Trincomalee (via Sigiriya), Batticaloa und Kandy. Von Kandy wiederum werden Ziele an der Südküste angeflogen, u. a. Hambantota, Dickwella sowie Koggala. Die Flugzeiten betragen max. 50 Min.; einige Ziele im Hinterland oder im Süden werden mit einem Wasserflugzeug angesteuert. Preisbeispiele für einfache Flüge: Colombo–Trincomalee ab 230 $, Kandy–Hambantota ab 200 $. Saffron Aviation Ltd., York St. 11, Colombo, ✆ 011-2475475, www.cinnamonair.com.

Helitours, das zur sri-lankischen Luftwaffe gehörende Unternehmen betreibt Verbindungen von Colombo nach Jaffna bzw. Trincomalee. Auch zwischen Trincomalee und Jaffna gibt es Flüge. Startpunkt in Colombo ist der Inlandsairport im Süden der Stadt, geflogen wird 3-mal/Woche. Preisbeispiel für einen einfachen Flug: Colombo–Jaffna ab 14.500 Rs (also knapp 95 $). Sir Chithampalam Gardiner Mw., Colombo, ✆ 011-3144244, www.helitours.lk.

Fly Sri Lanka, der Veranstalter für Flugreisen aller Art (per Kleinflugzeug, Wasserflugzeug, Helikopter, Heißluftballon) vermittelt Inlandsflüge in Sri Lanka und führt eigene Charterflüge durch. Das Unternehmen operiert nach den Grundsätzen ökologischer Nachhaltigkeit. Fairfield Garden 20/63, Colombo, ✆ 071-0662227, www.flysrilanka.lk.

Unterwegs mit dem Mietwagen

Mietwagen für Selbstfahrer gibt es bereits ab 30 $ pro Tag. Aufgrund der häufig mangelhaften Ausschilderung sowie sonstiger Unwägbarkeiten wählen die meisten Reisenden jedoch einen Mietwagen mit einheimischem Chauffeur (→ S. 110 f.). Wer ohne Chauffeur unterwegs ist, benötigt neben dem gesetzlich vorgeschriebenen Führerschein eine **zusätzliche Fahrerlaubnis**, die meist schnell und unkompliziert in Colombo erhältlich ist. Der Internationale Führerschein bringt keinerlei Vorteile. Reiseagenturen in Negombo – der klassische Start- und Endpunkt für Rundreisen – helfen bei der Beschaffung der nötigen Papiere. Wer ohne zusätzliche Fahrerlaubnis unterwegs ist, hat zwar bei Polizeikontrollen meist nichts zu befürchten, abzuraten ist davon dennoch, weil bei einem Unfall stets der Fahrer ohne gesetzlich vorgeschriebene Papiere als „Schuldiger" zur Kasse gebeten wird. Bei der Mietwagenbuchung empfiehlt sich aus diesem Grund maximaler Versicherungsschutz. Wer mit den Straßenverhältnissen in Sri Lanka nicht vertraut ist, sollte den Stadtverkehr in Colombo meiden! Die Straßen sind im ganzen Land überwiegend asphaltiert sowie in gutem Zustand.

Buchung **SR Rent a Car**, die Mietwagenfirma aus Colombo stellt Fahrzeuge bereits bei der Ankunft am internationalen Flughafen zur Verfügung. Wie in den meisten Ländern auf der Welt muss bei der Buchung bzw. Abholung eine Kreditkarte mit ausreichend

Deckung vorgelegt werden. ✆ 077-7780729, www.rentalcars.com.

Vergleichsportal, günstige Angebote u. a. bei www.billiger-mietwagen.de.

Zusätzliche Fahrerlaubnis *Automobil Association of Ceylon (AAC)*, mit einem Internationalen Führerschein erhält man hier die zusätzlich erforderliche Fahrerlaubnis für Sri Lanka. Die Verwaltungsgebühr beträgt 3000 Rs. Mo–Fr 8–16 Uhr. Sir Mohamed Macan Marker Mw. 40, Colombo, ✆ 011-2421528, www.aaceylon.lk.

Department of Motor Traffic, **ohne Internationalen Führerschein** kann man die Zusatz-Fahrerlaubnis gegen Vorlage des Reisepasses und des nationalen Führerscheins hier beantragen. Das Papier kostet 1000 Rs und ist ein Monat gültig. Mo–Fr 8–16.30 Uhr. Department of Motor Traffic Rd., Boralesgamuwa, Colombo, ✆ 011-2518926, www.motortraffic.gov.lk.

Verkehrsregeln **Tempolimits**: 55 km/h innerhalb von Ortschaften, 72 km/h außerhalb von Ortschaften. In Colombo gilt ein generelles Tempolimit von 40 km/h.

Parkverbote: Innerhalb gelb gekennzeichneter Flächen und an Bushaltestellen herrscht ein striktes Parkverbot.

Überholverbote: Gelbe Markierungen (häufig in Städten) und durchgezogene weiße Linien (außerhalb von Ortschaften) verweisen auf striktes Überholverbot. Wird man bei Kontrollen von der Polizei bei einem Fehlverhalten erwischt, dann gilt der Grundsatz: Lächeln, zahlen, weiterfahren!

Notrufnummern → S. 90

Unterwegs mit Mietwagen und Chauffeur

Rundreisen im Mietwagen mit Chauffeur sind eine schnelle und bequeme Variante, mit einem begrenzten Zeitbudget das Land kennenzulernen. Außerdem entpuppen sich einheimische Fahrer nicht selten als zuverlässige Guides und freundschaftlich verbundene Begleiter, die mit hilfreichen Hinweisen die Erlebnisqualität einer Reise erhöhen. Bei der Buchung wird i. d. R. ein genaues Reiseprogramm erarbeitet, der den Agenturen als Grundlage für deren Kostenberechnung dient. Zusätzliche Kilometer werden extra abgerechnet. Dieses Prinzip gilt für eintägige Sightseeingtouren wie für mehrwöchige Rundreisen. Letztere können bereits bequem vor Reiseantritt vom Heimatland aus im Internet gebucht werden (→ Reiseveranstalter, S. 94 f.). Neben der berechneten Strecke ist bei der Kostenkalkulation die Fahrzeugqualität (Größe, mit/ohne AC) ausschlaggebend. Grundsätzlich gilt: Je genauer im Vorfeld der Reise das Leistungsspektrum definiert ist (sind beispielsweise Benzinkosten oder Mautgebühren im Preis enthalten?), desto weniger drohen böse Überraschungen unterwegs. Als Faustregel für die eigene Kostenkalkulation sollten bei Fahrten mit Chauffeur etwa 35–50 $ pro Tag zugrunde gelegt werden.

Gute Fahrgäste verhalten sich verantwortlich gegenüber dem Mann am Steuer und sorgen für regelmäßige Pausen und Unterbrechungen. Die meisten größeren Hotels verfügen über einen Driver Service und bieten Fahrern ein einfaches Zimmer sowie Mahlzeiten an. Preiswerte Gästehäuser mit nur wenigen Zimmern verfügen begreiflicherweise nicht über solche Einrichtungen. Selbstverständlich erwartet der Fahrer am Ende der Reise ein entsprechendes Trinkgeld. Faustregel sind – bei entsprechender Zufriedenheit – etwa 1000 Rs pro Tag. Achten Sie bei der Buchung auf vorhandene Englischkenntnisse des Fahrers!

Buchung **Mietwagen mit Chauffeur** lassen sich praktisch auch in **Hotels** und **Gästehäusern** buchen. Prüfen Sie allerdings die Kostenkalkulation mit kritischem Blick, denn viele Unterkünfte lassen sich den Vermittlungsservice entsprechend honorieren. Gleiches gilt für Agenturen ohne eigenen Fahrzeugpark. Besonders einfach ist die Buchung in Städten wie Colombo, Negombo, Kandy und in den Ferienorten an der Südküste wie Unawatuna oder Hikkaduwa.

Beispiele für zuverlässige **Agenturen** finden Sie im Reiseteil bei den jeweiligen Orten unter dem Stichwort „Taxi".

Sri Lanker Driver Guides, www.srilanka-driverguides.com, für die Suche nach zuverlässigen Guides und Fahrern ist die **Website** des Verbands sri-lankischer Fahrer und Guides nützlich. Schnäppchen lassen sich hier zwar keine machen, dafür stehen die Mitglieder jedoch für nicht unwichtige Faktoren wie Zuverlässigkeit und (preisliche) Fairness.

Unterwegs mit der Bahn

Das auf die britische Kolonialzeit zurückgehende Eisenbahnnetz funktioniert alles in allem bestens und ist auch für Reisende aus dem Ausland eine exzellente Option, um längere Distanzen entspannt zurückzulegen. Die **Fahrt durch das Hochland im Süden** zählt zu den Klassikern jeder Inselrundtour, sie bietet spektakuläre Ausblicke auf Teeplantagen und immergrüne Bergregenwälder. Die meisten Reisenden steigen in Kandy in den Zug und fahren bis nach Nuwara Eliya oder nach Ella, wohingegen die landschaftlich schönsten Abschnitte im Hochland zwischen Nuwara Eliya sowie der Endhaltestelle Badulla liegen: Viadukte, Tunnels und Kehrschleifen machen aus der 1924 fertig gestellten *Main Line* ein Meisterwerk der Ingenieurstechnik (→ Foto, unten). Während die Paradestrecke im Bergland insbesondere in der Hochsaison oft überfüllt ist und selbst die Stehplätze in den Gängen manchmal rar werden, finden Reisende auf anderen Strecken fast immer einen Platz zum Sitzen. Für die Urlaubsplanung ebenfalls von Bedeutung ist die 1895 vollendete *Coastal Line*. Die zwischen Colombo und Matara verkehrenden Züge

Beliebte Eisenbahnstrecke durch das südliche Hochland

Eisenbahnlinien
Main Line
Northern Line
Puttalam Line
Southern Line
under construction
Kankesanthurai
Jaffna
Pallai
Elephant Pass
Killinochchi
Mullaitivu
Talaimannar
Mankulam
Mannar
Puliyankulam
Murankan
Madhu Road
Vavuniya
Trincomalee
Medawachchiya
Anuradhapura
Mihintale
Kanthalai
Periyanagavillu
Gal Oya
Kekirawa
Puttalam
Habarana
Galgamuwa
Polonnaruwa
Pumani
Valaichchenai
Menampitiya
Maho Jc.
Dambulla
Batticalo
Chilaw
Kurunegala
Matale
Polgahawela Jc.
Kandy
Ampara
Negombo
Peradeniya Jc.
Mirigama
Veyangoda
Gampola
Gampaha
Colombo
Ragama
Nanu Oya
Badulla
Hatton
Ella
Aru Bay
Mount Lavinia
Haputale
Panadura
Ratnapura
Kalutara
Beruwela
Aluthgama
Tissamaharama
Ambalangoda
Hikkaduwa
Hambantota
Galle
Tangalle
Weligama
Matara
25 km
Eisenbahnlinien auf Sri Lanka

legen in den stark frequentierten Ferienorten im Süden wie Hikkaduwa, Galle, Unawatuna oder Weligama einen Zwischenhalt ein. Im Norden der Insel nimmt die Taktfrequenz der Züge spürbar ab. Dennoch ist die Bahnfahrt nach Trincomalee, Batticaloa, Jaffna oder auf die Insel Mannar durchaus eine empfehlenswerte Transportalternative.

Das Schienennetz der *Sri Lanka Railways* misst 1447 km, die staatliche Betreibergesellschaft beschäftigt ca. 14.000 Mitarbeiter. Aufgrund der günstigen Preise nutzen auch Einheimische nach Kräften die Bahn, wobei es in den Ferienzeiten hin und wieder zu Kapazitätsengpässen kommt. Auch die Pendlerzüge in den urbanen Großräumen sind morgens sowie spätnachmittags meist ziemlich überfüllt. Expresszüge fahren durchschnittlich 40 km/h, der Bummelzug durch das Hochland dagegen ist mit 20 km/h deutlich gemächlicher unterwegs. Die Hauptknotenpunkte sind Colombo Fort und Kandy. Fahrgäste wählen zwischen **drei Klassen**: Billig, aber auf lange Sicht nicht immer bequem ist die Holzklasse (3. Klasse). Mit gepolsterten Sitzen sowie altersschwachen Deckenventilatoren präsentiert sich das Ambiente in der 2. Klasse etwas gehobener. Vergleichsweise luxuriös reist man in der 1. Klasse, wobei nicht alle Züge über Wagen mit Plätzen der teuersten Klasse verfügen. Stets sollten Verspätungen einkalkuliert werden, besonders wenn die Züge schon längere Zeit unterwegs sind.

Information **Sri Lanka Railways**: Die Website der staatlichen Bahngesellschaft bietet allgemeine Informationen zu Eisenbahnfahrten in Sri Lanka, www.railway.gov.lk.

Verbindungssuche: Eine übersichtliche Onlineauskunft mit genauen Preisangaben bietet http://slr.malindaprasad.com.

Wichtige Strecken & Preisbeispiele **Main Line**: Colombo Fort – Peradeniya (Kandy) – Nanu Oya (Nuwara Eliya) – Haputale – Ella – Badulla. Eine einfache Fahrt von Kandy nach Ella kostet 420 Rs (1. Klasse), 230 Rs (2. Klasse), 125 Rs (3. Klasse).

Coastal Line: Colombo Fort – Mount Lavinia – Aluthgama (Bentota) – Hikkaduwa – Galle – Weligama – Matara. Derzeit im Bau ist die Weiterführung der Strecke über Hambantota bis Kataragama. Eine einfache Fahrt von Colombo nach Galle kostet 340 Rs (1. Klasse), 180 Rs (2. Klasse), 100 Rs (3. Klasse).

Northern Line: Colombo Fort – Kurunegala – Anuradhapura – Jaffna – Kankesanthurai. Die einfache Fahrt von Colombo nach Anuradhapura kostet 520 Rs (1. Klasse) 290 Rs. (2. Klasse), 160 Rs (3. Klasse).

Batticaloa Line: Maho Junction – Polonnaruwa – Valaichchenai (Kalkudah/Passekudah) – Batticaloa. Es verkehren Direktzüge von Colombo. In Gal Oya Umsteigemöglichkeit nach Trincomalee. Die einfache Fahrt von Polonnaruwa nach Batticaloa kostet 280 Rs (1. Klasse), 150 Rs (2. Klasse), 85 Rs (3. Klasse).

Ticketkauf/Reservierung **Bahnfahrkarten** können an jedem **Bahnschalter** am Tag der Abfahrt bis kurz vor Reiseantritt gelöst werden. Die **Sitzplatzreservierung** ist kostenpflichtig und lohnt sich nur bei voraussichtlich vollen Zügen. Ohnehin werden **Reservierungen** oft lediglich für die 1. Klasse angeboten – und zwar frühestens 30 Tage und spätestens 3 Tage vor Fahrtantritt. Der **Bahnhof Colombo Fort** verfügt über eine Schalterhalle ausschließlich für Reservierungen. Sämtliche größeren Bahnhöfe bieten ebenfalls Reservierungsoptionen an, u. a. Batticaloa, Kurunegala, Ella, Hatton oder Polonnaruwa.

Visit Sri Lanka Tours, die Agentur ist ein Spezialist für Bahnreisen und bietet gegen eine Servicegebühr einen praktischen **Online-Ticketservice** für die gängigsten Verbindungen. ☏ 012-73306049, www.visitsrilankatours.co.uk.

Bahnfahren luxuriös **Observation Saloon**: Züge zwischen Colombo und Kandy bzw. – seltener – zwischen Kandy und Badulla verfügen am Zugende über einen Aussichtswaggon. Die an den Seiten großflächig verglasten Luxuswagen bieten eine weit bessere Aussicht als herkömmliche Wagen, Sitzplätze können bei den üblichen Stellen (s. o.) gegen einen Zuschlag von ca. 1000 Rs reserviert werden.

Exklusive Nostalgiefahrten mit historischen Zügen durch die Insel werden von der Reiseagentur JF Tours veranstaltet.

Komfort und Luxusambiente erinnern an die Epoche der britischen Kolonialherrschaft. Ein Klassiker ist die Fahrt im *Viceroy Special* mit einer Dampflokomotive von Colombo nach Kandy. JF Tours & Travels (Cey) Ltd., Bauddhaloka Mw. 189, Colombo, ✆ 011-2587996, www.jftours.com.

Unterwegs mit dem Bus

Hat man erst einmal die wichtigsten Regeln verinnerlicht, bereitet Busfahren in Sri Lanka viel Spaß – und es ist zudem auch noch spottbillig. Die Tropeninsel verfügt über eines der dichtesten öffentlichen Busnetze in Asien, selbst der kleinste Weiler wird mindestens einmal täglich von einem öffentlichen Bus angesteuert. Zwischen den größeren Städten entlang der Hauptrouten starten die Busse sogar nicht selten im Zehnminutentakt. Allerdings sind die wenigsten Busse klimatisiert, weshalb beim Reisekomfort natürlich Abstriche gemacht werden müssen. Hinzu kommt, dass die Busse häufig voll sind. Wer unterwegs zusteigt und gar großes Reisegepäck mit sich führt, muss daher einige Unbill in Kauf nehmen. Andererseits sind Fahrten mit dem Bus in Sri Lanka ein Lehrstück in Sachen Improvisationskunst und Flexibilität. So nimmt der Fahrer mitunter ein sperriges Gepäckstück vorn bei sich auf und hält dieses in Kurven mit der Hand fest, damit es nicht in den Gang geschleudert wird. Gewöhnungsbedürftig ist auch das rassige Tempo, mit dem die Fahrer über den Asphalt brettern.

Busfahrt im Norden Sri Lankas

Die nationale Busgesellschaft ist **Sri Lanka Tourist Board (SLTB),** die in ihrer Blütezeit in den 1970er- und 80er-Jahren zeitweise 50.000 Mitarbeiter in Lohn und Brot hielt und deren Fuhrpark etwa 7000 Omnibusse umfasste. Die Fahrzeuge der staatlichen Transportgesellschaft sind landesweit an der roten Farbe erkennbar. Zusätzlich verkehren **private Busse,** die i. d. R. von etwas besserer Qualität und im Zweifelsfall daher staatlichen Transportmitteln vorzuziehen sind. Hinsichtlich der Ticketpreise sind die Unterschiede geringfügig, bezahlt wird direkt beim Kassierer im Fahrzeug. Reservierungen sind nur auf den wenigen Strecken, die mit klimatisierten Luxusbussen betrieben werden (s. u.), möglich. Realistische Sicherheit auf einen Sitzplatz bieten die **Busbahnhöfe** in größeren Orten, in denen die Busse an den Plattformen teils längere Zeit stehen und auf Kundschaft warten. Nicht immer ist das Fahrziel vorn angeschrieben, am besten einfach fragen! In abgelegenen Gegenden kann es vorkommen, dass das

Fahrziel nur in singhalesischen oder tamilischen Lettern angeschrieben ist. Eine weitere Faustregel bezüglich der Reisegeschwindigkeit: Je länger die Gesamtstrecke, desto seltener gibt es Pausen zwischendurch und auch weniger Abstecher in die Dörfer abseits der Routen. Wenn man schnell vorankommen will, empfiehlt es sich, beim Einsteigen den Fahrer oder Kassierer zu fragen, welches Endziel der Bus ansteuert.

Information **Verbindungen** insbesondere im Süden Sri Lankas errechnet die hilfreiche Website www.eagleeye.lk.

Buchung **Tickets** werden normalerweise vor Fahrtantritt im Omnibus gelöst. Ausnahmen bestehen bei einigen längeren Distanzen in **Luxus- oder AC-Bussen.** Fahrkarten können in diesem Fall in privaten Agenturen (sie befinden sich in der Nähe der Busbahnhöfe) oder über das Internet gebucht werden. AC-Busse verbinden z. B. die meisten größeren Städte mit der sri-lankischen Hauptstadt. Eine Route, die oft vorausgebucht wird, ist die Strecke zwischen Colombo und Jaffna.

Fahrten über lange Distanzen in Luxusbussen können über eine private Agentur online gebucht werden, www.busbooking.lk.

Unterwegs mit Taxi und Three Wheeler (Tuk-Tuk)

Der Beförderungspreis hängt von der Fahrzeuggröße und von den zurückgelegten Kilometern ab, die von Fahrern oder Agenturen genannten Zahlen sind geringfügig verhandelbar. **Taxis** sind keineswegs preiswert: Ein Transfer vom internationalen Airport nach Galle kostet ca. 7000 Rs. Am preiswertesten sind Kleinfahrzeuge der indischen Automarke *Tata Nano,* die v. a. in und zwischen den Großräumen Colombo sowie Kandy unterwegs sind. Der Kilometerpreis liegt hier bei etwa 30 Rs, wohingegen der Richtwert für gewöhnliche Taxilimousinen bei 35–45 Rs liegt. Kleinfahrzeuge verfügen nur über einen begrenzten Stauraum. Taxifahrten können unkompliziert über die Rezeptionen der Hotels und Gästehäuser gebucht werden. Preiswerter ist die Direktbuchung beim Fahrer – entsprechende Angaben befinden sich im Reiseteil bei den jeweiligen Orten. Die meisten Taxiagenturen bieten auch mehrtägige Rundtouren an.

Wie in vielen anderen süd- und südostasiatischen Ländern ist die Autorikschah mit drei Rädern auch in Sri Lanka ein Symbol individueller Mobilität. Sie ist aus dem Straßenbild nicht hinwegzudenken und auch in den abgelegenen Orten unterwegs. Reisende nutzen im Verlauf ihres Aufenthalts das praktische Verkehrsmittel meist mehrfach – vom Kurztransfer vom Bahnhof zum Gästehaus bis hin zu längeren Ausflugstouren. In einigen touristischen Küstenorten, z. B. Negombo oder Bentota, balgen sich viele Fahrzeuge um wenige Kunden und können mitunter regelrecht nerven. Beim daher naheliegenden (hartnäckigen) Feilschen um das Beförderungsentgelt schadet es aber auch nicht, daran zu denken, dass das Einkommen der Fahrer oft nur für das Lebensnotwendigste reicht. Wer sich vorher – beispielsweise im Hotel oder Gästehaus – erkundigt, was üblicherweise für eine Strecke verlangt wird, entgeht überhöhten Forderungen. Die **Three Wheeler** oder **Tuk-Tuks,** wie die motorisierten Rikschahs mit Zweitaktmotor auch genannt werden, sind generell preiswerter als Taxis und bieten obendrein durch die offenen Seitenwände ungefilterte Tuchfühlung zum Straßendschungel Sri Lankas.

Die Taxi-App **PickMe** ist hilfreich für ein rasches und sicheres Fortkommen im Großraum Colombo – ob mit Taxi oder Tuk-Tuk – und kann kostenlos bei Google Play (für Android) heruntergladen werden, http://pickme.lk.

Mit dem Tuk-Tuk durch Sri Lanka

Rundreisen mit dem Three Wheeler ohne Chauffeur versprechen spannende Erlebnisse bei gleichzeitig größter Flexibilität. In Negombo haben sich einige Reiseagenturen auf die Vermietung von Tuk-Tuks an Ausländer spezialisiert. Wer auf eigene Faust unterwegs ist, benötigt ein staatliches Permit, das die Agenturen in Negombo unkompliziert beschaffen (→ S. 154). Voraussetzung ist allerdings eine Fahrerlaubnis des Herkunftslandes bzw. der Internationale Führerschein.

Unterwegs mit Motorrad oder Scooter

Ausflüge vom Standortquartier mit dem Scooter (Motorroller) auf kleinen Nebenrouten sind eine feine Sache, sofern man sich das Navigieren auf den sri-lankischen Straßen zutraut. Motorräder wiederum eignen sich eher für längere Strecken im Hochland oder für Mehrtagestouren mit Gepäck. Der beste Ort für eine Motorradmiete ist Negombo. Scooter kann man problemlos in den Küstenorten im Süden, in Arugam Bay, Kandy sowie in Ella mieten. Auch Gästehäuser vermieten manchmal Motorroller an Hausgäste, wobei es sich hier häufig um das Fahrzeug des Inhabers handelt. Trotz unklarer Verordnungslage muss bei der Scootermiete keine nationale Fahrlizenz vorgelegt werden. Bei größeren Maschinen hingegen gelten die gleichen Bestimmungen wie beim Mietwagen ohne Chauffeur (→ S. 109 f.).

Unterwegs mit dem Fahrrad

Fahrradfahren in Sri Lanka wird immer beliebter. Viele machen sich allein oder zu zweit auf den Weg und umrunden die komplette Insel. Örtliche Agenturen und sogar Veranstalter aus dem deutschsprachigen Raum haben sich mittlerweile auf den wachsenden Markt eingestellt und Fahrradreisen in ihr Portfolio aufgenommen. Wer die großen Fernstraßen und insbesondere den Raum Colombo meidet, kann sich auf viele einzigartige Erlebnisse und zahlreiche Begegnungen mit Einheimischen abseits ausgetretener touristischer Pfade freuen. An der Ost- und Südküste und in den beiden Königsstädten Anuradhapura und Polonnaruwa ist das Rad ohnehin ein selbstverständliches Mittel der Fortbewegung. In Anuradhapura und Polonnaruwa lassen sich die verstreut gelegenen Sehenswürdigkeiten bestens mit dem Drahtesel erkunden – eine charmante Art, Kulturgenuss mit Bewegung zu verbinden. Zahlreiche Quartiere verleihen – teilweise kostenlos – Drahtesel an ihre Gäste.

Fahrradverleih Zahlreiche **Unterkünfte** an der sri-lankischen Süd- und Ostküste sowie im nördlichen Hinterland verleihen – teilweise kostenlos – Fahrräder an Hausgäste. Adressen einschlägiger **Agenturen** finden Sie im Reiseteil bei den einzelnen Orten.

Veranstalter *Bike Team Radreisen*, www.biketeam-radreisen.de, *Frosch Sportreisen*, www.frosch-sportreisen.de, *Wikinger Reisen*, www.wikinger.de, sowie mehrere andere Unternehmen führen **Radreisen** in Sri Lanka durch.

Lanka Sportreizen, www.lsrtravel.com, und *Bike Tour Sri Lanka*, www.biketoursinsrilanka.com sind **Radspezialisten** vor Ort.

Verhaltensregeln

Allzu vielen Zwängen muss man sich in Sri Lanka nicht unterwerfen. Dennoch ist man als Reisender Gast in einem fremden Land und bewegt sich in einer anderen Kultur. Das Beherzigen einiger Verhaltenstipps zeigt daher nicht nur den Respekt vor den Sitten und Gebräuchen des Gastgeberlandes, sondern ist überdies auch Basis für hoffentlich zahlreiche inspirierende Begegnungen. Grundsätzliche Vorsicht gilt bei der Verwendung buddhistisch-religiöser Symbole: So wurden Ausländer bereits wegen eines simplen Buddha-Tattoos auf dem Oberarm abgeschoben; die Begründung lautete, dass die Darstellung die religiösen Gefühle singhalesischer Buddhisten verletze.

Schuhregal vor einem Kloster

Die **wichtigste Regel** lautet: Vor dem Betreten privater Wohnbereiche werden stets die Straßenschuhe ausgezogen. Gleiches gilt an der Schwelle zu hinduistischen und buddhistischen Heiligtümern, wo nicht selten die Schuhe gegen geringes Entgelt in einem Unterstand oder Shop unter Aufsicht verwahrt werden. Religiöse Kultstätten sollten außerdem in angemessener Kleidung aufgesucht werden: Auch wenn sich in vielen Küstenorten die Einheimischen längst an knappe Shorts und schulterfreie T-Shirts gewöhnt haben, empfiehlt sich hier ein konservatives Outfit mit mindestens bedeckten Schultern und Knien. Mönche sind Respektspersonen und werden nicht per Handschlag, sondern mit zusammengelegten Händen und einer leichten (bzw. auch nur angedeuteten) Verbeugung begrüßt. Das Posen vor Buddhafiguren für ein Erinnerungsfoto gilt als so unschicklich, dass an vielen heiligen Orten sogar Schilder eigens auf ein geltendes Verbot hinweisen. Als wenig schicklich gilt es auch, Kindern auf den Kopf zu fassen oder über die Haare zu streichen, auch wenn die Geste gut und liebevoll gemeint ist. Das Tätscheln ist nur dann angemessen, wenn man die betreffenden Kinder sehr gut kennt und daher die Situation richtig einzuschätzen weiß. Küssen oder ausgiebige Liebkosungen in der Öffentlichkeit sind ein Tabu und sollten daher besser unterlassen werden. Wer bei Einheimischen eingeladen ist, mag außerdem daran denken, dass die linke Hand traditionell als unrein gilt und nicht zum Essen verwendet wird.

Die häufig zu beobachtende **Geste des Kopfwiegens** wird von Sri Lanka-Neulingen anfangs gerne missverstanden. Was auf den ersten Blick wie eine Verneinung wirkt, bedeutet genau das Gegenteil: grundsätzliche Zustimmung. Allerdings besitzt sie keine allzu große Verbindlichkeit. Die ohne Übung aber nur schwer zu kopierende Geste schafft vielmehr ein positives Beziehungsklima von wechselseitiger empathischer Aufmerksamkeit, ein Sachverhalt, den Psychologen als Rapport bezeichnen.

Visum

Urlauber aus dem Westen benötigen für die Einreise nach Sri Lanka ein Visum, das entweder vor Antritt der Reise oder bei der Einreise am internationalen Airport in Colombo erhältlich ist. Die meisten Reisenden beantragen bereits vor dem Abflug ein **30-Tage-Visum** über das Onlinesystem ETA *(Electronic Travel Authorization)*: Hierzu muss ein Onlineformular ausgefüllt und die Bezahlsumme mit Kreditkarte beglichen werden. Per E-Mail erhält man danach eine Referenznummer, die bei der Einreise nach Sri Lanka vorgelegt wird. Einzige Voraussetzung ist ein Reisepass, der noch mindestens sechs Monate gültig ist. Wird das Basisvisum erst bei der Einreise beantragt, wird die Gebühr bar oder mit Kreditkarte am Schalter entrichtet, wobei in diesem Fall sicherheitshalber die Mitnahme passender Dollar-Noten zu empfehlen ist. Das ETA-Basisvisum kostet 35 $, bei der Einreise in Colombo 40 $. Für Kinder unter 12 Jahre ist das Visum kostenfrei.

Wer länger als 30 Tage im Land bleibt, wählt zwischen folgenden Vorgehensweisen: Erstens kann oben erwähntes ETA-Basisvisum im *Immigration Services Centre* in Colombo bis zu einer Aufenthaltsdauer von sechs Monaten verlängert werden. Die zweite Möglichkeit ist der klassische Gang zur Botschaft im Heimatland, wo Gäste schriftlich ein **Visum für 90 Tage** beantragen können. Bei einem Langzeitaufenthalt genügt nicht mehr nur die Vorlage des Reisepasses; verlangt werden außerdem eine Flugbuchungskopie sowie ein Reiseplan mit einer Liste der Hotels, in denen man zu nächtigen gedenkt. Möglicherweise müssen Antragsteller zudem nachweisen, dass sie über ausreichende finanzielle Mittel verfügen.

Das kostenlose **Transitvisum** berechtigt zu einem Aufenthalt bis zu zwei Tagen und ist unbürokratisch bei der Einreise am Flughafen erhältlich. Für Geschäftsleute und Studenten gelten eigene Vorschriften. Da sich die Visumbestimmungen kurzfristig ändern können, empfiehlt sich vor Reiseantritt der Blick ins Internet.

Information/Visumantrag Adressen der **Botschaften** → S. 77 f, aktuelle **Informationen** zu den Einreisebestimmungen gibt es unter www.srilanka-botschaft.de (auf Deutsch) sowie unter www.immigration.gov.lk (Engl.).

ETA-Basisvisum: Das Onlineformular für das 30-Tage-Visum kann auf der Website www.eta.gov.lk heruntergeladen werden.

Immigration Services Centre: Das Büro liegt verkehrsgünstig im Zentrum Colombos am Renuka City Hotel. Wenn Anträge auf Visumverlängerung morgens gestellt werden, erfolgt die Bearbeitung i. d. R. noch am selben Tag. Mo–Fr 8–17 Uhr. Galle Rd. 330, Col. 3, ✆ 011-2375972, www.immigrationlanka.com.

Beim **Ausfüllen des ETA-Onlineformulars** sollten Antragsteller darauf achten, dass alle Angaben korrekt wiedergegeben werden. Ein simpler Schreibfehler, z. B. eine „0" statt einem „O" bei der Reisepassnummer, führt dazu, dass der Antrag nicht bearbeitet wird. Bei der Kreditkartenzahlung kann es mitunter zu Problemen kommen. In diesem Fall hilft allenfalls ein weiterer Versuch.

Zeitumstellung

Sri Lanka liegt in der sog. **Indian Standard Time**-Zeitzone (IST). Anders als bei uns existiert in Sri Lanka keine Sommerzeit. Der Unterschied zur Mitteleuropäischen Zeitzone (MEZ) beträgt 4:30 Std., im Sommerhalbjahr 3:30 Std. (Sommerzeit).

Staumauerkonstruktion am Yoda Wewa östlich von Tissamaharama

Zollbestimmungen

Bei der **Einreise** existieren nur wenige Beschränkungen: Ausländische Tabakwaren und Alkohol dürfen nicht eingeführt werden. Gleiches gilt für Waffen, Drogen sowie Substanzen oder Gegenstände mit Inhaltsstoffen auf der Basis geschützter Pflanzen und Tiere. Wer sein Haustier mitnehmen möchte, benötigt hierfür eine Einfuhrgenehmigung, die bei sri-lankischen Auslandsvertretungen im jeweiligen Heimatland erhältlich ist. Barbeträge über 5000 $ pro Person sind zollfrei, sollten jedoch bei der Einreise deklariert werden.

Achten Sie bei der **Ausreise** unbedingt darauf, dass Sie keinerlei Souvenirs im Gepäck mitführen, die dem Washingtoner Artenschutzabkommen (WA) aus dem Jahr 1973 unterliegen: Alle Gegenstände oder Substanzen mit Elfenbein, Meereskorallen und Schildkrötenpanzern und weitere fallen unter das Ausfuhrverbot, Zuwiderhandlungen können mit empfindlichen Geldstrafen geahndet werden. Größte Vorsicht ist auch bei allem angebracht, was aus den Nationalparks und Schutzgebieten stammt, z. B. Pflanzen (bzw. Teile von Pflanzen) oder Tiere (bzw. Teile von Tieren). Ein Vergehen kann hier eventuell sogar eine Haftstrafe nach sich ziehen. Antiquitäten, die über 50 Jahre alt sind, bedürfen einer Ausfuhrgenehmigung. Bei größeren Mengen von Schmuck und Edelsteinen wird u. U. nach der eingeführten Devisenmenge gefragt. Deshalb empfiehlt es sich, Wechselbelege und Kaufquittungen aufzubewahren. 3 kg Tee können pro Person ausgeführt werden, wer größere Mengen mit nach Hause nimmt, zahlt geringfügige Zollgebühren. Die maximale Ausfuhrmenge an Tee beträgt 6 kg. Überzählige Rupien können am internationalen Flughafen mit leichtem Kursverlust in westliche Währungen zurückgetauscht werden. Grundsätzlich dürfen nicht mehr als 1000 Rs ausgeführt werden.

Rechtsverbindliche Zollbestimmungen können bei den Botschaften erfragt werden, offizielle Angaben finden Sie unter www.customs.gov.lk.

Fotogener Seema Malaka vor dem Hintergrund der Hochhauskulisse

Sri Lanka

Fischerboot an der Lagune von Marawila

Colombo und der Westen

Wegen der Nähe zum internationalen Airport sind Colombo und Negombo gewöhnlich die ersten Orte Sri Lankas, die Reisende kennenlernen. Zumeist geht es von hier weiter in den Süden oder ins Hinterland. Einen exzellenten Ruf bei Wassersportlern genießt die Halbinsel von Kalpitiya.

Die Westküste südlich und nördlich der Metropole Colombo ist der erste Teil der Tropeninsel, der touristisch erschlossen wurde. Heute ist der Westen ein beliebtes Ziel hauptsächlich von Pauschalurlaubern, die von einer ausgezeichneten Infrastruktur sowie von kurzen Wegen vom internationalen Flughafen zum **Strandquartier** profitieren. Obwohl die Westküste zwischen Colombo und Puttalam herrliche Ferienoasen zu bieten hat, z. B. die kilometerlangen Sandstrände bei Waikkal und Marawila, halten die Strände einem Vergleich mit denen im Süden der Insel nicht stand. Im Norden locken sagenhafte Traumstrände auf der Halbinsel von Kalpitiya. Letztere liegen allerdings ab vom Schuss – wer es glücklich bis hierher geschafft hat, der verbringt gewöhnlich die meiste Zeit im Luxusdomizil und genießt die mannigfaltigen Wassersportangebote. Den krönenden Abschluss im Norden bildet das flächenmäßig größte sri-lankische Schutzgebiet: Der **Wilpattu-Nationalpark** liegt schon in der Trockenzone der Insel und wird zumeist nicht von Puttalam, sondern von Anuradhapura aus angesteuert. Neben dem Yala-Nationalpark im Inselsüden ist hier die Chance, Leoparden zu sichten, am größten. Im Schutzgebiet befinden sich auch ein paar Überbleibsel aus dem Altertum: Die Singhalesen deuten sie als frühe Spuren indoarischer Einwanderer (→ Geschichte, S. 38). Angeblich hatte der mythische Stammvater der Singhalesen, Prinz Vijaya, hier erstmals sri-lankischen Boden betreten. Heute wird die betreffende Stelle häufig als *Kudrimalai Point* oder *Horse Point* auf den Landkarten verzeichnet.

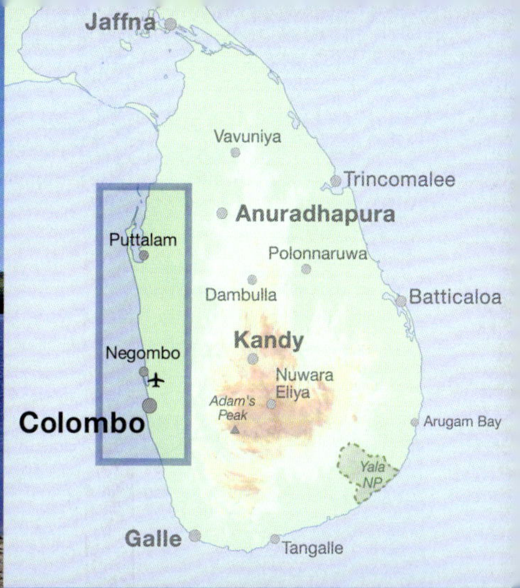

Colombo und der Westen

Den wenigsten Feriengästen ist vermutlich bewusst, dass **Colombo** eigentlich nicht die Hauptstadt des Landes ist: Seit einer Order aus dem Jahr 1982 ist der Vorort **Sri Jayawardenepura Kotte** – einst ein bedeutender singhalesischer Herrschaftssitz – offiziell Regierungssitz und Hauptstadt. Allerdings regiert der Staatspräsident noch immer von seinem Amtssitz in Colombo aus, weswegen man gewöhnlich von der Metropole als De-facto-Hauptstadt spricht. Von vielen Reisenden aus dem Westen wird Colombo unterschätzt. Auch wenn bedeutende Attraktionen nicht gerade an jeder Ecke der Stadt lauern, so ist die Liste an Sehenswürdigkeiten dennoch beeindruckend lang, sodass sich spielend eine Woche in der Metropole verbringen lässt. Die Stadt befindet sich im rasanten Wandel, sie ist spannend und vielfältig. Allerdings benötigt man in Colombo ein wenig Anlaufzeit – man muss sich auf die Metropole einlassen. Eine ausgezeichnete Standortoption für den Tagesausflug in die Hauptstadt bietet der südliche Küstenvorort **Mount Lavinia**. Er verfügt über einen akzeptablen Sandstrand, ausreichend Infrastruktur (Hotels und Restaurants in Meernähe) und ist per Eisenbahn schnell und unkompliziert vom Stadtzentrum aus erreichbar.

Colombo

ca. 753.000 Einwohner

Die pulsierende Metropole überzeugt durch Vielfalt und präsentiert Gästen eine Mischung aus kolonialem Flair, bunten Märkten und megamoderner Hochhausarchitektur. An Shoppingmöglichkeiten, Cafés und Restaurants herrscht kein Mangel. Einzig und allein der chronische Verkehrsstau trübt den positiven Gesamteinruck.

Colombo ist das sri-lankische **„Labor der Moderne"** und wandelt sich gegenwärtig zu einer facettenreichen Metropole globalen Zuschnitts. Reisenden bietet die Stadt einen willkommenen Kontrapunkt zum eher ländlich-kleinstädtischen Milieu, das ansonsten auf der Insel den Ton angibt. Zum kunterbunten Bild tragen u. a. der große Industriehafen, Repräsentationsbauten aus dem Kolonialzeitalter sowie die verschiedenen ethnisch-religiösen Gruppierungen bei. Die Bevölkerung setzt sich aus Singhalesen, Tamilen, Moors, Burghers und anderen Minderheiten zusammen. Im Verwaltungsdistrikt Colombo leben und arbeiten 2,3 Mio. Menschen, der gesamte Großraum umfasst sogar 5,6 Mio. Menschen, von denen nicht wenige täglich zur Arbeit in die Innenstadt fahren. Das rasante Wachstum in den letzten Jahrzehnten birgt allerdings auch Schattenseiten, denn an Werktagen staut sich der Verkehr zur Rushhour auf den Magistralen und Boulevards. Die vermeintlichen Schleichwege sowie Abkürzungen sind meist hoffnungslos verstopft und entlegene Ziele selbst mit wendigen Tuk-Tuks kaum noch effizient zu erreichen. Stadtplanerische Gedankenspiele beschäftigen sich deshalb seit geraumer Zeit mit der Einführung eines Nahverkehrssystems auf der Basis von Straßenbahnen oder Booten, die das historisch gewachsene Netz von Kanälen befahren.

Beira Lake: Tradition trifft Moderne

Vielerorts präsentiert sich die De-facto-Hauptstadt Sri Lankas als Großbaustelle: Insbesondere südlich des Stadtteils Fort sowie in der Umgebung der beiden Beira-Seen schießen ultramoderne Businesszentren, teure Wohntürme und schicke Bürohochhäuser in die Höhe. Die gegenwärtig auffälligste Landmarke der urbanen Skyline ist der 350 m hohe **Lotus Tower.** Das bislang höchste Gebäude der Stadt soll nach der Fertigstellung u. a. ein Telekommunikationsmuseum, ein Restaurant und ein Hotel beherbergen. Chinesisches Kapital finanziert mit der **Hafencity** auch ein weiteres Großprojekt mitten im Zentrum. Gegenwärtig wachsen Hochhäuser hier Stockwerk um Stockwerk an und leisten den bereits 1996 vollendeten Twin Towers des *World Trade Centers* (WTCC) Gesellschaft. Letztere waren mit ihren 40 Stockwerken und einer Höhe von 152 m lange Zeit die höchsten Gebäude der Stadt.

Weil Colombo aus mehreren Zentren besteht, die teils beträchtliche Entfernungen trennen, fällt Neuankömmlingen die **Orientierung** zunächst nicht leicht. Wenn ein Ort überhaupt den Status Zentrum verdient, dann ist es der **Galle Face Green.** Das weiträumige Platzareal am Meer ist *der* klassische Freizeittreffpunkt vieler Einheimischer, die sich hier vornehmlich gegen Nachmittag einfinden, um zu promenieren oder im Wasser Erfrischung von der Hitze des Tages suchen. Die 5 ha große

Anlage wurde 1859 unter der Ägide des britischen Gouverneurs Sir Henry George Ward angelegt und diente in der Kolonialzeit diversen sportlichen Aktivitäten wie Golf und Pferderennen. Unmittelbar nördlich des Galle Face Green schließt sich – geschützt von Kanälen – der europäisch geprägte Stadtteil **Colombo Fort** an. Die Bezeichnung Fort meint dabei heute weniger eine Befestigungsanlage, sondern ein eigenständiges Viertel, das von der Ankunft der Portugiesen im 16. Jh. bis zum Abzug der Briten in der Mitte des 20. Jh. als europäischer Handels- und Militärstützpunkt fungierte. Zahlreiche Gebäude aus der holländischen und britischen Kolonialzeit spiegeln die verflossene Funktion wider. Außerdem befinden sich auf der Halbinsel am Hafen einige wichtige Regierungsinstitutionen wie der 1804 errichtete Prachtbungalow britischer Gouverneure und heutige Amtssitz des sri-lankischen Staatspräsidenten. Das Scharnier zwischen Fort sowie dem östlich angrenzenden Stadtviertel **Pettah** bildet der Hauptbahnhof. Die Pettah wird vorwiegend von Muslimen bewohnt und entpuppt sich als farbenfroh-quirliges Basarviertel mit zahlreichen Geschäften, Moscheen und jeder Menge Kleingewerbe in den Häusern oder auf den krummen Straßen und Gassen. Nördlich der Pettah (und des Hafens) schließt sich das christlich geprägte Viertel **Kotahena** an. Nach Auffassung einiger Einheimischer soll hier der Apostel Thomas, dessen Reliquien im südindischen Chennai verehrt werden, während seines legendären Besuchs in Sri Lanka eine Predigt gehalten haben.

Unmittelbar südlich des Galle Face Green beginnt das eigentliche Businesszentrum **Kollupitiya**. Schlagader ist die *Galle Road*, die parallel zur Küstenlinie nach Süden führt und das Viertel in zwei Teile zerschneidet. Schicke Hotels, einige wichtige Institutionen und Ländervertretungen haben hier ihren Sitz.

Negombo, Internationaler Flughafen
Wanawasala
A1
A3
E03
Kelaniya
Waragoda Road
City Nord siehe S. 139
A3
Grandpass
Kelaniya Raja Maha Vihara
B214
St. Anthony's Shrine
Kelani
Ambatale Road
Kotahena
Wharf Road
Fort
Main St
Hulftsdorf
Pettah
A1
Dematagoda
B435
Olcott Mawatha
Fort
Baseline Road
Maligakanda
Secretariat
Lotus Tower
Slave Island
Demataqoda
Maradana
Galle Face Green
Gangarayama Tempel
Slave Island
AC8
Kollupitiya
Viharamahadevi Park
Cotta Rd
Castle St
Cotta Road
Kollupitiya
Cinnamon Gardens
National-museum
Galle Road
Baseline Road
B240
Sri Jayawardenepura Kotte
Bambalipitiya
Diyawanna
Bambalapitiya
City Süd siehe S. 142
Nawala Road
Havelock Town
Parliament of Sri Lanka
Pagoda Road
A2
Bay of Bengal
Wella-watta
High Level Road
Wellawatta
Madiwela Rd
Old Kottawa Road
Temple R
A4
A2
High Level Road
Soratha Mw
Dehiwala
Dehiwala
Attidiya Road
B94
Boralesgamuwa
Mount Lavinia
B84
Mount Lavinia
Attidiya Road
Ratmalana Airport
Großraum Colombo
1 km
Kalutara, Galle
Ratmalana

Der Stadtteil präsentiert sich durchweg modern, einige landeinwärts führende Sträßchen atmen jedoch noch etwas nostalgisches Flair vergangener Tage. Südlich von Kollupitiya schließen sich weitere Stadtviertel wie **Bambalapitiya, Wellawatta** und **Havelock Town** an. Es handelt sich um gemischte Wohn- und Geschäftsviertel mit einer heterogenen Bevölkerungsstruktur, obwohl im Süden der Stadt sonst eher die Bevölkerungsgruppe der Tamilen den Ton angibt.

Östlich bzw. landeinwärts von Kollupitiya liegen zwei weitere Stadtteile, die auf die klangvollen Namen **Slave Island** sowie **Cinnamon Gardens** hören. Der Name Slave Island geht auf die britische Kolonialzeit zurück: Angeblich hatten die Portugiesen hier entweder Sklaven gehalten oder ostafrikanische Plantagenarbeiter angesiedelt. Zwar gibt es die einstige Sklaveninsel nicht mehr, eine Handvoll Inseln jedoch bieten die beiden Beira-Seen südlich des Hauptbahnhofareals, die sich inzwischen zum Zentrum eines weitläufigen Freizeit- und Businessareals modernen Zuschnitts gemausert haben. Auch in den Cinnamon Gardens wird heute natürlich kein Zimt *(cinnamon)* mehr angebaut: Breite, offene Straßenachsen, repräsentative Villen mit wunderschönen Vorgärten sowie weitläufige Parks prägen dieses ruhige Viertel, das seinen Bewohnern die vielleicht höchste Lebensqualität der Stadt bietet. Konsulate befinden sich hier ebenso wie einige Kulturinstitutionen der Länder, so auch das deutsche Goethe-Institut. 1789 gab es hier übrigens tatsächlich Zimtplantagen, die sich damals über eine Gesamtfläche von 117 ha erstreckten.

Colombo und der Westen → Karte S. 125

Colombo: Stadtviertel und Postbezirke

Die Metropole besteht aus Vierteln, denen Postleitzahlen entsprechen. Weil Straßennamen mitunter mehrfach existieren, ist die Postleitzahl ein wichtiger Adressenbestandteil. Dabei wird die fünfstellige Zahl, z. B. 01100, häufig als Colombo 11 oder Col. 11 wiedergegeben.

Colombo **1**	Colombo Fort	Colombo **8**	Borella
Colombo **2**	Slave Island	Colombo **9**	Dematagoda
Colombo **3**	Kollupitiya	Colombo **10**	Maradana
Colombo **4**	Bambalipitiya	Colombo **11**	Pettah
Colombo **5**	Havelock Town	Colombo **12**	Hulftsdorf
Colombo **6**	Wellawatta	Colombo **13**	Kotahena
Colombo **7**	Cinnamon Gardens	Colombo **14**	Grandpass

Geschichte

Colombo besaß einen geschützten Naturhafen, weshalb arabische Händler sich hier seit dem 8. Jh. n. Chr. niederließen. Noch heute ist der zentrale Stadtteil, die Pettah, mehrheitlich von Muslimen bewohnt. Der prominente arabische Weltreisende Ibn Battuta verzeichnete diesen Handelsstützpunkt als *Kalanpu*, woraus der heute gebräuchliche Name der Stadt hervorging. Außerdem befand sich in der heutigen Metropolregion Colombo seit Beginn des 15. Jh. das Zentrum eines singhalesischen Regionalreichs: Quellen zufolge wurde die Stadt **Kotte** (Festung) von einem tamilischen Heerführer namens Alagakkonara an den sumpfigen Ufern des Diyawanna

Oya gegründet und fiel anschließend in singhalesische Hände. Im Verlauf der langen, fruchtbaren Regierungszeit von König Parakramabahu VI. (1412–1467) wandelte sich Kotte zu einer bedeutenden singhalesischen Machtbasis, deren Impulse bis in die Peripherieregionen der Insel ausstrahlten. Nach einer erfolgreichen Militäroperation, die zur vorübergehenden Einnahme des Königreichs von Jaffna geführt hatte, erhielt Kotte das Ehrenprädikat *Sri Jayawardenepura* (Gesegnete Stadt des wachsenden Sieges). Nicht zufällig fiel nach der Unabhängigkeit 1948 die Wahl der Hauptstadt sowie des Regierungssitzes auf Sri Jayawardenepura Kotte (→ S. 137) – wie sich der Vorort von Colombo in vollständiger Schreibweise heute nennt.

Unmittelbar nach ihrer Ankunft auf der Insel 1505 schlossen die Portugiesen einen Vertrag mit dem König Parakramabahu VIII. von Kotte. Legitimiert durch das Regelwerk stiegen die Europäer im großen Stil in den Zimthandel ein, kontrollierten weite Teile der Westküste und zerstörten arabische Handelsniederlassungen sowie Moscheen. 1517 bauten sie ihre eigene Handelsbasis zur Festung aus – die historischen Keimzelle des heutigen Stadtteils **Colombo Fort.** In der Folge musste sich auch das ehrwürdige singhalesische Königreich von Kotte dem wachsenden europäischen Einfluss beugen: 1565 nahmen die Portugiesen die singhalesische Hauptstadt im Hinterland ein, beließen ihre eigenen administrativen Institutionen jedoch am Meer. Am Ende des Jahrhunderts hatten die europäischen Neuankömmlinge ihre Ziele weitestgehend erreicht: Von der Hauptstadt Colombo aus beherrschten die Portugiesen die Westküste und hatten faktisch das Monopol über den Zimthandel in den Händen. Zum mächtigsten Gegenpol der Portugiesen war mittlerweile das Königreich von Kandy aufgestiegen, das sich über weite Teile des srilankischen Hinterlands erstreckte.

Zahlreiche Scharmützel zwischen portugiesischen Kolonisten und singhalesischen Machthabern führten schließlich 1638 dazu, dass der bedrängte König von Kandy Rajasingha II. einen Vertrag mit der Niederländischen Ostindien-Kompanie (VOC) abschloss. Dieses Vertragswerk regelte den militärischen Beistand der Handelsge-

Das ehemalige Parlamentsgebäude liegt am Galle Face Green

sellschaft im Tausch gegen Handelsprivilegien und brachte den Portugiesen eine Reihe verlustreicher Niederlagen ein. Schließlich gelang den Holländern im Jahr 1656 die Eroberung Colombos, woraufhin den letzten 93 im Fort verbliebenen Portugiesen sicherer Begleitschutz aus der Stadt gewährt wurde. Bedeutende Bauten bzw. Überbleibsel aus der fast 150 Jahre währenden Herrschaft der niederländischen Kolonisten sind u. a. das Old Dutch Hospital sowie das Dutch Museum. Nach der Übernahme der Stadt durch die Engländer 1796 änderte Colombo – seit 1815 **Hauptstadt der britischen Kronkolonie Ceylon** – sein städtebauliches Gesicht: War unter portugiesischer und niederländischer Herrschaft das Fort ein waffenstarrendes Arsenal, das vorwiegend militärisch genutzt wurde, zogen unter den neuen Kolonialherren zivile Strukturen auf der Halbinsel am Meer ein. Die britischen Kolonisten bauten Banken und Luxushotels im viktorianischen Stil, es entstanden breite Straßenschneisen, die bis heute existieren, sowie eine Eisenbahnlinie. Die Bevölkerungszahlen stiegen, die Stadt wuchs über die Grenzen des Forts und der angrenzenden Pettah hinaus und breitete sich weit nach Süden und Osten aus.

Nach der Unabhängigkeit Sri Lankas 1948 behielt Colombo zunächst seinen Status als Hauptstadt der jungen Inselrepublik. De jure ist seit den 1980er-Jahren Sri Jayawardenepura Kotte (s. o.) offiziell Hauptstadt und Regierungssitz: Viele Institutionen, u. a. das Parlament sowie einige Ministerien, zogen in den Vorort an der Peripherie. Andere Institutionen wie die Amtssitze des Präsidenten und des Premiers verblieben in der De-facto-Hauptstadt. Im Jahr 1983 erschütterten antitamilische Pogrome die Metropole, bei denen ca. 5000 tamilische Geschäfte und weit mehr Privathäuser niedergebrannt wurden. Die Unruhen kosteten bis zu 3000 Menschenleben und waren eine Reaktion auf einen Terroranschlag der tamilischen Befreiungsarmee LTTE auf singhalesische Soldaten. Die Pogrome sind als **Black July** in die Geschichte der Insel eingegangen. Heute breitet sich die Metropole nicht nur unaufhaltsam weiter in die Umgebung aus, sie wächst darüber hinaus auch kräftig in die Höhe: Südlich und westlich von Colombo Fort schießen ultramoderne Wolkenkratzer aus dem Boden, die der Stadt ein völlig neues Gesicht verleihen.

Sehenswertes

Auch wenn die ganz großen Attraktionen fehlen, gibt es in Colombo doch einiges zu besichtigen. Die Sehenswürdigkeiten in Colombo Fort sowie in der Pettah lassen sich am besten zu Fuß erschließen. Weitere Attraktionen liegen in der ausufernden Großstadt verstreut und sind mit dem Three Wheeler oder dem Taxi erreichbar. In Ausnahmefällen erweisen sich auch Eisenbahn und Bus als probate Verkehrsmittel, v. a. um entlegene Ziele zu erreichen.

Sehenswertes in Colombo Fort

Old Dutch Hospital: Das älteste Gebäude in Colombo Fort fungierte als Krankenhaus der Niederländischen Ostindien-Kompanie. Prominentester Mediziner war der Deutsche Paul Hermann, der 1672 nach Sri Lanka segelte, um Mitarbeiter der Handelsgesellschaft von Ruhr, Pocken sowie Malaria zu kurieren. Stattdessen widmete er sich jedoch dem Studium exotischer Pflanzen und gilt bis heute als „Vater der ceylonesischen Botanik“. Nach seiner Rückkehr nach Europa erhielt er einen Lehrstuhl an der Universität Leiden. Unter britischer Herrschaft wurde der Kanal, der ursprünglich am Hospital entlangführte, zugeschüttet. Bei dem verheerenden Bombenattentat der tamilischen LTTE auf das Gebäude der Zentralbank (s. u.) 1996 wurde auch das Hospital schwer beschädigt. Nach gründlicher Sanierung erstrahlt es heute wieder in neuem Glanz und beherbergt in den stilvollen Räumen, die sich um einen rechteckigen Innenhof gruppieren, noble Geschäfte und Restaurants.

Clock Tower: Wahrzeichen von Colombo Fort ist der Uhrturm aus britischer Zeit. Das 1856–57 errichtete Bauwerk fungierte ursprünglich als Leuchtturm. Als in den 1950er-Jahren die umliegenden Gebäude immer mehr an Höhe gewannen, wurde das Leuchtsignal seiner Funktion beraubt und daher abgeschaltet. Die Ehefrau des britischen Gouverneurs Henry George Ward kümmerte sich angeblich persönlich um die gestalterischen Elemente an der Fassade.

The Central Point (Economic History Museum): Das Gebäude der *Central Bank of Sri Lanka* (CBSL) wurde am 31. Januar 1996 Ziel einer der schlimmsten Anschläge der tamilischen LTTE im sri-lankischen Bürgerkrieg. Bei dem Selbstmordattentat starben 91 Personen, 1400 Menschen wurden verletzt. Heute beherbergt das Haus ein geldgeschichtliches Museum mit Münzen und Banknoten vom 3. Jh. v. Chr. bis in die Gegenwart. Besondere Aufmerksamkeit gebührt den Silbermünzen *(kahapana)*, die im Königreich von Anuradhapura im Umlauf waren. Es handelt sich um runde, rechteckige oder längliche Zahlungsmittel mit eingeschmiedeten Symbolen. Auch einige Goldmünzen aus der griechischen und römischen Antike, die Archäologen im Norden der Insel entdeckten, sind ausgestellt. Sie belegen rege Handelsbeziehungen zwischen den singhalesischen Königshäusern und dem Mittelmeerraum. Ein Blick lohnt auch das opulente Treppenhaus im Foyer der sri-lankischen Zentralbank.

Mo–Fr 9–17 Uhr. Eintritt frei. Chatham St. 54 in Col. 1.

Der Clock Tower in Colombo Fort

Grand Oriental Hotel: Die einstige Nobelherberge hat inzwischen viel vom früheren Charme eingebüßt und gehört längst nicht mehr zur Spitze der Unterkünfte in Colombo. Sie wurde in Hafennähe anstelle von Baracken sowie dem Bungalow des holländischen Gouverneurs errichtet und am 5. November 1875 feierlich eröffnet. Die 154 Luxussuiten boten für damalige Verhältnisse ein Maximum an Komfort; zu den prominenten Gästen zählten u. a. Queen Victoria, der russische Literat Anton Tschechow und der philippinische Arzt und Schriftsteller José Rizal. Noch heute sind die Räumlichkeiten nach berühmten Gästen benannt, die einst hier logierten. Vom Restaurant Harbour Room in der vierten Etage genießen Besucher den vielleicht schönsten Blick auf den Hafen, den Raum gestaltete 1966 der sri-lankische Architekt Geoffrey Bawa (→ Kasten, S. 71).

Sehenswertes in der Pettah und in Kotahena

Dutch Museum: Mitten im quirligen Basar der Pettah liegt der zweigeschossige Kolonnadenbau, der sich nach hinten zu einem idyllischen Hofgarten öffnet. 1692–97 residierte hier der holländische Gouverneur Thomas van Rhee. Danach wechselten sich die Funktionen munter ab – wahlweise diente das Gebäude als Lehrerkollegium, als Residenz eines britischen Offiziers, als Post sowie als Krankenhaus. Seit 1982 befindet sich auf zwei Etagen ein bescheidenes Museum zur holländischen Kolonialgeschichte Sri Lankas. Präsentiert werden Möbel, Waffen, Münzen, Keramikgefäße sowie weitere Gegenstände mit kolonialgeschichtlichem Bezug. Das Anwesen entpuppt sich als Oase der Erholung inmitten des lauten und hektischen Stadtviertels.

Di–Sa 9–17 Uhr. 500 Rs, erm. 300 Rs. Prince St. 95 in Col. 11, www.museum.gov.lk.

Moschee in der Pettah

Jami Ul-Alfar Moschee: Die 1909 vollendete Moschee mitten im Geschäftszentrum der Pettah ist ein fotogener Blickfang. Aufgrund der auffallenden Fassade im indo-sarazenischen Stil wird das islamische Gebetshaus auch Rote Moschee genannt. Der hoch aufragende Glockenturm, der stilistisch an die berühmte Jamek-Moschee in Kuala Lumpur erinnert, diente einst Seefahrern als Orientierungsmarke. Heute haben die zahlreichen Hochhäuser und Wolkenkratzer die Funktion übernommen.

Old Town Hall: Der charmante Kolonialbau an einer von Verkehr umtosten Kreuzung mit dem merkwürdigen Namen *Kayman's Gate* beherbergte bis 1928 das städtische Rathaus. An die ehemalige Funktion erinnert der **Ratssaal** im ersten Obergeschoss, das über eine Holztreppe erreichbar ist. Mit ein wenig Glück und gegen ein paar Rupien wird der Saal geöffnet: Betagte Holzfiguren aus dem Jahr 1906 stellen eine Ratssitzung nach. Die Figuren stehen stellvertretend für die damals wie heute wichtigen sri-lankischen Volksgruppen: Singhalesen, Tamilen, Burger und Moors (→ S. 51 ff.). Seit 1929 werden die Geschicke der Stadt aus dem neuen Rathaus in den Cinnamon Gardens geleitet.

Wolvendaal Church: Die sehenswerteste Kirche von Colombo steht am Übergang von der Pettah zum nördlichen Stadtteil Kotahena und wurde 1757 ihrer Bestimmung übergeben. Bei dem Gotteshaus der niederländisch-reformierten Kirche handelt es sich um die älteste protestantische Institution, die noch immer ihren Dienst versieht. Der zentrale Hallenbau im dorischen Stil hat den Grundriss in Form eines griechischen Kreuzes und wird von einer Kuppel überwölbt, die von dunklen

Holzbalken getragen wird. Der Innenraum ist mit zahlreichen, fast schon museal wirkenden Requisiten gefüllt. Blickfang sind die dekorative Orgel, die Eben- und Calamanderholzstühle aus dem 17./18. Jh. und hochwertige Grabplatten. Eine prominente Persönlichkeit, die hier begraben liegt, war der letzte holländische Gouverneur Johan van Angelbeek (1727–97). Der Name Wolvendaal (Tal der Wölfe) hängt mit der Baugeschichte zusammen: Zu der Zeit, als die Entscheidung für einen Neubau zugunsten eines Standorts außerhalb der Stadtmauern von Colombo fiel, war diese Gegend sumpfiges Marschland, das nachts von umherstreifenden Tieren unsicher gemacht wurde. Das Gebell der Schakale wurde von zeitgenössischen Beobachtern irrtümlich für Wolfsgeheul gehalten.

Di–So 8–17 Uhr, Sonntagsgottesdienst ab 9.30 Uhr. 100 Rs (Spende). Wolvendaal Lane in Col. 13, www.wolvendaal.org.

St. Anthony's Shrine: Die katholische Wallfahrtskirche in Kotahena mit der weißen Doppelturmfassade ist das Ziel vieler Christen Sri Lankas. Im Zentrum der Verehrung steht der hl. Antonius von Padua als Rückführer gestohlenen oder auf andere Weise verlustig gegangenen Eigentums. Das spirituelle Corpus Delicti ist ein sorgfältig hinter Glas verwahrtes Standbild des Patrons, das 1822 von Goa nach Colombo gelangte und wundertätige Kräfte besitzen soll. Einige Jahrzehnte zuvor soll sich an eben der Stelle, an der die Kirche heute steht, in der Tat ein Wunder ereignet haben: In jener Anfangszeit der holländischen Kolonialherrschaft wurden Katholiken systematisch verfolgt. Ein vor niederländischen Schergen flüchtender Priester pflanzte ein großes Holzkreuz auf, damit sich, gebannt von göttlicher Macht, die Meereswogen glätteten. Die Fischer, die sich zuvor in Lebensgefahr gewähnt hatten, atmeten durch – und unterstützten den Priester und Wohltäter bei seiner Überfahrt nach Indien.

Kochchikade in Col. 13, www.kochchikade.churchlk.com.

Sehenswertes in Kollupitiya und Slave Island

Galle Face Green: Der öffentliche „Salon" der Metropole befindet sich unmittelbar südlich von Colombo Fort und füllt sich nachmittags und abends mit Menschen, die im Meer baden, an der Promenade entlang spazieren oder sich an einem der zahlreichen Imbissständen verwöhnen. Der Galle Face Green ist außerdem Ausgangspunkt der Galle Road, die sich von hier südwärts schnurstracks durch das Businessquartier Kollupitiya zieht. Mithilfe chinesischer Investitionsgelder entsteht gegenwärtig auf einer Fläche von 269 ha die neue **Hafencity** *(Colombo International Financial City)* – mit ultramodernen Bürohochhäusern und schicken Shoppingarkaden. Die auffälligsten Gebäude gegenwärtig stammen indes noch aus der Kolonialzeit: Im Süden begrenzt die schlohweiße neoklassizistische Fassade des **Galle Face Hotels** den weitläufigen Platz. Das 1864 eröffnete Grandhotel galt im Empire als bestes Hotel östlich von Suez, der legendäre Nachtklub *Coconut Grove* avancierte zum beliebten Treff illustrer Lokalgrößen. Das Gästebuch liest sich wie ein Who's who der Weltprominenz: Mahatma Gandhi, Prinzessin Alexandra von Dänemark, John Rockefeller, Lord Louis Mountbatten (der letzte britische Vizekönig Indiens), Roger Moore, Prinz Aga Khan, Kaiser Hirohito, Richard Nixon und viele weitere Berühmtheiten. Auf der Nordseite des Platzes zieht die braune, neobarocke Fassade des **alten Parlamentsgebäudes** den Blick auf sich. Seit der Eröffnung 1930 tagte hier der Legislative Council der britischen Kronkolonie, 1948 zog die gesetzgebende Versammlung Sri Lankas ein. Nach dem Umzug des Parlaments 1983 nach Sri Jayawardenepura Kotte verlegte der Präsident seinen Dienstsitz *(Presidential Secretariat)* hierher.

Number 11 (Wohnhaus von Geoffrey Bawa): Ein beeindruckendes Erlebnis ist die Führung durch die Wohnung des sri-lankischen Renommeearchitekten Geoffrey Bawa (→ Kasten, S. 71). Sie befindet sich am Ende einer ruhigen Seitengasse in einem bürgerlichen Wohnviertel im Süden von Kollupitiya. Vier Jahrzehnte lebte der Künstler der Tropischen Moderne in diesem Haus, das er 1959 gekauft hatte. Lediglich am Wochenende zog er sich in das Gartenanwesen bei Bentota zurück. In Architektur und Einrichtung spiegeln die drei Gebäudeetagen die architektonischen Grundprämissen Geoffrey Bawas wider: klare Linienführungen, Chettinad-Säulen, Antiquitäten, Kunstwerke befreundeter Kollegen und Terrakotta-Fußböden. Sein Rolls-Royce, mit dem er zu Lebzeiten vorzugsweise unterwegs war, steht im Foyer. Zu Beginn des halbstündigen Rundgangs vermittelt ein Video (engl.) wesentliche Fakten zur Biografie. Zu seinem Büro hatte es der Maestro im Übrigen nicht weit: Das ebenfalls von ihm gestaltete Gebäude ist heute Teil des Design-Imperiums *Paradise Road* und beherbergt Galerien sowie das Luxusrestaurant The Gallery Café.

Im Wohnhaus von Geoffrey Bawa

Führungen Mo–Sa 10, 12, 14 und 15.30, So 10 Uhr. 1000 Rs. Bagatelle Rd., 33rd Lane 11, in Col. 3, www.geoffreybawa.com.

Beira-See und Seema Malaka: Das von den Portugiesen künstlich angelegte Gewässer entpuppt sich als Ruhepol inmitten der pulsierenden City. Ein Spaziergang auf der Esplanade unter ehrwürdigen Baumriesen bietet pflastermüden Tagesgästen etwas Erholung, außerdem verbindet eine moderne Fußgänger-Hängebrücke das Ufer mit einer von mehreren Inseln. Ursprünglich diente der See, der eine Fläche von 65 ha bedeckt, Verteidigungszwecken und war mittels Kanälen mit den Gräben verbunden, die das Fort schützend umgaben. Die britischen Kolonialherren entfernten die Krokodile aus dem Gewässer und verwandelten die Uferzone in ein Freizeitareal. Nach ihrem Sieg über Napoleon 1815 in der Schlacht von Waterloo luden die Engländer hier zu einem großen Ball ein. Ein fotogener Blickfang am Ufer ist der **Seema-Malaka-Tempel**, der zum benachbarten Gangaramaya-Tempelkomplex (s. u.) gehört und auf einer künstlichen Plattform auf dem Wasser steht. In den 1970er-Jahren versank der ursprüngliche Bau aus dem späten 19. Jh. in den See. 1976 erhielt der Architekt Geoffrey Bawa den Auftrag, die gestalterischen Blaupausen für den Neubau zu liefern. Stilistisch lehnen sich die Pavillons

Colombo und der Westen → Karte S. 125

eng an die architektonischen Moden des Königreichs von Kandy an. Anders als der Gangaramaya-Tempel ist der Seema Malaka ein Zier- oder Schautempel.
Tägl. 5–22 Uhr. Kombiticket mit Gangaramaya Tempel 300 Rs.

Gangaramaya-Tempel: Die belebte Kultstätte liegt 200 m vom Ufer des Beira-Sees entfernt und wurde Ende des 19. Jh. von Hikkaduwe Sri Sumangala Thera gegründet. Der Theravada-Mönch gilt als wichtiger Pionier der buddhistischen Renaissance in Sri Lanka. Er schrieb mehrere Bücher und gründete eine buddhistische Universität, um die Ausbildung der Mönche auf professionelle Füße zu stellen. Das Land für den Tempel kaufte ein wohlhabender Kaufmann drei sri-lankischen Muslimen ab. Besagter Händler stiftete auch die Gelder für den Bau eines Stupas sowie die Fertigung eines Mondsteins, der stilistisch dem berühmten Vorbild von Anuradhapura nachempfunden war. Heute präsentiert sich das Tempelareal als faszinierende Mischung unterschiedlicher Stile auf engstem Raum: mit einem prächtigen Bodhi-Baum, einer großen Audienzhalle und einem doppelstöckigen Flügel bis zum Dach gefüllt mit (musealen) Requisiten aus den verschiedensten buddhistischen Schulrichtungen. Der außergewöhnliche Reichtum der Ausstattung ist hauptsächlich Zustiftungen begüterter Singhalesen aus dem Großraum Colombo im Zuge der singhalesischen Erneuerung in der ausgehenden Kolonialzeit zuzuschreiben. Unter die Rubrik Kurioses fällt die ansehnliche Oldtimer-Sammlung in der Halle hinter der weißen Dagoba.
Tägl. 5–22 Uhr. Kombiticket mit Seema Malaka 300 Rs. Sri Jinaratana Rd. 61 in Col. 2, www.gangaramaya.com.

Im Viharamahadevi Park

Sehenswertes in Cinnamon Gardens

Viharamahadevi Park: Die wichtigste grüne Lunge der Stadt geht auf eine Stiftung des Unternehmers Sir Charles Henry de Soysa (1836–1890) zurück. Der Burgher gründete das erste ceylonesische Bankhaus und galt seinerzeit als reichster Mann der Insel. In britischer Zeit hieß die fast 25 ha große Grünanlage *Victoria Park*. In den 1950er-Jahren wurde sie nach der Mutter des singhalesischen Nationalhelden Dutthagamani, Prinzessin Viharamahadevi, umbenannt. Der Park enthält 89 Baumarten und wird von breiten Alleen mit Springbrunnen in einzelne Parzellen zerlegt. Ein Blickfang ist der große Buddha am nordöstlichen Eingang. In der unmittelbaren Nähe liegen weitere Sehenswürdigkeiten, u. a. das Neue Rathaus und das Nationalmuseum. Die Architektur der Moderne wird durch das **Nelum Pokuna Mahinda Rajapaksa Theatre** in Gestalt einer

Lotusblüte vertreten. In dem 2011 eröffneten Veranstaltungsmekka finden hin und wieder Musical-, Theater- und Performanceaufführungen statt (www.lotuspond.lk).

New Town Hall: Aufgrund seiner Ähnlichkeit mit dem Regierungssitz des US-Präsidenten firmiert das weiß getünchte Neue Rathaus mit seiner hohen neoklassizistischen Kuppel im Volksmund als „*White House*“. 1928 zogen hier der Bürgermeister und die Stadtverordnetenversammlung ein, die zuvor ihren Sitz in der Pettah hatten. Das Gebäude im Zentrum eines gepflegten Rasenareals ist 108 m lang, die Kuppel erreicht immerhin eine Höhe von 51,3 m. Schräg gegenüber des Rathauses entpuppt sich das Minarett- und Kuppelensemble der **Dawatagaha-Moschee** ebenfalls als Blickfang.

National Museum: Das größte Museum Sri Lankas wurde 1877 unter der Ägide des britischen Gouverneurs William Henry Gregory seiner Bestimmung übergeben und präsentiert in einem zweigeschossigen Kolonialbau kulturgeschichtliche Höhepunkte in chronologischer Reihenfolge. Zur Institution gehört auch eine Bibliothek *(National Museum Library)*; seit 1885 muss aufgrund eines Gesetzes jedes in Sri Lanka gedruckte Werk ein Exemplar an die Zentralbibliothek abführen. Die wichtigsten Exponate sind der (von den Engländern an den unabhängigen Inselstaat restituierte) **Königsthron von Kandy**, die Kronjuwelen von Kandy, der Torso einer wertvollen Tara-Statue (allerdings nur die Kopie, das Original befindet sich im British Museum in London) sowie diverse Prunkstücke aus der Zeit der singhalesischen Königreiche im Norden, die überwiegend von Ausgrabungen in Anuradhapura und Polonnaruwa stammen. Ganze Abteilungen des Museums sind immer wieder wegen Restaurierungsarbeiten geschlossen.

Colombo und der Westen → Karte S. 125

Das Erdgeschoss präsentiert in sechs Räumen archäologische und kulturhistorische Hinterlassenschaften von der Vor- und Frühgeschichte bis zum Zusammenbruch des Königreichs von Kandy im Jahr 1815. Ein Höhepunkt ist Raum 3 mit Exponaten aus der Polonnaruwa-Epoche, die auch als Goldenes Zeitalter der Insel bezeichnet wird. Raum 6 mit **Steinskulpturen** u. a. von Vishnu, Ganesha und Parvati aus dem 11. bis 13. Jh. verdient ebenso eine ausführlichere Betrachtung. Der Thron von Kandy ist übrigens ein Danaergeschenk (eine Unheil bringende Gabe) des holländischen Gouverneurs Thomas van Rhee (1634–1701) an König Vimaladharmasurya II. von Kandy. Sechs Regenten nahmen insgesamt darauf Platz, bevor 1815 die Briten das gute Stück als Beutekunst nach Hause transferierten. Das Obergeschoss widmet sich der **Kunst** und **Alltagskultur**: Neben Malereien sind Textilien, Münzen, Tonwaren jeglicher Art, Waffen, religiöse Gegenstände sowie Requisiten aus dem bäuerlichen Alltag ausgestellt. Die Aquarelle stammen vom irischen Landschaftsmaler Andrew Nicholl (1804–1886), der sich einen Namen als Illustrator britischer Sachbücher über Ceylon gemacht hatte.

Tägl. außer feiertags 9–17 Uhr. 600 Rs, erm. 300 Rs, Kameragebühr 250 Rs. Sir Marcus Fernando Mw. in Col 2, www.museum.gov.lk.

National Museum of Natural History: Die naturkundliche Abteilung befindet sich nur wenige Schritte vom Nationalmuseum entfernt in einem modernen Anbau und lohnt den Besuch nur bedingt. Gezeigt werden ausgestopfte oder plastinierte Vögel, Schildkröten sowie Meerestiere. Nebenan befindet sich, ebenfalls an der Ananda Coomaraswamy Mawatha, die National Art Gallery. Die Institution präsentiert Porträts und Landschaftskunst und bietet darüber hinaus Platz für wechselnde Ausstellungen.

Independence Memorial Hall: Das Nationaldenkmal am weitläufig angelegten *Independence Square* erinnert an die sri-lankische Freiheitsbewegung sowie an den

Tag der Unabhängigkeit von der britischen Kolonialherrschaft am 4. Februar 1948. Die zentrale Säulenhalle ist ein Gemeinschaftswerk mehrerer Architekten des Landes und lehnt sich stilistisch an die Audienzhalle der Könige von Kandy an. Auf dem Vorplatz steht das Standbild des ersten sri-lankischen Premierministers und „Vater der Nation“ Don Stephen Senanayake. In den Katakomben der Gedenkhalle befindet sich das **Independence Memorial Museum** mit den Kopfbüsten prominenter Vorkämpfer für die Freiheit.

Museum: Tägl. 9–17 Uhr. 300 Rs, erm. 150 Rs.

Arcade Independence Square: Das Shoppingparadies (→ Einkaufen, S. 142) befindet sich in einem Cluster frisch restaurierter Kolonialgebäude aus dem Ende des 19. Jh., die vor der Unabhängigkeit unterschiedliche Institutionen beherbergten wie z. B. das *Lunatic Asylum*, die erste psychiatrische Anstalt auf der Insel. Nach der grundlegenden Sanierung 2012 zogen noble Boutiquen und Restaurants ein, die ihr Sortiment auf zwei Etagen auf einer Gesamtfläche von 8400 m^2 präsentieren.

Independence Square in Col. 7, www.arcadeindependencesquare.com.

Kelaniya Raja Maha Vihara

Der 11 km nordöstlich von Colombo Fort am Nordufer des Kelani Ganga gelegene Tempel gehört zu den buddhistischen Hauptheiligtümern des Landes. Die hohe spirituelle Reputation gründet sich auf eine Erwähnung in der Großen Chronik, der zufolge der erleuchtete Buddha diesen Ort bei seinem dritten Besuch aufgesucht haben soll. Der Thron, auf dem der Meister damals saß, befindet sich heute als Reliquiar in der weißen Dagoba. Eine weitere Legende nimmt Bezug auf das Ramayana (→ S. 69 f.) und erzählt, dass nach dem Tod Ravanas hier der neue König von Lanka auf den Thron erhoben worden sei. Von der ursprünglichen Bausubstanz ist so gut wie nichts mehr erhalten, da die Anlage mehrmals zerstört wurde: das erste Mal beim Einfall des tamilischen Heerführers Kalinga Magha im 13. Jh., das zweite Mal durch die Portugiesen im 16. Jh. Die heutige Anlage wurde im Wesentlichen zwischen dem Ende des 19. Jh. und der Mitte des 20. Jh. errichtet. Mitte des 20. Jh. diente der Tempel als ideologische Speerspitze der singhalesisch-buddhistischen Nationalbewegung. Die im einflussreichen Opus „The Revolt in the Temple“ (→ S. 70) erzählte Handlung bezieht sich auf Ereignisse, die in diesem Tempelareal stattfanden.

Kelaniya: schlafender Buddha

Die Anlage ist insbesondere an Sonn- und religiösen Feiertagen Ziel zahlreicher Pilger. Das wichtigste Festival ist Ende Dezember/Anfang Januar das Duruthu Perahera, das an den erwähnten Besuch des Erleuchteten erinnert. Sehenswert ist die Haupthalle mit dem reichen Fassadenschmuck: Friese von

Elefanten, Gänse und Zwerge in den unmöglichsten Posen ziehen sich bandförmig um die Außenmauer. Die Innenwände sind fast vollständig mit Wandmalereien aus unterschiedlichen Epochen bedeckt. Bemerkenswert sind auch die Fresken neueren Datums des renommierten Künstlers Solias Mendis (1897–1975), der traditionelle südasiatische Tempelkunst mit Einflüssen der westlich-modernen Malerei verband. Die Motive illustrieren Szenen aus dem Leben Buddhas, aus den Jatakas sowie Höhepunkte aus der Tempelgeschichte. Für die Vollendung der Tempelmalereien benötigte der Künstler zwei Jahrzehnte. In der rechten Chaitya-Halle befindet sich ein rund 10 m langer liegender Buddha. Eine weitere bemerkenswerte Statue befindet sich außerhalb des Haupttempels: Die 5,5 m hohe Skulptur stellt den Bodhisattva Avalokiteshvara dar und steht auf einem Podest, dessen Treppenaufgang von zwei Wächtersteinen flankiert wird.

Hinfahrt am besten mit dem Tuk-Tuk für ca. 500 Rs, zurück alternativ per Bus (zahlreiche Linien mit Endhaltestelle Pettah). www.kelaniyatemple.org.

Sri Jayawardenepura Kotte

Die einstige Festungsstadt 10 km südöstlich von Colombo war in der zweiten Hälfte des 15. Jh. das mächtigste singhalesische Herrschaftszentrum der Insel und ist seit 1982 wieder Sitz des Parlaments und zahlreicher akademischer und politischer Institutionen. Aus der Blütezeit des 15. Jh. hat sich so gut wie nichts mehr in die heutige Zeit gerettet, da Kotte nach der Machtübernahme der Portugiesen verfiel. Mittlerweile hat die ausufernde Metropole den eigenständigen Vorort zur Gänze einverleibt. An die ehemalige Wasserfestung erinnert heute der zum See aufgestaute Fluss mit einer 5 ha großen Insel im Zentrum, auf der sich das vom Stararchitekten Geoffrey Bawa (→ Kasten, S. 71) entworfene neue **Parlamentsgebäude** befindet. Die Baukosten von 25,4 Mio. $ trug im Übrigen ein japanisches Konsortium. Vieles gibt es hier im Grunde nicht zu tun, allenfalls ein Spaziergang entlang der gepflegten Seepromenade lohnt sich.

Mount Lavinia

Der Küstenvorort an der südlichen Peripherie der Metropole ist mit Bus und Bahn hervorragend ans Stadtzentrum angeschlossen. Bei klarer Sicht ist vom Sandstrand aus die Skyline von Colombo zu erkennen. Im Zentrum steht das **Mount Lavinia Hotel** – ein weiß getünchter Kolonialbau am Meer –, eine der berühmten Traditionsherbergen Sri Lankas. 1806 als Privatbungalow für den britischen Gouverneur Thomas Maitland errichtet, wurde das palastähnliche Anwesen 1877 in ein Grandhotel umgewandelt. Anlass war der Bau der Eisenbahnlinie von Colombo in Richtung Galle, die bis heute mitten durch den Ort hindurchführt. 1957 wurden im Hotel einige Szenen aus dem

Der Strand von Mount Lavinia

Colombo und der Westen → Karte S. 125

Filmklassiker „Die Brücke am Kwai“ von David Lean gedreht. Alec Guinness und William Holden logierten standesgemäß in den Hotelsuiten am Meer, ebenso wie andere berühmte Persönlichkeiten, u. a. der belgische König Leopold, der Schriftsteller Somerset W. Maugham und der russische Kosmonaut Yuri Gagarin.

Zu den sri-lankischen Ferienzeiten sowie an badetauglichen Wochenenden macht Mount Lavinia wenig Spaß, denn dann drängen sich die Einheimischen in Massen am viel zu kleinen Strand. Zu allen anderen Zeiten ist Mount Lavinia überraschend entspannt; die Infrastruktur ist exzellent, außerdem befindet sich am Meer eine der renommiertesten Tauchbasen der Westküste (→ Aktivitäten, S. 143).

Basis-Infos

Information www.colomboguide.net, www.aboutcolombo.lk

Sri Lanka Tourist Information Office, das offizielle staatliche Infobüro für Sri Lanka befindet sich in Gehentfernung zum Galle Face Green. Tägl. 7–21 Uhr. Galle Rd. 80 in Col. 3, ✆ 011-2426900, www.srilanka.travel.

Ärztliche Versorgung **National Hospital Sri Lanka**. Das größte staatliche Krankenhaus Sri Lankas befindet sich in Cinnamon Gardens. E. W. Perera Mw. in Col. 7, ✆ 011-2691111, www.nhsl.health.gov.lk.

Asiri Central Hospital. Gilt als beste Privatklinik der Stadt und befindet sich in Cinnamon Gardens. Vipulasena Mw. 114 in Col. 7, ✆ 011-4665500, www.asirihealth.com.

Polizei Die **Touristenpolizei** hat ihren Sitz in Kollupitiya im 2. OG über der Tourist Information. Galle Rd. 80. in Col. 3, ✆ 011-2444 480, www.police.lk/index.php/tourist-police. Eine Dependance befindet sich im südlichen Küstenvorort vor dem Mount Lavinia Hotel. **Notruf**: ✆ 119.

Geldwechsel **ATM-Automaten** in großer Zahl gibt es u. a. an der Galle Rd. und am Bahnhof Colombo Fort.

Bargeldwechsel, die größte Auswahl an privaten Geldwechslern bietet die York St. in Colombo Fort, z. B. Windsor Money Changer (PVT) Ltd., York St. 55 in Col. 1, ✆ 011-2421328.

Veranstaltungen **Duruthu Perahera**, großes buddhistisches Tempelfestival im Kelaniya Raja Maha Vihara nordöstlich des Stadtzentrums. Mit prächtiger Prozession zu Vollmond des Monats Duruthu. Im Jan.

Navam Perahera, buddhistisches Pilgerfest im Gangaramaya-Tempel ohne große Tradition (seit 1979), dennoch das wichtigste religiöse Ereignis der Stadt. Bunte Elefantenprozession. Um den Febr.-Vollmond.

Colombo Fashion Week, internationale Marken sowie lokale Designer. Seit 2003 alljährlich im Febr. www.colombo-fashionweek.com.

Colombo Marathon, Langstreckenlauf durch die Stadt mit über 8000 Teilnehmern, darunter Ausländer aus 46 verschiedenen Ländern. Anfang Okt. www.colombomarathon.com.

Sri Lanka Design Festival (SLDF), Ausstellungen, Präsentationen und Modeschauen inländischer und internationaler Marken und Produkte. Anfang Nov. Sri Lanka Exhibition & Convention Centre (SRECC), Nähe Hauptbahnhof, www.srilankadesignfestival.com.

Events in Colombo: www.event.lk

Visumverlängerung **Immigration Services Centre**, praktisch gelegene, privat geführte Visumabteilung des staatlichen Department of Immigration. Die Visumverlängerung kostete 2017 für EU-Ausländer 8020 Rs. Mo–Sa 8–16.30, So 9–16.30 Uhr. Galle Rd. 330 in Col. 3 (im Renuka City Hotel), ✆ 011-2375972, www.immigrationlanka.com.

Hin & Weg

Flughafen **Bandaranaike International Airport**: Der Flughafen liegt 35 km nördlich von Colombo, www.airport.lk. Informationen zu Hin- und Rückflügen finden Sie im allgemeinen Reiseteil (→ Anreise, S. 76 f.).

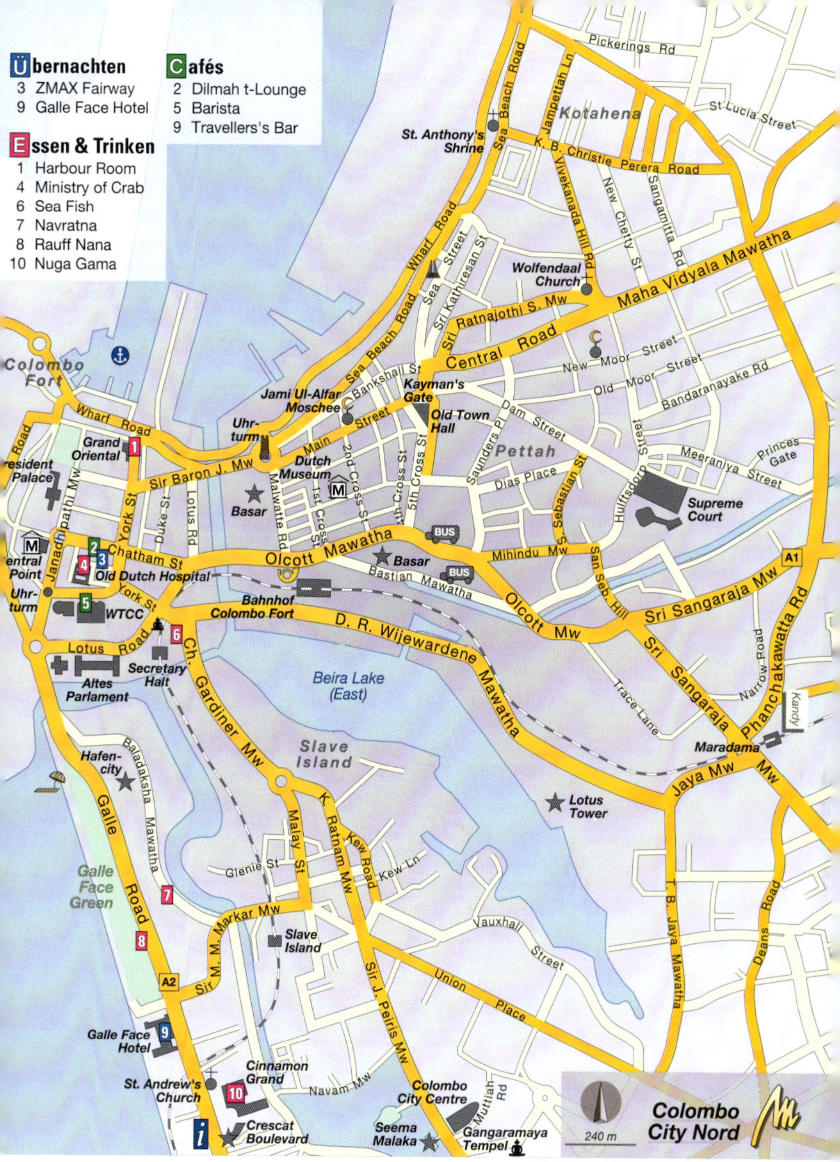

Vom Airport nach Colombo **Bus**: Eine günstige, bequeme Option ist der AC-Minibus, der alle 30 Min. vom Flughafenausgang über die Autobahn zum Hauptbahnhof Colombo Fort fährt. Die Fahrzeit beträgt, je nach Stausituation, ca. 1 Std., für das große Gepäck löst man am besten eine zweite Platzkarte. Kein Haltestellenschild. Busse, meist in grüner Farbe, bzw. Bus Nr. 187, warten an der Nebenstraße, vom Ausgang aus betrachtet zur Linken. 120 Rs.

Taxi: Das Taxi vom Flughafen ins Stadtzentrum kostet – je nach Entfernung – ca. 3000 Rs.

Ratmalana Airport: der Inlandflughafen (IATA-Code: RMA) befindet sich 5 km südöstlich von Mount Lavinia und dient im Wesentlichen für Charterrundflüge und für Geschäftsleute, die rasch entlegene Inselziele ansteuern möchten, www.airport.lk/rma/. Wichtigste Gesellschaft für Inlandsflüge ist *Cinnamon Air* (→ S. 109), die aber vom internationalen Airport operiert (s. o.).

Bahn **Colombo Fort** heißt der **Hauptbahnhof**, der sich im Zentrum befindet. Hier starten und enden die meisten Züge in sämtliche Regionen der Insel. Der Zutritt zum Bahnhof ist nur mit gültiger Fahrkarte erlaubt. Schalterhalle und Intercity-Reservierungsbüro sind vom Vorplatz zugänglich.

Fahrkartenkauf: Tickets müssen vor Ort am Schalter bzw. an den Vorverkaufsstellen gelöst werden. Weitere Informationen im allgemeinen Reiseteil (→ Unterwegs mit der Bahn, S. 111 ff.).

Fahrplan: http://slr.malindaprasad.com, www.railway.gov.lk.

Gepäckaufbewahrung: Am östlichen Ende des Hauptbahnhofs Colombo Fort, der Zugang erfolgt vom Bahnhofsvorplatz.

Bus Der **Privatbusbahnhof** befindet sich an der W. E. Bastian Mw. 5 Gehminuten östlich vom Hauptbahnhof. Busse starten von hier z. B. nach Anuradhapura (Nr. 32), Chilaw (Nr. 4), Badulla (Nr. 37), Matara (Nr. 2) oder nach Kurunegala (Nr. 5).

Der **staatliche Busbahnhof** liegt gegenüber dem Privatbusbahnhof auf der anderen Straßenseite. Auch von hier starten Busse in viele Inselregionen, z. B. nach Kurunegala (Nr. 5), Matara/Tangalle/Kataragama (Nr. 32), Negombo (Nr. 240) oder nach Puttalam (Nr. 4).

Preisbeispiele: Badulla 250 Rs, Batticaloa 275 Rs, Jaffna 600 Rs, Kataragama 275 Rs, Nuwara Eliya 200 Rs, Trincomalee 220 Rs (jew. von Colombo, einfache Fahrt, beziehen sich auf staatlich betriebene Linien).

Stadtverkehr: Busse halten häufig an der W. E. Bastian Mw. vor den zwei Busbahnhöfen. Stadtbusse sind meist sehr voll. Ein Ticket kostet entfernungsunabhängig 20 Rs.

Onlinebuchung: Klimatisierte Luxusbusse und Nachtbusse können im Internet reserviert werden, z. B. unter www.busseat.lk. Nachtbuslinien nach **Jaffna** werden von tamilischen Firmen im Stadtteil Wellawatta betrieben (einfache Fahrt ab 1200 Rs) und können ebenfalls online gebucht werden.

Ausgewählte Ziele im Großraum Colombo:

Airport: Bus Nr. 187 (vom staatlichen und vom privaten Busbahnhof)

Kelaniya Raja Maha Viharaya: z. B. Bus Nr. 135 oder Nr. 140

Mount Lavinia: Bus Nr. 100 (via Galle Face Green und Galle Rd.)

Sri Jayawardenepura Kotte: z. B. Bus Nr. 171

Three Wheeler/Taxi **Tuk-Tuks**: Berechnung im Stadtgebiet nach Entfernung (Meter). Der Sockelbetrag kostet 50 Rs, dann 4 Rs/km. Nach 22 Uhr erhöhter Nachttarif. Manchmal schalten die Fahrer den Meter nur nach eindringlicher vorheriger Aufforderung ein.

Taxi: *Colombo Tours*, zuverlässig, auch Touren zu entfernten Inseldestinationen. ✆ 077-9199171, www.colombotaxi.wordpress.com.

Die **Taxi-App** *PickMe* vermittelt mehr Sicherheit beim Reisen mit Taxi oder Tuk-Tuk. Unkompliziertes Herunterladen, kinderleichte Bedienung. Die App zeigt den Standort der nächsten freien Fahrzeuge auf der Karte an und berechnet die exakte Zeit bis zur Ankunft. ✆ 011-7433433, http://pickme.lk.

Einkaufen

Bücher **Vijitha Yapa Bookstore**. Die größte Buchhandlung Colombos ist eine Fundgrube für Bücher über Sri Lanka in englischer Sprache. Eine Filiale mit beschränktem Sortiment befindet sich in der Shopping Mall Crescat Boulevard (s. u.). Mo–Fr 9.30–18, Sa bis 19 Uhr, So 10–18 Uhr. Galle Rd. 2 in Col. 4 (neben dem Einkaufszentrum Majestic City), ✆ 011-2596960, www.vijithayapa.com.

M. D. Gunasena Bookstore. Hier ist die Auswahl englischsprachiger Bücher zwar etwas beschränkter, dafür kann man sich in der angenehm temperierten Leseecke niederlassen und in Ruhe schmökern. Auch Schreib- und Papierwaren. Mo–Sa 9–19, So

Einkaufszentrum mit Flair: Arcade Independence Square

Colombo und der Westen → Karte S. 125

bis 17 Uhr. Galle Rd. 27 in Col. 4 (gegenüber dem Einkaufszentrum Majestic City), ✆ 011-3510560, www.mdgunasena.com.

Handicrafts/Batik/Mode **Barefoot**. Berühmte Lifestyle-Boutique mit geschmackvollem Sortiment: Papeterie, Kunstbuchhandlung sowie Designer-Accessoires aus handgewebten Stoffen. Einige Artikel gestaltete die Stoffkünstlerin Barbara Sansoni aus Kandy. Zwei Filialen in Colombo, eine weitere befindet sich in Galle. Mo–Sa 10–19, So 11–17 Uhr. Hauptgeschäft: Galle Rd. 704 in Col. 3, ✆ 011-2589305. Dependance: Dutch Hospital in Col. 1, ✆ 011-2421200, www.barefootceylon.com.

House of Fashions. Stadtbekanntes Modekaufhaus an einer Ausfallstraße mit Geschäften auf 5 Etagen: Damen- und Herrenkollektionen, Kinderabteilung, auch Tee, Kosmetika sowie Parfums. Mo 10–17, Di–Do bis 20, Fr–So bis 22 Uhr. D. S. Senanayake Mw. 101 in Col. 7 (mit Bus Nr. 154), ✆ 011-2154555.011-2154555.

Laksala Showroom Complex. Staatliches Handicraft-Zentrum am Nationalmuseum, ohne Eintrittskarte vom Park zugänglich. Perfekte Inszenierung der Produkte auf 2 Stockwerken, nicht alles ist von Geschmack und hochwertiger Qualität. Staatlich gelenkte Preise, daher etwas teurer als auf dem freien Markt, jedoch verlässliches Preis-Qualitäts-Verhältnis. Tägl. 9–21 Uhr. Ananda Coomaraswamy Mw. in Col. 7, ✆ 011-2698263, www.laksala.gov.lk.

Schmuck/Edelsteine **Juwel Exchange**. Der relativ junge Juwelenhändler hat sich auf den Vertrieb verschiedener Edel- und Halbedelsteine spezialisiert (Saphire, Rubine, Amethyste, Turmaline). Auch Halsketten, Armreifen und edelsteinbesetzte Ringe. Mo–Sa 9–18 Uhr, Fr 12–14 Uhr geschlossen. R. A. Del Mel Mw. (Duplication Rd.) 514 A in Col. 3, ✆ 011-2505020.

National Gem & Jewellery Authority: Die Regierungsinstitution verkauft nicht nur Juwelen, sondern vergibt auch Echtheitszertifikate (→ Einkaufen, S. 80). World Trade Center, Level 4/5, East Low Block, Echelon Square in Col. 1, ✆ 011-2329352, www.ngja.gov.lk/en/sl-gem-and-jewellery-exchange.

Bullion Exchange. Einer der größten und traditionsreichsten Händlerbetriebe Colombos (seit 1928) mit einer riesigen Auswahl an Schmuck und einem geschmackvollen Sortiment. Mo–Sa 10–18.30 Uhr, Fr 12–14.30 Uhr geschlossen. Galle Rd. 521 in Col. 4 (gegenüber dem Einkaufszentrum Majestic City), ✆ 011-2581507, www.bullionexchange.lk.

Tee **Sri Lanka Tea Board**. Staatliches Teegeschäft in Kollupitiya, alle großen Teemarken

Sri Lankas mit staatlichen Zertifikaten in einem Raum versammelt und zum fairen Preis. Tägl. außer So 9–19 Uhr. Galle Rd. 574 in Col. 3, ✆ 011-2553652, www.pureceylon tea.com.

Tea Tang Boutique. Einer der renommiertesten Produzenten und Exporteure für feinsten Ceylon-Tee. Exklusiv gestaltete Verpackungen, eine Filiale befindet sich u. a. auch im Transitbereich des internationalen Flughafens. Einkaufszentrum Liberty Plaza in Col. 3, ✆ 011-4722009, www.tea tang.com.

Einkaufszentren **Arcade Independence Square**. Bildhübsches Gebäudeensemble im Kolonialstil, schmucke Boutiquen und gemütliche Restaurants auf 2 Etagen. Einheimische und internationale Marken. Tägl. ca. 10–20 Uhr. Independence Square in Col. 7, www.arcadeindependencesquare.com.

Crescat Boulevard. Noble Shoppingmall im Hotelkomplex des Cinnamon Grand Colombo mit eigener Tiefgarage. Kleines und überschaubares Angebot auf 3 Etagen mit Food Court im UG. Kleiner Supermarkt und 2 Cafés. Galle Rd. 77.

Liberty Place. Große und etwas unübersichtliche Einkaufsmall mit mehreren Abschnitten und buntem Sortiment aus Elektronik, Tee, Ceylon-Batik, Wein und Spirituosen. Sogar ein Geschäft für Outdoor-Ausrüstung ist vorhanden! Food Court im EG. R. A. De Mel Mw./Ecke Srimath Anagarika Dharmapala Mw. Mw.

Majestic City. Einkaufszentrum mit 5 Etagen im südlichen Stadtbezirk Bambalapitiya. Food Court im UG, nette Filiale der Kaffeehauskette Barista. Station Rd. 10 in Col. 4, www.majesticcity.lk.

Märkte **Manning Market**. Den Hauptzugang zum Open-Air-Basar in der Pettah markiert der Khan Clock Tower, der von einer Parsenfamilie aus Mumbai gestiftet wurde. Tägl.

Pettah World Market. Etwa 400 Stände neben dem Hauptbahnhof, ein Schwerpunkt liegt auf Kleidung und Schuhe. Sri-lankische Farbenpracht auf engstem Raum. Tägl.

FoSE Market. Der Freiluftmarkt neben dem Busbahnhof wird von der Federation of Self-Employees (FoSE) organisiert und unterstützt das sri-lankische Kleinunternehmertum. Tägl.

Good Market. Organische Produkte und sri-lankisches Kunsthandwerk. Sa 10–16 Uhr. Race Course Arcade (Race Course Av.) in Col. 7, www.goodmarket.lk. ■

Aktivitäten

→ Karten S. 139 und S. 142

Tauchen **Island Scuba**. Professionelle Tauchbasis neben dem Restaurant La Voile Blanche im Küstenvorort Mount Lavinia. Eine Besonderheit ist Wracktauchen, über zehn Schiffe liegen vor Colombo auf Grund, u. a. der 2012 im Monsun-Sturm gesunkene Frachter MV Thermopylae Sierra (0–24 m Tiefe) und das 2009 auf Grund gelaufene Schiff MV Medhufaru (14–29 m Tiefe). Zu den meisten Tauchspots beträgt die Anfahrt mit dem Boot 15–30 Min. Auch Nachttauchen. Wracktauchgänge ab 20 $/Person (mind. 2 Pers.). Mitte Nov. bis Mitte April. ✆ 072-042132, www.divelanka.com.

Wellness **SPA Ceylon**. Luxus-Ayurveda mit angeschlossenen Boutiquen, die mit traumhaftem Design aufwarten. Der Flagship-Store befindet sich am Übergang vom Galle Face Green zur Galle Rd. (Parkland Tower), eine Filiale gibt's u. a. im Old Dutch Hospital. Tägl. 10–23 Uhr. ✆ 011- 5114460, www.spaceylon.com.

Thusare Talking Heads. Massagen in japanischer Tradition (Shiatsu, Akkupressur) in einem kleinen, ruhig gelegenen Privathaus ganz in der Nähe des Viharamahadevi Parks. Eingangs werden die Straßenschuhe ausgezogen, der Duft von Räucherkerzen liegt in der Luft. Der Clou: Die Sozialorganisation arbeitet mit blinden Masseuren zusammen. Fuß- oder einstündige Ganzkörpermassagen, letztere ab 2500 Rs. Dharmapala Mw. 103/12 in Col. 7 (am Ende einer Seitenstraße), ✆ 011-4369967, www.thusaretalking hands.com.

Übernachten

→ Karten S. 139 und S. 142

In Colombo ist das Preisniveau vergleichsweise hoch. Günstigere Quartiere liegen im Süden in den Vierteln Wellawatte und Havelock Town. Eine Standortalternative bietet der Küstenvorort Mount Lavinia, weil man vom Strandquartier unkompliziert mit der Bahn ins Zentrum gelangt. Liebhaber der Architektur von Geoffrey Bawa können für 200 $ ein Apartment im Wohnhaus des Meisters mieten (Infos und Reservierung: admin@gbtrust.net).

Colombo **Paradise Road Tintagel 13**, ⑧. Boutiquehotel in einer zweigeschossigen Kolonialvilla in der Nähe des Viharamahadevi Parks. Die Prachtvilla gehört zum Imperium des Designers Shanth Fernando, das auch das Gallery Café betreibt. Stilvolles Interieur, 10 gediegene Zimmer, teils mit Balkon, das Restaurant heißt nach Anmeldung

Colombo und der Westen → Karte S. 125

auch auswärtige Gäste willkommen. Rosmead Pl., Col. 7, ✆ 011-4602121, www.tintagel colombo.com.

Uga Residence 11, ⑧. Luxuriöses Boutiquehotel in einem wunderschönen Anwesen im Kolonialstil. Bildschöner Arkadenhof mit Pool, 10 Zimmer sowie eine Suite, feines Restaurant mit Bar. Himmlische Ruhe trotz zentraler Lage. Park St. 20 in Col. 2, ✆ 011-5673000, www.ugaescapes.com.

Galle Face Hotel 9, ⑧. Traditionslogis und Prominentenherberge mit kolonialem Charme und in exponierter Lage am Galle Face Green. Blendend weißer Hotelpalast, guter Service, perfekte Lage am Meer, kurze Wege zu vielen Sehenswürdigkeiten. 189 Suiten und Zimmer, das Restaurant Verandah serviert internationale Küche, populärer Nachtklub mit Bar. Galle Rd. 2 in Col. 3, ✆ 011-2541010, www.gallefacehotel.com.

Taru Villas Lake Lodge 14, ⑥–⑦. Südlich des Beira Lake gelegenes Boutiquehotel, zentral und dennoch abseits der lauten Verkehrsströme. Einrichtung in modernem, schnörkellosem Design. 13 Zimmer, offener Frühstückssalon, kein Restaurant. Alvis Terrace in Col. 3 (nicht einfach zu finden), ✆ 011-2326443, www.taruvillas.com.

ZMAX Fairway 3, ⑤–⑥. Elegantes Designhotel in frischen Farben in Colombo Fort. 181 Zimmer und Suiten in einem Neubau mit 8 Etagen direkt am (bzw. über dem) Old Dutch Hospital. Bistro mit Café und Rooftop-Bar. Hospital St. 7 in Col. 1, ✆ 011-2153153, www.zmax-fairway-colombo-sri-lanka.en.ww.lk.

Cinnamon Red 17, ⑤. Modernes Businesshotel in einem Hochhaus mit 26 Stockwerken. Auf der Dachterrasse befindet sich der Pool mit der besten Aussicht auf die Stadt. Moderne Designelemente, stylishes Ambiente, das Corporate Design wird durch die Farbe Rot definiert. Professionelle Leitung, 243 komfortable Zimmer, Restaurant und Rooftop-Bar. Die Rezeption befindet sich in der 7. Etage. Ananda Coomaraswamy Mw. 59, ✆ 011-2145145, www.cinnamonhotels.com.

››› **Mein Tipp: Halcyon House 35**, ⑤. Das reizende Boutiquehotel liegt am Ende einer

Ehrwürdige Kolonialarchitektur: das Mount Lavinia Hotel

ruhigen Seitengasse im Südwesten der Stadt. Der Hotelname Halcyon enthält eine gehörige Portion Selbstironie und bedeutet rückwärtsgewandte Utopie. Stilmöbel und von japanischem Minimalismus inspiriertes Design, 7 geräumige, in warmen Tönen gestaltete Zimmer, davon 3 im OG mit Balkon bzw. Veranda. Dickmans Rd. 42/3 (Dr. Lester James Pieris Mw.) in Col. 5, ✆ 077-0104492, www.facebook.com/halcyonhousecolombo. «

The Ocean Front 23, ⑤. Familiäres Mittelklassehotel in einem Eckhaus direkt am Marine Drive in Kollupitiya. 6 Zimmer im 2. OG, 2 davon mit Meerblick. Ordentlicher Gesamteindruck, kein Restaurant. Sehr beliebt, daher rechtzeitig reservieren! Sellamuttu Av. 14, ✆ 011-2301184, www.theoceanfront.lk.

Chapelton House 37, ②–④. Solides, freundliches Stadthotel in einer Seitenstraße der Galle Rd. Modernes Ambiente, 12 nüchterne Zimmer (AC ist abschaltbar), auch einige preiswerte Gemeinschaftsräume. Restaurant nur für Hotelgäste, kein Alkohol. 1st Chapel Lane 5 B in Col. 6, ✆ 011-2058245, Buchung über die gängigen Buchungsportale.

Olu Colombo Villa 27, ②–④. Eine charmante Singhalesin betreibt in der liebenswerten Villa mit Hofgarten gegenüber dem Arcade Independence Square ein Gästehaus. Wohnliche Atmosphäre, 3 Zimmer, davon eines mit Veranda zum Garten, sowie 2 Schlafsäle mit 4 bzw. 6 Betten. Kein Frühstück, Küche für Selbstversorger. Malalasekera Pedesa 4/3, Col 7 (liegt etwas versteckt), ✆ 077-0664442, Buchung über die gängigen Buchungsportale.

Drift BnB 28, ②–④. Günstig mitten in Kollupitiya gelegen, sauber und professionell geführt – was will man mehr? 2 Schlafsäle mit jew. 6 Betten und 12 DZ in der 2. und 3. Etage eines Hinterhauses, klimatisierte Räume, hochwertige Fotoreproduktionen an den Wänden, kurze Wege zum Meer und zu diversen Restaurants und Bars in der Umgebung. Galle Rd. 646, Col. 3, ✆ 011-2505536, www.facebook.com/driftbnb/.

Moss BnB 32, ②–④. Stadthotel in der unteren Mittelklasse im Stil eines einfachen Boutiquehotels. Überwiegend junges Publikum, entspannte Atmosphäre in der wohnlichen Lounge, 13 funktional möblierte, nicht allzu helle Zimmer und 2 Schlafsäle. Sauber, ruhig am Ende einer Seitengasse gelegen, kein Restaurant. Baudhaloka Mw. 160/2, Col. 4, ✆ 011-2553929, www.facebook.com/mosscolombo/.

Thusare House 15, ③. Das kleine Massagezentrum (→ Aktivitäten) vermietet 2 einfache, preiswerte Zimmer im OG. Räucherkerzengeruch und spirituell angehauchte Musik, ein Zimmer mit eigenem Bad, das zweite mit gemeinschaftlich genutztem Bad, WLAN. Beliebt, deshalb frühzeitig reservieren. Dharmapala Mw. 103/12, Col. 7 (am Ende einer Seitenstraße), ✆ 011-4369967, www.thusare.jimdo.com.

Hangover Hostel 36, ①–③. Hostelkette mit Stammhaus im Süden Colombos. Nüchterner Zweckbau in einer ruhigen Nebenstraße nur einen Steinwurf vom Meer entfernt. Gemeinschaftszimmer für 6–10 Pers. jew. mit eigenem Bad und 4 DZ. Küche für Selbstversorger, kein Frühstück. Kinross Av. 18 in Col. 4, ✆ 076-8974118, www.hangoverhostels.com.

Mount Lavinia **Mount Lodge**, ④–⑤. Gediegene wie familiäre Bleibe im Herzen Mount Lavinias. Ein Hauch von Geoffrey Bawa weht durch die Räumlichkeiten, von außen ist die stilvolle Einrichtung des Hauses kaum zu erahnen. Gepflegter Hofgarten, luftige Lounges auf 3 Etagen, 3 Zimmer, eines davon mit privater Terrasse, ein weiteres ist etwas dunkel und deutlich kleiner. Kein Restaurant. Hotel Rd. 69 A, ✆ 077-7733313, www.mount-lodge-mount-lavinia-sri-lanka.en.ww.lk.

»» **Mein Tipp:** **Royce Hotel**, ④. Reizendes, ruhig gelegenes Boutiquehotel in einer kleinen Kolonialvilla. Kleiner Garten mit plätscherndem Brunnen, luftige Frühstücksveranda. Die 14 Zimmer, teils mit Balkon, befinden sich im OG. Kein Restaurant. Beliebt, daher rechtzeitig reservieren! Barnes Av. 8, ✆ 011-2716653, Buchung über die gängigen Buchungsportale. «

Evergreen Hostel, ①–③. Der Inhaber der in jeder Hinsicht vorbildlichen Herberge am Rand von Mount Lavinia kommt aus Neuseeland. 6 Zimmer mit 4–6 Betten und 2 DZ in einem verschachtelten Anwesen mit Gartenlounge und Bar, alle mit AC. Überraschend komfortabel und gut geführt, einzig der Weg zum Strand ist etwas länger. Sylvester Rd. 2, ✆ 077-7586076, www.evergreensl.com.

Colombo und der Westen → Karte S. 125

Essen & Trinken

→ Karten S. 139 und S. 142

Wie in anderen Metropolen lohnt auch hier der Blick in die Rubrik Cafés/Nachtleben (s. u.), denn die Übergange zwischen Kaffeehaus und Restaurant sind fließend. Eine Alternative zu Restaurants, Garküchen oder Pubs sind Food Courts im UG großer Shopping Malls (→ Einkaufen, S. 142.).

Colombo **Nuga Gama** **10**. Büfettrestaurant für authentische sri-lankische Küche im Garten des Hotels Cinnamon Grand. Abends sitzt man in angenehmer Atmosphäre unter einem festlich beleuchteten Banyanbaum oder unter einer Veranda im traditionellen Stil. Gekocht und gegart wird am offenen Feuer. Mittagsbüfett nur Sa/So, um 2000 Rs, abends etwas teurer. Tägl. 19–22.30 Uhr. Galle Rd. 77 in Col. 3, ✆ 011-2497468, www.cinnamonhotels.com.

Navratna **7**. Gehobenes indisches Restaurant im rechten Flügel des Hotels Taj Samudra am Galle Face Green. Nordindische Küche mit zahlreichen Tikka- und Tandoorigerichten, große Auswahl an vegetarischen Gerichten. Gediegenes Ambiente. Hauptgerichte 1000–3000 Rs. Tägl. 12.30–15 und ab 19.30 Uhr. Galle Face Center Rd. 25 in Col. 3, ✆ 011-2446622.

The Gallery Café **29**. Die feine Ausgehadresse im ehemaligen Arbeitshaus des Architekten Geoffrey Bawa ist seit vielen Jahren eine feste Institution in Colombo. Kunstwerke säumen den Weg in die Bar und ins Restaurant. Vornehm-behagliches Ambiente mit viel Holz und romantischem Kerzenlicht am Abend. Überwiegend westlich orientierte Küche, einige wenige nordindische Gerichte und leckere Desserts (Gerichte ab 1500 Rs). Die Lokalität gehört zum Unternehmen Paradise Road des sri-lankischen Designers Shanth Fernando. Tägl. ab 10 Uhr. Alfred House Rd. 2 in Col. 3, ✆ 011-2582162, www.paradiseroad.lk.

Harbour Room **1**. Das Büfettrestaurant im traditionsreichen Grand Oriental Hotel hat der sri-lankische Architekt Geoffrey Bawa gestaltet und bietet im 4. OG einen fantastischen Ausblick auf den Hafen. Herrlich gestriger Charme, traditionelle Küche. Büfett ab 1600 Rs (mittags) und 2000 Rs (abends). Tägl. außer an Vollmondtagen geöffnet. York St. 2 in Col. 1, ✆ 011-2320320, www.grandorientalhotel.com.

The Sizzle **25**. Restaurant für asiatisch-westliche Fusionsküche, spezialisiert auf Gegrilltes und Geschmortes. Tamilische Gerichte, mongolisch-chinesische Feuertöpfe, indische Biriyanis, auch Fisch-Sizzlers sowie Vegetarisches aus der heißen Pfanne. Behaglicher Innenraum, kein Alkohol. Tägl. ab 11 Uhr. Walukarama Rd. 32 in Col. 3, ✆ 071-6888777, www.thesizzle.lk.

Ministry of Crab **4**. Konzeptrestaurant im Old Dutch Hospital mit Sitzplätzen drinnen und auf der Veranda zum Innenhof. Hier gibt es u. a. Krebse in allen Varianten, der Preis berechnet sich nach Gewicht (ab 3500 Rs/500 g). Diverse Geschmacksrichtungen wie Knoblauch-Chili, Pfeffer oder Curry. Tägl. außer zu Vollmond 11.30–15.30 und 17–23 Uhr. Old Dutch Hospital in Col. 1, ✆ 011-2342722, www.ministryofcrab.com.

The Mango Tree **16**. Restaurant für authentische nordindische Küche, das *Kaidai Paneer* mit *Paratha* ist eine Wucht. Modern gestalteter, angenehm temperierter Raum ohne Folkloredekor, große Auswahl an vegetarischen Gerichten (ab 1000 Rs) sowie Fisch- und Fleischgerichte. Nur wenige Tische, daher früh kommen oder reservieren. Tägl. 11–23 Uhr. Dharmapala Mw. 82 in Col. 3, ✆ 011-7620620, www.themangotree.net.

Sea Fish Restaurant **6**. Das Meeresfrüchtemekka am Rand von Colombo Fort versteckt sich am Ende einer Seitengasse. Sitzplätze in klimatisierten Räumen und im schmalen Hinterhof. Fischgerichte mit Frischegarantie (ab 1200 Rs), Krustentiere nach Gewicht, korrekter Service. Ein Traditionsbetrieb seit 1969. Tägl. ab 9 Uhr. Chittampalam Gardiner Mw. 15 in Co. 2, ✆ 011-2326915, www.seafishcolombo.com.

Barefoot **31**. Beliebtes und stark von Reisenden frequentiertes Restaurant und Café in einem luftigen Hinterhof, der Zutritt erfolgt über eine empfehlenswerte Boutique. Koloniales Flair, tägl. Jazzbrunch mit etwas zu lauter Musik, Tische im Freien und unter der Veranda. Snacks, schmackhafter Käsekuchen, englisches Frühstück sowie Mo–Fr auch ein sri-lankisches Tagesgericht. Mo–Sa 10–19 Uhr, So 11–17 Uhr. Galle Rd. 704 in Col. 3, ✆ 011-2589305, www.barefootceylon.com.

Italiano **34**. Ishan hat 15 Jahre in Italien verbracht (in Neapel und auf Capri) und zelebriert nun italienische Pizzakultur im Süden von Colombo. Krosse Pizzen aus dem Holzofen (ab 1200 Rs), kleine Bistrostube mit nur zwei Tischen und einigen Hockern, auch Pizzen zum Mitnehmen, kein Alkoholausschank. Hospital Rd. 146 in Kalubowila, ✆ 076-5571777.

››› **Mein Tipp: Café on the 5th 24.** Empfehlenswertes Restaurant im Villenviertel Kollupitiya mit sri-lankischer sowie panasiatischer Küche. Eine Spezialität des Hauses sind Hoppers (mit Ei und verschiedenen Currys zur Auswahl), überaus schmackhaft ist auch die mongolische Reispfanne. Preiswertes Frühstück, Mittag- und Abendessen, auch die Einheimischen kommen gern hierher. Kein Alkohol. Sitzplätze unter der luftigen Holzbauveranda sowie auch innen. Tägl. ab 6.30 Uhr. 5th Lane 108 in Col. 3, ✆ 011-2573765. ‹‹‹

Upalis by Nawaloka 18. Beliebte Einkehradresse am Viharamahadevi Park mit gutem Service. Man sitzt angenehm im leicht gekühlten Innenraum. Traditionelle Küche mit Seafood, Chicken Curry, Dal Curry und Kottu Roti, gutes Preis-Leistungs-Verhältnis (Mittagsmenüs ab 350 Rs). Auch Frühstück, Kaffee und Kuchen, kein Alkohol. Tägl. ab 11.30 Uhr. Blackburn Rd. 248, ✆ 011-2695812, www.upalis.com.

MB Yaal Restaurant 38. Einfaches Straßenrestaurant auf 2 Etagen im städtischen Süden mit tamilischer Küche. Auf der Karte u. a.: Masala Dosa, Biriyani, Fried Rice, Kottu Roti. Nichts, um länger zu verweilen. Tägl. 11–15 und 19–22 Uhr. Galle Rd. 381 in Col. 4, ✆ 077-7006777.

Grand Pila (Hotel de New Pilawoos) 39. Einfaches Straßenrestaurant mit ausgezeichneten Biriyanis und Cheese Kottus im Süden von Colombo. Auch Rice & Curry. Kleine Preise, wenige Tische, aber die Qualität stimmt. Tägl. ab mittags geöffnet. Galle Rd. 21 in Col. 6, ✆ 011-3443211.

Rauff Nana 8. Einer von mehreren tamilischen Streetfood-Ständen am Galle Face Green (seit 1989). Eine gedruckte Speisekarte hilft, die anfängliche Barriere zu überwinden. Große Portionen, kleine Preise, Theke mit verführerisch duftendem Barbecue, Shawarma, Kottu Roti und frisch gebackenem Fladenbrot. Wenige Tische draußen, eine Schönwetteroption! Tägl. ab dem späteren Nachmittag und frühen Abend. ✆ 077-1546652.

Mount Lavinia **Seafood Cove.** Das Strandrestaurant des noblen Mount Lavinia Hotels bewirtet auch nicht zum Hotel gehörende Gäste. Herrliche Lage mit Tischen und Stühlen unter einer traditionellen Palmdachveranda. Mittags kleine Snackkarte u. a. mit Sandwiches, am Abend öffnet ein Fischmarkt mit einer großen Auswahl an frischen Fischen und Meeresfrüchten (ab 2500 Rs), die vom Gast ausgewählten Fische werden dann nach Wunsch frisch zubereitet. Hotel Rd. 100, ✆ 011-2711711, www.mountlaviniahotel.com.

La Rambla. Vornehmes, ganz vorzügliches Thai-Restaurant (der Koch ist Thailänder). Fisch- und Fleischgerichte, angenehm temperierter Innenraum, freundlicher Service. Kein Alkohol, mitgebrachte Getränke werden jedoch serviert. Vegetarisches ab 1000 Rs, sonst teurer. Tägl. ab 12 Uhr. Hotel Rd. 69, ✆ 011-2725403, www.tastycaterers.lk.

La Voile Blanche. Das empfehlenswerte Strandrestaurant mit Bar ist am besten vom Meer aus zugänglich und fällt wegen des weißen Designs auf. Qualitativ hochwertige Gerichte von italienisch bis indonesisch (Hauptgerichte ab ca. 1000 Rs). Auch Bier, Wein und Cocktails. Tägl. ab 12 Uhr. De Saram Rd. 26/11, ✆ 011-456111.

Bixton Street Café. Liegt eingeklemmt zwischen Galle Rd. und Hotel Rd. und präsentiert sich innen blitzsauber. Kottu Roti, Fried Rice, panasiatisch-westliche Fisch- und Fleischgerichte. Klimatisierter Innenraum, einige wenige Tischen draußen. Kaffeebar sowie frische Obstsäfte. Mittleres Preisniveau. Tägl. ab 11 Uhr. Hotel Rd. 9, ✆ 011-4063200.

Cafés/Nachtleben

→ Karten S. 139 und S. 142

Coco Veranda 12. Ein kleines Refugium ganz in der Nähe des Viharamahadevi Parks. Bester Cappuccino und Espresso aus einer italienischen Maschine, auch die Kuchen und Snacks setzen Maßstäbe. Angenehm temperierter Innenraum, zwanglose Atmosphäre, Sitzplätze vor dem Eingang und auf der überdachten Veranda nach hinten raus. Tägl. 7–24 Uhr. Ward Pl. 32 in Col. 7, ✆ 011-7635635, www.cocoveranda.com.

››› Mein Tipp: **Shaze** 33. Das Kaffeehaus im Süden der Stadt hat den vielleicht besten Kuchen in Colombo. Alle Backwaren sind selbst gemacht, Espresso sowie Cappuccino kommen aus der italienischen Maschine. Auch Frühstück, warme Snacks, Salate und Mittagsgerichte. In warmen Tönen gestaltete Räume, weiche Kunstledersessel – der perfekte Ort für eine Pause. Tägl. 8–24 Uhr. Ven. Muruththettuwe Ananda Nahimi Mw. 65 in Col. 5, ✆ 011-5922263, www.cafeshaze.com. ‹‹‹

Cloud Red 17. Rooftop-Bar im 26. Stockwerk des Cinnamon Red Hotels mit bester Aussicht über die Stadt. Drinks, Cocktails, Bier, Wein und kleine Snacks (Tapas). Bei Regen geht's in die kleine Innenlounge. Tägl. 17–24 Uhr. Ananda Coomaraswamy Mw. 59, ✆ 011-2145145, www.cinnamonhotels.com.

Cloud Café 30. Rooftop-Lounge im 3. Stock des Nobelhotels Colombo Courtyard. Preiswerte Snacks, Sandwiches und Burger zu akzeptablen Preisen. Für Bier, Cocktails und andere alkoholische Getränke muss man allerdings etwas tiefer in die Tasche greifen. Bei Regen öffnet die Hotelbar eine Etage tiefer. Dezente Musik. Tägl. ab 18 Uhr bis tief in die Nacht. Alfred House Av. 32 in Col. 3, ✆ 011-4645333, www.colombocourtyard.com.

Dilmah t-Lounge 2. Die Teelounge in Colombo Fort ist eine Oase der Erholung inmitten der Großstadthektik. Klimatisierte Räume mit nur wenigen Tischen. Verschiedene Tees aus Sri Lanka und Indien kommen in Kännchen aus dem Tisch, besonders beliebt ist der Eistee. Kuchentheke. Weitere Filialen befinden sich im Arcade Independence Square und in Negombo. Die Tees gibt's in dekorativen Dosen auch zum Mitnehmen. Tägl. 11–22 Uhr. Chatham St. in Col. 1, ✆ 011-2447168, www.dilmahtlounge.com.

Barista 20 u. 5. Berühmteste sri-lankische Kaffeehauskette mit mehreren Filialen in Colombo, u. a. am Nationalmuseum, im World Trade Center (Colombo Fort) sowie in Mount Lavinia (Galle Rd. 283), teilweise mit angeschlossenen Postkarten- und Buchläden. Guter italienischer Kaffee, Kuchen. Mo–Fr 7–19, Sa bis 17 Uhr (World Trade Center, Level 3), ✆ 011-2332163, www.barista.lk.

London House of Coffee 21. Angenehme Ruhezone in Gehentfernung zum Viharamahadevi Park mit klimatisiertem Innenraum. Modernes Design mit traditionellen Elementen, kleine Karte mit Frühstück, Snacks und Kuchen. Biokaffee unter der Verwendung von Kaffeebohnen, die ausschließlich von sri-lankischen Kleinbauern stammen. Tägl. 7 Uhr bis Mitternacht. R. G. Senanayake Mw. (Gregory's Rd.) 2 B in Col. 7, ✆ 011-2693072. ■

The Traveller's Bar 9. Neue Bar im Galle Face Hotel am traditionsreichen Standort: An den Wänden hängen die Konterfeis prominenter Gäste: Mark Twain, Alec Guinness, Gregory Peck, Che Guevara, Arthur Conan Doyle, James Joyce, Steven Spielberg, George Bernhard Shaw. Schachbrettterrasse mit Palmen sowie Blick aufs Meer. Tägl. ab 10 Uhr. Galle Rd. 2 in Col. 3, ✆ 011-2541010, www.gallefacehotel.com.

The Cricket Club Café 19. Haus im traditionellen Stil mit gemütlichem Innenhof, innen rustikal mit viel Holz und Kricketdevotionalien an den Wänden. Cappuccino aus der italienischen Maschine, Frühstück, geselliger Abendtreffpunkt mit Bier vom Fass. Internationale Karte mit italienischen und angelsächsischen Gerichten, auch schmackhafte Sandwiches. Burger ab 750 Rs, Seafood ab 1450 Rs. Tägl. 8–23 Uhr. Ernest de Silva Mw. 12 (Flower St.) in Col. 7, ✆ 011-2574394, www.thecricketclubcafeceylon.com.

The Manchester 26. der relaxte Musikklub im britischen Stil liegt versteckt im rückwärtigen Bereich des indischen Restaurants Agra. Schmissige Livemusik, mittwochs legendäre Quiznächte, Bier, Whisky, alles zu sehr moderaten Preisen. Tägl. 16–1 Uhr. Independence Av. 100/10 in Col. 7 (neben dem Anwesen der Sri Lanka Foundation), ✆ 077-8545824.

Club Silk 22. Klub mit Noblesse und gestrengen Türstehern mitten im Bermudadreieck des Nachtlebens von Colombo. Groovige Musik, teure Drinks. Im OG befindet sich ein Rooftop-Restaurant, eine Etage tiefer **The Floor by O!**, ein geselliger Treff für die früheren Abendstunden. Eintritt 2000 Rs, Frauen frei. Do–So 9–4.40 Uhr, Dez. bis April auch Mi. Maitland Crescent 41 1/2 in Col. 7, ✆ 011-2682122.

Auslegerboot mit Segel am Strand von Negombo

Von Colombo nach Kandy

Die Etappe von Colombo oder Negombo in die traditionsreiche Königsstadt Kandy ist ein Klassiker der Rundreise durch Sri Lanka. Mit dem Auto oder dem öffentlichen Bus sind es 115 km auf der A 1 von Colombo nach Kandy, von Negombo sind es sogar nur 102 km. Da Reisende für diese Distanz kaum mehr als einen halben Tag benötigen, bietet sich auf der Fahrt der eine oder andere Abstecher an, z. B. zum Botanischen Garten Henarathgoda oder zum Elefantenwaisenhaus in Pinnawala. Für Reisende mit der Bahn kommen diese Optionen weniger in Betracht. Der Garten kann jedoch auch direkt von Negombo, Pinnawala wiederum von Kandy aus angesteuert werden – beides im Rahmen eines Tages- oder Halbtagsausflugs.

Der nur 17,4 ha große **Botanische Garten Henarathgoda** befindet sich 2 km vom Verkehrsknotenpunkt Gampaha entfernt und wird – im Gegensatz zum botanischen Garten bei Kandy – von ausländischen Reisenden eher selten aufgesucht. Die Anlage am Nordufer des Attanagallu Oya ist als Wiege der Kautschukwirtschaft von gewisser historischer Bedeutung: 1876 erkannten die Briten, dass die Kronkolonie ideale klimatische Bedingungen für das Wachstum des Kautschukbaums bietet. Allerdings stellten sich den Versuchen, die Amazonas-Pflanze außerhalb ihres Ursprungsgebietes zu kultivieren, immer wieder Hindernisse entgegen. Also setzten die Briten rund 2000 Setzlinge ein, um aus dem Wachstumsverhalten der Pflanzen Erkenntnisse für die systematische Kultivierung zu gewinnen. Das Unternehmen war erfolgreich, 1905 fand in Henarathgoda die weltweit erste Kautschukbaumausstellung statt – der Startschuss für die florierende Plantagenwirtschaft des Landes. Der erste Kautschukbaum wurde allerdings 1988 Opfer einer Unwetterkatastrophe. Die kümmerlichen Reste dieses „Nationalheiligtums" gleichen heute einem Grab und sind einige Schritte vom Eingang entfernt am ersten Kreisel zu besichtigen.

Zu den weiteren Besonderheiten des Gartens zählt der Ostindische Ölbaum: Das aus den Samen gewonnene Öl findet u. a. in der ayurvedischen Medizin als Hautpflegemittel Verwendung. Weitere Anwendungen sind gegen Lepra, Syphilis und Tuberkulose.

Tägl. 7.30–17 Uhr. 1500 Rs, erm. 750 Rs. Ein Tuk-Tuk vom Bahnhof Gampaha – hier halten Züge zwischen Colombo und Kandy – kostet ab 100 Rs. Entfernungen: 26 km von Negombo sowie 35 km von Colombo.

Die von Besuchern aus Ostasien sowie dem arabischen Raum zahlreich angesteuerte **Elefantenstation Pinnawala** 40 km westlich von Kandy startete 1975 als vielversprechender Versuch, in der Wildnis zurückgelassene Elefantenbabys großzuziehen und danach wieder auszuwildern. Ursprünglich befand sich die Elefantenstation im Wilpattu-Nationalpark, bevor sie über die Stationen Bentota und Dehiwala nach Pinnawala versetzt wurde. Allerdings ist der ursprüngliche Tierschutzaspekt inzwischen einer vollständigen Kommerzialisierung gewichen – ausgewildert wird hier längst nicht mehr. Seriöse sri-lankische Reiseagenturen raten daher von dieser Touristenattraktion ab und empfehlen stattdessen den Besuch eines Nationalparks. Wer jedoch auf einer nur kurzen Reise ansonsten keine Gelegenheit hat, Elefanten in freier Wildbahn zu sehen, kann sich vielleicht mit dem Angebot in Pinnawala arrangieren. Ein schönes Erlebnis ist immerhin das tägliche Bad der Elefanten im Ma Oya (10–12 und 14–16 Uhr). 2016 lebten hier 87 Dickhäuter unter teils fragwürdigen Bedingungen. Ganz in der Nähe der Elefantenstation befindet sich eine Dependance des Zoologischen Gartens von Dehiwala.

Elefantenstation Tägl. 8.30–18 Uhr (letzter Einlass um 17.30 Uhr). 2500 Rs, erm. 1250 Rs. Der nächste Bahnhof liegt 6 km nördlich in Rambukkana, die nächste Bushaltestelle an der A 1 Kandy–Colombo in der Nähe von Kegalle. Ein Three Wheeler aus beiden Richtungen nach Pinnawala kostet ca. 350 Rs. Rambukkana, Pinnawala, www.nationalzoo.gov.lk.

Einkaufen Elephant Dung Paper Factory. Ein originelles Mitbringsel sind Papierprodukte auf der Basis von Elefantendung, das Ladengeschäft befindet sich schräg gegenüber dem Eingang zur Elefantenstation an der Ortsdurchfahrt in Pinnawala. Die eigentliche Manufaktur liegt zwar 3 km südlich, ein örtlicher Showroom führt jedoch in den Produktionsprozess ein. Die Herstellung funktioniert im Grunde wie beim Büttenpapier, wobei hier der Dung zuvor getrocknet, einen Tag gekocht und danach zentrifugiert wird. Tägl. 8–17 Uhr. Rambukkana, Pinnawala, www.elephantdungpaper.lk.

Elefantenreiten Millenium Elephant Foundation. Auf halbem Weg zwischen Kegalle (A 1 Colombo–Kandy) und Pinnawala liegt das von einer gemeinnützigen Initiative betriebene Zentrum, das sich um verwahrloste Arbeitselefanten kümmert. Der Eintritt mit Museum kostet 1000 Rs, Elefantenreiten 2000–3000 Rs. Tägl. 8.30–16 Uhr. Randeniya, Hiriwadunna, www.millennium elephantfoundation.com.

Essen & Trinken Awanhala Heritage. Empfehlenswerte Einkehr an der A 1 von Colombo nach Kandy mit sri-lankischem Mittagsbüfett tägl. 12–15.30 Uhr, ab 1200 Rs. Große Kapazitäten innen wie draußen auf der Veranda. Kandy Rd., Ambepussa (2 km hinter dem Basarort Warakapola und 250 m vor der Abzweigung der A 6 nach Kurunegala), ✆ 035-2267299, www.awanhala.lk.

Wer es preiswerter mag, wählt eines der einfacheren Restaurants auf der anderen Straßenseite.

Die Küste nördlich von Colombo

Die Westküste zwischen der sri-lankischen Hauptstadt im Süden und Puttalam im Norden gehört zu den Regionen, die in der Geschichte am nachhaltigsten durch die europäischen Kolonialmächte geprägt wurden. Entsprechend hoch ist der prozentuale Anteil der Katholiken an der Gesamtbevölkerung; die Dichte der christlichen

Gotteshäuser – insbesondere zwischen Negombo und Chilaw – springt einem förmlich ins Auge. Einer der Hauptgründe, warum die Kolonialherren dem Landstrich eine strategisch besonders wichtige Bedeutung zumaßen, war die günstige Lage der Seehäfen für die Verschiffung von Zimt und weiterer Gewürze.

Der aus touristischer Perspektive wichtigste Küstenort ist, wegen der Nähe zum internationalen Flughafen, die Stadt Negombo. Es gibt wohl kaum eine Rundreise durch Sri Lanka, die hier nicht Station macht – entweder unmittelbar nach der Ankunft auf der Insel oder als letzte Station vor dem Rückflug. Negombo ist daher ein perfekter Ort für die Planung der Weiterreise. Die schöneren Strände befinden sich etwas weiter im Norden, z. B. im Nachbarort Waikkal, in Marawila und auf der Halbinsel Kalpitiya. Letztere ist nicht nur ein Bademekka, sondern zieht hauptsächlich auch Wassersportler wegen der ausgezeichneten Surfbedingungen an. Kulturinteressierte Reisende kommen indes an der Westküste weniger auf ihre Kosten. Die wichtigsten Sehenswürdigkeiten befinden sich allesamt in der Umgebung der Stadt Chilaw mit einem bedeutenden Shiva-Heiligtum sowie einer sehenswerten Ausgrabungsstätte.

 → Karte S. 125

Negombo

ca. 122.00 Einwohner

Der klassische Ausgangs- und Endpunkt beinahe jeder Sri Lanka-Rundreise verfügt über eine ausgezeichnete touristische Infrastruktur. Den Aufstieg verdanken die Bewohner dem Zimthandel sowie ergiebigen Fischgründen. Die braunen Segel der Auslegerboote sind noch heute das Wahrzeichen am langen Sandstrand.

Der Küstenort, 35 km nördlich von Colombo, profitiert unverkennbar von der Nähe zum internationalen Flughafen, weswegen Negombo traditionell zu den Orten mit den höchsten Übernachtungszahlen in Sri Lanka zählt. Die wenigsten

Der Dutch Canal verläuft parallel zur Küste

Gäste bleiben länger, die meisten quartieren sich hier nach der Ankunft oder vor dem Rückflug für ein bis zwei Nächte ein. Denn trotz ausgezeichneter touristischer Infrastruktur ist Negombo für einen längeren Ferienaufenthalt nicht sonderlich geeignet, was am vergleichsweise weniger schönen Sandstrand liegt. Ein Minus sind zudem die etwas nervigen Tuk-Tuk-Fahrer, die im Hotelbezirk auf einträgliche Geschäfte mit Neuankömmlingen – noch unvertraut mit den landesüblichen Preisen – lauern. Überhaupt stagnieren die Gästezahlen, seit der neue Express-Highway die Distanzen vom Airport zu den populären Strandquartieren im Süden der Insel verkürzt hat.

Bunte Fischersiedlung

Der Strand sowie die meisten Gästehäuser, Restaurants und touristisch relevanten Agenturen befinden sich wenige Kilometer nördlich des Zentrums. Die Orientierung erleichtern parallel zum Strand verlaufende Straßen – im Süden *Lewis Place*, weiter im Norden *Poruthota Road*. Nördlich von Negombo trifft die Küstenstraße auf ein muslimisches Fischerdorf, das bereits zur Nachbargemeinde Kochchikade gehört. Auffallend sind in und um Negombo die vielen christlichen Kirchen, die dem Küstenort das Prädikat **„Rom Sri Lankas“** eingetragen haben. Über 60 % der Einwohner sind Katholiken. Zu den auffälligsten Kirchenbauten zählt die **St. Sebastian's Church** zwischen Stadtzentrum und Strandbezirk. Der neugotische Sakralbau wurde 1936–46 erbaut und ist dem Schutzpatron Negombos geweiht. Ebenfalls in kurzer Distanz zum Touristenbezirk verläuft der **Dutch Canal** (Hamilton Canal). Die Wasserstraße ist Teil eines Kanalnetzes im küstennahen Hinterland, das auf die Initiative des Königs von Kotte im 15. Jh. zurückgeht. Künstliche Wasserstraßen dienten dem Transport von Gewürznelken, Betelnüssen, Kardamom und Zimt von den Plantagen nach Negombo – dem wichtigsten Überseehafen des Königreichs. Zunächst bauten die Portugiesen, später die Holländer und die Briten, das vorhandene Kanalsystem aus, wobei sich der Fokus peu à peu nach Colombo verschob. Besonders der lukrative **Zimthandel** lockte die europäischen Kolonialherren an, weshalb die Wasserstraße im Volksmund zuweilen auch Zimtkanal genannt wird. Ende des 18./Anfang des 19. Jh. entwarfen die Briten einen weiteren Kanal zwischen Negombo und Colombo parallel zur alten Wasserstraße. Nach dem Förderer, dem Kolonialbeamten Gavin Hamilton, ist dieser als Hamilton Canal in den Karten verzeichnet. Der schönste Blick auf die beiderseits des Dutch Canals vertäuten Fischerboote eröffnet sich von der Brücke in der Nähe der St. Sebastian's Church.

Unterbrochen wird das Kanalnetzwerk zwischen Negombo und Colombo von einer 35 km² großen **Lagune**, die von Süßwasserzuflüssen gespeist wird und deren Ufer

Mangroven sowie Kokospalmenplantagen säumen. Mehrere Anbieter führen Touren mit dem Boot auf der Lagune und den umliegenden Kanälen durch, bei denen man Eisvögel, Störche und weitere Wasservögel beobachten kann. Südlich der Lagune liegt das unter Naturschutz stehende **Muthurajawela-Marschland,** das auf einer Fläche von 6000 ha 194 Pflanzenarten einen idealen Lebensraum bietet. Neben Krokodilen ist hier auch die Tigerpython heimisch – die größte in Sri Lanka lebende Schlangenart. Das geschützte Areal leidet spürbar unter dem benachbarten internationalen Airport. Die dichte Besiedlung des Ballungsraums sorgt außerdem für eine starke Verschmutzung der Lagunengewässer. Durch die spezifische Strömungssituation gelangen die Abwässer von der Lagune sogar bis zu den südlichen Abschnitten des Strands von Negombo.

Colombo und der Westen → Karte S. 125

Von Fischkuttern, Auslegerbooten und Katamaranen

Traditionell leben die Bewohner Negombos vom Gewürzhandel sowie vom Fischfang. In Negombo befindet sich der zweitgrößte **Fischmarkt** Sri Lankas, der besonders am frühen Vormittag einen Besuch lohnt. Tägl. ab 5.30 Uhr werden nördlich der Ruine des holländischen Forts allerlei Meeresfische und Krustentiere aus der Lagune feilgeboten. Neben dem großen Fischmarkt am Strand zementieren verschiedene kleinere Märkte in der Stadt die Bedeutung des Erwerbszweigs.

Standesgemäß liegt in Negombo auch eine der größten Fischfangflotten Sri Lankas vor Anker. Die Fischkutter liegen dicht an dicht entlang des Isthmus zwischen Lagune und Meer. Wahrzeichencharakter haben die **Oruwas** mit den typischen braunen Quadratsegeln, die tagsüber auf den Strand gezogen werden. Bei den hochseetauglichen Einbaumauslegerbooten handelt es sich um superschnelle Wellenreiter, die in ähnlicher Form auch in Indonesien und in Madagaskar verbreitet sind. Das Wort Katamaran stammt übrigens aus dem Tamilischen: *kattu* bedeutet binden, das tamilische Wort *maran* heißt übersetzt Baumstamm. Während aber im modernen Sprachgebrauch der Ausdruck Katamaran für ein Schiff mit zwei symmetrischen Rümpfen verwendet wird, bestehen Oruwas lediglich aus einem Rumpf. Dieser ist zur Stabilisierung über zwei Stangen mit einem seitlichen Holzstamm verknüpft.

Basis-Infos

Hin & weg **Bahn**: In Negombo halten Züge, die auf der Linie Colombo–Chilaw verkehren. Tägl. 10–15 Verbindungen in beide Richtungen, 4–5 Züge fahren von Chilaw weiter bis nach Puttalam. Wegen der langen Fahrzeiten nach Colombo ist der Bus die bessere Option.

Bus: Der Busbahnhof befindet sich im Stadtzentrum. Alle 15 Min. zum Flughafen (Nr. 240/3) und via Marawila nach Chilaw (Nr. 907), regelmäßige Verbindungen u. a. nach Colombo (via Highway mit Nr. 240/E 3), Kandy (stündlich mit Nr. 245) und Kurunegala (Nr. 34, auch als AC-Minibus). Für die Fahrt ins nördliche Inselzentrum (Dambulla) in Kurunegala umsteigen. Der AC-Bus nach Jaffna (via Anuradhapura) hält bei vorheriger Reservierung an der Kattuwa Jc. (A 3). Reservierungen können meist über die Unterkunft getätigt werden.

Tuk-Tuk: Ein sympathischer wie ehrlicher Fahrer ist z. B. Manoj. ✆ 072-2953809.

Von Negombo von/zum Flughafen: Mit Tuk-Tuk je nach Entfernung und Tageszeit 700–800 Rs, mit dem Taxi ca. 1500 Rs. Die Fahrtdauer beträgt ca. 20 Min.

Agenturen/Mietfahrzeuge **Alma Tours**, die alteingesessene Full-Service-Reiseagentur ist der erste Anbieter in Sri Lanka, der Three Wheeler für mehrtägige Rundreisen vermietet (→ Kasten, S. 116). Exzellente Mountainbikes ab 500 Rs/Tag, Scooter ab 1200 Rs, Taxiservice, auch Vermietung von Motorrädern. Tägl. 8–17.30 Uhr. Lewis Pl. 215, ✆ 031-4873624, www.almatoursrilanka.com.

Yellow Fleet Bike Tours, Auto- und Motorradvermieter an der Strandzeile von Negombo, spezialisiert auf Motorradtouren durch Sri Lanka. Scooter ab 1200 Rs/Tag, gute Motorräder ab 2500 Rs. Tägl. 7.30–20 Uhr. Lewis Pl. 249, ✆ 077-7765919, www.srilankamotorbiketours.com.

Einkaufen **SPA Ceylon**. Eine Filiale der sri-lankischen Nobel-Wellnessmarke befindet sich im Jetwing Blue Hotel. Gestylter Konzeptladen. Duschgels, Körperpflegemittel, Massage- und Aromaöle in ausgezeichneter Qualität. Tägl. 11–21 Uhr. Poruthota Rd., Ethukale, ✆ 031-2278111, www.spaceylon.com.

Geldwechsel **ATM-Automaten** befinden sich u. a. im Zentrum am Busbahnhof sowie im Touristenbezirk entlang der Poruthota Rd.

Bargeldwechsel, einige Juweliergeschäfte im Touristenbezirk (Lewis Pl.).

Veranstaltungen **Fisherman's Festival**, alljährlich im Sommer erinnert das Event an den mit Abstand wichtigsten Erwerbszweig der Bewohner Negombos. Ende Juli.

Aktivitäten

Ayurveda **Jasmin Villa**. Familiengeführtes Ayurveda-Mekka (kein Wellnesscenter) im Hinterland, nach Voranmeldung kostenloser Shuttleservice zum Strand. Schönes Ambiente, alle Arten von Anwendungen – von der einfachen Massage über Panchakarma bis zum Gesundheitscheck durch den Betreuungsarzt. Eigene Apotheke, 11 Zimmer (DZ 45–50 $), gutes Preis-Leistungs-Verhältnis. Subasadaka Mw. 114, Daluwakotuwa, ✆ 031-4927134.

Baden Rundum badetauglich und aufgeräumt ist der Strandabschnitt auf der Höhe des Nobelhotels Heritance Negombo. Im Norden wird der Strand vorwiegend von einheimischen Fischern genutzt, im Süden macht sich die Verschmutzung der Lagune bemerkbar. Der **Talawila-Strand** auf der Nehrung südlich von Negombo ist wegen des Felsenriffs nicht zum Baden geeignet.

Bootstouren **Captain Fernando**. Einer der etablierten Anbieter für Bootstouren in der Lagune (2 Std.) und in Kombination mit dem Dutch Canal (4 Std.). Abfahrten um 8, 10.30, 15 und 16.30 Uhr. Ab 3000 Rs/Person. ✆ 077-6061770, www.captainfernando.com.

Sarath Boat Tours. Hochgelobter Anbieter von geführten Bootstouren durch den Kanal und die Lagune. Eine dreieinhalbstündige Tour kostet ca. 6000 Rs (bis 4 Pers.). St. Josephs Mw. 76/1 (schräg gegenüber Hotel Blue Elephant), ✆ 077-6171581.

Übernachten
1 Bee Nest
6 Villa Araliya
7 Petit
8 Blue Elephant
10 Shanelo
13 Heritance Negombo
15 Holiday Fashion Inn
18 Panorama Residencies
19 Milano Residencies
20 Angel Inn
22 Inlak Garden
24 Airport City Hub
25 Jetwing Lagoon
Essen & Trinken
2 Rohan's Place
3 The Coco Beach
4 Bamboo Bar & Kitchen
5 Sunny's Seafood
7 Petit
9 Lords
11 Bacco
14 Scandic
16 Sea View
17 Port
21 Sea Joy
Cafés
12 Dolce Vita
23 Icebear Century Café
Kochchikade, Waikkal
Waikkal, Puttalam
St. Ann's Rd
Ave Maria Road
Subasadaka Mawatha
A3
Poruthota Road
St. Joseph Mawatha
Palangathurei Road
Park Lane
Spa Ceylon
Jasmin Villa
Prison Road
Kattuwa
St. Jude Road
St. Anthony's Road
Bahnhof Kattuwa
St. Sylvester Road
Jude Lane
Ethukala Road
School Lane
Ethukala
Cemetery Road
Prison Road
Kudapaduwa Ave Maria Kirche
Place
Perera Pl
St. Anthony's Road
Kudapaduwa
Mark Road
Lewis
Rosary Rd.
Keerthisinghe Place
Anderson Road
Canal Rd
Pillewa Road
St. Lazarus Road
Periyamulla
Mosque Road
St. Sebastian Kirche
Ramani Maw.
Dutch Canal (Hamilton Canal)
Negombo Grand Moschee
Kandy
Saunders
B322
Sooriya Rd
Sea Street
Chilaw Road
Handiya
Alles Rd
Negombo-Meerigama Road
Jayarathna Road
Sro Muthuma Kovil
B78
Town Moschee
Ave Mariya Road
Evelyn Mw
Vistarini Road
King George Drive
Main Street
Temple Road
Fischmarkt
Bahnhof Negombo
Hugo Ln
Abesekara Ln
Katuwapitiya Road
Rukmani Devi Ln
Main Street
St. Mary's Kirche
Grand St.
Greens Road
Tammita Road
Angurukaramulla Tempel
Esplanade Road
St. Stephen's Kirche
Custom House Rd
Uhrturm
Kundanwila
Dutch Fort
Negombo Lagoon
B321
St. Joseph's Street
Abhayasekeramaya Tempel
Fisch-markt
Regina Road
BUS
Taladuwa Road
Airport, Colombo
300 m
Negombo

Radtouren **Enviro Tours**. Geführte Radtouren in die Umgebung nach Voranmeldung. Gestellt werden exzellente City- und Trekkingbikes, Helme und Wasserflaschen, aufgesucht werden u. a. Dutch Fort, Dutch Canal sowie ein buddhistischer Tempel. Kein Radverleih. Lewis Pl. 80, ✆ 077-7825211, www.envirobicycletours.com.

Tauchen **Sri Lanka Diving Tours**. Professionelle Tauchbasis mit 2 Dependancen an der Ostküste (Trincomalee und Batticaloa). Tiefseetauchen (bis 50 m), Einführungskurse sowie Tauchlehrerscheine nach PADI-Standard. Einführungs-Tageskurs mit Tauchgang bis in 12 m Tiefe für 100 $. Einige Lehrer sprechen deutsch. Nov. bis März tägl. 8–17.30 Uhr. Gästehaus mit 8 Zimmern in der 2. Reihe hinterm Strand, Tauchübungspool, Restaurant ist in Planung. Poruthota Rd. 93/1 C, ✆ 077-7648459, www.srilanka-divingtours.com.

Übernachten

→ Karte S. 155

Die Auswahl an familiengeführten Mittelklassehotels mit nur wenigen Zimmern in Strandnähe ist groß. Von den ebenfalls zahlreich vorhandenen Homestay-Hostels hat sich nur eines für einen Eintrag empfehlen können. Eine Alternative für Reisende mit kleinem Budget ist das Airport City Hub am Flughafen.

Jetwing Lagoon **25**, ⑧. 6 km südlich von Negombo auf der schmalen Nehrung gelegenes Nobelhotel, das Gebäude entwarf der Architekt Geoffrey Bawa. Die Flügel umschließen hufeisenförmig den 100 m langen Pool. 55 Zimmer und Suiten, Restaurant, Ayurveda-Spa-Bereich, Bootstouren auf der Lagune, Strandpool mit Bar auf der anderen Straßenseite. Panumugama Rd., Talahena, ✆ 011-4709400, www.jetwinghotels.com.

Heritance Negombo **13**, ⑦–⑧. Das Nobelhotel mit großen Kapazitäten (139 Zimmer und Suiten) ist unangefochtener Platzhirsch am Strand. Zimmer auf 4 Etagen, alle zum Meer ausgerichtet, Restaurant, Rooftop-Bar, Gartenpool, Strandzugang, die Bodega Mad Dogs am Banyanbaum auf der anderen Seite der Straße gehört ebenfalls dazu. Lewis Pl. 175, ✆ 031-7431444, www.heritancehotels.com.

››› **Mein Tipp:** **Villa Araliya** **6**, ⑤. 5 Minuten vom Strand entfernt in einer Seitengasse gelegenes Boutiquehotel im traditionellen Stil (das singhalesische Wort *araliya* bedeutet Tempelbaum). 17 Zimmer, Apartments und Suiten in 5 Gebäudeblöcken mit AC und Veranda oder Balkon. Vegetarisches Restaurant mit offenem Verandabereich, Pool, ruhige Lage. Poruthota Rd. 154/10, ✆ 031-2277650, www.villaaraliya-negombo.com. ‹‹‹

Blue Elephant **8**, ④–⑤. Etwas abseits und dafür ruhig gelegenes Boutiquehotel. 10 DZ, ein Dreibettzimmer sowie ein Familienzimmer für 4 Pers., alle mit Balkon oder Terrasse. Bunte Vorhänge, freundliche Ausstattung mit Wandgemälden im traditionellen Stil. Restaurant, kleiner Pool, Fahrradverleih an Hausgäste, 10 Gehminuten zum Strand. St. Joseph St. 81/1, ✆ 031-2272580, www.blueelephantboutiquehotel.com.

Inlak Garden Hotel **22**, ④. Sympathisches Boutiquehotel am südlichen Ende der Strandzeile, nur einen Steinwurf vom Meer entfernt. 5 DZ und ein Dreibettzimmer auf 2 Etagen, Wasserkocher, Tee und Kaffee im Zimmer, Restaurant, kleiner Garten. Lewis Pl. 153, ✆ 031-2232222, www.inlakhotel.com.

Panorama Residencies **18**, ④. Überwiegend schwarz-weiß gestaltetes Ambiente, Liegestühle um einen kleinen Pool, nebenan serviert das Lotus-Restaurant srilankische, chinesische und westliche Küche. 10 Min. bis zum Strand, 8 Zimmer im dreigeschossigen Haupthaus, alle mit AC, meist mit Balkon. Cemetery Rd. 76/2, ✆ 077-7516191, https://panoramaresidenciesnegombo.bookings.lk.

Shanelo Hotel **10**, ④. Blitzsauberes Mittelklassehotel, gut geführt von zwei in Italien geborenen Zwillingsbrüdern. Ruhige Lage in der 3. Reihe hinter dem Strand, 8 Zimmer mit AC und Balkon, funktional eingerichtet, in Planung sind ein kleiner Gartenpool und weitere Zimmer im OG. Ohne Restaurant. Poruthota Rd. 78/11, ✆ 031-2278740, Buchung über die gängigen Buchungsportale.

Holiday Fashion Inn **15**, ③. Von einer srilankischen Familie freundlich-charmant geführtes Haus, bodenständig, ohne Allüren. 8 Zimmer in einem dreigeschossigen

Neubau in der 2. Reihe hinter der Küstenstraße (die oberen drei mit hohen Holzdecken), darunter 2 Dreibettzimmer und ein Familienapartment. Wasserkocher, Spüle und Kühlschrank in den Zimmern. Cemetery Rd. 109, ✆ 031-2233936, Buchung über die gängigen Buchungsportale.

Angel Inn Guest House 20, ③. Familiengeführtes Gästehaus am südlichen Ende des Negombo-Strands. Ruhige Lage in einer Seitengasse, 12 Zimmer, 5 im EG, 7 im 1. OG, jew. mit AC, Moskitonetzen sowie einfachen Bädern. Auf der umlaufenden Veranda wird auch das Frühstück eingenommen. Kein Restaurant. Lewis Pl. 189/ 17 1/1, ✆ 031-2236187, www.angelinnlk.com.

Petit 7, ③. Das zum gleichnamigen Restaurant gehörige Gästehaus liegt an der Küstenstraße in der 2. Reihe hinter dem Strand. 5 Zimmer mit AC im 1. und 2. OG, zwei davon mit Meerblick, eines davon ein Familienapartment für 4 Pers. Das schönste Zimmer ist das mit Meerblick im 2. OG, kleine Terrassen zur gemeinschaftlichen Nutzung in beiden Etagen. Poruthota Rd. 100/7 A, ✆ 077-6287682, Buchung über die gängigen Buchungsportale.

Milano Residencies 19, ③. Preiswertes familiengeführtes Gästehaus an der Touristenmeile, der Inhaber lebte 14 Jahre in Mailand. 5 einfach ausgestattete, nicht allzu geräumige Zimmer, alle mit AC und Warmwasser. Insgesamt geht es recht eng zu, für das Frühstück wird ein Tisch auf die Veranda gestellt. Sauber, funktional, gut geführt. Lewis Pl. 178, ✆ 031-2233399, Buchung über die gängigen Buchungsportale.

Airport City Hub 24, ②–⑤. Hotel und Hostel in unmittelbarer Nähe des Airports, ideale Bleibe für die letzte Nacht vor dem Rückflug. Ruhig, kleiner Gartenpool, relaxte Atmosphäre, gemischtes Publikum. Ein Plus sind die gemütlichen Gemeinschaftsveranden. 22 DZ sowie 20 Betten in kleinen Schlafsälen. Gangarama Rd. 3/C, Kovina in Katunayaka, ✆ 031-3717888, www.airportcity hubhotel.com.

Bee Nest 1, ②–③. Kleines Gästehaus hinter dem Friedhof im Charakter eines Familiy Homestays. 4 saubere Zimmer mit gefliesten Böden im 1. OG, eines mit externem Privatbad. Frühstück im OG, funktional, unkompliziert, preiswert. Der Inhaber hilft kompetent bei der Reiseplanung. St. Anna's Lane 12 D (auf Anhieb nicht leicht zu finden), ✆ 077-7861691, Buchung über die gängigen Buchungsportale.

Essen & Trinken

→ Karte S. 155

Lords 9. Stylishes Konzeptrestaurant mitten im Geschehen, mit sri-lankischer, indischer, thailändischer und westlicher Küche. Wasserspiele, abends poppige Lichtinszenierungen sowie Livemusik. Getrennte Bereiche für Raucher, Nichtraucher und Familien mit Kindern. Etwas teurer, aber Qualität und Service stimmen (Hauptgerichte ab ca. 1500 Rs). Tägl. 13.30–23 Uhr. Poruthota Rd. 80 B, ✆ 077-2853190, www.lordsrestaurant.net.

Bacco 11. Authentische italienische Küche am Strand von Negombo, mit italienischer Musik, italienischen Gerüchen und Weinen. Pizzen aus dem Elektroofen (ab 1200 Rs), frisch zubereitete Pasta und Gnocchi – was will man mehr? Am schönsten sitzt man meerseitig im Innenhof – diese Tische in der Saison besser reservieren. Tägl. 8–22 Uhr. Eththukala 70, ✆ 031-2276533.

»» Mein Tipp: **The Coco Beach** 3. Bar und Fischrestaurant, vorbildlich geführt, gediegenes Sitzen direkt am Meer. Der frische Fisch wird an der Theke ausgewählt, die Zubereitung mit dem Personal besprochen (100 g ab 450 Rs). Auch Fleisch-, Pasta-, thailändische und chinesische Gerichte. Tägl. außer an Vollmond- und bestimmten anderen Feiertagen 11.30–23 Uhr. Poruthota Rd. 155, ✆ 031-2276630, www.thecocobeach.com. ««

Sunny's Seafood & Rice and Curry 5. Der Name ist Programm, denn die Küche fußt auf den beiden Standbeinen: Fisch und Meeresfrüchte sowie traditionelle sri-lankische Spezialitäten (jew. ab 1100 Rs). Auch Salate, Fried Rice, frische Säfte sowie Desserts. Holztische und -stühle in einem luftigen Innenraum mit Veranda zur Straße raus. Poruthota Rd. 98/1, ✆ 077-6544095.

Bamboo Bar & Kitchen 4. Bodenständiges Fischlokal am Strand, man sitzt angenehm unter einem Kokospalmdach. Fisch und Krustentiere in allerlei Varianten, kleine Auswahl, hohe Qualität. Frühstück, Mittag- und Abendessen. Sa abends, So und an

Poya-Tagen Büfett ab 900 Rs. Tägl. ab 8.30 Uhr. Poruthota Rd. 45, ✆ 077-7771200.

Sea View Restaurant 16. Alteingesessenes Restaurant (seit 1978) mit grundsolider Küche, auch wenn die Zeiten des Meerblicks längst passé sind. Spezialisiert auf Krustentiere und Fisch (ab 1000 Rs), ansonsten bietet die Speisekarte wenig Überraschendes. Farbenfroh eingedeckte Tische, alles wird frisch zubereitet. In der Hauptsaison sind die Plätze abends gut belegt. Lewis Pl. 319, ✆ 031-2233762.

Petit 7. Zum gleichnamigen Gästehaus gehörige liebenswert-sympathische Einkehr, geführt von einer sri-lankischen Familie. Exzellente Küche (Meeresfrüchte, Chicken Burger, sri-lankisch-westliche Fusionsküche) zu erfreulich günstigen Preisen (Hauptgerichte ab 850 Rs). Stilvolle Sitzplätze im kleinen Raum im EG, in der Saison wird es abends schon mal eng. Tägl. außer an Poya-Tagen ab 12 Uhr. Poruthota Rd. 100/7 A, ✆ 077-6287682.

››› Mein Tipp: **Scandic 14**. Mit Hingabe und Leidenschaft geführtes Restaurant in einer Seitenstraße in der Nähe des Heritance Negombo. Warmherziger, freundlicher Empfang, man sitzt angenehm auf der zur Straße hin offenen Veranda. Seafood-Spezialitäten, Rice & Curry, Burger, Thailändisches sowie Westliches, Hauptgerichte ab 1000 Rs. Übersichtliche Menükarte, Frischegarantie. Tägl. ab 12 Uhr, in der Nebensaison zur Wochenmitte möglicherweise geschlossen. Ettukala 45/1 A, ✆ 075-4215161. ‹‹‹

Port 17. Das Strandrestaurant wird von der Tauchschule Negombo Diving Center betrieben. Schöne Sitzplätze unter einem luftigen Verandadach mit Meerblick, relaxte Atmosphäre, Gute-Laune-Musik, jüngeres Publikum. Der fangfrische Fisch wird aus der Frischetheke ausgewählt und in allen erdenklichen Varianten zubereitet, sri-lankische Spezialitäten sowie Bier und Cocktails. Überschaubare Portionen ab 1000 Rs. Lewis Pl. 285/6, ✆ 077-0200192.

Rohan's Place 2. Familiäres Restaurant an der Küstenstraße, spezialisiert auf traditionelle sri-lankische Küche. 7 Tische in der zur Straße hin offenen Sitzlobby, Frühstück (westlich und sri-lankisch), Mittag- und Abendessen. Spezialität ist Rice & Curry (ab 700 Rs); Meeresfrüchte in vielerlei Varianten. Tägl. 8–21 Uhr. Palangathura 59 A, ✆ 031-2277708.

Icebear Century Café 23. Das stimmungsvolle Café in einem Kolonialbau aus dem Jahr 1909 ist die ideale Einkehr nach dem Stadtbummel und ein Ableger des Icebair-Restaurants am Strand (Lewis Pl. 95). Stilvolles Innenleben mit angeschlossener

Muslimischer Fast-Food-Stand am Strand von Negombo

Miniboutique und lauschigem Hinterhof. Schokoladenkuchen, belegtes Schwarzbrot, Croissants und komplette Gerichte ab 1000 Rs. Auch Suppen, Tees und Fruchtsäfte. Gemächlicher Service. Tägl. 9–18 Uhr. Main St. 25, www.icebearhotel.com.

Dolce Vita **12**. Sympathische Einkehradresse an einem der schönsten Strandabschnitte mit schattigem Verandabereich. Relaxte Atmosphäre, Kuchen und Muffins, Cappuccino aus der italienischen Maschine. Auch Tees, Säfte, Frühstück, Crêpes, Pancakes, Salate sowie Pasta und Seafood (ab 1300 Rs). Tägl. außer Mo und an Poya-Tagen 8.30–22.30 Uhr. Poruthota Rd. 27, ✆ 031-2274968.

Sea Joy **21**. Einfache landestypische Lokalität an der Touristenmeile nördlich des Zentrums, gute sri-lankische Küche, auch Frühstücksangebote und chinesisch-internationale Gerichte. Gästezimmervermietung. Bodenständiges Ambiente an der Durchgangsstraße, preiswert. Lewis Pl. 122/1, ✆ 031-2221659.

Colombo und der Westen → Karte S. 125

Waikkal

In dem Fischerdorf 10 km nördlich von Negombo geben Pauschalurlauber eindeutig den Ton an. Demzufolge überwiegen am Strand großzügig dimensionierte Resorts, privat betriebene Restaurants haben hingegen einen schweren Stand. Aufgrund der Nähe zum internationalen Flughafen eignet sich Waikkal als Standortalternative zu Negombo: Wer himmlische Ruhe zu schätzen weiß, liegt hier genau richtig. Ideales Fortbewegungsmittel ist das Fahrrad, mit dem sich das weit verzweigte Netz von Flüssen, Kanälen und Lagunen im Mündungsgebiet des Maha Oya – mit einer Länge von 134 km zählt er zu den wichtigsten Flüssen Sri Lankas – auf schmalen, ruhigen Straßen bestens erschließen lässt. Eine andere Perspektive bekommt man auf einer Bootstour. Am Morgen kann man jede Menge Vögel beobachten, tagsüber ziehen Grüppchen freilaufender Hausschweine durch die Parzellen. Eine typische Pflanzengattung ist die Nipapalme, die im Wasser der Flüsse und Kanäle wurzelt, weshalb sie auch als **Mangrovenpalme** bezeichnet wird. Der Ging Oya – der wichtigste Nebenfluss des Maha Oya – bezieht sich namentlich auf diese Pflanze (*ging* ist das singhalesische Wort für Mangrovenpalme).

Wichtiges Alleinstellungsmerkmal von Waikkal sind die **Ziegeleien.** Von den einst 250 Brennbetrieben sind gegenwärtig noch rund 150 in Betrieb, gut zu erkennen an den hohen Schloten beiderseits der Hauptstraße (A 3). Das Rohmaterial stammt zu einem Drittel aus der Chilaw-Puttalam-Region, der Rest wird hier vor Ort aus dem Boden geholt, was die große Anzahl von Betrieben in Waikkal erklärt. Denn die in der Ortsumgebung gewonnene Tonerde kommt anderswo relativ selten vor: Sie ist von der Konsistenz weicher als andere Erden und verleiht gebrannten Ziegeln und Fliesen die nötige Flexibilität.

Ayurveda **Karunakarala Ayurveda Resort**, ⑤–⑦. Idyllisch am Ufer des Maha Oya gelegenes Resort mit 19 Luxuschalets für 2–4 Pers. Die Hälfte der Gäste kommt aufgrund der Ayurveda-Behandlungen, 3 festangestellte Ärzte, eigene Apotheke, kleiner Pool, Restaurant (kein Alkohol), Yogaraum. Flusstouren mit eigenem Boot, Shuttleservice zum Strand. Einzig die nahe Bahnlinie trübt den perfekten Gesamteinruck. Jesu Nasarenu Mw., Thopputhota, ✆ 077-0517282, www.karunakarala.com.

Bootstouren Die größeren Hotels verfügen normalerweise über ein Travel-Desk, das Bootstouren auf den Flüssen und Kanälen vermittelt. Auch der Inhaber des Restaurants Canal Garden betreibt eine Agentur und bietet Ausflüge mit dem Boot an (s. u.).

Übernachten/Essen **Club Hotel Dolphin**, ⑥–⑦. Ausgezeichnet geführte All-Inclusive-Oase mit 154 Zimmern im Haupthaus und in Chalets. Weitläufige Anlage, ungehinderter Zugang zum gepflegten Sandstrand, zum Konzept gehört eine strikte Trennung zwischen Ruhebereich, Sport- und Animationsbereich. Die schönsten Zimmer befinden sich in Bungalows in der 1. Reihe am Strand. Buchung über gängige

Typische Flusslandschaft im Hinterland von Waikkal

Buchungsportale und einschlägige Reiseveranstalter mit Halb- oder Vollpension. Kammala South, ✆ 031-4877100, www.serendibleisure.com.

Ranweli Holiday Village, ⑥–⑦. Das Strandhotel des renommierten sri-lankischen Architekten Mihindu Keerthiratne erhielt wegen des vorbildlichen Müllmanagements sowie der Nutzung alternativer Energien mehrere Ökozertifikate. Der Zugang erfolgt per Stocherkahn über den Kanal. 83 Zimmer, Pool, Restaurant, ungehinderter Strandzugang, Organisation von Ausflügen (u. a. in den Wilpattu-Nationalpark). ✆ 031-2277359, www.ranweli.com. ■

Puetz Travels Beach Resort, ⑤. Strandhotel im Süden von Waikkal unter der Leitung eines Paares aus Hamburg. 12 Bungalows für 2–4 Pers. gruppieren sich um einen einladenden Pool, beliebt v. a. bei Familien mit Kindern aus dem deutschsprachigen Raum. Hervorzuheben sind die überaus wohnlichen Veranden. Auf Wunsch wird abends für Hausgäste gekocht. Mai geschlossen. Welankanni Mw., Sindathriya, ✆ 031-2277774, www.puetz-travels.com.

››› Mein Tipp: **Ging Oya Lodge**, ④. Liebenswertes Domizil in Händen eines belgischen Ehepaars mit einer fast unschlagbaren Alleinlage am Fluss. Rundherum Dschungel, 7 Zimmer in geräumigen Bungalows mit Freiluftbad und Veranda, Gartenpool, Fahrradverleih, Kanus und Kajaks für Flussfahrten. Auf Wunsch wird abends für Hausgäste gekocht. Für Familien mit Kindern ungeeignet. Der Mindestaufenthalt beträgt 2 Nächte. Kammala North, ✆ 031-2277822, www.gingoya.com. ‹‹‹

Rico Shadow, ④. Bei deutschsprachigen Urlaubern beliebtes Gästehaus mit Restaurant, das auch auswärtige Besucher willkommen heißt. Unterschiedliche Gebäudeeinheiten sowie Spa-Bereich wenige Schritte vom Strand entfernt. Management spricht deutsch, 25 eher einfach ausgestattete Zimmer mit Veranda, Fahrradverleih, Travel Desk (Organisation von Touren in Dörfer der Umgebung). Die Küche ist spezialisiert auf Seafood und Rice & Curry. Etwas teurer, aber die Qualität stimmt, tägl. ab 8 Uhr. Preise inkl. Halbpension. Kammala North, ✆ 031-2278932, www.rico-shadow.com.

Canal Garden. Hübsch am Dutch Canal gelegenes Meeresfrüchtemekka mit Sitzplätzen unter der Veranda, von hier sind auch Bootstouren auf dem Fluss und dem Kanal möglich. Fisch und Krustentiere wie Hummer, Langusten oder Garnelen in vielerlei Varianten, auch Fleischgerichte, Rice & Curry und Vegetarisches. Mittleres Preisniveau. Tägl. ab 10 Uhr. Kammala South (am Club Hotel Dolphin), ✆ 077-7635447, www.canalgarden.com.

Anthoney's Seafood. Sympathisches familiengeführtes Meeresfrüchterestaurant in der Nähe des Ranweli Ökoresorts. Krustentiere nach Gewicht (ab 500 Rs/100 g), diverse Fischgerichte nach traditioneller Art, auch einige Fleischgerichte sowie Sandwiches. Sitzplätze im durch Ventilatoren belüfteten Innenraum. Tägl. ab 8 Uhr. Aluththota (nicht beschildert, daher nicht einfach zu finden), ✆ 077-7617064.

Colombo und der Westen → Karte S. 125

Marawila und Mahawewa

Das Fischerdorf Marawila empfiehlt sich als Urlaubsquartier, wenn man Ruhe und die Vorzüge abgeschotteter Resorts zu schätzen weiß. Auch als Zwischenstation auf einer Fahrradtour entlang der Westküste ist die Ortschaft durchaus eine Option. Der Sandstrand braucht den Vergleich mit den weit bekannteren Stränden im Süden keineswegs zu scheuen. Wind und Wellen tragen den Sand regelmäßig gen Norden in den Bereich der Küstenlagune, weshalb er mit Lastern und Schiffen alle zwei bis drei Jahre umständlich wieder zurückgekarrt werden muss.

Wenige Kilometer nördlich von Marawila entpuppt sich die Ortschaft Mahawewa als Zentrum der sri-lankischen **Batikproduktion.** In den Hinterhöfen der kleineren Familienbetriebe kann man Arbeiterinnen über die Schulter schauen oder im Shop nach bunten Strandklamotten stöbern. Die meiste Ware wandert jedoch auf die Märkte nach Colombo. Als *Pettah-Sarongs* werden etwas spöttisch Männerröcke minderer Qualität bezeichnet, die vorzugsweise von wenig betuchten Tamilen in der Pettah – einem Stadtteil von Colombo – getragen werden. Schilder an der A 3 Negombo–Chilaw weisen auf Batikmanufakturen hin.

Einkaufen **Shree Devi Batik**. Sympathische familiengeführte Batikmanufaktur, erreichbar über einen Stichweg von der Hauptstraße (A 3). Im Hinterhaus sind 20 Arbeiterinnen mit der Herstellung der Batikware beschäftigt. Gute Qualität, erfrischende Designs, Sarongs sowie Hemden und Blusen. Mo–Sa 8–18 Uhr, um das sri-lankische Neujahrsfest 2 Wochen geschlossen. Ihala Koswadiya 188 A in Mahawewa (an der A 3 auf Schild achten), ✆ 032-2252080.

Behagliches Strandbad zwischen Küstenlagune und Meer

Übernachten/Essen **Villa Viana**, ④–⑤. Mittelklassehotel am Strand, 7 unterschiedliche Zimmer mit AC, teilweise sehr geräumig mit großen Bädern, 2 Zimmer mit Balkon sowie Meerblick. Pool, Bar und Restaurant, Organisation von Ausflügen mit eigenen Fahrzeugen. Ganzjährig geöffnet. Beach Rd. 64 A 1, Modara Wella in Marawila, ✆ 032-2253226, www.villaviana.lk.

Solomon Beach Hotel, ④–⑤. Charmantes Boutiquehotel auf der Lagune in der 2. Reihe hinter dem Strand. Gepflegter Vorgarten mit Pool, Frühstücksveranda im 1. OG. 7 Zimmer, davon 4 im EG, ein weiteres sowie 2 Wohnsuiten im 1. OG. Wohnliche Einrichtung, Gemeinschaftsveranda, kein Restaurant. Thalwila Wella, Thoduwawa in Marawila, ✆ 032-2250829, www.solomonbeachhotel.com.

Saara Beach Hotel, ③. Kleines Strandhotel mit 5 Zimmern, alle mit AC und Warmwasser, ordentlicher Gästehausstandard. Die schöneren 3 Zimmer liegen im 1. OG und haben Terrassenzugang. Restaurant, der Strand liegt direkt vor der Türe. Beach Rd. 28 in Marawila, ✆ 032-2051212, Buchung über die gängigen Buchungsportale.

Club Palm Bay, die All-Inclusive-Anlage ist unangefochtener Platzhirsch an der Lagune von Marawila. 160 Zimmer, jede Menge Aktivitätsoptionen, über deutsche Pauschalveranstalter buchbar. Büfett- und À-la-carte-Restaurant stehen auch auswärtigen Gästen offen, üppiges Mittagsbüfett ab 2000 Rs. Besucher von auswärts können für ca. 3000 Rs eine Mitgliedschaft für einen Tag erwerben und – neben dem Restaurant – den großen Pool nutzen. Thalwila Wella, Thoduwawa in Marawila, ✆ 032-2254956.

O_2 Seafood Restaurant. Strandrestaurant in Marawila an der Lagune, relaxte Atmosphäre, gut geführt, lauschige Sitzplätze direkt am Wasser sowie unter der schattigen Veranda. Fisch- und Fleischgerichte, Salate, frische Säfte, Mocktails (Gerichte ab 800 Rs). Tägl. ab 9 Uhr. Thalwila Wella, Thoduwawa in Marawila, ✆ 077-8211736.

Chilaw

ca. 24.700 Einwohner

Der Verkehrsknoten auf halber Strecke zwischen Negombo und Puttalam ist eine wichtige Etappenstation auf der Reise entlang der Westküste. Die Sehenswürdigkeiten befinden sich alle in der näheren oder weiteren Umgebung.

Chilaw liegt wenige Kilometer südlich der Mündung des Deduru Oya – mit einer Gesamtlänge von 142 km einer der Hauptflüsse Sri Lankas. Das Stadtzentrum bietet wenig Überraschungen und fungiert in touristischer Hinsicht im Wesentlichen als Zwischenstopp oder Ausgangspunkt für Abstecher in die Umgebung: 4 km westlich liegt mit dem Munneswaram-Tempel eines der bedeutendsten Shiva-Heiligtümer der Insel, das zuvorderst bei den alljährlich stattfindenden Tempelfestivi-

Außenansicht vom prachtvollen Sri Munneswaram Devasthanam

Colombo und der Westen → Karte S. 125

täten im Frühjahr und Sommer Ziel der Wallfahrer ist. Zahlreiche Mythen und Legenden ranken sich um diese hinduistische Kultstätte – vom Epos Ramayana bis zu den im Dunkeln liegenden Ursprüngen eines Kali-Kults mit Tieropfern, der erst 2011 von der sri-lankischen Regierung unter dem Druck buddhistisch-singhalesischer Interessengruppen verboten wurde. Von allen hinduistischen Tempeln Sri Lankas ist hier die stilistische Verwandtschaft mit den großen südindischen Tempelstädten am augenfälligsten. Ebenfalls einen Bezug zu Südindien hat ein weiterer Hindutempel im Fischerdorf Udappu 27 km nördlich von Chilaw. Dieser ist – einzigartig in Sri Lanka – den Helden aus dem indischen Epos Mahabharata geweiht. Verehrt wird hier in erster Linie Draupadi, die im Mythos fünf Göttersöhne gleichzeitig ehelichte – ein populäres Exempel literarisch verbürgter Polyandrie. Exilanten aus Rameshwaram in Tamil Nadu, deren Kultur sich bis heute überraschend unverfälscht erhalten hat, begründeten im 17. Jh. die Küstensiedlung.

35 km östlich von Chilaw schlummern auf einer Fläche von 20 ha die ansehnlichen Überreste der mittelalterlichen Königsstadt **Panduwas Nuwara**. Es handelt sich um die schönste und ergiebigste Ausgrabungsstätte im Westen Sri Lankas, auch wenn die archäologischen Hinterlassenschaften aus dem 12. Jh. weit weniger spektakulär als in Polonnaruwa oder Anuradhapura sind. Die Ruinenstadt kann ebenso gut von Kurunegala im Rahmen eines Tagesausflugs angesteuert werden.

Draupadi Amman Kovil

Sehenswertes

Sri Munneswaram Devasthanam: Der Hindu-Tempel östlich von Chilaw zählt zu den wichtigsten Shiva-Kultstätten des Landes. Zu den Mythen, die die große Bedeutung der Örtlichkeit unterstreichen, zählt auch das Ramayana: Angeblich hielt sich der Held Rama nach seinem Sieg über Ravana mehrere Tage im Tempel auf und bat den Gott um Verzeihung dafür, dass er in der Schlacht seinen Widersacher getötet hatte. Immerhin war Dämonenkönig Ravana Brahmane gewesen – der Tötung eines solchen müssen laut hinduistischer Tradition Buße und Abbitte folgen. Abgesehen vom Shiva-Lingam im zentralen Sanktuarium ist nur wenig Substanz des mittelalterlichen Tempelkomplexes erhalten, weil 1578 die Portugiesen den Vorgängerbau komplett zerstörten und auf den Fundamenten eine Kirche errichteten. Rajasinha I., der König von Sitawaka und Widersacher der portugiesischen Kolonialherren, baute das Heiligtum noch im gleichen Jahrhundert wieder auf. Die Maßnahme konnte jedoch den schleichenden Niedergang des Shiva-Kults im 19. Jh. nicht verhindern: Die mehrheitlich von Tamilen bewohnten Dörfer der Umgebung entvölkerten sich, demzufolge der Tempelbesitz brach lag und die für den Sakralbetrieb notwendige Infrastruktur zusehends verfiel. Ein Aufschwung setzte erst wieder unter britischer Herrschaft gegen Ende des 19. Jh. ein.

Neben dem zentralen Shiva-Heiligtum mit dem Lingam befinden sich im Inneren weitere Tempel, die neben Shiva in verschiedenen Manifestationen (z. B. Bhairava), Parvati, Ganesha, Skanda (bzw. Murugan) sowie den neun Planetengöttern geweiht sind. Außerhalb der Umfassungsmauer kann ein reich verzierter Prozessionswagen bewundert werden; ebenfalls abseits befindet sich der Kali-Tempel, an dem Hindus wie Buddhisten noch bis vor wenigen Jahren blutige Tieropfer vollzogen. Schwarzmagische Praktiken waren im Zuge der Opferrituale ebenfalls an der Tagesordnung.
Tägl. 5.30–20 Uhr. Pujas um 5.30, 7.30, 12, 17, 19 und 20 Uhr. www.munneswaram.com.

Draupadi Amman Kovil: Der hohe Gopuram (Torturm) des Hinduheiligtums dient bereits bei der Anfahrt auf den Küstenort Udappu 30 km nördlich von Chilaw als Orientierungsmarke. Seeleute aus der südindischen Stadt Rameshwaram waren die Gründerväter; sie entstammten allesamt der Kaste der Karaiyar (das tamilische Wort *karai* bedeutet Küste, *yar* heißt Volk) und bilden noch heute die Mehrheit der Bevölkerung. Die Immigranten etablierten auch den Kult der Draupadi sowie der fünf Pandavas, deren Geschichte im klassischen Epos Mahabharata beschrieben wird. Einmal im Jahr, beim Tempelfest zu Ehren der Draupadi, wird die mythische Handlung wieder zum Leben erweckt. Die Festivitäten erstrecken sich über 18 Tage – ebenso viele Tage dauerte einst die epische Schlacht zwischen den Pandavas und den Kauravas. Nach dem Sieg mussten Draupadi und die fünf Pandavas Buße tun, u. a. für das Töten von Freunden und Verwandten, und liefen daher barfuß über glühende Kohlen. Die alljährliche rituelle Wiederholung des Ereignisses bildet den Höhepunkt der Feierlichkeiten. Bei den Nachfahren der um 1700 aus Tamil Nadu eingewanderten Bewohner handelt sich um eine kulturell eigenständige tamilische Volksgruppe, die nicht mit den Teepflücker-Tamilen oder den im Mittelalter im Zuge der Chola-Invasionen auf die Insel gelangten Tamilen zu verwechseln ist.
Tägl. 6–20 Uhr.

Panduwas Nuwara: Die sehenswerte Ruinenstadt aus dem 12. Jh. liegt zwischen Chilaw und Kurunegala und einen Steinwurf südlich der B 79. Das jederzeit frei zugängliche Ausgrabungsgelände ist erstaunlich weitläufig und wird von den Resten eines einst wehrhaften Mauerwalls umgeben. Überwölbt von Kokospalmen sind

Colombo und der Westen → Karte S. 125

u. a. die Überbleibsel mehrerer Dagoben auf quadratischen Podesten zu besichtigen. Wie die Fundamente der Klöster und Paläste stammen sie allesamt aus der Polonnaruwa-Periode. Wissenschaftler identifizierten sie als Reste der Stadt Parakramapura, die bereits in der Anuradhapura-Periode administratives Zentrum der Südprovinz Dakkhinadesa war. Im 12. Jh. fungierte die Stadt als Basis für den Aufstieg des Königs Parakramabahu I., der von hier die Reiche Rohana und Polonnaruwa solange erfolgreich bekämpfte, bis er sich schließlich als Führer eines wiedervereinigten Königreichs inthronisierte. Der Name Panduwas Nuwara beruht darauf, dass man die Ruinen zunächst irrtümlich auf die Epoche der indo-arischen Einwanderung im 5. Jh. n. Chr. datierte. Angeblich soll es sich um die Residenz des Königs Panduwasudeva bzw. um die Hauptstadt des zweiten singhalesischen Reichs *Upatissa Nuwara* gehandelt haben. Panduwasudeva war ein Neffe von Vijaya, dem (legendären) Gründervater des ersten singhalesischen Königreichs in Sri Lanka. Für diese zeitliche Einordnung gibt es jedoch keine wissenschaftlichen Belege.

Nur ein Teil der mittelalterlichen Stadtanlage wurde bislang freigelegt. Unmittelbar hinter dem modernen Klosterkomplex befinden sich Reste eines Wassertanks, um den sich zahlreiche Legenden ranken. Die bekannteste handelt von einer hübschen Prinzessin namens Ummada Chitta, die von ihrem Vater in eine Zitadelle gesperrt wurde, weil eine Weissagung verkündete, der von ihr geborene Sohn würde sich an die Spitze des Reichs setzen, nachdem er sämtliche männliche Nebenbuhler um die Ecke gebracht hätte. Selbstverständlich nutzte die drastische Vorsichtsmaßnahme des Vaters nichts. Das Fundament besagter Zitadelle ist noch zu erkennen, zudem illustriert ein modernes Wandfresko im Hauptgebäude des Klosters die Geschichte.

Hin & weg Bus/Bahn: Chilaw liegt an der Bahnstrecke Colombo–Puttalam. Regelmäßige Busverbindungen – auch mit Minibussen – zwischen Negombo und Chilaw (Bus Nr. 907).

Veranstaltungen Wasantha Navarathri, 9-tägiges Festival im Munneswaram Tempel zu Ehren Shivas und anderer Gottheiten. März/April.

Panduwas Nuwara ist die wichtigste Ausgrabungsstätte im Westen

Draupadi Amman Festival, lokales Tempelfest im Fischerdorf Udappu 30 km nördlich von Chilaw zu Ehren von Draupadi und den fünf Pandavas aus dem indischen Epos Mahabharata. Höhepunkt ist der 5. Tag nach Vollmond, wenn Einheimische barfüßig über glühende Kohlen laufen. Ende Juli/Anfang Aug. www.udappu.org.

Munneswaram Festival, das jährlich stattfindende Sommerfest zu Ehren von Ganesha und Skanda erstreckt sich über einen ganzen Monat und lockt neben Hindus auch Buddhisten, Muslime und Christen in den Munneswaram Tempel. Aug./Sept.

Übernachten/Essen **Anantaya Resort & SPA**, ⑦–⑧. Nobelhotel mit üppigen Kapazitäten am Strand, ca. 10 km nördlich von Chilaw. 87 Zimmer verteilen sich auf 5 Gebäudeeinheiten, zu empfehlen sind die Zimmer in der Deluxe-Kategorie. Weitläufige Anlage mit Liegestühlen unter Palmen, Bootstouren auf dem Chilaw-See, zwei Schwimmbäder, Spa-Bereich. Karukupone, Bangadeniya, ✆ 032-5566200, www.anantaya.lk.

Athina, ③. Restaurant und Stadtpension am westlichen Ortsrand auf halber Strecke zwischen Busbahnhof und Munneswaram-Tempel. 6 Zimmer mit Bad, einfacher Gästehausstandard (kein Warmwasser), ein Zimmer ohne Fenster nach außen. Restaurant im EG, tägl. mittags Rice & Curry-Büfett, die vegetarische Variante kostet ab 350 Rs. Kurunegala Rd. 101, ✆ 077-2025762, Buchung über die gängigen Buchungsportale.

Kalpitiya und die Puttalam-Lagune

Die Lagunen rund um Kalpitiya sind ein Wassersportmekka vom Feinsten. Besonders Kitesurfer kommen hier auf ihre Kosten. Eine weitere Attraktion sind Delfin- und Walbeobachtungen. Weniger bekannt ist, dass sich auf der Halbinsel wunderbare Sandstrände befinden – perfekte Bedingungen also für Badeferien weit ab vom Schuss!

130 km nördlich von Colombo entpuppt sich die Halbinsel von Kalpitiya als eigenständiger Mikrokosmos. Getrennt wird sie vom Festland von der Puttalam-Lagune, die mit einer Fläche von 327 km^2 die Ausmaße eines Binnenmeeres besitzt. Beiderseits der Straße säumen Salzfelder den handtuchbreiten Übergang zwischen Festland und Halbinsel – es handelt sich um die zweitgrößte Salzgewinnungsanlage Sri Lankas. Blickt man über die brettflache Halbinsel, dominieren zur Abwechslung einmal nicht die auch hier allerorten in den Himmel wachsenden Kokospalmen, sondern hochmoderne Windräder. Neben Windkraftanlagen zementiert ein 2011 fertiggestelltes Kohlekraftwerk in Norochcholai den Ruf der Halbinsel als **Energieregion**. Bei der *Lakvijaya Power Station* handelt es sich um den größten Kraftwerksbetrieb Sri Lankas, der mit Importkohle aus Indonesien fast ein Zehntel des Strombedarfs der Insel produziert.

Überraschenderweise wirken sich weder Salzfelder noch Windräder und Kraftwerk störend auf die touristische Entwicklung aus, was in erster Linie der Weitläufigkeit der Halbinsel geschuldet ist. Die Entfernungen hier sind groß – von der Palavi Junction auf dem Festland bis zum Ende der Fahrstraße in Kalpitiya sind es 45 km. Wer als Gast den Weg hierher findet, tut dies schwerlich, um bereits am nächsten Tag wieder abzureisen. Im Gegenteil, wer hier ankommt, bleibt gewöhnlich für mehrere Tage oder gar Wochen. Einen exzellenten Ruf genießt Kalpitiya wegen der idealen Windverhältnisse in der **Kitesurfszene**. Das ganze Jahr herrscht hier Saison, wobei die besten Surfbedingungen während des Südwestmonsuns zwischen Juni und September herrschen. In diesem Zeitraum sind die meisten Surfresorts bereits Wochen und Monate zuvor ausgebucht. Ebenfalls reichlich Betrieb herrscht in den Wintermonaten Dezember bis März. Auf der Halbinsel gibt es zwei Kitesurfreviere: erstens die Kalpitiya-Lagune südwestlich des Hauptortes – hier befinden sich die meisten Resorthotels –, zweitens einige Kilometer weiter südlich die kleinere und familiärere Kappalady-Lagune. Die Puttalam-Lagune spielt trotz ihrer beträchtlichen Größe indessen nur eine untergeordnete Rolle. Ein weiterer touristischer Anziehungspunkt ist der abgeschiedene **Alankuda-Strand**, der trotz seiner unzweifelhaften Schönheit noch immer als ein Geheimtipp unter Sri Lankas Stränden gilt.

Wer die Halbinsel von Kalpitiya als Urlaubsquartier wählt, kann sich auf landesweit überdurchschnittliche Sonnenstunden freuen, sollte aber bedenken, dass die Hotels allesamt abgelegen sind. Selbst der Gang ins nächstgelegene Dorf wird unter diesen Umständen zum Tagesausflug. Auch eilt der Halbinsel der Ruf eines hochpreisigen Ferienreviers voraus, wobei es aber auch hier einige preiswerte Unterkünfte gibt. Die meisten (teureren) Hotels bieten Exkursionen an – beispielsweise in die Dutch Bay, um Wale und Delfine zu sichten, oder in den Wilpattu-Nationalpark (→ S. 171). Die Halbinsel selbst wartet mit dem einen oder anderen Schmankerl auf: Von gewisser historischer Bedeutung ist das **holländische Fort** in Kalpitiya, das seit der Fertigstellung im Jahr 1676 den Zugang zur Puttalam-Lagune schützte und heute Sitz einer sri-lankischen Marineeinheit ist. Besucher müssen sich daher mit einem Blick von außen auf den verhältnismäßig gut erhaltenen Mauerwall begnügen. Wohl für alle Zeiten verschüttet ist der Tunnel, der einst das Festungsinnere mit der außerhalb gelegenen, niederländisch-reformierten **St. Peter's Kerk** aus dem Jahr 1706 verband. Weitaus wichtiger als besagtes Gotteshaus aus der Kolonialzeit ist heute der **Schrein der St. Anna** in der Nähe der Lagune von Kappalady. Der 1837–43 erbaute Sakralbau liegt einen Steinwurf vom Meer entfernt inmitten ausgedehnter Latifundien, die von einem beträchtlichen Wohlstand zeugen. Jedes Jahr im August ist die Kirche Ziel tausender Pilger, die hier das Standbild der hl. Anna, der Mutter Marias, verehren. Von den zahlreich überlieferten Legenden handeln nicht wenige von Schiffen, die hier vor der Küste auf Grund gelaufen sind, und von Seeleuten, die auf wundersame Weise – und wohl unter gütiger Mithilfe der hl. Anna – gerettet wurden. Das tamilische Wort *kappalady* bedeutet übrigens Ort des Schiffwracks.

Downwinder: Abenteuerliche Fahrten über lange Distanzen

Kitesurfer Keira Pereira stammt aus Colombo und verbrachte einige Zeit in den USA, bevor er nach Sri Lanka zurückkehrte, um auf der Halbinsel von Kalpitiya seine zweite Heimat zu finden. Pereira hat sich mit Haut und Haaren dem Kitesurfen über lange Distanzen verschrieben. Als Downwinder werden in der Surfszene diejenigen bezeichnet, die in die Richtung fahren, in die der Wind weht und dabei nicht selten große Entfernungen zurücklegen. Sie gelten als Abenteurer ihrer Zunft.

Ein veritables Abenteuer meisterten Keira Pereira und seine vier Mitstreiter im Sommer 2016, als sie mit ihrer Surfausrüstung in Kalpitiya starteten und binnen drei Tagen eine 300 km lange Strecke auf dem Wasser zurücklegten. Ziel der Expedition war Jaffna im tamilischen Norden, verbunden waren die Seereisenden lediglich via GPS mit einem Begleitjeep zu Lande. Einmal war die Küstenlinie sogar gänzlich den Blicken entzogen – ein mulmiges Gefühl selbst für ausgebuffte Profisurfer! Keira Pereira und seine Mitstreiter arbeiten heute in einer Surfschule auf der Halbinsel, die sich auf Downwind-Kitesurfen spezialisiert hat: www.freeriderskitetours.com.

Abendstimmung an der Küstenlagune im Westen der Halbinsel

Colombo und der Westen → Karte S. 125

Basis-Infos

Hin & weg **Bus/Bahn**: Reisende von Negombo/Chilaw steigen an der **Palavi Junction** aus und fahren entweder mit dem Bus oder Three Wheeler weiter auf die Halbinsel. Endstation der meisten Busse von Süden ist die Distrikthauptstadt Puttalam, 8 km nördlich der Palavi Junction. Zwischen Colombo und Kalpitiya verkehrt auch ein Direktbus.

In der touristisch uninteressanten Distrikthauptstadt **Puttalam** starten bzw. enden Busse von und nach Kurunegala und Anuradhapura. Mehrmals tägl. verbinden Direktbusse Puttalam mit Kalpitiya (via Palavi Junction).

Veranstaltungen **St. Anna-Wallfahrt**, Tausende Christen von der gesamten Insel pilgern alljährlich im Anschluss an den Annentag (26. Juli) auf die Kalpitiya-Halbinsel und besuchen die „wundertätige" Statue der hl. Anna in Talawila. Höhepunkt der Feierlichkeiten ist der 1. So im Aug.

Baden/Wassersport **Baden**, der längste Sandstrand befindet sich in Alankuda (von der Palavi Junction kommend in Norochcholai an der B 349 auf Hinweisschilder nach links achten). Bademöglichkeiten bieten ferner die beiden Lagunen von Kalpitiya und Kappalady.

Kitesurfen, die meisten Resorts mit angeschlossener Kitesurfschule befinden sich an der Kalpitiya-Lagune einige Kilometer südwestlich des Hauptorts der Halbinsel. Mit Ausnahme von Kitesurfing Lanka (s. u.) liegen die Quartiere jedoch nicht direkt an den Surfspots – fast immer ist eine kurze Fahrt mit dem Boot oder Three Wheeler nötig, um zu den Einstiegsstellen zu gelangen.

Schnorcheln/Tauchen, wichtigstes Tauch- und Schnorchelrevier der Halbinsel ist das **Bar Reef** nordwestlich von Kalpitiya. Seit 1999 bemüht sich ein Schutzprojekt um den Erhalt der Korallenbestände, die in der Vergangenheit sichtlich unter der Fischerei sowie unter Umweltemissionen gelitten haben.

Übernachten / Essen & Trinken

Weil die meisten Gäste ihren Aufenthalt mit Halb- oder sogar Vollpension buchen, stehen die wenigen Restaurants außerhalb der Surf- und Baderesorts zumeist auf verlorenem Posten. Übernachtungsquartiere auf der Halbinsel sollten unbedingt vorgebucht werden.

Bar Reef Resort, ⑦–⑧. Hochwertiges Hotel am Sandstrand von Alankuda, der palmengesäumte Pool ist ein absoluter Hingucker. Traditionelle Architektur gepaart mit modernem Design, gepflegtes Ambiente, himmlische Ruhe, genächtigt wird in (nicht abschließbaren) Cabanas oder in Steinbungalows. Mannigfaltige Aktivitäten von Wal- und Delfinbeobachtung über Yoga bis zu Wassersport (Kitesurfen, Schnorcheln, Kajaks, Wasserski). Palmyrah Av., Norochcholai, ✆ 077-8903677, www.dolphinbeach.lk.

Elements Resort, ⑦. Weitläufig angelegtes Wassersport- und Baderesort an der Lagune von Kappalady. Großzügig dimensionierte, elegant ausgestattete Villen und Cabanas, exklusive Alleinlage am Südrand der Lagune mit kurzen Fußwegen zum Sandstrand. Pool am Meer, Restaurant, Yogaraum und Wassersportzentrum (Kitesurfen, Schnorcheln und Tauchen). ✆ 077-0066468, www.elements-resort.com.

Villa Santé, ⑦. Familiäres Domizil in zentraler Lage an der Lagune von Kappalady, die weiße Architektur ist sichtlich von Geoffrey Bawa inspiriert. 7 helle Zimmer im EG und im 1. OG, möbliert im Stil eines Boutiquehotels. Schöner Pool, Strandzugang per Boot oder über eine Damm-Steg-Verbindung. Auf Wunsch wird für Hausgäste am Abend gekocht. ✆ 076-8424612, www.villa-sante.com.

Wellé Wadiya, ⑤–⑥. Familiäres Strandhotel der gehobenen Mittelklasse 5 km südwestlich von Kalpitiya. 6 Zimmer, die schöneren – mit guten Bädern, hohen Decken sowie Veranden mit Meerblick – befinden sich im 1. OG. Das Seafood-Restaurant im Nebengebäude steht auch auswärtigen Gästen offen. Der Strand befindet sich direkt vor der Haustüre, zur Surfschule Kitesurfing Lanka ist es nur ein Katzensprung. Dutch Bay Rd., Kandakuliya, ✆ 077-0112929, www.wellewadiya.com.

››› Mein Tipp: **Kitesurfing Lanka**, ④–⑥. Ganzjährig geöffnetes, gut geführtes und oft ausgebuchtes Kitesurf-Mekka 5 km südwestlich von Kalpitiya. Backpacker-Flair, Bar und Restaurant, Yoga-Cabana, Surfshop und eigene Surfschule, Strandzugang über einen Holzsteg. Überwiegend jüngeres Publikum. Genächtigt wird in Zelten unter einem Palmdach oder in hübschen Chalets, letztere mit Veranda sowie Indoor- oder Outdoordusche. Auch Familienbungalows. Vollpension. Dutch Bay Rd. (Kudawa Rd.), Kandakuliya, ✆ 077-3686235, www.kitesurfinglanka.com. ‹‹‹

Kalpitiya Lagoon Resort, ③–④. Am Ortsrand von Kalpitiya gelegenes Resort mit Blick auf Dutch Bay und Mangroven. 5 gepflegte Chalets mit Baldachinbetten

Bei Kitesurfern beliebter Strand im Norden der Kalpitiya-Halbinsel

und Veranda, einfach und funktional eingerichtet, 6 Zimmer in einem langen Flachbau mit Gemeinschaftsveranda auf der gegenüberliegenden Seite. Restaurant, zu den Bade- und Surfstränden sind die Wege weiter. Anawasala Rd. 631 A, ✆ 077-2445475, Buchung über die gängigen Buchungsportale.

Margarita Village, ③. Einfaches wie familiäres Logis 1 km westlich von Kalpitiya, zum Strand sind es 15–20 Gehminuten. Der Inhaber stammt aus Spanien, alternativ angehauchtes Flair, 2 wohnliche Cabanas aus Holz mit Open-Air-Dusche sowie eine „Villa" mit Küchenzeile für Selbstversorger, letztere ist ideal für Familien mit Kindern oder zwei befreundete Paare. Café, Hängematten im sandigen Garten, Kitesurfschule. Setthawadiya, ✆ 076-9871926, www.kitesurfsrilanka.com.

Kite House Café. Relaxte Einkehr an der Lagune von Kappalady mit Backpacker-Ambiente. Rice & Curry und internationale Fusionsküche (Tapas, Salate, Falafel, Hummus, Pizza) mit saisonal wechselnder Karte und vielen Zutaten aus der Region. Auch Tee und Kaffee, frische Säfte sowie Milchshakes. Übernachtung in Zelten mit Freiluftdusche. Tägl. 12–16 und 19–22 Uhr (nicht immer zuverlässig geöffnet). ✆ 077-0030033.

Siebel's Restaurant. Straßenrestaurant an der A 3 Puttalam–Chilaw, 2 km südlich der Palavi Junction. Der Name ist eine Reminiszenz an die Großeltern der Betreiber, die lange Zeit in Deutschland lebten und arbeiteten. Büfettrestaurant mit Rice & Curry, wahlweise mit Fisch, Fleisch oder vegetarisch, nebenan liegt das zugehörige À-la-carte-Restaurant. Tägl. 11–23 Uhr. Colombo Rd., ✆ 032-5610084.

Colombo und der Westen → Karte S. 125

Wilpattu-Nationalpark

Mit einer Fläche von 1317 km² ist der 1938 noch unter britischer Herrschaft gegründete Nationalpark das größte Schutzgebiet Sri Lankas. Während einer Safari können auch Elefanten und Leoparden gesichtet werden.

Wichtigste Besonderheit des Wilpattu-Nationalparks sind die fast 60 natürlichen Seen *(Willus)*, die überwiegend von Regenwasser gespeist werden und dem Areal ihren Stempel aufdrücken. Sie bilden ein natürliches Habitat für Reptilien und Vögel aller Art. Der Nationalpark ist auch bekannt für Elefanten und seine nennenswerte Population von **Leoparden.** Im Jahr 2015 installierte Fotofallen führten zu dem Befund, dass hier 49 Raubkatzen heimisch sind – das ist nach dem Sektor 1 des Yala-Nationalparks die größte Population in Sri Lanka. Weitere häufig vorkommende Wildtiere sind Mungos, Lippenbären und Wasserbüffel. Sie können mit ein wenig Glück bei Safaris ebenso gesichtet werden wie Axishirsche und Krokodile. Drei Viertel der Nationalparkfläche ist mit dichtem Buschland bewachsen, das typisch für die Trockenzone im Nordwesten ist. Darüber hinaus prägen Salzwiesen, an der Küste Mangroven sowie Süßwasserseen das Landschaftsbild. Zu den begehrten Tropenhölzern zählen u. a. der Ebenholzbaum und der Zitronenholzbaum.

Der Wilpattu-Nationalpark liegt 26 km nördlich von Puttalam und 30 km westlich von Anuradhapura. Während des Bürgerkriegs fungierte das weitläufige Areal als Rückzugsort tamilischer Rebellen, weshalb der Park von 1988–2003 für Besucher komplett gesperrt war. Die Kampfhandlungen beeinträchtigten auch die Flora und Fauna. Weil der Regenerationsprozess noch immer andauert, hielt sich der Gästezustrom bislang in Grenzen. Wichtigster Ausgangspunkt von Safaris ist Anuradhapura, 90 % der Gäste steuern den Park im Rahmen eines Tagesausflugs von der alten Königsstadt an. Beste Reisezeit für Tierbeobachtungen sind die Monate Januar bis März.

Der Haupteingang befindet sich in Hunuwilgama, erreichbar über einen Abstecher von der A 12 Puttalam–Anuradhapura. Tägl. 6–18 Uhr. 15 $, Kinder bis 12 Jahre 8 $, hinzu kommen Steuer, Service- und Fahrzeuggebühren.

Tropische Traumstrände prägen die Südküste Sri Lankas

Der Süden

Von Felsen eingerahmte Buchten, Sandstrände soweit das Auge reicht und vielfältige Wassersportoptionen von Surfen bis Tauchen kennzeichnen den Küstenabschnitt zwischen Colombo und Tangalle. Im küstennahen Hinterland indessen locken die Flaggschiffe der sri-lankischen Nationalparks.

Orte wie Beruwela, Hikkaduwa, Unawatuna oder Mirissa stehen stellvertretend für tropische Traumstrände mit Sand und Palmen satt. Kein Wunder, dass sich gerade hier ein Großteil des Ferienaufkommens in Sri Lanka ballt. Nirgendwo sonst ist die touristische Infrastruktur so gut ausgebaut wie an dem Küstenabschnitt zwischen der sri-lankischen Hauptstadt und Hambantota im Südosten. An Hotels und Gästehäusern herrscht kein Mangel, selbst in der Hauptsaison zwischen Dezember und März lässt sich überall noch ein Zimmer ergattern, falls das Wunschquartier ausgebucht ist. Neben dem Baden im Meer ist die Küste im Süden auch für **Wassersportler** interessant. Destinationen wie Weligama, Midigama oder Hikkaduwa wetteifern förmlich miteinander um den – freilich inoffiziellen – Titel „Hochburg der internationalen Surferszene", während Hikkaduwa, Unawatuna und Mirissa mit besonders ergiebigen Tauch- und Schnorchelgründe vor der Küste werben. Zwischen Colombo und Tangalle findet man auch die namhaften **Ayurveda**-Flaggschiffe der Insel. Als Mekka der sri-lankischen Gesundheitsszene entpuppen sich besonders Dikwella, Beruwela sowie die Umgebung von Ambalangoda. Yoga-Praktizierende wiederum finden u. a. in Mirissa und Weligama vielfältige Optionen. Als Faustregel gilt, dass die Westküste zwischen Colombo und Hikkaduwa von Pauschalurlaubern geprägt ist, während an der Südküste zwischen Unawatuna und Tangalle vorzugsweise die Individualreisenden den Ton angeben. Dementsprechend

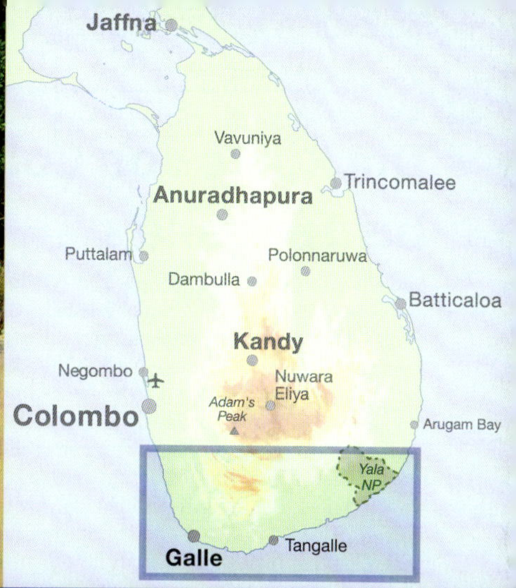

Der Süden

ist das Preisniveau an der Südwestküste eher hoch, während es sich ganz im Süden – mit der Ausnahme von Galle – eher moderat gestaltet. Eine Besonderheit zwischen Bentota-Aluthgama und Weligama sind die zwischen Küstenstraße und Meer gelegenen **Schildkrötenfarmen** (→ Kasten, S. 197), die eine Stippvisite lohnen. Bis zur Südspitze Sri Lankas bei Matara handelt es sich um eine klassische Sonnenuntergangsküste, der Abschnitt östlich von Matara eignet sich vielmehr, um wunderschöne Sonnenaufgänge zu genießen.

Der Küstenabschnitt lag im Epizentrum des **Tsunami**, der viele Teile des Landes am zweiten Weihnachtsfeiertag 2004 dem Erdboden gleichmachte und zahlreiche Todesopfer forderte. Längst sind die Aufräum- und Wiederherstellungsarbeiten abgeschlossen; die eine oder andere Bushaltestelle mit Denkmalcharakter, aufgestellt und finanziert von trauernden Hinterbliebenen, sowie zwei privat betriebene Museen mit Fotografien bei Hikkaduwa gedenken heute an die beispiellose Katastrophe.

Nirgendwo sonst in Sri Lanka ist das individuelle Reisen so einfach wie im Süden. Inzwischen ist der Express Highway von der Hauptstadt bis Matara fertiggestellt; er verkürzt die Transferzeiten vom internationalen Flughafen zum Küstenquartier auf maximal zwei Stunden. Gegenwärtig wird die mautpflichtige Autobahn zum Hafen von Hambantota verlängert – inklusive Anschluss zu einem zweiten Flughafen, der eventuell den Hauptstadtairport zukünftig entlastet. Die Bahnstrecke von Colombo endet in der Bezirkshauptstadt Matara und bringt Reisende ebenfalls bequem zum endgültigen Bestimmungsort. Auch Busfahrten auf der A 2 entlang der Küste sind unproblematisch. An der Küste fallen die saisonal bedingten Preisunterschiede bei den Hotels und Gästehäusern auf. Während Reisende in der **Hauptsaison** zwischen Dezember und März verhältnismäßig tief in die Tasche greifen müssen, lässt sich in der Nebensaison an gleicher Stelle oft das eine oder andere Schnäppchen machen.

Die Küste von Colombo bis Tangalle

Südlich von Colombo entpuppt sich Wadduwa als erster einladender Badeort an der Küste: Hier ist der dicht besiedelte Großraum der Hauptstadt definitiv zu Ende. Einer der ersten Orte an der Küste südlich von Colombo, die sich in den 1960er-Jahren dem Tourismus geöffnet haben, ist Beruwela. Etliche damalige Feriengäste stammten aus dem deutschsprachigen Raum, weshalb man noch heute auf zahlreiche Einheimische trifft, die deutsch sprechen, oft sogar erstaunlich gut. Zwischen Wadduwa und Beruwela gehen die Palmweinzapfer *(toddy tappers)* ihrer waghalsigen Arbeit nach: Vorzugsweise am Morgen sowie am Abend balancieren sie auf Seilen, die meterhoch über der Erde zwischen den Wipfeln der Kokospalmen gespannt sind, um an den begehrten Rohstoff zu gelangen. Auf Palmweinzapfer trifft man auch an der Küste nördlich von Colombo zwischen Negombo und Chilaw. Einem anderen Gewerbe gehen die Einheimischen im Hinterland nordöstlich des Küstenorts Hikkaduwa nach: Hier schürft man mit Vorliebe nach wertvollen Mondsteinen, die aufgrund ihres silbrigen Schimmers in der Schmuckbranche Höchstpreise erzielen.

Im **äußersten Süden** Sri Lankas liegen weitere bedeutende Badeziele der Insel, u. a. Unawatuna, Weligama, Mirissa oder Tangalle. Wichtigstes Städtereiseziel im Süden ist indessen Galle: Hier trifft koloniales Flair auf gut erhaltene Architektur, gepaart mit einer Handvoll Sehenswürdigkeiten von Rang – ein Gesamtkunstwerk, das man sich keinesfalls entgehen lassen sollte! Das Wahrzeichen an diesem Küstenabschnitt

sind die berühmten Stelzenfischer (→ Kasten, S. 219). Allerdings handelt es sich um eine sterbende Tradition, die heutzutage eher eine Touristenattraktion als eine echte Erwerbsquelle ist. Die meistfrequentierten Traumstrände des ultimativen Südens befinden sich zwischen Galle und Matara – den beiden größten Städten an der Küste. Wobei die Bezirkshauptstadt Matara zwar über feine Sandstrände in der Umgebung verfügt, als Feriendestination für Reisende aus dem Westen jedoch nur eine untergeordnete Rolle spielt. Der Ort Tangalle im äußersten Osten steht indes symbolisch für erst unlängst entdeckte und kaum frequentierte Bilderbuchbuchten mit Paradiespotenzial. Wer auch immer die etablierten Ferienorte meiden möchte, sollte das Glück im Osten versuchen, muss aber auf der anderen Seite auf die eine oder andere Annehmlichkeit traditioneller Urlaubszentren verzichten. Östlich von Tangalle ist die Küste aufgrund der Felsen nur noch bedingt badetauglich.

Kalutara und Wadduwa

Die beiden Küstenorte liegen im Einzugsbereich des Großraums von Colombo und sind daher besonders am Wochenende sowie in der Ferienzeit auch Ziel zahlreicher Einheimischer. Das unprätentiöse Fischerdorf **Wadduwa** mit einem hohen Anteil Christen in der Bevölkerung liegt rund 30 km südlich von Colombo. Der ellenlange Strand mit goldgelbem, grobkörnigem Sand ist mit Kokospalmen gesäumt, dahinter liegen zwischen Fischerhäusern eine Handvoll teurer Resorts sowie Gästehäuser im preiswerten Segment. Die Bahnlinie verläuft 250 m landeinwärts parallel zum Strand.

Im Unterschied zu Wadduwa ist **Kalutara** mit 38.000 Einwohnern deutlich urbaner. Die Distrikthauptstadt 10 km südlich von Wadduwa befindet sich am Südufer des 129 km langen und im Mündungsgebiet erstaunlich breiten Kalu Ganga (Schwarzer Fluss). Davon leitet sich auch der Name der Stadt ab, der übersetzt Jenseits des

schwarzen Flusses bedeutet. Bedeutendstes Wahrzeichen am Südufer ist der **Gangatilaka Vihara** mit der weithin sichtbaren weißen Dagoba. Der buddhistische Schrein wurde 1964–74 errichtet und umschließt einen älteren Stupa mit dem eigentlichen Reliquiar. Das begehbare Innere der äußeren Dagoben enthält einen Bilderfries mit Szenen aus der Vita Buddhas bzw. mit Anekdoten aus dessen früheren Existenzen, die in den „Jatakas“ überliefert sind. Die Dagoba ist auch von der Küstenlagune südlich des Zentrums gut zu erkennen: Auf einer weit nach Norden ragenden Nehrung liegen zwischen Sandstrand und Lagune einige Hotelresorts, u. a. in traumhaft-exklusiver Lage das Anantara Kalutara Resort mit seinen 141 Zimmern, das 2016 nach Plänen des sri-lankischen Architekten Geoffrey Bawa fertiggestellt wurde (www.kalutara.anantara.com).

Hin & weg **Bahn**: Der Bahnhof Kalutara liegt zentral 300 m südlich des Haupttempels mit der weißen Dagoba (Gangatilaka Vihara). Er ist ein wichtiger Haltepunkt der Züge auf der Strecke Colombo–Matara. Bummelzüge halten auch in Wadduwa.

Bus: Der Busbahnhof befindet sich im Stadtzentrum von Alutara in Bahnhofsnähe. Regelmäßige Anschlüsse nach Colombo (Nr. 400/1) und in die Gegenrichtung nach Galle (Nr. 02) bzw. nach Aluthgama (Nr. 400). Die Busse nach Norden halten in Wadduwa.

Übernachten **Reef Villa & Spa**, ⑧. Die Spitze des Luxus am Strand von Wadduwa: 7 feudal mit Stilmöbeln ausgestattete Suiten in einem weitläufigen Garten mit Pool. Massage-Spa, Tischtennis, Tennis, Ayurveda-Bereich sowie das feine Restaurant Summer Breeze (nach Voranmeldung auch für auswärtige Gäste). Strandzugang, das Anwesen befindet sich in britischer Hand. Samanthara Rd. 78, Wadduwa, ✆ 038-2284442, www.reefvilla.com.

Avani Kalutara Resort, ⑧. Hotel mit privilegierter Lage an der Spitze der Halbinsel südlich von Kalutara, von drei Seiten von Wasser umgeben. Gepflegtes weitläufiges Areal mit Palmen, Pool, Restaurant und Bar. 106 Zimmer in einem dreigeschossigen Flügel jew. mit Balkon bzw. kleinerer oder größerer Veranda, jedoch nicht überall mit Meerblick. St. Sebastian's Rd., Katurukunda, Kalutara, ✆ 034-2226537, www.avanihotels.com.

Fischer in Aktion am Strand von Wadduwa

»» Mein Tipp: **Coconut Bay**, ④. Familiäres und freundliches Strandquartier in einem dreistöckigen Neubau in Kalutara. 4 DZ und 2 Dreibettzimmer, alle Balkons mit Meerblick und guten Bädern. Strandliegen, Restaurant im EG, Dachterrasse und **Massageangebote**. Der Inhaber spricht etwas Deutsch. Beliebt, daher rechtzeitig buchen! Sebastian's Rd. 181/4, Katukurunda, Kalutara, ✆ 034-2225255, www.hotelcoconutbay.com. ««

Sagala Bungalow, ③. Robuster Bungalow im Norden von Kalutara, 50 m von der Hauptstraße entfernt. 3 Suiten mit Veranda und kleinem Vorgarten, gute Bäder, reichlich Platz, auf Wunsch wird abends gekocht. Ideal für Familien und Kleingruppen bis 6 Pers. für einen Zwischenstopp auf der Reise an der Westküste. Galle Rd. 386/1, ✆ 077-3793818, Buchung über die gängigen Buchungsportale.

Raj Mahal Inn, ③. Sympathisches Gästehaus an der Bahnlinie und 250 m vom Sandstrand von Wadduwa entfernt. 2 wohnliche Suiten, ausgestattet im Nomad-Art-Design, eine Einheit mit AC, die andere ohne AC. Kleine Veranden, Tee und Kaffee in den Zimmern. Der Inhaber betreibt auch eine kleine Saftbar (Fruchtsäfte, Smoothies, ayurvedische Milchshakes) sowie einen Massagesalon. Samanthara Rd. 20, Wadduwa, ✆ 071-6049029, www.rajmahalinnsl.com.

Essen & Trinken **Red Lobster**. Seafood-Restaurant auf der Nehrung im Hotelbezirk von Kalutara unweit des Hotels Coconut Bay. Eine Spezialität ist die gemischte Meeresfrüchteplatte (ab 4000 Rs für 2 Pers.). Krustentiere in vielerlei Varianten, Fleischgerichte nach Vorbestellung, Sitzplätze auf der seitlich offenen Veranda, kein Meerblick. Angeschlossen ist ein **Massagezentrum**. Tägl. 8–22 Uhr. St. Sebastian's Rd. 218, Katukurunda in Kalutara, ✆ 077-1550146.

Taste of Ceylon. Straßenrestaurant an der A 2 im Süden vom Kalutara mit Sitzplätzen im durch Ventilatoren belüfteten Innenraum. Meeresfrüchtegerichte in vielerlei Varianten, gebratener Reis bzw. gebratene Nudeln, 11–16 Uhr Reis & Curry-Büfett ab 200 Rs. Tägl. 11–23 Uhr außer an Tagen nach dem Poya-Fest. Galle Rd. 16, Kalamulla in Kalutara, ✆ 077-5058399.

Jami Rest. Fischrestaurant am Strand von Wadduwa, der Fang kommt hier frisch auf den Tisch. Einfaches Ambiente, überaus nett gestaltet, mit Holztischen und -stühlen im Freien. Fisch und Krustentiere, berechnet nach Gewicht (100 g ca. 250–400 Rs). Ende Dez. bis April tägl. ab 12 Uhr. **Vermietung von 2 Zimmern** in einem Wohnhaus in Strandnähe, ideal für Familien oder befreundete Paare. Sanathperera Mw. 36/15 in Wadduwa, ✆ 077-7643655.

The King's Bakery. Bäckerei und Straßencafé im Geschäftszentrum von Wadduwa an der Ortsdurchfahrt (A 2). Sauber, freundlich, kleine Snacks zum kleinen Preis, Kuchen, Kekse und Schokolade sowie Heiß- und Kaltgetränke. Angenehme Sitzplätze an 3 Tischen. Tägl. 6–19 Uhr außer an Vollmondtagen. Galle Rd. 604, Wadduwa (neben dem Gästehaus Sooriya Villa).

Der Süden → Karte S. 174/175

Beruwela

ca. 33.000 Einwohner

Das geschichtsträchtige Fischerdorf setzt das erste dicke Ausrufezeichen an der Küste südlich von Colombo. Der Sandstrand lässt nur wenige Wünsche offen. Im Hafen wird jeden Morgen der Fang der Nacht zerlegt und verkauft – ein blutiges Spektakel und nichts für Feingeister, die sich wahrscheinlich ohnehin mehr für den größten Juwelenmarkt des Landes interessieren.

Der palmengesäumte **Moragalla-Strand** zählt zu den schönsten Stränden, den der Küstenabschnitt zwischen Colombo und Galle zu bieten hat. Überraschenderweise ist er selbst in der Hauptsaison keinesfalls überlaufen, überdies sorgt ein der Küste vorgelagertes Korallenriff dafür, dass einige Strandabschnitte auch für Kinder badetauglich sind. Wie in anderen Destinationen an der Westküste geben in Beruwela die Pauschalurlauber den Ton an. Demzufolge überwiegen am Strand weitläufig konzipierte Resorts mit großen Kapazitäten, in denen Individualurlauber sich unter Umständen ein wenig verloren vorkommen können. Alles in allem ist das

Preisniveau in Beruwela erfreulich moderat, und wer sich nicht für Großresorts erwärmen kann, findet in der zweiten oder dritten Reihe hinter dem Moragalla-Strand auch eine Handvoll Mittelklassehäuser. Zu den großen Strandhotels zählt das Barberyn Reef Ayurveda Resort: die erste Institution dieser Art, die Gesundheitskuren für Ausländer angeboten hat und demzufolge ein landauf landab bekannter Fremdenverkehrspionier ist. Beruwela punktet auch als ein Hotspot der **Ayurveda-Szene,** vor allem wenn man die reichlich vorhandenen Gesundheits- und Wellnesseinrichtungen nördlich (→ S. 179) und südlich (→ S. 187) des Ortes hinzurechnet. Auffallend viele Unterkünfte sind in deutscher Hand oder werden unter deutschem Management geführt. Auch in zahlreichen Häusern in der Umgebung haben sich Immigranten aus dem deutschsprachigen Raum eingenistet, die ihr Rentnerdasein friedlich unter tropischer Sonne genießen.

Örtliche Fremdenführer verweisen darauf, dass in Beruwela die älteste islamische Glaubensgemeinschaft Sri Lankas beheimat ist. Zur Ankunft der ersten arabischen Seefahrer im 7. Jh. passt möglicherweise die Herleitung des Ortsnamens, der etwas umständlich mit „Ort, an dem die Segel gerefft wurden“ aus dem Singhalesischen ins Deutsche übersetzt werden kann. Wissenschaftlich erwiesen ist diese Ableitung allerdings nicht. Es ist nicht einmal gesichert, dass tatsächlich hier die Moors erstmals sri-lankischen Boden betraten (möglicherweise taten sie es auch in Galle, Batticaloa oder Trincomalee). Nichtsdestotrotz insistieren einheimische Muslime darauf, dass die versteckt im Gewirr der Gassen liegende **Masjidul Abrar Jumma-Moschee** das älteste islamische Gotteshaus Sri Lankas ist. Zumindest bezieht sich das Prädikat auf einen Vorgängerbau aus dem 10. Jh., wohingegen das gegenwärtige Gebetshaus eindeutig neueren Datums ist. Die weitaus bessere Besichtigungsalternative ist ohnehin die blendend weiß getünchte **Kechimalai-Moschee.** Der Prachtbau in aussichtsreicher Lage über dem Meer ähnelt auf den ersten (und auch auf den zweiten) Blick verdächtig einer römisch-katholischen Kirche aus der Epoche

Blick über den Hafen von Beruwela auf die Kechimalai-Moschee

der portugiesischen Herrschaft. Der Abstecher lohnt sich auch wegen des wunderbaren Ausblicks auf den nahe gelegenen Fischerhafen. Unter den vielen Schiffen, die hier vor Anker liegen, sind einige sogar hochseetauglich. Auf dem **Fischmarkt** werden u. a. Schwertfische und Haie zerlegt, ausgenommen und zugeschnitten – die beste Besuchszeit sind die frühen Morgenstunden zwischen 6.30 und 8 Uhr, der Eintritt kostet 100 Rs. Für eine weitere Attraktion, dem **Juwelenmarkt** an der China Fort Road, ist ebenfalls die noch heute dominante muslimische Glaubensgemeinschaft verantwortlich. Der größte Umschlagmarkt für Edelsteine in Sri Lanka hat den Charakter eines Straßenmarktes – der Besuch ist ein Erlebnis. Überall werden die guten Stücke begutachtet, bewertet und wechseln anschließend den Besitzer. Die Muslime achten sorgsam darauf, dass Händler wie Besucher sich hier vollständig sicher fühlen, ein bemerkenswertes Phänomen. Feriengäste sind an der China Fort Road willkommen, auch wenn sie kein Kaufinteresse zeigen. Mittwoch und Samstag sind die betriebsamsten Tage; dann wird die Straße sogar für den Verkehr gesperrt, damit der Handel ungestört vonstattengehen kann.

Das wichtigste buddhistische Heiligtum ist der von Urlaubern eher selten besuchte **Sapugoda Rajamaha Viharaya.** Das unter König Sri Vikrama Rajasinha zu Beginn des 19. Jh. erbaute und nach dem ersten Abt benannte Kloster befindet sich auf der Spitze eines idyllischen Hügels und ist über eine Freitreppe erreichbar. Im Inneren des Hauptheiligtums illustrieren sehenswerte Wandfresken legendäre Szenen aus dem Leben Buddhas, z. B. die historisch nicht verbürgten Besuche des Erleuchteten auf der Tropeninsel. Im äußeren Gang stehen Statuen verschiedener Buddhas und Bodhisattvas sowie die Schutzgottheiten Saman und Kataragama. Falls der Tempel verschlossen ist, einen der sechs Mönche nach dem Schlüssel fragen, der Eintritt erfolgt gegen Spende. Die weiteren Sehenswürdigkeiten in der Umgebung von Beruwela werden im Ortskapitel Bentota-Aluthgama (→ S. 185 f.) beschrieben.

Der Süden → Karte S. 174/175

Basis-Infos

Hin & weg **Bahn**: Bummelzüge von/nach Colombo sowie Galle halten an den Bahnhöfen Hettimulla im Süden und Beruwela im Norden, an letzterem halten auch einige wenige Schnellzüge. Der nächste bedeutendere Bahnhaltepunkt ist in Aluthgama (→ S. 187).

Bus: Der Busbahnhof liegt an der A 2, unkomplizierte Verbindungen in beiden Richtungen entlang der Küste.

Tuk-Tuk: Ein zuverlässiger und sympathischer Fahrer ist Ratna. ✆ 077-6096227.

Ayurveda **Heritance Ayurveda Maha Gedara**. Namhaftes Ayurveda-Resort am Moragalla-Strand. Wellness sowie traditionelle Ayurveda-Kuren. Große Kapazitäten, Komfortzimmer in unterschiedlichen Kategorien, Pool, Liegewiese und Strandzugang. Das Restaurant serviert auch vegane und glutenfreie Gerichte. Mindestaufenthalt 3 Nächte. Moragalla, ✆ 034-5555000, www.heritancehotels.com.

Hiru Villa's. Das familiäre Ayurveda-Resort liegt 4 km nördlich von Beruwela traumhaft über dem Meer. 15 Zimmer, viele Gäste aus dem deutschsprachigen Raum, Panchakarma-Kuren unter qualifizierter ärztlicher Betreuung. Hinreißend gelegener Pavillon (für Yoga, Tai Chi und Meditation), ein Treppenweg führt hinab zum Strand. Kudawa Mount Rd. in Maggona, ✆ 034-2279248, www.hiruvilla.com.

Baden **Moragalla-Strand**, Sonnenschirme und Strandliegen vermieten einige Restaurants am Strand.

Bootstouren **Lagune/Bentota Ganga**, Touren mit dem Boot den Bentota-Fluss hinauf starten am Südende des Moragalla-Strands, wo diverse private Anbieter auf Kundschaft warten (1 Std. ab ca. 1500 Rs).

Einkaufen **China Fort Gem Market**. Einen Besuch des Juwelenmarktes in der China Fort Rd. sollte man sich nicht entgehen lassen. Echtheitszertifikate gibt es hier keine, weshalb Kaufinteressierte Sachverstand mitbringen müssen. Tägl. außer Fr 10.30–15.30 Uhr, beste Tage sind Mi/Sa.

Tauchen **Ypsylon Diving**. Die Tauchschule befindet sich im gleichnamigen Resort. Tauchgänge und -kurse nach PADI- und SSI-Standard, der eintägige Einführungskurs mit Tauchübung im Pool sowie 12 m-Tauchgang im Meer kostet 10.500 Rs. Eine Dependance befindet sich im Nilawela Beach Hotel an der Ostküste. Mitte Okt. bis Mitte April tägl. 8.30–17 Uhr. Moragalla, ✆ 077-5595697, http://westkueste.ypsylon.net.

Übernachten

In Beruwela geben die Komforthotels am Strand mit großen Kapazitäten eindeutig den Ton an. Schwieriger gestaltet sich die Suche nach empfehlenswerten Mittelklassehotels. Unmittelbar südlich des Flusses findet man in Bentota-Aluthgama weitere Übernachtungsoptionen (→ S. 188 ff.).

The Eden Resort & Spa **14**, ⑥–⑦. Das Großhotel am Moragalla-Strand lässt nur wenige Wünsche offen. 158 komfortable Zimmer und Suiten in 2 Gebäudeflügeln, die eine hinreißende Poollandschaft umschließen. Restaurant, Garten, Strandzugang, Fitness- sowie Ayurveda-Zentrum. Besonders bei Pauschalurlaubern beliebt. Kaluwanmodara, ✆ 034-2276075, www.brownshotels.com.

Arena Hotel **15**, ④–⑥. Das moderne Hotel über einer Shoppingmall an der Hauptstraße ist ideal für eine Zwischenübernachtung auf der Reise entlang der Küste. 14 solide ausgestatte Zimmer im 3. OG, internationaler Standard, Dachterrassenrestaurant, Bar, 10 Min. zum Strand. Unter srilankisch-deutscher Leitung, wunderschönes Café am Fluss (→ Essen & Trinken). Galle Rd. 10, Moragalla, ✆ 077-1883934, www.arenasrilanka.com.

Coconut Bar & Sea Lodge **11**, ⑤. Familiäres Gästehaus mit komfortablen, allerdings etwas überteuerten Zimmern direkt am Moragalla-Strand. Strandrestaurant und Juweliergeschäft im EG, 4 DZ und 2 Familienapartments im 1. sowie 2. OG mit gemeinschaftlich genutzten Veranden. Ganzjährig offen. 7th Lane 175 A, Moragalla, ✆ 034-2279242, Buchung über die gängigen Buchungsportale.

››› Mein Tipp: **Sky and Sand Guesthouse** **7**, ④–⑤. Charmantes Logis in deutsch-srilankischer Hand, 100 m vom Strand entfernt. Vorbildlich geführt, mit wohnlichen Accessoires gestaltet. 5 geschmackvoll eingerichtete Zimmer, darunter ein Apartment, jedes mit eigenem Verandabereich und AC. Ruhige Lage mit Garten und Pool, Restaurant. Cinnamon Bay Hotel Rd. 245 B, ✆ 077-7119262, www.skyandsand-guesthouse.com. ‹‹‹

Sagarika Beach Hotel **13**, ④–⑤. Familiäres Hotel am Moragalla-Strand, sri-lankisch geführt, liegt etwas zurückversetzt in einem großen Garten mit Pool. 5 DZ und 3 Apartments für Familien, die schönsten liegen im flachen Nebengebäude am Pool und verfügen über eine Veranda. Restaurant am Strand (→ Essen & Trinken). Ganzjährig offen. 4th Lane 25 A, ✆ 077-7790580, www.sagarikabeachhotel.webs.com.

River Place Guesthouse **3**, ③. Ruhig gelegenes Gästehaus jenseits der Bahnlinie unter deutscher Leitung. 4 komfortable Zimmer auf 2 Etagen, jew. mit Veranda mit Blick auf einen kleinen Garten mit Pool. Dahinter fließt ein Nebenfluss des Bentota Ganga. Familiäre Atmosphäre, ideal, wenn man seine Ruhe haben möchte. Kein Restaurant. Malla Bokka Rd. (250 m hinter der Bahnlinie und der Hettimulla Railway Station nach rechts – kein Hinweisschild), ✆ 077-7544610, Buchung über die gängigen Buchungsportale.

Ypsylon Resort **5**, ③. Größtes Plus der Hotelanlage unter deutscher Leitung ist die himmlische Lage am Moragalla-Strand. 31 Zimmer, alle unterschiedlich, jedoch sämtlich mit Balkon und teils mit Meerblick. Routinierter Gästeservice, meerseitig schöner Garten, Tauchschule, Pool sowie Ayurveda-Bereich. Exzellentes Preis-Leistungs-Verhältnis. Moragalla, ✆ 034-2276132, http://westkueste.ypsylon.net.

Gästehaus Isabella **6**, ②–③. Verstecktes Juwel in deutscher Hand in kurzer Distanz zum Moragalla-Strand. 9 Zimmer verteilt auf 2 Etagen, darunter 3 einfach eingerichtete Zimmer (Gästehausstandard), 6 weitere DZ bzw. Apartments mit Mittelklasse-Standard. Reizender Garten mit kleinem Teich,

Kalutara, Colombo
Tsunami-Monument
Bahnhof Beruwela
Perera Road
China Fort Road
Juwelen-markt
A2
Fisch-markt
Maradana Road
BUS
Kechchimalai Moschee
Kilanthidiya Road
Sapugoda Rajamaha Viharaya
Barberyn Island
Masjidul Abrar Jumma Moschee
Confifi Road
Bahnhof Hettimulla
Malabokka Rd
Mullapitiya Rd
7th Lane
Barberyn Rd
Barberyn Reef Ayurveda Resort
Kande Viharaya
Heritance Ayurveda Maha Gedara
Moragalla Beach
Bentota Ganga
Seelananda Road
Sri Kalyanarama Purana Viharaya
Panchakapaduwa Island
Bentota-Aluthgama
315 m
Beruwela
afés
1 B. M. C.
9 Hilda's Coffee Bar
5 Arena Coffee & Cocktail Bar
ssen & Trinken
1 B. M. C.
2 Kandoori
8 Pahalage
9 Hilda's Coffee Bar
0 Coral Reef
1 Coconut Bar
2 Sunflower
3 Sagarika Fresh
Übernachten
3 River Place
4 Panorama
5 Ypsylon Resort
6 Gästehaus Isabella
7 Sky and Sand
8 Pahalage
11 Coconut Sea Lodge
13 Sagarika Beach
14 Eden Resort
15 Arena Hotel

ausgezeichnetes Frühstücksbüfett, kein Restaurant. Familiäre Atmosphäre. Mitte Okt. bis Mitte April. 7th Lane 215, Moragalla ✆ 034-2276476, www.isabellakunz.de.

Panorama Guesthouse 4, ②–③. Preiswertes Domizil am Moragalla-Stand, familiäre Atmosphäre, herber Charme. 10 Zimmer mit AC, ordentlicher Gästehausstandard, bodenständig, ohne Allüren. Restaurant und Bar oberhalb des Strands, vom Letzteren nur durch eine schmale Straße getrennt. Moragalla 68, ✆ 034-2277091, Buchung über die gängigen Buchungsportale.

Essen & Trinken

→ Karte S. 181

Weil Beruwela fest in der Hand von Pauschalreisenden mit Halb- oder Vollpension ist, haben die wenigen Fischrestaurants am Strand einen schweren Stand. Insbesondere am Abend ist die Atmosphäre dort unübertroffen.

Coral Reef 10. Klassisches Seafood-Restaurant mit lauschigen Plätzen am Moragalla-Strand. Fisch und Krustentiere in allerlei Varianten (ab 1400 Rs), auch Salate, Pancakes und Nudelgerichte. Alles frisch zubereitet, nur 6 Tische, hübsches Ambiente trotz Plastikstühle. Verleih von Strandliegen und Schirmen. In der Saison tägl. ab 10 Uhr. 7th Lane 145/22 (neben Hilda's Coffee Bar), ✆ 077-5857256.

Sunflower 12. Gepflegtes Strandrestaurant mit Bar, ein alteingesessener Betrieb (seit 1981). Ansprechendes Ambiente mit Holztischen und -stühlen auf einem abgezirkelten Areal am Sandstrand. Den Ton geben natürlich Fisch und Krustentiere an (ab 1100 Rs), die Karte bietet obendrein weitere Strandklassiker wie Sandwiches, Hühnchen, Salate und Kuchen. In der Saison tägl. ab 10 Uhr. Police Bungalow Rd., Moragalla, ✆ 077-9945140.

Restaurant Sagarika Fresh 13. Das Fischrestaurant fast am südlichen Ende des Moragalla-Strands gehört zum Sagarika Beach Hotel. Seafood in vielerlei Varianten (ab 1000 Rs), dazu Sandwiches, Kuchen und Salate, auch einige sri-lankische Currys, abends Bier und Wein. Angenehmes Sitzen am Strand. Anfang Nov. bis Mitte April tägl. ab 9 Uhr. 4th Lane (Beach Side), ✆ 077-3106946.

Pahalage 8. Beliebtes Restaurant im gleichnamigen Hotel in der 3. Reihe hinter dem Strand. Sri-lankische sowie internationale Spezialitäten, auch einige Schmankerln aus der österreichisch-alpenländischen Küche werden kredenzt. Mittleres Preisniveau. Tägl. durchgehend geöffnet. Auch 10 DZ sowie 2 Apartments, ruhiger Garten mit Liegestühlen. 7th Lane, Moragalla, ✆ 034-3011012, www.pahalage.com.

Kandoori 2. Das Restaurant an der Hauptstraße ist auf nordindische Küche spezialisiert. Zahlreiche Klassiker wie Chicken 65, Chicken Tikka Masala bis hin zu den einschlägigen vegetarischen Varianten. Preiswert, eher einfach im Stil eines Motels eingerichtet, auch Take-away. Tägl. 11–22 Uhr, Fr ab 14 Uhr. Galle Rd. 428, Hattimulla, ✆ 034-2276761, www.kandoori.com.

B. M. C. Restaurant 1. Vorwiegend Einheimische frequentieren dieses Straßenrestaurant an der A 2 etwa 1 km nördlich der Stadtgrenze. Angenehme Sitzplätze auf der durch Ventilatoren belüfteten Veranda, Parkplätze, daher gut für einen Zwischenstopp auf der Durchreise mit dem Auto geeignet. Große Auswahl von gegrilltem Huhn über Meeresfrüchtegerichte bis zu diversen Currys. Tägl. 12.30–22 Uhr außer an Poya-Tagen. Galle Rd. 13, Polkotuwa, ✆ 034-2276185.

Hilda's Coffee Bar 9. Empfehlenswerte Ausgehoption mit stimmungsvollen Sitzplätzen am Moragalla-Strand. Deutscher Filterkaffee, Espresso aus der Mokkakanne, Kuchen und sättigende Meeresfrüchtegerichte (ab 1200 Rs). Vermietung von 3 Familienapartments mit Balkon und Meerblick, Verleih von Strandliegen und Sonnenschirmen. Okt. bis Ende April tägl. ab 9 Uhr. 7th Lane 175 C, ✆ 034-2279632.

Arena Coffee & Cocktail Bar 15. Das Café an der Stadtgrenze zu Bentota-Aluthgama gehört zum gleichnamigen Einkaufszentrum mit Hotel. Lauschige Sitzplätze am Fluss, unbeeinträchtigt vom Verkehr der A 2. Cappuccino aus der italienischen Maschine, Cocktails, Bananenbrot oder leckere hausgemachte Waffeln. Etwas teurer, aber der Weg lohnt sich. Tägl. 8–18 Uhr. Galle Rd. 10, Moragalla, ✆ 034-2273227, www.arenasrilanka.com.

Aluthgama: Blick von der Brücke auf die Küstenlagune

Bentota-Aluthgama

ca. 37.000 Einwohner

Der breite Bentota Ganga trennt die lebhafte Basarstadt Aluthgama am nördlichen Ufer von der Tourismusenklave Bentota am südlichen Flussufer. Der ellenlange Strand erfüllt nahezu alle Ansprüche, im unmittelbaren Küstenhinterland locken obendrein eine Reihe sehenswerter Attraktionen – buddhistische Tempel, gepflegte Parks sowie dichte Mangrovenwälder.

Obwohl Bentota über eine eigene Bahnstation verfügt, bezeichnet der Name streng genommen keinen eigenständigen Ort, sondern markiert ein zur Stadt Aluthgama gehöriges Areal, das schwerpunktmäßig auf die Bedürfnisse von Pauschalurlaubern zugeschnitten ist. In den Reisekatalogen taucht Aluthgama nur selten auf, wohingegen der Name Bentota einen erstklassigen Ruf genießt – in erster Linie wegen seines Sandstrands, der sich kilometerweit nach Süden bis hinunter nach **Induruwa** erstreckt, und wegen der kurzen Entfernung zum internationalen Flughafen bei Colombo. Seit 1969 ist der etwa 40 ha große Streifen zwischen Fluss und Küstenlinie im Besitz der sri-lankischen Regierung ein *National Holiday Resort*. Salopp gesagt verbirgt sich hinter dem Begriff eine Schutzzone für betuchte Gäste aus dem Ausland, die hier – unbeeinträchtigt von etwaigen Willfährnissen – eine sorgenfreie Urlaubszeit am Strand verbringen möchten. Zu diesem Zweck hat die sri-lankische Regierung die Filetgrundstücke auf der fantastisch gelegenen Nehrung an finanzkräftige Tourismusunternehmen verpachtet. Resultat sind eine Handvoll qualitativ hochwertiger Ferienresorts, die per Bootsshuttle mit Aluthgama auf der anderen Flussseite verbunden sind, und über ein eigenes Wassersportcenter verfügen. Im äußersten Norden, in Sichtweite zum Nachbarort Beruwela endet die Landzunge auf einer felsigen Halbinsel zwischen Flussmündung und Meer: **Panchakapaduwa Island,** die Insel der fünf Weltzeitalter, entpuppt sich als ein friedliches Refugium mit einem Tempel, einem kleinen Lotusteich, zwei Aussichtspunkten sowie ansonsten dichter Vegetation. Ein guter Tipp ist der abendliche Strandspaziergang hierher – spirituell Interessierte können in der stimmungsvoll illuminierten und seit 1940 bestehenden Einsiedelei sogar an einer Metta-Meditation teilnehmen.

Bereits in der Kolonialepoche logierten am Ufer des Bentota Ganga durchreisende Beamte in einem Resthouse, das insofern praktisch gelegen war, als Bentota-Aluthgama auf etwa halber Strecke zwischen Colombo und Galle liegt. James Emerson Tennent, Mitte des 19. Jh. britischer Kolonialsekretär von Ceylon, schrieb in seinem viel beachteten Werk „Ceylon: An Account of the Island", dass die Landzunge mit dem Resthouse, den Überbleibseln des holländischen Forts sowie Schatten spendenden Tamarindenbäumen einer der angenehmsten Orte auf der Insel sei. Unter den heutigen Hotelresorts, die sich harmonisch ins Landschaftsbild einfügen, gebührt an derselben Stelle dem Bentota Beach Hotel besondere Ausfmerksamkeit: Bei dem 1967–69 errichteten Nobelkomplex handelt es sich nicht nur um das erste Quartier auf der Landzunge, es steht außerdem exemplarisch für das stilistische Programm des sri-lankischen Architekten **Geoffrey Bawa**. Zwar wurde das L-förmige Gebäude, das einen Pool an zwei Seiten umfasst, mehrfach umgebaut und erweitert, nichtsdestotrotz ist die ursprüngliche Handschrift des Maestro noch heute gut zu erkennen. Das Bentota Beach Hotel war ein Vorbild für viele weitere Hotels aus der planenden Hand Geoffrey Bawas (→ S. 71). In der Umgebung von Bentota-Aluthgama sind noch zwei andere Sehenswürdigkeiten mit der Familie Bawa verbunden: Beim *Lunuganga Estate* handelt es sich um eine Kautschukplantage, die der Architekt 1947/48 kaufte, um sie zu seinem Wochenend- und Feriendomizil umzubauen. Nur wenige Kilometer weiter lockt das eigenwillige Anwesen *Brief Garden* des Bildhauers und Landschaftsarchitekten Bevis Bawa, Tagesausflügler an. Beide besichtigenswerte Attraktionen liegen im Einzugsbereich des mäandernden **Bentota Ganga** und seiner Seitenarme. Kokospalmen, Mangroven und ehemalige Plantagen säumen die Ufer der Seen und Wasserstraßen, die unkompliziert im Rahmen einer Bootstour erkundet werden können. Weil die meisten Strandhotels in Bentota ohnehin einen Shuttleservice auf die andere Flussseite betreiben, bieten sie ihren Gästen entsprechende Ausflüge an, Interessenten von außerhalb sind selbstverständlich willkommen. Eine Alternative zur Bootstour bietet der Ausflug mit Three Wheeler, Fahrrad oder Scooter. Kleine, verkehrsarme Sträßchen führen von der Küstenstraße ins verträumte Hinterland und seinen Sehenswürdigkeiten. Zu den oben erwähnten Park- und Gartenanlagen gesellen sich noch ein paar buddhistische Tempel sowie Natur satt.

Eingangssequenz von Geoffrey Bawa im Lunuganga Estate

Dreh- und Angelpunkt von Aktivitäten jeglicher Couleur ist die quirlige Basarstadt **Aluthgama,** die von den Unterkünften auf der Landzunge von Bentota zu Fuß oder mit dem Boot erreichbar ist. Eine erste feste Brücke über den Fluss stammte aus der Zeit der britischen Kolonialherrschaft. Der Verkehrsknotenpunkt mit Bahnhof und Busbahnhof bietet die eine oder andere interessante Einkaufsoption, obendrein rechtfertigt eine Handvoll Cafés und Restaurants mit stimmungsvollen Sitzplätzen am Flussufer den Abstecher hierher. 2014 geriet Aluthgama in die Schlagzeilen, als singhalesische Mönche der nationalistisch orientierten Partei Bodu Balu Sena (BBS) gegen die muslimische Bevölkerung agitierten. Die anti-islamischen Übergriffe kosteten vier Menschen das Leben, 80 weitere wurden verletzt. Überaus bedauerlich waren diese Unruhen auch deshalb, weil Buddhisten und Muslime über viele Jahrzehnte friedlich zusammengelebt hatten. Ein weiteres Problem in Aluthgama ist, dass in jüngerer Zeit alleinreisende Frauen zuweilen Zudringlichkeiten einheimischer Männer ausgesetzt waren. Man kann nur hoffen, dass sich diese Tendenzen nicht fortsetzt, ansonsten werden zahlreiche Gäste wohl auf andere Ferienstandorte ausweichen.

Sehenswertes

Buddhistische Heiligtümer: Am leichtesten zugänglich ist der von Ortsfremden eher selten aufgesuchte **Sri Kalyanarama Purana Viharaya.** Das äußerlich unschein bare Heiligtum liegt an der nördlichen Stadtausfahrt von Aluthgama (A 2), kurz vor der Stadtgrenze zu Beruwela. Sehenswert ist die marmorne Buddhastatue, von der man annimmt, dass sie vor über 130 Jahren gemeinsam mit burmesischen Pilgern den Weg nach Sri Lanka gefunden hat. Mit einer Höhe von rund 1,5 m ist das fein gearbeitete Kleinod die größte Marmorstatue Sri Lankas (die Mönche nach dem Schlüssel fragen, Eintritt gegen Spende). Wesentlich häufiger aufgesucht wird der Tempel **Kande Viharaya** 2 km nördlich des Zentrums von Aluthgama. Seit 1734 ist das Heiligtum auf einem Hügel ein Pilgerziel. Wahrzeichencharakter hat insbesondere der 2007 fertiggestellte sitzende Buddha, der mit einer Höhe von 56 m einer der größten des Landes ist. Der Clou bei dieser modernen Statue ist ihre Begehbarkeit: Ihren Unterbau erschließen labyrinthische Gänge und Treppen, die Wände sind mit Reliefs und Zeichnungen neueren Datums verziert. Sie illustrieren wie immer Szenen aus dem Leben Buddhas, aber auch aus der Ortsgeschichte. Eine von Deutschen gestiftete Arbeit erinnert z. B. an den Tsunami 2004 (Eintritt frei). Außerhalb im Labyrinth der Wasserstraßen rund um den Bentota Ganga verbirgt

Wertvoller Buddha aus Marmor

sich mit dem **Galapatha Raja Maha Viharaya** ein weiteres sehenswertes Heiligtum. Einer Inschrift zufolge, die als Gründungsurkunde fungiert, geht das Kloster auf die Herrschaft des Königs Parakramabahu I. aus dem 12. Jh. zurück. Aus der gleichen Epoche stammen auch einige archäologisch interessante Relikte, u. a. ein Portal mit Steinmetzarbeiten im Stil der Pallava und Chola. Das prächtige Perahera-Relief an der Dagoba erinnert an die Bedeutung des Klosters als Pilgerziel und vorübergehenden Aufbewahrungsort der Zahnreliquie. Jährlich Ende Dezember gedenkt die Bentota Perahera mit Musik, Tänzern und Elefanten an die Bedeutung dieser Kultstätte. In der friedlichen Einsiedelei zwischen ausgedehnten Kokospalmenplantagen leben noch zwei Mönche (Eintritt frei).

Lunuganga Estate: Der einstige Landsitz des renommierten Architekten Geoffrey Bawa (→ Kasten, S. 71) ist unbestritten die Hauptsehenswürdigkeit von Bentota-Aluthgama. Der 2003 verstorbene Architekt lebte und arbeitete in Colombo hielt sich aber über ein halbes Jahrhundert an den Wochenenden und in den Ferien überwiegend auf dieser ehemaligen Kautschukplantage auf. Für den überaus interessanten Rundgang sollte man genügend Zeit einkalkulieren (Führungsdauer ca. 1:30–2 Std.). Die Führung durchquert zumeist die Außenanlagen – mit zauberhaften Ausblicken auf die Seenplatte und die zahlreichen botanischen Raritäten: Ebenholz- und Balsabäume, Frangipani-Sträucher und Zwergbambuswälder. Auch einige Innenräume, die einen guten Einblick in das künstlerische Credo des Stararchitekten vermitteln, werden besichtigt: schwarz-weiße Terrakotta-Fliesen, Tempelglocken aus vielen asiatischen Ländern und eine Sammlung mediterraner Tonkrüge belegen die Vorlieben Bawas. Die Einflüsse der italienischen und englischen Gartenarchitektur sind augenfällig. Wer tiefer in die Welt des Meisters eintauchen möchte, kann im Cinnamon Hill House nächtigen. Das exklusive Quartier erinnert namentlich daran, dass sich an gleicher Stelle einst eine Zimtplantage befand. Bawa zog sich bis zu seinem Tod regelmäßig auf die 25 ha große Anlage zurück, um Inspirationen für neue künstlerische Projekte zu schöpfen. In der Regenzeit gibt es hier viele Mücken.

Tägl. 9.30–16 Uhr nach vorheriger Reservierung. Am verschlossenen Tor befindet sich eine Glocke. 1250 Rs. Dedduwa, Haburugala (ca. 1000 Rs mit dem Tuk-Tuk inkl. Warten), ✆ 077-3308602, www.geoffreybawa.com.

Brief Garden: Neben dem Lunuganga Estate ist das 2,5 ha große Anwesen auf einer ehemaligen Kautschukplantage ein weiteres Juwel der Gartenbauarchitektur. Bis zu seinem Tod 1979 wohnte hier der exzentrische Bildhauer Bevis Bawa – der zehn Jahre ältere Bruder des berühmten Architekten Geoffrey Bawa. Seine ungewöhnliche Körpergröße von 1,90 m prädestinierte den Schöngeist für eine Karriere zunächst in der britisch-ceylonesischen und später in der sri-lankischen Armee. Parallel dazu machte er sein Anwesen zum illustren Treffpunkt von Künstlern aus aller Welt – u. a. logierten hier Agatha Christie und Laurence Olivier. Wirtschaftlich lief es für ihn indes weniger gut, so dass er den Grundbesitz, der ursprünglich 40 ha umfasst hatte, Stück um Stück verkleinern musste. Den verbliebenen Rest vermachte Bawa nach seinem Tod 1992 dem Gärtnergehilfen, mit dem ihn Gerüchten zufolge eine homoerotische Liaison verband (Bevis Bawa starb kinderlos). Zu besichtigen sind das mit Gemälden und Skulpturen bestückte Wohnhaus sowie die Parkanlage mit einigen botanischen Besonderheiten, zu denen u. a. eine schwarze Lilie gehört. Der Rundgang verdeutlicht, dass bei der Gestaltung die ostasiatische Gartenarchitektur Pate stand.

Tägl. 8–17 Uhr. 1000 Rs. Kalawila (8 km mit dem Tuk-Tuk auf am Schluss holpriger Piste, ca. 1200 Rs inkl. Wartezeit).

Brief Garden: Hier lebte der ältere Bruder von Geoffrey Bawa

Der Süden → Karte S. 174/175

Basis-Infos

Hin & weg **Flughafen**: Aluthgama-Bentota liegt 64 km südlich von Colombo und 68 km nördlich von Galle. Dank des neuen Express Way beträgt die **Fahrtzeit zum Bandaranaike International Airport** nur noch knapp über eine Stunde.

Bahn: In Aluthgama halten auch die zwischen Colombo und Galle verkehrenden IC-Züge. Bummelzug-Haltestellen befinden sich darüber hinaus in Bentota und Induruwa.

Bus: Am Busbahnhof Aluthgama halten Busse von/nach Galle und in der Gegenrichtung von/nach Colombo.

Tuk-Tuk: Beruwela (ca. 700 Rs), Galle (ca. 3000 Rs), Stadtrundfahrt Colombo (ca. 4000 Rs). Ein freundlicher wie kenntnisreicher Fahrer ist M. D. Indika Dissanayaka. ✆ 072-8100203.

Mietfahrzeuge **Dimuth Chanaka**, an der Küstenstraße am südlichen Ortsausgang von Bentota, Vermietung von Scootern (für 1500 Rs/Tag), Mountainbikes (600 Rs), Motorrädern und Pkw. Tägl. 9–18 Uhr. Galle Rd., ✆ 077-7161082, www.ababentota.com.

Veranstaltungen **Bentota Dalada Perahera**, traditionsreiches Tempelfestival mit einem Zug geschmückter Elefanten. An Vollmond Ende Nov./Anfang bis Mitte Dez.

Aktivitäten

Ayurveda **Laluna Ayurveda Resort**. Das von der Hauptstraße in Aluthgama zugängliche Ayurveda-Zentrum öffnet sich zum Fluss und verfügt über ein eigenes Wassersportzentrum. Ärztliche Betreuung, diverse Anwendungen von der Gesichtsmassage bis zum Kräuterdampfbad (Tagespreis mit 4 Behandlungen für ca. 60 €). Auch Zimmervermietung. Kaluwamodara 6, ✆ 034-2275720, www.lalunaayurvedaresort.com.

Baden **Bentota Beach**, exklusiv gelegener Strand auf der Landzunge zwischen Fluss und Meer mit feinem, hellgelbem Sand, breit und schattenlos.

Induruwa, kilometerlanger Sandstrand südlich von Bentota, an einigen Stellen schmal, die Bahnlinie befindet sich stets in Tuchfühlung.

Bootstouren **Bentota Ganga**, Touren auf den Flüssen und Seen im Hinterland starten in Aluthgama sowie auf der anderen Flussseite in Bentota. Preislich unterscheiden sich die Angebote kaum. 2 Std. für ca. 3500 Rs pro Boot.

Einkaufen **Wochenmarkt**, im Zentrum von Aluthgama an der Aluthgama–Mathugama Rd. (B 157). Mo 8.30–18.30 Uhr.

Rajapaksha Ayurveda Medical Center, eine der zahlreichen ayurvedischen Drogerien im Zentrum von Aluthgama mit einer großen Auswahl an Massageölen, Räucherstäbchen und Ayurveda-Tees. Tägl. 8.30–20 Uhr. Galle Rd. 286, ✆ 034-2275940, www.rajapakshaayurvedamedicalcenter.com.

Meditation **Panchakapaduwa Island**, Metta-Meditationen nach Voranmeldung auf dem Felshügel am nördlichen Abschluss der Landzunge von Bentota (→ S. 183 f.). Angemessene Kleidung ist Voraussetzung (Knie und Schultern bedeckt), der Tempelbezirk ist nur barfuß zugänglich. Tägl. 7.30–8.30 und 18–19.30 Uhr. ✆ 034-2278760.

Wassersport Die meisten Quartiere am Fluss – u. a. das Ayurveda-Zentrum – haben ein eigenes **Wassersportzentrum**. Die Palette reicht von Wasserski, Kajakfahrten, Windsurfen und Bootstouren bis zu Tauchen und Schnorcheln.

Übernachten

Neben den teuren Strandresorts gibt es eine breite Palette an Mittelklassehotels, die zumeist 5–15 Gehminuten vom Strand entfernt liegen. Eine Alternative sind die landeinwärts gelegenen Quartiere im Einzugsbereich der Mangroven beiderseits des Bentota Ganga.

Saman Villas 11, ⑧. das Nobelresort im Norden von Induruwa ist eines der teuersten Quartiere um Aluthgama-Bentota. Hinreißende Alleinlage auf einem felsartigen Vorsprung über dem Wasser, 26 geschmackvoll möblierte Suiten, alle mit Veranda bzw. Balkon und Blick aufs Meer. Bibliothek, gepflegter Garten, Restaurant und Wellnessbereich. Aturuwella, ✆ 034-2275435, www.samanvilla.com.

Centara Ceysands Resort 6, ⑥–⑦. Großes Hotel in exklusiver Traumlage auf der Lagune zwischen Meer und Fluss. 165 Zimmer in zwei- bis dreigeschossigen Gebäudeflügeln beiderseits des zentralen Pool,- Bar- und Restaurantbereichs. Garten mit Liegestühlen, Strandzugang, Spa-Bereich, luxuriöse Zimmer in unterschiedlichen Kategorien, Bootsshuttle nach Aluthgama. Bentota, ✆ 034-2275073, www.centarahotelsresorts.com.

Searock Villa 16, ④–⑥. Schmuckes Hotel am Strand von Induruwa, 1 km südlich vom Hotel Saman Villas. 7 Zimmer, geräumig und komfortabel, die schönsten 3 befinden sich oben. 4 Zimmer im EG mit großer Veranda, außerdem 2 Apartments für jew. 3 Pers. Gartenpool, Strandzugang, Restaurant, Bar, eine ausgezeichnete Wahl in dieser Kategorie! Galle Rd. 712, Yalegama, ✆ 034-2275444, www.searockvilla.com.

Villa 80 3, ⑤. Romantisches Refugium mit postkolonialer Atmosphäre 10–15 Gehminuten vom Strand entfernt. 6 Zimmer mit AC und Terrasse, darunter 2 Standard-DZ, 2 Familienzimmer und 2 Apartments mit Küchenzeile für Selbstversorger. Hübscher Garten mit kleinem Pool und Wasserrutsche. Tuk-Tuk-Pendelservice zum Strand, der Inhaber spricht etwas Deutsch. Elpitiya Rd. (B 55), ✆ 034-2275473, www.villa80bentota.com.

Supun Villa 15, ④. Familiär geführtes Quartier unweit des Strands von Bentota in einem ruhigen Wohngebiet zwischen Bahnlinie und Straße. Gästezimmer auf 3 Stockwerken, sauber und freundlich, der Besitzer spricht gebrochenes Englisch. Gehobener Gästehausstandard, am schönsten sind die Zimmer im 1. und 2. OG. Dachterrasse mit Meerblick, 5 Gehminuten zum Strand. Pitaramba, ✆ 034-2270527, Buchung über die gängigen Buchungsportale.

Canal Villa 4, ④. Komfortables Kleinhotel etwas im Hinterland, ruhig gelegen, ca. 15 Min. zu Fuß zum Strand. 7 Zimmer, davon 6 im Haupthaus, in dem sich unten das Restaurant befindet. 5 Zimmer mit hohen Decken und Blick auf Pool, alle Zimmer mit Balkon. Sehr ordentlicher Gesamteindruck, hier stimmt fast alles. Ganzjährig geöffnet. Massalagoda, ✆ 034-2270707, www.canalvillabentota.com.

››› Mein Tipp: **Lagoon Bentota 2**, ④. 2 km landeinwärts an der Lagune gelegenes Beherbergungsidyll, vom hoteleigenen Bootsanleger lassen sich die umliegenden Wasserstraßen perfekt erkunden. Ruhige

Lage, Liegestühle im Garten, ein Tuk-Tuk steht für Gästetransfers bereit. 8 Zimmer im EG und im 1. OG, die bei Bedarf zu Familienzimmern umgebaut werden, komfortabel und geräumig, jew. mit AC, Veranda sowie guten Bädern. Totupola Rd., Yathramulla, ✆ 071-2207400, www.lagoonbentota.com. «

Aayu's Guest 14, ③–④. Sympathische und familiäre Bleibe 5 Gehminuten vom Strand von Bentota entfernt. 5 Zimmer, 3 im EG, 2 im 1. OG, gehobener Gästehausstandard mit soliden Betten, Moskitonetzen und Wasserkocher. Gemeinschaftsveranden, optional mit AC, Frühstücksbereich im EG, ruhige Lage. Pitaramba 3, ✆ 034-2271731, Buchung über die gängigen Buchungsportale.

Tom's 8, ③–④. Bodenständiges Gästehaus am Bentota Ganga in Aluthgama ist in deutscher Hand, der Betreiber gehört zur Familie des Restaurants German Lanka ein paar Schritte weiter. 5 Zimmer und ein Apartment gruppieren sich um einen zur Flussseite offenen Hof. Ordentlicher Gästehausstandard, relaxte Atmosphäre. Gangabadra Rd. 5/45 (River Rd.), ✆ 034-2275333, www.german-lanka.de.

The Fence 18, ③–④. Familiäres und sehr freundliches Gästehaus in Induruwa, ca. 600 m vom Strand entfernt (15 Min. zu Fuß). Die Betreiberfamilie wohnt im Nebenhaus. Gästezimmer im blau getünchten Haupthaus, dazu gibt's ein separat gelegenes Apartment. Frühstücksraum im 1. OG, 500 m weiter befindet sich ein buddhistischer Tempel mit einer Dagoba auf einem Hügel. Auf Wunsch ausgezeichnetes Abendessen. Katukohila 406 A, ✆ 034-2275116, Buchung über die gängigen Buchungsportale.

Essen & Trinken

→ Karte S. 189

Malli's Seafood 12. Feines Fischrestaurant wenige Schritte hinter dem südlichen Abschnitt des Bentota Beach. Stilvolle Sitzplätze innen oder auf der Veranda an den Bahngleisen, frischer Fisch, kreative Fusionsküche, z. B. Thai-Curry mit roten Krabben und Gemüsereis (ab 2000 Rs). Tägl. 8.30–23 Uhr außer an Poya-Tagen. Beach Rd., Pitaramba, ✆ 034-4545131.

Osteria Romana 17. Edelitaliener am Strand von Induruwa mit fein eingedeckten Tischen auf dem Sand, stylishes Design, der Inhaber ist waschechter Italiener. Authentische mediterrane Küche mit reichlich frischer Pasta, Fisch- und Fleisch-Secondi sowie Desserts. Selbst die Speisekarte ist auf Italienisch (mit englischer Übersetzung). Etwas teurer, aber ein kulinarischer Hochgenuss! Mitte Okt. bis Ende März Di–So 15–22 Uhr. Galle Rd. 700 B, ✆ 034-2291602.

››› Mein Tipp: **Awanhala Beach Restaurant** 9. Kultiges Strandrestaurant an der A 2 zwischen Bentota und Induruwa mit Tischen und Stühlen auf der Veranda oder unter Schatten spendenden Palmen. Fisch und Meeresfrüchte, dazu eine große Auswahl an Currys, appetitlich kredenzt auf traditionelle Art, auch ayurvedische Gemüsegerichte. Auf frische Zubereitung wird großen Wert gelegt. Gehobenes Preisniveau, aber der Weg lohnt sich. Ganzjährig tägl. 8–23.30 Uhr. Galle Rd., Warahene, ✆ 077-4579486, www.bentotabeachrestaurant.com. ‹‹‹

Trax Garden 13. Freundliches Restaurant in der Nähe des Strands von Bentota unmittelbar neben den Bahngleisen. Zwei Tische im Vorgarten, weitere Plätze im nach zwei Seiten offenen Innenraum. Salate, Currys ab 1300 Rs, vegetarische Gerichte ab 1000 Rs, Fisch und Pasta, Krustentiere werden nach Gewicht berechnet. Freundlich, die Qualität stimmt. Tägl. 9.30–22 Uhr. Pitaramba, ✆ 077-9850609.

German Lanka 7. Das Restaurant mit angeschlossenem Gästehaus befindet sich am Fluss in Aluthgama und wird von einer Familie aus Niederbayern betrieben. Eine Spezialität ist Wiener Schnitzel mit Kartoffelsalat (ab 1000 Rs). Hübsche Sitzplätze am Wasser, beliebt bei Gästen aus dem deutschsprachigen Raum. 4 DZ sowie ein Einzelzimmer. Ende Okt. bis Mitte April tägl. mittags und abends geöffnet. Gangabadra Rd. 5 (River Rd.), ✆ 034-2275333, www.german-lanka.de.

Pier 88 10. Café und Restaurant im Zentrum von Aluthgama mit wunderschönen Sitzplätzen direkt am Flussufer und im klimatisierten Innenraum. Sauber, professionell geführt, auch zum längeren Verweilen geeignet. Frühstück, westliche Gerichte ab 750 Rs, Kaffee und Kuchen, langsamer Service in den Stoßzeiten. Tägl. geöffnet. Mathugama Rd., ✆ 077-7899710, www.nebula88.com.

Sinharaja Bakery & Restaurant 1. Straßenrestaurant am nördlichen Ausgang von Aluthgama mit einem Bild vom Schloss Neuschwanstein an der Wand, das an den früheren Eigentümer aus Deutschland erinnert. Bäckerei mit Bistro im EG, Restaurant im 1. OG. Internationale Küche, große Auswahl an vegetarischen Gerichten, Frühstücksbüfett (7–10 Uhr), mittags Reis & Curry-Büfett in traditionellen Tontöpfen (11–16 Uhr). Moderate Preise. Tägl. 7–21 Uhr. Galle Rd. 120, Kaluwamodara, ✆ 034-2274978.

Madeena Hotel 5. Einfaches Straßenrestaurant spezialisiert auf tamilisch-südindische Küche in Aluthgama Nähe Busbahnhof bzw. Bahnhof. Relativ sauber, hurtige Abwicklung, kleine Preise, im Angebot sind u. a. Dosas, Rotis und Hoppers. Tägl. 5.30–23 Uhr. Galle Rd. 155, ✆ 034-2291075.

Ambalangoda

ca. 56.800 Einwohner

Die groß gewachsene Stadt 15 km nördlich von Hikkaduwa und 25 km südlich von Bentota-Aluthgama ist aus einer Fischersiedlung hervorgegangen. „Land in Sicht" heißt der Ortsname übersetzt – eine Reminiszenz an die glücklich heimkehrenden Seefahrer. Obwohl sich nördlich des Stadtzentrums ein wunderschöner Sandstrand befindet, ist Ambalangoda über einen Geheimtipp-Status nicht hinausgekommen – bislang jedenfalls nicht. Einen exzellenten Ruf genießt die Stadt bei Freunden des traditionellen Kunsthandwerks: Ambalangoda ist das bedeutendste **Zentrum der Maskenproduktion** in Sri Lanka. An der Ortsdurchfahrt im Zentrum führt ein Museum in die unterschiedlichen Maskengattungen ein (komödiantische Dämonenmasken sowie solche, die zu Heilzwecken eingesetzt werden). Man kann auch den Maskenherstellern bei der Arbeit zusehen, ein Verkaufsraum rundet das Angebot ab. Das Museum entstand mit fachlicher Unterstützung des Ethnologischen Museums in Berlin sowie des Linden-Museums in Stuttgart. Schräg gegenüber betreibt die alteingesessene Maskenbau-Familiendynastie Ariyapala-Wijesooriya das *Ariyapala Masks Museum.* Der Inhaber führt interessierte Besucher gerne durch seinen Verkaufsraum und erläutert im Showroom eine Etage tiefer die Funktion verschiedener Maskentypen. Über traditionelle Gesichtsmasken hinaus können Figuren, Puppen sowie Marionetten bewundert werden (tägl. 8.30–17.30 Uhr, Eintritt gegen Spende, Main Rd. 426-432).

5 km nördlich von Ambalangoda überquert die Küstenstraße den Madu Ganga. Einige Familienunternehmen beiderseits der Straße bieten von hier aus Bootstouren an, die weit in das **Ramsar Wetland & Sanctuary,** ein 61 ha großes Marsch- und Mangrovenland, im Hinterland führen. 14 von insgesamt 24 in Sri Lanka vorkommende Mangrovenarten sind im weitläufigen Schutzgebiet mit seinen 22 Inseln beheimatet. Auf der größten Insel, Maduwa Island, leben etwa 300 Familien – eine ellenlange Fußgänger-, Motorrad- bzw. Fahrradbrücke verbindet das Idyll mit dem Festland. Eine botanische Rarität ist die (rot blühende) Schwarze Mangrove – nach dem deutschen Wissenschaftler Stephan Lumnitzer benannt *(Lumnitzera littorea)* –, die heute auf der roten Liste bedrohter Arten steht. Auch die Fauna beeindruckt mit 31 Reptilien-, 70 Fisch- und 111 Vogelarten. Nördlich des Madu Ganga liegt das Fischerdorf **Balapitiya** und das Strandparadies **Ahungalla** – in erster Linie bekannt wegen des grandiosen Heritance Hotels, das zu den stilbildenden Paradebauten

Holzmasken in Ambalangoda

von Geoffrey Bawa (→ Kasten, S. 71) zählt. Der breite, schattenlose Sandstrand in Balapitiya ist ebenso zauberhaft wie die Strände in Hikkaduwa und Beruwela, hier kann man also nach Herzenslust baden und planschen. Allerdings ist es um die relative Ruhe geschehen, seitdem jüngst ein ultramodernes Hotel mit immensen Kapazitäten sowie zweifelhafter Ästhetik die Schleusentore für geballten Pauschaltourismus öffnete. Der Küstenabschnitt zwischen Ambalangoda und Ahungalla ist außerdem ein Mekka der Ayurveda-Szene.

Ayurveda **Sri Lanka Ayurveda Garden**. Gepflegtes Gesundheitsresort der traditionell-authentischen Art (kein Alkohol, keine Genussdrogen), direkt am herrlichen Strand. In deutscher Hand, der Inhaber stammt aus Dieburg. 13 geschmackvoll möblierte Zimmer mit Veranda im Haupthaus, 7 weitere, modern eingerichtete Zimmer in der Villa am Pool. Der heiltherapeutische Bereich wird von Ärzten geleitet. Sea Beach Rd. 95 B, ✆ 091-2259888, www.ayurveda-garden.de.

Lotus Villa. Gesundheitsresort am Strand zwischen Balapitiya und Ahungalla, hier muss man ebenfalls auf Alkohol und andere Rausch- und Genussmittel verzichten. Das Ayurveda-Resort wurde vom (inzwischen verstorbenen) Österreicher Peter Huber gegründet und wird von seinen Nachkommen erfolgreich weitergeführt. Therapiebereich mit 4 Ärzten, Garten, Pool, überall duftet es nach ayurvedischen Ölen. 20 Zimmer (ab 150 €/Person/Tag im DZ). Wathuregama 162/19, ✆ 091-2264082, www.lotusvilla.de.

Bootstouren **Jaliya Boat Service**. Flusstouren ins Naturschutzgebiet (Ramsar Wetland & Sanctuary) ab 4000 Rp./Person, für die 15 km benötigen die Boote 1:30 Std. Galle Rd. 206, der Bootsanleger befindet sich unmittelbar am südlichen Ende der Brücke, ✆ 091-2256318.

Gangabada Asiriya (Captain's Boat House). Der Platzhirsch unter den Tourenanbietern hat seine Basis unübersehbar am nördlichen Ende der Flussbrücke. Touren in das Ramsar Wetland & Sanctuary ab 4000 Rs/Person (1:30 Std.). Am Bootsanleger befinden sich eine kleine Ausstellung und ein Café. Custom Rd., ✆ 091-2257614, www.gangabadaasiriya.com.

Schildkrötenfarm **Sea Turtle Sanctuary & Research Center**. Bei der Schutzstation für Wasserschildkröten in Kosgoda 4 km nördlich von Ahungalla handelt es sich um die erste Initiative dieser Art (seit 1978). Nach dem üblichen Prinzip werden die Schildkrötenbabys in Wasserbassins gehalten, bis sie fit für den Überlebenskampf im Meer sind. Die Initiative hat inzwischen zahlreiche Nachahmer gefunden. 500 Rs. Tägl. 7–17 Uhr. ✆ 091-4921802.

Übernachten **The Heritance**, ⑦. Strandhotel in Ahungalla mit Esprit und Stil, die Pläne lieferte Architekt Geoffrey Bawa. 152 komfortable Zimmer, die luftige Lobby öffnet sich meerwärts zum Pool, flankiert durch den Bar- und Restaurantbereich in den beiden Gebäudeflügeln. Galle Rd., ✆ 091-5555000, www.heritancehotels.com.

Roman Lake Ayurveda Resort, ⑥. Vom ruhig gelegenen Hotel blickt man auf das Naturschutzgebiet im Hinterland (Ramsar Wetland & Sanctuary). 8 Zimmer auf 2 Etagen, modernes Ambiente im Stil eines Boutiquehotels. Restaurant (kein Alkohol), Gäste ohne gebuchtes Ayurveda-Programm sind auch willkommen. Godegedara Rd. (von Balapitiya-Süd ausgeschildert), ✆ 091-5702500, www.romanlake.lk.

Raja Beach Hotel, ②–⑤. Eines der ersten Hotels am Strand von Balapitiya, der Besitzer stammt aus Freudenstadt. Bodenständig, familientauglich. 8 geräumige Zimmer mit und ohne AC, darunter ein Familienapartment sowie ein Zimmer für Rucksacksreisende – die günstigste Option in Balapitiya. Das Restaurant mit Biergarten serviert u. a. Pizza aus dem Holzofen, auch Kaffee und Kuchen. Rajawatta 276/85, Wellabada, ✆ 091-2264946, www.raja-beach-hotel.com.

Neem Tree Guesthouse, ③. Das Logis liegt nur einen Steinwurf vom Strand entfernt in einem ruhigen Wohngebiet. Familiär und relativ komfortabel, 4 Zimmer mit AC und kleiner Veranda davor, gute Bäder sowie Küchenzeile für Selbstversorger. Auf Wunsch wird für Hausgäste abends gekocht. Beach Rd. 94 B, ✆ 077-3738615, Buchung über die gängigen Buchungsportale.

Essen & Trinken **Asian Restaurant**. Asiatische Fusionsküche im Zentrum von Balapitiya. Das stilvolle Interieur erinnert an ein Boutiquehotel, leidenschaftlich geführt, auf der Karte stehen gegrillte Meeresfrüchte, Huhn süßsauer, Tom Yam sowie srilankisches Fischcurry. Etwas teurer, aber der Weg lohnt sich. Tägl. 11–22 Uhr außer an Poya-Tagen. Galle Rd. 25, ✆ 091-3095333.

Bord'eau (Madhu River Restaurant). Ausflugsrestaurant in der Nähe der Bootsanlegestelle am Madu Ganga, spezialisiert auf Seafood sowie (hausgemachte) italienische Pasta. Auch Crêpes für den kleinen Hunger zwischendurch. Man sitzt hier sehr angenehm – innen oder draußen mit Blick auf den Fluss. Hauptgerichte ab 600 Rs. Tägl. 9–21 Uhr. Galle Rd. 212, ✆ 091-2254173.

White House. Hochwertiges Restaurant im Zentrum an der Hauptstraße südlich vom Bahnhof bzw. Busbahnhof. Sitzplätze unbeeinträchtigt vom Verkehrslärm auf der Hinterhofveranda. Sandwiches, Salate, Reisgerichte, Currys, der Schwerpunkt liegt auf Meeresfrüchten. Moderates Preisniveau (ab 600 Rs). Tägl. 11–23 Uhr. Galle Rd. 31/1 A, ✆ 091-2254355.

››› Mein Tipp: **Seven Two Note 720.** Bakery Shop, Roti-Stand und Straßenrestaurant nördlich des Busbahnhofs in einer ruhigen Parallelstraße zur Ortsdurchfahrt gelegen. Sauber und gut geführt, Frühstücks- und Mittagsbüfett (Reis & Curry), landestypisch und preiswert, abends u. a. Fried Rice, Hoppers und Roti. Mo–Sa 6–20.30 Uhr außer an Poya-Tagen. Main St. 351, ✆ 076-7946672. ‹‹‹

Hikkaduwa

Goldgelber Sandstrand, so weit das Auge reicht, ist das Hauptargument für einen Ferienaufenthalt in der ehemaligen Hippie-Hochburg. Neben dem Baden locken vielfältige Wassersportmöglichkeiten, ein weiterer Vorzug ist das moderate Preisniveau. Ausflüge in die Umgebung führen u. a. zu den Mondsteinminen im küstennahen Hinterland.

Der traditionsreiche Urlaubsort mit klangvollem Namen zählt noch immer zu den beliebtesten Reisezielen im Süden Sri Lankas. Besonders jungen Besuchern gefällt die einzigartige Kombination zwischen vielfältigen Wassersportmöglichkeiten mit einem Nachtleben, das in Sri Lanka seinesgleichen sucht. So gibt es in der Tat kaum Schöneres als nach vollbrachtem Tagewerk in einer der zahlreichen Strandbars bei einem Bier oder Cocktail den Sonnenuntergang zu genießen und sich anschließend mit Bekannten zu einer ausschweifenden Party zu verabreden. Der **Strand** ist vom

Am frühen Morgen präsentiert sich der Strand menschenleer

Der Süden → Karte S. 174/175

Feinsten: Palmenwipfel überwölben eine geschlossene Front von Restaurants und Bars, die sich harmonisch ins prächtige Gesamtbild einfügen. Morgens und nachmittags dominiert während der Saison von November bis April die Surfszene. Tauchen und Schnorcheln ist ein klein wenig aus der Mode gekommen, seit der Korallenbestand am legendären Riff vor der Küste – durch natürliche Erosion sowie durch menschliche Eingriffe – stark zurückgegangen ist. Das Riff ist seit 1979 ein marines Naturreservat, der **Hikkaduwa-Nationalpark.** Nicht nur die Unterwasserflora und -fauna, sondern auch die touristisch genutzte Küste stehen unter Naturschutz. Tauch- und Schnorchelgänge sind aufgrund der Vielfalt an Fischen dennoch ein Erlebnis. In Hikkaduwa sind die Tage der Hippies natürlich längst passé – die modernen Globetrotter schlagen heute bevorzugt ihre Zelte an alternativen Standorten weiter im Osten der Insel auf. Aus diesem Grund trifft man heutzutage hier auf eine Mischung aus jungem Partypublikum, Pauschalreisenden sowie Wassersportenthusiasten. Gaben im letzten Drittel des 20. Jh. die Gäste aus dem deutschsprachigen Raum den Ton an, sind es gegenwärtig im Wesentlichen Russen, die sich hier rundum wohlfühlen. Speisekarten auf Russisch weisen eindeutig darauf hin, dass sich die örtliche Gastronomie auch bestens auf den Zustrom der neuen Gäste eingestellt hat. Außerhalb der Bade- und Wassersportsaison sind in Hikkaduwa viele Restaurants und Geschäfte geschlossen (Mai bis Okt.).

Auch wenn der Strand noch so einnehmend ist, so gewinnt der Ort mit Sicherheit keinen Schönheitspreis. Schuld an der zugigen Atmosphäre ist die Ortsdurchfahrt, die in Tuchfühlung zu den Quartieren parallel der Küste verläuft und – trotz Express Highway im Hinterland – zu beinahe allen Tageszeiten stark frequentiert ist. Leider konzentriert sich auch das Gros der örtlichen touristischen Infrastruktur links und rechts der Hauptstraße: Restaurants, Reiseagenturen, Wassersportzentren und eine erstaunliche Zahl an Juweliergeschäften. Angesichts des rasanten Straßenverkehrs bleibt ein gemütlicher Bummel pure Wunschvorstellung. Je weiter man sich jedoch nach Süden orientiert, desto ruhiger wird es. Ohnehin spielt die Musik weniger in Hikkaduwa, sondern 2 km südlich am **Narigama Beach** in Thiranagama. Wenn Gäste es noch einsamer haben möchten, wählen sie ein Quartier im südlichen Nachbarort **Dodanduwa**. Der Strand verbreitert sich in Richtung Süden signifikant, der goldgelbe Sand ist in Dodanduwa allerdings grobkörniger als in Hikkaduwa. Hinzu kommt, dass im Süden kein Korallenriff die Küste schützt. Wer hier badet, sollte daher auf riskante Unterströmungen achten und bei hohem Wellengang entsprechend vorsichtig sein!

Die Sehenswürdigkeiten befinden sich allesamt in der Umgebung und sind unkompliziert mit Three Wheeler, Scooter oder sogar Fahrrad erreichbar. Auf der Fahrt Richtung Süden erreicht man nach 6 km auf der A 2 den Nachbarort Dodanduwa. Der Fischerort wartet mit einem vor allem morgens quirligen Hafen und einem sehenswerten Tempel auf. Der Hauptgrund für den Abstecher hierher ist möglicherweise jedoch der 1 km im Hinterland gelegene **Ratgama-See** *(Dodanduwa Lake)*. Den schönsten Eindruck von der Salzwasserlagune erhält man natürlich vom Boot aus. In der Gegenrichtung gelangt man nach 4 km auf der A 2 in das Dorf Telwatta, das aus mehreren Gründen interessant ist: Hier befindet sich das kulturell bedeutendste buddhistische Heiligtum der Gegend, außerdem erinnern gleich zwei Museen sowie ein moderner stehender Buddha an die **Tsunami**-Katastrophe 2004. Telwatta ist auch Ausgangspunkt für einen Ausflug ins Hinterland zu den **Mondsteinminen** bei Meetiyagoda. Wer mit dem Three Wheeler unterwegs ist, kann die Tour zudem mit einem Besuch eines Zimtgartens verbinden. Ein beliebter Tagesausflug führt von Hikkaduwa nach Galle.

Sehenswertes in der Umgebung

Seenigama Devalaya: Auf etwa halber Strecke zwischen Hikkaduwa und Telwatta befindet sich ein beliebtes buddhistisches Pilgerziel. Der fotogen auf einer Insel im Meer gelegene Tempel ist einer lokalen Schutzgottheit namens Devol geweiht. Als Patron der Fischer sowie Förderin des Wohlstands nimmt sie einen festen Platz in der singhalesischen Volksfrömmigkeit ein.

Tsunami Honganji Vihara/Tsunami Museum: Der 30 m hohe stehende Buddha an der Küstenstraße (A 2) nördlich von Hikkaduwa entpuppt sich als Denkmal für die 1500 Menschen, die beim Tsunami ums Leben kamen. Die Grundsteinlegung erfolgte am 26. Dezember 2005, dem ersten Jahrestag der Katastrophe, die Spenden für die Errichtung des Kunstwerks kamen aus Japan. Unweit der Statue widmen sich – ebenfalls auf der linken Seite der A 2 – zwei familienbetriebene Kleinmuseen ebenfalls dem Tsunami. Es handelt sich in beiden Fällen um zwar bescheidene, aber dennoch sehenswerte Fotoausstellungen, die einen guten Einblick in das Ausmaß der Zerstörungen und die anschließenden Hilfsbemühungen geben (tägl. 8–18 Uhr, Eintritt gegen Spende).

Thotagamu Rathpath Raja Maha Vihara: Der älteste Tempel in der Umgebung von Hikkaduwa hatte sein Goldenes Zeitalter im 15. Jh., als schriftgelehrte Mönche wie Thiripiteka Wagiswaracharya und Sri Rahula Sangaraja Mahimi hier eine Akademie *(pirivena)* internationalen Zuschnitts etablierten. Insbesondere Letzterer trug mit seinen Werken entscheidend zum Ruhm der Institution bei. Er war darüber hinaus heilkundig und verabreichte ayurvedische Öle, die ihm Dorfbewohner brachten, an bedürftige Kranke. Der Ort Telwatta, der vom Tsunami komplett zerstört wurde, ist noch heute als „Dorf der Ölhersteller“ über die Grenzen der Region hinaus ein Begriff. Mit dem Tod des Mönchs 1491 setzte der Niedergang der Klosterakademie ein. Im 16. Jh. wurde die Kultstätte von den Portugiesen zerstört und anschließend auf Geheiß des Königs von Kotte wiederaufgebaut. Heute präsentiert die Anlage Besuchern ein Potpourri aus Überresten verschiedener Epochen: Aus der Anuradhapura-Periode (8.–12. Jh.) stammen etliche Säulen, Stelen sowie Inschriften; der Vishnu Kataragama-Tempel und die Wandmalereien im Haupttempel sind aus der späteren Kandy-Periode.

Am Tsunami Photo Museum rechts von der A 22 abbiegen, der Weg ist ausgeschildert.

Am Tsunami Honganji Vihara

Meetiyagoda: Mehrere Mondsteinminen am Ortsrand und in der näheren Umgebung haben diesen Ort über die Grenzen der Region bekannt gemacht. Touristen werden von örtlichen Tuk-Tuk-Fahrern gewöhnlich recht bald auf die Ausflugsoption angesprochen – unter Umständen in Kombination mit dem Besuch eines Zimtgartens. Sowohl die Zimtgärten als auch die Minen sind kommerzielle Einrichtungen. Die zur Gruppe der Feldspate gehörenden Mondsteine zeichnen sich durch ein bläulich-weißes Schimmern aus (Addulareszenz) und werden als Schmuck- und Heilsteine (z. B. gegen Kopfschmerzen) verwendet. Die Gegend um Meetiyagoda ist das bekannteste Abbaugebiet von Mondsteinen auf der Insel. Nach der Besichtigung der Grube und den archaischen Schürfgerätschaften erfolgt die obligatorische Visite im Shop, wobei ein Kauf hier wegen fehlender Zertifikate nicht unbedingt zu empfehlen ist.

6 km nördlich von Hikkaduwa an der Kadawa Jc. von der A 2 landeinwärts abbiegen, nach weiteren 3 km tauchen rechts und links die ersten Minen auf.

Dodanduwa: Noch immer leben die meisten Bewohner im kleinen Küstenort 6 km südlich von Hikkaduwa vom Fischfang. Am Hafen stapeln sich tagsüber die Boote dicht an dicht, die beste Zeit für einen Besuch sind die frühen Vormittagsstunden (Eintritt 100 Rs). An der Hauptstraße im Zentrum liegt – nicht zu übersehen – auf einem Hügel der **Kumarakanda Vihara**. Eine dekorative Freitreppe verbindet das Straßenniveau mit dem weiß getünchten Haupttempel, der innen durch eine besonders gelungene Farbgestaltung überzeugt. Östlich von Dodanduwa liegt der salzhaltige **Ratgama-See**, der Lebensraum für zahlreiche seltene Vögel bietet. Überregionale Bekanntheit erlangte die *Island Hermitage*, ein 1911 vom deutschen Mönch Nyanatiloka Mahathera (Anton Gueth, 1878–1957) gegründetes Yoga-Retreat und Meditationszentrum. Der Name Nyanatiloka genießt in Sri Lanka noch immer einen ausgezeichneten Ruf, der Deutsche erhielt sogar ein Staatsbegräbnis in Colombo. Noch immer können sich spirituell Suchende aus dem Westen hier zurückziehen (Informationen gibt das Eco Village am Seeufer, www.ecovillagelanka.com). Im Rahmen einer Bootstour darf die Insel inzwischen nicht mehr betreten werden.

Armada von Fischerbooten im Hafen von Dodanduwa

Business as unusual: Schildkrötenfarmen an der Südküste

Kaum zwei Tage alte und schwerlich mehr als drei Zentimenter Körperlänge messende Schildkrötenbabys sind ein herzzerreißender Anblick. Erst recht, wenn sie sich in kleinen Meerwasserbassins in Tuchfühlung zum Strand im Paddeln üben. Und Übung benötigen die Kleinen reichlich, denn im zarten Alter von nur drei Tagen müssen sie um ihr Überleben kämpfen, wenn sie erstmals der rauen Wirklichkeit des Meeres übergeben werden. Von tausend Babyschildkröten, die auf diese Weise den natürlichen Elementen ausgesetzt werden, erreichen statistisch nur etwa 2,5 Exemplare das Erwachsenenalter.

Zwischen Bentota und Koggala treffen Reisende entlang der Küstenstraße (A 2) immer wieder auf Schildkrötenfarmen. Schildkröten sind eine gefährdete Spezies. Ihre Panzer sind bei Menschen vieler Kulturen eine begehrte Ressource, die Reptilien werden daher zu hohen Preisen gehandelt. Auch ökologisch zweifelhafte Fischfangmethoden reduzieren die Bestände. Allerdings setzt nicht nur der Mensch, sondern auch die Natur den Meeresschildkröten zu: Bereits mit dem Schlüpfen der Reptilienbabys am Sandstrand beginnt ihr beispielloser Überlebenskampf, der im Grunde kaum zu gewinnen ist. Und hier setzt die Arbeit der Schildkrötenfarmen an: Babys und teils verletzte ältere Schildkröten werden in Wasserbassins gehalten (bei den Frischgeschlüpfen sind es maximal drei Tage), gefüttert und anschließend dem Meer übergeben. Die Kosten werden großteils über die Ticketeinnahmen gedeckt. Ein ungewöhnliches Business mit vielfältigem Nutzen: Die Überlebenswahrscheinlichkeit der Reptilien wird signifikant erhöht, die Besucher bekommen für wenig Geld viel Erlebnis und die Betreiberfamilien profitieren ebenfalls ein wenig von ihren guten ökologischen Taten.

Der Süden → Karte S. 174/175

Basis-Infos

Information www.hikkaduwanet.com

Hin & weg Hikkaduwa liegt 100 km südlich von Colombo und 20 km nördlich von Galle.

Bahn: Der Bahnhof Hikkaduwa befindet sich im nördlichen Stadtzentrum, 3–5 Expresszüge tägl. in beide Richtungen (Matara, Colombo). Bummelzüge halten auch in Thiranagama sowie Dodanduwa.

Bus: Am zentral gelegenen Busbahnhof halten Busse von/nach Galle bzw. Colombo sowie landeinwärts von/nach Badegama. Die Expressbusse halten nicht direkt am Busbahnhof, sondern wenige Schritte weiter südlich an der A 2 vor der Commerzbank.

Fahrräder/Taxi **LST Adventure**, Fullservice-Agentur an der Ortsdurchfahrt, spezialisiert auf Freizeitsport- und Outdoor-Aktivitäten. Verleih von Fahrrädern für 500 Rs/Tag. **Geführte Radtouren** in die Dörfer der Umgebung (Zimtgärten, Reisfelder) nach Voranmeldung ab 2000 Rs/Person inkl. Radmiete und Guide. Auch **Taxiservice**. Tägl. 9.30–20 Uhr. Galle Rd. 403/A, ✆ 077-6242795.

Aktivitäten

Baden Der Sandstrand zieht sich – mit nur wenigen Unterbrechungen – vom südlichen Ende des Zentrums von Hikkaduwa bis hinunter in den südlichen Nachbarort **Dodanduwa**. Je weiter man sich vom Zentrum des Geschehens entfernt, desto ruhiger wird es. Südlich von Dodanuwa ist es nahezu menschenleer, Strandwanderer treffen hier sogar ab und an auf Wildcamper. Wo kein vorgelagertes **Korallenriff** das Ufer schützt, kann das Meer ziemlich rau sein.

Bootstouren **Lal Jayasuriya**. Bootstouren zum **Ratgama-See (Dodanduwa Lake)**, 2 Std. Fahrt kosten ca. 2000 Rs. Im Ortszentrum Dodanduwa die zweite Straße landeinwärts, der Weg ist ausgeschildert. ✆ 077-7044057, laljayasuriya@gmail.com.

Einkaufen **Saffron Robes**. Kunst- und Lifestylegalerie auf 5 klimatisierten Etagen mit allerlei Gemälden, Elefanten, Tuk-Tuk-Modellen aus Holz, auf alt getrimmten Möbeln sowie zahlreichen Accessoires – ideal zum ausgiebigen Stöbern. Galle Rd. 285 A, ✆ 077-4415777, www.saffronrobes.com.

Jewel Collection, kleiner aber feiner Familienbetrieb an der Hauptstraße, M. H. M. Lamaan stellt seit über 2 Jahrzehnten Schmuck aus Edelsteinen, Silber und Weißgold nach eigenen Designs oder auf Kundenwunsch her. Export in zahlreiche europäische Länder. Saphire in allerlei Varianten, auch Mondstein, Topas und Rosenquarz. In der Saison tägl. 11–21.30 Uhr. Galle Rd. 353/A, ✆ 091-2247399.

Wochenmarkt, am Bahnhof bzw. unmittelbar dahinter, östlich der Eisenbahntrasse. So 7.30–12 Uhr.

Schildkrötenfarm **Sea Turtle Hatchery Hikkaduwa**. Eine der ersten Rettungsstationen für Meeressschildkröten befindet sich schräg gegenüber dem stehenden Buddha nördlich von Hikkaduwa. Der Inhaber verlor den Großteil seiner Familie beim Tsunami 2004. Tägl. 9–18 Uhr. 500 Rs. Peraliya, Telwatta, ✆ 077-2938338, www.srilankaseaturtles.com.

Wassersport **Poseidon Diving Station**. Größtes und ältestes Tauchzentrum in Sri Lanka (seit 1973) mit Dependancen in Mirissa sowie an der Ostküste in Nilaveli. Tauchkurse nach PADI-Standard. Weil die Korallen weitgehend zerstört sind oder unter besonderem Schutz stehen, sind Felsenriffe und Schiffswracks das Ziel. Den 4-tägigen Anfängerkurs gibt's ab 375 $. Auch Restaurant und Unterbringungsmöglichkeiten. Nov. bis April. Galle Rd. 304, ✆ 091-2277294, www.divingsrilanka.com.

Reef End Surf School. Professionelle Surfschule mit eigenem Shop an der Hauptstraße in Thiranagama. Surfkurse ab 20 $/Std. und Verleih von Surfbrettern für 10 $/Tag. Nov. bis April. Galle Rd. 553, ✆ 077-7043559, www.reefendsurfschool.com.

Übernachten

Citrus **9**, ⑥. Ultramodernes Strandhotel mit 93 Zimmern und Suiten in einem fünfgeschossigen, weiß getünchten Gebäuderiegel. Pool, Spa-Bereich, der Hotelstrand ist jedoch nur bedingt badetauglich. Funktional gestaltete Lobby, Restaurant, internationaler Standard. Galle Rd. 400, ✆ 091-4383244, www.citrusleisure.com.

Asian Jewel **1**, ⑥. Das piekfeine Boutiquehotel liegt im Hinterland am südlichen Ufer des Hikkaduwa Lake. Stilvoll ausgestattet, der Eigentümer ist Brite. Garten, Pool, exzellentes Restaurant, in dem abends auch auswärtige Gäste willkommen sind. 6 Zimmer und Suiten, darunter ein Familienapartment, alle mit Balkon. Ganzjährig geöffnet. Field View Lane 3 (Baddegama Rd.), Nalagaschedeniya, ✆ 091-4931388, www.asian-jewel.com.

Sapphire Seas **22**, ⑤–⑥. Resort der oberen Mittelklasse am Narigama Beach zwischen Hikkaduwa und Dodanduwa. Familiäre Atmosphäre, die Betreiberin stammt aus Kanada. 10 Zimmer auf 2 Etagen, die meisten mit Meerblick. Sehr gutes Restaurant mit internationaler Küche. Galle Rd., Patuwatha, ✆ 091-2277047, www.sapphireseassrilanka.com.

The Residence Hikkaduwa **2**, ⑤–⑥. Ein Zwitter zwischen Villa und Gästehaus 150 m Luftlinie vom Strand entfernt. Ruhige Lage, 2 überaus geräumige AC-Zimmer im Nebenhaus mit eigener Veranda, Dachterrasse, sauber und vorbildlich geführt. Die Eigentümerfamilie wohnt auf dem gleichen Grundstück und hilft bei der Reiseplanung. Amarasena Mw. 24 B, ✆ 071-7066809, www.theresidencehikkaduwa.com.

Neela's Guesthouse **19**, ③–⑥. Das alteingesessene Quartier am Strand von Thiranagama wird von Einheimischen aus Hikkaduwa betrieben (seit 1979). 9 Zimmer auf 3 Etagen, die oberen mit mit AC, darunter ein Familienapartment. Angeschlossen ist ein beliebtes Restaurant, das in der Nebensaison allerdings nicht durchgängig geöffnet

ist. Galle Rd. 634, ✆ 077-3344335, www.neelasbeach.com.

Drifter's Hotel 18, ③–⑤. Der Inhaber dieses Strandhotels stammt aus Hikkaduwa und blickt auf zwei Jahrzehnte Tourismuserfahrung zurück. Zwei Gebäude mit Pool und 20 Zimmern, davon 15 mit AC, nüchtern möbliert, funktional, alle mit eigener (teils offener) Veranda. Der Inhaber betreibt auch noch ein einfaches Gästehaus mit 10 Zimmern an der Hauptstraße. Galle Rd. 602, ✆ 091-2275692, www.driftershotel.com.

Dream Village 23, ③–④. Von einem deutsch-sri-lankischen Paar geführte Anlage ganz im Süden von Dodanduwa. Grundstück direkt am Meer mit Restaurant in einem achteckigen Pavillon mit Meerblick, weitere Tische und Stühle stehen auf dem Sand. 3 einfache Cabanas ohne AC, 2 Familienzimmer mit AC für 4 Pers. sowie 4 weitere DZ mit AC auf 2 Etagen im rückwärtig gelegenen Neubau bzw. in der Villa. Viele Stammgäste aus Deutschland. Galle Rd. 414, ✆ 077-1288012, www.dreamvillage.de.

Villa Goodwill Paradise 21, ③. Ruhig gelegene Villa jenseits der Bahnlinie ca. 10 Min. zu Fuß vom Strand entfernt (günstige Lage nahe Bahnhof Thiranagama). 5 komfortable Zimmer mit AC auf 3 Etagen sowie kleiner Veranda. Kein Frühstück, dafür gibt's eine Gemeinschaftsküche für Selbstversorger. Gut geführt und sauber. Pinkanda Rd. 5/23 B, Thiranagama, ✆ 077-7275124, Buchung über die gängigen Buchungsportale.

Hilda Guest House 15, ③. Kleines Resort jenseits der Bahnlinie, 10 Gehminuten vom Strand entfernt. Die Besitzerin stammt aus der Schweiz und lebt in Hikkaduwa. Himmlische Ruhe, hübscher Garten mit kleinem Pool, Tischtennisplatte sowie Liegestühlen. 16 grundsolide Zimmer mit Veranda verteilen sich auf zwei Gebäude. Restaurant mit sri-lankischer und schweizerischer Küche (Käsefondue). Sauber, familiäre Atmosphäre. Uswatta, Wewels, ✆ 091-4933383, www.hildaguesthouse.ch.

››› Mein Tipp: **Hotel Finlanka 4**, ③. Von einem Skandinavien-Enthusiasten ausgezeichnet geführtes Quartier, unmittelbar jenseits der Bahntrasse gelegen. 9 AC-Zimmer, geräumig und mit Küchenzeile, Kühlschrank sowie Balkon in einem dreigeschossigen Wohnhaus. Garten, Restaurant im Nebenhaus, exzellentes Preis-Leistungs-Verhältnis. Sarath Gunawardhana Mw. (1st Cross Rd.), ✆ 077-3061068, www.finlanka.net. ‹‹‹

Budget Hostel 29 3, ①. Das Logis steht beispielhaft für eine ganze Palette einfacher Hostels im unmittelbaren Küstenhinterland. Charakter eines Homestay – familiengeführter Betrieb, die Betreiber wohnen nebenan. 3 Schlafsäle mit jew. 4 Betten, die Gäste teilen sich ein Bad, Küche für Selbstversorger, Frühstück wird serviert. Amarasena Mw. 35, ✆ 071-0162324, Buchung über die gängigen Buchungsportale.

Essen & Trinken

→ Karte S. 199

Fast jedes Hotel am Strand betreibt ein eigenes Restaurant. Die Küche ist vornehmlich auf Fisch und Meeresfrüchte spezialisiert, wobei auch das Angebot an traditionellen sri-lankischen Gerichten überraschend üppig ausfällt.

Refresh 8. Legendäres Strandlokal und unangefochtener Platzhirsch unter den Restaurants in Hikkaduwa, eine Filiale befindet sich in Tissamaharama. Riesige Kapazitäten oberhalb des Strands oder im durch Ventilatoren belüfteten Speisesaal. Vielgerühmte Meeresfrüchteküche, die Speisekarte ist so dick wie ein Buch. Auch Kaffee und Kuchen. Hochpreisig. Tägl. ab 9 Uhr. Galle Rd. 384, ✆ 091-2275783, www.refreshsrilanka.com.

Main Reef Surf Rest 14. Beliebtes Strandrestaurant mitten im Geschehen und Treffpunkt der Surferszene. Gut geführt, in der Saison ist abends jeder Platz belegt. Fischer Fisch, Sandwiches, die ganze Palette üblicher Gerichte zu akzeptablen Preisen, auch Reis & Curry. Vorzüglich für einen Sundowner geeignet. Auch 9 Gästezimmer im 1. und 2. OG, von hier geht's mit dem Surfbrett unter dem Arm direkt ins Wasser. Galle Rd. 462/1, Wewala, ✆ 091-2275203, www.srilankasurfholidays.com.

Surf Control Rooftop Lounge 12. Rooftop-Restaurant und Bar mit Tischen sowie plüschigen Sitzkissen auf dem Boden. Elektronische Musik, jung gebliebenes Surferpublikum, relaxte Atmosphäre. Fische und Krustentiere werden im EG ausgewählt, die Zubereitung mit dem Kellner besprochen. Auch Bier, Wein, Arrrak sowie Cocktails. Tägl. ab 18 Uhr. Galle Rd. 450, Wewala, ✆ 076-9806636.

Abba's Restaurant & Pub 6. Spezialität des Restaurants auf der anderen Seite der Eisenbahnlinie sind saftige Steaks (nach Vorbestellung ab 1500 Rs). Auch Meeresfrüchte und die üblichen panasiatischen Gerichte sowie Frühstück, der sehr seriöse Inhaber spricht exzellent Deutsch (seine

Familie leistete Pionierarbeit und betrieb das 1. Gästehaus in Hikkaduwa). Auch Bier vom Fass, Sitzplätze im EG oder auf der überdachten Veranda. Tägl. ab 8.30 Uhr. Waulagoda Rd. (South Goonawaradana Mw.), ✆ 077-3182396.

Chami's Café 5. Von jungen Inhabern geführte, liebenswert-charmante Einkehr abseits der ausgetretenen touristischen Pfade. Gemütliches Sitzen im traditionellen Ambiente, junges Publikum, auch die Küche ist überwiegend traditionell. Auf der Karte stehen Reis & Curry, Kottu Roti, Meeresfrüchte oder Pancakes, alles zu moderaten Preisen. Angeschlossen ist ein einfaches Gästehaus. Garten mit Küchenkräutern. Tägl. ab 7.30 Uhr. Waulagoda Rd. (South Goonawardana Mw.), ✆ 077-3141478.

Budde's Beach Restaurant 13. Seriös geführtes Strandrestaurant ohne Allüren mit Bar. Plätze auf der Veranda oder davor auf dem Sand, die Speisekarte gibt's auch auf Deutsch. Seafood in allen Varianten, srilankisches und westliches Frühstück, Currys und Pancakes. Mitten im Geschehen. Ortsübliches Preisniveau, unter Umständen längere Wartezeiten. Tägl. 8–23 Uhr. Galle Rd., Wewala, ✆ 074-383004.

Thambili Restaurant 24. Freundliches familiengeführtes Restaurant mit angeschlossenem Gästehaus an der A 2 südlich von Dodanduwa, 250 m vom Strand entfernt. Spezialisiert auf Krustentiere jeglicher Art, die hier frisch auf den Tisch kommen. Auch Reis & Curry ab 600 Rs. Trotz Straßenverkehr nette Sitzplätze innen und auf der Veranda. Tägl. 8–22 Uhr. Galle Rd. 13/451, ✆ 077-4433179.

Nordic House 7. Kleines Bistro mit gemütlichen Sitzplätzen, Spezialität des Hauses sind leckere Burger vom Grill in zahlreichen Varianten (ab 1000 Rs). Cappuccino aus der italienischen Maschine, kein Alkohol, gemütliches Sitzen im EG, weitere Plätze befinden sich im 1. OG. Tägl. 10.30–21.30 Uhr. Galle Rd. 339, ✆ 077-6871243.

Sudath Guesthouse 16. Das Logis mit angeschlossenem **Ayurveda**-Massagebereich kredenzt ein Reis & Curry-Büfett, zubereitet auf traditionelle Art mit selbst gerösteten Gewürzen, gegessen wird von einem Bananenblatt. 5 Tische auf einer Holzveranda, viele natürliche Materialien wie Kokos und

Friedliche Abendstimmung am Strand

Bambus, faires Preisniveau. Tägl. 12–15 Uhr und 18–22 Uhr. V. C. Rd. 32 (jenseits der Bahnlinie), ✆ 077-5388177.

Home Grown Rice & Curry 10. Die etwas abseits an der Bahnlinie liegende, familiengeführte Einkehr ist ideal, wenn man seine Ruhe haben möchte. Authentische Hausmannskost, die Spezialität ist Reis & Curry mit nach Gusto zusammengestellten Ingredienzien (ab 500 Rs). Ansprechende Sitzplätze drinnen oder auf der Veranda. Faire Preise. Tägl. 12–22 Uhr. S. R. Nanyakkara Mw. 140, Wewala, ✆ 072-4407858.

Ranjith Restaurant 17. Das einfache Straßenrestaurant entpuppt sich als eine gute Adresse für traditionelle sri-lankische Kost – von Kottu Roti in allerlei Varianten bis zu preiswerten Currys und teueren Meeresfrüchtegerichten. Der Inhaber gibt auch Kochkurse. Einfaches Ambiente mit Plastikstühlen. Tägl. 7–20 Uhr. Galle Rd., Thiranagama, ✆ 091-5717975.

Starbeans Coffee (Surf Restaurant & Café) 11. Kaffeehaus in der 2. Reihe hinterm Strand mit ansprechenden Sitzplätzen. Auch Bier, hausgemachtes Eis und mexikanische Hauptgerichte (ab 1000 Rs). Tägl. 8.30–22 Uhr. Galle Rd., Wewala, ✆ 091-2275797.

Mambo's 20. Der Surfertreff am Narigama-Strand ist der berühmteste Partytreff in Hikkaduwa. Junges Publikum, auch Gästehaus, eine Dependance befindet sich an der Ostküste in Arugam Bay. Galle Rd., ✆ 077-7822524, www.mambos.lk.

Galle

ca. 91.000 Einwohner

Die urbane Perle an der Südküste zählt zu den attraktivsten Städtezielen in ganz Südasien. Nirgendwo sonst in Sri Lanka lässt sich das koloniale Flair so unverfälscht genießen wie in der Altstadt von Galle, die seit 1986 UNESCO-Weltkulturerbe ist.

Der beim Tsunami 2004 verwüstete Altstadtkern präsentiert sich heutigen Besuchern wie aus dem Ei gepellt. Frisch restaurierte Kolonialbauten aus portugiesischer, holländischer und britischer Zeit verleihen den verkehrsberuhigten Straßen und Gassen einen unverwechselbaren Charme. Aus jeder Pore dringen die rund 500 Jahre Kolonialgeschichte, auf die **Galle Fort**, die weit ins Meer hinausragende Festungshalbinsel, zurückblickt. So viel exzellent bewahrte Kolonialvergangenheit ist selten in Südasien. Kaum ein anderer Küstenort weist so viele Sehenswürdigkeiten auf engstem Raum auf, kein zweiter Ort auf der Tropeninsel punktet so wie Galle mit einer beinahe vollständig erhaltenen Stadtbefestigung. Zum Einstieg empfiehlt sich ein **Rundgang über die Wallanlagen:** Der entspannte Fußweg über die ehrwürdigen Mauern und vorbei an Bastionen offenbart wunderbare Ausblicke auf's Meer und zur Altstadtseite; für die komplette Runde sollte man etwa zwei Stunden einkalkulieren. Anschließend locken in der Altstadt nicht nur eine große Palette interessanter Museen, sondern auch piekfeine Cafés und Restaurants sowie reichlich Boutiquen. Besonders die Vielzahl an Juweliergeschäften erstaunt. Sie erinnern daran, dass der Stadtkern seit jeher mehrheitlich von Muslimen bewohnt wird. Noch heute stellen die für ihr Händlergeschick bekannten Bewohner mit 90 % die größte Religionsgruppe in Galle Fort, und auch das weiß getünchte Gotteshaus in der Nähe des Leuchtturms entpuppt sich wider Erwarten nicht als katholische Kirche aus portugiesischer Zeit, sondern als Moschee. Aus Rücksicht auf die religiösen Gefühle der Bevölkerungsmehrheit bietet auch heute noch kein Restaurant in Galle Fort Schweinefleisch an.

Im Stadtbild erinnert ansonsten nur wenig an die muslimische Majorität – es dominiert eindeutig koloniale Nostalgie. Beim Schlendern durch die Gassen und Straßen fühlt man sich als Besucher angesichts repräsentativer Häuser mit blütenweißen Fassaden und klassizistischen Säulen wie in eine Filmkulisse versetzt. Alles wirkt irgendwie ziemlich britisch, niederländisch und portugiesisch. Auch Straßennamen wie *Light House* Street, *Church Street* oder *Customs Road* gemahnen daran, dass Galle für vier Jahrhunderte unter der Herrschaft der europäischen Kolonialmächte stand. Die Haupttourismusachse in Galle Fort ist die zentrale **Pedlar Street**, auf der zu fast jeder Tageszeit mächtig Betrieb herrscht. Hier reihen sich Boutiquen und Cafés aneinander und laden zum hemmungslosen Flanieren ein. Die Orientierung fällt leicht, da die überwiegend rechtwinklig verlaufenden Straßen auf der Halbinsel alle irgendwann wieder am Stadtmauerring enden. Das Preisniveau ist hoch, besonders bei den Hotels und in den Restaurants. Wer dazu bereit ist, tiefer in die Tasche zu greifen, schwelgt dafür im postkolonialen Luxus mit allen Schikanen. Die Hotels auf der Halbinsel überbieten sich förmlich darin, das Flair des verflossenen Zeitalters wieder heraufzubeschwören – und lassen sich diesen Service natürlich etwas kosten.

Die meisten Besucher bleiben nur für ein oder zwei Nächte, ganz im Gegensatz zum Küstenvorort **Unawatuna** auf der anderen Seite der Hafenbucht, in dem die Feriengäste meist für mehrere Tage logieren. Dank der günstigen Lage an der Südküste kann man Galle problemlos von Hikkaduwa, Weligama oder Mirissa aus im

Rahmen eines Tagesausflugs besuchen. Selbst Beruwela und Matara liegen nicht völlig außer Reichweite. Ausgesprochen wird der Ortsname „Gawl“ oder „Gohl“ – auch dies ist ein Andenken an die (britische) Kolonialzeit!

Leuchtturm und Meera-Moschee

Geschichte: Auch wenn in der Festungsstadt alles auf die Blütezeit der jüngeren Kolonialvergangenheit ausgerichtet scheint, reicht ihre Historie jedoch weit länger zurück. Bereits Ptolemäus vermerkte den Ort im 2. Jh. n. Chr. auf seiner Weltkarte. Zu dem Zeitpunkt war Galle bereits ein wichtiger Hafen mit Handelsverbindungen u. a. nach China, in die arabischen Länder und ins Abendland. Daher überrascht es kaum, dass die portugiesischen Seefahrer 1505 ausgerechnet hier zum ersten Mal sri-lankischen Boden betraten und damit ein neues Kapitel der Inselgeschichte einläuteten. Die Neuankömmlinge errichteten 1571–82 unmittelbar am Hafen eine Stadtbefestigung um die Halbinsel, die aus Holzpalisaden und Lehmwällen bestand. Außerdem machten sie ein kleineres autonomes Stammesfürstentum in der Stadtumgebung tributpflichtig. Allerdings verlegten die Kolonialherren in der Folge ihr politisches Zentrum nach Colombo, während Santa Cruz alias Galle Fort in ein Gefängnis für nicht willfährige Singhalesen umgewandelt wurde. Im Jahr 1640 verbündete sich die Niederländische Ostindien-Kompanie mit König Rajasingha II. von Kandy und übernahm nach dem Sieg über die Portugiesen das Zepter in der Stadt. Die Wallanlagen wurden runderneuert und an neue Sicherheitserfordernisse angepasst, neue protestantische Kirchen ergänzten die bestehenden katholischen Sakralbauten. Die meisten der heute sichtbaren Häuser und Befestigungselemente entstammen dem 150-jährigen holländischen Herrschaftsintermezzo wie Waren- und Kontorgebäude, Kaufmannsresidenzen, Unterkünfte für Soldaten und Arsenale. Am 23. Februar 1796 fiel das Fort an das Britische Empire und verblieb dort bis zur sri-lankischen Unabhängigkeit im Jahr 1948. Die einstige Bedeutung sollte die Stadt nicht mehr wiedererlangen, da die Briten Colombo als wichtigsten Stützpunkt der Insel vorzogen.

Sehenswertes

Sämtliche Sehenswürdigkeiten konzentrieren sich in Galle Fort – der vorgelagerten Halbinsel, die zu Fuß vom Bahnhof und Busbahnhof in der Neustadt erreichbar ist. Einen städtebaulichen Paukenschlag landet gleich am Altstadteingang das von zwei Bastionen – der Sonnen- und der Mondbastion – eingerahmte **Main Gate** aus dem

Entspanntes Spazierengehen auf dem Stadtmauerwall

Jahr 1669. Seit 1882 überragt der weithin sichtbare **Uhrturm** aus britischer Zeit den Befestigungsverbund. Das zweite wichtige Altstadtwahrzeichen ist der 18 m hohe, schneeweiße **Leuchtturm** am anderen Ende der Halbinsel. Die urbane Landmarke mit ebenfalls Wahrzeichencharakter stammt aus der britischen Herrschaftsepoche und sendet ihre Signale seit 1938. Zwischen Uhr- und Leuchtturm erstrecken sich die Straßen und Plätze von Galle Fort mit ihren malerischen Kolonialbauten, teilweise überwölbt von Palmen und Schatten spendenden Brotfruchtbäumen. Die Letzteren gehören zur Familie der Maulbeergewächse und wurden einst von den Holländern in Galle heimisch gemacht.

Rundgang um die Stadtmauer: Die etwa zweistündige Rundtour auf den Wallanlagen aus holländischer Zeit zählt zu den beliebtesten Aktivitäten in Galle. Bis auf das kurze Teilstück zwischen Dutch Hospital und der Sonnenbastion am *Main Gate* ist die Mauer komplett begehbar. An zahlreichen Stellen befinden sich Ein- und Ausstiege, sodass die Länge des Spaziergangs an die individuellen Vorlieben angepasst werden kann. Die militärstrategisch gesehen wichtigsten Orte sind durch Bastionen verstärkt, so z. B. die *Aeolus-Bastion* (nach dem griechisch-antiken Windgott), die *Flag-Rock-Bast*ion (von hier wurden einlaufende Schiffe durch Flaggen sowie Musketenschüsse auf gefährliche Riffs hingewiesen) und die *Zwart-Bastion* (bei der auch *Schwarze Bastion* genannten Festungsanlage handelt sich um die älteste Bastion, deren Vorläuferin noch aus der Portugiesenzeit stammt). Ganz besonders schöne Ausblicke bietet der Mauerabschnitt im Süden zwischen der Flag-Rock-Bastion und der Utrecht-Bastion mit Blick auf die Moschee und den Leuchtturm.

Old Dutch Hospital: Das Krankenhaus der Niederländischen Ostindien-Kompanie ersetzte im 17. Jh. eine portugiesische Münzprägestätte. Auf den ersten Blick erinnern die zweigeschossigen Arkaden mit ihren schattigen Veranden an das Dutch Hospital in Colombo. Nach der Einnahme des Forts 1796 durch die Briten erweiterten die neuen Kolonialherren das Gebäude und wandelten es Mitte des 19. Jh. in eine Kaserne um. Von der Unabhängigkeit bis 2003 beherbergte das zusehends renovierungsbedürftige Ensemble das Rathaus. Im Beisein des sri-lankischen Präsidenten wurde schließlich am 20. September 2014 das inzwischen generalüberholte und zur

Shoppingmall umgebaute Dutch Hospital der Öffentlichkeit übergeben. Heute herrscht in schicken Ladengeschäften und luxuriösen Restaurants Hochbetrieb.

Historical Mansion: Das in einem vorbildlich sanierten holländischen Offiziersgebäude mit Patina aus dem Jahr 1763 befindliche *Historic Dutch Museum* entpuppt sich als einmaliger Zwitter zwischen historischer Schatzkammer und Shoppingmall. Die Räume und der Hof sind prall mit reizvollen Exponaten wie Münzen, alten Zeitungsartikeln, Muscheln und Porzellan gefüllt, die Atmosphäre ist entspannt, das Personal nötigt die Besucher mitnichten zum Kauf. Im klösterlich wirkenden Innenhof mit Ziehbrunnen verrichten Edelsteinschleifer ihre Arbeit, außerdem ist vom Hof eine historische Küche zugänglich. Das Museum geht auf die Privatinitiative eines Einheimischen zurück, der das bis dato ziemlich verfallene Anwesen 1985 erwarb, instand setzte und 1992 im Beisein des Präsidenten der Öffentlichkeit zugänglich machte – ein Meilenstein in der touristischen Entwicklung von Galle. Der Vater des Eigentümers sammelte bereits leidenschaftlich Antiquitäten, die den Grundstock der gezeigten Bestände bilden.
Tägl. 9–18 Uhr, Fr 12–14 Uhr geschlossen. Eintritt frei. Leyn Baan St. 31–39.

Maritime Archaeology Museum: Die Ausstellung zur Unterwasserarchäologie im Obergeschoss des holländischen Kontorhauses aus dem Jahr 1669 ist nicht mit dem – eher zweitrangigen – *National Maritime Museum* (s. u.) im Erdgeschoss zu verwechseln. Gezeigt werden u. a. didaktisch ansprechend präsentierte Repliken von Amphoren und Schmuck, deren Originale von untergegangenen Barken stammen. Prominentestes Schiffswrack ist der 1993 im Hafen von Galle entdeckte holländische Dreimaster Avondster, der am 2. Juli 1659 im Verlauf der Englisch-Niederländischen Seekriege sank und in der Mitte auseinanderbrach. Das Museum stellt eine geborgene Kanone sowie Teile des Wracks aus, außerdem befindet sich im Erdgeschoss ein Modell des Dreimasters.
Tägl. 7–18 Uhr außer an Vollmond- und staatl. Feiertagen. 5 $, erm. 2,50 $. Queens St.

National Maritime Museum: Einst lagerten die Holländer im gelben Gebäuderiegel am alten Stadttor Gewürze und Ersatzteile für Segelschiffe, heute befindet sich im Inneren eine Dependance des sri-lankischen Nationalmuseums. Die erste Abteilung widmet sich der traditionellen Küstenfischerei: Erläutert werden u. a. verschiedene Bootstypen und die religiösen Gebräuche der Fischer; auch die Stelzenfischer sind ein Thema. Die zweite Abteilung kreist um meeresbiologische Aspekte: In Vitrinen befinden sich Muscheln, Korallen und ein Walskelett, thematisiert werden die Tsunami-Katastrophe 2004 sowie das Ökosystem der Mangroven.
Di–Fr 9–17 Uhr. 300 Rs, erm. 150 Rs. Queens St., www.museum.gov.lk.

Groote Kerk: Die weiß getünchte niederländisch-reformierte Kirche am höchsten Punkt des Forts wurde 1755 eingeweiht und ist eine der ältesten protestantischen Sakralbauten in Sri Lanka. In der Kolonialzeit hatten die 188 Gemeindemitglieder eigene Bänke, die von Dienern zu den Gottesdiensten hierher getragen wurden. Die Architektur erinnert in mehrfacher Hinsicht an die ehrwürdige Wolvendaal Church in Colombo. Sehenswert sind die Kanzel aus Holz sowie die dekorative Orgelempore. Der erhöhten Lage verdankt das Gotteshaus, dass es beim Tsunami nicht zerstört wurde – erst ein Monat vor der Katastrophe waren die von den Niederlanden finanzierten Renovierungsarbeiten abgeschlossen worden. Auf dem Friedhof vor der Kirche verdienen die verwitterten Grabplatten ebenfalls einen Blick. Neben der Kirche hat die traditionsreiche **Galle Library** (seit 1832) ihr Domizil, der Eintritt ins Reich der Bücher kostet 500 Rs.
Church St./Ecke Middle St. Nicht immer zuverlässig geöffnet. Eintritt frei.

Der Süden → Karte S. 174/175

Galle National Museum: Die Zweigstelle des sri-lankischen Nationalmuseums befindet sich neben dem traditionsreichen Hotel Amangalla (s. u.) im angeblich ältesten Kolonialbau aus holländischer Zeit. Das 1656 erbaute einstöckige Kolonnadenhaus diente einst als Logistikzentrum der holländischen Garnison. Der Schwerpunkt der Schau liegt auf der portugiesischen, holländischen und britischen Periode, präsentiert werden u. a. Masken, Ritualgegenstände, Schmuck sowie einige Luxusaccessoires aus der Kolonialzeit.

Das Museum war zum Zeitpunkt der letzten Recherche wegen Umbaus geschlossen. Ein Wiedereröffnungstermin stand noch nicht fest. Church St., www.museum.gov.lk.

Jetwing Lighthouse: Das Luxusquartier 2 km nordöstlich vom Bahnhof ist eines der letzten Großhotels des sri-lankischen Stararchitekten Geoffrey Bawa. Das Gebäude überzeugt von außen durch die minimalistisch-klare Horizontal- und Vertikalgliederung, in den Räumen dominiert edles Teakholz, durch die allerorten präsentierte Originalkunst wirkt das Interieur beinahe museal. Seit der Erweiterung 2013 verfügt das einstige Lighthouse Hotel, das sich heute in Besitz der Jetwing-Kette befindet, über 85 Zimmer. Bekanntestes Kunstwerk ist das Bronzedenkmal des sri-lankischen Malers und Architekten Laki Senanayake. Es windet sich die Treppenbalustrade in der zentralen Rotunde empor und illustriert die **Schlacht von Randeniwela** 1630 zwischen den Portugiesen und den Singhalesen.

Basis-Infos

Information Ein **Info-Pavillon** befindet sich gegenüber dem Bahnhof im Dharmapala-Park. Mo–Sa 9–17 Uhr außer an Feiertagen.

Hin & weg **Bahn**: 100 m westlich vom Busbahnhof gelegener Kopfbahnhof, regelmäßige Verbindungen nach Colombo (tägl. bis zu 13 Schnell- und Bummelzüge) sowie nach Matara (bis zu 10 Schnell- und Bummelzüge). Eingeschränkter Zugverkehr an Wochenenden.

Bus: Der Busbahnhof ist ein günstig am Meer sowie in Tuchfühlung zur Altstadt gelegener Umsteigeknoten. Vom Ostflügel starten zumeist Busse zu den Nahzielen, auf der anderen Seite zu den Fernzielen. Regelmäßige Verbindungen u. a. nach Hikkaduwa (Nr. 528), Matara (Nr. 350), Colombo (Nr. 02/1, auch Express- und AC-Busse, Letztere enden in Maharagama im Süden Colombos). Im 1. OG des Busbahnhofs befindet sich eine **Cafeteria** – ideal, um sich die Wartezeit zu verkürzen.

Ärztliche Versorgung **Karapitiya Hospital**. Das anerkannt beste Krankenhaus im Süden Sri Lankas befindet sich am nördlichen Ausgang der Neustadt. Hirimbura Cross Rd., ✆ 091-2232267, www.medi.ruh.ac.lk/index.php/karapitiya-hospital-home.

Fahrräder **P.G.S. Tea Room.** City-Bikes mit Korb gibt's u. a. in der Nähe des Haupttors (New Gate) bei einem freundlichen, betagten Paar, das auch eine kleine Snackbar betreibt – angeblich das älteste Bistro in Galle (seit 1932). **Ein** Fahrrad ist das ideale Verkehrsmittel, um in Galle Fort größere Strecken zurückzulegen. 600 Rs/Tag, 150 Rs/Std. Tägl. 6–18 Uhr. Light House St. 14, ✆ 091-2242790.

Geführte Touren **Fazal Baburdeen** aus dem Royal Dutch Café (s. u.) führt seit vielen Jahren Gäste durch Galle Fort. Tägl. 8.30–10.30 Uhr. ✆ 077-1774949.

Veranstaltungen **Literary Festival**, das Literaturfestival findet seit 2007 alljährlich Mitte Januar an diversen historischen Schauplätzen statt. Es zählt zu den wichtigsten Events in Sri Lanka. Internationale Autoren geben sich die Klinke in die Hand, ein Schwerpunkt liegt auf der einheimischen Sinhala-Literatur. Tickets gibt es u. a. im Festivalbüro ab Mitte Dez. Mo–Fr 9–18.30, Sa bis 17 Uhr. Leyn Baan St. 25, www.galleliteraryfestival.com.

Yoga **Sri Sudharmalaya Viharaya**. In dem buddhistischen Tempel mit der weißen Dagoba an der Parawa/Ecke Rampart St. finden Mo, Mi und Fr um 18 Uhr Yogakurse statt. 1500 Rs für 75 Min. ✆ 077-9897325.

Das Old Dutch Hospital beherbergt heute ein Einkaufszentrum

Der Süden → Karte S. 174/175

Einkaufen

Chilli Dragon Spice. Der kleine aber feine Gewürz- und Teeladen befindet sich im Hof der Pizzeria Il Cortile (s. u.). Göttliche Currymischungen aus bester Röstung. Tägl. 8.30–18.30 Uhr. Hospital St. 65, ✆ 077-4564488.

Sandaken Studio Moonstone. Der alteingesessene Juwelier (seit 1982) ist spezialisiert auf Mondsteine, das Hauptschürfgebiet befindet sich nicht weit von Galle entfernt. Edelsteine einzeln oder eingearbeitet in Ringen, Broschen und Ketten. Blaue Saphire sind auch dabei, Zertifikate vorhanden. Tägl. 9–18.30 Uhr, Fr 12–13.30 Uhr geschlossen. Pedlar St. 5, ✆ 091-4380561, www.sandaken.com.

Ein besonders schöner und großer **Mondstein** befindet sich im Victoria and Albert Museum in London. Auf dem Schmuckstück ist ein Gesicht eingraviert. Dem Inhaber des Juweliergeschäfts Sandaken (s. o.) gefiel dieser Stein so gut, dass er in den 1990er-Jahren eine Gravurwerkstatt in Idar-Oberstein mit der Anfertigung einer Kopie beauftragte.

Barefoot. Die Filiale des berühmten Flagship-Store in Colombo befindet sich mitten im Geschehen. Hochwertige Accessoires, Bücher, Handarbeiten etc. in mehreren Räumen – ideal, um in Ruhe zu stöbern. Mo–Sa 9–20 Uhr, So und an Poya-Tagen 10–18 Uhr. Pedlar St. 41, ✆ 091-2226299, www.barefootceylon.com.

The Withered Leaves. Innovativ eingerichtetes Geschäft im 1. OG des Dutch Hospital für offenen Tee aus unterschiedlichen Teegärten und für Gewürze. Modernes Interieur, ideal für den Einkauf von Mitbringseln. In der Hauptsaison tägl. 8–22 Uhr, sonst eingeschränkter. 1. OG, ✆ 077-2250621, www.witheredleaves.com.

Tea Zone Ceylon. Eine von acht Teegeschäft-Filialen in Sri Lanka, die vorwiegend die Eigenmarke vertreiben. Der Tee wird auf der Auktion in Colombo erworben und minimalistisch-modern verpackt. Preiswert bei solider Qualität, der organische Kaffee aus sri-lankischen Bohnen hat indes noch Luft nach oben. Tägl. 9–18 Uhr. Colombo Rd. 174, Mahamodara (1 km östlich vom Bahnhof an der Küstenstraße A 2), ✆ 091-2235340, www.teazoneceylon.com.

Galle Good Market. Verkauf von Bioprodukten und Kunsthandwerk auf dem einstigen Marktplatz zwischen Dutch Hospital und National Maritime Museum. Sa 10–16 Uhr. Court Square in Galle Fort, www.goodmarket.lk. ■

Übernachten

Im Unterschied zu den Küstenorten in der Umgebung unterscheiden die Quartiere in Galle kaum zwischen Haupt- und Nebensaison. Saisonale Preisschwankungen wie in den Badedestinationen gibt es hier folglich nicht. Allenfalls im Mai/Juni lässt sich mit etwas Glück ein preiswerterer Übernachtungsdeal aushandeln.

Amangalla 6, ⑧. Die Spitze des kolonialen Luxus in Galle markiert das ehemalige New Oriental Hotel. Bevor das Gebäude 1865 in ein Hotel umgewandelt wurde, diente es als Quartier für britische Soldaten, der älteste Teil stammt aus dem Jahr 1684. Alles, was Rang und Namen in der britischen Kolonialzeit hatte, stieg hier ab. Stilvoll mit Antiquitäten bestückte Lobby, die historische Bausubstanz wurde so weit wie möglich bewahrt. Die 28 Zimmer lassen nur wenig zu wünschen übrig. Church St 10, ✆ 091-2233388, www.aman.com.

The Fort Printers 18, ⑧. Boutiquehotel im Herzen der Altstadt in einem holländischen Anwesen aus dem 18. Jh., das zunächst als Druckerei, dann als Bank und schließlich als Schulhaus genutzt wurde. 5 Zimmer im traditionellen Stil (hohe Decken, Holzfußböden im Original) im Haupthaus, 8 moderne Zimmer in 2 Nebengebäuden. Gediegene Atmosphäre, kleiner Pool im Hof, Restaurant. Pedlar St. 39, ✆ 091-2247977, www.thefortprinters.com.

Galle Fort Hotel 10, ⑦–⑧. Bei dem stilvollen Luxusquartier in einem restaurierten Kolonialbau kann man nichts falsch machen. Gediegener Charme und jede Menge Flair, 10 komfortable Suiten mit modernen Designelementen und traditionellen Stilmöbeln, edles Restaurant mit Sitzplätzen auf der Veranda. Radverleih, Autovermietung. Church St. 28, ✆ 091-2232870, www.galleforthotel.com.

Mango House 9, ⑤–⑦. Das in jeder Hinsicht ausgezeichnete Boutiquehotel liegt in einem ruhigen Viertel in Galle Fort. Große Eingangslobby mit hoher Decke, stilvolles Mobiliar, moderne Designelemente. 5 Zimmer mit eigener kleiner Terrasse sowie ein Familienapartment für 4 Pers. Exzellentes Frühstück. Häufig ausgebucht, daher rechtzeitig reservieren. Leyn Baan Cross St. 3, ✆ 091-22472212, www.mangohouse.lk.

Closenberg Hotel 3, ⑥. Rund 150 Jahre altes Anwesen im Kolonialstil und reichlich Patina am Hafen von Galle. Unschlagbarer Charme, jedoch in puncto Professionalität mit etwas Luft nach oben. Restaurant, Pool, exklusive Aussichtsterrasse auf einem Felssporn über dem Meer, 16 Zimmer mit Veranda oder Balkon sowie Blick auf die Bucht im zweigeschossigen Anbau. Closenberg Rd. 11, ✆ 091-2224313, www.closenberghotel.com.

››› Mein Tipp: **Parawa House 13**, ④–⑥. Das minimalistische, aber ästhetisch äußerst fein gestaltete Gästehaus ist im Besitz eines Einheimischen, der noch 2 weitere Unterkünfte in Galle Fort betreibt (The Entrance, s. u.). 2 Familienzimmer für jew. 4 Pers. und 4 DZ, davon eines mit eigenem Balkon zur Gasse raus, die anderen teilen sich eine langgestreckte Veranda. AC, gute Bäder, Moskitonetze, alles sehr funktional, eine exzellente Wahl. Kein Restaurant. Parawa St. 8, ✆ 077-3177676, Buchung über die gängigen Buchungsportale. ‹‹‹

Fort Bliss 24, ⑤. Das Gästehaus am Stadtmauerweg hebt sich erfreulich von den gediegenen Boutiquehotels in Galle Fort ab. Bodenständiges Ambiente in einer betagten Kolonialvilla, ein Zimmer im EG mit Veranda und Blick in den engen Hofgarten, 3 Zimmer im 1. OG. Etwas einfacher, aber insgesamt sehr ordentlicher Gesamteindruck. Light House St. 84, ✆ 091-2248168, www.fortblissgalle.com.

Pedlar 62 16, ⑤. Kleines, hübsches Gästehaus mit dem Charakter eines Homestay. Die Familie lebt im EG, dort befindet sich auch ein Gästezimmer, 3 weitere Zimmer im 1. OG nebst einer wohnlichen Frühstücksveranda. Solide Einrichtung, AC, Moskitonetze und gute Bäder. Pedlar St. 62, ✆ 077-3182389, www.pedlar62.com.

The Entrance Galle Fort 5, ④. 5 Gästezimmer in einem betagten Haus im Kolonialstil mit weißer Säulenveranda. Versteckt gelegener Zugang von der Gasse auf der Rückseite der People's Bank. Bodenständig, ohne Allüren, funktionales Interieur mit stilvollem Mobiliar, 2 Zimmer im EG, 3 im 1. OG, darunter 2 mit Balkon. Kein Restaurant. Kudamodara St. 2 (Small Modera Bay St.), ✆ 077-3177676, Buchung über die gängigen Buchungsportale.

Seagreen Guesthouse 7, ②–④. Der Inhaber des beliebten, häufig ausgebuchten Gästehauses am Stadtmauerweg entstammt einer alteingesessenen Burgher-Familie und spricht ein wenig Deutsch. Ruhige Lage, Frühstücksraum im EG, Dachterrasse mit Meerblick. 5 Zimmer in den oberen Etagen, davon 2 mit Meerblick, ein Standardzimmer mit externem privatem Bad im EG. Kein Restaurant. Nebenan befindet sich das Southlands Girls' College mit ca. 4500 Schülerinnen. Rampart St. 19 B, ✆ 077-7626571, www.seagreen-guesthouse.com.

Beach Haven 21, ③. Das erste Quartier in Galle Fort (seit 1968) wird mittlerweile von der Familie, die im EG wohnt, in der zweiten

Generation betrieben. 3 Zimmer im EG (ohne AC), 6 Zimmer im 1. OG (mit AC), darunter 2 Familieneinheiten. Einfach, stimmungsvoller Verandagang, Wohnküche und gemeinschaftlich genutzte Terrasse. Light House St. 65, ✆ 091-2234663, www.beachhaven-galle.com.

Back Pack Beach Hostel **4**, ①–③. Wer sich mit dem Pedlar's Inn Hostel im Zentrum nicht anfreunden mag, hat hier 7 km nördlich von Galle eine Alternative. Entspanntes Stranddomizil allein auf weiter Flur mit Meeresfrüchterestaurant. 3 Schlafräume für jew. 4 Pers. und ein DZ mit Bad. Einfach, tadellos sauber und engagiert geführt. Galle Rd. (nördlich Gin Ganga), ✆ 077-2615718, Buchung über die gängigen Buchungsportale.

Essen & Trinken

→ Karte S. 209

Fortaleza **8**. Das Restaurant mit angeschlossenem Boutiquehotel ist eine Institution in Galle. Zwanglose Atmosphäre, inspirierte Fusionsküche, von Thunfisch in Sesamkruste zum Fortaleza Beef Burger. Kreative, köstliche Desserts, große Kapazitäten drinnen oder im stimmungsvoll beleuchteten Innenhof. Hauptgerichte ab 1400 Rs. Tägl. 8–22 Uhr. Church Cross Rd. 9 (Ecke Lighthouse St.), ✆ 091-2233415, www.fortaleza.lk.

Pedlar's Inn **17**. Die Gastronomie-Institution in Galle (seit 2004) entpuppt sich als Multiversum mit Café-Restaurant im einstigen Kolonialpostamt, einer empfehlenswerten Eisdiele schräg gegenüber und einem familiären Hostel in einer Seitenstraße (Lighthouse St. 62 B). Große Kapazitäten, plüschig und gediegen, Sitzplätze im stimmungsvollen Hof, ein Juwelengeschäft findet auch noch Platz. Italienischer Kaffee, Frühstück, Seafood, Reis & Curry, Sandwiches, Salate, Hauptgerichte ab 1400 Rs. Tägl. 9–22 Uhr, Fr 12–13.30 Uhr geschlossen. Pedlar St. 92, ✆ 091-2225333, www.pedlarsinn.com.

Deco on 44 **11**. Gediegenes Restaurant am Eingang einer opulenten, aber innen nicht immer stilsicher eingerichteten Villa. Großbürgerliches Ambiente, tafeln wie in guten alten Zeiten. Frühstück, Mittag- und Abendessen, sri-lankische, panasiatische und westliche Küche, am Abend hin und wieder Livemusik. Hauptgerichte ab 1300 Rs. Auch Zimmervermietung. Tägl. 7–22 Uhr. Light House St. 44, ✆ 091-2225773, www.decoon44.com.

Il Cortile **22**. Echte italienische Holzofenpizza im Schatten des Mauerrings von Galle Fort. Der Inhaber importiert Zutaten aus der Region um Neapel (Mehl, Tomaten), nur der Mozzarella kommt aus der Gegend um Negombo. Bereits mittags ist der Ofen in Betrieb, am Abend stimmungsvoll illuminierter Hof. Pizza ab 1500 Rs. Tägl. ab 12 Uhr. Hospital St. 65, ✆ 076-3694856.

Chambers **14**. Erstklassiges Restaurant mitten im Geschehen, spezialisiert auf orientalische Küche. Arabische Frühlingsrollen, Hummus, gesunde Salate, gegrillte Fisch- und Fleischgerichte. Stimmungsvolles Ambiente drinnen wie draußen auf der Veranda. Beliebt, daher am Abend oft voll. Hauptgerichte ab 1000 Rs. Tägl. 11–22 Uhr. Church St. 40, ✆ 091-2244320.

Pedlar's Corner Café **19**. Stylisches Kaffeehaus mit viel Platz auf 2 Etagen, Deckenventilatoren verschaffen Kühlung. Sri-lankisches und westliches Frühstück, mittags und abends Reis & Curry, Burger, Sandwiches, Omelettes, italienischer Kaffee, Mocktails. Tagesaktuelle Mittagskarte, Hauptgerichte ab 1000 Rs. Tägl. 7.30–21 Uhr. Pedlar St. 108, ✆ 091-2245131.

››› Mein Tipp: **Lucky Fort Restaurant** **15**. Die erste Adresse in Galle Fort für traditionelle sri-lankische Küche. Die Spezialität des Hauses ist Reis & Curry, das Set für 2 Pers. mit 10 unterschiedlichen Gemüsesorten gibt's ab 1100 Rs. Wenige Tische im stimmungsvoll-kühlen Gewölbe und im gemütlichen Innenhof. Tägl. 12.30–15 Uhr und 18–22 Uhr. Parawa St. 7, ✆ 091-2242922, www.luckyfortrestaurant.wixsite.com/luckyfortrestaurant. ‹‹‹

Sri Lankan Hammock **12**. Café, Restaurant und Pub befinden sich im 1. OG des Dutch Hospital. Rustikale Einrichtung, farbenfrohe Sitzhängematten, hübsche Plätze auf der Veranda. Roti, gegrillter Fisch, Sandwiches, Fruchtsäfte, Milchshakes, Salate. Hauptgerichte ab 800 Rs, Seafood wie immer teurer. Tägl. 8–24 Uhr. Hospital St., ✆ 091-2231680.

Royal Dutch Café **23**. Alteingesessene Gastronomieinstitution mit angeschlossener Boutique (Mode, Lifestyle etc.). Der Betreiber stellt die Gewürzmischungen selbst her und schaffte es 2015 sogar in ein deutschsprachiges Kochmagazin. Traditionelles sri-lankisches Frühstück, hausgemachte Kuchen, Sandwiches, frische Säfte, Ayurveda-Tees, Kaffee aus sri-lankischen Bohnen – alles zum fairen Preis. Tägl. 8.30–18.30 Uhr. Leyn Bann St. 72, ✆ 077-4564488.

Pagoma Restaurant 2. Das grundsolide Lokal in der Neustadt hebt sich atmosphärisch von den touristischen Ausgehadressen in der Altstadt ab. Sri-lankische und chinesische Spezialitäten sowie Seafood, Hauptgerichte ab 700 Rs. Erstaunlich komfortable Plätze im stark klimatisierten Innenraum im 1. OG, Meerblick durch die vollverglaste Außenfront. Tägl. 11–15 und 18–21.30 Uhr außer an Poya-Tagen. Matara Rd. 6, ✆ 077-7072687.

Hela Bojun Hala 1. Der preiswerte wie qualitativ hochwertige Streetfood-Markt (→ S. 384) befindet sich leider 5 km außerhalb an der Ausfallstraße nach Talagana. Traditionelle Kost in vielen Varianten nach Landfrauenart, selbst Gastronomen in Galle Fort decken sich hier bezeichnenderweise ein. Tägl. 6.30–19.30 Uhr außer an Poya-Tagen. Labudawa (1 km nördlich vom Karapitiya Hospital).

Barista 20. Der Ableger der bekannten sri-lankischen Kaffeehauskette offeriert Sitzplätze im klimatisierten Innenraum sowie draußen auf der Veranda an der Lighthouse Street. Kaffee und Cappuccino aus der italienischen Maschine, Kuchen und vieles mehr. Ein Durchgang führt zum Café-Restaurant The Heritage. Tägl. ab 7.30 Uhr. Lighthouse St. 53, ✆ 091-2233099.

Unawatuna

Der populäre Ferienort liegt in einer weitläufigen, halbmondförmigen Bucht mit Palmen und Sandstrand satt. Bezaubernd ist die Stimmung besonders am Abend, wenn sich die Fischrestaurants am Meer mit Menschen füllen und bunte Lichterketten die Szenerie beleben.

Das Ambiente lässt in der Tat nur wenige Wünsche offen, zumal die Küstenstraße erfreulicherweise am westlichen Ende des Strands landeinwärts abknickt. So kann man hier ungestört vom Durchgangsverkehr Bade- und Wassersportfreuden genießen.

Gelassene Atmosphäre am Strand von Unawatuna

Der Süden → Karte S. 174/175

Das gilt auch für Genießer, die in den zahlreichen Strandrestaurants ihre frisch zubereiteten Meeresfrüchte unbehelligt von Abgasen verzehren können. Hinter der Strandzeile mit den Hotels und Restaurants liegen einige schmale Gassen mit Geschäften, Reiseagenturen, Gästehäusern und abermals Restaurants – je weiter weg vom Meer, desto dörflicher die Szenerie und günstiger die Preise. Überhaupt zeichnet sich Unawatuna – ganz im Gegensatz zu Galle Fort – durch ein erstaunlich akzeptables Preis-Leistungs-Verhältnis aus. Hier überwiegen eindeutig Mittelklassehotels, während man nach den Häusern in der Luxuskategorie schon sehr genau Ausschau halten muss. Ähnliches gilt für die ebenfalls nicht allzu weit verbreiteten Budgetunterkünfte. Die Gästestruktur zeigt ein buntes Bild von einerseits überwiegend jungen (und jung gebliebenen) Pauschalurlaubern, andererseits sieht man hier auch viele Wassersportfreaks und Rucksacktouristen. Wer Luxus und Edelquartiere sucht, wird auf das nur 5 km entfernte Galle oder nach Koggala weiter östlich ausweichen.

Die Badebucht von Unawatuna und die Hafenbucht von Galle trennt der bewaldete Hügel **Rumassala.** Der äußerste Sporn der Erhebung, der ins Meer abfällt, ist als Totalreservat deklariert, das nicht betreten werden darf. Mit ihm verbinden sich eine Handvoll populärer Sagen und Legenden. Eine dieser Legenden aus dem Ramayana-Epos handelt von Hanuman, der hier einen ganzen Felsen mit einem Heilkraut aus dem Himalaya fallen gelassen haben soll. Allerdings beansprucht auch der Ritigala bei Habarana im Norden das Vorkommnis für sich (→ S. 332).

Auch wenn das Schutzgebiet nicht zugänglich ist, lohnt sich der Ausflug auf den Hügel – mit dem Tuk-Tuk oder Mountainbike – aus verschiedenen Gründen: Ein beliebtes Ziel dort ist die leuchtend weiße **Japanische Friedenspagode** *(Rumassala Sama Ceitya)*, die so exponiert liegt, dass sie sogar vom Mauerwall in Galle aus gut

An der japanischen Friedenspagode (Rumassala Sama Ceitya)

zu erkennen ist. Japanische Mönche des pazifistischen Ordens Nipponzan-Myohoji-Daisanga errichteten das Wahrzeichen im Jahr 2004. Besonders morgens und zur abendlichen blauen Stunde ist die Aussicht von der Balustrade hinreißend. Von dem Stupa gelangt man in wenigen Minuten zum abseitig gelegenen und daher kaum frequentierten **Jungle Beach.** Wer eine abenteuerlich gelegene, stellenweise auch einsame Einstiegsstelle ins Meer sucht, ist hier genau richtig. Da der Sandstrand bereits voll und ganz der Hafenbucht von Galle zugewandt, ist er in der Ferienzeit leider nicht immer ganz sauber. Über Felsbrocken kraxelnd, lässt sich jedoch noch eine weitere badetaugliche Stelle erreichen; ein ausgeschilderter Direktzugang führt in einer halben Stunde vom Hotel French Lotus zum Jungle Beach. Ebenfalls schon in der Hafenbucht von Galle befindet sich mit dem **Devata Beach** eine weitere Badestelle. Wie anhand der zahlreichen Surfshops gut zu erkennen ist, dominieren hier jedoch die Wassersportler. Die zwar flachen, aber dafür sehr langen Wellen eignen sich ausgezeichnet für Surfanfänger.

In Unawatuna sind zwei weitere buddhistische Heiligtümer erwähnenswert: Relativ unkompliziert ist der Tempel **Welle Devalaya** unmittelbar oberhalb des westlichen Endes des Hauptstrands zu erreichen. Die weiße Dagoba ist kaum zu übersehen und verleiht dem Strandbetrieb in der Halbmondbucht eine würdige Fassung. Auch dieser Ort ist legendenumwoben, weil hier eine Göttin einst einen verbannten indischen Prinzen vor dem Tod bewahrte, der hier Schiffsbruch erlitten hatte. Zur Zeit des Esala-Vollmonds im Juli oder August pilgern die Einheimischen hierher und spenden Reis. Viel gibt es nicht zu sehen, aber das erhöht liegende Heiligtum ist ein hübscher Aussichtspunkt. Das zweite Heiligtum ist der **Yatagala Raja Maha Viharaya** und befindet sich 4 km landeinwärts. Mönche bewachen den friedlichen Ort mit Paradiespotential, Stufen führen von der Parkbucht auf die Spitze des Hügels mit einigen robusten Granitfindlingen. Neben einem 6 m hohen stehenden Buddha ist ein Höhlentempel mit der Statue eines liegenden Buddhas zu besichtigen, die Innenwände des Heiligtums samt der Vorhalle sind bemalt. Am schönsten ist die Stimmung am Morgen oder am frühen Vormittag (Eintritt frei, die Tuk-Tuk-Fahrt kostet ca. 750 Rs).

Der Süden → Karte S. 174/175

Basis-Infos

Hin & weg **Bahn/Bus**: Fernzüge halten 5 km von Unawatuna entfernt am Bahnhof Galle, Regionalzüge von/nach Colombo bzw. in der Gegenrichtung von/nach Matara am Bahnhof Unawatuna. Busse entlang der Küstenroute halten im Ortsgebiet an verschiedenen Stellen.

Tuk-Tuk: Ein netter wie zuverlässiger Fahrer ist Mr. Lalantha. ✆ 071-5857871.

Mietfahrzeuge/Taxi **Kumari Tours**, die Full-Service-Agentur befindet sich mitten im Geschehen in der Haupteinkaufsstraße. Organisation von Ausflügen mit Fahrer, Taxifahrten zum Flughafen ab 7000 Rs, Scooter ab 800 Rs/Tag, Fahrräder ab 300 Rs/Tag. Welle Dewalaya Rd. 202 A (Yaddehimulla Rd.), ✆ 072-7856575.

Einkaufen **Soorya Weeving Mills**, der kurze Abstecher mit dem Three Wheeler lässt sich gut mit dem Besuch des Tempels Yatagala Raja Maha verbinden. Die Baumwollweberei ist ein Traditionsbetrieb (seit 1973) und bürgt für ausgezeichnete Qualität. Auf dem Weg zum Shop liegt das betagte Manufakturgebäude mit manuellen Webstühlen aus alten Zeiten. In der neuen Manufaktur 500 m weiter werden Baumwolltücher in erfrischenden Designs gefertigt. Kleine Verkaufsauswahl mit Kissen, Bezügen, Tagesdecken, Topflappen, Servietten sowie Mäppchen. Exzellentes Preis-Leistungs-Verhältnis. Panagamuwa (7 km auf zuletzt holpriger Piste), Panchawala, ✆ 077-4846643, www.sooryaweaving.com.

Massage **Spa Una**. Massagezentrum in der 3. Reihe hinter dem Strand mit Eco Café (→ Essen & Trinken). Die einstündige Ganzkörpermassage ist ab 3500 Rs zu haben. Welle Dewalaya Rd. 202 A, ✆ 077-9069310, www.spauna.lk.

Wassersport **Submarine Diving School**. Die professionelle Tauchschule befindet sich am westlichen Ende der Bucht. Tauchgänge führen zu den Schiffswracks bei Galle und zu den Korallenriffs sowie Höhlen vor der Küste. Auch Nacht- und Tiefseetauchen (Letzteres nur mit Zertifikaten). Anfängerkurse ab 2:30 Std. ab 50 $/Person. Die Saison geht von Okt. bis April, die Tauchschule hat jedoch auch zur Monsunzeit geöffnet. Tägl. 8–21 Uhr. ✆ 091-2250140, www.submarinediving.center.

White Sand Surf School. Die Auswahl an Surfschulen am Devata Beach zwischen Unawatuna und Galle ist groß. Die Surflehrer stammen aus Galle und kennen sich deshalb mit den Verhältnissen bestens aus. Mit Strandbar. Anfängerkurse ab 3500 Rs (90 Min.). Ganzjährig tägl. ab 6.30 Uhr. ✆ 077-9018142, whitesandsurfschool@gmail.com.

Yoga **Secret Garden Villa**. In der Unterkunft (s. u.) finden in der Saison tägl. um 9 Uhr und 15 Uhr einstündige Yogakurse statt, bei denen auswärtige Gäste willkommen sind. 1000 Rs. Welle Dewalaya Rd., ✆ 091-2241857.

Übernachten

So schön eine Unterkunft direkt am Meer grundsätzlich auch sein mag, am Strand hat jedoch kaum ein Hotel in sämtlichen Belangen überzeugt. Exzellente Alternativen gibt es jedoch zuhauf – in der 2. Reihe hinter dem Strand oder nur wenige Gehminuten vom Meer entfernt.

Secret Garden Villa 14, ⑤. Angenehme Unterkunft im traditionellen Stil in der 3. Reihe hinter dem Strand. Weitläufiges Anwesen mit Garten, stilvolles Interieur, die Besitzerin stammt aus der Schweiz. 3 DZ im Haupthaus, 2 weitere in Bungalows, jew. mit großer Veranda, die Bungalowzimmer sind etwas einfacher. Ein Apartment für 3 Pers. Ideal für Reisende, die Ruhe, meditative Musik sowie Yoga (s. o.) mögen. Frühstück auf Anfrage. Welle Dewalaya Rd., ✆ 091-2241857, www.secretgardenunawatuna.com.

Heli's Place 1, ④–⑥. Das abseits gelegene Logis gehört einer Schweizerin, die auf dem Anwesen wohnt und ein herzliches Verhältnis zu ihren Gästen pflegt. Exklusive Atmosphäre v. a. abends, wenn der Pool und die Nebenhäuser rund um den Garten hübsch illuminiert sind. Peinlich sauber, ruhig gelegen, 7 DZ und ein Familienapartment mit Kochnische, Fahrradverleih. Ganzjährig geöffnet, 10 Gehminuten zum Bahnhof. Bullath Watta, ✆ 091-4545375, www.helisplaceunawatuna.com.

Bedspace (Manuel's Garden) 5, ④–⑥. Ausgezeichnet geführtes sowie ruhig gelegenes Quartier in Strandnähe. 6 Zimmer mit AC, am schönsten sind die DZ im 2. OG mit Veranda, Standard zwischen Gästehaus und Hotel. 4 weitere Zimmer in einer neuen Dependance am Strand (Bedspace Beach). Das Restaurant setzt Maßstäbe (s. u.). Egodawatta Lane, ✆ 091-2250156, www.bedspaceuna.com.

French Lotus 10, ④–⑥. Die weiß getünchte, zweigeschossige Landvilla mit Veranden sowie kleinem Garten befindet sich 10 Min. zu Fuß vom Strand entfernt. 6 DZ und 2 Familienzimmer, alle unterschiedlich in Schnitt und Ausstattung, sehr wohnliches Ambiente, friedlich-ruhige Umgebung. Ein Standard-DZ ist etwas kleiner, ein weiteres Zimmer ohne AC. Yaddehimulla Rd., ✆ 077-1522867, www.frenchlotus-unawatuna.com.

Sunil Garden Guesthouse 20, ⑤. Sympathisches Quartier in der 2. Reihe hinter dem Strand mit angeschlossener Kaffeebar. Gepflegter, anheimelnder Hofgarten – ein Wohlfühlort unter niederländischer Leitung. 6 Zimmer im dreigeschossigen Haupthaus und 3 weitere Zimmer im Nebengebäude, verhältnismäßig komfortabel, gutes Frühstück. Beach Rd., ✆ 091-2226654, www.sunilgardenguesthouse.com.

Dunes Unawatuna 8, ④–⑤. Die Vorzüge dieser Hotelanlage enthüllen sich erst auf den zweiten Blick. Der zweigeschossige Riegel im traditionellen Baustil öffnet sich nach hinten zum Garten mit Seelilienteich. 11 im Stil eines Boutiquehotels ausgestattete Zimmer mit geräumiger Veranda im EG, alle unterschiedlich groß, ohne TV, auch zwei Familienbungalows, Restaurant. Das Logis

ist in Händen eines sri-lankisch-russischen Ehepaars und vorbildlich geführt. Wella Dewalaya Rd. 65 B, ✆ 077-7423636, Buchung über die gängigen Buchungsportale. ■

Santori 17, ④–⑤. Der grundsolide Neubau liegt im Grünen, rund 5 Gehminuten vom Strand entfernt. Ruhiges Ambiente abseits der touristischen Ströme, 10 Zimmer in der 1. Etage, große Lobby, Frühstücksraum, Blick von der Veranda auf den Palmengürtel zwischen Gästehaus und Meer. Megageräumige AC-Zimmer mit hohen Decken, bunten Vorhängen und stabilen Betten, einige mit eigener Veranda. Verleih von Mopeds und Mountainbikes. Suduwalla, Yaddehimulla, ✆ 077-8599785, Buchung über die gängigen Buchungsportale.

Silva Rest 7, ④–⑤. Alteingesessenes Mittelklassehotel in einem betagten Wohnhauskomplex mit 2 Etagen. 5 DZ und ein Apartment, einige modern und blitzsauber, andere etwas einfacher, alle mit Baldachinbetten, stilvoll möbliert und mit Veranda. Auf der anderen Straßenseite eine moderne dreigeschossige Luxusvilla mit 7 Zimmern sowie Garten mit Frühstückspavillon. Welle Dewalaya Rd. 55, ✆ 091-2224933, Buchung über die gängigen Buchungsportale.

Unawatuna Beach Bungalow 12, ③. Strandhotel mit 12 Zimmern und einem Familienapartment. Untere Mittelklasse, solide Baldachinbetten mit Moskitonetzen, die meisten Zimmer mit eigener Veranda, einige Zimmer sind allerdings etwas dunkel. Das Restaurant hat am Abend geöffnet. Parangiyawatta, ✆ 091-2224327, www.unawatunabeachbungalow.com.

››› **Mein Tipp: Rock View** 9, ③. Liebenswertes familiäres Domizil weit ab vom Schuss und dennoch nur 5 Min. zu Fuß zum Strand. Bodenständiges Ambiente, sauber, freundlich und authentisch, die Inhaberfamilie bewohnt das EG. 5 wohnlich eingerichtete Zimmer mit AC in den 2 oberen Stockwerken, Gemeinschaftsküche für Selbstversorger, Frühstückssalon, kleine Veranda. Flower Rd., Yaddehimulla, ✆ 077-7069454, Buchung über die gängigen Buchungsportale. ‹‹‹

Cam'ron Guesthouse 3, ②–③. Einfaches und bodenständiges Gästehaus in Bahnhofsnähe, bereits jenseits der Gleise gelegen.

7 Zimmer, davon 5 mit AC, Veranda vor dem Haus und Gemeinschaftsbalkon im 1. OG. Kein Frühstück. Exzellentes Preis-Leistungs-Verhältnis und gut geführt. Heenitagala Rd., Aththavagoda, ✆ 091-2250430, Buchung über die gängigen Buchungsportale.

„Camp Kush" by Hostel Unawatuna 2, ①. Das 15 Gehminuten hinter dem Bahnhof gelegene Backpackerrefugium ist in mehrfacher Hinsicht ein ganz besonderer Ort. Weitläufige Anlage im Grünen zwischen Mangroven und Palmen, mit Kanus lassen sich die Kanäle befahren. Ambiente im Stil eines Abenteuercamps mit gemütlichen Wohntipis aus Naturmaterialien und kargen Schlafsälen im Container. Fahrradverleih, Freiluftduschen und Yoga. Relaxt, junges Alternativpublikum, alles sehr einfach ausgestattet. Susimawatta, Mataramba, ✆ 077-4688699, Buchung über die gängigen Buchungsportale.

Essen & Trinken

→ Karte S. 215

Bei den zahlreichen Fischrestaurants am Strand mit stimmungsvollem Ambiente haben die Gäste die Qual der Wahl. Günstiger wird es in der 2. und 3. Reihe hinter dem Strand. Insgesamt ist das Preisniveau erstaunlich moderat, die kulinarische Vielfalt lässt nur wenige Wünsche offen.

››› **Mein Tipp: Bedspace Kitchen 5**. Die zum gleichnamigen Gästehaus gehörige Einkehr liegt versteckt am Ende einer schmalen Seitengasse. Kreative Rezeptideen, ungewöhnliche Kreationen, sehr viel Wert wird auf hochwertige Zutaten und ihre qualitätvolle Verarbeitung gelegt. Kleine Mittagskarte mit selbstgemachten Fladenbroten, Pitas und Burger, zu Trinken gibt's z. B. ein Zimt-Hibiskus-Soda (Hauptgerichte bis 1000 Rs). Abends kommen Black Pork Curry und weitere Köstlichkeiten (ab 1500 Rs) auf den Tisch. Angenehmes Sitzen unter einem Kokospalmdach im traditionellen Stil umgeben von einem Garten. Tägl. 12–16.30 und ab 18 Uhr. Egodawatta Lane, ✆ 091-2250156, www.bedspaceuna.com. ‹‹‹

The Yellow 15. Meeresfrüchterestaurant auf der östlichen Seite des Sandstrands, erkennbar an den gelben Tischen unter ebenso poppig gelben Baldachinen. Fisch und Meeresfrüchte in allerlei Varianten (ab 1100 Rs), Reis & Curry, Sandwiches, frische Säfte, auch für ein frühes Frühstück eine gute Option. Tägl. ab 7 Uhr. Peellagoda, ✆ 077-7508534.

Wasser und tropische Vegetation dominieren auch im Hinterland

Black & White 16. Fischrestaurant am östlichen Ende des Strands, junge Inhaber, Treffpunkt der Surferszene, relaxte Atmosphäre, auch Zimmervermietung (Surfcity). Reis & Curry sowie Fisch direkt von der Frischetheke, die Zubereitung wird individuell mit dem Personal besprochen. Schwarze Tische und weiße Stühle auf dem Sand, Hauptgerichte ab 1000 Rs. Mai bis Anfang Juni geschlossen, sonst tägl. ab ca. 8 Uhr. Parangiyawataa 274/5, ✆ 077-1136677.

Lemongrass 21. Café und Restaurant allein auf weiter Flur in der Nähe des buddhistischen Tempels am westlichen Ende des Strands. Nur wenige Tische in einem sechseckigen Pavillon, panasiatische Fusionsküche mit Reis & Curry, Tom Yam sowie Krustentiere und Fisch satt. Etwas teurer, aber die Qualität stimmt. Auch Frühstück, Lassis und kleine Snacks. Tägl. 10–22 Uhr. Devala Rd., ✆ 072-0600671.

Shifting Sands Café 13. Das Verandacafé in der 2. Reihe hinter dem Strand wird von jungen sri-lankischen Inhabern betrieben. Internationale Fusionsküche ganz nach dem Geschmack der internationalen Travellerszene, auch ausgefallene Kreationen. Überschaubare Karte, auch Salate, Cocktails, Tee und Kaffee. Hauptgerichte ab 1000 Rs. Tägl. 9–18.30 Uhr. Welle Dewalaya Rd., ✆ 077-5977792.

Thaproban Beachhouse 19. Das Restaurant gehört zum Thambapanni Retreat Hotel. Es gefällt schon rein äußerlich durch die weißen Holztische und -stühle auf dem Sandstrand. Gutes Preis-Leistungs-Verhältnis, auf der Speisekarte stehen asiatische und westliche Gerichte. Die Spezialität ist frischer Fisch, der an der Strandtheke feilgeboten und ausgesucht wird (Preis nach Gewicht, die übrigen Hauptgerichte um 1000 Rs). Musik. Tägl. 11–23 Uhr. Welle Dewalaya Rd., ✆ 091-2227399, www.thambapannileisure.com.

Happy Spice 11. Hier sitzt man zwar nicht besonders schön, dafür ist die Qualität der Küche über jeden Zweifel erhaben. Familiengeführte Einkehr nach traditioneller Art, authentische Hausmannskost, der Schwerpunkt liegt auf Reis & Curry. Stolz zeigt man sich hier über die selbst gerösteten Gewürze, der Pfeffer stammt aus dem eigenen Garten. Hauptgerichte ab 500 Rs, auch Kochkurse. Tägl. 9.30–21 Uhr. Welle Dewalaya Rd., ✆ 091-4545045.

Eco Café 18. Das etwas abseits von den Touristenströmen gelegene Café-Restaurant gehört zum Massagezentrum Spa Una (s. o.). Nette und ruhig gelegene Sitzplätze im kleinen Vorgarten. Vegetarisches Reis & Curry-Mittagsbüfett (ayurvedisch) von 12–16 Uhr für 450 Rs. Auch Kaffee, hausgemachte Kuchen sowie frische Säfte. Welle Dewalaya Rd. 202 A, ✆ 077-9069310, www.spauna.lk.

Mmmh Sucré & Salé 6. Die kleine Crêperie wird von einem jungen sri-lankisch-französischen Paar geführt. Crêpes in vielerlei Varianten, salzig z. B. mit Thunfisch, Oliven und Gurken, sowie süß-fruchtige Optionen mit Erdbeeren oder Ananas. Cappuccino aus der italienischen Maschine, wenige Sitzplätze drinnen und draußen. Welle Dewalaya Rd. 42, ✆ 076-9152494, www.mmmh.lk.

Sunil Garden Coffee Bar 20. Das zum gleichnamigen Gästehaus gehörende Café bietet bequeme Sitzplätze und ist zum längeren Verweilen prädestiniert. Vortrefflicher Cappuccino, hausgemachte Kuchen, Pancakes, Tees, Salate, Sandwiches, auch vollwertige Hauptgerichte (Fisch und Fleisch, ab 1000 Rs). Tägl. 8–22 Uhr. Beach Rd., ✆ 091-2226654, www.sunilgardenguesthouse.com.

Le Café Français 4. Klitzekleine Modeboutique mit Café in einem achteckigen Pavillon. Nur wenige Tische mit Sitzhockern innen und auf der Veranda, kultiviertes Ambiente, Tee und Kaffee, leckere Törtchen und Gebäck, das einen das Wasser im Munde zusammenlaufen lässt. Tägl. 8–18 Uhr. Welle Dewalaya Rd. 55/1, ✆ 077-7401014.

Koggala, Ahangama und Midigama

Der Küstenabschnitt zwischen Unawatuna und Weligama präsentiert sich ohne ein erkennbares Zentrum. Die Küstenstraße verläuft fast ausnahmslos in Tuchfühlung zum Sandstrandstreifen *(Long Beach)*, der sich – mit wenigen Unterbrechungen – von Koggala bis zum Kap von Weligama zieht. Das Wahrzeichen sowie mit Abstand das wichtigste Alleinstellungsmerkmal sind die **Stelzenfischer** (→ Kasten, S. 219). Fotogene Aufnahmen von ärmlich gekleideten Fischern, die waghalsig auf Holzpfählen in der tosenden Brandung sitzen, im Hintergrund der rötlich gefärbte Himmel, bestimmten jahrzehntelang das Bild vieler Touristen von der Küste im Süden Sri Lankas und durften in keinem Reiseprospekt fehlen. Praktischerweise sind diese Stelzen von der Küstenstraße aus zu sehen. Anhalten, aussteigen, Fotos schießen und weiterfahren? Mitnichten, denn was man zu Gesicht bekommt, sind natürlich keine Fischer mehr, sondern deren moderne Platzhalter, die ihre Geschäftsidee auf die Bedürfnisse vieler Touristen nach Urlaubserinnerungen gegründet haben: Wer aussteigt und seine Kamera zückt, wird hier routiniert zur Kasse gebeten.

Midigama liegt bereits im Einzugsbereich zum weitaus namhafteren Ferienmekka Weligama und ist vor allen Dingen eine Hochburg der internationalen **Surferszene.** Wer mit der Wassersportart wenig anzufangen weiß, ist hier sichtlich fehl am Platz. Die überwiegend jugendlichen Surferinnen und Surfer bleiben manchmal über viele Wochen, die Main Spots heißen *Coconut Point* oder *Plantation Point.* Bei den Unterkünften wird bereitwillig auf Komfort verzichtet, Hauptsache die Wege zum Strand sind kurz. Im Unterschied zu Mirissa oder Hikkaduwa verzichten die sportlichen Gäste sogar auf rauschende Partys. In Ahangama und Koggala logiert – im Gegensatz zu Midigama – die betuchte Klientel, die Quartiere hier zählen zu den teuersten und nobelsten der ganzen Südküste. Koggala verfügt sogar über einen eigenen Flughafen, allerdings nicht für Luxusurlauber, sondern als Basis der *Sri Lanka Air Force.* In der Spätzeit der britischen Herrschaft musste dem Airport der komplette Ort mit zahlreichen Wohnhäusern weichen. Im Zweiten Weltkrieg markierten die Briten hier eine Landebahn auf dem Meer, um japanische Kampflieger zu täuschen.

Die wichtigste Sehenswürdigkeit in Koggala ist das **Volkskundemuseum** mit dem Wohnhaus des sri-lankischen Dichters und Begründers der modernen Prosa **Martin Wickramasinghe** (1890–1976). Das Museum besteht aus mehreren Gebäuden in einem weitläufigen Park an der Küstenstraße und präsentiert traditionelle Kostüme, antike Möbel, Ochsenkarren, wurmstichige Fischerboote, Schmuck und Alltagsreliquien der dörflichen Kultur. Eine besondere Attraktion ist die umfangreiche Sammlung von Masken; ein Highlight ist auch der Dämonenkönig Ravana auf seinem fliegenden „Raumschiff" namens *Dandumonaraya.* Den Grundstock der gezeigten Bestände stiftete der Prosadichter Wickramasinghe, dessen Haus im Rahmen des Rundgangs besichtigt werden kann. Sein Grab befindet sich nur wenige Schritte vom 200 Jahre alten Haus entfernt, das 1942 als einziges Gebäude nicht dem Bau des Militärflughafens weichen musste. Gerüchten zufolge erlag eine weibliche Air-Force-Mitarbeiterin dem Charme des Anwesens und beschloss, es zu ihrer Wohnresidenz zu machen. Ein gut sortierter Buchladen am Parkausgang komplettiert das sehenswerte Ausflugsziel.

Tägl. 9–17 Uhr. 200 Rs. Galle–Matara Rd., www.martinwickramasinghe.info.

Weitere Ziele in Koggala sind der **Koggala Lake,** der im Rahmen einer Bootssafari befahren werden kann, sowie der sehenswerte **Sri Poorvarama Maha Viharaya.** Das buddhistische Kloster ist keinesfalls mit dem besser ausgeschilderten und deshalb leichter zugänglichen Kathaluwa Viharaya unmittelbar über dem Ostufer des Sees zu verwechseln. Gewöhnlich ist der Haupttempel abgeschlossen, weshalb man sich im Nebengebäude den Schlüssel vom einzigen hier noch lebenden Mönch besorgen muss – wenn man sich nicht von seiner Hundemeute abschrecken lässt. Das Innere überzeugt durch Wandmalereien in hoher Qualität, wobei die älteren Fresken Ende des 19. Jh. überarbeitet wurden. Deshalb überrascht es im Grunde kaum, dass über den Eingängen die verwaschenen Konterfeis der britischen Königin Victoria sowie ihres Gatten, Prinz Albert von Sachsen-Coburg und Gotha, prangen.

Eintritt gegen Spende. An der Kathaluwa Junction auf Höhe des Bahnhofs Kathaluwa von der Küstenstraße abbiegen und nach 2 km (ohne Hinweisschild) rechts.

Tradition ohne Zukunft: Die Stelzenfischer an der Südküste

Die Stelzenfischer sind den meisten Feriengästen aus den Urlaubskatalogen ein Begriff. Wie die tamilischen Teepflückerinnen in den Hochlandplantagen bestimmten sie jahrzehntelang das Bild vom Alltagsleben auf der Insel. An der Südküste zwischen Koggala und Midigama waren und sind sie besonders häufig anzutreffen. Von den Wellen werden lediglich Heringe, Sardinen oder kleine Makrelen in Ufernähe getrieben, die Fänge sind daher alles andere als ergiebig. Zudem ist die Sitzposition der Fischer auf hölzernen Querstreben, die an den im Meerwasser steckenden Pfählen befestigt sind, alles andere als bequem – und manchmal sogar gefährlich. Es ist daher kein Wunder, dass es sich um eine sterbende Tradition handelt.

2006 hat der regierungseigene Sri Lanka Tourist Board, der 2007 in *Tourism Development Fund* umbenannt wurde, in Kooperation mit einem deutschen Filmteam herausfinden wollen, ob diese Stelzenfischertradition gegenwärtig noch praktiziert wird. Zu diesem Zweck installierte man versteckte Kameras am Strand von Koggala. Und siehe da: drei bis vier Fischerfamilien betrieben zum selbigen Zeitpunkt noch das Handwerk. Besagte Fischer wurden vom Kameraauge um 4 Uhr morgens erfasst, bereits um 6.30 Uhr kehrten sie wieder nach Hause zurück. Was vorbeifahrende Reisende zu allen anderen Tageszeiten als Stelzenfischer identifizieren, sind jedoch keine Fischer mehr. Es handelt sich um Einheimische, die auf Stelzen posieren und für Fotos und Videos bei den Fremden kräftig abkassieren. Ein weit ergiebigeres Geschäft, als die Erlöse aus der traditionellen Fischerei!

Bootstouren Mehrere Anbieter in der Nähe der Küstenstraße und der Eisenbahnbrücke bieten Touren mit dem Boot über den **Koggala Lake** an. Auch ein buddhistischer Tempel auf einer Insel wird meist angesteuert. Die 90-min. Fahrt kostet um 3000 Rs, z. B. mit **T. H. Anil Priyantha**, unmittelbar hinter der Brücke östlich von Koggala auf das Hinweisschild landeinwärts achten. Tägl. 7–18 Uhr. ✆ 077-5173933.

Schildkrötenfarm **Sea Turtle Farm & Hatchery**. Die alteingesessene Schildkrötenfarm (seit 1986) befindet sich in Habaraduwa, fast am östlichen Ende des Long Beach. Die in kleinen Bassins schwimmenden Schildkrötenbabys können begutachtet werden, Führungen erläutern den Prozess des Schlüpfens, Aufziehens und Aussetzens. Bislang wurden auf diese Weise nach Betreiberangaben ca. 500 000 Babys wieder dem Meer übergeben. 500 Rs. Tägl. 9–18 Uhr. Silver Green, Habaraduwa, ✆ 077-7836115, www.seaturtlefarm.org.

Übernachten **The Fortress Resort**, ⑧. Hinter dem festungsartigen und auf den ersten Blick abweisenden Bau an der Küstenstraße steckt eines der nobelsten und teuersten Domizile im sri-lankischen Süden. 53 Nobelsuiten lassen wenig zu wünschen übrig, perfekter Service, Pool mit Traumlage über dem Meer, Spa-Bereich. 2 Restaurants, eines für internationale und eines für

Der Süden → Karte S. 174/175

sri-lankische Küche. Habaraduwa, ✆ 091-4389400, www.fortressresortandspa.com.

W 15 Escape, ⑧. Der Ableger des Nobelhotels in Weligama entpuppt sich als ruhig gelegene Villa mit Kolonialflair jenseits der Küstenstraße im Hinterland. Exklusives Ambiente, gepflegter Garten, 6 blitzsaubere Zimmer in 2 Nebengebäuden mit luftigen Open-Air-Bädern, überdies ein Standardzimmer im Haupthaus sowie ein Familienapartment. Restaurant und Pool. New Galle Rd. 506, ✆ 041-2254422, www.w15.lk.

Dew Drop Villa, ③. Einladende Villa mitten im „Surferquartier" von Midigama zwischen Strand und Küstenstraße. 6 Zimmer ohne AC, jew. mit eigener Veranda oder Balkon, erstaunlich solide möbliert, für ein Gästehaus sehr komfortabel. Die besseren Zimmer befinden sich im 1. OG. Einladender Verandabereich, abends Reis & Curry und Fisch-Barbecue, Verleih von Fahrrädern und Surfausrüstung. Bei deutschsprachigen jüngeren Gästen sehr beliebt. Kadabaddagama 4, Gurubelila, ✆ 076-8369489, www.dewdropvilla.com.

Dolce Vita Surf Rest & Point, ②–③. Die charmante Pension neben dem Dorftempel in Midigama wird von einem Italien-affinen sri-lankischen Ehepaar geführt. In der 2. Reihe hinterm Strand, daher unbeeinträchtigt vom Küstenstraßenverkehr, überaus relaxt. 5 Zimmer teilen sich eine lang gestreckte Veranda, junges internationales Surfpublikum. Galle–Matara Rd., Denuwala, ✆ 077-346440, Buchung über die gängigen Buchungsportale.

Fresko im Sri-Poorvarama-Tempel

Cocoplant Surf-Inn, ②–③. Ausgezeichnet geführtes Mekka der Surfszene in australischer Hand, der Inhaber lebte einige Jahre in Berlin. Alternativer Charme mit frischen Designelementen, 10 Zimmer ohne AC, einfacher Standard, Dachterrasse mit Snackbar sowie Meerblick, sehr guter Kaffee, gesunde Säfte. Angeschlossen ist eine Surfschule. Einziges Manko ist der Küstenstraßenverkehr. Galle–Matara Rd., Ivilla Watta, ✆ 071-3205597, Buchung über die gängigen Buchungsportale. ■

Essen & Trinken **Shirani**. Das familiäre Restaurant am östlichen Ortsrand von Midigama ist auf Reis & Curry nach traditioneller Machart spezialisiert. Alles wird frisch zubereitet und benötigt daher etwas Zeit, bis es auf den Tisch kommt. Mild gewürzt, 5 Tische auf der Veranda, ruhige Lage am Ende einer Seitengasse. Die vegetarische Variante kostet ab 500 Rs, auch Frühstück. Tägl. 6–22 Uhr. Kadabaddagama, Gurubelila, ✆ 077-9206951.

Mamas Hotel. Grundsolide Einkehr im Zentrum von Midigama an der Küstenstraße (A 2). Ehrliche landestypische Küche mit Hoppers und Kottu Roti. Auch die handelsüblichen Klassiker der panasiatischen Fusionsküche finden sich auf der Karte. Verbesserungsfähiger Service, kleine Preise. Tische unter einem durch Ventilatoren belüfteten Wellblechdach. Tägl. 6.30–22.30 Uhr. Galle–Matara Rd., ✆ 077-8515188.

Café Ceylon. Die Villa im traditionellen Stil liegt an der Küstenstraße zwischen Koggala und Ahangama. Liegestühle im Vorgarten, Restaurant und Café mit Holztischen und -stühlen unter einem Schatten spendenden Verandadach. Internationale Fusionsküche von Tiger Prawns bis zum Café Ceylon Burger, auch frische Säfte. Die Zimmer im Haupthaus eignen sich für Familien mit Kindern (einfache DZ mit AC für 50 $). Hauptgerichte ab 1000 Rs, Seafood teurer. Tägl. 8–20 Uhr. Galle–Matara Rd., Kabalana, ✆ 091-2282729, www.cafeceylon.lk.

Weligama

Die Bucht von Weligama mit ihrem ellenlangen, schattenlosen Sandstrand vermittelt ein Gefühl von Weite. Neben Wasserratten fühlen sich hier hauptsächlich Surfer zuhause, auch wenn das Ambiente hinsichtlich Charme und Flair mit anderen großen Feriendestinationen an der Südküste nicht ganz Schritt halten kann.

Zwar verläuft die Küstenstraße (A 2) offiziell landeinwärts, der Durchgangsverkehr jedoch nutzt die zur besseren Erschließung in jüngster Zeit angelegte *By Pass Road*. Letztere hält stets Sichtkontakt zum Wasser und vermittelt der strandnahen Zone eine Durchgangsatmosphäre. Den spröden Ersteindruck verstärkt ein neues Hotelhochhaus mit knapp 200 Zimmern in zentraler Sahnelage, das von der Marriott-Gruppe betrieben wird, und äußerlich wenig überzeugt. Trotz der erwähnten Minuspunkte erfreut sich Weligama insbesondere bei wassersportbegeisterten Feriengästen ungebrochener Beliebtheit, was nicht zuletzt auch an der perfekten Infrastruktur liegt. Besonders das internationale Surfpublikum nutzt den Ort als Basis und logiert hier oft über einen längeren Zeitraum. Morgens und am späten Nachmittag strebt eine ganze Armada, bewaffnet mit Surfbrettern, ins Meer. Surfshops reihen sich hier buchstäblich aneinander wie Perlen an der Kette. Fast jede Verleihstation von Surfbrettern bietet auch Einführungskurse an. Die meisten Shops öffnen im Oktober und schließen im April, die beste **Surfsaison** ist zwischen Dezember und Februar. Die Bucht fällt flach ins Meer ab, typisch sind daher lange, flache Wellen – perfekt für Anfänger geeignet. Aber auch für Fortgeschrittene bietet die Umgebung von Weligama die eine oder andere Option.

Der Süden → Karte S. 174/175

Der atmosphärisch schönste Abschnitt der Bucht liegt zwischen dem Fischmarkt und dem weitläufigen Kap von Weligama. Augenfälligste topografische Landmarke hier ist **Taprobane Island,** eine felsige Insel mit beinah mythischem Charakter: In den 1920er-Jahren errichtete hier ein gewisser Maurice Talvande eine Villa und schuf sich einen persönlichen Garten Eden. Der 1866 in Le Mans geborene Exzentriker und Landschaftsarchitekt gab der Insel den Namen Taprobane, eine Anleihe aus der griechischen Antike – Taprobane war die Bezeichnung für Sri Lanka. Im Singhalesischen heißt das Eiland hingegen schlicht *galduwa*, zu Deutsch Felseninsel. 1952 kaufte der US-amerikanische Schriftsteller Paul Bowles Taprobane Island. Er verbrachte hier vorzugsweise den Winter, Teile des existentialistischen Romans „Das Haus der Spinne“ sind hier entstanden. Das Eiland ist heute noch immer in Privatbesitz, die Villa mit fünf Suiten sowie einem Pool wird exklusiv an betuchte Feriengäste vermietet (www.taprobaneisland.com).

Zwischen Taprobane Island und dem **Kap von Weligama** liegt eine beträchtliche Flotte von Auslegerbooten vor Anker und erinnert daran, dass vor dem Tourismus vor allem Fischfang die Haupteinnahmequelle der Einheimischen ist. Der Landvorsprung entpuppt sich als komplexes Gebilde und als eine geeignete Standortalternative für diejenigen, denen die Lage abseits vom Schuss nichts ausmacht. Dichte Vegetation sorgt für tropisches Flair, zwischen verstreut liegenden Wohnhäusern mit Gärten mischen sich Hotels, Gästehäuser und auch das eine oder andere empfehlenswerte Fischrestaurant. Außerdem führen Fahrwege oder steile Pfade zu entlegenen Buchten mit teils hohem Kultfaktor. Jenseits des Kaps und bereits mit Blick auf das Nobelhotel Cape Weligama befindet sich der **Jungle Beach** – eine

Blick auf die wildromantische Taprobane Island

entrückte Oase mit Paradiespotenzial. In der Bucht sind erste Stelzenfischer-Vorrichtungen (→ Kasten, S. 219) zu sehen, in der Saison versorgt das Silent Pub Badegäste und Surfer mit Erfrischungen sowie kleinen Snacks. Der Landvorsprung bildet den Übergang zwischen der Bucht von Weligama und dem Strand von Midigama, einem weiteren Hotspot für Surfer.

Der Ort selbst verfügt über ein kompaktes Zentrum, das sich zwischen Busbahnhof und Bahnhof erstreckt. Die vom Busbahnhof nach Westen abführende *Main Street* – die alte Ausfallstraße nach Galle – bietet im weiteren Verlauf einige atmosphärisch hübsche Milieueinblicke: Hausfassaden im traditionellen und kolonialen Stil sowie reichlich Vegetation machen das Ceylon vergangener Tage wieder lebendig. Einen kurzen Abstecher landeinwärts ist die kulturgeschichtlich bemerkenswerte Statue **Natha Devale** wert. Der möglicherweise aus Indien stammende Herrscher hieß Kushtaraja, zu Deutsch Lepra-König. Die Legende berichtet, dass der erkrankte König kuriert wurde, indem er sich einer dreimonatigen ayurvedischen Thambili-Kur unterzog (die Kur basiert auf Kokoswasser der Königskokosnuss). Aus Dankbarkeit stiftete er die Statue, die eventuell ihn selbst oder den Bodhisattva Avalokiteshvara der buddhistischen Mahayana-Tradition darstellt. Das etwa 4 m hohe Halbrelief liegt gegenüber eines Sport- und Spielplatzes an der Straße und dürfte im Verlauf des 9. Jh. entstanden sein. Weitere Abstecher führen in die weitere Umgebung, u. a. auf der B 466 zur 8 km entfernten **Schlangenfarm** des ayurvedischen Mediziners D. G. Wijayapala. Nirgendwo sonst in Sri Lanka kommt man hochgiftigen Kobras, Vipern und anderen Reptilien so nah wie hier – ein eindrückliches Erlebnis (tägl. 8–18 Uhr, 1000 Rs, Horagoda Rd., Telijawila). Der Ausflug lässt sich eventuell mit dem Besuch der sehenswerten **Nandana Tea Factory** in Amalagoda, 10 km nördlich der Schlangenfarm, kombinieren (tägl. 8.30–17 Uhr, Eintritt frei, www.nandanatea.com.lk).

Basis-Infos

Hin & weg **Bahn/Bus**: Regional- und Bummelzüge von Galle und aus der Gegenrichtung von Matara halten am günstig gelegenen Bahnhof im Stadtzentrum. Der Busbahnhof liegt einen Steinwurf vom Meer entfernt, allerdings ist Weligama nur ein Zwischenstopp auf der Route zwischen Galle und Matara.

Tuk-Tuk: Ein freundlicher und zuverlässiger Fahrer ist Serasingha. ✆ 071-66846224.

Ayurveda **Barberyn Beach Resort**. Die abgeschiedene Gesundheitsoase befindet sich in der Nähe des Kaps von Weligama oberhalb vom Meer. Den weitläufigen Garten gestaltete der 1937 geborene Maler Laki Senanayake, der zwischenzeitlich bei Architekt Geoffrey Bawa assistierte. Puristische Ayurveda-Kuren, 60 Zimmer und Suiten, alle mit Balkon, Kräutergarten sowie Gesundheitszentrum. Pool, Yoga, Meditation, kein Zugang zum Meer. Barberyn Rd., ✆ 041-2252994, www.barberyn.com.

Wassersport **Weligama Bay Dive Center**. Das renommierte Tauchzentrum liegt auf dem Weg zum Kap Weligama. Kurse für Anfänger und Fortgeschrittene, Tauchgänge und Kurse nach PADI-Standard. Auch Schnorcheln sowie Nachttauchen. Über 2 Jahrzehnte Erfahrung. Kapparatota 126 (unmittelbar hinter dem Fluss von der Küstenstraße links von abbiegen), ✆ 041-2250799, www.scubadivingweligama.com.

Freedom Surf School. Professioneller Surfshop am Strand mit langjähriger Erfahrung. Einstündige Starterkits und Einführungskurse bis zu einer Woche. Verleih von Surfbrettern, sehr positiver Gesamteindruck. Ganzjährig geöffnet. ✆ 077-7177422, www.freedomsrilanka.com.

Surf's Up. Der Surfshop befindet sich direkt vor dem Hangtime Hostel. Einführungskurse sowie Verleih von Surfbrettern. Relaxte Atmosphäre. ✆ 077-8276553.

Touren **K. W. Ranjith**, der einen eigenen Three Wheeler besitzt, organisiert Touren zur Schlangenfarm sowie zur Batik- und Kokosfabrik. Den dreistündigen Ausflug gibt's für ca. 3000 Rs. ✆ 077-4723359.

Der Süden → Karte S. 174/175

Übernachten

→ Karte S. 224/225

Aussichtsreiche Dachterrassen sowie große Räumlichkeiten für die täglichen Yogaübungen gehören ganz selbstverständlich zur ortsüblichen Ausstattung der Hotels. Gästehäuser, die auf das internationale Surferpublikum ausgerichtet sind, verfügen über minimalistisch möblierte Zimmer – Hauptsache, die mitgebrachten Surfbretter finden noch Platz.

Cape Weligama **12**, ⑧. Das exklusive Hotelresort am Kap von Weligama liegt abgelegen hoch über dem Wasser. 39 Zimmer in ziegelgedeckten Villen, 2 Schwimmbäder, davon eines unten am Meer, Restaurant mit westlicher bzw. sri-lankischer Küche, Wassersportmöglichkeiten und Organisation von Ausflügen in die Umgebung. Abimanagama Rd., ✆ 041-2253000, www.resplendentceylon.com/capeweligama/.

W 15 **5**, ⑧. Feines, megamodernes Strandresort in zentraler Lage, das handtuchbreite Areal öffnet sich meerseitig zum gepflegten Garten mit Bar, Restaurant und Pool. Hinreißend gelegene Sitzplätze direkt auf dem Sandstrand unter roten Sonnenschirmen. 10 Zimmer auf 2 Etagen, die Hälfte mit Meerblick, die Zimmer im OG verfügen über Terrasse oder Balkon. Verleih von Surfbrettern, Einführungskurse in Yoga und Surfen. New Galle Rd. 506, ✆ 041-2254422, www.w15.lk.

The Surfer **10**, ⑤. Das auf die Bedürfnisse der internationalen Surferszene zugeschnittene Logis liegt in der 2. Reihe hinter dem Strand. Standard zwischen Gästehaus und Hotel, Pool mit Liegestühlen im kleinen Garten, Dachterrasse, angenehmer Restaurantbereich im 4. OG. 12 Zimmer mit Balkon, davon 4 mit AC. Vermietung nur wochenweise, die Surfkurse sind im Übernachtungspreis enthalten. Wadana Watta 65 (Beach Access Rd.), Pelena, ✆ 077-3926614, www.thesurferweligama.com.

TS 2 Surf Camp **8**, ⑤. Die Dependance des Hotels The Surfer versteckt sich in der 3. Reihe hinter dem Strand und ist ohne Hilfe der Surf Shops am Meer kaum zu finden. Weißes Wohnhaus mit 3 Etagen in ruhiger Lage, minimalistisches Ausstattungskonzept, 6 saubere Zimmer mit guten Bädern, Frühstücks- und Restaurantterrasse im 3. OG, Küche für Selbstversorger. Zimmervermietung nur wochenweise, Surflektionen sind inkl. Main St., 3rd Lane, ✆ 077-3926614, www.thesurferweligama.com.

The Green Rooms 6, ④–⑤. Beliebtes und daher in der Saison häufig ausgebuchtes Stranddomizil mit ansprechend gestaltetem Außenbereich. Restaurant, Liegestühle sowie Hängematten, unkomplizierter Strandzugang. 5 Zimmer mit Holzfußböden, ohne AC in ein- oder zweistöckigen Cabanas, ein Einzelzimmer im EG mit externem Bad. Zimmer teilweise mit eigener Veranda. Pelebandara Mw., Pelena, ✆ 041-2252675, www.thegreenroomssrilanka.com.

i-Resort 1, ③. Blitzsauberes Mittelklassehotel in einem weißen Wohnhaus unmittelbar jenseits der Bahntrasse. Snackbar im klitzekleinen Vorhof, minimalistisches Ausstattungskonzept, 9 Zimmer verteilen sich auf 3 Etagen, je 3 Zimmer teilen sich eine Veranda. EG-Zimmer mit AC, die anderen ohne, die schönsten liegen im 3. OG. Ganzjährig geöffnet. 5 Gehminuten zum Strand. Gangarama Rd. 29/A, ✆ 041-2260974, www.iresortweligama.com.

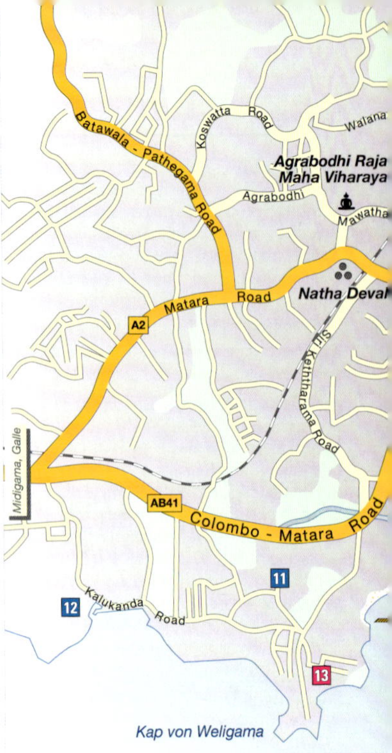

»» Mein Tipp: **Top of the Hill 11**, ②–③. Das 100 Jahre alte Haus im traditionell srilankischen Stil liegt am höchsten Punkt des Kaps von Weligama. Bodenständig-familiäres Ambiente, stilvolles Interieur und einfache Ausstattung. 6 DZ, 2 Einzel- und ein Dreibettzimmer, jew. ohne AC, aber die traditionelle Bauweise sorgt für natürliche Durchlüftung. Moskitonetze, blitzsauber, Garten, Massageeinrichtung, Restaurant, himmlische Ruhe. Exzellentes Preis-Leistungs-Verhältnis! Sangananda Mw. 168/8, Kapparatota, ✆ 041-2252677, www.sri-lanka-guesthouse.de. «««

Silvas Surf Home 4, ②. Die familiäre Bleibe liegt im Stadtzentrum an der atmosphärisch netten alten Ausfallstraße nach Galle. Authentische Gastfreundschaft, 3 Zimmer im Nebenhaus mit Veranda im Kolonialstil, davor ein kleiner Hof. 3 weitere kleine Zimmer im Haupthaus ohne AC, eines mit externem Bad, Moskitonetze vorhanden. Inhaber geizt nicht mit guten Tipps. Main St. 179 A, ✆ 077-6905736, Buchung über die gängigen Buchungsportale.

Hangtime Hostel 3, ①–③. Vorbildlich geführtes Dorado nicht nur für Rucksacktouristen, zentral an der Strandpromenade mit hinreißendem Dachterrassenrestaurant (s. u.). Junges Publikum, relaxt, mit unschlagbarer Atmosphäre. Gemeinschafts- und Privatzimmer auf 4 Etagen, jew. mit Balkon und Moskitonetzen. Yogaraum sowie Fahrradverleih. Weligama By Pass Rd. 540 (Beach Rd.), ✆ 076-5258933, www.hangtimehostel.com.

Essen & Trinken

Break Point 7. Die kultige, bei jüngeren Urlaubern beliebte Einkehr liegt in der Nähe des Busbahnhofs und wird von einer tüchtigen Einheimischen geführt. Zweigeschossiges solides Holzhaus, bequeme Sitzplätze, spezialisiert auf israelische Küche. Westliches Frühstück mit Müsli, Biokaffee, frische Säfte, kleine Snacks, Falafel, Hummus,

Shawarma sowie Pizza aus dem Holzbackofen. Auch Reis & Curry, dazu köstliche Fruchtshakes. Hauptgerichte um 1000 Rs. Tägl. 9–23 Uhr. New Galle Rd. 45 (Beach Rd.), ✆ 077-2543043.

››› Mein Tipp: **Keerthi's Food** 13. Herzliche Gastfreundschaft in einem Wohnhaus in ländlicher Lage am Kap Weligama. Hausmannskost, spezialisiert auf Meeresfrüchte, am besten nach den tagesaktuellen Gerichten fragen. 4 Tische in einem kleinen Pavillon im Garten, die Wellen vom Meer kann man hier hören. Hauptgerichte um 1000 Rs. Tägl. ab 7 Uhr. Bandarawatta, Kapparatota, ✆ 041-2251172. ‹‹‹

Hangten Rooftop 3. Im Dachterrassenrestaurant des Hangtime Hostel sind auch auswärtige Gäste willkommen. Hausspezialität sind leckere Grill-Burger, Fr abends gibt's Pizza aus dem Holzofen. Gemütliche Sitzplätze mit Meerblick, Frühstück, Mittag- und Abendessen, Kaffee aus der italienischen Maschine. Tägl. 7.30–11, 12.30–15 Uhr sowie 18.30–21.30 Uhr, Mi abends geschlossen. Weligama By Pass Rd. 540 (Beach Rd.), ✆ 076-5258933, www.hangtimehostel.com.

Fish Point 9. Angesagter kulinarischer Open-Air-Treff am Strand zwischen Busbahnhof und Taprobane Island. Man sucht sich Fische und Krustentiere am Stand aus und bespricht die Zubereitung. Einfaches Garküchen-Flair mit inzwischen mehreren Anbietern – einzigartig in Sri Lanka! Man sitzt in stimmungsvoller Atmosphäre am Strand, Preise nach Gewicht (um 1500 Rs/kg.). Tägl. ab 9 Uhr außer an Vollmondtagen. Weligama By Pass Rd. (Beach Rd.), ✆ 077-3703838.

Baba's Roti Shop 2. Das kleine Straßenrestaurant auf der dem Meer zugewandten Seite der Ortsdurchfahrt ist spezialisiert auf Kottu Roti. Auf der Karte stehen auch chinesische und westliche Gerichte. Frühstück, Mittag- und Abendessen. Einfaches Ambiente, Reggae-Flair, Sitzplätze in 2 Innenräumen und auf der Veranda, kein Alkohol. Kleine Preise. Tägl. 9–23 Uhr. Galle Rd. (A 2), ✆ 077-2600475.

Der Felsen Giragala markiert das Ende der Badebucht von Mirissa

Mirissa

Das Backpacker-Paradies ist ein etablierter Pflichtstopp für junge Leute auf der Rundreise durch den Süden Sri Lankas. Die palmengesäumte Bucht ist vom Feinsten, neben Baden und zahlreichen Wassersportmöglichkeiten stehen Walbeobachtungstouren auf dem Programm.

Allenthalben ist man in Mirissa – ähnlich wie in Ella im südlichen Hochland – auf die Bedürfnisse von Rucksackreisenden eingerichtet. Das Preisniveau ist moderat, die Atmosphäre relaxt. Zum entspannten Klima trägt bei, dass es hier im Grunde nicht allzu viel zu tun gibt, sieht man einmal von Baden und Wassersport ab. Einen Scooter auszuleihen, um individuell die Umgebung zu erkunden, ist genauso wenig mit Schwierigkeiten verbunden, wie die Organisation der weiteren Reise mithilfe der zahlreichen Reiseagenturen. Die halbmondförmig geschwungene Bucht ist ein ästhetischer Augenschmaus und endet im Osten an der Felseninsel **Giragala,** die erklettert werden kann. Die Spitze der wasserumtosten Erhebung ist insbesondere am Abend ein wunderbarer Ort zum stillen Genießen. Der schönste Teil der Bucht liegt allerdings auf der gegenüberliegenden Seite im Westen: Da die Küstenstraße zuvor landeinwärts schwenkt, kann man hier die Strandfreuden unbeeinträchtigt vom Verkehr genießen. Spätnachmittags und abends herrscht eine faszinierende Stimmung – mit Grüppchen jugendlicher Traveller, die sich mit Bierdose und Gitarre am Strand zum Sit-in verabredet haben. Jenseits des Inselchens setzt sich der Strand im Teilort Bandaramulla fort, wobei die Faustregel gilt: Der Abschnitt westlich des Felsens – der eigentliche *Mirissa Beach* – ist dem Baden und abendlichen Feiern gewidmet, während es östlich davon etwas ruhiger zugeht. Außerdem ist der *Turtle Beach* in Bandaramulla eine Hochburg der Surfer-, Taucher- und Schnorchelszene. Die Surfsaison in Mirissa startet im Dezember und endet im Mai. Ein Treppenweg verbindet die Hauptstraße (A 2) mit dem **Ratngere Raja Maha Viharaya** auf einem Hügel mit akzeptablem Ausblick aufs Meer. Orientierung bietet der Mobilfunkmast auf dem Berg, außerdem finden hier oben zu festen Zeiten Yogakurse statt.

Neben einschlägigen Wassersportoptionen zählt in Mirissa die **Walbeobachtung** zu den wichtigsten Aktivitäten. Bootstouren werden an jeder Ecke angeboten, auch die meisten Gästehäuser und Hotels vermitteln entsprechende Angebote. Zu sehen sind Blau- und Pottwale, zwischen die großen Meeressäuger mischen sich mitunter auch Delfine und der Kleine Schwertwal. Wale und Delfine ziehen hauptsächlich in der Saison von Dezember bis April an der Südküste vorüber, beste Aufbruchszeit ist am frühen Morgen vom Fischerhafen. Dieser befindet sich bereits jenseits des Landvorsprungs westlich des Strands und ist ganz der Bucht von Weligama zugewandt.

Das dünn besiedelte Kap wird von steilen Wegen durchzogen, die nicht selten vor hermetisch abgeriegelten Hotelanlagen enden. Ein Pfadabstieg endet am wunderschönen **Secret Beach,** wo während der Saison eine nette Strandbar (s. u.) kulinarische Bedürfnisse befriedigt. Rein atmosphärisch taugt das Ambiente als Filmkulisse – zum Baden ist das Idyll jedoch aufgrund der Brandung und der Felsen nur eingeschränkt geeignet.

Die wichtigste Sehenswürdigkeit im engeren Sinn ist der **Veheragalla Samudragiri Viharaya** – ein buddhistisches Kloster, das aus unerfindlichen Gründen eher selten auf der Besichtigungsagenda der Feriengäste steht. Dabei sind die Wandmalereien im Innern des Haupttempels vom Feinsten. Die ausdrucksvollen Illustrationen wirken wie aus dem Leben geschnitten, es lohnt sich, die Gesichter und Gesten der abgebildeten Personen aus dem buddhistischen Lehrkanon und deren Emotionen etwas intensiver anzuschauen. Im Unterschied zu den meisten anderen Klöstern wurden diese Fresken nicht im Kandy-Stil gefertigt, sondern im südlichen Matara-Stil. Letzterer arbeitet eher mit dunklen Hintergrundfarben, von dem sich die Motive plastisch abheben, wohingegen der Kandy-Stil vorzugsweise rote Farbe verwendet. Unter dem Fundament des Haupttempels entdeckten Archäologen die Spuren eines wesentlich älteren Vorgängerbaus, die Forschungen sind noch nicht abgeschlossen. Das idyllisch gelegene Kloster, das über die Küstenstraße (A 2) nach Weligama erreichbar ist, wird von etwa 20 Mönchen bewohnt, die Hälfte davon sind Kinder (nach 1,5 km auf unscheinbares Schild nach links achten, die Mönche nach dem Schlüssel für den Haupttempel fragen).

Der Süden → Karte S. 174/175

Basis-Infos

Information www.mirissa.com

Hin & weg Bahn/Bus: Der Küstenort liegt 12 km westlich von Matara und 33 km südöstlich von Galle. Der Bahnhof liegt ungünstig im Hinterland, weshalb es sich empfiehlt, in Weligama auszusteigen und mit Tuk-Tuk oder Bus weiterzufahren. Busse aus Matara oder Galle halten an der Ortsdurchfahrt (A 2), u. a. an der Mirissa Jc.

Mietfahrzeuge/Taxi Pradeep Tours, Full-Service-Agentur für Taxifahrten und Ausflüge. Verleih von Motorrädern (2000 Rs/Tag) und Scootern (1000 Rs) mit eigenem Fuhrpark, Vermittlung von Fahrten mit Taxi und Three Wheeler. In einer Nebenstraße der Galle Rd. (A 2) am Paradise Beach Club, ✆ 076-8266178.

Tauchen/Schnorcheln Mirissa Diving Center. Die Tauchbasis befindet sich am Strand von Bandaramulla, 500 m weiter wird Schnorchelausrüstung verliehen. Tauchgänge ab 35 $, Schnorchelexkursionen mit/ohne Guide ab 15 $. ✆ 077-5996280.

Walbeobachtung Whale Watching Club. Der vielleicht beste Anbieter für Bootstouren hat sein Büro an der Zufahrt zum Hafen. Auf der Queen Whale finden etwa 50 Pers. Platz. 4000 Rs/Person (3–6 Std.). Harbour Rd., ✆ 076-6839845, www.whalewatchingclub.com.

Yoga Ratngere Raja Maha Viharaya. Yogakurse unterschiedlicher Stile (auch Pranayama und Vipassana-Meditation) finden regelmäßig im Kloster auf dem Hügel über

Mirissa statt. Ein steiler Treppenweg verbindet das Heiligtum mit der Durchfahrtsstraße. Übungen finden morgens und spätnachmittags statt. Handtücher und Trinkwasser mitbringen! 8–12 $. ✆ 077-5173612, www.rukshanyoga.net.

Übernachten

Number One Mirissa 13, ⑥–⑦. Die Komfortherberge im Stil eines Boutiquehotels liegt hinreißend schön über dem Strand von Mirissa. Exzellentes Restaurant mit Meerblick, fantastisch gelegener Pool, 8 großzügig geschnittene Zimmer mit Holzfußböden auf 2 Etagen sowie mit Veranda und Meerblick. Das Hotel ist in sri-lankisch-britischer Hand, 5 Min. zu Fuß zum Strand. Mirissa Beach (West Side), ✆ 041-2254884, www.numberonemirissa.com.

Morning Star 16, ④–⑥. Freundliches, familiengeführtes Mittelklassehotel an der A 2 mit 4 einfachen Zimmern im Haupthaus (1. OG, jew. mit Balkon, die Zimmer zum Garten sind ruhig). Die eigentliche Überraschung ist das neue Nebengebäude mit 5 weiteren Komfortzimmern. Holzfußböden, Veranda, kurze Wege zum Gartenpool und zum behaglichen Restaurant. Bandaramulla, ✆ 041-2254445, www.morningstarmirissa.com.

Palm Villa 15, ④–⑤. Beliebtes Strandresort in einer weiß getünchten Villa mit Patina im Kolonialstil. Innenhof mit Bar, kleiner Garten mit Liegestühlen und Hängematten, Yogaterrasse über dem Meer, lauschige Sitzplätze direkt am Wasser. 20 Doppel- und Familienzimmer mit Meer- oder Gartenblick sowie mit Balkon/Terrasse (mit/ohne AC). Bandarmulla, ✆ 041-2250022, www.palmvillamirissa.com.

››› Mein Tipp: **Handagedara Resort 10**, ④. Hübsches Boutiquehotel zwischen Hauptstrand und Hafen gelegen, die charmante Inhaberin ist in Mirissa geboren und lebt in Colombo. 200 Jahre altes Haus im Kolonialstil, 16 Zimmer im Haupthaus sowie in Nebengebäuden am Pool, alle (bis auf ein Zimmer) mit AC. Ruhige Lage, gepflegt, 5 Min. zu Fuß zum Strand, ideal zum Relaxen. Harbour Rd., ✆ 041-2254770, Buchung über die gängigen Buchungsportale. ‹‹‹

Harbour View 8, ③. Die kleine Pension liegt bereits in der Bucht von Weligama direkt am Hafen. Die Inhaberfamilie bewohnt das EG, 5 AC-Zimmer mit Moskitonetzen verteilen sich auf den beiden OGs. Sehr sauber, auf der Gemeinschaftsveranda wird das Frühstück eingenommen, auf Wunsch wird abends gekocht. Harbour Rd., ✆ 077-4828380, Buchung über die gängigen Buchungsportale.

Extreme Host Guest House 9, ③. Jenseits der Hauptstraße landeinwärts gelegenes Gästehaus mit 3 hübschen Zimmern, eines ist etwas dunkel und liegt zur Straßenseite, ein weiteres verfügt über eine freundliche Gartenveranda. Frühstücksveranda im Hof mit ehrwürdigem Baum, der freundlicherweise dem Hausbau nicht weichen musste. Udupila 373 A/1, ✆ 071-1218810, www.extremehostguesthouse.com.

Pravindi Guest Home 4, ③. Das familiäre Gästehaus befindet sich 200 m vom Strand entfernt am Ende einer ruhigen Seitengasse. 10 Zimmer verteilen sich auf 2 Etagen, davon 6 mit AC im 1. OG. Bodenständig und ohne Allüren, mit kleiner Frühstücksveranda. Ranabahu Mw., Udupila, ✆ 075-0647333, Buchung über die gängigen Buchungsportale.

Sethun House 7, ③. Das Gästehaus liegt 5 Min. vom Strand entfernt in ruhiger, fast dörflicher Umgebung – der Dorftempel liegt gleich nebenan. Authentischer Homestay-Charakter mit schüchternem Service. 4 saubere AC-Zimmer im OG, eines mit eigener Veranda, die übrigen teilen sich 2 Gemeinschaftsveranden. Sununda Rd., ✆ 077-7403997, Buchung über die gängigen Buchungsportale.

Shasee Rest/Village Star Rest 17, ②–③. Familiäres Quartier in Strandnähe mit Homestay-Charakter. 3 Zimmer im 1. OG, einfach, aber freundlich eingerichtet, 2 davon mit Balkon, Wohnlobby. Im Hinterhaus befindet sich das moderne Village Star Rest mit 6 nüchtern eingerichteten Zimmern. Fahrradverleih, Laundry-Service. 50 m landeinwärts, daher unbeeinträchtigt vom Verkehr. Ausgezeichnetes Preis-Leistungs-Verhältnis. Bandaramulla, ✆ 077-3986818, http://shasee-rest-mirissa-lk.book.direct/de-de/.

JJ's Hostel 1, ①–③. Ein edles Hostel unter neuseeländischer Leitung jenseits der Hauptstraße (A 2), daher unbeeinträchtigt vom Verkehrslärm. Aufgeräumt, gepflegt, große Lobby, das Wasser wird mit Sonnen-

kollektoren erhitzt. 6 Privatzimmer, die Hälfte davon mit AC sowie 3 Gemeinschaftszimmer mit 6/8 Betten. Dachterrasse, gutes Frühstück. Yatpila Rd., ✆ 077-6781137, www.jjshostelmirissa.com.

Essen & Trinken

Margherita Italiano **2**. Das feine italienische Restaurant befindet sich an der Hauptstraße. Pasta, Pizza sowie Meeresfrüchtegerichte. Vornehm gedeckte Tische drinnen, wenige Tische auf der Veranda zur Straße. Frühstück ab 900 Rs, Pizza ab 1400 Rs. Alles andere als preiswert, aber die Qualität stimmt. Tägl. 6.30–23 Uhr. Mirissa Jc. (Galle Rd.), ✆ 072-8017274.

Tandoori Hut **3**. Rustikale Einkehr in einem soliden Holzhaus an der Hauptstraße mit offener Küche am Eingang. Herzhafte und knusprige Fleischgerichte mit typischer Tandoori-Patina, serviert mit Reis & Curry, dazu gibt's frische Obst- und Gemüsesäfte oder Lassis. Holztische und -stühle auf 2 Etagen, kein Alkohol. Hauptgerichte um 1100–1200 Rs. Tägl. ab 11 Uhr. Matara Rd. (Galle Rd.), ✆ 041-4502929.

Zephyr **11**. Zentral am Strand gelegenes Restaurant, geschmackvoll ausgestattet, man sitzt gut auf der Holzveranda und auf dem Sand. Frühstück, organischer Tee, Snacks für den kleinen Mittagshunger, sri-lankische und westliche Küche. Auch Meeresfrüchtegerichte und Burger von guter Qualität. Leckere Cocktails, peppige und nicht zu aufdringliche Musik. Hauptgerichte ab 900 Rs. Tägl. 9–22 Uhr, Bar öffnet bis nach Mitternacht. Galle Rd. 220/8, ✆ 077-7502222.

Araliya Guest **19**. Das angenehme Restaurant jenseits der Durchgangsstraße in Bandaramulla gehört zum gleichnamigen Gästehaus. Westliches und sri-lankisches Frühstück (ab 650 Rs), Salate, Suppen, Fried Rice sowie Fisch- und Meeresfrüchtegerichte (ab 1000 Rs). Große Auswahl an Desserts.

Hübsche Sitzplätze auf der Veranda, allerdings nicht unbeeinträchtigt vom Verkehr. Weihnachten bis Ende April 8–22 Uhr. Bandaramulla (Mirissa South), ✆ 071-2503805.

Bay Moon **12**. Das nette Strandrestaurant liegt am westlichen Ende der Mirissa-Bucht. Große Kapazitäten unter dem Palmwedeldach, im Nomad-Art-Stil geschmückt, weitere Sitzplätze direkt auf dem Sand. Frühstück, kleine Snacks und sri-lankische, südchinesische und italienische Hauptgerichte ab 600 Rs, frische Säfte sowie alkoholische Getränke. Tägl. ab 7 Uhr geöffnet, am späteren Abend sehr lebhaft. Mirissa Beach (West Side), ✆ 071-9102287.

Turtle Beach Restaurant **18**. Das Strandrestaurant in Bandaramulla ist auf Seafood spezialisiert. Sitzplätze vor der malerischen Kulisse einiger bunter Auslegerboote, Liegestühle am Meer. Auch westliche und panasiatische Küche, der Koch stammt aus Frankreich und legt allergrößten Wert auf frische Zubereitung. Akzeptables Preisniveau. Tägl. 8–23 Uhr. Zugänglich via Strand oder über das Turtle Beach Resort. Bandarumalla, ✆ 077-9002557.

Nr. 1 Dewimini Roti Shop **5**. Familiäre Einkehr etwas ab vom Schuss mit angenehmen Sitzplätzen unter Schirmen im kleinen Garten. Traditionelle sri-lankische Küche: Reis & Curry und Kottu Roti in vielen Varianten, sowie süße Spielarten für den kleinen Hunger zwischendurch. Auch Kochkurse. Tägl. 8.30–22 Uhr. Udupila, 1st Right Side Cross Rd. (in Richtung Bahnhof auf Schild nach rechts achten), ✆ 071-5162604.

Secret Beach Bar **14**. Abgelegene Einkehr und chilliges Aussteigerparadies am Secret Beach. Kleiner Sandstrand, ansonsten viele Felsen, relaxtes Flair mit Liegestühlen, Hängematten und Lounge-Musik. Frühstück, frischer Fisch in allerlei Varianten (ab 1100 Rs), Salate, Säfte, Lassis und Cocktails. Tägl. 10–24 Uhr, Mitte Juni bis Aug. geschl. Mit dem Tuk-Tuk oder zu Fuß in 30 Min. erreichbar, ✆ 071-6430898.

Starbeans Coffee **6**. Westlich gestaltetes Kaffeehaus an der Hauptstraße mit klimatisierter Lounge und bunten Sitzkissen sowie Freiplätzen davor. Frühstück (auch Müsli), kleine Snacks, ausgewählte Hauptgerichte, z. B. Thunfisch mit Püree (ab 1000 Rs) und italienische Pasta. Kaffee aus der italienischen Maschine. Tägl. ab 8 Uhr. Galle Rd., ✆ 077-1002889.

Matara

ca. 115.000 Einwohner

Die größte Stadt an der Südküste ist in erster Linie ein bedeutender Verkehrsknotenpunkt. Trotz einer Handvoll Sehenswürdigkeiten steht Matara in touristischer Hinsicht eindeutig im Schatten anderer Orte und wird meist nur im Rahmen eines Tagesausfluges aufgesucht. Die Strände östlich und westlich der Stadt sind indes vom Feinsten und vorwiegend Insidern ein Begriff.

Die Hauptstadt des gleichnamigen Distrikts überrascht im Zentrum durch urbanes Flair. Schnurgerade zieht sich die Hauptgeschäftsstraße *Anagarika Dharmapala Mawatha* durch die Neustadt – mit häufig stockendem Verkehr und bunter Neonreklame bei Dunkelheit. Benannt ist die Straße nach dem buddhistischen Autor und Reformer Anagarika Dharmapala (1864–1933), der vom Gedankengut der Theosophischen Gesellschaft geprägt war und einen gewaltlosen singhalesisch-buddhistischen Nationalismus protegierte. Seine letzten Lebensjahre verbrachte er in Indien, wo er sich um eine Renaissance des Buddhismus bei den Angehörigen unterer Schichten und Kasten bemühte. Am östlichen Ende trifft die Straße auf eine sternförmig angelegte Festung, die heute ein bescheidenes Museum beherbergt. Vom Stern-Fort ist es lediglich ein Katzensprung bis zur Brücke über den **Nilwala Ganga,** der kilometerlang durch das erweiterte Stadtgebiet mäandert und die Altstadthalbinsel von der Neustadt trennt. Auffälligstes Bauwerk direkt an der Brücke ist die weiß getünchte *Muhiddeen-Jumma*-Moschee, die auf den ersten Blick einer römisch-katholischen Kirche im portugiesischen Kolonialstil zum Verwechseln ähnelt. Bei Dunkelheit spiegelt sich das illuminierte Bauwerk wunderschön im

Der Leuchtturm von Dondra markiert den südlichsten Punkt Sri Lankas

Der Süden → Karte S. 174/175

Wasser des Flusses. Vom Flussübergang ist es wiederum lediglich ein Steinwurf weit bis zur gepflegten **Strandpromenade,** auf der sich nachmittags und an Sonn- und Feiertagen bevorzugt Einheimische verabreden, um zu promenieren. Das wichtigste Gebäude mit Wahrzeichencharakter ist ein moderner buddhistischer Tempel auf der vorgelagerten Insel *Parari Dupatha*, die über eine Stahlseilhängebrücke erreichbar ist (tägl. 6–20 Uhr, 100 Rs).

Das eigentliche historische Zentrum ist das zwischen Fluss und Meer eingezwängte **Dutch Fort.** Der befestigte Stadtteil wurde 1560 von den Portugiesen angelegt und nach der Übergabe 1640 an die Holländer durch die neuen Kolonialherren in die heutige Form gebracht. Es handelte sich – nach dem Fort in Galle – um den wichtigsten Befestigungsverbund an der Südküste. Heutigen Besuchern präsentiert sich der kolonial geprägte Stadtteil verträumt. Viel gibt es hier im Grunde nicht zu sehen und zu tun: Verwitterte Fassaden ehemaliger Kirchen und Kontorhäuser zeugen von einer glorreichen Vergangenheit im Dornröschenschlaf – kein Vergleich zum großen Bohei in Galle. Dennoch lohnt sich der Besuch, zumal sich die ersten Anzeichen für eine touristische Erschließung schüchtern zu regen beginnen.

Matara liegt in einer lang gestreckten Bucht, die an ihrem östlichen Ende von der weit ins Meer ragenden Halbinsel **Dondra Head** begrenzt wird. Der Ort **Dondra** ist insofern bemerkenswert, weil es sich um den **südlichsten Punkt Sri Lankas** handelt. In der Kolonialzeit bürgerte sich das anglisierte Kürzel Dondra für die singhalesische Bezeichnung *Devundara* ein – was gemäß schriftlicher Quellen (in Ableitung von *Tevan Thurai*) soviel wie Göttlicher Hafen heißt. Das Kap war seit jeher ein wichtiges Pilgerziel und ist es – in gewissen Grenzen – heute noch immer. Hauptziel der Hindus und Buddhisten war der Haupttempel im Stil der großen südindischen Tempelstädte. Der prachtvoll geschmückte Tempeltorturm bot einlaufenden Schiffen Orientierung, prominente Reisende wie Ibn Battuta oder Zheng He gingen im Mittelalter und in der frühen Neuzeit hier an Land. Bis zur brutalen

Zerstörung des Heiligtums 1587 durch die Portugiesen spielte eindeutig hier die Musik und nicht 6 km weiter westlich in der heutigen Bezirkshauptstadt. Zwar wurde dieses Heiligtum an der Lighthouse Road wieder aufgebaut, der moderne *Devinuwara-Tempel* lohnt den Besuch jedoch nur bedingt. Am betriebsamsten ist es hier während der großen Perahera im Juli/August. Flankiert von altehrwürdigen Kolonialvillen mit gepflegten Vorgärten endet die schmale Straßenzufahrt am 49 m hohen **Leuchtturm** *(Dondra Head Lighthouse)*. Die Bauteile des 1887–90 erbauten Wahrzeichens – Stahl und Granit – wurden samt und sonders aus dem Vereinigten Königreich importiert.

Als Badeziel genießt Matara keinen ausgeprägten Ruf. In der Umgebung der Stadt verstecken sich jedoch einige vielversprechende Sandstrände, die trotz akzeptabler Infrastruktur von den großen touristischen Strömen bislang verschont blieben. Zu den bekanntesten zählt der **Talalla Beach** 6 km nordöstlich von Dondra – eine fein geschwungene Bucht mit Palmen, einer Handvoll Quartiere und einem namhaften Ayurveda-Resort. Noch einfacher vom Stadtzentrum aus zu erreichen ist der **Polhena Beach** 4 km westlich von Matara. Aufgrund des vorgelagerten Riffs ist hier das Baden jederzeit gefahrlos möglich, weshalb der Strand zur Ferienzeit sowie an Wochenenden auch von einheimischen Familien mit Kindern frequentiert wird. Urlauber aus dem Westen ziehen sich dann häufig an die weniger belebten Ränder zurück. Der Polhena Beach eignet sich auch gut für die Beobachtung von Schildkröten. Fortgeschrittene Surfer fühlen sich hingegen am relativ einsamen **Medawatta Beach** (Lakshawaththa Beach) wohl, der durch seine ausgezeichnete Lage einen Kilometer östlich des Zentrums von Matara in der Nähe der Ruhuna-Universität besticht. Das Gelände dieser klassischen Campus-Universität darf ohne eine bei der akademischen Verwaltung eingeholte Genehmigung nicht betreten werden.

Sehenswertes

Dutch Fort: Ähnlich wie in Galle bildet auch die Festung von Matara einen eigenen Stadtteil, der von den Portugiesen erbaut und dann nacheinander durch die Hände der nachfolgenden Kolonialmächte ging. Im Unterschied zu Galle gelang es jedoch dem König von Kandy, das Fort von Matara 1761 zu erobern und mehrere Monate gegen holländischen Zugriff zu behaupten. Die soliden Befestigungsmauern aus Kalk und Granit sind ein Erbe aus der Epoche der Niederländischen Ostindien-Kompanie, die damals die günstige Lage an der Flussmündung erkannte und von hier einen großen Teil ihres Zimthandels abwickelte. Zu den ältesten Gebäuden im Fort zählt die 1706 erbaute und heute sichtlich in die Jahre gekommene **niederländisch-reformierte Kirche.** Die Jahreszahl über dem Eingang bezieht sich auf die Wiederherstellung des Sakralbaus nach dem mehrmonatigen singhalesischen Herrschaftsintermezzo. Während einige Kolonialhäuser behutsam instand gesetzt wurden, nagt an anderen der Zerfall: Ein gutes Beispiel für letztere Kategorie ist das Gebäude des einst mondänen *The Courts View Hotel* – heute ein „lost place“ mit einer morbiden Patina auf der Fassade. Blickfang zwischen dem Busbahnhof und dem Eingang zum Fort ist der 12 m hohe **Uhrturm** aus der britischen Herrschaftsepoche.

Stern-Fort: Das 1765 erbaute Befestigungswerk in der Form eines gezackten Sterns auf der landeinwärts gelegenen Flussseite schützte den holländischen Handelsplatz vor Angriffen von Norden, eine unmittelbare Folge der Eroberung Mataras durch die Truppen des Königs von Kandy. Umgeben ist die Festung von einem Wassergraben, über dem Eingang prangt das Wappenemblem des niederländischen Inselgouverneurs Lubbert Jan van Eck (1719–1765). Heute befindet sich im Innern ein bescheidenes archäologisches Museum.

Tägl. 8–16.30 Uhr (allerdings nicht zuverlässig). Eintritt gegen Spende.

Weherahena Poorwarama Raja Maha Viharaya: Das buddhistische Heiligtum liegt 4 km östlich des Stadtzentrums und ist am besten mit dem Three Wheeler zu erreichen. Wahrzeichen ist die 1976 vollendete, 39 m hohe Figur eines sitzenden Buddhas. Sie befindet sich unter einer modernen Dachkonstruktion, die mit Hilfe eines Spenders aus Japan errichtet wurde. Die Ursprünge des populären Pilgerziels liegen im frühen 20. Jh., als ein Mönch namens Parawahera Nayaka Thero von seinem Stammkloster-Abt in das damalige Dschungelareal bei Matara versetzt wurde. Mit Unterstützung der lokalen Bevölkerung errichtete er zunächst eine Lehmhütte und entwickelte mit der Zeit hochfliegende Pläne für einen neuen Tempel. Kernelement des heutigen Bauwerks ist die unterirdische Anlage, darunter ein 180 m langer Tunnel mit zahlreichen Kapellen und Treppen, die die Besucher sukzessive nach oben auf die Aussichtsplattform leiten. Die Innenwände illustrieren Szenen aus den Jatakas, den Geschichten der früheren Existenzen Buddhas.

Tägl. 8–20 Uhr. 250 Rs. Weheharena Rd., www.weherahenatemple.org.

Inselheiligtum mit Meerblick

Basis-Infos

Hin & weg **Bahn**: Am Bahnhof beginnen bzw. enden alle Züge von/nach Colombo bzw. von/nach Galle. 3-mal tägl. gibt es sogar Direktverbindungen nach Kandy.

Bus: Der Busbahnhof liegt praktischerweise direkt am Meer. Großer Umsteigeknoten mit Verbindungen in alle Richtungen, z. B. nach Tissamaharama (Nr. 334), Kataragama (Nr. 333), Monaragala (Nr. 35), Badulla/Nuwara Eliya (Nr. 31) oder Galle (Nr. 350). Überdies verkehrt ein AC-Bus nach Colombo (Nr. 02).

Tuk-Tuk: Ein freundlicher wie zuverlässiger Fahrer ist Mr. Vanendu. ✆ 077-8480767.

Ärztliche Versorgung **District General Hospital**. Das städtische Krankenhaus befindet sich im Zentrum zwischen Fluss und Stern-Fort. Sri Dharmarathna Mw., ✆ 041-2222261.41-2222261.

Ayurveda **Surya Lanka**. Das Hotelresort am Talalla-Strand östlich von Dondra ist eine der renommiertesten heilmedizinischen Institutionen der Insel. Klassische Panchakarma-Kuren, Yoga auf Matten am

Pool, großer ayurvedischer Anwendungsbereich. Talalla Beach, ✆ 011-2667039, www.suryalanka.com.

Einkaufen **Jez-Look Batik**. Die berühmte Batik-Manufaktur liegt in einer Seitenstraße des Haupteinkaufsboulevards Anagarika Dharmapala Mw. Ein Traditionsbetrieb (seit 1958), im Hinterhof kann man den Mitarbeitern beim Färben der Stoffe zusehen. Viele internationale Kunden. Im Verkaufsraum bestätigt ein Brief aus dem Buckingham Palace, dass die Queen die Spezialanfertigung im traditionellen Stil – Elefanten und Tänzer – dankend empfangen habe. Es handelte sich um ein Geschenk anlässlich des Goldenen Thronjubiläums 2002. Kreative und innovative Designs, zahlreiche Ausstellungen im westlichen Ausland. Tägl. 8–18 Uhr. Yehiya Mw. 12, ✆ 041-2222142.

Wochenmarkt, die Markthalle neben dem Busbahnhof hat tägl. geöffnet. Die wichtigsten Markttage sind Mi und So.

Veranstaltungen **Sri Vishnu Maha Devalaya**, das religiöse Fest im Devinuwara-Tempel in Dondra gedenkt mit einer Elefantenparade alljährlich an die Hindugottheit Vishnu. 8 Tage im Juli/Aug.

Übernachten

Villa Deep Blue **6**, ④–⑥. Exklusive Residenz östlich vom Polhena-Strand mit direktem Zugang zum Privatstrand. Haus und Nebengebäude im traditionellen Stil, Terrakotta-Fußböden im EG, einfach möbliert (kein AC), die Küche ist sehenswert. 3 Zimmer im Haupthaus mit Gemeinschaftsküche, 3 Apartments für max. 3 Pers. in den Nebengebäuden. Garten mit Palmen und Pool. Der Inhaber ist Italiener, kein Frühstück. Polhena Rd. 39/3, ✆ 077-3280695, www.deepbluesrilankarentals.com.

››› Mein Tipp: **Culture Resort** **5**, ⑤. Das sympathische Boutiquehotel liegt am östlichen Ende des Strands von Polhena. 8 DZ und Familienapartments mit Balkon und Meerblick auf 2 Etagen, geschmackvoll eingerichtet, gute Bäder. Verbaut wurden zahlreiche recycelte Materialien. Kleiner Pool im Hof, Restaurant mit Dachterrasse, Spa-Bereich, Yogaraum, Fahrradverleih. Beach Rd. 24, ✆ 077-0059841, www.cultureresort.com. ‹‹‹

Talalla Bay Beach **10**, ④–⑤. Familiäres, gepflegtes Strandhotel östlich von Dondra. 10 Zimmer mit Balkon bzw. Veranda, teilweise mit Meerblick und blau gekachelten Bädern. Die schönsten Zimmer befinden sich im 4. OG. Gutes Frühstück, kleiner Gartenpool, zauberhafter Ort mit Strandflair. Einziges Manko ist der Verkehr auf der Küstenstraße. Ende Nov. bis Ende April. Talalla Beach, ✆ 041-2258400, Buchung über die gängigen Buchungsportale.

Surf Range **13**, ③–④. Eines der ersten Strandresorts am Lakshawaththa Strand, freundlich, familiär und kompetent geführt. Gute Lage an der B 524 etwa 1 km östlich des Stadtzentrums mit kurzen Wegen zu den Surfspots. 3 Zimmer mit Veranda zum Meer, 2 Zimmer mit Terrasse bzw. Balkon zur Straße (wegen des Autoverkehrs weniger zu empfehlen). Baldachinbetten, hohe Decken und gute Bäder. Brown's Hill 34, ✆ 041-2221633, Buchung über die gängigen Buchungsportale.

Hotel Nawathana **12**, ③–④. Das bislang einzige Quartier im holländischen Fort von Matara punktet v. a. mit seiner Lage direkt am Meer. 7 schlicht möblierte, etwas dunkle AC-Zimmer, das mit Abstand empfehlenswerteste ist Zimmer Nr. 101 mit Meerblick von der Veranda. Kleiner Garten mit Pool zwischen Hauswänden, Restaurant. Akzeptabel für einen Zwischenstopp. Dharmarama Mw. 15/4 (Court Rd.), ✆ 041-4936230, www.nawathanahotel.com.

Blooming Polhena **4**, ③. Das empfehlenswerte Gästehaus liegt in schon fast ländlicher Umgebung in der 3. Reihe hinter dem Polhena-Strand. 4 Zimmer, 2 davon etwas kleiner, nur ein Zimmer mit Warmwasser und AC. Einfach, gemütlich, tadellos gepflegt, sehr ruhig. Authentische Gastfreundschaft, Frühstücksveranda, kleine Empfangslobby. Beach Rd. 16, Polhena, ✆ 071-9263058, Buchung über die gängigen Buchungsportale.

Seasons Four **8**, ②–③. Familiäre Bleibe am langen Sandstrand östlich von Matara am Campus der Ruhuna-Universität. 2 gemütliche Cabanas ohne AC mit dreieckigen Bädern, hohen Decken und Moskitonetzen. Einziges Manko ist die Küstenstraße zwischen Unterkunft und Strand, die

Inhaberfamilie wohnt im Nebenhaus. Wellamadama 211, ✆ 077-2666843, Buchung über die gängigen Buchungsportale.

Tropi Turtle Guesthouse **3**, ①–②. Einfaches Gästehaus sowie Hostel am Polhena-Strand. 7 DZ und 2 Zimmer mit jew. 4 Betten, ein Zimmer mit AC. Der Inhaber engagiert sich beim Schutz des Sinharaja Forest Reserve (→ S. 259 ff.) und betreibt am Südzugang ein weiteres einfaches Gästehaus. Ausgezeichneter Service für Rucksackreisende, Verleih von Fahrrädern und Schnorchelausrüstung. Beach Rd. 122, Polhena, ✆ 041-2238111, www.tropiturtle.com.

Essen & Trinken

››› Mein Tipp: **The Dutchman's Street** **11**. Am Rand von Matara Fort haben die Eigentümer ein kleines Stückchen Bilderbuch-Holland wieder auferstehen lassen. Backsteinambiente, innen Pub-Atmosphäre auf 2 Etagen, weitere Sitzplätze im handtuchbreiten Hinterhofgarten mit Meerblick. Geplant sind zukünftig einige Gästezimmer. Internationale Fusionsküche mit kleiner, feiner Auswahl, auch libanesische und portugiesische Gerichte stehen auf der Karte. 11.30–14.30 Uhr Reis & Curry-Büfett. Auch Café. Hauptgerichte ab 600 Rs. Tägl. ab 9 Uhr. Dharmarama Mw. (Court Rd.), ✆ 041-2236555. ‹‹‹

Sun Bay Lanka **9**. Beliebtes Restaurant am Strand direkt neben dem Talalla Bay Beach Hotel. 5 Tische auf einer Holzplattform mit Kokospalmdach über dem Strand. Gegrillte Fische und Krustentiere, Reis & Curry, Fried Rice/Noodles, Roti-Gerichte, frische Säfte. Akzeptables Preisniveau, auch Zimmervermietung. In der Feriensaison tägl. ab 8.30 Uhr. Talalla Beach, ✆ 071-3110475.

TDH (The Doctor's House) **7**. Entspannte Einkehr ca. 1 km westlich vom Strand von Polhena, die australischen Besitzer erwarben das Filetgrundstück mit der Ruine des einstigen Arzthauses. Unschlagbares Ambiente mit Sitzplätzen im Garten, eine Schönwetteroption. Di, Do und Sa Holzofenpizza, So abends Meeresfrüchte-Barbecue, Mo, Mi und Fr Reis & Curry nach traditioneller Art. Jüngeres Publikum. Frühstück ab 7 Uhr, Abendessen ab 18.30 Uhr, tagsüber Getränke. Pujitha Newasa (Beach Rd.), Polhena, ✆ 077-0302443.

The Galle Oriental Bakery 2. Das kleine Gebäude im Kolonialstil an der Hauptgeschäftsstraße hebt sich wohltuend von den sonstigen Glas- und Klinkerfassaden ab. Einfach, aber mit Stil und Charme, Bäckerei sowie traditionelle sri-lankische Küche (String Hoppers, Reis & Curry) zu kleinen Preisen. Frühstück 7–9 Uhr, Mittagessen 11.30–14.30 Uhr, Abendessen bis 19 Uhr. Dharmapala Mw. 66, ✆ 041-2226582.

The Blue Ginger 1. Die einfache Garküche mit Kultpotenzial befindet sich direkt gegenüber dem Bahnhof. Am Eingang begrüßt knallig-grünes Neonlicht die Gäste, aus den Boxen dringt Bollywood-Musik. Kottu Roti, Reis- und Nudelgerichte zu kleinen Preisen sowie ein Büfett mit sri-lankischen Köstlichkeiten (kein Rind- und Schweinefleisch). Blau getünchte Innenwände, Aquarien, nur wenige Tische. Auch Takeaway. Tägl. ab 17.30 Uhr. ✆ 071-5624698.

Dikwella

Die lebhafte Basarstadt und Ayurveda-Hochburg wird von mehreren Buchten mit sandigen Stränden flankiert. An der vielleicht schönsten Bucht, die zum Baden und Surfen gleichermaßen einlädt, liegt der **Hiriketiya-Strand.** Das Ferienparadies befindet sich einen Kilometer östlich des Ortszentrums, Palmen und Fischerboote sorgen für ein entspanntes Flair, eine Handvoll Gästehäuser sowie Fischrestaurants befriedigen die Bedürfnisse der überwiegend jugendlichen Urlauber. Bekanntestes Ausflugsziel in der Umgebung von Dikwella ist das sogenannte **Hummanaya Blow Hole** in Kudawella. Bei dieser geologischen Besonderheit an der Küste handelt es sich um eine Gesteinsspalte, durch die in unregelmäßigen Abständen Brandung dringt und sich als spritzende Fontäne – buchstäblich – wieder Luft verschafft. Die singhalesische Bezeichnung des Blaslochs leitet sich lautmalerisch von *hoom* ab, dem Summton, der beim Pressvorgang durch die Engpassstelle erzeugt wird. Die Fontäne erreicht eine Höhe bis zu 20 m, beste Bedingungen für das Spektakel herrschen in der Monsunzeit von Mai bis September ab Windstärke 4. Zu anderen Zeiten kann man sich den Abstecher eventuell sparen, zumal der Spot leider nicht immer sauber ist (Eintritt 250 Rs).

Sitzender Buddha in Übergröße

Wichtigste kulturelle Attraktion ist der **Budu Raja Maha Vihara Wewurukannala:** Das unverkennbare Wahrzeichen des 2 km landeinwärts gelegenen buddhistischen Heiligtums ist ein moderner sitzender Buddha, mit einer Höhe von 50 m der größte seiner Art in Sri Lanka. Besucher betreten das weitläufige Tempelareal durch ein pittoreskes, weiß getünchtes Tor, das in der Nachmittagssonne in besonders fotogener Pracht erstrahlt. Der üppige plastische Figurenschmuck im Haupttempel entpuppt sich als begehbares Panoptikum mit Szenen aus der Vita des Religionsstifters (tägl. 6–21 Uhr, 200 Rs, ca. 500–700 Rs inkl. Wartezeit mit dem Tuk-Tuk vom Busbahnhof).

Hin & weg **Bus**: Dikwella liegt 20 km östlich von Matara sowie 15 km südwestlich von Tangalle. Busse aus beiden Richtungen halten im Stadtzentrum sowie an verschiedenen Punkten an der Küstenstraße.

Ayurveda **Vattersgarden**. Der Eigentümer des renommierten Resorts 5 km westlich von Dikwella stammt aus Köln. Herrliche Küstenlage, puristische Gesundheitskuren, die Gäste bleiben häufig für 2 oder 3 Wochen. 13 Zimmer, mehrere Ärzte, Panchakarma, Meditation und Yoga. Sehr beliebt, daher rechtzeitig buchen! Kottegoda, Lunukalapuwa, ✆ 041-2259060, www.vattersgarden.de.

Austrian Beach Resort. Eine Inselinstitution unter österreichischer Leitung für hochwertige Ayurveda-Kuren. Modernes Herrenhaus im Kolonialstil. 10 Zimmer, davon 8 mit Meerblick, dazwischen befindet sich der Palmengarten mit Pool. Restaurant, Zugang zum Strand mit dem besten Surfspot der Region. Nilwella Rd, Kemagoda (5 km östlich des Zentrums), ✆ 041-2256726, www.austrianbeach.com.

Einkaufen **Wochenmarkt**, günstig gelegener Obst- und Gemüsemarkt in der Nähe des Strands. Sa.

Übernachten/Essen **Underneath The Mango Tree (UTMT)**, ⑧. Das luxuriöse Domizil unter Kärntner Leitung liegt 2,5 km westlich des Ortszentrums an der Küstenstraße. Traditionelle Architektur und modernes Design, feine Boutique in der Lobby, großer Ayurveda-Bereich (gemischtes Konzept, keine reinen Ayurveda-Kuren). 22 Zimmer mit guten Bädern verteilen sich auf zweigeschossige Bungalows mit/ohne Meerblick, Pool, 2 Restaurants, privater Hotelstrand, Tennisplatz. Tangalle Rd., Batigama, ✆ 041-2030300, www.utmthotel.com.

Salt House, ⑤. Das gut geführte Hotel in neuseeländischem Besitz liegt einen Steinwurf vom Hiriketiya-Strand entfernt. 6 Zimmer verteilen sich auf 2 Etagen (EG mit AC, 1. OG ohne AC), die meisten Zimmer mit Veranda oder Balkon. Dachterrasse, Verleih von Fahrrädern, Surfbrettern und Schnorchelausrüstung. Bar, Restaurant und Yogaraum. Hiriketiya Rd., ✆ 041-2256819, www.salthousesrilanka.net.

Villa Jayananda. Im Ortszentrum an der A 2 in Richtung Tangalle gelegenes Einkehrlogis mit netten Sitzplätzen im Strandbereich. Reis- und Nudelgerichte ab 400 Rs, Fisch- und Fleischgerichte deutlich teurer, Pasta, frische Säfte, Tee und Kaffee, Frühstück, auch Zimmervermietung. Ideal für einen Zwischenstopp, um auch noch kurz ins Meer zu springen (Handtücher gibt's gegen Aufpreis). Tägl. 8–21 Uhr. Mahawella Rd. 98, ✆ 041-2255839, www.villajayananda.lk.

Blue Beach Paradise. Ein entspanntes Einkehridyll unter Palmen am Hiriketiya-Strand mit Tischen und Stühlen direkt am Meer. Cocktails, frische Kokosnüsse, die Speisekarte bietet traditionelle Fischcurrys sowie die einschlägigen Klassiker der westlichen und asiatischen Strandküche. Hauptgerichte ab 500 Rs. Verleih von Surfbrettern, Vermietung von Zimmern in 2 Cabanas mit Gemeinschaftsbad im Haupthaus (DZ ab 3500 Rs). Junges Publikum. Beliatte Rd., Hiriketiya, ✆ 071-5807817.

Priyanka Restaurant. Das einfache Straßenrestaurant liegt 500 m östlich des Busbahnhofs an der Ausfallstraße nach Tangalle. Gutes Frühstücks- und Mittagsbüfett zu kleinen Preisen, die typische panasiatische Küche gibt's obendrein à la carte. Einfaches Ambiente, 6 Tische, klimatisierter Nebenraum. Tägl. 7–21 Uhr außer an Vollmondtagen. Tangalle Rd., ✆ 041-2255188.

Der Süden → Karte S. 174/175

Strandparadiese ganz im Osten: Badebucht östlich von Tangalle

Tangalle

Für Reisende klingt der Name wie eine verlockende Verheißung: Mit Tangalle verbinden sich menschenleere Traumstrände ab vom Schuss, authentischer Fischeralltag und ein verhältnismäßig moderates Preisniveau. Unentdeckte Bade- und Surfparadiese gibt es allerdings auch hier längst nicht mehr.

200 km von Colombo entfernt liegt der aus der Sicht der Hauptstädter letzte bedeutende Ferienort der Südküste. Das geschäftige Zentrum verdient, wie so häufig, keine nähere Erwähnung und ist hauptsächlich nicht mehr als ein Umsteigeknoten. Besucher mit einem eigenen fahrbaren Untersatz können vielleicht am modernen **Aussichtsturm** einen Zwischenstopp einlegen, der knapp 2 km südlich vom Busbahnhof an der Küstenstraße liegt. Die Illustrationen im Inneren lassen ihn wie ein Denkmal der sri-lankisch-singhalesischen Leitkultur wirken (tägl. 6–18 Uhr, Eintritt frei). *Medaketiya Beach*, der **Stadtstrand** von Tangalle, erstreckt sich von der Flussmündung des Kirinda Oya aus in nordöstliche Richtung und ist vom Busbahnhof im Zentrum sogar zu Fuß erreichbar. Gästehäuser und Restaurants liegen hier dicht an dicht, wobei zahlreiche Quartiere spürbar unter Innovationsstau leiden. Für jüngere Badegäste, die eine einfach zugängliche Basis mitten im Geschehen bevorzugen, ist der Stadtstrand nach wie vor eine gute Option.

Die eigentlichen Traumstrände und -buchten liegen allerdings kilometerweit vom Stadtzentrum entfernt. Die namhafteste Destination westlich von Tangalle ist der wunderschöne **Goyambokka Beach** 3 km südwestlich vom Busbahnhof: Es handelt sich um eine malerische Bucht mit einer recht ausgereiften touristischen Infrastruktur. Kokospalmen überwölben den Sandstrand, felsige Klippen an beiden Seiten verleihen dem Paradies einen wildromantischen Rahmen. Die Küstenstraße macht auf Höhe der Bucht einen Bogen landeinwärts, sodass kein Verkehrslärm die

Badefreuden trübt. Gleiches gilt auch für den **Unakuruwa Surf Point,** einer kleinen sichelförmigen Bucht 4,5 km westlich von Tangalle. Wie der – inoffizielle – Name impliziert, ist dieser Strand ein beliebter Treffpunkt der jungen internationalen Surferszene. Die besten Surfbedingungen herrschen zwischen Juli und September.

Östlich von Tangalle schließen sich ebenfalls paradiesisch anmutende Sandstrände an, die durch ein Labyrinth von Lagunen mit dichten Mangrovenwäldern von der landeinwärts verlaufenden Küstenstraße getrennt sind. Zahlreiche Quartiere hier sind erst in jüngster Zeit entstanden und bieten ihren Gästen überwiegend guten Komfort zu moderaten Preisen, fast alle verleihen Kajaks zum Befahren der Seen und -kanäle an Hausgäste. Die betreffenden Unterkünfte liegen allerdings weit ab vom Schuss und sind ausschließlich über verschlungene Pisten erreichbar. Mit Abstand am bekanntesten ist der **Strand von Rekawa** 10 km östlich von Tangalle. Der herrliche, fast menschenleere Küstenabschnitt wird von zahlreichen felsigen Vorsprüngen geprägt, die beschauliche Sandbuchten einrahmen. Badetauglich ist der Abschnitt jedoch wegen der zahlreichen Klippen nur bedingt. Ohnehin steuern die meisten Besucher Rekawa Beach vorwiegend wegen der **Meeresschildkröten** an. In der Saison zwischen Mitte Januar und Juli landen die Schildkrötenweibchen bei Dunkelheit an und suchen sich eine geeignete Stelle, um ihre Eier in den Sand zu vergraben. Danach verschwinden sie wieder im Meer. Engagierte Mitarbeiter des *Turtle Conservation Project* (s. u.) kümmern sich um den Schutz der Schildkröten und setzen sich gleichzeitig für sanften Tourismus ein. Allabendlich findet sich eine Gruppe von 30 bis 50 Menschen am Strand ein, um Zeuge dieses denkwürdigen Schauspiels zu werden – und zwar ohne die Weibchen bei ihrer Schwerstarbeit zu behelligen. Ohnehin ist der Schildkröten-Strand qua Verordnung geschützt: Um die Tiere nicht zu verwirren, darf er nicht bebaut werden, weshalb die wenigen verstreut liegenden Gästehäuser allesamt einige Hundert Meter landeinwärts in der immergrünen Vegetation gebaut wurden.

Die wichtigste Sehenswürdigkeit in der Umgebung ist das Kloster **Mulkirigala Raja Maha Viharaya** 17 km nördlich von Tangalle. Der unbezwingbar wirkende Berg in paradiesischer Umgebung erinnert von seiner Form an die ungleich berühmtere Felsenfestung von Sigiriya im Norden der Insel, weshalb er häufig als „Little Sigiriya" bezeichnet wird. Das auf das 3. Jh. zurückgehende buddhistische Heiligtum besteht aus fünf Höhlentempeln auf zwei verschiedenen Ebenen, die durch einen Treppenweg verbunden sind. Der schattige, gleichwohl schweißtreibende Anstieg endet nach 533 Stufen an einer Dagoba. Ein Pfad verbindet das oberste Heiligtum mit Felsen, die eine gute Sicht nach Westen erlauben. Felsinschriften aus dem 9.–12. Jh. verweisen auf diverse Stifter, die zum Klosterausbau beigetragen haben. Das heutige Erscheinungsbild erhielt die Pilgerstätte jedoch erst im 18. Jh. unter der Patronage des Königreichs von Kandy. Die Wandmalereien im Innern der Höhlentempel stammen überwiegend aus dieser Epoche.

Tägl. 6–18 Uhr. 500 Rs. Die Fahrt mit dem Tuk-Tuk via Beliatta sollte inkl. Warten nicht mehr als 2000 Rs kosten.

Basis-Infos

Hin & weg Bus: Am Busbahnhof im Zentrum halten Busse in Richtung Hambantota und Tissamaharama sowie in die Gegenrichtung nach Matara und Colombo.

Massage Talking Fingers (Wise Way), Massage- und Ayurveda-Zentrum im Stadtzentrum an der Zufahrt zum Stadtstrand. Die Massagen werden von Blinden durchgeführt. Auch Yoga und Fisch-Spa, ange-

Der Süden → Karte S. 174/175

schlossen ist ein kleiner Textilshop. Medaketiya Rd. 9, ✆ 071-4295885.

Schildkrötenbeobachtung **Turtle Watch Rekawa**. In der Saison von Mitte Jan. bis Juli kann man am späteren Abend sowie in der Nacht am Rekawa-Strand Meeresschildkröten beim Legen und Vergraben der Eier im Sand beobachten. Taschenlampen sind untersagt, das Fotografieren ist nur ohne Blitz gestattet. Tägl. ab 20 Uhr. Ab 1000 Rs. Der Weg ist ausgeschildert, ✆ 076-6857380, www.turtlewatchrekawa.org.

Veranstaltungen **Ruhuna Music & Dance**, traditionelle Musikstücke und Tänze aus dem Süden Sri Lankas nach dem Vorbild der Folkloreshows in Kandy. 1500 Rs. Alle 14 Tage auf der Dachterrasse des Ceylon Sea Hotels in der Vijaya Rd. 26 in Medaketiya. Die Vorstellungen beginnen um 18.30 Uhr.

Übernachten

Amanwella Resort, ⑧. Das Hotel 3 km südwestlich von Tangalle entpuppt sich als eines der nobelsten und teuersten Quartiere Sri Lankas. Architektonisch setzen die Bungalows keine Maßstäbe, die Ausstattung lässt jedoch nur wenige Wünsche offen. 27 Suiten, Restaurant, Wellnessbereich, Pool, direkter Strandzugang. Mai/Juni geschlossen. Wella Wathura, Godellawela, ✆ 047-2241333, www.aman.com.

Eva Lanka Hotel, ⑤–⑦. Das weitläufige Resort über dem Meer liegt 5 km westlich von Tangalle. Riesiger Garten, Ayurveda-Behandlungen, großer Pool mit Palmen rundherum, Yoga- und Meditationszentrum. 29 Zimmer in unterschiedlichen Kategorien, saisonal stark schwankende Preise, Zugang zum Privatstrand. Tangalle Rd., Unakuruwa, ✆ 077-7905011, www.eva.lk.

Moonstone Villas, ⑥. Das Mittelklassehotel mit kleinem Gartenpool liegt an der Ausfallstraße nach Matara. 10 in frischen Farben gestaltete AC-Zimmer mit wohnlicher Veranda verteilen sich auf mehrere zweigeschossige Gebäuderiegel. Restaurant mit lauschiger Terrasse, Verleih von Fahrrädern, einziges Manko ist der Straßenverkehr (oben gelegene Zimmer sind ruhig). Matara Rd. 336, ✆ 047-7390490, www.moonstonevillas.com.

Ananthaya Beach, ⑥. Nobles Refugium in traumhafter Alleinlage 200 m vom Rekawa-Strand entfernt. 8 geräumige Einzel-, Doppel- und Dreibettzimmer in 4 edlen Cottages mit Veranda und Meerblick. Grandioser Pool mit Meerblick und offenes Restaurant mit Bar. Radverleih. Oruwella Rd., Netolpitiya, Rekawa, ✆ 047-3620289, www.ananthayabeach.com.

Turtles View Resort, ⑤. Unkompliziertes, charmant und freundlich geführtes Quartier in der Nähe des Schildkrötenstrands in Rekawa. 5 großzügig geschnittene Zimmer (bislang noch ohne AC) mit Holzfußböden sowie hohen Decken in verstreut liegenden Bungalows, außer Meeresrauschen ist kaum etwas zu hören. Restaurant mit guter Küche. Belirinna Goda, Netolpitiya, Rekawa, ✆ 070-2135696, Buchung über die gängigen Buchungsportale.

Asha Beach & Spa, ④–⑤. Solides Mittelklassehotel am nordöstlichen Ende des Stadtstrands von Tangalle. 8 behaglich möblierte Zimmer auf 2 Etagen mit Blick aufs Meer oder auf die Küstenlagune. Große Gemeinschaftsveranden, Restaurant und Pool befinden sich 5 Min. entfernt in der Dependance Asha Lagoon, das mit weiteren Zimmern aufwartet. Madilla Beach Rd., ✆ 047-2240821, www.ashabeach.com.

››› **Mein Tipp: Mangrove Beach Cabanas**, ③–④. Das Strandparadies befindet sich östlich von Tangalle in der weitläufigen Lagunen- und Mangrovenlandschaft. 7 edle Strand- und Gartencabanas sowie 2 Strandvillen, letztere für jew. 3 Pers. Einige Zimmer verfügen über Freiluftbäder, die teils im UG liegen. Restaurant mit herrlichen Sitzplätzen, Strandschirm und Liege, Hängematten unter Palmen und Kajakverleih. Kapuhenwala Rd., Marakolliya, ✆ 077-7906018, www.beachcabana.lk. ‹‹‹

Goyambokka Guesthouse, ③–④. Mittelklassehotel mit gepflegtem Garten und Pool nur einen Steinwurf vom Goyambokka-Strand entfernt. 6 Deluxe-Zimmer in Bungalows mit 2 Etagen, teils mit AC. Im Hauptgebäude weitere 4 DZ mit Veranda, sowie das gute Restaurant, das auch auswärtige Gäste willkommen heißt. Goyambokka, ✆ 047-2240838, www.goyambokkaguesthouse.com.

All View Resort, ②–③. Das freundliche Gästehaus liegt 800 m vom Strand von Rekawa entfernt. Authentische Gastfreundschaft, Homestay-Charakter, 5 saubere Zimmer ohne AC im OG, 3 weitere einfache Zimmer im EG mit Bad zur Gemeinschaftsnutzung. Abseits gelegene Villa mit Küche für Selbstversorger. Auf Wunsch wird am Abend für Hausgäste gekocht. Turtle Watch Rd., ✆ 071-9340951, Buchung über die gängigen Buchungsportale.

Sansala Guesthouse, ②–③. Freundliche und familiäre Unterkunft in der Nähe des Goyambokka-Strands und gleich neben dem Goyambokka Guesthouse (s. o.). Homestay-Charakter mit 3 blitzsauberen, nüchtern ausgestattete DZ, die sich eine Veranda teilen. Gute Bäder, Garten, heimeliges Restaurant, kein AC. Goyambokka, ✆ 077-6011693, Buchung über die gängigen Buchungsportale.

Essen & Trinken

Tuk Tuk Bay. Relaxte Einkehr am Unakuruwa Surf Point westlich von Tangalle, einfaches Ambiente, ein Treff der (überwiegend) jugendlichen Surferszene. Frühstück, Mittag- sowie Abendessen, der Schwerpunkt liegt auf frischen Fisch- und Meeresfrüchtegerichten. Auch Zimmervermietung. Hauptgerichte ab 800 Rs. ✆ 071-9757150.

Moon River Seafood Restaurant. Familiär geführtes Restaurant am Unakuruwa Surf Point, spezialisiert auf Meeresfrüchtegerichte. Die Küche legt großen Wert auf frische Zubereitung. Freundliche und authentische Gastfreundschaft, angenehme Sitzplätze mit Blick auf die Bucht. Nudel- und Reisgerichte, leckere Desserts (Pancakes), ehrliche Preise. Verleih von Surfbrettern und Surfkurse, auch Zimmervermietung. Tägl. ab 7 Uhr. ✆ 077-0588100.

Friendship Beach Restaurant. Kultiges Restaurant am Stadtstrand von Tangalle, betrieben vom Sohn eines Fischers. Küche in einem umgebauten Morris-Bus, einfache Sitzplätze am Strand, ein Tagesgericht mit Fisch, Reis & Curry, Fried Rice sowie kleine Snacks. Das Biogemüse stammt aus dem eigenen Garten. Hauptgerichte ab ca. 800 Rs, jüngeres Publikum, ab 20.30 Uhr Livemusik. In der Hauptsaison tägl. mittags und abends, sonst nur am Abend geöffnet. Vijaya Rd., Medaketiya, ✆ 077-5605783. ■

Happy Fish. Restaurant, Café sowie Bar mitten im Lagunenlabyrinth östlich von Tangalle. Sri-lankisches Frühstück, Mittag- und Abendessen, in der Hochsaison gibt's Seafood-Curry, zubereitet auf die traditionelle Art. Tische und Stühle im weitläufigen Garten, relaxtes Flair, Hauptgerichte um 800 Rs. Auch Zimmervermietung. Nov. bis April tägl. 8.30–24 Uhr. Kapuhenwala Rd., Marakolliya, ✆ 077-1440004.

Villa Ocean Waves. Das freundliche Restaurant oberhalb der Küstenstraße am westlichen Stadtausgang bietet Frühstück, am Mittag ein schmackhaftes Reis & Curry-Büfett an (die vegetarische Variante gibt's ab 500 Rs, mit Fisch oder Fleisch teurer), abends profunde Auswahl á la carte mit Meeresfrüchten sowie panasiatischen und westlichen Gerichten. Ideal für den Zwischenstopp auf der Durchreise. Tägl. 7.30–21.30 Uhr. Matara Rd. 330, ✆ 047-2240098.

››› Mein Tipp: **Cactus Lounge Restaurant**. Das Strandrestaurant befindet sich direkt neben dem Turtle Landing Restaurant (s. u.). Lauschige Plätze auf der Veranda mit Blick auf den Bay Beach, Plastikstühle. Meeresfrüchtegerichte von guter Qualität und die üblichen panasiatischen und westlichen Klassiker. Es wird allergrößten Wert auf frische Zubereitung gelegt. Etwas teurer, aber der Weg lohnt sich. Tägl. 11–22 Uhr. Matara Rd. 435/7, Pallikkudawa, ✆ 077-6221139. ‹‹‹

Turtle Landing Restaurant. Grundsolide Einkehr oberhalb des Bay Beach am westlichen Ende von Tangalle. Schöne Sitzplätze mit Blick auf die Bucht, konventionelle Speisekarte mit Fischcurry, Meeresfrüchte satt, kleinen Snacks und frischen Säften. Auch Frühstück. Familiengeführt, alles kommt frisch auf den Tisch. Hauptgerichte ab 500 Rs. Matara Rd. 443/2, Pallikkudawa, ✆ 071-6840283.

Hela Bojun Hala. Authentischer und überaus preiswerter Streetfood-Markt an der Küstenstraße 15 km östlich von Tangalle. Ansprechende Umgebung mit kleinem Teich und einem Agro-Technology-Park – mit Elefantenskulpturen am jenseitigen Ufer. Schöne Sitzplätze am See, gegessen wird mit den Händen. Tägl. 8–19 Uhr außer an Vollmondtagen. Tangalle Rd. (A 2), Bata Atha.

Der Süden → Karte S. 174/175

Am späten Nachmittag nimmt der Wasserbüffel ein erfrischendes Bad

Nationalparks im tiefen Süden

Das Band von Nationalparks, das sich vom äußersten Südosten des Landes bis weit ins hügelige Küstenhinterland zieht, dient u. a. dazu, die **Elefantenherden** bei ihren jährlichen Wanderungen zu unterstützen. Mancherorts verweisen beiderseits der Straßen hohe Elektrozäune auf großflächige Schutzareale sowie schmale Korridore, innerhalb derer sich die Dickhäuter frei bewegen können. An vielen Stellen warnen Verkehrsschilder die Autofahrer vor kreuzenden Herden, fast jeder Einheimische weiß von der einen oder anderen Begegnung mit den Wildtieren zu berichten. Der Nationalparkkorridor erfüllt ebenso den Schutz von Störchen, Leoparden, Zugvögeln und seltenen Reptilien. Die größten Chancen, Elefanten zu sehen, bieten der Uda-Walawe- und der Yala-Nationalpark. Darum stehen die beiden Schutzgebiete auf der Hitliste von Sri-Lanka-Besuchern ganz oben. Der Yala-Nationalpark ist sogar mit großem Abstand der meistbesuchte Park, weil man hier zusätzlich zu den Dickhäutern mit etwas Glück auch noch den **Ceylon-Leoparden** bestaunen kann. Wem die Kolonnen an Safarijeeps in beiden Arealen des Guten schlicht zuviel sind, weicht auf weniger frequentierte Schutzgebiete aus, z. B. den Bundala-Nationalpark an der Küste oder den erst in jüngerer Zeit für Reisende aus dem Westen geöffneten Lunugamvehera-Nationalpark im Hinterland. Eine Sonderstellung gebührt dem Sinharaja Forest im tiefen Südwesten: Das Schutzgebiet ist kein Nationalpark, sondern eines von vier Biosphärenreservaten Sri Lankas nach dem MAB-Programm der UNESCO. Zwar leben auch hier Leoparden in den Bergen, der Hauptgrund für einen Besuch sind jedoch Vögel jeglicher Couleur.

Wichtigster Standort in unmittelbarer Nachbarschaft zu den vielbesuchten Nationalparks ist Tissamaharama mit einer sehr gut ausgebauten touristischen Infrastruktur und einer Ballung von Gästehäusern und Restaurants. Einen Katzensprung entfernt von *Tissa* – so die einfacher auszusprechende Kurzform – befindet sich mit der Pilgerdestination Kataragama die bedeutendste heilige Stadt des Inselsüdens. Die zwei Städteziele liegen auf dem Territorium des historischen **Ruhuna-Königreichs,** das seine Blütezeit im 2. Jh. v. Chr. hatte. Der Einfluss der Fürsten von Ruhuna erstreckte sich über den gesamten Südosten, bei der Ausbreitung des Buddhismus auf der Tropeninsel waren die Herrscher federführend beteiligt. Die bedeutendsten Hinterlassenschaften des Ruhuna-Königreichs sind in und um Tissamaharama zu besichtigen, ein interessantes Museum zur Kulturgeschichte jener Epoche befindet sich in Hambantota.

Hambantota

ca. 11.000 Einwohner

Strände mit Ferienresorts gibt es hier zwar, dennoch zählt die Distrikthauptstadt nicht als Urlaubsziel im engeren Sinn. Die meisten Reisenden streifen Hambantota lediglich auf dem Weg von der Südküste zu den im Osten liegenden Nationalparks. Das überschaubare Stadtzentrum leidet noch immer sichtlich unter den Folgen des Tsunamis von 2004, der hier rund 4500 Todesopfer forderte. Oberhalb des Fischerhafens und Busbahnhofs befinden sich einige Gebäude aus dem Kolonialzeitalter, darunter das ehemalige staatliche Resthouse mit Prachtblick aufs Meer sowie das **Ruhuna Heritage Museum,** die Dependance des sri-lankischen Nationalmuseums, in einem ansehnlichen Bungalow aus holländischer Zeit. Das Museum beschäftigt sich mit der Kulturgeschichte des Königreichs von Ruhuna, dessen Hauptstadt auf dem Boden des modernen Hambantota-Distrikts verortet gewesen sein könnte. Das Museum zeigt keine Originalobjekte, jedoch interessante Schautafeln (Di–Sa 9–15 Uhr, 500 Rs).

Doch dies ist nur die eine Seite der Medaille, denn abseits des Zentrums wandelt sich die Stadt gegenwärtig zum **modernen Industrie- und Dienstleistungsstandort** mit vierspurig ausgebauten Umgehungsstraßen, einem Kongresszentrum *(MRICC)*, einem internationalen Flughafen im Niemandsland sowie einem funkelnagelneuen **Industriehafen** an der westlichen Peripherie. Die Baukosten für dieses gigantische Infrastrukturprojekt streckte eine chinesische Investitionsfirma vor, Unternehmen aus dem Reich der Mitte setzten auch ihr Know-how bei der baulichen Umsetzung ein. Der nach Colombo größte sri-lankische Tiefseehafen liegt an der vielbefahrenen Handelsroute zwischen dem Nahen Osten und den Wirtschaftszentren in Ost- und Südostasien. Pro Jahr können hier bis zu 20 Millionen Container umgeschlagen werden (in Hamburg sind es 73 Mio.), nach Fertigstellung sollen 50.000 neue Arbeitsplätze entstehen. Zumindest theoretisch, denn ob die ehrgeizigen Regierungspläne Früchte tragen werden, muss sich erst noch zeigen. Ein gesundes Maß an Zweifel ist zumindest angebracht, schließlich verläuft auch der Betrieb des 2010 eröffneten **Mattala Rajapaksa International Airports (MRIA)** 25 km nördlich von Hambantota eher schleppend. Gegenwärtig steuern lediglich zwei Gesellschaften den Flughafen an und verbinden den Süden der Insel mit dem Mittleren Osten. Darüber hinaus gibt es Direktflüge von und nach Colombo.

Der Distrikt ist ein Zentrum der sri-lankischen Salzproduktion. 2016 wurden wegen des trockenen Klimas ca. 120.000 Tonnen des „Weißen Goldes“ gefördert und vom Tiefseehafen von Hambantota auch ins Ausland exportiert. Von den touristischen Destinationen in der Umgebung verdient hauptsächlich der 20 km östlich der Stadt liegende Bundala-Nationalpark (→ S. 244 f.) Erwähnung. Andere Ziele rangieren eher in der Kategorie „Muss man nicht unbedingt gesehen haben“: Darunter fallen der mit mehrsitzigen Elektrocarts befahrbare **Botanische Garten Mirijjawila** 10 km nordwestlich des Zentrums (tägl. 8–18 Uhr, 1500 Rs) und im Hinterland der **Ridiyagama Safari Park** (tägl. 7–19 Uhr, 2500 Rs, erm. 1250 Rs), der am besten von Ambalantota auf holpriger Piste erreichbar ist.

Der Süden → Karte S. 174/175

Hin & weg **Flughafen/Flüge**: Der Mattala Rajapaksa International Airport (IATA-Code: HRI) liegt 25 km nördlich der Stadt und ist mit dem Bus Nr. 122 (Colombo–Hambantota) zu erreichen. *Cinnamon Air* fliegt einmal tägl. in die Hauptstadt, www.cinnamonair.com. *Rotana Jet* verbindet Hambantota mit Abu Dhabi, www.rotanajet.com, *Flydubai* fliegt von Hambantota nach Dubai, www.flydubai.com. Wechselstube und ATM-Geldautomat im Ankunftsbereich, das Taxi sollte besser im Voraus reserviert werden.

Bus: Der Busbahnhof befindet sich im Zentrum in der Nähe des Fischerhafens. Alle 30 Min. Verbindungen via Matara nach Monaragala (Nr. 35), sowie Tissamaharama (Nr. 334), 10-mal tägl. nach Ella, Anschlüsse auch nach Kirinda sowie Colombo (z. B. mit dem AC-Nachtbus).

Taxi: Eine zuverlässige Agentur ist Sri Lanka Sam Travel & Tours. Taxifahrten zum Airport besser im Voraus reservieren (ab 4500 Rs), nach Tissamaharama (6000 Rs), Matara (8000 Rs) oder Ella (10.000 Rs). ✆ 077-7903147, www.srilankasamtours.com.

Übernachten/Essen **Shangri's La Hambantota Resort & Spa**, ⑧. Luxuriöse Ferienanlage 10 km westlich von Hambantota auf einem 59 ha großen Grundstück mit 300 Zimmern und Suiten. Ruhige Lage direkt am Strand, großer Pool, Tauchzentrum, Golfplatz, ayurvedische Anwendungen und 2 exquisite Restaurants für sri-lankische, thailändisch-indonesische und westliche Küche. Sittrakala Watta, Chithragala, Ambalantota, ✆ 047-7888888, www.shangri-la.com.✆ 047-7888888, www.shangri-la.com.

Jade Green, ④–⑤. Günstig gelegenes Hotel am Südufer einer salzhaltigen Lagune (Salt Pan). 10 Standard- und Luxuszimmer im Nebenhaus, alle mit Balkon und Lagunenblick, solider Mittelklassestandard. Pool und Restaurant im Haupthaus. Letzteres steht auch auswärtigen Gästen offen: Frühstücksbüfett, sri-lankische und westliche Gerichte zu moderaten Preisen. Lewaya Rd. (1 km östlich vom Busbahnhof), ✆ 076-5717776, www.jadegreenhambantota.com.

Happy Beach Hotel, ②–③. Einfache Strandunterkunft 400 m östlich vom Hafen/Busbahnhof unter kompetenter Leitung. 5 DZ (mit/ohne AC), kein Warmwasser, dafür direkt am einsamen Sandstrand. Gute Wassersportbedingungen für Wind- und Kitesurfer, allerdings kein Ausrüstungsverleih. Restaurant. Mr. Thalip organisiert u. a. auch Safaris in den Bundala-Nationalpark. Maray Rd. 91/2, ✆ 077-6783090, Buchung über die gängigen Buchungsportale.

Bundala-Nationalpark

Das auf halber Strecke zwischen Hambantota und Tissamaharama liegende Schutzgebiet bedeckt eine Fläche von 62 km^2 und steht eindeutig im Schatten des bekannteren, stärker frequentierten Yala-Nationalparks (→ S. 256 f.). Der Bundala-Nationalpark ist ein bedeutendes Feuchtgebiet unweit der Küste, das in erster Linie für passionierte Ornithologen von Interesse ist. Im Marschland und an den Lagunen tummeln sich rund 200 Vogelarten, darunter Kormorane, Pfeifgänse, Ibisse, Buntstörche und Flamingos. Auch Säugetiere können gesichtet werden, u. a. Elefanten, Primaten, Fischkatzen, Wildschweine, Hirsche oder Stachelschweine. Zudem sind hier 52 Schmetterlings-, 48 Reptilien- sowie 32 Fischarten beheimatet. Bewachsen ist das flache Terrain, das vom Tsunami 2004 schwer in Mitleidenschaft gezogen wurde, mit Mangroven, Buschland und reichlich Salzwasserschilf.

Menschliche Eingriffe wie der Bau von Bewässerungskanälen oder natürliche Einwanderer wie Kaktusgewächse und Sträucher, die sich durch Flugsamen oder mit Hilfe der Tierherden ausbreiten, bringen die endemische Vegetation in Bedrängnis. Seit 1969 steht das Gebiet unter besonderem Schutz, das Prädikat eines Nationalparks wurde ihm 1993 verliehen. Es handelt sich um das erste Biotop in Sri Lanka nach der Ramsar-Konvention – einem internationalen Übereinkommen zum Schutz von Feuchtgebieten. Bester Ausgangspunkt für eine Safari ist Tissamaharama, aber auch von Hambantota aus ist die Besichtigung möglich (z. B. über den

Eigentümer des Happy Beach Hotels). Geeignete Besuchszeit ist aufgrund der Zugvögel von September bis März, ein Fernglas gehört unbedingt ins Gepäck.

Tägl. 6–18 Uhr. Beste Besuchszeit sind die Morgen- und frühen Abendstunden. 10 $, Kinder bis 12 Jahre 5 $, hinzu kommen Service- und Fahrzeuggebühren sowie MwSt.

Tissamaharama und Kirinda

ca. 80.000 Einwohner

Die alte Hauptstadt des Ruhuna-Königreichs liegt 10 km vom Meer entfernt und zählt zu den meistbesuchten Städten im südlichen Hinterland. Grund dafür sind allerdings nicht die spärlichen archäologischen Überreste, sondern die günstige Lage des Ortes als Ausgangspunkt für Safaris in den Yala-Nationalpark.

Reisende aus dem Westen bringen den Ortsnamen kaum unfallfrei über die Lippen, weshalb sich die Kurzform *Tissa* eingebürgert hat. Diese bezieht sich auf König Kavan Tissa, der als Urenkel des Ruhuna-Reichsgründers im 2. Jh. v. Chr. von hier aus das südliche Königreich regierte. Zum damaligen Zeitpunkt hörte das im 3. Jh. gegründete Herrschaftszentrum noch auf den Namen *Mahagama* (Große Stadt). Die archäologischen Überreste des Ruhuna-Reichs (→ Geschichte, S. 39 f.) liegen in der Umgebung der Stadt verstreut. Überall weisen schwarze Schilder mit weißer Aufschrift des Archäologischen Departments auf die Stätten hin, die am besten per Drahtesel oder Scooter zu erreichen sind. Ortsfremde sieht man dort aber weniger. Am auffälligsten ist die weiße Dagoba nördlich des Zentrums, die aufgrund ihrer stattlichen Dimensionen Wahrzeichencharakter genießt. Ihr angeschlossen ist das Kloster *Tissamaharama Raja Maha Viharaya*, das zu den heiligen Stätten im Inselsüden zählt und aus diesem Grund von Pilgern entsprechend häufig aufgesucht wird. Die Dagoba liegt ein paar Hundert Meter vom **Tissa Wewa** entfernt, einem wunderschön gelegenen Stausee, der von König Kavan Tissa erschaffen wurde

Blick über Reisfelder auf den Dagoba des Tissamaharama Viharaya

Der Süden → Karte S. 174/175

und sich mit kleinen Booten erkunden lässt. Auf der Staumauer verläuft eine wenig befahrene, von uralten Baumriesen flankierte Straße, die einen herrlichen Ausblick über das Gewässer erlaubt. Bei entsprechend klarer Sicht ist in der Ferne sogar die Bergkette bei Kataragama mit dem Wedihiti Kanda Viharaya zu erkennen. Östlich des Stadtzentrums befindet sich mit dem **Yoda Wewa** ein weiterer Stausee. Dieser ist mit einer Fläche von etwas über 5 km^2 fast doppelt so groß wie der Tissa Wewa, die Staumauer misst eine beachtliche Länge von 731 m. Die Ursprünge des Yoda Wewa liegen ebenfalls in der Anfangszeit des Ruhuna-Königreichs, auch wenn die mechanischen Vorrichtungen zur Wasserregulierung jüngeren Datums sind. Das ausgeklügelte Bewässerungssystem im Verbund mit den archäologischen Stätten hat Tissa den Beinamen „Anuradhapura des Südens" eingetragen, obgleich die Sehenswürdigkeiten hier einen Vergleich mit der alten Königsstadt nicht standhalten.

Ohnehin zählen Kunst und Geschichte eher weniger zu den Gründen, die Touristen nach Tissa führen. Das – abgesehen von der Umgebung – unspektakuläre Städtchen verdankt seine Beliebtheit als bester Ausgangspunkt für **Safaris in den Yala-Nationalpark.** Die mit hoher Geschwindigkeit über die Straßen preschenden, olivgrünen Safarijeeps gehören in Tissa zum alltäglichen Bild. Zum guten Service seriöser Anbieter zählt selbstverständlich, dass die Teilnehmer vor dem Morgengrauen in ihrem Quartier abgeholt und gegen Mittag dort wieder abgesetzt werden. Nordöstlich des Zentrums hat sich beiderseits der Straße nach Kataragama ein regelrechtes Touristenviertel etabliert – mit einer Vielzahl an Hotels, Gästehäusern und Restaurants, in denen Urlauber zumeist für zwei Nächte logieren, bevor sie die Rundreise fortsetzen. Wer noch eine Nacht dranhängt, nutzt den zusätzlichen Tag für eine weitere Safari in den nahegelegenen Bundala-Nationalpark oder für einen Abstecher nach Kataragama.

Blitzsaubere Strandpartie am Küstenvorort Kirinda

Der zu Tissa gehörige Küstenort **Kirinda** überzeugt durch traumhafte Sandstrände, die bislang eher Insidern ein Begriff sind. Empfehlenswerte Quartiere lassen sich an einer Hand abzählen, obwohl die Beliebtheit des Küstenorts von Jahr zu Jahr steigt. Kirinda eignet sich nämlich nicht nur als Badedestination, sondern wegen seiner Nähe zum Eingang des Yala-Nationalparks auch als Standort für Safaris. Sri Lanker, die den Weg hierher finden, suchen dagegen in erster Linie das buddhistische Heiligtum **Tissamaharama Raja Maha Viharaya** auf, das fotogen auf einem Hügel über der Küste thront. Vom höchsten Punkt großer Granitfindlinge grüßt eine schneeweiße Dagoba über das herrlich blaue Meer – insbesondere am Morgen und am späteren Nachmittag ein Postkartenidyll. Die Bedeutung der Örtlichkeit beruht auf einer Legende, der zufolge im 2. Jh. v. Chr. ein Boot hier anlandete, in dem zur Überraschung einheimischer Fischer eine wunderschöne Prinzessin saß. Die hochwohlgeborene Schönheit namens **Viharamahadevi** stammte aus der Nähe von Colombo und war von ihrem Vater, König Kelanitissa, als Sühneopfer an der Westküste in einem Boot ausgesetzt worden. Als die Prinzessin dem Ruhuna-Regenten Kavan Tissa vorgestellt wurde, war er von ihrer wunderbaren Errettung (und von ihrer ausnehmenden Schönheit) tief beeindruckt, sodass er sie heiratete. Aus der Verbindung gingen zwei Söhne hervor, Saddha Tissa und Dutthagamani. Letzerer wurde ein sri-lankischer Nationalheld, Reichsgründer und Kämpfer gegen die Tamilen im Norden der Insel. Freilich reklamiert auch Pottuvil an der Ostküste für sich das Privileg, Schauplatz besagter Legende zu sein, wobei sich das Pilgeraufkommen dort längst nicht mit dem in Kirinda vergleichen lässt.

Sehenswertes

Tissamaharama Raja Maha Viharaya: Das Wahrzeichen von Tissa ist die weiße Dagoba zwischen Reisfeldern auf halber Strecke zwischen Zentrum und Tissa Wewa. Mit einer Höhe von 47 m und einem Umfang von 168 m ist die Dagoba eine der größten im Süden Sri Lankas. Sie zählt zu den Hauptheiligtümern der Insel, was das beträchtliche Pilgeraufkommen erklärt. Den heiligen Schriften zufolge soll Buddha höchstselbst während seines – legendären – dritten Besuches auf der Insel mit 500 *Arhats* (erleuchteten Mönchen) an dieser Stelle meditiert haben. Das auf das 3. Jh. v. Chr. zurückgehende Kloster wurde mehrfach modernisiert und im 13. Jh. während einer tamilisch-südindischen Invasion zerstört.

Sandagiri Vihara: Das sehenswerte, jederzeit frei zugängliche Ausgrabungsgelände befindet sich in fußläufiger Entfernung zur großen Dagoba von Tissa. Wahrzeichen der Anlage ist der Kegelstumpf der riesigen *Sandagiri*-Dagoba aus Ziegeln, die angeblich im 3. Jh. v. Chr. von König Mahanaga, dem ersten Regenten des Ruhuna-Reichs, errichtet wurde. Somit wäre der 18 m hohe Torso der **älteste buddhistische Kultbau im Süden** Sri Lankas. Unter König Vijayabahu I. von Polonnaruwa – er regierte von 1055–1110 n. Chr. – wurde die Anlage umfassend modernisiert und ausgebaut. Weit verstreut um das zentrale Heiligtum befinden sich Überreste klösterlicher Kultbauten in einer idyllischen Umgebung mit Reisfeldern und Kokospalmen. Ein kleiner Abstecher zu Fuß nach Süden führt zu den Säulenrelikten des ehemaligen Bilderhauses *(Image House)*. Auf der Plattform steht zwischen Säulen ein einsamer Buddha-Torso aus dem 8. Jh., der eventuell aus Myanmar stammt.

Yatahala Wehera: Der Überlieferung zufolge handelt es sich bei dem Heiligtum an der B 464 westlich des Zentrums um die älteste Dagoba auf dem Territorium des Ruhuna-Königreichs. Ob das schneeweiße Wahrzeichen, das auf einer mit einem Fries aus Elefantenköpfen geschmückten Granitplattform steht, tatsächlich 2300 Jahre

Der Süden → Karte S. 174/175

alt ist, ist nicht belegt. Ein quadratischer Seelilienteich umgibt die buddhistische Anlage. Auf der Plattform zeugen ehrwürdige Säulenreste von erheblicher Tradition. Einer Steininschrift zufolge beherbergte das Heiligtum für einige Zeit die Zahnreliquie Buddhas, weshalb es auch als *Tooth Relic Shrine* bezeichnet wird. Die Dagoba ist fast 38 m hoch und misst an der Basis einen Umfang von 100 m. Neben ihr befindet sich ein kleines **Museum**. Zu den sehenswerten Highlights gehören die 1987 ausgegrabene Statue eines stehenden Buddhas aus dem 8. Jh. und ein Buddhahaupt aus Mondstein, das im gleichen Zeitraum gefertigt wurde.

Museum: Tägl. 8–16.30 Uhr. Eintritt gegen Spende.

Ranminitenna Tele Cinema Village: Der Freizeitpark für begeisterte Cineasten liegt 4 km nördlich von Tissa und ist von der Straße nach Kataragama (B 464) aus erreichbar. Es ist keine Attraktion, die man unbedingt gesehen haben muss, andererseits sind die Hintergründe nicht uninteressant: Es handelt sich um eine Low-Budget-Produktionsstätte mit – inzwischen etwas heruntergekommenen – Kulissen sowie Unterkünften für die Filmcrew und Schauspieler. Sieben Sinhala- und zwei Hindifilme wurden hier gedreht, u. a. 2015 das Krimidrama „Bombay Velvet", das leider floppte und somit nicht zur Popularität der sri-lankischen Filmstadt in der florierenden Bollywood-Szene beitrug. Jüngstes Filmereignis, das teilweise hier gedreht wurde, ist die Hollywood-Produktion „Solar Eclipse: Depth of Darkness" aus dem Jahr 2017. Der Historienfilm handelt von den Unruhen anlässlich der politischen Teilung Indiens 1948, die zum Mord an Mahatma Gandhi führten.

Tägl. 8–17 Uhr. 1300 Rs. Ranminitenna (an der B 464 auf Schild nach rechts achten).

Basis-Infos

Hin & weg **Bus**: Der Busbahnhof befindet sich im Zentrum. Regelmäßige Verbindungen nach Kirinda (Bus Nr. 540), Kataragama (Nr. 534) und via Hambantota nach Matara (Nr. 334). Alle 30 Min. Direktbusse nach Colombo (8 Std.), stündlich nach Wellawaya (von dort weiter ins Hochland).

Tuk-Tuk: Ein zuverlässiger wie sympathischer Fahrer ist Sudath Niroshi. ✆ 072-9623701. Die Fahrt mit dem Three Wheeler nach Kirinda kostet etwa 800–1000 Rs.

In Tissa verkaufen Tuk-Tuk-Fahrer – vozugsweise an Neuankömmlinge – **Safaris in den Yala-Nationalpark**. Zwar sind nicht alle Angebote unseriös, dennoch sollten Touren besser über die Unterkunft oder direkt bei den professionellen Anbietern (s. u.) gebucht werden.

Mietfahrzeuge Die Stadtumgebung lässt sich ideal mit dem Fahrrad erkunden, fast jedes Hotel und Gästehaus verleiht Drahtesel an Hausgäste. Außerdem vermitteln die Quartiere häufig **Scooter** – ideal, etwa für Abstecher nach Kataragama oder nach Kirinda ans Meer. Gäste von außerhalb können telefonisch ein Fahrrad für ca. 500 Rs/Tag reservieren. ✆ 077-6808698.

Bootstouren **Tissa Wewa**, die Anbieter für Bootstouren über den See warten am Damm bei den Bäumen auf Kundschaft. Ab 1000–2000 Rs/Person für 1–2 Std. Fahrt. Chandana, ✆ 077-5174900.

Nationalparksafaris **Ceylon Safari Tours**, großer und rundum professionell arbeitender Anbieter mit jahrelanger Erfahrung. Galmadawwa Rd. 40, Punchi Akurugoda, ✆ 077-1996796, www.ceylonsafari.com.

Janaka Safari Jeep Tours, der engagierte Kleinunternehmer bietet auch Einzelreisenden die Möglichkeit an, sich zu Kleingruppen zusammenzuschließen. Eine preiswerte Option, die Gäste sind zufrieden. Ganumupura 1068 A, ✆ 077-2972639, www.srilankayalasafaris.com.

Übernachten

Fast alle Hotels und Gästehäuser verfügen über ein Restaurant und vermitteln Safaris in den Yala-Nationalpark. Wer näher am beliebtesten Nationalpark in Sri Lanka logieren möchte, kann ein Edelresort in der Nähe des Eingangs buchen, z. B. das Jetwing Yala (www.jetwinghotels.com).

In Tissamaharama Richard's Cabanas **5**, ④. Nobelbungalows im Grünen, 200 m von der Straße nach Kataragama entfernt. Jedes Häuschen verfügt über eine wohnliche Veranda sowie blitzsaubere Bäder. Leihräder kostenlos, das Frühstück wird in den Zimmern serviert, auf Wunsch wird abends gekocht. Eine Dependance mit Baumhäusern liegt 8 km entfernt. Galmadawwa Rd. 38, ✆ 047-2239193, www.richardscabanas.com.

Thaulle Resort **12**, ⑥–⑦. Nobles Großhotel am Südwestufer des Yoda Wewa, der sri-lankische Inhaber lebt seit 20 Jahren in Bayern. Plastikfreie Zone, Biogemüse und -obst aus dem eigenen Garten, Fotovoltaikanlage. Lobby in Gestalt eines buddhistischen Tempels, 28 geräumige Zimmer, jedes individuell und mit Liebe zum Detail gestaltet. Restaurant, Ayurveda-Zentrum, Pool und Shuttleservice zum Strand. Mahadeira 35, Yodakandiya, ✆ 047-2237900, www.thaulle.com. ■

››› **Mein Tipp:** Lake View Cottage **1**, ③–④. Hinreißend gelegenes, familiäres Resort abseits am Ostufer des Tissa Wewa gelegen. Frühmorgens ein Mekka für Ornithologen, abends streifen Fledermäuse sowie Glühwürmchen über das Gelände. Freier Ausblick von der Restaurantveranda auf den See, Shuttleservice in die Stadt, kostenlose Leihräder. 2 Zimmer mit Veranda bzw. Balkon im gelb getünchten Nebenhaus, 3 weitere Zimmer im Haupthaus, die beiden EG-Zimmer ohne Balkon. Court Rd., Punchi Akurugada, ✆ 077-0471717, Buchung über die gängigen Buchungsportale. «

My Village 4, ③. Das wunderschön gestaltete Boutiquehotel liegt entrückt am Ostufer des Tissa Wewa. 7 behaglich gestaltete Zimmer im 1. OG, die wenigsten mit Blick auf den See, noble Bäder und gemütliche Gemeinschaftsveranda. Unten befindet sich das Restaurant mit Tischen im kleinen Garten. Exzellentes Preis-Leistungs-Verhältnis. Court Rd., Punchi Akurugada, ✆ 077-3500090, www.myvillagelk.com.

Blue Turtle Hotel 2, ③. Blitzsauberes Resorthotel in ruhiger Lage in der Nähe des Tissa Wewa-Ostufers. 16 Zimmer in den weißen Nebengebäuden, alle mit Veranda und Blick auf den Pool. Oberer Mittelklassestandard in frischem Design. Geräumiger Restaurant- und Lobbybereich, Bar. Tissa Rd. 119/2, Tikiriwewa, Mahasenpura, ✆ 047-2238263, www.blueturtlehotel.com.

Shine Park 3, ②. Freundliches, abseits gelegenes Landhaus im Stil eines Homestay. 4 saubere Zimmer mit AC im 1. OG, die Familie bewohnt das EG. Frühstücksveranda, kleiner Garten, Scooterverleih, Organisation von Safaris mit eigenem Fahrzeug (seit 2003). Mahasenpura, ✆ 077-4031486, https://shineparkhotel.bookings.lk.

La Safari Inn 10, ①–②. Das liebenswerte Domizil befindet sich in ländlicher Umgebung abseits der großen Verkehrswege. Kompetente und freundliche Leitung, 6 Zimmer im Haupthaus (mit und ohne AC), 3 weitere einfache Zimmer ohne AC im Nebenhaus. Restaurant mit netten Plätzen auf der Veranda, Leihräder kostenlos für Hausgäste, Nationalparksafaris mit eigenem Fahrzeug. Sri Jinarathana Mw., 3rd Lane, Yayagoda, Debarawewa, ✆ 047-2237552, www.lasafariinn.com.

In Kirinda **Boulders Bungalow**, ④. Originelle, einzigartig gelegene Unterkunft 500 m westlich des Zentrums und nah am Strand. Himmlische Ruhe, großer Garten mit gemütlichen Bastmatten. Ein komfortables DZ im EG, Schlafsaal für 8 Pers. im 1. OG. Letzterer ist nicht für Einzelreisende buchbar, aber ideal für Familien und Kleingrupppen. Kamburupitiya, ✆ 011-2506308, www.boulders-yala.com.

Temple Flower Guest House, ②–③. Das relaxte Landidyll liegt 5 Gehminuten vom Strand entfernt. Herrlich unaufgeräumter Garten mit freilaufenden Gänsen, das exzellente Restaurant heißt auch auswärtige Gäste willkommen. 4 Zimmer im Haupthaus auf 2 Etagen, darunter ein Drei- und ein Vierbettzimmer. 2 weitere Zimmer befinden sich im Nebengebäude. Der Inhaber führt seit 25 Jahren Safaris durch. Kirinda 147, ✆ 047-4922499, www.templeflower19yala.com.

Essen & Trinken

→ Karte S. 249

Einige Restaurants an der Straße nach Kataragama öffnen aufgrund der Safaris bereits am frühen Morgen. In Kirinda ist das gastronomische Angebot, abgesehen von dem in Hotels und Gästehäusern, beschränkt. Auf dem Weg ins Hochland oder zum Uda Walawe-Nationalpark sollten Reisende eventuell einen Zwischenstopp in Thanamalwila einlegen und an diversen Straßenständen vom köstlichen **Büffelmilchjoghurt mit Kitul** (süßem Palmsirup) kosten!

Refresh 8. Die Dependance des berühmten Seafood-Tempels von Hikkaduwa befindet sich an der Ausfallstraße nach Kataragama. Internationale Fusionsküche und einige sri-lankische Gerichte zu saftigen Preisen, große Auswahl, sehr beliebt. Luftige Sitzplätze unter einem säulengestützten Holzdach, auch Bar und Café mit Espresso aus der italienischen Maschine sowie Zimmervermietung. Tägl. 5–22 Uhr. Kataragama Rd. (B 464), Akurugoda, ✆ 047-2237357, www.refreshsrilanka.com.

Calorian Restaurant 6. Das auf Fisch- und Meeresfrüchte spezialisierte Restaurant ist beliebt bei Safarigängern. Gepflegte Sitzplätze unterm durch Ventilatoren belüfteten Wellblechdach, indische, panasiatische und westliche Küche von Fischcurry bis zu Pastagerichten. Mittags gibt's Büfett. Auch kleine Snacks, Kaffee und Kuchen sowie

Bier. Hauptgerichte ab 800 Rs. Tägl. 5–21.30 Uhr. Punchi Akurugoda 88 (B 464), ✆ 047-2238808.

Odara Restaurant 9. Eine weitere empfehlenswerte Adresse an der Straße nach Kataragama. Gute Küche, bodenständiges Ambiente, Frühstück, gegrillter Fisch, Reis & Curry, Kottu Roti und gebratener Reis (Hauptgerichte ab 600 Rs). Tägl. 4–20 Uhr. Punchi Akurugoda 124 (B 464), ✆ 047-2237698.

Hot Spot 7. Einfaches Straßenrestaurant an der Ausfallstraße nach Kataragama (B 464) mit 6 Tischen in 2 zweckentfremdeten Garagen. Traditionelle Küche mit gegrilltem Fisch und Huhn, Fried Rice sowie Kottu Roti. Von 11.30–16 Uhr gibt's Reis & Curry-Büfett ab 600 Rs. Der Inhaber vermittelt Safaris in den Yala-Nationalpark. Tägl. 9–16 Uhr und 18–21 Uhr. Kataragama Rd., Akurugoda, ✆ 077-1996196.

Top Tasty (Ananda Bake House) 11. Frische Backwaren und von 12–14.30 Uhr Reis & Curry-Büfett für kleines Geld und nur wenige Schritte vom Busbahnhof entfernt. Sauberes Ambiente, allerdings keine Einkehr, um länger zu verweilen. Auch frische Säfte, Tee sowie Kaffee. Tägl. 7–20 Uhr. Hambantota Rd. (Main St.), ✆ 071-6049010.

Kataragama

In der heiligen Stadt des Inselsüdens dreht sich alles um den Schutzgott Skanda alias Kataragama. Die Pilgerdestination ist darüber hinaus ein guter Ausgangspunkt zur Erkundung des Yala-Nationalparks. Den schönsten Blick auf die Umgebung genießt man vom Wedihiti Kanda-Tempel auf der Spitze eines 424 m hohen Hügels südlich des Zentrums.

Kataragama ist mehr Dorf als Stadt und verfügt über eine Infrastruktur, die beinahe vollständig auf die Bedürfnisse der Wallfahrer aus nah und fern ausgerichtet ist. Vor dem Eingang zum Hauptpilgerziel begrüßen Geschäfte mit Devotionalien aller Art die Neuankömmlinge. Sie stehen dicht an dicht sowie aufgereiht in engen Gassen und wirken auf den ersten Blick wie eine improvisiert aufgebaute Zeltstadt. Am meisten Betrieb herrscht rund um den Esala-Vollmond im Juli oder August zur Zeit der **Pada Yatra** (das sanskritische Wort *pada* bedeutet Fuß, *yatra* steht für Pilgerschaft): Die traditionsreiche Wallfahrt beginnt in Jaffna, verläuft anschließend entlang der Ostküste und quert zum Schluss den Nationalparkgürtel im Südosten. Zwei Monate dauert der komplette Fußmarsch von Nord nach Süd, den jährlich mehrere tausend Gläubige auf sich nehmen – häufig barfuß und nur mit den nötigsten Habseligkeiten versehen. Lediglich in der Bürgerkriegsepoche ruhte der Pilgerverkehr entlang der Ostküste. Ein besonderes Merkmal der Pada Yatra und

Der 29 m hohe Kiri Vihara

der heiligen Stätten in Kataragama ist ihr **synkretistischer Charakter:** Auch wenn der Haupttempel unter buddhistisch-singhalesischer Schirmherrschaft steht, gelten die örtlichen Priester *(kapurala)* der Überlieferung zufolge als Abkömmlinge der Veddas – der Ureinwohner der Insel. Unter den Wallfahrern sind auch viele Tamilen hinduistischen Glaubens. Selbst eine Moschee befindet sich auf dem weitläufigen Gelände am Ostufer des Menik Ganga: Muslime verehren die Stätte, weil sie hier einen verborgenen Brunnen vermuten, der zum Paradiesgarten von **al-Chidr** gehört haben soll. In der islamischen Tradition gilt dieser als Prophet, der sich u. a. als spiritueller Lehrer von Moses seine Meriten verdiente. Den Ortsnamen Kataragama leiten muslimische Pilger von „Land des al-Chidr" ab. Allen Gläubigen gemeinsam ist die Verehrung der sri-lankischen Schutzgottheit Kataragama deviyo (→ Kasten, S. 254), deren ureigener Wohnsitz irgendwo in der Umgebung der heiligen Stätte lokalisiert wird.

Trotz der großen Bedeutung des Ortes für die sri-lankische Religiosität und seiner geografischen Nähe zum Yala-Nationalpark besuchen die meisten Touristen die Tempelstadt – wenn überhaupt – lediglich im Rahmen eines Tagesausflugs. Als Standort für Safaris in den Yala-Nationalpark aber steht Kataragama eindeutig im Schatten von Tissamaharama. Aus diesem Grund ist die Infrastruktur in erster Linie auf die Bedürfnisse von einheimischen Pilgertouristen ausgerichtet und nicht so sehr auf die Vorlieben von Feriengästen. Vielversprechende Quartiere mit Safariangeboten im Programm gibt es zwar auch hier, jedoch liegen sie zumeist weitab vom Schuss in der Peripherie. Ein Standortvorteil gegenüber Tissamaharama ist das niedrigere Preisniveau bei den Übernachtungen sowie in den Restaurants, selbst Safaris in den Yala-Nationalparks sind von hier aus kostengünstiger zu haben. In der Hauptpilgerzeit kann man sich jedoch die Spontansuche nach einem Quartier sparen.

Geschichte: Religionswissenschaftlichen Forschungen zufolge könnte der Ursprung des Pilgerbetriebs in vorbuddhistischer Zeit liegen, weil einige traditionelle Rituale mit den Veddas – den Ureinwohnern Sri Lankas – verbunden sind. Die Inschriften belegen das Vorhandensein einer heiligen Stätte im 1. Jh. v. Chr., wohingegen die buddhistische Chronik Mahavamsa ein „von Reisfeldern umgebenes Dorf" namens *Kajara-Gama* im Zusammenhang mit dem Bodhibaum erwähnt: Es soll sich um einen Ableger des berühmten Bodhibaums in Anuradhapura handeln. Die Blütezeit von Kataragama als berühmtes Wallfahrtsziel lag im 13./14. Jh., bevor sich während der Kolonialzeit der schleichende Niedergang der heiligen Stätte vollzog. Bei der Volkszählung 1921 hatte das Dorf nicht mehr als 121 Einwohner, und chronisch schlechte Straßen im Südosten der Insel machten die Wallfahrt hierher zum beschwerlichen Unterfangen. Seit den 1950er-Jahren steigt die Bevölkerung wieder kontinuierlich an, einhergehend mit der zunehmenden Popularität von Kataragama als bedeutende Pilgerdestination.

Sehenswertes

Ruhunu Maha Kataragama Devalaya: Das weitläufig angelegte Pilgerziel am östlichen Gestade des Menik Ganga wird von Hindus, Muslimen und Buddhisten angesteuert, die hier dem sri-lankischen Schutzgott Kataragama deviyo (s. u.) huldigen. Für die vollständige Besichtigung der Anlage inklusive Museum sollte man einen halben Tag einplanen. Der *Maha Devale* (Haupttempel) ist von einer übermannshohen Mauer umgeben, die mit Pfauen und Elefantenköpfen verziert ist. Vor dem schmucklosen Kataragama/Murugan/Skanda gewidmeten Allerheiligsten zerschmettern Gläubige Kokosnüsse, drinnen werden Blumenopfer dargebracht.

Das Zertrümmern von Kokosnüssen ist ein häufig von Hindus in Südindien und Sri Lanka vollzogenes Tempelritual: Das Aufbrechen der äußeren Schale der Kokosnuss kann als Symbol für das Brechen des erstarrten menschlichen Egos interpretiert werden, wohingegen die Keimlöcher in der Schale mit den drei Augen Shivas identifiziert werden. Das Vergießen der Kokosmilch vor den Gottheiten wiederum erinnert Gläubige an das Verschmelzen des individuellen Geistes *(Atman)* mit dem Weltgeist *(Brahman)*. Überraschenderweise fehlt eine Statue der Gottheit, während sich aber in einem Seitenraum ein Abbild des Gottes Shiva befindet. Auch Vishnu sowie Ganesha werden auf dem Tempelareal verehrt. Eine Allee verbindet den Haupttempel mit der 29 m hohen *Kiri Vihara* am jenseitigen Ende des Parks. Der 800 m vom Haupttempel entfernte Stupa zählt zu den 16 bedeutendsten buddhistischen Stätten Sri Lankas und geht der lokalen Überlieferung zufolge auf eine königliche Stiftung im 3. Jh. v. Chr. zurück. Hinter der Dagoba befinden sich außerhalb des Areals noch zwei Statuen, die den sri-lankischen Nationalhelden Dutthagamani und den Dämonenherrscher Ravana darstellen.

Tägl. 8–23 Uhr.

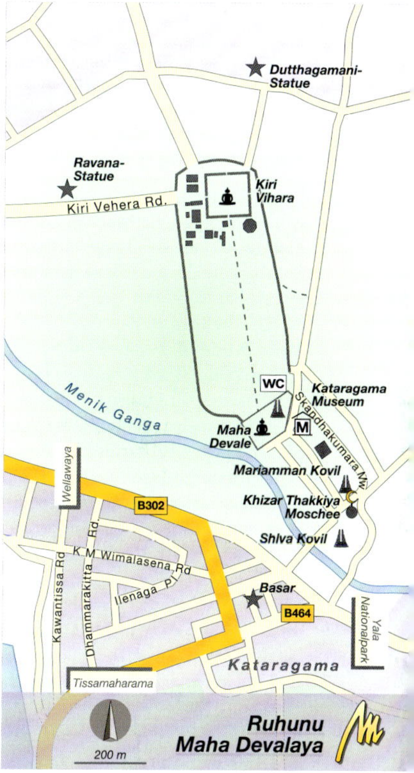

Kataragama-Museum: Das archäologische Museum befindet sich auf dem Areal des Haupttempels und lohnt einen Besuch, gemessen am hohen Eintrittspreis, nur bedingt: Der schlecht beleuchtete Innenraum bietet nur wenig Informatives. Unter den Repliken von Buddha- und Bodhisattvafiguren verstecken sich indes auch einige Perlen, u. a. eine Sammlung von Bronzekobras und ein Elefant auf einem Prozessionswagen – dieser ist eine Leihgabe aus Buduruwagala.

Di–So 8.30–16.30 Uhr. 750 Rs.

Wedihiti Kanda Viharaya: Wer den 424 m hohen Wedihiti Kanda *(Kataragama Peak)* 5 km südlich des Zentrums erklimmen möchte, sollte genügend Kondition mitbringen. Ein steiler Treppenweg verbindet die Basisstation am Ende der Zufahrtsstraße mit dem Tempel auf der Spitze der vegetationsreichen Erhebung. Hindus und Buddhisten ist dieser Ort, der natürlich der Gottheit Kataragama/Skanda geweiht ist, gleichermaßen heilig. Einer populären Legende zufolge soll der sri-lankische Nationalheld Dutthagamani, Sohn des Ruhuna-Regenten Kavan Tissa und der Königin Viharamahadevi, vor der Abreise in den Norden der Insel der Gottheit höchstselbst geschworen haben, im Fall der siegreichen Schlacht das Heiligtum zu stiften. Schenkt man der Legende Glauben, dann sind die Ursprünge des

Pilgerbetriebs im 2. Jh. v. Chr. einzuordnen. Der Ausblick von der Tempelplattform in alle Himmelsrichtungen ist berauschend, bei klarer Sicht ist im Süden sogar die Küstenlinie zu erkennen. Ein Nebentempel ist Shiva geweiht, neben einer weißen Dagoba befindet sich ein Bodhibaum.

Schutzgottheit in tausend Gestalten: Kataragama deviyo

Die mächtige Schutzgottheit Sri Lankas wird unter verschiedenenen Namen von Anhängern zahlreicher Religionen verehrt. Für Laien erkennbar ist das Idol des Gottes am Tragetier *(vahana)*, in diesem Fall ein **Pfau**. Häufig wird Kataragama deviyo mit sechs Köpfen und zwölf Armen, manchmal auch nur mit einem Kopf und vier Armen dargestellt. Hindus aus Nordindien kennen die Gottheit unter der Bezeichnung **Skanda** – Sohn von Shiva und Parvati sowie Bruder des elefantenköpfigen Ganesha. Die Tamilen in Südindien und Sri Lanka huldigen Kataragama unter dem Namen **Sri Murugan.** Auch in der dravidischen Tradition gilt dieser als Spross des hinduistischen Hauptgottes Shiva und als bis an die Zähne bewaffneter Kriegsgott und Dämonenbezwinger. Die Legende stattet ihn überdies mit reichlich spiritueller Weisheit aus, z. B. wird der Sohn einmal sogar zum Guru seines eigenen Vaters. Singhalesische Buddhisten wiederum verehren Kataragama entweder als einheimische oder aus Indien „eingewanderte“ Schutzgottheit mit mannigfaltigen Funktionen. Das Wort Kataragama bezeichnet dabei nicht nur den Gott, sondern auch seinen Wohnsitz – irgendwo im Südosten Sri Lankas, möglicherweise auf dem Boden des Yala-Nationalparks. Ein ganzes Bündel von Legenden rankt sich um die Gottheit, so soll Kataragama vor dem „Umzug“ auf die Insel auf dem Mount Kailash in Tibet gewohnt und sich dann in eine wunderschöne Prinzessin der sri-lankischen Ureinwohner verliebt haben. Die buddhistische Chronik Mahavamsa berichtet, dass die Leibgarde Kataragamas – bestehend aus Angehörigen der nordindischen Kriegerkaste *(kshatriyas)* – höchstpersönlich den Transport eines Ablegers des berühmten Bodhibaums von Anuradhapura in den Süden Sri Lankas überwachte. Selbiger Baum wird heute auf dem Tempelareal von Kataragama verehrt. Das Hauptfest zu Ehren der Gottheit ist die große **Esala Perahera** im Juli/August, die zu den großen religiösen Inselfestivitäten zählt. Während des Vollmonds endet hier auch die **Pada Yatra** – die Wallfahrt von Jaffna in den Süden der Insel. Alljährlich vollzieht die Pilgerschaft zu Fuß die „Wanderung“ der Gottheit von ihrer Landung im äußersten Norden Sri Lankas bis zu der endgültigen Wohnstätte im Süden nach.

Am Maha Devale

Basis-Infos

Information www.kataragama.org

Hin & weg **Bus**: Der Busbahnhof liegt in Gehentfernung zur zentralen Pilgerdestination. Stündlich fahren Busse nach Wellawaya, alle 30 Min. nach Tissamaharama und Colombo. Der AC-Bus in die sri-lankische Hauptstadt benötigt 5 Std., ansonsten dauert die Fahrt 8 Std. Auch Verbindungen nach Tangalle/Matara.

Veranstaltungen **Kataragama Perahera**, Hindus und Buddhisten pilgern im Sommer aus allen Landesteilen hierher *(Pada Yatra)*, um einem 10-tägigen Tempelfest mit Elefanten und verschiedenen Zeremonien beizuwohnen. Die weiß gekleideten Pilger nehmen ein Bad im Menik Ganga, bevor sie im Tempel Blumen opfern. Die prächtigsten Prozessionen finden bei Dunkelheit statt – mit traditionellen Tänzern, Trommlern und Feuerläufern (barfuß über glühende Holzkohle). Vor dem Juli/Aug.-Vollmond des Monats Esala.

Am Wedihiti Kanda Viharaya

Übernachten / Essen & Trinken

Gregory's Safari Bungalows, ④. Komfortquartier einen Steinwurf vom Yala-Nationalpark 2,5 km östlich des Zentrums entfernt. 4 stilvoll möblierte, nicht allzu geräumige Zimmer im langgestreckten Haupthaus und ein Zimmer in einer abseits gelegenen Cabana. Ruhig, ansprechender Garten, Gemeinschaftsveranda. Manikpuragama 101/18, Wallimathagama (400 m von der Straße nach Situlpawwa), ✆ 071-9445566, www.gregorybungalow.com.

Leopard Hotelcamp, ③–④. 4 wohnlich eingerichtete Zelte auf stabilem Fundament mit schattiger Veranda davor direkt am Zaun liegt der Yala-Nationalpark. Natur pur, rustikales Restaurant mit offener Küche, Wohnlobby mit Blick auf Nationalpark. Buchungen nur inkl. Halbpension, im Übernachtungspreis enthalten sind 2 Safaris. Sithulpawwa Rd. (3 km östlich von Kataragama), ✆ 071-4391628, www.campleopard.com.

Gem River Eco Home, ③. Ein ganz besonderes Quartier unter portugiesisch-singhalesischer Leitung in ländlicher Lage. Herzliche Gastfreundschaft, das Biogemüse stammt aus dem Garten. 5 Zimmer, ausgestattet mit organischen Materialien, Architektur im traditionellen Landhausstil mit behaglicher Veranda. Garten, Liegestühle, Hängematten, gekocht wird ebenfalls auf traditionelle Art. Privatzugang zum Fluss, weder AC und noch Warmwasser, Safariorganisiation. Sella–Kataragama Rd., Keselkoratuwa, Mala gama (an der B 202 auf eine gelbe Stern-Markierung achten, sonst schwer zu finden), ✆ 078-5565819, www.gemriveredge.com. ■

Katharagama Safari Hotel, ③. Empfehlenswertes Logis in ruhiger, ländlicher Umgebung, 6 Zimmer mit jew. 2 Einzelbetten in 3 großzügig dimensionierten Bungalows mit Veranden auf einem handtuchbreiten Gartengrundstück. Komfortabler Gesamteindruck, einfache Bäder. Pfauen stolzieren umher, Restaurant, Safaris mit eigenen Fahrzeugen. Gadolwadiya Rd., Malagama (auf der B 202 in Richtung Wellawaya nach 1 km auf Schild nach rechts achten), ✆ 047-2236850, www.katharagamasafarihotel.com.

Plummy Dale Restaurant. Preiswertes Büfettrestaurant an der Straßenkehre (B 464) unmittelbar südlich des Detagamuwa Wewa, 700 m vom Pilgerzentrum entfernt. Reis & Curry in exzellenter Qualität, Frühstücks-, Mittags- und Abendbüfett. Innenplätze, kleiner Parkplatz vor dem Haus. Tägl. 7–16 und 19–23 Uhr. Tissa Rd., ✆ 047-2235370.

Paradise Hotel & Restaurant. Einkehr unter niederländisch-sri-lankischer Leitung, ein Schild an der Straße heißt Radfahrer willkommen. Frühstück, 11–14 Uhr Reis & Curry-Mittagsbüfett ab 200 Rs und westliche sowie panasiatische Gerichte. Man sitzt angenehm unter dem durch Ventilatoren belüfteten Verandadach, Radverleih (einfache Mountainbikes ab 500 Rs/Tag), Organisation von Safaris. Zimmervermietung in 2 rückwärtig gelegenen Nebengebäuden. Tägl. 7–22 Uhr. Sella–Kataragama Rd. (700 m vom Zentrum entfernt), ✆ 047-2236976.

Café Mandara. Das an der Ausfallstraße nach Tissamaharama gelegene Café mit Snackbar gehört zum benachbarten Hotel Mandara Rosen. Sitzplätze an der Straße, Kuchen, kleine Snacks, Mittagsgerichte ab 300 Rs, akzeptabler Cappuccino. Tägl. 6.30–22 Uhr. Detagamuwa 50 (B 464), ✆ 047-2236030, www.mandararosen.com.

Yala-Nationalpark

Reisende, die in Sri Lanka lediglich einen einzigen Nationalpark aufsuchen, wählen meist den Yala-Nationalpark aufgrund des Leopardenvorkommens. Den Genuss der Tierbeobachtung hat man hier jedoch nicht exklusiv, denn in den Stoßzeiten herrscht in Block I jede Menge Betrieb.

Der bekannteste und mit Abstand meistbesuchte Nationalpark Sri Lankas bedeckt eine Fläche von rund 980 km^2 und teilt sich in mehrere **Sektoren** auf (Blocks I–V). Allerdings konzentriert sich der Safaritourismus beinahe ausschließlich auf Block I, dessen Eingang *(Palatupana gate)* 11 km nordöstlich von Kirinda liegt. Die übrigen Sektoren werden seltener aufgesucht, auch aufgrund fehlender Pisten und Straßen. Ein weiterer Zugang zum Block I befindet sich 15 km östlich von Kataragama *(Katagamuwa gate)* und bietet den Vorteil, dass sich hier das Gelände ungestört von Fahrzeugkolonnen erkunden lässt. Zwischen Block I und Block II liegt ein Totalreservat von beträchtlicher Größe, das lediglich von Rangern betreten werden darf. Nordöstlich der Kernzone schließt sich mit dem Kumana-Nationalpark (→ S. 271) ein weiteres Schutzgebiet an. Dieses ist von Arugam Bay an der Ostküste erreichbar und wird in Broschüren und Karten häufig noch unter dem alten Namen „Yala East National Park“ bzw. „Yala Kumana National Park“ angeführt, was manchmal zu Verwirrung führte (und noch immer führt). Die beste Zeit für Tierbeobachtung ist von Mitte Juni bis Anfang September. In der Trockenzeit von Anfang September bis Mitte Oktober ist der Park geschlosssen – Safaris sind in diesem Zeitraum nicht möglich.

Hauptgrund für die Beliebtheit des Nationalparks bei Reisenden ist der Umstand, dass hier die Chance am größten ist, während einer Safari **Leoparden** zu Gesicht zu bekommen. Rund 30 dieser Raubkatzen leben hier, die besten Tageszeiten sind wie immer frühmorgens oder spätnachmittags. Darüber hinaus siedeln im Yala-Nationalpark etwa 200 Elefanten, jede Menge Wasserbüffel, Axishirsche, Krokodile, Mungos, Affen, Buntstörche sowie Wildschweine. Insgesamt sind über 30 Säugetier- und 130 Vogelarten auf dem Terrain zu Hause, u. a. auch Warane, Eidechsen, Baumnattern, Fischadler, Papageien, Sittiche sowie jede Menge Schmetterlinge. Der 1938 gegründete Park zählt – gemeinsam mit dem Wilpattu-Nationalpark an der Westküste – zu den größten und ältesten Nationalparks Sri Lankas. Der offene Savannencharakter der Landschaft erleichtert das Sichten von Tieren, hin und wieder unterbrechen Flüsse, Seen, in Küstennähe auch Lagunen die immergrüne

Yala-Nationalpark: flache Savannenlandschaft mit viel Wasser

Vegetation. Wichtigste Landmarke in Block I ist der 164 m hohe Elefantenfelsen *(Elephant Rock)*. Ein weiterer beliebter Tourstopp in Block I ist der bequemer von Kataragama aus erreichbare **Sithulpauwwa-Felsentempel.** Angeblich beherbergte das buddhistische Kloster im 2. Jh. v. Chr. bis zu 12.000 Mönche. Fundamente, Säulen, Inschriften sowie Statuen von Buddhas und Bodhisattvas zeugen von der einstigen Pracht und beweisen, dass das heutige Schutzgebiet in der Antike und im Mittelalter bedeutende Pilgerstätten beherbergte. Sie gehörten einst zum Territorium des Ruhuna-Königreichs, weshalb der Yala-Nationalpark – auch der besseren Abgrenzung halber zum benachbarten Kumana-Nationalpark – auch häufig als „Yala Ruhuna-Nationalpark" bezeichnet wird.

Tägl. 6–18 Uhr, das Ticketoffice an den Eingängen öffnet bereits um 5.30 Uhr. 15 $, erm. 8 $, hinzu kommen die üblichen Gebühren wie z. B. Steuern. Halbtägige Safaris kosten ca. 40 $/Person, ganztägige 75 $.

Übernachtungen im Park (in Bungalows oder im Zelt) können bei den Safarianbietern in Tissamaharama oder über die offizielle Homepage gebucht werden, www.yalasrilanka.lk.

Geheimtipp für Naturfreunde: der Lunugamvehera-Nationalpark

Noch fast ein Geheimtipp unter Reisenden ist der sich südwestlich an Block V des Yala-Nationalparks anschließende Lunugamvehera-Nationalpark. Das ca. 235 km² große Schutzgebiet wurde 1995 als „Lückenschließer" ausgewiesen, um Elefanten ihre Wanderungen zwischen dem Yala- und dem Uda-Walawe-Nationalpark zu erleichtern. Flora und Fauna sind mit dem Yala-Nationalpark vergleichbar, auch Leoparden wurden hier schon gesichtet. Doch im Gegensatz zum großen Auftrieb in Block I lassen sich hier die Tiere ungestört von Motorenlärm anderer Safarijeeps beobachten. Der Eingang zum Park *(Kitulkote gate)* befindet sich 6 km nördlich von Thanamalwila an der A 2 Hambantota–Wellawaya. Für Touren wendet man sich am besten an die großen Safarianbieter in Tissamaharama (→ S. 248).

Der Süden → Karte S. 174/175

Uda-Walawe-Nationalpark

Bereits auf der Straße, die unmittelbar südlich entlang der Grenze zum Nationalpark verläuft, sieht man mit etwas Glück Elefantenherden. In den frühen Vormittags- und Abendstunden nehmen die Dickhäuter ein Bad im Uda-Walawe-Reservoir, das rund ein Fünftel der Fläche des Nationalparks bedeckt.

Trotz der abgeschiedenen Lage im Hinterland ist der Uda-Walawe-Nationalpark bei Touristen äußerst beliebt. Der Grund dafür liegt auf der Hand, denn nirgendwo sonst ist die Wahrscheinlichkeit, **Elefanten** zu begegnen, so groß wie hier. In lang anhaltenden Trockenperioden sinken jedoch die Chancen, denn dann ziehen sich die Herden zurück in vegetationsreichere Gefilde, die die Feuchtigkeit länger speichern. Doch auch in diesem Fall ist der Weg hierher nicht vergeblich, denn im angeschlossenen, seit 1985 bestehenden **Elephant Transit Home** können Besucher zu festgesetzten Zeiten der Fütterung junger Babyelefanten beiwohnen. Die Regierungsinstitution hat hier bisher rund 100 Elefantenbabys aufgezogen und anschließend wieder ausgewildert. Gegenwärtig leben etwa 40 Jungelefanten auf der Station. Es empfiehlt sich, den Nationalparkbesuch mit dem **Elephant Transit Home** zu kombinieren, auch wenn hierfür ein Extraticket gelöst werden muss. Unmittelbar vor dem Elephant Transit Home informiert ein sehenswertes **Museum** über die Lebensweise der Dickhäuter in Sri Lanka.

Dickhäuter im Nationalpark

Das Schutzgebiet mit einer Fläche von 308 km^2 vermittelt den Übergang zwischen feuchten Regenwäldern im Westen und den Trockensavannen im Osten. Der Park bildet obendrein das Scharnier zwischen dem flachen Küstenhinterland im Süden sowie dem Hochland im Norden. Je nach Jahreszeit leben etwa 400–500 Elefanten auf dem Terrain des 1972 eingerichteten Nationalparks. Darüber hinaus lassen sich u. a. Pfauen, Adler, Störche, Eisvögel, Pelikane, Chitals, Wasserbüffel und Krokodile bestaunen. Neben 94 Pflanzenarten listet die Parkverwaltung insgesamt 21 Fisch-, 12 Amphibien-, 33 Reptilien- und 43 Säugetierarten auf. Von den 184 hier lebenden Vogelarten sind ein Sechstel Zugvögel. Die abwechslungsreiche Vegetation reicht von Marschland, Feuchtwiesen und Grasland bis zum savannenartigen Buschland, vereinzelt recken sich die Stämme abgestorbener Baumriesen einsam in die Höhe. Bei klarer Sicht sind im Norden die Berge des Hochlands zu erkennen. Der Uda-Walawe-Nationalpark liegt 165 km südöstlich von Colombo und wird von der B 427 von Thanamalwila erschlossen. Wenige Kilometer westlich der Parkgrenze mündet die Zufahrtsstraße auf die A 18, die die Südküste bei Hambantota mit der Edelsteinmetropole Ratnapura im Hinterland verbindet.

Tägl. 6–18 Uhr. 15 $, erm. 8 $, hinzu kommen die Gebühren für Fahrzeuge sowie Steuern. Sewanagala, 7th mile post, www.udawalawenationalpark.com.

Hin & weg Bus: Reisende von Tissamaharama oder Wellawaya steigen in Thanamalwila in einen Bus in Richtung Ratnapura um.

Taxi: Reisende von der Südküste machen sich am besten mit dem **Taxi** auf dem Weg ins Hochland am Nationalpark Station. Hostels – u. a. in Mirissa (→ S. 288 f.) – organisieren Fahrgemeinschaften.

Elefantenfütterung Elephant Transit Home (ETH). Die Elefantenfütterungsstation liegt 5 km westlich vom Parkeingang an der B 427, angeschlossen ist ein kleines Museum. Die Fütterungszeiten sind um 9, 12, 15 sowie 18 Uhr. 500 Rs, erm. 250 Rs.

Übernachten/Essen Le Green Udawalawe, ④. Ansprechende Unterkunft mit Pool direkt an der B 427 und nur einen Steinwurf vom Parkeingang entfernt. Freundliche Inhaberfamilie, Organisation von Safaris sowie Transfers. Kostenlose Leihräder, im Restaurant sind auch auswärtige Gäste willkommen. Saubere Zimmer mit Gemeinschaftsveranda, gehobener Gästehausstandard. Thanamalwila Rd. 4, Ekamuthugama, Sewanagala, ✆ 071-9588788, www.legreen.lk.

Der Süden → Karte S. 174/175

Sinharaja Forest Reserve

Das abgelegene Naturschutzgebiet entpuppt sich als Primärwaldgürtel mit Mittelgebirgscharakter. Seit 1978 zählt es zum UNESCO-Weltnaturerbe. Die Anfahrt ist jedoch für Individualreisende ohne eigenen fahrbaren Untersatz alles andere als einfach.

Das 89 km² große Biosphärenreservat liegt 70 km nördlich von Matara und 130 km südöstlich von Colombo. Es ist das letzte Gebiet Sri Lankas, das einen zusammenhängenden Bestand an Primärwald aufweisen kann. Beim oberflächlichen Blick auf die Landkarte wirkt das Areal bei einer maximalen Länge von 21 km sowie einer Breite von lediglich 7 km ziemlich übersichtlich. Dieser Eindruck verflüchtigt sich spätestens bei der Anreise: Die dicht mit Regenwald bedeckten und häufig mit Nebel verhangenen Berge erreichen eine Höhe bis ca. 1400 m. Steil und unwegsam wirken die Gebirgszüge, die wider Erwarten nicht zum Hochland gehören, sondern noch dem Hügelland zugerechnet werden. Das Sinharaja Forest Reserve zählt auch zu den wenigen verbliebenen Regionen Sri Lankas, die keinen oder nur einen sehr schlechten Handyempfang bieten. Den überwiegend **ornithologisch interessierten Besuchern** des Reservats ist dieser Umstand vermutlich gleichgültig. Sie kommen, ausgerüstet mit leistungsfähigen Ferngläsern, und schwelgen angesichts des auf der Insel einzigartigen gefiederten Artenreichtums. In Zahlen liest sich das folgendermaßen: 141 Vogelarten sind im Schutzgebiet heimisch, davon sind 19 endemisch. In ganz Sri Lanka gibt es lediglich 20 endemische Vogelarten. Mit ein wenig Geduld zeigt sich eventuell ein exotischer Gabeldrongo *(Dicrurus forficatus)* oder Rotgesicht-Malkohas *(Phaenicophaeus pyrrhocephalus)*, Dark Fronted Babbler's *(Rhopocichla atriceps)*, Schmuckkittas *(Urocissa ornata)* und Spot-winged Trush's *(Geokichla spiloptera)* oder vielleicht sogar Fledermauspapageien *(Loriculus beryllinus)* und Goldbrustbülbüls *(Pycnonotus melanicterus)*. Aufgrund der dichten Vegetation machen sich andere Tiere bei **geführten Trekkingtouren** eher rar. Es gibt sie jedoch: Primaten, Vipern, Warane, Eidechsen und jede Menge Schmetterlinge. Die Parkverwaltung listet 65 Schmetterlings-, 29 Schlangen- und 19 Amphibienarten auf, hinzu kommen 40 verschiedene Säugetiere. Sogar 15 Leoparden sollen sich im Regenwaldgebiet aufhalten.

Bis zum Schutz des Waldgebiets 1978 als Biosphärenreservat wurde auch hier hemmungslos abgeholzt. Aus diesem Grund ist der Bestand an Primärwald auf eine innere Kernzone reduziert. Rund um die innere Zone befindet sich ein Gürtel aus Sekundärwald, den sämtliche Besucher auf ansteigenden Forstwegen ins Gebirge durchqueren müssen. Erstaunlicherweise hält sich die **botanische Artenvielfalt** im Biosphärenreservat in Grenzen: „Nur" 204 Baumarten kommen hier vor, geradezu ein Klacks im Vergleich etwa zur Biodiversität Costa Ricas. Der Grund hierfür liegt allerdings nicht in der Abholzung, sondern in der spezifischen Erdgeschichte des Fleckens Sri Lanka über einen Zeitraum von Millionen von Jahren. Bekannteste Baumspezies ist der in Sri Lanka endemische *Shorea stipularis* aus der Familie der Flügelfruchtgewächse, von Einheimischen *Nawanda* genannt. Seit 1998 steht die Pfanze auf der Roten Liste akut bedrohter Arten. Daneben gibt es fleischfressende Kannenpflanzen *(Nephentes)* sowie seltene Farne *(Lindsaeaceae)* in Hülle und Fülle. Auch Orchideen können hin und wieder gesichtet werden. Engagierten Ökologen geht der praktizierte Schutz der Tiere und Pflanzen nicht weit genug. Sie verweisen darauf, dass noch immer an den Rändern des Areals abgeholzt wird, um Platz für Teeplantagen zu schaffen. Staatliche Lizenzen für Edelsteinschürfer sowie die Arbeit von Fallenstellern wirken sich ebenfalls nicht förderlich auf die Erhaltung gefährderter Bestände aus.

Farn im Biosphärenreservat

Der Sinharaja Forest Reserve wird von Flüssen eingerahmt – im Norden vom Kalu Ganga sowie im Süden vom Gin Ganga. Die zahlreichen Zuflüsse aus dem Reservat deuten auf große Niederschlagsmengen hin, und in der Tat handelt es sich um eines der regenreichsten Areale im ohnehin notorisch feuchten sri-lankischen Südwesten. Im Durchschnitt variieren die jährlichen Niederschlagsmengen zwischen 3600 mm und 5000 mm, wobei ein Gutteil auf die beiden Monsunperioden von November bis Januar und Mai bis Juli entfällt. **Zwei Zugänge** führen ins Schutzgebiet, der eine von Süden mit dem Basislager Deniyaya *(Pitadeniya entrance)*, der andere im Norden mit Kudawa als Basis *(Kudawa entrance)*. Am populärsten ist der Zugang von der Nordseite, die meisten Quartiere im Low-Budget-Bereich liegen jedoch im Süden. Fast alle Unterkünfte organisieren Touren in das Schutzgebiet, feste Wanderstiefel und ausreichend Schutz vor Blutegeln gehören zur obligatorischen Ausrüstung. Das Reservat darf nur in Begleitung einheimischer Führer betreten werden.

Sinharaja Forest Reserve Tägl. 5.45–16.45 Uhr. 1700 Rs inkl. Rangerbegleitung (und häufig inkl. Transport vom Quartier zum Parkeingang). Trinkgelder für die Guides kommen zum Ticketpreis hinzu. Am Nordeingang können Guides vor Ort angefordert werden, am Südeingang übernehmen die Quartiere das Organisieren von Guides. Ein kleiner Buchladen am Nordeingang verkauft Informationsbroschüren.

Hin & weg **Bus**: Reisende aus Richtung Colombo nehmen einen Bus nach Ratnapura (→ S. 416 ff.) und steigen dort in einen Bus nach Deniyaya (Südeingang) oder Kudawa (Nordeingang) um. Reisende aus Matara und Galle können direkt bis Deniyaya fahren, zum Nordeingang ist ein Umstieg in Rakwana oder in Kalawana erforderlich.

Tuk-Tuk: Eine Fahrt mit dem Three Wheeler vom Küstenquartier, z. B. von Mirissa, sollte nicht mehr als 4000 Rs kosten.

Übernachten/Essen **Blue Magpie Lodge**, ④. Das aufgrund der Nähe zum Reservat geschätzte Gästehaus ist nach einem endemischen Vogel, der Schmuckkitta, benannt. 12 einfach möblierte Zimmer mit AC, größtenteils in grünen Bungalows. Für Warmwasser sorgen Solarzellen auf dem Dach, Restaurant im Neubau, kein Internet. Kudawa (1,5 km zum Eingang), ✆ 072-6309637, www.bluemagpie.lk.

Boulder Garden Resort, ⑧. Das Edelhotel befindet sich 16 km nördlich von Kudawa zwischen Wald und Teeplantagen. Himmlische Ruhe, Natur pur, 10 Suiten, die meisten mit Balkon oder Veranda und eingerichtet im Stil eines Boutiquehotels. Restaurant mit Ausblick auf den munter sprudelnden Fluss, Quellwasserpool. Komfort gepaart mit Nachhaltigkeit! Sinharaja Rd., Koswatta, Kalawana, ✆ 045-2255812, www.bouldergarden.com. ■

Forest View (Martin's Lodge), ③. Einfache Lodge im Sinharaja Forest Reserve, 5 Min. zu Fuß vom Nordeingang entfernt. Bei Ornithologen geschätzte Unterkunft, 7 einfache, relativ saubere DZ und 2 Dreibettzimmer, Restaurant mit Sitzplätzen auf der Terrasse mit Aussicht, Reis & Curry ab 900 Rs. Sinharaja/Kudawa (bei Anruf schickt Mr. Martin einen Jeep nach Kudawa), ✆ 045-5681864.

Sinharaja Hostel, ①–④. Die preiswerte Unterkunft liegt in der Nähe des Südzugangs zum Reservat. 2 DZ und ein Schlafsaal mit 4 Betten (nur für Frauen) sowie einer mit 6 Betten (gemischt). Exzellente Lage, Wanderungen starten direkt von der Unterkunft, hochgelobte Küche. Lankagama Rd., Mederipitiya, Deniyaya, ✆ 071-0714444, Buchung über die gängigen Buchungsportale.

Deniyaya Guest House, ①. Einfaches Gästehaus am Gin Ganga mit Homestay-Charakter. Die freundliche Inhaberfamilie organisiert Touren ins Biosphärenreservat. Einfache, farbenfroh eingerichtete Zimmer mit Bad, Ventilator und Moskitonetzen. Restaurant mit guter Küche. Ihalagama, Deniyaya (Nähe Südeingang), ✆ 071-3530895, Buchung über die gängigen Buchungsportale.

Wandern Das Biosphärenreservat ist von einem **Wegenetz unterschiedlicher Länge** durchzogen. Der längste und schwierigste Trail ist 14 km lang und streckenweise sehr steil. Es handelt sich um einen Stichweg – man geht auf dem gleichem Weg wieder zurück, Gehzeit 3–4 Std., der höchste Punkt mit Aussicht liegt 760 m hoch. Weniger interessant ist diese Wanderung für die Pflanzen- und Tierbeobachtung. Die meisten Besucher entscheiden sich daher für den breiten Haupttrail zum Forest Research Center (Picknickplatz) und auf gleichem Weg zurück zum Parkeingang. Empfehlenswert ist der eine oder andere Abstecher, wobei dann mit Blutegeln gerechnet werden muss!

Der Süden → Karte S. 174/175

Strandspaziergänger in Passekudah

Die Ostküste

Wer von der Südküste anreist, zeigt sich eventuell überrascht davon, wie wenig entwickelt sich der Osten des Landes präsentiert. Abgesehen davon überzeugt die Ostküste Sri Lankas mit wundervollen, wenig überlaufenen Stränden und einem ganz besonders schönen Licht.

Im Unterschied zu anderen Landesteilen ist die beste **Reisezeit** für die Ostküste von März bis September. Ein exaktes Spiegelbild zum Westen und zum Süden, denn während es auf der einen Inselseite regnet, herrscht auf der anderen Seite häufig eitel Sonnenschein – und umgekehrt. Aber auch außerhalb der Saison kann eine Reise entlang der Ostküste Genuss bereiten, denn der Nordost-Monsun bringt zwar dem Osten den in der Landwirtschaft dringend benötigten Regen, erweist sich aber nicht gerade als zuverlässig: Trotz Monsun lacht beispielsweise im Januar nicht selten die Sonne am wolkenlosen Himmel und taucht die überwiegend flache Landschaft in strahlendes Licht. Dennoch fallen statistisch betrachtet die meisten Niederschläge an der Ostküste im November und Dezember. Das Wetterphänomen spiegelt sich auch in der touristischen Infrastruktur: Während man im Westen und Süden Sri Lankas ein breites Angebot an Quartieren in allen Klassen vorfindet, sind im Osten die Möglichkeiten beschränkter. Besonders bei den Mittelklassehotels klaffen teils erhebliche Lücken, und auch bei Luxushotels ist längst nicht alles Gold, was glänzt. In puncto Service und Sauberkeit muss man an der Ostküste teilweise Abstriche machen, im Gegenzug erhält man dafür häufig unverfälschte Einblicke in das Alltagsleben der Menschen.

Während im Westen und im Süden die Bevölkerungsgruppe der Singhalesen, dominiert, ist die Ostküste mehrheitlich von **Tamilen** (in einigen Gebieten auch von Muslimen) geprägt. Mit Ausnahme des Nordens litt keine andere Region der Insel

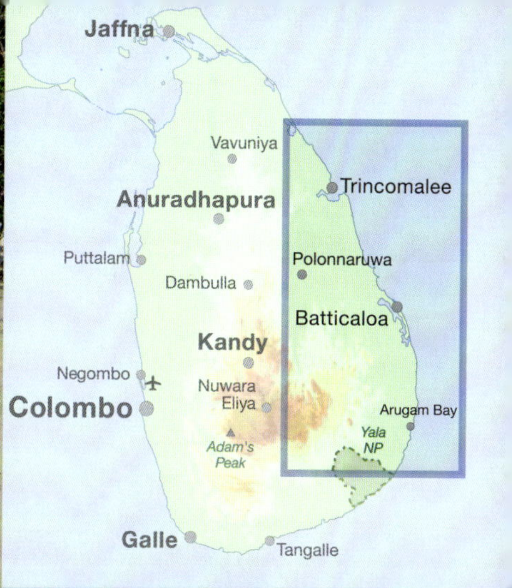

Die Ostküste

derart unter den Folgen des sri-lankischen Bürgerkriegs wie der Osten. Besonders augenfällig wird dieser Tatbestand bei einer Tour durch das Hinterland von Trincomalee, wo schwarze Schilder an den Außenwänden diejenigen Häuser kennzeichnen, die nach dem Ende des Bürgerkriegs 2009 – teils mit ausländischen Spenden – wiederaufgebaut wurden. Auch die Tsunami-Katastrophe 2004 hat die Ostküste mit Abstand am heftigsten tangiert. Während etablierte Urlaubsorte wie Uppuveli, Passekudah oder Arugam Bay sich nach dem Tsunami und dem Ende des Bürgerkriegs rasch erholten und erstaunlich schnell an (alte) touristische Blütezeiten anknüpfen konnten, verblieben manche Gegenden mit ähnlich guten Voraussetzungen im Dornröschenschlaf. Die **beliebtesten Strände** im Osten heißen Nilaweli, Uppuveli, Passekudah sowie Arugam Bay, wobei der letztgenannte kein typischer Badeort ist, sondern eines der prestigeträchtigsten Surfreviere der gesamten Insel. Leckerbissen für **Taucher und Schnorchler** sind die Schiffswracks vor der Küste von Batticaloa sowie die Korallenriffs von *Pigeon Island* nördlich von Trincomalee.

Im Vergleich zum Westen und Süden ist der Osten verhältnismäßig dünn besiedelt. Auf Hektik stoßen Reisende lediglich in Ausnahmefällen, überwiegend geht das Alltagsleben der Menschen seinen geruhsamen Gang. Ein praktikables Fortbewegungsmittel vor Ort ist das Fahrrad, wobei sich bei längeren Strecken auch hier ein Three Wheeler empfiehlt. Selbst in vergleichsweise dicht besiedelten urbanen Zentren wie **Batticaloa** oder **Trincomalee** – den beiden größten Städten der Ostküste – ist man mit einem Fahrrad gut beraten. Die meisten Unterkünfte haben sich mittlerweile darauf eingerichtet und verleihen Räder oder Scooter an ihre Gäste. Die beiden Städte sind auch für kulturell Interessierte die mit Abstand ergiebigsten Küstenziele, wobei die wirklich bedeutenden Sehenswürdigkeiten an einer Hand aufgezählt werden können: die beiden Forts aus der Kolonialzeit sowie der Shiva-Tempel in Trincomalee. Aus archäologischer Sicht Interessantes bieten darüber hinaus die Umgebungen von Trincomalee und von Monaragala im südlichen Hinterland.

Jaffna
Mullaitivu
Kokkilai
Kokkilai Bird S.
Pulmoddai
B211
Ilamarutankulam
B424
Indian Ocean
Kuchchaveli
Padaviya Wewa
Alutgama
A29
Velgam Raja Maha Viharaya
Nilaveli
Kebitigollewa
B283
Uppuveli
Thiru Koneswaram Kovil
Trincomalee
Foul Point
B282
Horow-potana
Trincomalee Naval Headworks Sanctuary
A12
Kinniya
Thampala-kamam
Mutur
Pahalawewa
Kahatagasdigiliya
Anuradhapura
Agbopura
B10
A6
Alut Oya
Veddikachchi
Somawatiya Chaithya Sactuary
Verugal
Kaudulla NP
A15
Medirigiriya
Ritigala 766
Trikona-madu NR
Ritigala
Galoya Junction
A11
Hingurak-goda
Habarana
Minneriya NP
Minneriya
Flood Plains Park
A9
Sigiriya
Rock Fortress
Polonnaruwa
A11
Kalkudah
Passekudah
Angam-medilla NP
Welikanda
Valaichchenai
Dambulla
Dimbulagala
A15
Cave Temples
Wasga-muwa NP
B502
Eravur
B615
AB44
Chenkaladi
Galewela
Aralaganwila
Batticaloa
Naula
Dutch Fort
Karadiyanaru
Kirioya
Kattankudy
Kurunegala
B346
Nalanda Gedige
Dehiattakandiya
A5
B312
A4
Kurukkalmadan
A9
Hettipola
Maduru Oya Nationalpark
Hetanamaya
B274
A27
Aluvihara
Girandurukotte
Matale
Meemure
Knuckles Range
AB44
Vedda Villages
Hamangala Caves
Kalmuna
Elkaduwa
Migaswatta
Karaitivu
Kandy
Sammantu
Mahiyangana
A31
A26
Ampara
Mapagoda
Victoria Res.
Peradeniya
A5
Gal Oya Nationalpark
AB01
B1
Akkaraip
B57
Senanayake Samudraya
B492
Gampola
Bibile
A25
B413
Wedinagala
A5
Ramboda
Lightho Point
Bogoda
Badulla
B56
Colombo
B317
Nanu Oya
Nuwara Eliya
Biso Pokuna
Passara
Lahugala-Kitulana NP
A4
A5
A22
Nakkala
A4
Pottuvil
Hatton
Peacock Rock 1111
Siyambalan-duwa
Ella
Dickoya
Monaragala
Arugam B
Warleigh Church
Bandarawela
A23
Horton Plains NP
Crocodile Rock
Ohiya
Buttala
Kinkini Vihara
Panama
Wellawaya
Maligawila/ Dambegoda
Die Ostküste
15 km
Buduruwagala Viharaya
Yala Nationalpark
Kumana Nationalpark
Kudumbigala
Hambantota
B35

Wer kein Inlandsflugticket in der Tasche hat, muss die umständliche Anreise über Land wählen. Je nach gewählter Route sowie endgültigem Bestimmungsziel führen unterschiedliche **Wege durch das Hinterland** nach Osten: Reisende aus dem südlichen Hochland und von der Südküste mit dem Ziel Arugam Bay fahren normalerweise über Wellawaya (→ S. 414 f.) und Monaragala, wobei man in Wellawaya in einen anderen Bus umsteigt. Eine Direktanreise von Süden entlang der Küste ist wegen der Nationalparks unmöglich. Ein weiterer wichtiger Umsteigeknoten im Hinterland ist die Distrikthauptstadt Ampara – insbesondere für diejenigen, die von Kandy aus nach Pottuvil/Arugam Bay oder Batticaloa möchten. Die beiden Vorzeigestrände Kalkudah und Passekudah nördlich von Batticaloa sind am besten über die alte Königsstadt Polonnaruwa zu erreichen, während die größte Stadt an der Ostküste, Trincomalee, unkompliziert über Vavuniya (→ S. 292) im nördlichen Hinterland angesteuert wird. Die Küstenstraße von Trincomalee nach Jaffna wird u. a. wegen fehlender Brückenübergänge nicht mit öffentlichen Bussen befahren. Daher führt die Fahrt nach Jaffna über die kilometermäßig weitere Strecke durch das Hinterland – mit Umsteigen in Vavuniya.

Monaragala

ca. 10.000 Einwohner

Das wenig spektakuläre Städtchen am Colombo-Batticaloa-Highway (A 4) ist eine wichtige Etappenstation auf dem Weg vom Hochland bzw. von der Südküste nach Arugam Bay. Bereits bei der Anfahrt ist der mächtige **Peacock Rock** zu erkennen, dessen 1111 m hohe Gipfelzone nicht selten in den Wolken steckt. Die kreisrunde und von dichter Vegetation überwucherte Erhebung gab der Stadt auch ihren Namen, denn *monara* bedeutet Pfau, *gala* heißt auf Deutsch Felsen. Die A 4 in Richtung Pottuvil schlägt einen weiten halbkreisförmigen Bogen, um dieses topografische Hindernis zu umschiffen, auf dessen schwer zugänglicher Gipfelzone sich noch britische Militäranlagen aus dem letzten Weltkrieg befinden. Von oben hatte man bei klarer Sicht die Ostküste Sri Lankas fest im Blick.

Eine Handvoll archäologischer Sehenswürdigkeiten in der Umgebung machen auf den zweiten Blick aus Monaragala allerdings mehr als einen simplen Etappenstopp: Relativ unkompliziert zu erreichen sind die Fundamente des **Biso Pokuna**, eines Feudalpalastes aus dem 12. Jh. Sie befinden sich an der A 4 rund 9 km östlich von Monaragala in der Gemarkung Galebadda. Ein Blickfang ist das vorbildlich wieder instand gesetzte Königinnenbad. Es wurde von Quellwasser gespeist, das aus vier Löwenhäuptern – eines in jeder Himmelsrichtung – in das Becken strömte. Wenige Schritte weiter befindet sich unter Bäumen die hochherrschaftliche Toilette (kein Eintritt, die Fahrt vom Busbahnhof per Tuk-Tuk kostet ca. 500 Rs inkl. Wartezeit).

27 km südwestlich von Monaragala stehen in einem Hain bei Okkampitiya zwei eindrucksvolle Statuen aus kristallinem Kalk. Die Kunstwerke aus dem 7. Jh. n. Chr. gehörten zu einem bedeutenden buddhistischen Kloster namens Pathma Vihara oder Ariyakara Vihara und sind noch heute das Ziel von Pilgern aus der Umgebung. Die 7,62 m hohe **Statue von Dambegoda** stellt den Bodhisattva des unendlichen Mitgefühls Avalokiteshvara aus der Mahayana-Tradition dar, wobei es sich auch um den zukünftigen Buddha Maitreya handeln könnte. Die **Maligawila-Statue** wenige Hundert Meter weiter ist 10,36 m hoch und stellt den Buddha Shakyamuni dar (Eintritt frei).

Eine weitere Attraktion ist der **Kinkini Vihara** bei Yudaganawa 3 km westlich von Buttala an der A 4 Monaragala–Wellawaya. Der Torso einer Ziegeldagoba mit einem Umfang von 317 m erinnert an die großen Stupas von Anuradhapura im Norden

Die Ostküste → Karte S. 264

der Insel, es handelt sich um den größten Stupa seiner Art im Süden Sri Lankas. Der Überlieferung nach fand hier im 2. Jh. v. Chr. eine für die Historie der Insel bedeutsame Schlacht zwischen dem singhalesischen Nationalhelden Dutthagamani und seinem Bruder Saddha Tissa statt (Eintritt frei).

Hin & weg **Bus**: Der Busbahnhof befindet sich im Ortszentrum, wenige Schritte südlich der A 4. Etwa stündlich Verbindungen nach Pottuvil bzw. Arugam Bay (3 Std.), alle 30 Min. besteht Anschluss nach Wellawaya (2 Std.). Nur wenige Direktbusse verkehren nach Batticaloa sowie Kataragama.

Tuk-Tuk: Die halbtägige Rundtour zu den Attraktionen in der Umgebung sollte nicht mehr als 2000 Rs kosten, ein zuverlässiger Fahrer ist Mr. Vijayvardhana. ✆ 077-6491117.

Übernachten/Essen **Kumbuk River**, ⑦. Das Ökoresort befindet sich mitten im Nirgendwo, 22 km südwestlich von Monaragala. Im Zentrum der Anlage befindet sich die komplett aus Naturmaterialen errichtete zweistöckige Elephant Villa (sie hat die Form eines Elefanten) mit Wohnlobby im EG sowie 2 Familienapartments im 1. OG, die auch für Kleingruppen bis 10 Pers. geeignet sind. 2 AC-Bungalows, 15 ha großes Dschungelareal, das Essen wird auf den Privatveranden serviert. Buchung nur mit Vollpension. Dambeyaya, Okkampitiya, ✆ 055-4921218, www.kumbukriver.com. ■

»» **Mein Tipp: Kanda Land Villa**, ②. Die empfehlenswerte Budgetunterkunft an der A 4 liegt 10 Gehminuten vom Busbahnhof entfernt. Familiengeführtes Landhaus im traditionellen Stil mit Veranden und behaglichen Fußböden. 6 schlicht möblierte, aber saubere Zimmer mit AC, es überwiegen Naturtöne. Die kultivierte und freundliche Inhaberfamilie kocht auf Wunsch und nimmt Gäste auf Exkursionen mit (u. a. in den Yala-Nationalpark). Wellawaya Rd. (Hinweisschild an der Ortsdurchfahrt ist leicht zu übersehen), ✆ 055-2276925. ««

Victory Inn. Restaurant mit angenehmen Innenplätzen an der Ortsdurchfahrt (A 4) 5 Min. zu Fuß vom Busbahnhof entfernt. Frühstück, Mittagsbüfett von 11.30–15 Uhr ab 600 Rs, die vegetarische Variante ab 450 Rs. Sri-lankische und panasiatische Hauptgerichte à la carte ca. 350–1000 Rs, kein Alkohol. Angeschlossen ist ein Gästehaus. Tägl. 7–22.30 Uhr. Wellawaya Rd. 65, ✆ 055-2276100, Buchung über die gängigen Buchungsportale.

Pavilion Restaurant. Am zentralen Straßendreieck mit dem Uhrturm gelegenes Restaurant auf 2 Etagen mit angeschlossener Bäckerei. Man sitzt gut im gekühlten Innenraum (oben). Mittagsbüfett 12–15 Uhr ab 400 Rs. Im EG sind die Gerichte preiswerter, dafür ist das Ambiente einfacher. Auch kleine Snacks und Gerichte à la carte. Tägl. 6.30–21 Uhr. Pottuvil Rd. 1, ✆ 055-2276127.

Arugam Bay

Die Bucht südlich von Pottuvil besticht mit über 300 Sonnentagen im Jahr und ist hauptsächlich in der internationalen Surferszene ein Begriff. Wer die lange Anreise erfolgreich bewältigt hat, bleibt meist für mehrere Tage oder sogar Wochen.

Reisende, die vom Hochland oder von der Südküste hierherkommen, schätzen das moderate Preisniveau und die entspannte Atmosphäre an der entlegenen Fischerbucht, die zu den berühmtesten **Surfer-Destinationen** weltweit zählt. Beinahe alles ist auf die Bedürfnisse überwiegend junger Wassersportler aus allen Nationen ausgerichtet. Die Quartiere sind vergleichsweise einfach, auf den Speisekarten der Restaurants finden sich häufig Burger und Pizza. Wie man hier erzählt, waren es ein paar Rucksacktouristen aus Australien, die in den 1960er-Jahren hierher gelangten und entdeckten, dass sich die Wellen hervorragend zum Surfen eignen. In Ermangelung einer touristischen Infrastruktur nächtigten die ersten Gäste in improvisierten Palmhütten am Strand. Nach dem Tsunami nahm der Surftourismus endgültig Fahrt auf, obwohl – wie Einheimische bekunden – die Meereswellen

Sandbank mit Auslegerbooten am frühen Abend

nach der Naturkatastrophe kleiner geworden seien. Die Surfsaison reicht von Mai bis September, die höchsten Wellen zeigen sich um die Vollmondnächte in den Monaten Juli und August. Im Winterhalbjahr sind zahlreiche Unterkünfte sowie die meisten Surfshops und Restaurants geschlossen. Die Spots in und um Arugam Bay haben abenteuerlich klingende Namen: Der *Baby Point* gilt wegen niedriger Wellen v. a. im Juli und August als ausgezeichnete Stelle für Anfänger. Für Anfänger bis zum mittleren Level geeignet sind der *Pottuvil Point* und der *Whiskey Point* 6 km bzw. 8 km nördlich von Arugam Bay. Zwar sind die Wellen hier nicht sonderlich kräftig, dafür geht die Surfsaison länger als andernorts. Der wegen der abseitigen Lage wahrscheinlich am seltensten frequentierte Surfspot ist der *Lighthouse Point* oder *Green Point* in der Nähe der Ortschaft Komari 25 km nördlich von Arugam Bay. Der menschenleere Sandstrand ist übrigens auch gut zum Baden geeignet. Die Surferenklave besteht aus nur wenigen Fischerhäusern, umso breiter ist jedoch die touristische Ausstattung mit zahlreichen Unterkünften, Restaurants und Surfschulen angewachsen.

Nächster größerer Ort ist **Pottuvil,** 3,5 km nördlich von Arugam Bay und lediglich durch eine Lagune vom Ferienzentrum getrennt. Das muslimisch geprägte, knapp 34.000 Einwohner zählende Städtchen präsentiert sich staubig und wird von den meisten Reisenden links liegen gelassen. Allenfalls den Busbahnhof an der Durchfahrtsstraße lernen die Ortsfremden bei der An- und Abreise kennen. Die wichtigste Sehenswürdigkeit an der südlichen Peripherie ist der **Muhudu Maha Viharaya:** Das buddhistische Heiligtum, dessen weiße Dagoba bereits vom Strand in Arugam Bay zu sehen ist, liegt inmitten einer Dünenlandschaft. Eine Legende lokalisiert hier die Örtlichkeit, an der im 2. Jh. v. Chr. die auf dem Meer ausgesetzte Kelaniya-Prinzessin Viharamahadevi mit ihrem Boot anlandete und daraufhin den Ruhuna-Herrscher Kavan Tissa ehelichte. Allerdings reklamiert auch Kirinda an der Südküste (→ S. 247) das Privileg für sich, der Ankunftsort der schönen Adligen gewesen zu sein. Auf dem jederzeit frei zugänglichen Areal befinden sich neben dem neuen Tempel noch einige spärliche archäologische Reste aus der Ruhuna-Epoche (an der B 374 in Richtung Arugam Bay auf Schild nach links achten, dann nach 1,5 km).

Die dünn besiedelte Umgebung von Pottuvil lässt sich am besten mit dem Zweirad erschließen. Rundherum befinden sich Vogelschutzgebiete und Wildreservate, die Begegnung mit wilden Elefanten ist beinahe ebenso wahrscheinlich wie die mit dem sonnengebräunten Surfer am Strand. Landeinwärts befindet sich der nur 15,5 km^2 große **Lahugala-Kitulana-Nationalpark:** Der Colombo-Batticaloa-Highway (A 4) – Hauptanreiseroute von Wellawaya nach Arugam Bay – quert das 1980 gegründete und (bislang noch) ohne Eintrittskarte zugängliche Schutzgebiet. Auf selbigem Areal befindet sich mit dem **Magul Maha Viharaya** ein weiteres buddhistisches Heiligtum aus der Ruhuna-Periode. Angeblich sollen hier im 2. Jh. v. Chr. Kavan Tissa und Viharamahadevi den Bund der Ehe eingegangen sein. Unmittelbar südlich von Arugam Bay schließt sich ein kilometerlanger Sandstrand an, der am anderen Ende von markanten Granitfelsen begrenzt wird. Der **Crocodile Rock** und der **Elephant Rock** sind nicht nur strategisch günstig gelegene Orte in schöner Umgebung, um Sonnenaufgänge und -untergänge zu erleben, sondern verweisen auf Wildlife satt: Neben den bereits erwähnten Elefanten gibt es hier auch Krokodile und jede Menge Vögel zu sehen.

Einen legendären Ruf in der internationalen Travellerszene genießt das kleine Dorf **Panama** (die Betonung liegt auf der ersten Silbe) 17 km südlich von Arugam Bay. Neben dem surf- und badetauglichen Strand, zu erreichen über eine staubige Piste, kann man hier ebenfalls Elefanten, Krokodile, Wasserbüffel sowie Vögel bestaunen. Eine touristische Infrastruktur ist nur auf den zweiten Blick zu erahnen, noch beschränkt sich das Übernachtungsangebot auf eine Handvoll einfacher Homestays. Möglicherweise ändert sich dies demnächst – engagierte Einheimische stehen bereits in den Startlöchern und warten nur darauf, dass die abenteuerlustigen Rucksackreisenden auf der Suche nach unverbrauchten Destinationen Arugam Bay den Rücken kehren und nach Süden weiterziehen. Die Route von Pottuvil zum **Kumana-Nationalpark** (→ S. 271) streift das abseits der Durchgangsstraße gelegene Panama.

Basis-Infos

Information www.arugam.info

Hin & weg **Bus**: Die meisten Überlandbusse fahren bis Pottuvil, nur wenige Busse fahren weiter bis Arugam Bay (z. B. einmal tägl. der Direktbus nach Matara) oder Panama. Häufige Verbindungen von und nach Wellawaya via Monaragala. Reisende in Richtung Batticaloa steigen unter Umständen in Kalmunai um. Der Direktbus nach Colombo startet am Abend.

Tuk-Tuk: Eine einfache Fahrt per Three Wheeler zwischen Pottuvil und Arugam Bay kostet ca. 200–250 Rs.

Taxi: Ella (ca. 8500 Rs), Tissamaharama (ca. 9000 Rs), Colombo Airport (ca. 17.000 Rs).

Safaris/Touren/Mietfahrzeuge **Panama Village Resort**. Der Inhaber des Gästehauses an der Ortsdurchfahrt vermittelt Homestay-Aufenthalte in Panama, Safaris in den Kumana-Nationalpark sowie Bootstouren auf der Lagune. Auch Verleih von Fahrrädern (400 Rs/Tag) und Scooter (1000 Rs). Beach Hut Rd. 22, ✆ 063-2248558, www.panamavillageresort.com.

Eine weitere Reiseagentur mit eigenem Fuhrpark (Taxi, Three Wheeler, etc.) befindet sich im **Garden Beach Hotel** (s. u.).

Wassersport **Excellent Surf School**. Die Surfschule ist Mitglied in der International Surfing Association (ISA). Wochenkurse für Einsteiger mit Morgen- und Abendlektionen (je 1 Std.) sowie Surfexkursionen. Auch Scooter- und Surfbrettverleih sowie Organisation von Surfcamps. Einheimische Surflehrer, Erfahrung seit 2002. April bis Okt. Main St. 227, ✆ 077-5501260, excellentsurfschool.wixsite.com/excellentsurfschool.

Amigo Surf School. Die professionelle Surfschule mit über 20-jähriger Erfahrung befindet sich im Gästehaus Aloha Cabanas an der Ortsdurchfahrt. 8 geschulte Mitarbeiter, es wird gutes Englisch gesprochen, der Inhaber spricht sogar Deutsch und lernte sein Handwerk auf Hawaii, bevor er sich in Arugam Bay niederließ. Alle Schwierigkeitsgrade, Anfängersurflektion ab 2500 Rs zzgl. Transport. Ganzjährig geöffnet. Panama Rd., ✆ 077-4275229, www.amigosurfschool.com.

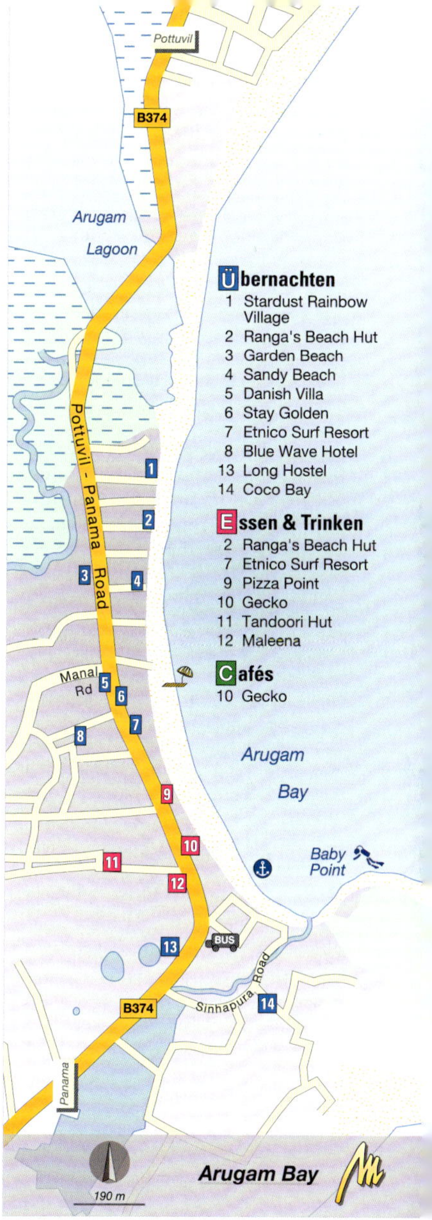

Übernachten

Wie in den anderen Küstenorten Sri Lankas fallen auch hier die großen saisonalen Preisunterschiede auf. Am teuersten sind Übernachtungen in der Hochsaison im Juli und August. Im Sommer feiert die internationale Surferszene am Strand bis tief in die Nacht. Ruhe suchende Menschen wählen daher besser eine abgelegene Unterkunft. Quartiere in Panama vermittelt das Panama Village Resort an der Ortsdurchfahrt (→ S. 268).

The Blue Wave Hotel 8, ⑤. Das moderne Mittelklassehotel mit Restaurant und Pool befindet sich wenige Schritte westlich der Ortsdurchfahrt. 30 Zimmer in einem schlanken Riegel mit 3 Etagen, alle sind gleich geschnitten, solide eingerichtet und haben einen kleinen Balkon. 5 Min. zum Strand. Blue Wave Hotel Rd. 5, ✆ 063-4929929, www.arugambayhotels.com.

Stardust Rainbow Village 1, ⑤. Das einfache Mittelklassehotel unter dänischer Leitung liegt am nördlichen Ende der Strandzeile. Schöne Lage direkt am Sandstrand, 8 DZ im Haupthaus auf 2 Etagen mit Veranda sowie einfachen Bädern, 6 Cabanas (teilweise ohne AC) sowie 2 Familienapartments mit Lounge und Küche für Selbstversorger. Restaurant, Massage, Yogakurse, Organisation von Nationalparksafaris sowie Bootsausflügen auf der Lagune. Panama Rd., ✆ 063-2248191, www.arugambay.com.

Coco Bay 14, ④–⑤. Gediegenes Gästehaus mit zurückhaltendem Service abseits vom touristischen Trubel. Nicht direkt am Meer gelegen, daher etwas preiswerter, 10 Min. zu Fuß zum Strand und an die Ortsdurchfahrt. 4 komfortable DZ mit Veranda, Dielenböden, hohen Holzdecken, Kühlschrank und AC, ein einfach ausgestattetes Familienzimmer. Restaurant. Sinhapura Rd., ✆ 063-2248510, Buchung über die gängigen Buchungsportale.

»» **Mein Tipp: The Danish Villa 5**, ③–⑤. Angenehme Unterkunft in dänischer Hand an der Ortsdurchfahrt. 7 Zimmer, davon 5 im gediegenen Haupthaus, 2 in Bungalows mit Gemeinschaftsveranda. Die schöneren Zimmer liegen nach hinten raus, ein Zimmer ohne AC, alle unterschiedlich möbliert, einige etwas dunkel. Ruhig, große Lobby, kein Restaurant, Garten. Main St., ✆ 077-6957936, www.thedanishvilla.dk. ««

Sandy Beach Hotel 4, ③–⑤. Kompaktes Gästehaus mit luftigem Restaurant am Strand, 14 Zimmer, davon 6 mit Meerblick, im zweigeschossigen Haupthaus sowie in Gartenbungalows, AC und Moskitonetze sind vorhanden. Wer Privatsphäre bevorzugt, wählt eventuell einen Bungalow. Ruhige Lage in einer Seitengasse, ordentlicher Gesamteindruck. Water Music Rd., ✆ 063-2248403, www.arugambay-hotel.com.

Hotel Stay Golden 6, ③–④. 2014 gegründetes Gästehaus zwischen Ortsdurchfahrt und Strand mit 6 gemütlichen Cabanas und einem DZ im Haupthaus an der Straße. Leicht gehobener Standard, viel Holz, in der Saison serviert das Restaurant auf Wunsch das Essen direkt an den Strand. Panama Rd., ✆ 075-0644409, www.staygoldenarugam.com.

Etnico Surf Resort 7, ②–④. Kleines Gästehaus unter sri-lankisch-italienischem Management direkt am Strand in zentraler Lage. 2 einfache, aber wohnliche DZ sowie 2 großzügig geschnittene Familienapartments (letztere liegen allerdings an der Ortsdurchfahrt). Alle mögliche Aktivitäten im Angebot. Das Restaurant serviert gute Pasta- und Pizzagerichte und heißt auch auswärtige Gäste willkommen. Eine ausgezeichnete Wahl. Main St. 46, ✆ 077-9125310, Buchung über die gängigen Buchungsportale.

Garden Beach Hotel 3, ②–④. Gästehaus unter einheimischer Leitung an der Ortsdurchfahrt mit angeschlossener Reiseagentur. 8 Zimmer im Haupthaus sowie 2 Cabanas, etwas nüchtern, jew. mit eigener Veranda. Das kleine, ausgezeichnete Restaurant serviert Frühstück (u. a. mit Müsli und Obstsalat), Mittag- und Abendessen. Main St., ✆ 077-6529791, Buchung über die gängigen Buchungsportale.

Ranga's Beach Hut 2, ①–②. Angesagte Unterkunft unter tamilischer Leitung für Rucksackreisende mit einfachen Cabanas. Relaxtes Flair, das Restaurant heißt auch auswärtige Gäste willkommen und hat in der Nebensaison zuverlässig geöffnet. 28 Zimmer in verschiedenen Kategorien, ohne AC. Während der Saison von Jan. bis Okt. betreibt die Unterkunft eine Dependance in abgeschiedener Lage am Lighthouse Point. Panama Rd., ✆ 077-3179594, www.arugambaybeachhut.com.

The Long Hostel 13, ①–②. Die Budgetunterkunft befindet sich am südlichen Ausgang von Arugam Bay. Der Eigentümer stammt aus Gelsenkirchen und betreibt das Logis gemeinsam mit einer Sri Lankerin. 4 DZ, 2 Gemeinschaftszimmer für 4 Pers. (mit AC) und 4 weitere für 6 Pers. (ohne AC). Gepflegtes Ambiente, gute externe Bäder, ein Plus ist die ellenlange Gemeinschaftsveranda mit Holztischen und Hängematten. Mitte April bis Ende Okt. Panama Rd., ✆ 077-3943199, www.thelonghostel.com.

Essen & Trinken

→ Karte S. 269

Zusätzlich zu den nachfolgend gelisteten Restaurants lohnt sich auch die Lektüre der Übernachtungstipps, denn viele Hotels und Gästehäuser öffnen ihre Restaurants auch für auswärtige Gäste.

Tandoori Hut 11. Herzhafte und knusprige Tandoori-Fleischgerichte, serviert mit Reis & Curry-Gemüse, dazu gibt's frische Obst- und Gemüsesäfte sowie Lassis. Rustikales Flair, offene Küche, Holztische und -stühle, kein Alkohol. Hauptgerichte ab 1100 Rs. Eine Filiale befindet sich in Mirissa an der Südküste. April bis Okt. tägl. 11–14 und 18–23 Uhr. Mafaza Mosque Rd., ✆ 063-2248580, www.tandoorihutabay.com.

››› Mein Tipp: **Pizza Point 9**. Kultige Einkehr in der Nähe des Siam View Hotels, spezialisiert auf israelische Küche. Westliches Frühstück mit Müsli, Biokaffee, frischen Säften, kleinen Snacks, Falafel, Hummus, Schawarma und Pizza aus dem Holzbackofen. Auch Reis & Curry. Es handelt sich um eine Filiale des Restaurants Break Point in Weligama an der Südküste. Hauptgerichte um 1000 Rs. Ende Mai bis Ende Okt. tägl. 13.30–23 Uhr. Main St., ✆ 077-2543043. ‹‹‹

Maleena 12. Das italienische Restaurant an der Ortsdurchfahrt ist spezialisiert auf knusprige Pizzen aus dem Holzbackofen. Verschiedene Sorten, Speisekarte auch auf Italienisch, der Inhaber hat 18 Jahre in Venedig gelebt. Schöne Sitzplätze unter einem luftigen Verandadach. In der Hauptsaison Pizza ab 1000 Rs mittags und abends, Okt. bis März nur abends, mittags gibt's dafür frische Pastagerichte. Auch Frühstück, kein Alkohol. Tägl. 9–23 Uhr. Main St., ✆ 077-7970709.

Ländliches Flair in Panama südlich von Arugam Bay

Gecko 10. Bar, Café und Restaurant mit lauschigen Sitzplätzen wenige Schritte vom Meer entfernt. Gediegenes Ambiente, rustikale Holztische und -stühle, abends stimmungsvolle Lampions. Frühstück, Mittag- und Abendessen, Spezialität sind Burger (ab 1000 Rs), die Zutaten stammen größtenteils aus Pottuvil und Umgebung, selbst der Kaffee wird aus sri-lankischen Bohnen zubereitet. Kuchen, hausgemachtes Eis, Loungemusik. Zimmervermietung. Ganzjährig geöffnet. Panama Rd., ✆ 063-2248212, www.geckoarugambay.com.

Die Ostküste → Karte S. 264

Kumana-Nationalpark

Das Schutzgebiet mit einer Fläche von 357 km^2 wird auf älteren Karten noch unter dem vormaligen Namen *Yala-East- oder Yala-Kumana-Nationalpark* verzeichnet und bildet mit dem von der Südküste zugänglichen, ungleich berühmteren Yala-Nationalpark (oder Yala-Ruhuna-Nationalpark) das größte zusammenhängende Naturreservat Sri Lankas. Das von Flüssen, Seen und Salzwasserlagunen durchzogene Terrain besteht aus flachem Marsch- und Savannenland, aus dem hin und wieder Granitsolitäre wie einsame Leuchttürme herausragen. Exkursionen sind hauptsächlich für Vogelkundler interessant, zu sehen gibt es u. a. Störche, Ibisse, Silberklaffschnäbel, Purpurreiher, Paddyreiher, Pelikane und Kormorane. Insgesamt verzeichnet die Parkverwaltung die beeindruckende Anzahl von 255 Vogelarten, darunter aber auch eine Reihe von Zugvögeln. Zum Bestand der Parkfauna zählen auch Wildschweine, Elefanten, Krokodile, Wasserbüffel, Schildkröten, Fischotter und die Fischkatze (*Prionailurus viverrinus*). Das mit der Bengalkatze verwandte Wildtier lebt vorzugsweise in Feuchtgebieten und steht seit 2016 auf der Roten Liste gefährdeter Arten der IUCN. Während des Bürgerkriegs blieb der 1970 gegründete Nationalpark geschlossen.

Safaris und Touren können bei den einschlägigen Agenturen in Arugam Bay sowie in Panama gebucht werden. Auf dem Weg zum nördlichen Parkeingang machen viele Anbieter einen Abstecher zur Felseinsiedelei **Kudumbigala** aus dem 3. Jh. v. Chr. Sie befindet sich auf dem Terrain des gleichnamigen Naturreservats, das die Route zum Nationalpark durchquert.

Tägl. 6–18 Uhr. 10 $, erm. 5 $ zuzüglich Steuern und Gebühren. Safaris bis 6 Pers. kosten 10.000–15.000 Rs pro Fahrzeug, die Anfahrt von Arugam Bay dauert ca. 1 Std., von Panama ca. 45 Min.

Die ehrwürdige Kallady Bridge ist Fußgängern und Radlern vorbehalten

Batticaloa

ca. 92.000 Einwohner

Die zweitgrößte Stadt an der Ostküste liegt inmitten eines Labyrinths von Lagunen, die sich parallel zur Küstenlinie erstrecken. Trotz der erklecklichen Anzahl von Sehenswürdigkeiten und eines Sandstrands in Zentrumsnähe lädt der Ort nicht zu einem längeren Ferienaufenthalt ein.

Die meisten Reisenden aus dem Westen nutzen *Batti*, so die Kurzform, als urbane Drehscheibe für einen kurzen Zwischenstopp, um von hier die Strandziele nördlich (Kalkudah, Passekudah) oder südlich der Stadt (Arugam Bay) anzusteuern. Urlaubsstimmung will so recht nicht aufkommen, obwohl die Stadt auf den zweiten Blick einiges zu bieten hat: Zunächst natürlich ihre einzigartige Lage auf mehreren Inseln und Halbinseln im Lagunenlabyrinth, die durch Brücken miteinander verbunden sind. *Puliyanthivu*, die **Altstadt** mit dem Fort aus portugiesischer und holländischer Zeit, präsentiert sich überwiegend verschlafen. Bindeglied zwischen der Koddamunai-Brücke und dem Festungswerk ist der Gandhi Park, eine Oase der Erholung an mutmaßlicher Stelle des alten Kolonialhafens. Auffälligstes Bauwerk in der gepflegten Anlage ist das **Batticaloa Gate**, ein steinernes Tor, das an die Landung des christlichen Missionars William Ault 1814 erinnert. Die Bronzestatue des ein Jahr später verstorbenen und in der Dutch Church beerdigten Geistlichen befindet sich neben dem Torbau, der bei flüchtigem Hinsehen wie eine kleinere Version des berühmten Gateway of India in Mumbai wirkt. Ansonsten birgt die Altstadt wenig Überraschendes, sieht man von einigen Villen im Kolonialstil sowie christlichen Kirchen – u. a. die grellblau getünchte **St. Marys Cathedral** – ab.

Der überwiegende Teil der urbanen Infrastruktur konzentriert sich in *Koddamunai*, der **Neustadt**, jenseits der Brücke. Breite Straßen und Geschäftshäuser mit verspiegelten Fassaden prägen den überraschend proper wirkenden Stadtteil, in dem die buddhistischen und hinduistischen Tempelanlagen fast zu verschwinden drohen. Viel gibt es im Grunde nicht zu tun – allenfalls der kultige Friseursalon (→ Kasten, S. 274) oder der Obst- und Gemüsemarkt lohnen einen Besuch. Außerdem genießt man von der Uferzeile, dem *Lady Manning Drive*, den schönsten Blick auf das Fort. Interessant ist die nördliche Umgebung der Neustadt, die sich am besten mit dem Drahtesel erkunden lässt. Eine gemütliche Rundtour beginnt am Lady Manning Drive, setzt sich anschließend hart am Rand der Lagune nach Norden fort und endet am 28 m hohen **Leuchtturm** aus dem Jahr 1913. Wer mag, kann dort das Fahrrad stehen lassen und auf einer Bootstour die Lagunenlandschaft erkunden. Der Rückweg erfolgt auf der landeinwärts zugewandten Seite der Halbinsel, wobei sich eventuell ein weiterer Stopp am **Lagoon Park** empfiehlt.

Ein großer Teil der touristischen Einrichtungen konzentriert sich in **Kallady** auf der kilometerlangen Nehrung zwischen Neustadt und Küste. Die an manchen Stellen kaum 200 m breite Halbinsel erweist sich als eigentliche Überraschung: mit ruhigen, dörflich geprägten Gassen und einem schattenlosen **Sandstrand** fast ohne Infrastruktur. Allenfalls unmittelbar am Ende der Straßenzufahrt herrscht abends sowie am Wochenende Betrieb – ansonsten präsentiert sich der Strand weitgehend menschenleer. Die meisten Gästehäuser von Batticaloa befinden sich auf der vorgelagerten Halbinsel, während die meisten Restaurants in der Neustadt zu finden sind. In der Alt- und Neustadt stellen die **Tamilen** die dominante Bevölkerungsgruppe, im Süden von Batticaloa nimmt dagegen der muslimische Bevölkerungsanteil immer mehr zu. Kattankudy an der A 4 5 km südlich des Zentrums ist eine der größten muslimischen Kommunen der Insel. Das Heritage Museum (s. u.) dokumentiert anschaulich die Geschichte der islamischen Kultur an der Ostküste Sri Lankas.

Geschichte: Dass die Gegend von Batticaloa uraltes tamilisches Siedlungsgebiet ist, belegen der hohe Hindu-Bevölkerungsanteil und die früher geläufige Bezeichnung der Gemarkung: Das tamilische Wort *Matakkalappu* bedeutet trüber Sumpf. Die Bevölkerung war vermutlich eine Mischung von Ureinwohnern, den Vedda (die in alten tamilischen Schriften wahlweise auch als *Naga* bezeichnet werden) sowie aus Kerala zugewanderten Seeleuten. Im Mittelalter sorgte dann die Ankunft muslimischer Händler wenige Kilometer südlich des heutigen Stadtzentrums für eine beispiellose Bevölkerungsverdichtung. Noch 1911 konstatierte der britische Census of Ceylon, dass der Vorort Kattankudy die am dichtesten besiedelte Stadt der ganzen Insel sei. Zu Beginn des 17. Jh. befestigten die Portugiesen das bescheidene Fischerdorf am Rand der Lagune und errichteten ein wehrhaftes Fort zum Schutz gegen Übergriffe seitens des Königs von Kandy. Dieser verbündete sich mit den Holländern und vertrieb die portugiesischen Kolonialherren vom *Batticaloa Territory* (so lautete der Name der tamilischen Siedlungsgebiete an der Ostküste in portugiesischen und holländischen Schriften). Die Holländer bauten die strategisch wichtige Festung aus, mussten allerdings 1796 nach dem üblichen historischen Schema den Briten Platz machen. 1927 erfolgte unter den Briten der Bahnanschluss in die Hauptstadt Colombo. Eine wichtige Zäsur brachte der Zweite Weltkrieg, als am 9. April 1942 japanische Bomber die **HMS Hermes** vor der Ostküste versenkten. Bei dem Angriff des britischen und dem weltweit ersten als Flugzeugträger gebauten Kriegsschiffs kamen 307 Seeleute ums Leben. Außerdem versenkten die Japaner auch den Zerstörer **HMAS Vampire.** Beide Wracks liegen 17 km vor Batticaloa auf dem Meeresgrund und sind beliebte Ziele für Taucher.

Die Ostküste → Karte S. 264

Sehenswertes

Dutch Fort: Die bemerkenswert gut erhaltenen Außenmauern der alten Kolonialfestung zeigen sich einladend fotogen an der östlichen Landspitze der Altstadthalbinsel. Die vier Bastionen sind landseitig von einem Wassergraben umgeben. Erbaut wurde das Fort 1622–28 von den Portugiesen, um nur zehn Jahre nach der Vollendung unter tätiger Mithilfe des Königs von Kandy an die Holländer zu fallen. 1796 schließlich erfolgte die kampflose Übergabe an die Briten. Im Innern logiert heute in einem weißen Gebäude im Kolonialstil das Distriktsekretariat. Es existieren Pläne, das Büro eventuell zugunsten eines Museums auszulagern. Die Anlage ist jederzeit frei zugänglich.

Kallady-Brücke: Die 1924 erbaute Brücke über die Batticaloa-Lagune war mit 288 m seinerzeit die längste und älteste Eisenstrebenbrücke Sri Lankas. Unter britischer Herrschaft wurde sie *Lady Manning Bridge* getauft – in Gedenken an die Ehefrau des ceylonesischen Gouverneurs William Manning (1863–1932). Heute ist sie Fußgängern und Radfahrern vorbehalten. Der Autoverkehr der A 4 rollt seit einigen Jahren über die neue Brücke nebenan.

Heritage Museum: Bei dem Museum zur Kulturgeschichte der Muslime in Sri Lanka 5 km südlich von Batticaloa handelt es sich um eine der besten Sammlungen dieser Art auf der Insel. Einziges Manko: Es gibt keine Erklärungen auf Englisch. Drei Etagen in einem vorbildlich sanierten Kaufmannshaus an der Hauptstraße widmen sich verschiedenen Aspekten der Moors – von ihrer Landung an der Ostküste im Mittelalter über die Entwicklung muslimisch geprägter Berufe bis zu den Ritualen des Alltags. Üppige Inszenierungen in überraschend hoher Perfektion machen den Rundgang auch ohne Erklärungen zum puren Vergnügen. Kunstgegenstände runden den Eindruck ab, überdies wird die Lebensgeschichte außergewöhnlicher Personen dokumentiert, z. B. die abenteuerliche Vita des Banditen Deekirikevage Saradiel, dem seine Taten den Beinamen „Robin Hood Sri Lankas" eintrugen. Der Kämpfer gegen das Kolonialregime wurde im März 1864 von den Briten verhaftet und zwei Monate später in Kandy gehängt. Ein Auditorium sowie eine Bibliothek im Dachgeschoss runden das Angebot ab.

Tägl. außer Fr 9–18 Uhr. 250 Rs, erm. 100 Rs. Main St. 132 (A 4), Kattankudy (alle Busse in Richtung Kalmunai passieren das Museum).

Tempel der Frisuren

Von außen wirkt der Imperial Saloon wie ein bunter Hindutempel. Der Eindruck setzt sich innen nahtlos fort: ein kitschiges Spiegelkabinett mit barbusigen Göttinnen und Kunstblumen in schrillen Farben. Sogar Mutter Maria ist präsent und wacht über die Herren der Frisuren. Der sehenswerte Salon befindet sich im modernen Geschäftszentrum direkt neben der Sanasa Development Bank (Trincomalee Rd.).

Die Küstenlagunen lassen sich am besten per Boot erschließen

Basis-Infos

Information www.welcometobatticaloa.com

Hin & weg **Bahn**: Der Bahnhof befindet sich in der Neustadt. Zwischen Colombo und Batticaloa verkehren tägl. 2 Züge (8–9 Std.), davon fährt einer nachts.

Bus: Privater und staatlicher Busbahnhof liegen nebeneinander auf der Altstadthalbinsel. Regelmäßige Anschlüsse nach Norden in Richtung Valaichchennai (Kalkudah/Passekudah) und in die Gegenrichtung nach Kalmunai (dort Umstieg in Richtung Arugam Bay). Wenige Direktverbindungen nach Pottuvil/Arugam Bay, wichtigstes Ziel im Hinterland ist Ampara. Einmal tägl. vormittags fährt ein Direktbus via Mahiyanganana nach Nuwara Eliya.

Taxi: **Batticaloa Taxi Service** bietet Kurzfahrten bis hin zu mehrtägigen Inseltouren. Station Rd. 38, ✆ 077-5566727.

Flugzeug: Der kleine Flughafen (IATA-Code: BTC) liegt 1,5 km südwestlich des Zentrums und wird einmal tägl. von Colombo angesteuert, eventuell mit Zwischenstopp in Kandy. Die Flugzeit von Colombo beträgt 50 Min., www.cinnamonair.com.

Ärztliche Versorgung **Batticaloa Teaching Hospital**. Das Krankenhaus befindet sich auf der Altstadthalbinsel. Hospital Rd., ✆ 065-2222261.

Touren/Mietfahrzeuge **East N'West on Board**, die Agentur unter französisch-sri-lankischer Leitung hat ihre Basis in der 3. Reihe hinter dem Strand von Kallady. Organisation von Citytouren sowie Ausflügen in die Umgebung, Vermittlung vom Homestay-Aufenthalten, Veranstaltung von Kochkursen etc. Auch **Fahrradverleih**: Stabile City- und Mountainbikes (es handelt sich um Fahrräder von *Lumala*, dem besten Hersteller Sri Lankas.) für 500 Rs/Tag. Mo–Fr 9–16.30 Uhr oder nach Vereinbarung. Thiruchentoor Rd. 65, Kallady, ✆ 065-2226079, www.eastnwestonboard.com.

Batti Lagoon Park, Bootsvermieter an der Lagune auf halber Strecke zwischen Hotel East Lagoon und Leuchtturm. Bootstouren auf der Lagune – je nach Dauer – ab 1500 Rs sowie Kajakverleih. Auf Wunsch werden Gäste zum Strand gefahren und später wieder abgeholt. Ein weiterer Bootsverleih befindet sich direkt am Leuchtturm. Bar Rd., ✆ 065-2229041.

Einkaufen **Markt**, das Marktgelände befindet sich an der Koddamunai-Brücke. Obst, Gemüse und Kunsthandwerk, u. a.

Die Ostküste → Karte S. 264

ein Geschäft, das aus Naturmaterialen von Palmen gefertigte Taschen, Kopfbedeckungen usw. vertreibt. Mo–Fr 8.30–16.30 Uhr, Sa bis 13 Uhr. Lady Manning Drive.

Wassersport **Deep Sea Resort**. Die alteingesessene Tauchbasis befindet sich am Ufer der Lagune im Norden der Küstennehrung. Wracktauchen u. a. zur HMS Hermes, Tauchkurse nach PADI-Standard, auch Zimmervermietung. Eine Dependance befindet sich am Strand von Negombo an der Westküste sowie in Trincomalee. April bis Okt. Navalady, ✆ 077-0686860, www.srilanka-divingtours.com.

Ein spezielles Phänomen in den Lagunen von Batticaloa sind die **„singenden Fische“**. Das Geräusch erinnert entfernt an zart gezupfte Violinsaiten und ist am besten nach Anbruch der Dunkelheit im Umkreis der Kallady-Brücke zu hören. Vermutlich handelt es sich um Ortungssignale der Lagunenfische. In den 1960er-Jahren waren die tierischen Töne sogar im sri-lankischen Radio zu hören; aufgezeichnet wurden sie 1954 von zwei amerikanischen Geistlichen. Der 45-minütige Ausflug kostet ca. 1500 Rs/Person (ab 2 Pers.) und wird u. a. vom Riviera Resort organisiert.

Übernachten

Hotel East Lagoon **2**, ⑤. Das komfortabelste Quartier der Stadt liegt etwas außerhalb und blickt nach zwei Seiten auf Lagunen. Großes weißes Haupthaus mit Restaurant und Bar, kleiner Pool, geräumige Zimmer im Haupt- und Nebengebäude, die schöneren mit Lagunenblick. Solider Mittelklassestandard, 15 Zimmer verfügen über einen Balkon, Hotelparkplatz. Uppodai Lake Rd., ✆ 065-2229222, www.hoteleastlagoon.lk.

Riviera Resort **6**, ③–④. Einfaches Resort auf der Nehrung nahe der Kallady-Brücke auf einem 30 ha großen Grundstück mit Lagunenblick. Nichts Schickes, wie der Quartiername vermuten lässt, aber wohltuend naturbelassen. Restaurant und Bar mit netten Sitzplätzen, der Pool wird auch von auswärtigen Gästen genutzt. Cabanas ohne AC sowie AC-Zimmer im zweigeschossigen Hotelgebäude, nicht für einen längeren Ferienaufenthalt geeignet. Vielfältige Aktivitäten: Fahrrad- und Kajakverleih, Exkursionen zu den „singenden Fischen“ und Bootstouren auf der Lagune. New Dutch Bar Rd., Kallady, ✆ 065-2222165, www.riviera-online.com.

Hamsaan Villa **5**, ②–③. Homestay in ruhiger Lage auf der Küstennehrung, sowohl der Strand von Kallady als auch das Stadtzentrum liegen in Gehweite. 3 sehr einfache DZ mit AC, in freundlichen blauen Farbtönen gestaltet, sauber und ordentlich. Das Frühstück wird auf der Veranda serviert, kleiner Garten, Fahrradverleih. New Dutch Bar Rd. 35/1 A, Kallady, ✆ 065-2228060.

››› Mein Tipp: **Naval Beach Villa** **1**, ②. Gepflegtes Landhaus im Norden der Küstennehrung, die Anfahrt ist nur per TukTuk oder Zweirad möglich. Gute Lage 250 m vom Strand entfernt, peinlich sauber, relaxte Abwicklung. 4 DZ ohne AC mit schattiger Veranda im Gartenbungalow. 2 Zimmer im Haupthaus mit Gemeinschaftsbad. Ruhig, Fahrradverleih, kein Restaurant, kein Frühstück, Küche für Selbstversorger, Lieferservice des Restaurants Tomato/Sunshine Café. School Rd. 31/7, Navalady, ✆ 077-4692121, Buchung über die gängigen Buchungsportale. ‹‹‹

15 LMD Guesthouse **11**, ②. Einfaches Gästehaus im traditionellen Stil mit Homestay-Charakter. Ein großes Plus ist die zentrale Lage mit Fort-Blick von der Veranda. 4 einfach möblierte Zimmer ohne AC mit Moskitonetzen und hohen Decken, die Lobby teilt man sich mit der Familie, die kaum Englisch spricht. Das Haus wurde unter holländischer Herrschaft im 17. Jh. erbaut. Gut für eine Zwischenübernachtung, wenn man keine hohen Ansprüche stellt. Lady Manning Drive 15, ✆ 011-7799210, www.15lmd.com.

Übernachten
1 Naval Beach Villa
2 East Lagoon
5 Hamsaan Villa
6 Riviera Resort
11 15 LMD
Cafés
4 Sunshine Café
8 Cafe Chill
Essen & Trinken
3 Mermaid
4 Tomato
6 Riviera Resort
7 Mirchi
8 Cafe Chill
9 Sri Saravanaa Pava
10 Seafood Terrace
12 R.N. Buffet
Leuchtturm
Bar Rd
Navalady
Navalady Main St
Mamangam Rd
Uppodai Lake Rd
Koddamunai (Neustadt)
Zochcheriars Ln
Koolavadi Main Rd
Boundary Rd
Thiruchchentur Veethy
Cemetery Rd
Taveran Rd
Sinna Uppodai Rd
Kallady
Viravan Kovil
Bahnhof
Bailey 3rd Cross St
Barathi Ln
Station Rd
Thamaraikeni Rd
Baily Rd
St. Sebastian St
Uhrturm
A15
A4
Kallady-Brücke
Trinco Rd
Imperial Saloon
Lloyds Av
Pioneer Rd
Pansala Rd
Lady Manning Drive
Kallady-Strand
Saravana Rd
New Bridge
Markt
BUS
Munai St
Gandhi Park
Batticaloa Gate
Bazaar St
St Mary's Cathedral
Central Rd
Custom Rd
Dutch Fort
Pillaiyar Kovil St
Kattankudy
Puliyanthivu (Altstadt)
200 m
Batticaloa

Essen & Trinken

→ Karte S. 277

R. N. Buffet 12. Familiengeführtes Restaurant auf der Altstadtinsel unweit des Busbahnhofs. Trotz des Straßenverkehrs sitzt man gut auf der Veranda, mittags wird ein Reis & Curry-Büfett mit 6 verschiedenen Fleisch- und Gemüsegerichten serviert. Auch Frühstück. Ein wenig teurer, aber die Qualität stimmt. Tägl. 7.30–16.30 Uhr. Covington's Rd. 42, ✆ 065-2222684.

»» Mein Tipp: **Tomato/Sunshine Cafe 4.** Das zweigeschossige Restaurant im modernen Geschäftsviertel ist auf indische Küche spezialisiert. Unten befindet sich die Bäckerei mit leckeren Törtchen, herzhaften Samosas und Fertiggerichten von der Frischetheke. Im 1. OG befindet sich das Restaurant mit Sitzplätzen im knallgrün getünchten, klimatisierten Innenraum. Indische, panasiatische und westliche Gerichte zu moderaten Preisen, auch Lieferservice und Take-away. Tägl. 6–22, ab 10 Uhr auch oben geöffnet. Trincomalee Rd. 136, ✆ 065-4650650, www.sunshine foods.lk. ««

Mermaid 3. Das moderne Straßenrestaurant liegt 3 km nordwestlich des Stadtzentrums an der Ausfallstraße (A 15) nach Trincomalee. Hübsch eingedeckte Tische im klimatisierten Innenraum, mongolische Seafood-Gerichte, Nasi Goreng, chinesische und indische Gerichte. Take-away und Lieferservice. Hauptgerichte um 500 Rs. Tägl. 11–23 Uhr. Tricomalee Rd. 570/12 A, ✆ 065-2055551.

Mirchi 7. Familiengeführtes Ausflugsrestaurant am gepflegten Lagoon Park außerhalb des Stadtzentrums. Spezialisiert auf südindisch-tamilische Küche, u. a. mit String Hoppers, Thalis, Biriyanis, abends auch Dosas. Frühstück, Mittag- und Abendessen, kleine Preise. Ein paar Tische in einem luftigen Holzhaus mit Blick auf Lagune. Tägl. 8–22 Uhr. Slaughter House Lake Rd. (Poombugar Rd.), ✆ 065-2057777.

Cafe Chill 8. Der einzige Ort zum Abhängen im Zentrum von Batticaloa. Relaxte Stimmung, ansprechender Garten, schattige Sitzplätze auf bretthartem Holzhockern. Burger, Snacks, Fruchtsäfte, sogar Cappuccino aus der Espressomaschine, günstige Preise, WLAN. Tägl. 10–20.30 Uhr. Pioneer Rd. 9, ✆ 077-7779598.

Sri Saravanaa Pava 9. Das landestypische Straßenrestaurant befindet sich gleich zu Beginn der Kallady-Nehrung und ist spezialisiert auf tamilische Küche. Sitzplätze im knallgrün getünchten Innenraum, Snacks, Reis & Curry, Pongal (Reispudding), String Hoppers, gute Auswahl an knusprigen Dosas (nur abends). Frühstück, Mittag- und Abendessen. Tägl. 7–22 Uhr. Saravana Rd. 2, ✆ 065-2050301.

Seafood Terrace Kallady 10. Das bescheidene Fisch-Barbecue am Strand von Kallady wird von einer örtlichen Frauenkooperative betrieben. Wenige Sitzplätze unter einem luftigen Holzdach, kleine Preise. Fr–So ganztägig, sonst nur abends. Saravana Rd., ✆ 065-4930606.

Kalkudah und Passekudah

Kalkudah und Passekudah liegen 35 km nördlich von Batticaloa und sind die beiden namhaftesten Strände der Ostküste. Immer wieder wird von den Besuchern das **karibische Flair** herausgestellt: leuchtende Farben und heller, feinkörniger Sand. Es handelt sich um zwei herrlich unverbaute Buchten im Niemandsland, die durch ein weit ins Meer ragendes Kap voneinander getrennt werden. Während in Kalkudah vorzugsweise – aber natürlich nicht ausschließlich – Einheimische ins Meer gehen, ist der nördlich gelegene Strand von Passekudah (auch *Pasikuda* geschrieben) primär Feriengästen aus dem Ausland vorbehalten. Ähnlich wie in der Stadt Bentota an der Westküste handelt es sich um ein **National Holiday Resort,** ein staatlich protegiertes Entwicklungsgebiet mit strandnahen Filetgrundstücken, die an investitionsfreudige Tourismusunternehmen verkauft wurden. Letztere bauten nach dem Ende des Bürgerkriegs 2009 durchweg noble Hotelanlagen, die kaum etwas zu wünschen übrig lassen. Die Baustellen am Strand

Fotogenes Auslegerboot am Strand von Kalkudah

Die Ostküste → Karte S. 264

zeigen jedoch, dass das Ende der Fahnenstange noch nicht erreicht ist – insgesamt 16 Großresorts sollen künftig einmal die Wünsche anspruchsvoller und zahlungskräftiger Gäste bedienen. Kalkudah und Passekudah bieten allerdings nicht nur Unterkünfte im Luxussegment, in der zweiten Reihe hinter dem Strand oder beiderseits der Ortsdurchfahrt von Kalkudah hat sich inzwischen eine stattliche Anzahl einfacher Gästehäuser etabliert, die den Abstecher hierher auch für weniger betuchte Reisende interessant machen.

Wer hier die Zelte aufschlägt, möchte ungestört baden, schnorcheln und unter eigens angepflanzten Palmen Beachvolleyball spielen – und meistens keine Abstecher ins Hinterland unternehmen oder sonstige Begegnungen mit dem Alltag Einheimischer „riskieren". Der nächste Ort im Hinterland ist **Valaichchennai** an der Küstenstraße Batticaloa–Trincomalee (A 15). Wer mit Bus oder Bahn anreist, steigt hier aus und legt die wenigen Kilometer zum Bestimmungsort mit dem Three Wheeler zurück. Das ideale Fortbewegungsmittel in Kalkudah und Passekudah ist das Fahrrad. Die meisten Hotels und Gästehäuser verleihen Räder an Hausgäste.

Hin & weg **Bahn**: Am Bahnhof in Valaichchennai halten die Züge zwischen Colombo und Batticaloa, 2-mal tägl. Verbindungen in beide Richtungen.

Bus: Fernbusse von Batticaloa, Trincomalee und Polonnaruwa halten in Valaichchennai 5 km vom Strand entfernt. Die Fahrzeit von Batticaloa beträgt ca. 1 Std., von Trincomalee ca. 3 Std. Einige wenige Lokalbusse fahren weiter bis nach Kalkudah.

Tuk-Tuk: Die Fahrt mit dem Three Wheeler von Valaichchennai zum Strand sollte nicht mehr als 250 Rs kosten.

Wassersport **LSR Travel**. Die Agentur betreibt ein professionelles Tauchzentrum im Hotel Marina. Tauchen (nach PADI-Standard), Schnorcheln, Segeln, Motorboottouren und vieles mehr. April bis Okt. ✆ 077-7732020, www.lsrtravel.com.

Die großen **Resorts** in Passekudah verfügen häufig über ein eigenes Wassersportzentrum.

Übernachten/Essen **Uga Bay**, ⑧. Das ultraschicke Luxusresort ist das Hotelflaggschiff am Strand von Passekudah. Der Empfangsbereich ist aus architektonischer

Sicht ein Fest für die Sinne – mit einem tunnelartigen Durchgang und Wasserspielen in der Sichtachse zum Meer. Bar, Restaurant, Pool, großer Garten, Privatstrand. 48 Zimmer unterschiedlichen Standards. Coconut Board Rd., ✆ 065-5671000, www.ugaescapes.com.

Sun Acqua Pasikudah, ⑦–⑧. Das Nobelhotel liegt am östlichen Ende der Passekudah-Bucht. Ein hinreißender Außenpool direkt am Meer, 34 Suiten, davon 8 mit Whirlpool, Spa-Bereich, 2 Restaurants. Der Investor stammt aus den Malediven, die Eingangshalle ist eine Spur zu pompös geraten. Ganzjährig geöffnet. Passekudah, ✆ 065-2055555, www.sunaqua.com.

Ahsram Accomodations, ③. Das Meditationszentrum liegt wenige Gehminuten vom Strand von Passekudah entfernt. 8 einfache Zimmer in Chalets (teilweise auf Stelzen) in einem ruhigen Gartengrundstück, auf Wunsch erhalten Gäste ein landestypisches Abendessen serviert. Kein Warmwasser, auch Nicht-Meditierende sind willkommen. 2 barrierefreie Zimmer und 2 Zimmer mit AC. Coconut Board Rd., ✆ 071-9749848, Buchung über die gängigen Buchungsportale.

››› Mein Tipp: **The New Land Guesthouse**, ①–②. Freundliche Unterkunft an der Ortsdurchfahrt von Kalkudah. 8 einfache Zimmer mit/ohne AC, 4 im Haupthaus auf 2 Etagen, jew. mit Veranda (kein Warmwasser), 4 weitere Zimmer im Nebengebäude mit Gemeinschaftsveranda. Die Inhaberfamilie wohnt auf dem Grundstück. Empfehlenswertes Restaurant mit sri-lankischer sowie westlicher Küche. Ganzjährig geöffnet. Valaichchennai Rd. 283 (1 km bis zum Strand), ✆ 077-9231403. ‹‹‹

Hotel Vasuki. Restaurant mit angeschlossenem Gästehaus an der Ortsdurchfahrt von Kalkudah, der Inhaber ist Leiter der örtlichen Guesthouse Association. Spezialität ist Krabbencurry mit selbst gerösteter Gewürzmischung. Schöne Sitzplätze in einer Hütte aus Naturmaterialien. Keine Speisekarte, die Menüzusammenstellung wird persönlich abgesprochen. 9 einfache Zimmer ohne AC, die schöneren mit Veranda im Hinterhaus. 500 m bis zum Strand. Moderate Preise, ganzjährig geöffnet. Valaichchennai Rd., ✆ 065-3648809, Buchung über die gängigen Buchungsportale.

Inn On the Bay. Es handelt sich nach Aussagen des Inhabers um das erste Gästehaus, das in Passekudah eröffnete. Das Restaurant ist auf frische Meeresfrüchte spezialisiert (ab 700–1600 Rs), auch Reis & Curry. Angenehmes Sitzen auf der luftigen Veranda. Frühstück, Mittag- und Abendessen, kein Bierausschank, Getränke dürfen aber mitgebracht werden. Auch Zimmervermietung. Nov./Dez. geschlossen, sonst tägl. 8.30–21 Uhr. In der Nebensaison Mittagessen nur nach vorheriger Anmeldung. Beach Rd., Passekudah, ✆ 065-2257484.

Trincomalee

ca. 99.000 Einwohner

Die Bedeutung der größten Stadt der Ostküste hängt unmittelbar mit dem geschützten Seehafen zusammen. Außerdem befindet sich in Trincomalee ein Shiva-Heiligtum in spektakulärer Lage. Der Küstenvorort Uppuveli zählt zu den beliebtesten Stränden im Osten Sri Lankas.

Trincomalee liegt am nördlichen Abschluss eines ganzen Labyrinths von Buchten und Inseln. Zusammengehalten wird das Labyrinth von der weiträumigen *Koddiyar Bay*, von der weitere Lagunen abzweigen. Die Küstenstraße nach Batticaloa (A 15) beschreibt um die Bucht nahezu einen Halbkreis und quert den Zugangsarm zu einer Lagune mittels der fast 400 m langen *Kinniya Bridge* – der längsten Lagunenbrücke Sri Lankas. Eine entscheidende Rolle für die strategische und wirtschaftliche Bedeutung der Stadt spielt damals wie heute die geschützt liegende **Hafenbucht:** Kräne, Containeranlagen und ein Öldepot prägen das weite Rund der Bay industriell. Das Öldepot befindet sich in einer Seitenbucht mit dem Namen *China Bay*. Wahrscheinlich ist die Bezeichnung eine Reminiszenz an ostasiatische Seeleute, die sich während der Kolonialzeit hier niederließen und deren Nachkommen sich mit den einheimischen Tamilen und Muslimen im Verlauf der Zeit vermischten. An zahlreichen Stellen im Buchtenlabyrinth haben sich Kasernen verschiedener Armeedivisionen angesiedelt, die Trincomalee den Charakter einer **Garnisonsstadt** verleihen. Die militärische Präsenz ist einerseits dem Bürgerkrieg geschuldet, dessen letzte blutige Episoden sich in den Jahren 2006 bis 2009 nur unweit von Trincomalee entfernt abspielten. Zum anderen ist sie auch ein Erbe der Geschichte, in der die Stadt aufgrund ihres Naturhafens stets eine wichtige Position innehatte.

Uhrturm am Busbahnhof

Öldepots und Kasernen sind natürlich nicht das, was die die Herzen von Urlaubern höher schlagen lässt. Vor diesem Hintergrund ist man tatsächlich überrascht, dass es in *Trinco* – so der verbreitete Kurznamen – auch für Touristen viel zu sehen gibt. Das Stadtzentrum erstreckt sich auf einer flachen Landzunge zwischen Hafenbucht und Meer, wobei der Begriff Zentrum angesichts nur schwach ausgeprägter Urbanität ein klein wenig übertrieben ist. Am ehesten kann man es noch rund um die *Central Street* und *Main Street* lokalisieren, die beiden Straßen verbinden den Bahnhof mit dem Busbahnhof und dem benachbarten Uhrturm. Neben einigen Hindutempeln, christlichen Kirchen sowie Gebäuden im Kolonialstil – in einer Küstenvilla befindet sich ein **Museum** – reizen Küstenpromenaden zu ausgedehnten Spaziergängen. Mehr gibt es direkt im Zentrum im Grunde nicht zu tun, sieht man einmal vom eventuellen Gang zum Geldautomaten ab. Die bedeutendste Attraktion ist das zu Fuß am besten vom Uhrturm erreichbare **Fort Fredrick,** das trotz militärischer Nutzung frei zugänglich ist. Grund für diese Freizügigkeit ist ein rund 1500 Jahre altes **Shiva-Heiligtum** innerhalb des Forts, das zu den wichtigsten hinduistischen Pilgerzielen der Insel zählt: Der **Thiru Koneswaram Kovil** liegt spektakulär auf einem Felsabsatz 120 m über dem Meer und erlaubt prächtige Ausblicke in gähnende Tiefen. Kein Wunder, dass der Ort legendenumwoben ist: Eine Felskluft direkt am Tempel heißt *Ravana vettu* und soll durch einen Schwerthieb des mythischen Königs Ravana entstanden sein. Um seiner kränkelnden Mutter Hilfe zu bringen, riss der Herrscher kurzerhand den ganzen Tempel mitsamt dem Idol des heilenden Gottes Shiva aus. Ein anderer Name der Felskluft ist *Lover's Leap.* Er nimmt Bezug auf eine Holländerin namens Francina van Reed, die sich hier aus Liebeskummer in die Meeresfluten gestürzt haben soll, nachdem ihr Verlobter – ein Kolonialoffizier – die Bindung gelöst hatte und mit seinem Schiff von dannen gesegelt war.

Im Süden von Trincomalee befindet sich der **Stadtstrand,** der auch von den einheimischen Fischern genutzt wird. Vormittags ziehen sie die Boote an Land und bessern danach die Netze aus. Der eigentliche Badestrand befindet sich 4 km nördlich des Zentrums im Küstenvorort **Uppuveli.** Der kilometerlange Sandstrand beginnt bereits am nördlichen Stadtausgang von Trincomalee und endet an einer Küstenlagune. Während im südlichen Abschnitt von Uppuveli schmale Stichstraßen die einzelnen Strandabschnitte erschließen, hat sich im nördlichen Abschnitt ein kompaktes Ferienzentrum mit zahlreichen Hotels und Restaurants etabliert, die teilweise das ganze Jahr über geöffnet sind. Die zentrale Straße hier lautet auf den merkwürdigen Namen *Alles Garden* (Sarvodaya Road). Die meisten größeren Strandhotels verfügen über ein Wassersportzentrum und bieten ihren Gästen **Tauch- und Schnorchelausflüge** an, u. a. zur *Pigeon Island* (Taubeninsel) in Tuchfühlung zum Badeort Nilaveli (→ S. 288 f.) 10 km weiter im Norden. Außerdem ist Trincomalee – neben Mirissa an der Südküste Sri Lankas – bester Ausgangspunkt für **Walbeobachtungstouren.** Etwa zwischen April und September pflügen Kolonien der Meeressäuger – mit einem Sicherheitsabstand von 10–15 km zur Küstenlinie – über den Ozean. Neben Blau- und Pottwalen lassen sich Spinnerdelfine sichten, ein wenig Glück gehört natürlich wie immer dazu.

Geschichte: Trincomalee wird in alten Schriften auch unter den Namen *Gokanna* oder *Gokarna* erwähnt und ist eine der ältesten tamilischen Siedlungen Sri Lankas. Die von der Natur geschützte Hafenbucht prädestinierte die Stadt für die Rolle als Bindeglied zwischen den alten Königreichen im Hinterland und ihren Partnern in Übersee. Seit dem 10. Jh. n. Chr. nutzten die südindischen Chola-Könige den Hafen als strategisch wichtigen Ostküste-Stützpunkt. Ein weiterer Grund für die große historische Bedeutung ist der Thiru Koneswaram Kovil an der Spitze der legendenumwobenen Halbinsel. Bis zur Zerstörung im ersten Drittel des 17. Jh. sorgte das Shiva-Heiligtum für ein beträchtliches – und auch profitables – Pilgeraufkommen. Nach der Eroberung von Jaffna 1619 setzten die Portugiesen rigoros ihren Plan um, sich an der Ostküste zu etablierten. Nacheinander nahmen sie die Häfen Batticaloa und Trincomalee ein – und düpierten somit den mit ihnen verbündeten König von Kandy, unter dessen Kontrolle die beiden Städte offiziell gestanden hatten. Um den Hafen zu befestigen, errichteten die Portugiesen 1623 auf der Landspitze ein Fort, nicht ohne zuvor das Hindu-Heiligtum an gleicher Stelle zerstört zu haben. Nur 16 Jahre später erfolgte die Übernahme durch die Holländer, die sich jedoch den Zudringlichkeiten anderer Kolonialmächte zu erwehren hatten. 1782 wurde die Festung erst von den Briten und dann von den Franzosen erobert, ein Jahr später legte der „Frieden von Paris“ die Rückgabe des strategisch bedeutenden Festungswerks an die Niederlande fest. 1795 wurde das Terrain erneut von den Briten eingenommen, die zuvor mit ihren Kriegsschiffen am *Elizabeth Point* ganz in der Nähe gelandet waren. In britischer Zeit war Trincomalee ein bedeutender Marinestützpunkt, eine Tradition, die nach der Unabhängigkeit unter dem Banner der sri-lankischen Armee fortgeführt wurde. Während die Stadt wegen ihrer geschützten Lage vom Tsunami 2004 kaum in Mitleidenschaft gezogen wurde, sind die Folgen des Bürgerkriegs bis heute spürbar geblieben.

Sehenswertes in Trincomalee

Fort Fredrick (Dutch Fort): Die Festungsanlage in exponierter Lage auf einem weit ins Meer ragenden Kap wurde von den Portugiesen erbaut und 1624 vollendet. Die europäischen Kolonialherren zerstörten auch den bedeutenden Hindutempel Thiru Koneswaram Kovil innerhalb der Festung, der aber inzwischen wieder seiner ursprünglichen Rolle als Pilgerziel gerecht wird. Unter den Holländern wurde das Fort zunächst abgerissen und 1665 in veränderter Form wiederaufgebaut. 1795 fiel die Anlage in die Hände der Briten, die sie zu Ehren des Herzogs von York in *Fort Fredrick* umbenannten. Bis zur Unabhängigkeit Sri Lankas stationierten sie in den Mauern eine Militärgarnison. Unter englischer Besatzung logierte im Fort auch der Feldmarschall Arthur Wellesley, der 1815 Napoleon in der Schlacht von Waterloo besiegte und aufgrund seiner Verdienste zum Duke of Wellington ernannt wurde. Der Bungalow, den der prominente britische Militärführer und Politiker um die Jahrhundertwende herum bewohnte, heißt heute **Wellesley Lodge** und beherbergt das Offizierskasino der sri-lankischen Armee. Ein Blickfang ist das Festungstor, das die Jahreszahl 1776 trägt. Wegen des Hindutempels im Inneren ist die Anlage jederzeit frei zugänglich.

Thiru Koneswaram Kovil: Das Heiligtum ist dem hinduistischen Hauptgott Shiva geweiht und gehört zu den fünf bedeutendsten Shiva-Pilgerzielen Sri Lankas. Abgesehen vom spirituellen Wert für die Gläubigen, besitzt der Tempel auch wegen seiner atemberaubenden Lage an der Abbruchkante des Landvorsprungs innerhalb des Forts eine große Attraktivität. Die strategisch günstige Lage des einstigen Tausend-Säulen-Tempels wirkte sich im Jahr 1622 nachteilig aus, da die Portugiesen das Heiligtum zerstörten, um Platz für ihre neue Festung zu schaffen. Aufgrund der andauernden Militärpräsenz innerhalb des befestigten Areals begann man mit dem Wiederaufbau des Hindu-Heiligtums erst nach der Unabhängigkeit in der Mitte des 20. Jh. – nicht ganz unumstritten, da auch die Buddhisten religiöse Ansprüche auf diesen Ort anmeldeten. Blickfang heute ist die in sitzender Stellung verharrende Figur des hinduistischen Gottes Shiva mit typischem Dreizack und dem Stier *(nandi)*. Wichtigstes Ausstattungsstück im Inneren ist der **Swayambhu-Lingam**, der vermutlich dem alten Tempel entstammt und den Taucher 1956 in einer spektakulären Aktion vom Meeresgrund bargen. Neben einigen geschmückten Bäumen befinden sich neben dem Haupttempel bunte Statuen aus dem shivaitischen Panoptikum in Pavillons, die durch Wandelgänge verbunden sind – dazwischen immer wieder mit Ausblicke in den felsigen Abgründeund. Die mehrtägigen Hauptfeste zu Ehren Shivas finden im Februar/März sowie im April statt (→ Veranstaltungen, S. 285).

Titanische Shiva-Statue vor dem Thiru Koneswaram Kovil

Maritime and Naval History Museum: Die bescheidene Ausstellung zur Geschichte der Garnisonsstadt befindet sich in einer schmucken Villa mit Garten, die 1798 im holländischen Kolonialstil erbaut wurde. Bevor das Museum in den Räumlichkeiten Einzug hielt, diente das Anwesen als Wohnung für Marineoffiziere. Im Erdgeschoss werden archäologische Funde gezeigt, die in der

Die Ostküste → Karte S. 264

zweiten Hälfte des 20. Jh. aus dem Meer vor der Küste geborgen wurden, u. a. Reste aus Schiffswracks, die bis in das 2. Jh. v. Chr. datiert wurden. Eine kleine meeresbiologische Ausstellung befindet sich im Obergeschoss.

Tägl. außer Di 8.30–16.30 Uhr. Eintritt frei. Fotografieren ist nicht erlaubt. Lavender Lane.

Orr's Hill Army Museum: Das Museum überzeugt durch seine herrliche Lage an der in die Hafenbucht ragende Landspitze und dient vorzugsweise der Imagepflege der sri-lankischen Armee. Einerseits muss man die ausgestellten Waffen nicht unbedingt gesehen haben, andererseits ist die Anlage gepflegt, und eine interessante Ausstellung informiert über die letzte blutige Episode des Bürgerkriegs 2009 aus der Perspektive der Armee.

Tägl. 8.30–18.30 Uhr. 250 Rs. Plantain Point.

Sehenswertes in der Umgebung

Die Attraktionen in der Umgebung lassen sich am besten mit dem Three Wheeler im Rahmen eines Halbtagsausflugs erkunden: 10 km nordwestlich des Zentrums liegen die **Kanniya Hot Springs,** zugänglich über einen kurzen Abstecher von der A 12 in Richtung Anuradhapura. Legenden berichten, dass König Ravana – bekannt aus dem Epos Ramayana – hier die Sterberiten für seine Mutter vollzog. Aus diesem Grund gelten die heißen Quellen den Tamilen als heilig. Angeblich hat der Dämonenherrscher sein Schwert in die Erde gestoßen und auf diese Weise das thermische Phänomen erzeugt. Das Wasser befindet sich in sieben kleinen Bassins, jedes unterschiedlich temperiert, Seife ist nicht erlaubt. Umliegende Tempel zeigen, dass der Ort von Hindus und Buddhisten zur rituellen Reinigung angesteuert wird. Ein Bad ist aber auch unter Ausklammerung religiöser Beweggründe möglich. Am Wochenende und an Feiertagen sollte man sich den Besuch allerdings sparen, denn dann platzt das Areal aus allen Nähten (tägl. 7–19 Uhr; 50 Rs Eintritt). Unweit der Quellen befinden sich Ruinen des buddhistischen Heiligtums **Velgam Raja Maha Viharaya,** das möglicherweise schon im 3. Jh. v. Chr. erbaut wurde. Im Zuge der Chola-Invasionen im 10. Jh. wurde das Kloster überraschenderweise nicht zerstört, sondern renoviert und im tamilisch-südindischen Stil verändert. Hindus nennen diesen Ort wahlweise *Natanar Kovil* oder *Rajarajaperumpalli.* Seit dem 11. Jh. verfiel die Anlage mit dem allmählichen Wegzug der Buddhisten in den Süden des Landes. Das frei zugängliche Areal überzeugt heute durch seine friedliche Stimmung – neben den Fundamenten einiger Dagoben wacht einsam eine Buddhafigur aus Granit. Dass es nicht immer so friedlich zuging, beweist das moderne Kloster nebenan: Es wurde während des Bürgerkriegs von Kämpfern der tamilischen LTTE zerstört und nach 2009 wiederaufgebaut.

Basis-Infos

Hin & weg Bahn: 3-mal tägl. verkehren Züge zwischen Trincomalee und Gal Oya im Hinterland, dort steigt man um in Richtung Colombo, Polonnaruwa und Batticaloa.

Bus: Der Busbahnhof ist der wichtigste Verkehrsknoten an der Ostküste. 12-mal tägl. Verbindungen nach Colombo und Batticaloa/Kalmunai, 10-mal tägl. nach Jaffna und Kandy, 7-mal tägl. nach Vavuniya und 3-mal tägl. nach Anuradhapura.

Tuk-Tuk: Die einfache Fahrt per Three Wheeler vom Zentrum zum Uppuveli-Strand sollte nicht mehr als 350 Rs kosten, ein Halbtagsausflug zu den Attraktionen in der Umgebung nicht mehr als 1500 Rs. Ein kenntnisreicher, englischsprachiger Fahrer ist Mr. Kumara. ✆ 077-1008369.

Flugzeug: Der kleine Flughafen (IATA-Code: TRR) liegt 7 km südwestlich des Zentrums und wird einmal tägl. von *Cinnamon Air* von

Colombo mit Zwischenstopp in Sigiriya angesteuert. Die Flugzeit von bzw. nach Colombo beträgt 50 Min., www.cinnamonair.com.

Außerdem verbindet die Inlandsfluggesellschaft *Helitours* 3-mal/Woche Trincomalee mit Jaffna – mit Weiterflug nach Colombo, www.helitours.lk.

Ärztliche Versorgung **Trincomalee General Hospital (MHU)**. Das Krankenhaus befindet sich am südlichen Stadtrand Nähe Strand und Hafenbucht. Hospital Lane, ✆ 026-2222261.

Bootstouren/Walbeobachtung Bootstouren können in den Hotels und Gästehäusern gebucht werden, die Saison zur Beobachtung von Blau-, Pottwalen und Delfinen geht von März bis Sept., Ausflüge dauern 3–4 Std. und kosten ca. 30–40 $/Person. Abfahrt ist zumeist am frühen Morgen.

Veranstaltungen **Shivarathri Festival**, wichtiges Tempelfest zu Ehren des Gottes Shiva im Thiru Koneswaram Kovil, die Götterstatuen werden in einer Prozession durch die Stadt getragen. Febr./März.

Thirukoneswaram Ther Thiruvilah Festival, jährlich stattfindendes religiöses Hauptfest im Thiru Koneswaram Kovil mit einer Prozession von geschmückten Tempelwagen. 20 Tage im April.

Übernachten

→ Karte S. 286/287

In Trincomalee sind empfehlenswerte Mittelklassehotels die Ausnahme. Eine gute Alternative sind jedoch die Standard-DZ im Luxusresort Amaranthé Bay. Zwar gewinnen die Zimmer keine Schönheitspreise, Gäste können jedoch die komplette Infrastruktur der weitläufigen Anlage an der Lagune nutzen.

Trinco Blu **3**, ⑧. Feudales Strandhotel am nördlichen Ende von Upppuveli. Aufwendiges Design mit modernen Elementen, großer Gartenpool mit Sonnenschirmen und Liegen direkt am Strand. 81 Zimmer in einem flachen weißen Gebäuderiegel, unterschiedliche Kategorien. Ein Plus ist das große Wassersportzentrum. Sampative Post, Uppuveli, ✆ 026-2222307, www.cinnamonhotels.com.

Amaranthé Bay **2**, ④–⑧. Der große Hotelkomplex befindet sich am nördlichen Ende der Strandzone von Uppuveli (5 Gehminuten entfernt, kostenloser Shuttleservice). 33 Zimmer, davon 24 Suiten, Pool, Wellnessbereich, Bar und Restaurant. Lagunenblick vom großen Garten, vielfältige Aktivitäten sowie Kajak-, Kanu- und Fahrradverleih. Alles Garden Rd. 101/17, Uppuveli, ✆ 026-2050200, www.amaranthebay.com.

Hotel Tobiko **1**, ③–④. Familiäres Logis im Süden von Uppuveli mit 3 DZ und einem Familienzimmer im unteren Mittelklassebereich. Ruhige Lage in Strandnähe, Zimmer etwas karg möbliert, aber sauber. Kleiner, modern gestalteter Lobbybereich im EG, Restaurant für Hausgäste im 1. OG. Murugapuri Rd. 24 (erreichbar über eine 250 m lange Stichstraße von der B 424 zwischen Zentrum und Uppuveli), ✆ 077-3207712, Buchung über die gängigen Buchungsportale.

Hotel Blue Waves **13**, ③–④. In einer ruhigen Wohngegend im Süden der Stadt gelegenes Hotel der unteren Mittelklasse, 10 Min. zu Fuß zur Hafenbucht und zum Strand. 2 Zimmer im EG, 3 weitere im 1. OG, davon eines mit kleinem Balkon nach vorne raus. Etwas kühl, die Bäder nicht allzu sauber, ansonsten ordentlicher Gesamteindruck. Das Restaurant bedient auch auswärtige Gäste (Frühstück, Mittag- sowie Abendessen). Court Rd. 113, ✆ 026-2223350, www.trincoholidays.com.

»» **Mein Tipp:** **Silaa Cabana** **8**, ③. Das kleine, familiäre Gästehaus liegt einen Steinwurf vom Uppuveli-Strand entfernt in einer unscheinbaren Seitengasse. Junger Inhaber, relaxte Atmosphäre, verbaut wurden überwiegend Naturmaterialien. Auch das Publikum ist überwiegend jung oder jung geblieben. Einfache, saubere und wohnlich mit Liebe zum Detail möblierte Zimmer in 7 Cabanas aus Holz, jew. mit kleiner Veranda. Alles Garden Rd. 22/76, ✆ 026-2061002, Buchung über die gängigen Buchungsportale. ««

Victoria Inn **12**, ③. Das liebenswerte, familiäre Gästehaus liegt etwas versteckt in einer ruhigen Nebenstraße. Große Veranda mit Tischen und Liegestühlen, 4 unterschiedlich geschnittene Zimmer, 2 wirken etwas dunkel, 2 weitere teilen sich ein Bad. Küche für Selbstversorger. Kondaswamykovil Rd. 65/15, ✆ 026-2225512, Buchung über die gängigen Buchungsportale.

Dyke Rest 11, ③. Das kleine, freundliche Gästehaus überzeugt durch seine tolle Lage direkt am Südstrand. 8 Zimmer, davon 6 im EG, die beiden schönsten Zimmer befinden sich im 1. OG mit Veranda und Meerblick, allerdings mit externem Bad. Zimmer mit und ohne AC, auf Wunsch Abendessen, Scooter-Verleih. Dyke St. 228, ✆ 026-2225313, Buchung über die gängigen Buchungsportale.

Essen & Trinken

Im Zentrum gestaltet sich das Angebot empfehlenswerter Restaurants mager. Am besten weicht man daher auf die zahlreichen exzellenten Einkehrmöglichkeiten im Strandvorort Uppuveli 4 km nördlich von Trincomalee aus. Das salzhaltige Wasser, das zum Kochen verwendet wird, wirkt sich auf den Genuss von Tee oder Kaffee nicht förderlich aus.

››› Mein Tipp: **Sana's Place 4**. Ein ausgezeichneter Platz im Norden von Uppuveli, um frisch zubereitetes Seafood zu genießen. Angenehme Sitzplätze in einem luftigen Holzhaus auf 2 Etagen mit Wänden aus Bastmatten, rustikales Ambiente, Loungemusik. Frühstück, sri-lankische und internationale Küche zu vernünftigen Preisen, auch Reis & Curry und italienische Pasta. Tägl. 9–22 Uhr. Sarvodaya Rd. 101 (Alles Garden Rd.), Uppuveli, ✆ 026-4931371. ‹‹‹

Rice 'n Curry 5. Das Straßenrestaurant befindet sich mitten im Touristenbezirk von Uppuveli. Einfaches Ambiente, aber die Qualität stimmt: Während der Saison Reis & Curry-Mittagsbüfett um 800 Rs. Meeresfrüchte- und weitere landestypische Gerichte à la carte, auch Frühstück. Kein Alkoholausschank. Tägl. 8–22 Uhr. Alles Garden Rd. 77, ✆ 072-2841333.

Trinco Lanca Restaurant 6. Freundliches Restaurant mitten im Touristenbezirk von Uppuveli für Frühstück, Mittag- und Abendessen. Einfaches Ambiente mit Plastikstühlen, hier wird traditionell gekocht. Frische Säfte, Tee und Kaffee, Pancakes, Roti, Fried Rice, Meeresfrüchte in allerlei Varianten. Kein Alkohol, Musik. Eine der preiswerteren Optionen in Strandnähe. Tägl. ab 7.30 Uhr, in der Nebensaison nicht zuverlässig geöffnet. Alles Garden Rd. 21, ✆ 077-2222033.

Jeffry's Restaurant 7. Die solide Einkehr liegt in Uppuveli an der Ausfallstraße nach Nilaveli. Angenehmes Ambiente, wenn man die Plastikstühle und den Autoverkehr außer Betracht lässt. Die übliche Palette an Gerichten in guter Qualität – von Fried Rice über Reis & Curry bis zum Grillhuhn. Kein Alkohol. Akzeptable Preise. Saisonal abhängige Öffnungszeiten, zumeist tägl. 7–22 Uhr. Nilaveli Rd. 224, Uppuveli, ✆ 076-7778550.

Dutch Bank Café (Grand Thalassic) 10. Das Café und Restaurant im Zentrum ist zwar nicht sonderlich gut geführt, es ist aber der einzige Ort, der zum längeren Verweilen einlädt. Fein gedeckte Tische drinnen, rustikale Holztische und -bänke draußen mit Blick auf Hafenbucht. Koloniales Flair. Cappuccino, Tee, auch Bier, Sandwiches, Burger und Pizza, auch Seafood sowie einige wenige sri-lankische Gerichte. Akzeptable Preise. Tägl. 8–22 Uhr. Inner Harbour Rd. 88, ✆ 026-2222377, www.grandthalassic.com.

Annapoorani Restaurant 9. Das einfache vegetarische Straßenrestaurant ist eines von drei ähnlich angesiedelten Alternativen am Busbahnhof. Das übliche Angebot, z. B. Reis & Curry und Fried Rice, nichts zum längeren Sitzenbleiben. Einigermaßen sauber, kleine Preise. Tägl. 6–21 Uhr. Dockyard Rd. 417, ✆ 026-5679999.

Nilaveli: Ferienidylle mit kilometerlangem Sandstrand

Nilaveli

Das **Bade- und Wassersportmekka** 15 km nördlich von Trincomalee besticht durch einen breiten Strand mit feinem Sand. Urlauber auf der Suche nach Einsamkeit sind in diesem extrem dünn besiedelten Landstrich gut aufgehoben. Eine Siedlung im eigentlichen Sinn existiert nicht: Die tamilischen und muslimischen Fischer leben in verstreut liegenden Häusern beiderseits der breiten, spärlich befahrenen Küstenstraße *(Pulmoddai Road)*, von der in unregelmäßigen Abständen staubige oder grob gepflasterte Stichwege in Richtung Strand führen. Die Orientierung fällt hier auf den ersten Blick nicht leicht, weil es kein sichtbares Zentrum gibt und die Entfernungen zwischen den Resorts und Gästehäusern beachtlich sind. Eine spontane Quartiersuche vor Ort empfiehlt sich aus diesen Gründen nicht. Bei der Anreise mit dem eigenen Fahrzeug oder dem Three Wheeler von Trincomalee sollte außerdem die vollständige Adresse der Unterkunft zur Hand sein. Sie enthält meistens eine englische Meilenangabe (manchmal auch Kilometerangabe), die sich auf einen bestimmten Punkt an der Küstenstraße bezieht, z. B. 8th Mile Post. Die meisten Quartiere in Nilaveli liegen zwischen dem *7th Mile Post* und dem *11th Mile Post*. Letzterer liegt bereits im Einzugsbereich einer Lagune, die das Strandareal im Norden abschließt. Die B 424 quert den salzhaltigen Verbindungsarm zwischen Lagune und Meer über die 300 m lange Irrakkandi-Brücke. Nördlich des Übergangs befinden sich vereinzelt weitere Resorts sowie der Strand von **Kuchchaveli.** Außerhalb der Saison von April bis Okt. sind Hotels und Restaurants bis auf wenige Ausnahmen geschlossen.

Wichtigste Attraktion ist *Pigeon Island* (**Taubeninsel**) 2 km vor der Küste. Benannt ist das einsame Eiland, das seit 2010 ein Nationalpark ist, nach der hier brütenden Felsentaube. Im Einzugsbereich der Insel befinden sich die besterhaltenen Korallenriffe der Ostküste, weshalb der Nationalpark häufig im Rahmen von Tauch- und Schnorchelexkursionen angesteuert wird. Startpunkt der wegen des Nationalpark-Permits keineswegs preiswerten Bootstouren sind die Hotelanleger in Nilaveli und Uppuveli (→ S. 282) sowie die Wassersportzentren. Die Schwimm- und Fahrverbotszone des Nationalparks darf nicht betreten werden. Wunderbar sind morgens oder spätnachmittags **Strandspaziergänge** mit Blick auf *Pigeon Island*, wobei der Strand von Nilaweli wegen eines Armeepostens leider nicht durchgängig begehbar ist.

Eine Besonderheit an der Straße von Trincomalee nach Nilaweli ist der imposante **Sri Lakshmi Narayana Perumal Kovil:** Der in blau und gelb erstrahlende Tempel ist den Hindugottheiten Vishnu und Lakshmi geweiht und wurde durch Spendengelder finanziert. Bei der 2011 eingeweihten Kultstätte handelt es sich um die Replik eines südindischen Tempels, die Handwerker wurden ebenfalls vom Subkontinent geholt. An der gleichen Straße befindet sich auf der anderen Seite der *Trincomalee War Cemetery* (**Soldatenfriedhof**) mit Gefallenengräbern aus dem Zweiten Weltkrieg.

Hin & weg **Bus**: Öffentliche Busse starten regelmäßig in Trincomalee, die meisten fahren weiter bis nach Kuchchaveli.

Tuk-Tuk: Die Fahrt per Three Wheeler von Trincomalee hierher sollte – je nach Entfernung – nicht mehr als 800–1000 Rs kosten.

Wassersport **Nilaveli Diving Centre**. Professionelle Tauchbasis im Nilaveli Beach Hostel am südlichen Strandabschnitt von Nilaveli. PADI-Kurse für Anfänger und Profis, Tauch- und Schnorchelausflüge zur Taubeninsel, Ausrüstungsverleih. Anfängerlektionen ab 40 $. April bis Okt. Ward 9, 9th Mile Post, ✆ 077-0778597, www.nilaveli diving.com.

Übernachten/Essen **Jungle Beach Resort**, ⑧. Eines der teuersten und exklusivsten Hotels an der ganzen Ostküste liegt auf einer schmalen Nehrung zwischen der Irrakkandi-Brücke und Kuchchaveli. Einsamkeit pur, komfortable Bungalows mit Blick auf Meer oder Lagune, weitere Bungalows liegen im Dschungel. Pool, Restaurant, Spa. 27th Kilometer Post, Pulmoddai Rd., Kuchchaveli, ✆ 026-5671000, www.uga escapes.com.

Nilaveli Beach Resort, ⑤–⑧. Gepflegtes Strandhotel nördlich von Pigeon Island mit einem Haupthaus und mehreren Nebengebäuden. 4 geräumige, wohnlich eingerichtete Holzbungalows mit Veranda, 6 weitere Zimmer im Haupthaus (1. und 2. OG), in denen ebenfalls viel Holz den Ton angibt. Ein abseits liegendes Einzelzimmer. Restaurant, Bootsservice, Fahrradverleih und Strand satt. Ganzjährig geöffnet. 19th Kilometer Post, Pulmoddai Rd., ✆ 077-7951871, www.nilavelibeachresort.lk.

Surya Lagoon, ④–⑤. Das winzige Gästehaus liegt jenseits der Küstenstraße und ist voll und ganz zur Lagune ausgerichtet, es handelt sich um einen Ableger der Villa Araliya in Negombo an der Westküste. Das Gebäude befindet sich auf dem Boden einer ehemaligen Kokosplantage. Geschmackvoll ausgestatte Zimmer mit Baldachinbetten, kein AC, Moskitonetze sind vorhanden. Restaurant mit vegetarischer Küche, 10 Min. zu Fuß zum Strand. April bis Okt. 18th Kilometer Post, Pulmoddai Rd., ✆ 071-2728504, www.suryalagoon-nilaveli.com.

Nilaveli Beach Hostel, ①. Einfache Unterkunft in Strandnähe im Süden von Nilaweli. Jugendliches Wassersportpublikum. 5 saubere Zimmer für max. 3 Pers. mit großem Gemeinschaftsbad, kleine Veranda, Tauchzentrum im Haus. April bis Okt. Kein Restaurant, Küche für Selbstversorger. Ward 2, 9th Mile Post, ✆ 026-2232222, www.nilaveli beachhostel.com.

››› Mein Tipp: **Nilaveli Home Food Centre**. Das pinkfarbene Landhaus liegt in einer Seitengasse der B 464 zum Strand. Schöne Sitzplätze auf der Veranda, die Speisekarte bietet die ganze Palette srilankischer (Kottu Roti, String Hoppers, etc.), panasiatischer (Fried Rice, Fried Noodles) und westlicher Gerichte (Hühnchen, Fisch sowie Krustentiere). Authentische Gastlichkeit, gutes Preis-Leistungs-Verhältnis. Vermittlung von Walbeobachtungstouren und Taxifahrten. 5 Min. zu Fuß zum Strand. Tägl. 7.30–21 Uhr, in der Nebensaison besser vorher reservieren. 10th Mile Post, Pulmoddai Rd. (dem Wegweiser zum Shahira Hotel folgen), ✆ 077-7177149. ‹‹‹

Lagoon View Rest. Landestypische Einkehr direkt an der Lagune im Norden von Nilaweli, in der Nähe der Irrakkandi-Brücke. Man sitzt herrlich im naturbelassenen Garten, serviert werden hausgemachte srilankische und panasiatische Gerichte zu akzeptablen Preisen. April bis Okt. School Lane, Irrakkandi (mit Blickrichtung Norden an der muslimischen Schule von der B 464 links abbiegen, dann den ersten Weg nach rechts), ✆ 077-9003801.

Die Ostküste → Karte S. 264

Tamilische Fischer an der Palk Bay

Der Norden

Von allen Teilen Sri Lankas war der tamilische Norden vom Bürgerkrieg am heftigsten betroffen. Die jahrelange Isolation der Halbinsel Jaffna vom Rest der Insel hat deutliche Spuren hinterlassen, die noch heute auf Schritt und Tritt zu spüren sind. Eine Reise durch Sri Lanka bleibt allerdings ohne den Norden der Insel unvollständig.

Die Stadt Jaffna und die Halbinsel von Jaffna sind gemeinhin die einzigen Ziele im Norden Sri Lankas, die von Urlaubern angesteuert werden. Zum einen sind es einige Sehenswürdigkeiten auf der Halbinsel, zum anderen lohnt sich der Besuch aber allein schon deswegen, weil sich der hohe Norden in mehrfacher Hinsicht stark vom Rest des Landes unterscheidet, was den relativ hohen Organisationsaufwand, um hierher zu kommen, rechtfertigt: Der Norden liegt komplett in der Trockenzone Sri Lankas, Reisende erwartet also eine ganz andere Landschaft als in anderen Gebieten der Insel. Überdies ist die Bevölkerung im Norden mehrheitlich tamilisch, das heißt, dass hier insbesondere hinduistische Kultstätten im Vordergrund stehen, obwohl man natürlich auch einige buddhistische Heiligtümer findet, die für die Geschichte der Staatsreligion Sri Lankas von Bedeutung sind. Wer Südindien kennt, fühlt sich in den Basaren Jaffnas eher aufs südindische Festland versetzt, als in die diversen Inselregionen Sri Lankas. Im Unterschied zum singhalesisch geprägten Hinterland und zur West- und Südküste steckt der **Tourismus** im Norden aber noch in den Kinderschuhen. Reisen im Norden haftet der Odem des Abenteuerlichen an, was bedeutet, dass man sich auf die eine oder andere Unwägbarkeit einzustellen hat: Englisch als Verkehrssprache ist bürgerkriegsbedingt nicht sehr verbreitet, die Verständigung demzufolge schwieriger. Es mangelt an guten

Hotels, Gästehäuser halten in puncto Sauberkeit und Service einen Vergleich mit denen der anderen Inselregionen keinesfalls stand. Aktivitäten, die den westlichen Geschmack treffen, sind Mangelware. Das große Plus auf der anderen Seite: Die Menschen sind ungekünstelt freundlich und herzlich, das Preisniveau ist niedrig, und man kann gerade hier in den ehemaligen Bürgerkriegsregionen Entdeckungen machen, die andernorts in dieser Form nicht mehr möglich sind.

Hauptstadt des Nordens ist die Tamilenmetropole **Jaffna.** Die Trümmer, die der Bürgerkrieg im Zentrum hinterlassen hat, sind mittlerweile meistenteils aufgeräumt, doch der ersehnte Aufschwung seit seinem Ende 2009 lässt noch auf sich warten. Nur schleppend geht es auch auf der weitläufigen wie fruchtbaren Halbinsel mit ihren zahlreichen Lagunen voran. Empfehlenswerte Quartiere außerhalb Jaffnas sind absolute Mangelware, weshalb die meisten Besucher nicht bleiben, sondern die Sehenswürdigkeiten auf der Halbinsel nur im Rahmen eines Tagesausflugs besichtigen. Dabei sind die Entfernungen groß – allein von **Point Pedro** im Osten – dem nördlichsten Punkt Sri Lankas – bis zum Brückendamm zur Insel Karaitivu im Westen beträgt die Distanz 45 km. Bei einem Rundtrip um Jaffna kommen – inklusive Abstecher – spielend leicht 200 km zusammen. Wichtigster Zugang zur Jaffna-Halbinsel ist der Brückendamm mit der A 9 und der parallel verlaufenden Eisenbahnlinie von Anuradhapura. Bahntrasse und Straße überqueren dabei eine große Lagune, die die Halbinsel vom sri-lankischen Festland trennt und die die isolierte geografische Lage der Halbinsel begünstigt.

Am Nadelöhr zwischen Halbinsel und Festland befindet sich der legendäre **Elefantenpass** *(Elephant Pass).* Bereits die holländischen Kolonialherren sicherten den neuralgischen Punkt, der trotz des Namens natürlich kein Gebirgspass ist, durch ein Fort. Am stärksten umkämpft war der Elefantenpass während des Bürgerkriegs 1983–2009. Reisende auf dem Weg nach Jaffna wurden an dieser strategisch bedeutenden Stelle bis ins Jahr 2015 einer Kontrolle durch die singhalesische Armee unterzogen, was sich mitunter hinziehen konnte.

Ein weiteres Ziel von Bedeutung ist die **Insel Mannar** an der Westküste: Einst befand sich im Umkreis der modernen Stadt Mannar der wichtigste Überseehafen der alten Königsmetropole Anuradhapura. Als *Manthai* oder *Manthoddam* taucht der Inselname in alten singhalesischen und tamilischen Quellen auf. Vieles gibt es auf dem spröden Eiland gegenwärtig nicht zu tun. Das kann sich allerdings auf einen Schlag wieder ändern, wenn die Insel ihrer früheren Rolle als Drehscheibe für den Austausch von Gütern und Personen über die **Palk Strait** wieder gerecht wird. Der Blick auf eine Luftaufnahme zeigt, dass die Orte Dhanushkodi im indischen Tamil Nadu und Talaimannar in Sri Lanka durch eine natürliche, teils unter dem Meeresspiegel liegende „Brücke" verbunden sind, die **Adam's Bridge.** Große Schiffe kön-

nen aufgrund zahlreicher Inselchen und Felsenriffe die nur etwa 28 km breite Meerenge zwischen beiden Ländern nicht passieren. Das befeuerte auch hier die Legendenbildung: Im indischen Epos Ramayana heißt es beispielsweise, dass Hanuman, der affengestaltige Sohn des Windgottes, vor seiner Kundschafterreise nach Lanka im südindischen Rameshvaram meditiert habe, um dann anschließend in riesenhaften Sprüngen vom Subkontinent auf die Insel hinüberzuspringen. Die Götter hätten ihm dabei assistiert und überall an den Stellen, an denen die Affenpfoten bei den Sprüngen Wasser berührten, kleine Inseln geschaffen.

Ein Bade- oder Wassersportziel ist der Norden nicht. **Strände** gibt es jedoch auch hier, zwei auf der Halbinsel von Jaffna (→ S. 301), ein weiterer auf der Insel Mannar (→ S. 307).

Die Halbinsel von Jaffna

Jaffna ist die Hauptstadt des Nordens sowie der urbane Fixpunkt der tamilischen Kultur in Sri Lanka. Atmosphärisch erinnert vieles an die Städte Südindiens. Jahrzehntelang ächzte die Halbinsel mit ihren sehenswerten Kultstätten unter den Auswirkungen des Bürgerkriegs. Die Wunden, die der bewaffnete Konflikt geschlagen hat, sind noch längst nicht verheilt.

Das kompakte Zentrum von Jaffna lässt sich hervorragend auf Schusters Rappen oder mit dem Fahrrad erkunden. Die meisten Attraktionen liegen nah beieinander, allen voran das aus portugiesischer bzw. holländischer Zeit stammende **Fort:** Im Unterschied zu den von Mauern umgürteten Stadtteilen von Colombo oder Galle, handelt es sich beim Jaffna Fort um eine reine Verteidigungsanlage, die im Lauf der neueren Geschichte den jeweils aktuellsten militärischen Sicherheitserfordernissen genügte. Trotz nicht abgeschlossener Renovierung ist das im Bürgerkrieg zerstörte Bollwerk inzwischen wieder zur Besichtigung freigegeben. Zwischen Festung und Lagune befindet sich eine einladende Uferpromenade. Die gepflegte Anlage hat den Charakter eines innerstädtischen Erholungsgebiets und taugt für gemütliche Spaziergänge am Morgen oder am späteren Nachmittag. Landseitig schließt sich ans Fort ein Parkareal mit der berühmten **Jaffna Library** an: Der weiße Kolonialpalast galt einst als eine der bedeutendsten Bibliotheken Asiens und ist ein Symbol des gewaltsamen Konflikts zwischen Tamilen und Singhalesen im 20. Jh. Zwischen dem frisch restaurierten Büchertempel und dem **Uhrturm** – er wurde 1875 anlässlich des Besuchs von Edward II., Prinz von Wales, errichtet – liegt die Großbaustelle für das künftige *Jaffna Cultural Centre.* Der ultramoderne Komplex entsteht mit Hilfe indischer Investitionen und soll nach seiner Fertigstellung etwas Metropolenflair nach Jaffna bringen – inklusive Piazza für Fußgänger sowie einem Hochhaus mit Wahrzeichencharakter.

Ebenfalls in kurzer Distanz zur Festung befinden sich – umgeben von rechtwinklig angeordneten Straßen – der Busbahnhof sowie der quirlige **Basar.** Letzterer entpuppt sich als pulsierendes Herz der tamilischen Alltagskultur und lohnt daher durchaus einen Besuch. Aus Lautsprecherboxen dröhnen tamilische Popsongs, besonders beliebt sind die Hits der tamilischen Filmindustrie von Chennai aus den 1960er-Jahren (in Anlehnung an Holly- und Bollywood werden tamilische Leinwandepen made in Chennai auch als *Kollywood*-Filme bezeichnet). Nostalgisches Flair vermitteln auch die zahlreichen Oldtimer-Limousinen in den Straßen von Jaffna. 3 km nordöstlich des Zentrums befindet sich das traditionsreiche Stadtviertel

Der Norden → Karte S. 292

Nallur: Das hinduistische Hauptheiligtum, der Nallur Kandaswami Kovil, zählt zu den größten und wichtigsten Kultstätten Sri Lankas, auch wenn die im dravidischen Stil erbaute Anlage nicht mit den großen Tempelstädten im indischen Bundesstaat Tamil Nadu zu vergleichen ist. Wie zahlreiche andere Hindu-Heiligtümer in und um Jaffna, wurde der Tempel im ersten Drittel des 17. Jh. von den Portugiesen zerstört. Beim großen Nallur Festival im Juli bzw. im August platzt das Viertel aus allen Nähten. Entlang der Temple Road befinden sich auch die meisten empfehlenswerten Restaurants – mit ausschließlich vegetarischer Küche.

Die mit einer Fläche von 1014 km^2 überaus weitläufige **Jaffna-Halbinsel** ist flach und für hiesige Verhältnisse erstaunlich dicht besiedelt. Ihre Basis besteht aus grauem und gelbem, porösem Kalkgestein, das für gut bewässerte, fruchtbare Böden sorgt. Neben Reis gedeihen Bananen, Zwiebeln und Chilis. Darüber hinaus sieht man auch Plantagen mit Palmyrapalmen: Die Blütenstände der Pflanze liefern den Rohstoff für die Palmzucker- und Palmweinproduktion, die reifen Früchte können roh gegessen werden, die Blätter werden zu Matten, Körben, Hüten usw. verarbeitet. Der Süden der Halbinsel wird von Lagunen zerfasert, wohingegen der an den Golf von Bengalen grenzende Norden aus einer kompakt verlaufenden Küstenlinie besteht. Eine namentlich allen Sri Lankern vertraute Landmarke ist **Point Pedro** am nördlichsten Ende der Insel. Viel gibt es hier jedoch nicht zu sehen: Ein Leuchtturm mit Patina sowie einige vergammelte Kutter kieloben auf dem Sand – das war's auch schon, sieht man vom Mobilfunkmast und einigen freudlos neben der Piste grasenden Ziegen einmal ab. Point Pedro ist jedoch ein guter Aussichtspunkt für die Besichtung eines abseits gelegenen Vishnu-Heiligtums (s. u.) sowie für einen Abstecher an den Strand von Manalkadu. Bei der Anfahrt zum Strand befindet sich rechter Hand die Ruine der 1894 erbauten Antoniuskirche mit Friedhof – zur Hälfte von wandernden Sanddünen verborgen. Die Küstenstraße von Point Pedro nach Westen fällt vor allem durch ihre Schlaglöcher auf, lokale Kooperativen verkaufen an kleineren Marktständen frischen Fisch. Nicht immer verläuft das Sträßchen direkt am Meer, denn mehrere Armeecamps beiderseits

Am Point Pedro ist buchstäblich die Welt zu Ende

des Eisenbahnendhaltepunktes **Kankesanthurai (KKS)** zwingen zu teilweise weiträumigen Umfahrungen landeinwärts. Wer einen guten Platz für eine Pause sucht, findet ihn im 20 km nördlich von Jaffna liegenden Städtchen Kankesanthurai im Palmyra Restaurant im ehemaligen staatlichen Rest House am Strand. Während des Bürgerkriegs wurde das Gästehaus von der sri-lankischen Armee okkupiert, unter deren Fittiche befindet sich die Unterkunft bis heute, auch Touristen dürfen sich dort einmieten.

Im Südwesten sind der Halbinsel von Jaffna eine Handvoll **Inseln** vorgelagert. Die Eilande im seichten Gewässer der Palk Strait sind flach, spärlich besiedelt und lohnen nur bedingt einen Besuch. Die beiden über Straßendämme mit dem Festland verbundenen Inseln **Kayts** und **Karaitivu** werden von Jaffna aus mit öffentlichen Lokalbussen angesteuert, selbiges gilt für das ebenfalls über eine Straße zugängliche Eiland **Punkudutivu.** Die übrigen Inseln, allen voran **Nainativu** sowie **Delft** sind mit altersschwachen Fährschiffen kostenlos zu erreichen. Auf der kargen Insel Delft alias *Neduntheevu* leben zahlreiche Ponys. Die Zucht der kleinen Packpferde auf dem entlegenen Eiland ist ein Erbe der holländischen und britischen Kolonialzeit, verlassen dürfen die Tiere ihre Heimat per Dekret nicht. Auch Karaitivu ist mit der Kolonialepoche verknüpft: Die Holländer nannten die 23 km^2 große Insel damals *Amsterdam.* Das spektakulär auf einem Fels im Wasser liegende **Fort Hammenhiel** errichteten dagegen die Portugiesen im 17. Jh. zum Schutz der Einfahrt in die Lagune. Heute ist die Festung im Besitz der sri-lankischen Marine, die in den historischen Gebäuden ein exklusives Gästehaus betreibt. Zum Zeitpunkt der letzten Recherche konnten hier jedoch nur Armeeangehörige nächtigen.

Geschichte: Ausgrabungen in der Nähe von Point Pedro belegen, dass die Halbinsel von Jaffna bereits in vorgeschichtlicher Zeit besiedelt war. Über die antike Historie ist wenig bekannt: Tamilische und singhalesische Chroniken erwähnen mindestens seit dem 3. Jh. v. Chr. die Existenz kleiner Stammesfürstentümer, deren Bewohner wahlweise als *Naga Chala* oder *Chera* bezeichnet wurden. Die Ausgrabungsstätte in Kandarodai (s. u.), heute ein nördlicher Vorort von Jaffna, verweist auf ein pulsierendes religiöses Leben unter Beteiligung von Hindus und Buddhisten. Große Bedeutung für die **Ausbreitung der buddhistischen Lehre** in Sri Lanka genoss der damalige Überseehafen im Norden der Jaffna-Halbinsel: Hier landete im 3. Jh. v. Chr. eine Delegation aus Nordindien unter Leitung der Prinzessin Sanghamitta – im Gepäck ein Ableger jenes berühmten Bodhibaums, unter dem Siddharta seine Erleuchtung erlangt hatte.

1215 begann die Epoche des **Königreichs von Jaffna,** das seinen Herrschaftsbereich über die ganze Halbinsel ausdehnte. Als Gründer gilt der Eroberer Kalinga Magha, der aus Indien stammte und eventuell ein Abkömmling der Chola war. Phasen der Unabhängigkeit wechselten mit solchen, in denen das Regionalreich verschiedenen indischen Herrschern – u. a. den Sultanen von Delhi – tributpflichtig war. Während Teile der singhalesischen Bevölkerung vom Norden in den Südwesten der Insel auswanderten, streckten die tamilischen Herrscher von Jaffna, die *Aryacakravartis,* ihre Fühler in andere Inselgebiete aus und schickten Steuereintreiber u. a. auch ins zentrale Hinterland. In der Mitte des 15. Jh. mussten sie sich jedoch dem wachsenden Einfluss des Königreichs Kotte geschlagen geben. Der letzte Herrscher des Reichs von Jaffna, Cankili II., erlitt 1619 eine vernichtende Niederlage gegen die Portugiesen. Er wurde von den Kolonialherren festgenommen, nach Indien gebracht und vier Jahre später in Goa gehängt. Seither gilt der letzte Regent den Tamilen als Märtyrer, sein goldenes Reiterdenkmal *(Sangiliyan Statue)* schmückt heute einen Park an der

Der Norden → Karte S. 292

Der mächtige Tempeltorturm des Nallur Kandaswamy Kovil

Ausfallstraße in Richtung Point Pedro nordöstlich des Zentrums. Die Skulptur befindet sich wenige Hundert Meter von der Residenz der Könige von Jaffna entfernt, die im Bürgerkrieg zerstört wurde (→ Kasten, S. 298).

Der portugiesische Einfluss im Norden Sri Lankas begann allerdings schon früher: Bereits 1591 setzten die Südeuropäer einen ihnen genehmen Herrscher auf den Thron von Jaffna. Dieser räumte den Portugiesen zahlreiche Privilegien ein – u. a. das Monopol für die Ausfuhr von Elefanten sowie das Recht, frei im Land missionieren zu dürfen. Eine der ersten baulichen Amtshandlungen der Portugiesen nach dem endgültigen Zusammenbruch des Königreichs war der Bau einer **Festung** am Meer *(Jaffna Fort).* Die 1618 begonnene Anlage war der erste portugiesische Festungsbau im Norden Sri Lankas – die **Kolonialgeschichte** Jaffnas ist eng mit diesem Bauwerk verknüpft. Außerdem zerstörten die Portugiesen systematisch hinduistische sowie buddhistische Kultstätten auf der ganzen Halbinsel. 1658 wurde das Fort von den Holländern erobert, die der Anlage die noch heute erkennbare Sternform verliehen. 1795 erfolgte nach Artilleriebeschuss durch die Briten die erneute Übergabe Jaffnas – diesmal an die angelsächsischen Eroberer. Erstmals war in der britischen Epoche wieder so etwas wie Aufbruch zu verspüren, bedingt u. a. durch den Eisenbahnbau sowie die Errichtung neuer Straßen, Tempel und öffentlicher Gebäude.

Mit der sri-lankischen Unabhängigkeit sowie dem Beginn des gewaltsamen Konflikts zwischen Singhalesen und Tamilen war die kurze Blütezeit unter der Herrschaft der Engländer vorüber. Bereits zwei Jahre vor Beginn des **sri-lankischen Bürgerkriegs** 1983 deuteten Pogrome auf die künftigen bewaffneten Auseinandersetzungen hin, allen voran die Plünderung der 1933 noch in britischer Zeit erbauten *Jaffna Library* (s. u.). Das Schockereignis gilt als eine der barbarischsten Bücherverbrennungen des 20. Jh., die Bibliothek seitdem als Symbol für den gewaltsamen Konflikt zwischen Tamilen und Singhalesen. 1986 zog sich das sri-lankische Militär, das bislang in der Kolonialfestung ausgeharrt hatte, aus der Stadt zurück und überließ die Halbinsel den Befreiungstruppen der LTTE. 1987–90 sollten indische Soldaten, ausgestattet mit dem Mandat der Vereinten Nationen, für Frieden sorgen sowie für die Tamilen eine autonome Zone im Inselnorden schaffen. Der Versuch scheiterte, Indien zog sich aus dem Konflikt zurück, die sri-lankischen Regierungstruppen griffen wieder ins Geschehen ein. 1995 fiel Jaffna nach einer 50-tägigen Belagerung wieder unter die Kontrolle der sri-lankischen Armee. Bis zum Ende des Bürgerkriegs 2009 war die Halbinsel vom Rest des Landes vollständig isoliert.

Sehenswertes in Jaffna

Jaffna Library: Der weiß getünchte Prachtbau zwischen dem Fort und dem noch im Bau befindlichen neuen Kulturzentrum ist von außen eine Augenweide. Mit einem Bestand von 97.000 Büchern, Handschriften sowie historischen Palmblatt-Manuskripten galt der Büchertempel bis in die 1980er-Jahre als eine der größten Bibliotheken Asiens. Traurige Berühmtheit erlangte dieser anno 1981, als ein randalierender Mob von Singhalesen das Gebäude brandschatzte und dabei einen großen Teil der wertvollen Bestände der Vernichtung anheimgab. Bei dem Pogrom starben vier Tamilen, mehrere wurden verletzt, die Verantwortlichen kamen unbehelligt davon. Die Bücherverbrennung war ein wichtiges Ereignis im Vorfeld des sri-lankischen Bürgerkriegs. Zerstört wurden u. a. auch Schriften des tamilisch-angelsächsischen Gelehrten Ananda Kentish Coomaraswamy (1877–1947). Einem weiteren Leserkreis bekannt wurde der spätere Kurator am Museum of Fine Arts in Boston durch ein Werk zur Kunstgeschichte Süd- und Südostasiens, das 1927 unter dem Titel „Geschichte der indischen und indonesischen Kunst“ in deutscher Übersetzung erschien. Noch während des Bürgerkriegs wurden mithilfe internationaler Spenden das beschädigte Gebäude wiederaufgebaut und 25.000 neue Bücher angeschafft. Bereits 1984 war das Haus wieder vollständig renoviert, öffentlich zugänglich ist das beeindruckende Symbol der tamilischen Kultur allerdings erst wieder seit 2004.

Jaffna Fort: Die wichtigste Sehenswürdigkeit im Stadtzentrum ist die 1619 von den Portugiesen errichtete Festungsanlage. Kern des Forts war ein der Jungfrau Maria geweihtes katholisches Gotteshaus. Letzteres stand Pate für den damals gebräuchlichen Namen der Festung: *Fortaleza de Nossa Senhora dos Milagres de Jafanapatão*. Nach der Übernahme durch die Holländer bauten die neuen Kolonialherren 1665–80 das Fort um und gaben ihm die typische, noch heute gut erkennbare pentagonale Gestalt. Die fünf Bastionen wurden damals nach den niederländischen Provinzen *Holland*, *Zeeland*, *Friesland*, *Gelderland* und *Utrecht* getauft. Dem Umbau fiel die ursprüngliche Festung zum Opfer, die katholische Kirche wich einem protestantischen Sakralbau. Nach der Fertigstellung galt das Fort architektonisch als eines der eindrücklichsten Bauten auf der gesamten Jaffna-Halbinsel und umfasste ein Krankenhaus sowie mehrere karitative Einrichtungen. Im frühen 18. Jh. wurden die äußeren Befestigungswälle hinzugefügt, die von den inneren Bastionen durch einen Wassergraben getrennt waren. Bis zum Beginn des sri-lankischen Bürgerkriegs Mitte der 1980er-Jahre war der Erhaltungszustand der Festung bemerkenswert gut gewesen. Artilleriebeschuss legte die Anlage dann in Schutt und Asche – inklusive dem grandiosen Gotteshaus der niederländisch-reformierten Kirche. Gegenwärtig sind die Wiederherstellungsarbeiten in vollem Gang, ein Teil der frisch restaurierten holländischen Bastion ist bereits wieder begehbar.

Tägl. 8–18 Uhr. Eintritt frei.

Nallur Kandaswamy Kovil: Der größte Hindu-Tempel in Sri Lanka ist zugleich das spirituelle Herz der tamilischen Kultur. Die rot-weiß gestreifte, hohe Tempelmauer vermittelt ein Gefühl hermetischer Abgeschlossenheit, Männer dürfen den Tempel

Der Norden → Karte S. 292

nur mit freiem Oberkörper betreten. Der Zugang zu dem Sri Murugan (auch Skanda oder Kataragama genannte Gottheit, → Kasten, S. 254) geweihten Heiligtums erfolgt ausnahmsweise einmal nicht über die beiden hoch aufragenden Tempeltortürme *(gopuram)* im Norden und Süden sondern von der Rückseite im Osten. Überaus stimmungsvoll präsentiert sich der innere Wandelgang mit Bögen im indo-sarazenischen Stil, der allerdings aufgrund des üblichen Fotografierverbots nicht abgelichtet werden darf. Die Kultstätte geht zurück auf das 10. Jh. und blickt auf eine wechselhafte Geschichte zurück: Ursprünglich stand der Tempel nämlich an einer anderer Stelle, er wurde mehrfach umgebaut, bis ihn die Portugiesen 1624 zerstörten, um Platz für eine katholische Kirche zu schaffen. Der heutige Tempel ist im ersten Drittel des 18. Jh. entstanden, wobei einige Elemente sogar noch jüngeren Datums sind: Der neunstöckige Tempeltorturm im Süden, Wahrzeichen des Areals, wurde erst im September 2015 eingeweiht. Das Nallur Festival im Juli/August zählt zu den größten hinduistischen Festen in Sri Lanka.

Tägl. 4.30–12.15 Uhr und 15–18.30 Uhr. Tempelzeremonien finden u. a. um 10, 12 und 17 Uhr statt. Eintritt frei.

Ruinen – Mahnmale des Bürgerkriegs

Die Wunden, die der sri-lankische Bürgerkrieg bis 2009 geschlagen hat, sind in Jaffna noch längst nicht verheilt. An vielen Stellen verkünden Ruinen von Wohngebäuden und sakralen Kultbauten vom zurückliegenden bewaffneten Konflikt. Einige wirken auf den heutigen Betrachter wie Mahnmale – Zeugnisse einer noch gar nicht so weit zurückliegenden Zeit, die hoffentlich nie mehr zurückkehrt. So trifft man nördlich des Nallur Kandaswamy Kovil auf Reste eines palastähnlichen Gebäudes mit dravidischen und kolonialen Stilelementen. Einer Inschrift am Eingang zufolge könnte es 1890 erbaut worden sein. Anderen Theorien zufolge könnte das Gebäude aber auch zum **Mantri Manai,** der Herrschaftsresidenz des Königreichs von Jaffna, gehört haben, das sich nachweislich in diesem Viertel befand. Eine ebenfalls relativ einfach zugängliche Bürgerkriegsruine befindet sich neben dem 11 ha großen **Old Park** an der Ausfallstraße nach Osten (A 9). In diesem Fall handelt es sich um die kirchenartig wirkenden Überreste der britischen Gouverneursresidenz. Bewohner war 1829–33 der britische Regierungsagent Percival Ackland Dyke, der den Beinamen „Raja (König) des Nordens“ trug und nach seinem Tod 1867 auf einem Vorstadtfriedhof bestattet wurde.

Archäologisches Museum: Das bescheidene archäologische Museum befindet sich in Gehentfernung zum Nallur Kandaswamy Kovil. Die Ausstellung zeigt einen Querschnitt durch die Geschichte vom frühen Mittelalter bis in die Kolonialzeit. Einige Exponate stammen aus der Ausgrabungsstätte in Kandarodai.

Mi–So 8.30–16.30 Uhr. Eintritt gegen Spende. Navalar Rd.

Kadurugoda Raja Maha Viharaya (Kandarodai): Die wichtigste Ausgrabungsstätte im Norden Sri Lankas befindet sich 9 km nördlich des Zentrums von Jaffna in der Umgebung des Vororts Chunnakam. Möglicherweise war die Sakralanlage einst ein integraler Bestandteil eines antiken Herrschaftssitzes. Archäologische Fundobjekte wie Keramiken, Tonscherben, Überreste buddhistischer und hinduistischer Statuen sowie südindische und römische Münzen deuten zumindest in diese Richtung. Die Funde datieren zwischen dem 2. Jh. v. Chr. sowie dem 13. Jh. n. Chr. und belegen, dass sowohl Buddhisten als auch Hindus diesen Ort als Kultstätte nutzten. Das Highlight der Ausgrabungsstätte sind 20 kleine Stupas bzw. bei einigen nur noch die Unterbauten, von denen der größte einen Durchmesser von nur 7 m hat. Ursprünglich standen hier sogar einmal 56 Stupas. Entdeckt wurde die Ausgrabungsstätte 1917 von Edward Pieris, einem Angestellten des Ceylon Civil Service. Den Bürgerkrieg überstand das noch heute von der Armee bewachte Areal erstaunlich unbeschadet.

Eintritt frei. In Chunnakam (bis hierher fährt der Bus Nr. 768) an der Ampelkreuzung links, dann auf – leider nicht vollständige – Ausschilderung achten. Die Ausgrabungszone liegt 3 km außerhalb.

Sehenswertes auf der Jaffna-Halbinsel

Nilavarai: Der „Blaue Brunnen“ liegt 18 km nordöstlich von Jaffna etwas abseits der Straße zum Point Pedro. Aufgrund der fehlenden Ausschilderung ist er ohne Guide nur schwer zu finden. Der Brunnen, der zur Bewässerung der umliegenden Felder dient, galt lange Zeit als bodenlos. Nach einer Legende schoss der Held Lakshmana – Zwillingsbruder des göttlichen Avatars Rama aus dem Epos Ramayana – bei der Ankunft des Heeres in Lanka einen Pfeil ab. Dort, wo der Pfeil auftraf, sprudelte eine Quelle, an dem sich der dürstende Rama labte. Nebenbei gesagt, erklärt die Geschichte den Namen der Quelle, denn Blau ist die symbolische Erkennungsfarbe von Rama. Unlängst stellten sri-lankische Marinetaucher fest, dass das Brunnenbassin 52,5 m tief ist. Obendrein entdeckten sie, dass die unteren Wasserschichten salzhaltig sind. Abzweigende Kanäle lassen zudem eine unterirdische Verbindung zum Wasserbassin von Keerimalai vermuten.

Der Brunnen ist jederzeit frei zugänglich. 50 Rs.

Vallipuram Aluvar Kovil: Das Heiligtum liegt allein auf weiter Flur 5 km südlich von Point Pedro, die Straße zum Manalkadu-Strand führt daran vorbei. Bemerkenswert ist dieser Tempel insofern, weil er dem Gott Vishnu geweiht ist, genauer gesagt seiner Inkarnation als Fisch *(matsya)*. Die Tamilen Sri Lankas sind nämlich normalerweise nicht dem Vishnuismus, sondern dem Shivaismus zugewandt. Aufklärung bietet möglicherweise ein Blick auf die Geschichte, denn der Ort Vallipuram dürfte eine Gründung südindischer Tamilen sein (die gleichnamige Siedlung Vallipuram in Tamil Nadu besitzt ebenso ein Vishnu-Heiligtum). Erstmals wurde die von einer Mauer umgürtete Anlage im 2. Jh. v. Chr. erwähnt, womit der Tempelbau nicht nur zu den größten, sondern auch ältesten Sakralbauten auf der Halbinsel von Jaffna gehört. Das Tempelinnere präsentiert sich stimmungsvoll und farbenprächtig.

Der Norden → Karte S. 292

Keerimalai: Das legendenumwobene Küstenheiligtum befindet sich 4 km westlich von Kankesanthurai und besteht aus einem Tempel sowie einer heiligen Quelle. Letztere entpuppt sich als Schwimmbad in Tuchfühlung zum Meer, das von gemauerten Stufen eingefasst ist. Trotz der unmittelbaren Lage am Meer wird sie von klarem Quellwasser gespeist. Das Bassin gehört zum benachbarten Naguleshvaram Kovil, einem dem Gott Shiva geweihten Tempel, der dreimal zerstört wurde, zuletzt im sri-lankischen Bürgerkrieg. Eine Figurengruppe stellt ein Herrscherpaar mit Pferde- und Mungokopf dar. Sie geht zurück auf die Geschichte eines Paares, das einst während eines Spaziergangs am Strand einen Einsiedler düpierte. Aus Strafe bespritzte er sie mit Wasser und verwandelte ihre Häupter in Tierköpfe. Ein anderer Heiliger riet den beiden Verzweifelten zu einem Bad in der Quelle, woraufhin der Zauber wieder rückgängig gemacht wurde.

Das Areal ist frei zugänglich. Parkgebühr 50 Rs.

Sri Sanghamitta Viharaya (Dambakola Patuna): 11 km westlich von Kankesanthurai trifft die Küstenstraße (AB 21) auf ein Heiligtum am Meer, das für die Geschichte des Buddhismus in Sri Lanka von eminenter Bedeutung ist. In vorchristlicher Zeit soll sich hier der wichtigste Überseehafen von Jaffna befunden haben, der als Basis für die politischen und kulturellen Beziehungen zu Nordindien fungierte. In der Regierungszeit von Devanampiya Tissa, König von Anuradhapura, betraten an dieser Stelle Sanghamitta und Mahinda, die beiden zum Buddhismus konvertierten Kinder des Maurya-Herrschers Ashoka, erstmals sri-lankischen Boden. Im Gepäck hatten die Ankömmlinge auch den **Ableger des berühmten Bodhibaums**, unter dem Buddha Shakyamuni seine Erleuchtung erlangt hatte. Das wertvolle Grün wird noch heute von den Gläubigen in Anuradhapura verehrt. Die Ankunft der Maurya-Sprösslinge gilt den singhalesischen Theravada-Buddhisten als Auftakt für die Ausbreitung des Buddhismus auf der Insel. Ein goldener Prachtkahn in der Meeresbucht neben dem Tempel gedenkt dem Ereignis. Das Tempelareal ist frei zugänglich.

Hindutempel auf der Jaffna-Halbinsel

Basis-Infos

Information www.jaffnavisit.com

Hin & weg **Bahn**: Der Bahnhof befindet sich nordwestlich vom Stadtzentrum. 5-mal tägl. Verbindungen von und nach Colombo (via Anuradhapura), darunter ein Schnell- sowie ein Nachtzug. Zwei Züge fahren von Colombo weiter nach Mount Lavinia. Die Züge aus Colombo fahren weiter bis nach Kankesanthurai an der Nordküste der Halbinsel.

Bus: Der chaotisch organisierte Busbahnhof liegt günstig im Zentrum neben dem Basar. Lokalbusse steuern Ziele auf der Jaffna-Halbinsel und auf den Inseln an, u. a. Point Pedro (Nr. 750), Chunnakam (Nr. 768), Insel Karaitivu (Nr. 782), Insel Kayts (Nr. 780). Regelmäßige Verbindungen nach Vavuniya (ca. 3 Std.), etwa stündlich Fahrten nach Mannar (ca. 2:30–3 Std.) sowie nach Trincomalee (ca. 6–7 Std.).

Tickets für den (nachts verkehrenden) **AC-Bus** nach Colombo können am Basar gebucht werden, u. a. im *Maruthi Impax Booking Centre*. Die Fahrzeit beträgt etwa 8 Std., das Billett kostet 1300 Rs. Hospital Rd. 117, ✆ 077-2208432.

Taxi: ✆ 077-5998255 oder 077-8488800.

Flugzeug: Der Jaffna Airport (IATA-Code: JAF) befindet sich 16 km nördlich des Zentrums. Gegenwärtig verbindet die Gesellschaft *Helitours* 3-mal wöchentlich den Inlandsairport Ratmalana im Süden von Colombo mit Jaffna, einige Flüge gehen über Trincomalee, www.helitours.lk.

Ärztliche Versorgung **Jaffna Teaching Hospital**, das staatliche Krankenhaus befindet sich im Zentrum neben dem Busbahnhof. Hospital Rd., ✆ 021-2223348.

Reiseagentur/Mietfahrzeuge **Sri Lanka Click**, die Agentur organisiert Taxifahrten und Exkursionen über die Halbinsel. Auch Verleih von City- und Mountainbikes (ab 500 Rs/Tag), Scooter (ab 1500 Rs) und Motorräder (ab 1500 Rs). Das Büro ist nicht ständig besetzt, daher empfiehlt sich die Kontaktaufnahme per Mail oder Telefon. Mo–Sa 8–17 Uhr. Stanley Rd. 447, ✆ 077-8488800, www.srilankaclick.com.

Baden **Manalkadu-Strand**, der von einheimischen Fischern genutzte Strand in 5 km Luftlinie südlich von Point Pedro hat keinerlei Infrastruktur, dafür findet man hier schöne Sanddünen. Bei der Anfahrt mit dem eigenen Fahrzeug passiert man den Vishnu-Tempel in Vallipuram sowie die zur Hälfte von Sand bedeckte Ruine der Antoniuskirche.

Casuarina-Strand, das einzige Highlight auf Karaitivu befindet sich im Norden der Insel. Es handelt sich um den schönsten

Im Basar von Jaffna

und bestgepflegten Strand im Raum Jaffna, in der Saison kann man sich per Boot zu Korallenriffen bringen lassen, sofern die Schnorchelausrüstung zur Hand ist. Der Bus Nr. 782 fährt auf die Insel.

Veranstaltungen **Nallur-Festival**, das 28-tägige Fest rund um den Nallur Kandaswamy Kovil ist das wichtigste spirituelle Ereignis der Tamilen Sri Lankas, Tausende von Pilgern strömen aus allen Landesteilen sowie aus Übersee nach Jaffna, Gästehäuser und Hotels sind vollständig ausgebucht. Verschiedene Zeremonien wechseln sich ab, u. a. werden die Abbilder der Gottheiten auf prächtig geschmückten Wagen durch das Stadtviertel gezogen. Juli/Aug.

Übernachten

→ Karte S. 303

Zwar verbessert sich das Unterkunftsangebot von Jahr zu Jahr, bis die Lücken geschlossen sind, wird jedoch noch Zeit vergehen. Besonders Mittelklassequartiere machen sich in und um Jaffna rar. Kapazitätsengpässe gibt im Juli und August während des Nallur Festivals. Einzige mit Abstrichen empfehlenswerte Strandunterkunft außerhalb Jaffnas ist das einstige staatliche Rest House in Kankesanthurai (s. u.).

The Thinnai **1**, ⑥–⑦. Das empfehlenswerte Luxushotel befindet sich 5 km nördlich des Zentrums an der Straße zum Flughafen. 39 komfortable Zimmer in zweigeschossigen Gebäudeflügeln rund um einen Hof, alle mit Balkon oder Terrasse. Innen- und Außenpool, Café, Restaurant und Bar, Fahrradverleih an Hausgäste (kostenpflichtig). Palaly Rd. 86, ✆ 021-2030400, www.thethinnai.com.

Jetwing Jaffna **7**, ⑤–⑥. Modernes Businesshotel im Stadtzentrum zwischen Busbahnhof und Uhrturm. 55 Zimmer auf 7 Etagen, wunderbar ist die Rooftop-Bar mit Aussicht auf die Stadt. Elegante Ausstattung

Der Norden → Karte S. 292

mit traditionellen Stilelementen, das Restaurant serviert lokale sowie internationale Gerichte. Mahatma Gandhi Rd. 37, ✆ 021-2215571, www.jetwinghotels.com.

Kais Guesthouse 9, ③. Beliebte Budgetunterkunft im Osten der Stadt, liegt etwas abseits – ca. 30 Min. zu Fuß zum Fort. 2 Zimmer mit Bad, 2 weitere Zimmer mit externem Bad zur privaten Nutzung. Wohlfühlambiente, ruhige Lage, das große Plus ist die Dachterrasse mit einem Pavillon, in dem auf Wunsch das Abendessen serviert wird. Homestay-Charakter, Radverleih. Colombogam Rd. 69, ✆ 021-2227229, www.kaisguesthouse.com.

Kais City Guesthouse 8, ③. Ähnlicher Name, gleicher Geschäftsführer, der die beiden Objekte im Namen einer japanisch-srilankischen NGO verwaltet. Ihren gemeinnützigen Zielen kommen die Erlöse zustatten. 6 Zimmer mit AC im EG und im 1. OG, davon ein Einzel- sowie ein Dreibettzimmer. Ruhige Wohnlage in Gehentfernung zum Bahnhof und Fort. Nüchternes Ambiente. Vembady Rd. 47, ✆ 021-2227229, www.kaisguesthouse.com.

Morgan's Guesthouse 4, ②–③. Das charmante und familiäre Domizil befindet sich in der Nähe des Nallur Kandaswamy Kovil. 4 Zimmer in einem Landhaus im Kolonialstil, davon 2 wirklich schöne, stilvoll eingerichtete DZ, jew. mit „Wintergarten". Einfaches Ambiente, bestechend ist der kleine Garten mit netten Sitzplätzen – beliebt auch bei auswärtigen Gästen. Homestay-Charakter, Fahrradverleih, auf Wunsch wird am Abend gekocht. Temple Rd. 232, ✆ 021-2223666.

Essen & Trinken

Die meisten Restaurants in und um Jaffna bieten vegetarische Küche an und schenken keinen Alkohol aus. Für ein abendliches Bier empfiehlt sich die Rooftop-Bar im Jetwing-Hotel oder der Garten im Morgan's Guesthouse. Ein bescheidener Food-Court mit wenigen Fast-Food-Ständen befindet sich in der 2. Etage des modernen Supermarkts Cargills Food City an der Gandhi-Statue.

In Jaffna **11 to Eleven Pizza 2**. Charmant geführtes Lokal an der Stadtausfallstraße nach Norden. Knusprige Pizzen aus dem italienischen Elektroofen in 3 verschiedenen Größen (ab 400 Rs), Reis & Curry, Meeresfrüchtegerichte, Biriyanis, String Hoppers und kleine Snacks. Ansprechende, wenn auch etwas karge Sitzplätze in einem Innenhof mit Fischteich. Lieferservice. Tägl. 11–23 Uhr. Palaly Rd. 128 (500 m nördlich vom Northern Central Hospital), ✆ 021-2216700.

››› **Mein Tipp: Mangos 5**. Vegetarisches Restaurant in Gehentfernung zum Nallur Kandaswamy Kovil, große Kapazitäten, auch Reisegruppen kehren gern hier ein. Ein Plus ist der Außenbereich unter einem luftigen Verandadach im traditionellen Stil. Mittags Thali-Gerichte, abends Dosas in vielen Varianten zu akzeptablen Preisen. Sehr sauber, ausgezeichneter Service. Frühstück 8.30–10 Uhr, Mittagessen bis 15 Uhr, Abendessen ab 18 Uhr. Temple Rd. 359/3, ✆ 077-7661083. ‹‹‹

Nallur Bhavan 3. Das vegetarische Restaurant befindet sich ebenfalls in Gehentfernung zum Nallur Kandaswamy Kovil. Spezialität des Hauses sind schmackhafte Thali-Gerichte zum kleinen Preis, der überschaubare Innenraum ist sehr sauber. Weitere Sitzplätze im traditionellen Nebengebäude. Frühstück ab 7 Uhr, Mittagessen 12–15 Uhr, Abendessen ab 18 Uhr. Temple Rd. 250, ✆ 077-3620708.

Malayan Cafe 6. Die Traditionseinkehr befindet sich mitten im Basarviertel, der Innenraum atmet aus jeder Pore Geschichte. Preiswerte vegetarische Gerichte wie Masala Dosa, Kottu Roti und Rice & Curry, eine Hausspezialität sind Vadas (frittierte Snacks). Tägl. 7.30–21.30 Uhr. Grand Bazaar 36–38, ✆ 021-2222373.

Auf seiner Reise durch Malaysia entdeckte ein gewisser M. K. Kathiravelu ein Restaurant mit der Bezeichnung **Ceylon Café**. Nach seiner Rückkehr drehte der Reisende den Spieß um und gründete 1951 in Jaffna das **Malayan Cafe**. Seine Nachfahren führen den Betrieb im Stadtzentrum noch heute.

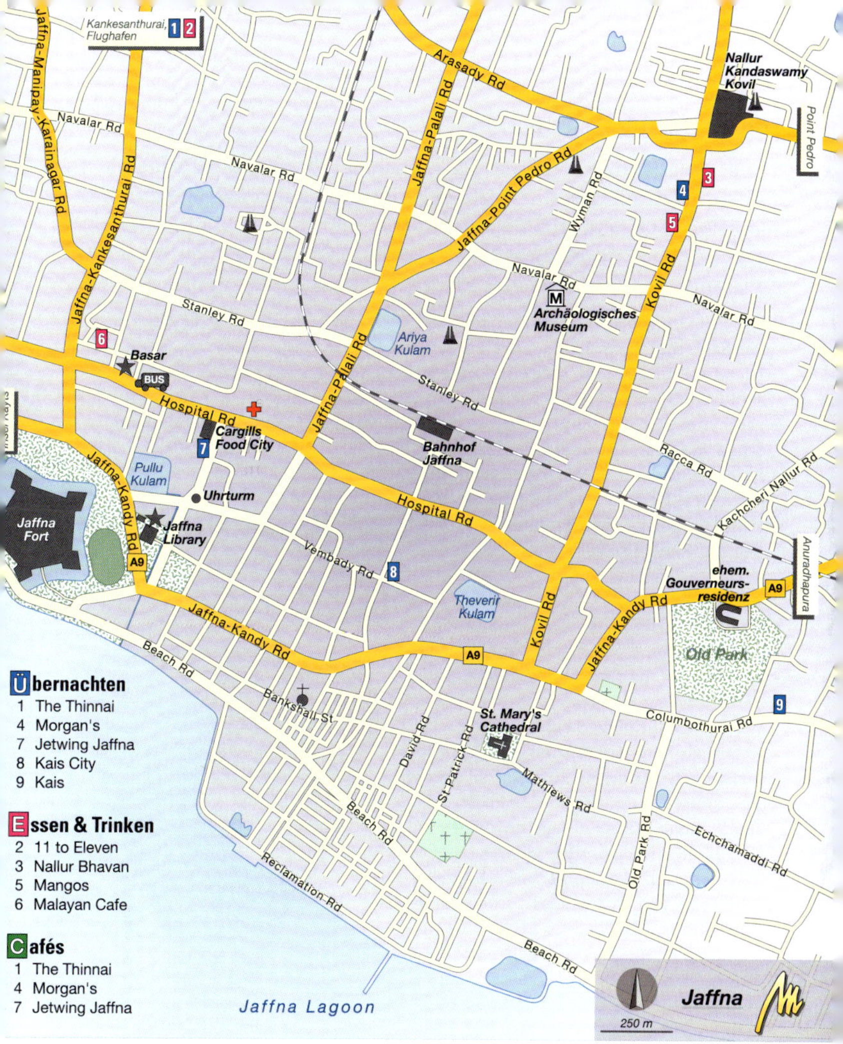

Auf der Jaffna-Halbinsel Malima (Fort Hammenhiel Resort). Das Ausflugsrestaurant befindet sich auf der Westseite der Insel Karaitivu und gehört zu einem Marinecamp, das Fort Hammenhiel liegt in Sichtweite. Großer, angenehm temperierter Innenraum, wenige Tische auf der meerseitig gelegenen Veranda, korrekter Service, auch Bier. Salate, Reis- und Nudelgerichte, Fisch und Fleisch sowie kleine Snacks. Moderates Preisniveau. Bei der Ankunft muss man sich am Tor bei der Wache melden. Tägl. 8–22 Uhr. AB 17, Kalapoomy, Karaitivu, ✆ 011-3818215, www.forthammenhielresort.lk.

Palmyra Restaurant. Das Restaurant am Strand von Kankesanthurai gehört zum Thalsevana Army Resort, dem ehemaligen staatlichen Rest House. Klimatisierte Innenräume, hübsch eingedeckte Tische, erstaunlich zivile Preise, zurückhaltender Service. Rice & Curry-Mittagsbüfett, Fried Rice, auch Dosas und Fischcurry à la carte. Die modern eingerichteten Superior-Zimmer sind für eine Zwischenübernachtung durchaus eine Option. Tägl. 6–22 Uhr. Kankesanthurai, ✆ 077-3176177, www.thalsevana resort.com.

Die Insel Mannar

Über viele Jahrhunderte war die Insel an der Westküste die bedeutendste Drehscheibe für den wirtschaftlichen und kulturellen Austausch mit dem indischen Subkontinent. Gegenwärtig herrscht auf dem brettflachen Eiland überwiegend Tristesse. Ironischerweise liegen die besichtigenswerten Ziele allesamt nicht auf der Insel, sondern gegenüber auf dem Festland.

Die 130 km^2 große Insel ist von kargem Buschland bedeckt, weite Flächen bestehen aus Sand und Marschland. Zur Trockenheit trägt auch die Sonne bei, denn Mannar Island verzeichnet die meisten Sonnenstunden im Jahr in ganz Sri Lanka. Aus diesem Grund lebt die große Mehrheit der tamilischen Christen und Muslime vorwiegend vom Fischfang und nicht von der Landwirtschaft. Verwaltungszentrum ist die **Stadt Mannar** am östlichen Ende der Insel – mit den Überresten eines Forts, mehreren Banken und dem Basar. Ein kilometerlanger Straßendamm verbindet das Zentrum mit dem spärlich besiedelten Festland. Wichtigste Straßenzufahrt ist die A 14, die parallel zur Bahnlinie nach Südosten verläuft und das *Vankalai Sanctuary* quert. Das lediglich 5 ha große Feuchtgebiet genießt wegen der Flamingo-Populationen bei Ornithologen einen ausgezeichneten Ruf. Mannar-Stadt bietet nur wenige Attraktionen, darunter die spärlich konservierten Reste des **Forts,** das durch seine hübsche Lage am Ostrand der Stadt mit Blick über die Meerenge zum Festland besticht. Das Fort wurde 1560 von den Portugiesen erbaut und 1658 von den Holländern übernommen, die die Verteidigungsanlagen nach den Erfordernissen ihrer Zeit umbauten und erneuerten. Der 7,5 m hohe **Baobab** (Affenbrotbaum) nördlich des Zentrums wurde angeblich 1477 von arabischen Seeleuten gepflanzt, heute bewacht eine Marienfigur das Naturdenkmal (zwischen Busbahnhof und Fort 1 km auf der Pallimunai Rd. in Richtung Norden). Auffällig viele herrenlose **Esel** bevölkern Gassen, Straßengräben sowie die Wege durch das Buschland – sie stammen angeblich aus Somalia.

Die erwähnte A 14 ist die wichtigste Erschließungsstraße der Insel und endet nach 30 km am Hafenpier von **Talai-**

mannar. Im Schatten eines weißen Leuchtturms ist scheinbar die Welt zu Ende: Die Gleise der Bahn münden direkt ins Wasser, am Ufer dümpeln ausrangierte Schiffswracks. Im Dezember 1964 zerstörte ein Zyklon den Pier und setzte den Fährbetrieb über die Palk Strait nach Rameshwaram im indischen Bundesstaat Tamil Nadu außer Kraft. Zwar wurde ein rudimentärer Bootsverkehr zunächst noch aufrechterhalten, der Bürgerkrieg setzte jedoch auch diesem ein Ende. Seit vielen Jahren laufen Gespräche mit der indischen Regierung über eine Wiederaufnahme der Fährverbindung. Vermutlich würde sich die schwierige Situation der Insel Mannar ändern, wenn sie ihrer vormaligen Rolle als Bindeglied zwischen beiden Ländern wieder gerecht werden könnte. 2015 reiste der indische Premierminister Narendra Modi nach Talaimannar, um bei der offiziellen Inbetriebnahme der inzwischen vollendeten Eisenbahnverbindung nach Colombo zugegen zu sein. Ein Startschuss für hoffentlich wieder bessere Zeiten!

Prozessionsrequisiten im Thiru Ketheeswaram Kovil

Der Norden → Karte S. 292

Die Perlentaucher von Mannar

Die reichen Perlenbänke im Golf von Mannar erstreckten sich von der Insel Mannar bis hinunter nach Chilaw und wurden schon in den altsri-lankischen Schriften erwähnt. Die Schätze lagerten allerdings in bis zu 30 m Tiefe – sie zu bergen, war ein gefährliches Unterfangen. In der holländischen Kolonialzeit war die Perlentaucherei – nach dem Zimt – die zweitwichtigste Einnahmequelle. Auch in der Frühphase der britischen Herrschaft waren die Ressourcen noch durchaus ergiebig, bevor sie allmählich zur Neige gingen. Die Engländer perfektionierten die Ausbeutung der Perlenvorkommen: Sie setzten zeitweilig bis zu 400 Boote ein, gut ausgebildete Araber und Tamilen aus Südindien mussten für die Kolonialherren auf Tauchstation gehen. Nach etwa einer Minute unter Wasser gab der Taucher, der die Perlenaustern in einen Korb sammelte, mit dem Seil ein Zeichen und wurde mit demselbigen wieder an die Oberfläche gezogen. Aufgrund des Wasserdrucks bluteten die Taucher nicht selten aus Mund und Nase, mussten jedoch nichtsdestotrotz nach kurzer Erholungspause erneut ins Wasser. Bis zu 3000 Perlen sammelte ein Taucher auf diese Weise täglich. Bis in die 1950er-Jahre wurde im Golf von Mannar mit dieser Methode nach Perlen getaucht.

Von den Sehenswürdigkeiten auf dem Festland ist der **Thiru Ketheeswaram Kovil** verhältnismäßig unkompliziert zu erreichen. Das Hindu-Heiligtum zählt zu den fünf großen Shiva-Kultstätten auf der Insel und liegt 9 km von Mannar-Stadt entfernt. Einer Legende zufolge soll er vom Schwiegervater des Königs Ravana höchstpersönlich zu Ehren des hinduistischen Hauptgottes errichtet worden sein. 1505 wurde die Anlage von den portugiesischen Kolonialherren zerstört, um das Baumaterial für die Festungen von Mannar und Kayts zu verwenden. Die Wiederaufbauarbeiten des Tempels verliefen schleppend und wurden im 20. Jh. vom Bürgerkrieg torpediert: 1990–97 besetzte die sri-lankische Armee das den Tamilen als heilig geltende Areal, das gegenwärtig restauriert wird. Bis zum Abschluss der Arbeiten lohnt sich der Besuch deshalb nur bedingt (Busse von Mannar nach Jaffna steuern normalerweise den Tempelvorplatz an).

Die Festung von Kayts lag 25 km südlich von Mannar und überblickte den Golf mit den Perlenbänken (→ Kasten). In Steinwurfentfernung zur Festung streift die Küstenstraße nach Puttalam (B 403) die Ruinen der einstigen Prachtvilla von Frederick North (1766–1827). Der erste britische Gouverneur von Ceylon war ein glühender Verehrer der klassischen Architektur und plante die zweigeschossige Residenz auf den Felsklippen über dem Meer 1804 aus eigener Hand. Wegen der zahlreichen dorischen Stilelemente war die Gouverneursresidenz unter dem Namen **Doric House** bald in aller Munde – sie galt lange als schönster Herrschaftssitz Sri Lankas. Wind und Wellen nagen an den Felsen und Gebäudetrümmern – ein romantischer Ort, um den Sonnenuntergang zu genießen (die Ruinen liegen 1,5 km südlich des Dorfes Arripu an der B 403).

Ein etwas weiterer Abstecher ins Hinterland führt zum wichtigsten katholischen Wallfahrtsziel der Insel: das **Heiligtum Unsere Liebe Frau von Madhu** *(Shrine of Our Lady of Madhu).* Die Marienkirche liegt mitten im Nirgendwo ca. 50 km südöstlich von Mannar und ist jährlich Mitte August das Ziel Tausender Pilger. Die

Ursprünge des Pilgerziels liegen in holländischer Zeit: Während der damaligen Katholikenverfolgung zogen sich viele Angehörige des römisch-katholischen Glaubens aus Jaffna und aus den dicht besiedelten Gegenden um Colombo hierher zurück. Das Heiligtum befindet sich exakt auf der Grenzlinie zwischen den singhalesischen und tamilischen Siedlungsgebieten und beherbergte während des Bürgerkriegs ein Flüchtlingslager. Bis heute gehört es zum Selbstverständnis der Wallfahrtsdestination, dass sowohl tamilische als auch singhalesische Christen hier zusammenfinden. Außerhalb der Pilgersaison geht es im gepflegten Park um den 1872 begonnenen Sakralbau absolut ruhig zu. Ausgangspunkt für den Abstecher ist Madhu Bridge an der A 14 Mannar–Kadawatgama, Busse und Züge aus beiden Richtungen halten hier, die 10 km nach Norden bis zur Kirche legt man am besten im Tuk-Tuk zurück.

Hin & weg **Bahn**: Die Bahnstrecke von Colombo via Anuradhapura endet am Fähranleger in Talaimannar. 3 Regionalzüge tägl. in beide Richtungen, die Fahrt von/nach Anuradhapura dauert 2:30–3 Std. Der Bahnhof von Mannar liegt außerhalb und ist mit einer kurzen Tuk-Tuk-Fahrt erreichbar. Ein weiterer Bahnhaltepunkt auf dem Festland heißt Madhu Road und ist Ausgangspunkt für Abstecher zur Wallfahrtskirche (Shrine of Our Lady of Madhu).

Bus: Privater und staatlicher Busbahnhof liegen direkt nebeneinander im Stadtzentrum von Mannar nahe des Basars und des Forts. Regelmäßige Verbindungen nach Vavuniya, Anuradhapura und Jaffna, die Fahrt nach Jaffna dauert 2:30–3 Std.

Baden **Urumalai-Strand**, die Insel Mannar ist kein Badeparadies, Strände gibt es aber auch hier. Kurz vor dem Ende der A 14 in Talaimannar zweigt nach links die Zufahrt zum Strand von Urumalai ab. Bei klarer Sicht sind in der Ferne die Inseln der Adam's Bridge zu erkennen, einheimische Fischer nutzen den Sandstrand ebenfalls.

Veranstaltungen **Maria Himmelfahrt**, das wichtigste katholische Wallfahrtsevent hat den Shrine of Our Lady of Madhu zum Ziel, der sich 50 km im Hinterland befindet. Im August platzt das Areal aus allen Nähten, ansonsten liegt es im Dornröschenschlaf. 15. Aug.

Übernachten/Essen **The Palmyrah House**, ⑥. Das beste Quartier der Insel liegt allein auf weiter Flur an der A 14 rund 11 km westlich von Mannar-Stadt. Weitläufige Anlage mit Pool, Restaurant und verbesserungsfähigem Service. 5 AC-Zimmer in einem zweigeschossigen Gebäude, jew. mit großer Veranda, 2 Zimmer im EG, 3 weitere im 1. OG. Talaimannar Rd., Viyayadippannai, ✆ 011-2594467, www.palmyrahhouse.com.

Hotel Agape, ②–③. Das Gästehaus befindet sich in einer ruhigen Wohngegend von Mannar, ca. 15 Min. zu Fuß vom Busbahnhof entfernt. Gebäude im farbenfrohen tamilischen Neon-Stil, 10 etwas dunkle Zimmer mit und ohne AC, auf Wunsch wird abends gekocht. Kein Alkohol. Kreditkartenzahlung möglich. Seminary Rd. 32/31 (Hospital Rd.), ✆ 023-2251678, Buchung über die gängigen Buchungsportale.

Four Teess Rest Inn, ①. Das einfache Gästehaus befindet sich direkt am Bahnhof Thoddaweli ca. 7 km von Mannar-Stadt entfernt. 4 Zimmer im Haupthaus, etwas angenehmer sind die 7 Zimmer mit Veranda im rückwärtigen Bereich des Anwesens. Einfache Ausstattung, ohne AC, Moskitonetze. Auf Wunsch wird für Gäste abends gekocht. Station Rd., Thoddaweli, Erukkalampity, ✆ 023-3230008, Buchung über die gängigen Buchungsportale.

Restaurant Choice. Die beste Option im Zentrum von Mannar versteckt sich im Basar und ist in wenigen Minuten zu Fuß vom Busbahnhof erreichbar. Seafood in vielerlei Varianten, Fried Rice, Kottu Roti und Snacks. Alle Gerichte zu kleinen Preisen, bunte Tafeln an den Wänden ersetzen die Speisekarte. Kein Alkohol, nichts für einen längeren Aufenthalt. Tägl. 6–22 Uhr. Grand Bazaar 75, ✆ 023-2223261.

Sawanna Hotel. Landestypisches, verhältnismäßig sauberes Straßenrestaurant an der A 14 zwischen Mannar-Stadt und Talaimannar. Erstaunlich luftiger Innenraum mit Deckenventilatoren, typische Garküchengerichte wie Kottu Roti, Masala Dosa, Fried Rice und Snacks. Sehr preiswert, Frühstück- Mittag- und Abendessen. Tägl. 5–23 Uhr, Fr 12–14 Uhr geschlossen. Main St., Peselai, ✆ 077-6314082.

Der Norden → Karte S. 292

Edelsteinmine und Reisanbau bei Ratnapura

Das kulturelle Dreieck und Hochland

Das Hinterland Sri Lankas besticht durch seine bezaubernde Landschaft und durch kulturelle Vielfalt. Die großen historischen Stätten des Landes liegen fast ausnahmslos in den Bergen und im nördlichen Flachland. Naturfreunde kommen im südlichen Hochland am ehesten auf ihre Kosten.

Von der flachen Trockenzone im Norden bis zum vegetationsreichen Hochland im Süden erstreckt sich das sri-lankische Hinterland, das sich grob in **drei Unterregionen** gliedern lässt: Der **Norden** mit den Hauptstädten der singhalesischen Königreiche Anuradhapura und Polonnaruwa ist flach oder flachhügelig, zuweilen auch bergig. Immer wieder durchbrechen steile Granitfelsen die landschaftliche Topografie und sorgen für reichlich Abwechslung. Einige lassen sich zu Fuß erklimmen, z. B. der Löwenberg von Sigiriya, der die beeindruckende Felsenfestung zu einer fast unbezwingbaren Burg machte. Südlich schließt sich an die Trockenzone das **Gebiet rund um die Königsstadt Kandy** an – durchweg bergig, vegetationsreicher sowie im Großraum der Stadt auch dichter besiedelt als der Norden. Tee-, Kaffee- und Gewürzplantagen sind die wichtigsten Agrardomänen, die den Menschen zu Lohn und Brot verhelfen. Das kulturelle Erbe der Herrscher von Kandy, die bis 1815 das zentrale Hinterland regierten, ist noch heute auf Schritt und Tritt zu spüren. Ein ganz eigenständiger kulturgeografischer Raum ist das **südliche Hochland** mit immerfeuchten Höhenzügen, mitunter

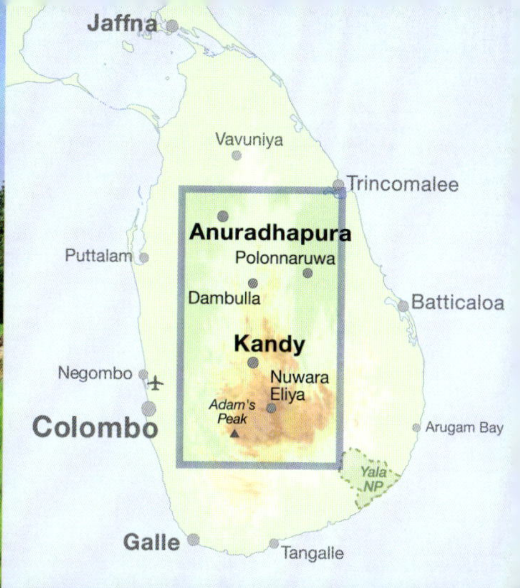

Das kulturelle Dreieck und Hochland

schluchtartigen Tälern und einer stattlichen Anzahl von Teeplantagen. Am schönsten lässt sich die Natur- und Kulturlandschaft während einer nostalgischen Eisenbahnfahrt von Kandy nach Badulla erleben. Die kulturellen Aspekte rücken angesichts der dramatischen Landschaft im Inselsüden eher in den Hintergrund, denn hier triumphiert eindeutig die Natur. Spektakulär sind die Ausblicke in Haputale, im Nationalpark Horton Plains sowie auf dem Gipfel des Adam's Peak (Sri Pada).

Die Bezeichnung **Kulturelles Dreieck** bezieht sich auf die drei Königsstädte Anuradhapura, Polonnaruwa und Kandy. Sie bilden gemeinsam ein Dreieck, innerhalb dessen Grenzen Reisende aus einem riesigen Fundus kunst- und kulturhistorisch bedeutender Sehenswürdigkeiten und Attraktionen schöpfen können. Und je weiter nördlich sie liegen, so lautet die Faustregel, desto älter ist das kulturelle Erbe der jeweiligen singhalesischen Herrscherhäuser, aber auch der frühzeitlichen Bewohner und der Mythen und Legenden, die es auf einer Rundtour zu entdecken gilt. Kandy ist die jüngste der Königsstädte und gegenwärtig noch immer das spirituelle Herz Sri Lankas. Hauptgrund ist die kostbare Zahnreliquie Buddhas, die mit den Regenten im Verlauf der Geschichte von Norden nach Süden „wanderte" und heute in Kandy verehrt wird. Im geografischen Epizentrum des kulturellen Dreiecks befindet sich Dambulla, das nicht nur mit dem spektakulärsten Höhlentempel der Insel aufwartet, sondern sich am besten als Standort eignet, um von hier mit öffentlichen Bussen die übrigen Sehenswürdigkeiten innerhalb des Dreiecks anzusteuern. Beliebtester Aufenthaltsort im südlichen Hochland ist das kleine Dorf **Ella** – beliebt wegen der ausgezeichneten Infrastruktur, den vielfältigen Aktivitäten, die von hier aus möglich sind, und nicht zuletzt wegen der zauberhaften Landschaft.

Anuradhapura
Jaffna
Mihintale
Mihintale
Trincomalee
Suriyapu
Agbopura
B10
A12
Galkulama
A6
Veddikachchi
Kaudulla NP
Medirigiriya
Alut Oya
Puttalam
Talawa
B564
Thambuttegama
Eppawala
B213
Maradan-kadawala
Ritigala 766
Ritigala
Galoya Junction
A11
Hingurak-goda
Sungavila
Flood Plains Park
A28
Habarana
Minneriya
Minneriya NP
Aukana
Galgamuwa
A9
Rock Fortress
Sirgiriya
Polonnaruwa
Angam-medilla NP
Dambulla
Dimbulagala
B502
Maho
Madagalla
Daladagama
Cave Temples
Yapahuwa
B326
A9
B615
Aralaganwila
Galewela
Wasga-muwa NP
Puttalam
B346
Naula
B159
Kirioya
AB44
Dehiattakandiya
A10
Nalanda Gedige
Padeniya Viharaya
Arankele
B312
B79
Panduwas Nuwara
A6
Pallegama
Ibbagamuva
Ridi Viharaya
B274
Hettipola
Maduru Oya Nationalpar
Aluvihara
Giranduru-kotte
Kurunegala
Ethagala
Matale
Knuckles Range
Meemure
Narammala
Alawathu-goda
Elkaduwa
Vedda Villages
AB44
Dambadeniya
Corbett's Gap
Pinnawala Elephant Orphanage
Polgahawela
Giriulla
Kandy
Mahiyangana
A26
AB29
Kegalle
Mawanella
Peradeniya
Sri Dalada Maligawa
Victoria Res.
Mapagoda
Ambepussa
A1
Lankathilaka
Embekke
B57
A1
B492
Colombo
B278
A21
Gampola
B413
A5
B457
B445
Nawalapitiya
Ramboda
Belilena Cave
Pidurutalagala 2524
Bogoda
Karawanella
Badulla
Kitulgala
A7
B317
Nanu Oya
Nuwara Eliya
Muthiyan-gana Vih.
A4
Avissawella
Hakgala Bot. Garden
A5
Passara
Colombo
Norton Bridge
Hatton
Dickoya
Sita Amman Kovil
Dowa Viharaya
Ella
Warleigh Church
Little Adam's Peak
Parakaduwa
Dalhousie
Horton Plains NP
Bandarawela
Lipton's Seat
A4
Ohiya
B285
Sri Pada (Adam's Peak) 2243
A23
Delgamuwa Viharaya
Peak Wilderness Sanctuary
World's End
Haputale
Ingiriya
Wellawa
A8
Colombo
Ratnapura
Maha Saman Devalaya
B304
Gem Mines
Balangoda
10 km
Galle, Matara
A4
Das kulturelle Dreieck und Hochland

Die Königsstädte im Norden

Bis in die erste Hälfte des 13. Jh. schlug das Herz der singhalesischen Zivilisation in der nördlichen Trockenzone der Insel: Hier kristallisierten sich nach und nach die ersten Hochkulturen der indoarischen Einwanderer heraus; von hier strahlten die Impulse, ausgehend vom Epizentrum Anuradhapura, über ein ganzes Jahrtausend in die übrigen Regionen der Insel aus. Der Norden war auch die erste Gegend, die mit dem Buddhismus in Berührung kam, der im Verbund mit weiteren Kulturexporten aus Indien im 3. Jh. v. Chr. nach Sri Lanka gelangt war. Nicht zuletzt war es auch der Norden der Insel gewesen, der die Wucht der tamilischen Angriffe aus Südindien am unmittelbarsten zu spüren bekam.

Relikte aus der Blütezeit der singhalesischen Großreiche gibt es im Norden zuhauf zu bestaunen, zuvorderst in den Königsstädten Anuradhapura und Polonnaruwa. Wer sich für Kultur interessiert, sollte sich für jede der beiden Städte mindestens einen kompletten Tag reservieren, was im Fall von Anuradhapura allerdings schwerlich ausreicht, um alle archäologischen Ausgrabungsstätten in der gebotenen Ausführlichkeit zu begutachten. Polonnaruwa präsentiert sich ein wenig übersichtlicher und kompakter – aber auch hier genügt ein Besichtigungstag kaum, zumal, wenn die Attraktionen in der näheren und weiteren Umgebung mit eingeplant werden. Weitere Hotspots im Norden sind Sigiriya mit der beeindruckendsten Felsenfestung, die Sri Lanka zu bieten hat, sowie Dambulla mit seinen UNESCO-Welterbe-Höhlentempeln. Während man diese problemlos mit Zug und Bus ansteuern kann, sind die Ziele in der Peripherie, allen voran die Felsenfestung Yapahuwa und die Buddhaskulptur von Aukana, weniger gut mit öffentlichen Verkehrsmitteln erreichbar. In diesem Fall ist man mit einem eigenen fahrbaren Untersatz deutlich besser unterwegs.

Dank seiner verkehrsgünstigen Lage am Kreuzungspunkt mehrerer bedeutender Fernstraßen ist Dambulla der beste Ausgangspunkt. Beliebter bei vielen Reisenden ist jedoch Sigiriya, für den Ort spricht das entspannte dörfliche Ambiente und die Vielzahl möglicher Aktivitäten. Allerdings sind die Touren von Sigiriya aus etwas komplizierter, da es abseits der Durchgangsstraßen liegt. Andererseits lassen sich von Sigiriya aus problemlos Safaris in die umliegenden **Nationalparks** organisieren. Gleiches gilt für die Stadt Polonnaruwa, die zudem den strategischen Vorteil genießt, wichtige Zwischenstation auf der beliebten Route an die Ostküste zu sein. Nur Anuradhapura entpuppt sich als zu entlegen und zu komplex, als dass es sich mit all seinen Sehenswürdigkeiten bequem im Rahmen eines Tagesausflugs besichtigen ließe. Hier sind ein oder besser zwei Übernachtungen vor Ort die bessere Option.

Anuradhapura

ca. 56.700 Einwohner

Anuradhapura war die Hauptstadt der ersten indoarischen Hochkultur auf sri-lankischem Boden und hielt den Status als politisch-kulturelles Zentrum für über ein Jahrtausend aufrecht. Archäologische Stätten sowie lebendige Kultstätten in beeindruckender Fülle sind die Folge dieser reichen Historie.

Die Stadt steckte voller Superlative: In ihrer Blütezeit sollen innerhalb der Mauern rund eine Million Menschen gewohnt haben, die goldenen Spitzen der Dagoben reckten sich weit über 100 m in den tropischen Himmel – so hoch wie nirgendwo

Das kulturelle Dreieck und Hochland → Karte S. 310

Höhepunkt der Kunstfertigkeit: der mit Reliefs verzierte Mondstein

sonst auf der Insel. Auch der Buddhismus etablierte sich zunächst hier in Anuradhapura und breitete sich von der Königsstadt über die ganze Insel aus. Als spirituelles Zentrum der damals neuen Religion machte besonders Mihintale, 12 km östlich von Anuradhapura, auf sich aufmerksam, denn hier begründete der aus Nordindien stammende Mönch Mahinda (→ S. 38) eine erste Ordensgemeinschaft, die sich zum Fixpunkt in der buddhistischen Glaubenswelt entwickelte. Das Besondere in Anuradhapura ist, dass die Sacred City mit ihren Welterbe-Stätten zugleich auch ein lebendiges religiöses Zentrum ist, denn sie gilt Buddhisten immer noch als heilig und wird daher von vielen Pilgern aufgesucht: Einer der Hauptgründe ist der Mahabodhibaum, von dem angenommen wird, dass es sich um einen Ableger jener nordindischen Pappelfeige handelt, unter der Buddha Erleuchtung fand. Die großen Stupas Ruwanweli Seya und der Thuparama – letzterer gilt als ältester Stupa Sri Lankas – sind das Ziel der oft weiß gekleideten Pilger von nah und fern. Dies war jedoch nicht zu allen Zeiten der Fall, denn nach dem Zusammenbruch des singhalesischen Königreichs aufgrund der Chola-Invasion 993 n. Chr. sowie der Verlegung der Hauptstadt nach Polonnaruwa, breitete sich jahrhundertelang der Mantel des Vergessens über Anuradhapura. Die schweren Pagodenbauten versanken teils metertief in den Urwaldboden, bevor britische Abenteurer und Archäologen die Ruinen 1820 wiederentdeckten und mit Ausgrabungen begannen. Im Zuge der buddhistischen Erneuerungsbewegung in der zweiten Hälfte des 19. Jh. rückte auch die ehrwürdige Königsstadt Anuradhapura wieder stärker ins Bewusstsein der Einheimischen – die heiligen Stätten begannen sich wieder mit Leben zu füllen.

Aus britischer Zeit stammt auch das frühere **Grand Hotel**, das inmitten eines 6 ha großen Parks liegt. Das unter Gouverneur Henry Arthur Blake 1907 errichtete Anwesen mit der heimeligen Säulenveranda diente reisenden Kolonialbeamten als Unterkunft, in der Suite No. 1 residierte sogar einmal die englische Königin. Nach der sri-lankischen Unabhängigkeit wurde es in das staatlich betriebene **Tissawewa Resthouse** umgewandelt. Seit einer grundlegenden Sanierung 2013 steht das einstige Nobelhotel unter privater Leitung. Da es sich aber noch auf dem Boden des Maha Vihara befindet, darf kein Alkohol ausgeschenkt werden (→ Übernachten, S. 329).

Anuradhapura besteht heute aus zwei Teilen, die durch den zweitlängsten Fluss Sri Lankas, dem Malwathu Oya, getrennt werden. Westlich des Flusses liegt die **Sacred City** mit dem Bodhibaum, den drei Großklöstern sowie sämtlichen bedeutenden Sehenswürdigkeiten. Aufgrund der großen Entfernungen, die zwischen den einzelnen Attraktionen liegen, wählen viele Reisende ein Tuk-Tuk und lassen sich von fachkundigen Fahrern die schönsten Stellen und Insidertipps zeigen. Wer auf eigene Faust loszieht, mietet sich am besten ein Fahrrad. Östlich des Flusses, mit einem Sicherheitsabstand von 3 km zur „heiligen Stadt", befindet sich die **New Town.** Letztere ist durch die Umsiedlung der Bewohner von der Sacred City in den neuen Stadtteil in der zweiten Hälfte des 20. Jh. entstanden, allerdings gewinnt dieser mit Sicherheit keinen Schönheitspreis. Hier befinden sich die meisten wichtigen Institutionen, so auch der Bahnhof und die beiden Busbahnhöfe sowie viele Hotels und Restaurants. Eingerahmt werden die beiden so verschiedenen Stadtteile von einer Handvoll Reservoirs und Wassertanks, die ein Resultat der antiken singhalesischen Bewässerungszivilisation sind. Ganz im Westen liegt der 2,2 km^2 große **Tissa Wewa:** Er grenzt direkt an die ehemaligen herrschaftlichen Gärten und wurde unter König Devanampiya Tissa im 3. Jh. v. Chr. erbaut, er zählt somit zu den ältesten Bewässerungsanlagen des Landes. Das zweite wichtige Reservoir ist der **Nuwara Wewa** östlich der New Town: Das größte von Menschenhand geschaffene Reservoir in Anuradhapura geht wohl auf das 1. Jh. v. Chr. zurück. Zahlreiche Hotels und Gästehäuser liegen in der Nähe des Ufers, das in den Morgen- sowie späteren Nachmittagsstunden zu entspannten Spaziergängen einlädt.

Geschichte: Frühgeschichtliche Funde belegen, dass die Region bereits vor Ankunft der indoarischen Siedler bewohnt war. Die ältesten Artefakte – Keramikscherben sowie Bronze- und Eisenstücke – datierten Archäologen auf die erste vorchristliche Jahrtausendwende. Bemerkenswert ist auch eine Brahmi-Inschrift aus dem 7./6. Jh. v. Chr., die zu belegen scheint, dass bereits vor dem Eintreffen der Indoarier auf der Insel indische Einflüsse vorhanden waren. Die singhalesischen Chroniken führen für die Frühphase des Königreichs eine ganze Reihe von Regenten auf, deren Leben und Wirken sich im Dickicht der Legenden verlieren: So soll König Pandukabhaya (474–367 v. Chr.) das Reich begründet und Anuradhapura zur Hauptstadt erhoben haben. Der erste im engeren Sinn historische Regent war **Devanampiya Tissa:** Unter seiner Königsherrschaft hielt im 3. Jh. v. Chr. die buddhistische Religion Einzug; obendrein legte er den Tissa Wewa als erstes großes Bewässerungsprojekt an und restrukturierte die Stadt, in dem er ihre Zugänge an den Haupthimmelsrichtungen mit Toren kenntlich machte. Die Nachfolger setzten das Werk fort und versahen die Stadt mit einer wehrhaften Mauer. Der Ort, an dem die frühen Könige lebten und ihre Audienzen abhielten, ist heute als Zitadelle bekannt.

Zu seinen Lebzeiten hatte Devanampiya Tissa dem buddhistischen Orden das Filetgrundstück südlich des Palastbezirks überlassen. Auf dem Areal, das heute den Bodhibaum sowie den Ruwanweli Seya beherbergt, entstand das erste Kloster. In der Folge entwickelte sich aus dieser monastischen Keimzelle der **Maha Vihara** (Großes Kloster) heraus – das Zentrum des orthodoxen Theravada-Buddhismus Sri Lankas. Der chinesische Pilger Faxian, der im 3./4. Jh. n. Chr. nach Südasien reiste, berichtete von 3000 *Bhikkhus* (Mönchen), die damals im Maha Vihara lebten. Die zwei anderen Großklöster in Anuradhapura, Jetavana Vihara und Abhayagiri Vihara, gingen historisch aus dem Großen Kloster hervor. Dabei zeichnen im

Das kulturelle Dreieck und Hochland → Karte S. 310

Wesentlichen drei Gründe für die Abspaltung und den Aufstieg neuer Orden verantwortlich: die zahlenmäßige Zunahme der Bhikkhus, ein Dissens bezüglich der Auslegung der Ordensregeln sowie die enge Verzahnung von Religion und Politik. Letzteres erwies sich als fatal, sobald es Rangeleien um die Thronfolge gab: Ein konkurrierender Regent gründete bzw. förderte einen alternativen Orden, der dann wiederum dessen Herrschaft stützte. Der Abhayagiri-Orden war zwischenzeitlich so mächtig geworden, dass ihm – gemeinsam mit dem König – die Aufsicht über die kostbare Reliquie von Buddhas Eckzahn oblag. Dieser Zahn gelangte im frühen 4. Jh. n. Chr. auf die Insel und genießt heute in Kandy den Status eines Nationalheiligtums.

Immer wieder mussten sich singhalesische Könige gegen Invasionen aus Südindien zur Wehr setzen. Der erste historisch verbürgte Angriff erfolgte im 3. Jh. v. Chr., als die tamilischen Brüder Sena und Guttika König Suratissa besiegten und 22 Jahre lang in Anuradhapura herrschten. Kaum hatten die Singhalesen den Thron wieder zurückgewonnen, drohte neue Gefahr durch den indischen Chola-Prinzen Ellalan, dem es immerhin gelang, weitere 44 Jahre im Norden Sri Lankas zu herrschen. Erst dem singhalesischen Nationalhelden **Dutthagamani** gelang im 2. Jh. v. Chr. die Vertreibung des tamilischen Eroberers sowie die Neubegründung des buddhistisch-singhalesischen Königtums. Zahlreiche Bauten, die heute in der Sacred City zu besichtigen sind, gehen auf Stiftungen des Regenten zurück, so der große Ruwanweli-Seya-Stupa. Weitere Angriffe folgten von Zeit zu Zeit, außerdem führte ein handfester familieninterner Zwist dazu, dass im 5. Jh. n. Chr. der Hofstaat vorübergehend von Anuradhapura nach Sigiriya verlegt wurde. 993 n. Chr. erfolgte der endgültige Todesstoß für das singhalesische Reich, als der Chola-Herrscher **Rajaraja I.** im Inselnorden landete und der schwache König Mahinda V. in den Süden Sri Lankas flüchtete. Der letzte singhalesische König wurde nichtsdestotrotz gefangengenommen und nach Indien gebracht. Nach der Einnahme von Anuradhapura verlegten die neuen Herren aus Sicherheitsgründen die Hauptstadt nach Polonnaruwa.

Ökonomisch basierte das singhalesische Königreich auf Landwirtschaft, die **Bewässerungsprojekte** verhalfen den Reisbauern zu höheren Erträgen. Eine zweite Einnahmequelle war der Außenhandel, der sich nach Süd- und Südostasien sowie über den Nahen Osten bis in den Mittelmeerraum erstreckte. Während aus China und Ostindien vorzugsweise Luxusgüter wie Wein, Keramik, Seide, Kleidung und Parfüms importiert wurden, glichen Edelsteine, Perlen, Gewürze und Elefanten die Handelsbilanz aus. Die jeweiligen Herrscher erhoben Steuern, ein weit verbreitetes Zahlungsmittel waren gehämmerte Silberstücke *(kahavanu)*.

Besucherinformation Sacred City und Umgebung

Die Highlights: Bodhibaum, Ruwanweli Seya, Thuparama, Jetavana Stupa, Mahasena (mit Mondstein), Ratnaprasada (mit Wächterstein), Kuttam Pokuna, Isurumuniya Vihara, Archäologisches Museum und – in der Umgebung von Anuradhapura – Mihintale.

Eintritt: 25 $, erm. 12,50 $. Ticketschalter befinden sich an vielen Stellen in der Sacred City, u. a. vor dem Archäologischen Museum.

Öffnungszeiten: Tägl. 8–20 Uhr. Eine Besichtigungstour mit dem Tuk-Tuk dauert 5–6 Std. und kostet etwa 2500 Rs.

Wahrzeichen des Maha Vihara – der Ruvaneli Seya

Maha Vihara

Auf dem weitläufigen Gelände südlich des Königpalasts befanden sich ursprünglich die herrschaftlichen Gärten (Mahamevnawa Park). Angelegt wurden sie unter dem Vorgänger von Devanampiya Tissa, der wiederum den Park nach seiner Konversion zum Buddhismus der Mönchsgemeinschaft vermachte. Hier entstanden die ersten Klöster und Kultstätten von Anuradhapura, hier entwickelte sich der Sangha zum Zentrum des Theravada-Buddhismus. Noch heute befinden sich auf dem Areal des Maha Vihara (Großes Kloster) die wichtigsten Pilgerdestinationen der Stadt, u. a der Bodhibaum und die großen Dagoben Ruwanweli Seya und der Thuparama. Unweit davon liegen auch das Archäologische Museum und die Mirisawetiya Dagoba (→ S. 322 f.).

Jaya Sri Maha Bodhi (Bodhibaum): Es gibt gewiss größere Pappelfeigen in Sri Lanka, aber die „Mutter“ all dieser heiligen Tempelbäume steht in Anuradhapura. Quellen zufolge wurde der Ableger (bzw. der Teil einer Krone) jenes Baums, unter dem der historische Buddha Shakyamuni Erleuchtung erlangt hatte, 288 v. Chr. gepflanzt. Der Mahabodhibaum gilt aus diesem Grund als ältester, von Menschenhand gepflanzter Baum. Er ist gleichzeitig eines der meistfrequentierten Pilgerziele Sri Lankas, jedoch mit erheblichen Sicherheitsvorkehrungen an den Eingängen. Die Kontrollen geschehen nicht ohne Grund, denn am 14. Mai 1985 stürmten Mitglieder der tamilischen LTTE das heilige Areal und schossen Mönche, Nonnen und Zivilisten nieder. Das Massaker von Anuradhapura war bis dato das schlimmste in der Geschichte des sri-lankischen Bürgerkriegs – 146 singhalesische Zivilpersonen kamen dabei um. Die 3 m hohe und 1,3 m dicke Umfassungsmauer aus dem 18. Jh. diente dem Schutz der heiligen Stätte vor wilden Elefanten.

Die heilige Pappelfeige, deren Äste von Stahlträgern gestützt werden, steht auf der obersten dreier Terrassenebenen. Traditionell spenden Bauern aus der Umgebung hier die ersten in der Saison gelesenen Reiskörner, um sich reiche Ernte zu erbitten;

schwangere Frauen wiederum beten, dass ihre Kinder gesund auf die Welt kommen mögen. Eindrücklich ist die Atmosphäre zur abendlichen Puja (z. B. um 18.30 Uhr) und anlässlich buddhistischer Feiertage wie Neujahr, Buddhas Eingang ins Nirvana oder während des Poson-Festes (→ Veranstaltungen, S. 327). Auffallend sind auch die zahlreichen Baumableger rundherum, die Mönche in jüngerer Zeit gesetzt haben. Ebenfalls jüngeren Datums ist der goldene Zaun um den Baum.

200 Rs (der Bodhibaum zählt zu den wenigen Attraktionen, die nicht mit dem Kombiticket zugänglich sind).

Lovamahapaya (Brazen Palace): Unmittelbar gegenüber dem Nordeingang zum Bodhibaum-Areal zieht zur Rechten ein „Wald" von 1600 steinernen Säulen den Blick auf sich. Der unter König Dutthagamani im 2. Jh. v. Chr. erbaute Palast besaß eine quadratische Grundfläche von 1,44 ha, er war angeblich mit Bronzeziegeln gedeckt und soll sieben Geschosse gehabt haben. Buddhistische Chroniken berichteten, dass die architektonischen Pläne für ein solches Weltwunder (faktisch handelte es sich um das größte Haus in Anuradhapura) direkt vom Himmel auf die Erde gesandt worden seien. Leider brannte das prächtige Gebäude, das einst den Mönchen als Versammlungs- und Ritualhalle diente, bereits unter dem direkten Nachfolger von Dutthagamani ab. Spätere Könige bauten das Haus mehrfach wieder auf, Teile der ursprünglichen Bausubstanz wurden auch für den Bau des Abhayagiri Vihara (s. u.) verwendet. Rund um den Bronzepalast befanden sich 36 Mönchswohnungen.

Ruwanweli Seya: Der mächtige, weiß getünchte Stupa ist eines der meistfreqentierten Wallfahrtsziele in der Sacred City. Wegen der imposanten Ausmaße wurde das Bauwerk ursprünglich als *Mahathupa* (Großer Stupa) bezeichnet. Grund für den Pilgerauftrieb sind zuvorderst die zahlreichen Reliquien, die der Schrein birgt. Vertraut man den Chroniken, sind hier ein Achtel aller Knochen des Erleuchteten verwahrt und eingemauert – und zwar erdbebensicher. Solange Buddhas Gnade über die Erde leuchte, so die Texte weiter, solange sollen hier gespendete Jasminblüten nicht welken. Der Stupa geht auf eine Stiftung des singhalesischen Königs Dutthagamani zurück und wurde um 140 v. Chr. errichtet. Angeblich habe der Regent, um sein Volk durch Steuern nicht noch mehr zu belasten, den vedischen Götterkönig Indra persönlich um Hilfe gebeten. Dieser wiederum wies seinen göttlichen Baumeister Vishvakarman an, das Baumaterial zu manifestieren und in die Königsstadt zu schicken. Vollendet wurde der Stupa allerdings erst unter Dutthagamanis Bruder und Nachfolger Saddhatissa (Regierungszeit 137–119 v. Chr.). Letzterer ließ auch die Mauer aus Steinelefanten errichten, die später verfiel und heute wieder in neuem Glanz erstrahlt. Ähnliches Schicksal ereilte auch die Dagoba selbst: Im 19. Jh. waren vom ehemaligen Kultbau nur noch Ruinen vorhanden, bevor eine singhalesisch-buddhistische Fundraising-Aktion erfolgreich Gelder für einen Neubau einwarb. Der Bergkristall an der Spitze war ein Mitbringsel buddhistischer Pilger aus Burma. Mit einer heutigen Höhe von 103 m ist Ruwanweli Seya die höchste Dagoba Sri Lankas.

Auf der oberen Steinterrasse befinden sich mehrere bemerkenswerte **Skulpturen:** Neben dem Osteingang steht das steinerne Monument von Dutthagamani. Diesem gegenüber befindet sich eine weitere Skulptur neueren Datums, die die Mutter des singhalesischen Nationalhelden Viharamahadevi darstellt. Der kleine Stupa ist eine Stiftung von König Nissankamalla von Polonnaruwa, der gegen Ende des 12. Jh. dem Heiligtum einen Besuch abstattete. In der Nähe des Nordeingangs zur Plattform steht eine monolithische **achteckige Säule.** Angeblich handelt es sich um den Gründungspflock, den Dutthagamani einschlug, um die architektonischen Ausmaße der künftigen Kultstätte zu bestimmen. Zeitgenossen überzeugten jedoch den Regenten in kleineren Maßstäben zu planen, da er andernfalls die Vollendung seines Bauwerks nicht mehr erleben würde.

Jetavana Vihara

Im Zentrum des Klosterkomplexes östlich des Ruwanweli Seya steht eine mächtige Dagoba aus Ziegeln. Im 4. Jh. n. Chr. galt sie nicht nur als die Größte Sri Lankas, sondern – nach den Pyramiden von Gizeh und dem Leuchtturm von Alexandria – als dritthöchstes Bauwerk der Erde. Hervorgegangen war die Mönchsgemeinschaft im 3. Jh. n. Chr. aus dem Maha Vihara. Die Anlage wurde von König Mahasena (Regierungszeit 277–304 n. Chr.) gegründet. Der Regent zeichnete einerseits für zahlreiche Bewässerungsprojekte verantwortlich – er errichtete u. a. den Minneriya Wewa. Andererseits bevorzugte er den Jetavana Sangha *(Sagaliya)* gegenüber anderen

Stupas: Wie die Kathedralen des Altertums entstanden

Dagoba, Stupa oder Pagode – diese Begriffe werden synonym verwendet – sind Reliquienbehälter und genießen im Buddhismus Kultstatus (→ Kunst und Kultur, S. 64). In Sri Lanka sind sie oft von beeindruckender Größe, wobei die Höhe der Stupas aber beträchtlich variieren kann: von weniger als 1 m bis weit über 100 m. Das singhalesische Königreich von Anuradhapura hatte in der damaligen buddhistischen Hemisphäre den Ruf, die größten Pagoden überhaupt zu beherbergen. Kathedralen gleich galten sie als Wunderbauten, um deren Entstehung sich Legenden rankten. Bis zum Beginn der Neuzeit waren sie die **größten Ziegelbauten der Welt.** Mehrere Jahre betrug normalerweise ihre Bauzeit – häufig erlebten die königlichen Stifter die Vollendung nicht mehr. Der eigentliche Reliqienschrein befindet sich im Innern der Kuppel oder aber im kleinen quadratischen Aufbau oberhalb.

Spezifische Eigenheit sri-lankischer Stupas sind ihre mächtigen Kuppeldome. Aufgrund ihres großen Gewichts mussten antike Baumeister beim zumeist quadratischen Fundament allergrößte Umsicht walten lassen. Das wichtigste Baumaterial waren Ziegel: Die ersten Stupas in vorchristlicher Zeit wurden noch aus luftgetrockneten Ziegelsteinen errichtet. Erst später ging man dazu über, gebrannte Ziegel zu verwenden. Nicht selten häufte man zunächst Ton, der als unmittelbare Folge der Bewässerungsprojekte in großen Mengen zur Verfügung stand, auf das fertiggestellte Fundament. Anschließend wurde der Erdhaufen mit mehreren Ziegelschichten ummantelt. Bei der Restaurierung der Jetavana Pagode lernten die Archäologen die Eigenschaften antiker Ziegel näher kennen: Sie bestanden aus 60 % Sand und 40 % Ton und konnten ein Gewicht von 280 kg je Ziegel tragen. Als Mörtel fungierte zunächst eine Art Lehmschlamm, der mit Baumharz versetzt wurde. Später ging man dazu über, Dolomitkalk fein zu zerreiben und in einem bestimmten Verhältnis mit Sand und Ton zu vermengen. Von großer Bedeutung war die Flexibilität des Materials, damit der Mörtel Erdschwankungen und Materialverschiebungen ausglich. Als Putz für die Außenhülle der Dagoba verwendeten die antiken Konstrukteure ein Kalkgemisch, das aus zerriebenen Muscheln, Melasse, Eiweiß, Kokosnusswasser, Sesamöl und Baumharz bestand.

Ordenstraditionen und schreckte auch nicht vor gewaltsamen Unterdrückungsmaßnahmen und sogar Zerstörungen zurück. Der Maha Vihara litt spürbar unter seiner Herrschaft. Auf dem 80 ha großen Areal befindet sich auch ein archäologisches Museum. Begrenzt wird das Gelände im Westen vom Halpanu Oya. Der Fluss bildet die Grenzlinie zwischen Maha Vihara und Sagaliya.

Jetavana Dagoba: Die Baumeister des 3. Jh. n. Chr. benötigten über 93 Millionen gebrannte Tonziegel, um diesen gigantischen Stupa zu errichten. Quellen zufolge soll er einst 122 m hoch gewesen sein, nach der Restaurierung unter König Parakramabahu I. von Polonnaruwa immerhin noch 97,5 m. Wie auch immer – die Jetavana Dagoba war lange Zeit das höchste Bauwerk Sri Lankas und einer der imposantesten Reliquienbehälter in der buddhistischen Hemisphäre. Nach den tamilischen Eroberungszügen und der Flucht der Könige aus der Stadt breitete sich für Jahrhunderte der Mantel des Vergessens über das Gelände, die Jevatana Dagoba versank metertief in den Erdboden. Einige singhalesische Texte erwähnen ein Kleidungsstück des Erleuchteten, das sich als Reliquie im Innern verbergen soll, andere behaupten, dass sich Mahindas Asche oder ein Stück von Buddhas Gürtel darin befände. Die Dagoba steht auf einer steinernen, 9 m hohen Plattform mit einer beeindruckenden Fläche von 233 m^2. Das Heiligtum ist von den vier Kardinalseiten zugänglich, in jeder Himmelsrichtung befinden sich an den gerundeten Außenseiten Altaraufbauten *(valhalkada)* für die Pilgeropfer. Die Höhe des einstigen Stupa-Wolkenkratzers beträgt heute „nur“ noch knapp 71 m.

Umliegende Klosterbauten: Von den eigentlichen Klostergebäuden sind zumeist nur noch die Fundamente erhalten. Erwähnenswert sind v. a. die Überbleibsel des Bilder- oder Statuenhauses westlich der Dagoba, bestehend aus Eingangsveranda, Zwischenbereich und innerstem Heiligtum, sowie der Schrein für den Bodhibaum, der sich südlich der Pagode befindet. Die Versammlungshalle der Mönche, die nach den Aufzeichnungen des chinesischen Pilgers Faxian 2000 Menschen fassen konnte, liegt auf der Ostseite des Stupas. Zu erkennen ist das Gebäuderechteck an den vielen Säulenstümpfen. Ein Brunnen in der Nähe des Museums besitzt die Grundrissform eines Schlüssels.

Jetavana Museum: Das Museum am Eingang zum Jetavana Vihara zeigt in drei Räumen Fundobjekte, die Archäologen auf dem Klosterareal ans Tageslicht befördert haben, wobei einige Exponate ins Nationalmuseum nach Colombo gewandert sind. Prunkstücke der Sammlung sind hochwertige Steinmetzarbeiten, z. B. Wächtersteine, Buddhafiguren und skulpturaler Dekor von Eingangstoren. Ein besonders gut erhaltenes Steinrelief zeigt Mahamaya Devi, die verführerische Göttin der Illusion. Sie befindet sich auf dem Weg zu einem Salbaum, unter dem der Legende nach Buddha geboren wurde (in buddhistischen Texten wird die Mutter Buddhas als *Mahadevi* bezeichnet). Bronzefiguren, die Bodhisattvas darstellen, deuten auf den Einfluss der Mahayana-Schulrichtung hin. Ebenfalls bemerkenswert ist die Schmuckabteilung mit Juwelenketten sowie Goldarbeiten, die per Wachsausschmelzverfahren angefertigt wurden. Tonwaren, zumeist ausländischer Herkunft, komplettieren die Sammlung.

Tägl. 8–17 Uhr.

Thuparama und Königszitadelle

Thuparama: Am nördlichen Ende des Maha-Vihara-Areals befindet sich ein weißer Stupa, der auf Devanampiya Tissa zurückgeht und als älteste Dagoba Sri Lankas gilt. Der innere Schrein enthält eine weitere wichtige Buddhareliquie: den rechten

Schlüsselbeinknochen. Buddhistische Chroniken berichten, dass die Tonerde für den Kultbau dem nahen Basawakkulama Wewa entstammte. Sie wurde zunächst hier angehäuft und anschließend mit einer Schicht aus gemauerten Ziegeln bedeckt. Der Name des Sakralbaus deutet darauf, dass sich hier einst ein Kloster *(aramaya)* befand, vielleicht sogar das erste auf der Insel. Die 19,2 m hohe Dagoba ist von einem Stelenwald steinerner Säulen eingerahmt, die schlank und krumm wie Palmen in den tropischen Himmel ragen. Sie sind der erhaltene Rest eines **Rundtempels** *(vatadage)*, der einst das Heiligtum umschloss. Die Säulen, die wohl damals ein Dach trugen, sind in vier konzentrischen Ringen um die Dagoba angeordnet, ursprünglich waren es einmal 176 Säulen. Im 7. Jh. n. Chr. war der Reliquienschrein komplett zerstört. Der heutige Stupa in der Form einer Glocke ist eine Neukonstruktion aus dem Jahr 1842.

Hochverehrter Thuparama

Königspalast: Die spärlichen Überbleibsel der königlichen Residenz befinden sich 500 m nordöstlich von der Thuparama Dagoba und stammen aus der Zeit des Königs Vijayabahu I. (1039–1100 n. Chr.). Aufgewachsen im Exil am Hof der südindischen Cholas, trat er zunächst die Herrschaft im Ruhuna-Reich im Südosten Sri Lankas an, bevor ihm nach einem 17 Jahre währenden Feldzug die Vertreibung der Cholas von der Insel glückte. Er beließ aber die Hauptstadt in Polonnaruwa, wohin sie die Cholas seinerzeit verlegt hatten. Den Eingang an der Ostseite flankieren Wächtersteine. Sie stellen Yakshas dar, dämonische Naturgeister namens Sankha und Padma. In der vedischen Mythologie waren sie dienstbare Geister Kuberas, dem Gott des Reichtums, der Fülle und des lukrativen Handels.

Mahapali (Refektorium): Schräg gegenüber, auf der anderen Straßenseite, befand sich die königliche Almosenhalle für die Mönche. Erbaut wurde das Haus im 3. Jh. v. Chr. unter König Devanampiya Tissa. Das Wasserbecken wenige Schritte weiter präsentiert sich noch in recht gutem Erhaltungszustand.

Dalada Maligawa (Tempel der Zahnreliquie): In Anuradhapura, in unmittelbarer Nähe zur Zitadelle, lag der Tempel, in dem seit Beginn des 4. Jh. n. Chr. Buddhas linker Eckzahn (→ Kasten, S. 368) verehrt wurde. Anders als in Polonnaruwa, wo er später hingelangte, ist allerdings nur wenig von der ursprünglichen Bausubstanz erhalten geblieben. Eine Inschrift aus dem 10. Jh. n. Chr. informiert über die Größe des Tempelgrundstücks unter König Mahinda IV. (Regierungszeit 956–972 n. Chr.).

Das kulturelle Dreieck und Hochland → Karte S. 310

Abhayagiri Vihara

Die auch Nördliches Kloster *(Uttara Viharaya)* genannte Institution glich einer Stadt innerhalb der Stadt und lag an der nördlichen Ringmauer von Anuradhapura. Gegründet wurde das Kloster im 1. Jh. v. Chr. in einer Zeit politischer Wirren und unter dem Eindruck südindischer Eroberungen. Nachdem König Valagamba einmal mehr tamilische Fremdherrscher aus dem Inselnorden vertrieben hatte, initiierte er aus Dankbarkeit den Bau des Klosters, dessen Goldenes Zeitalter allerdings erst im Verlauf des 2. Jh. n. Chr. einsetzte: Der bereits als Gründer des Jetavana Vihara in Erscheinung getretene König Mahasena nutzte das Material zerstörter Kultstätten im Maha Vihara zum Bau neuer Gebäude im Abhayagiri Vihara. Zu den Privilegien des Sangha zählte, dass die wertvolle Zahnreliquie hier alljährlich zehn Tage lang zur Schau gestellt werden durfte. In der Blütezeit pflegte man rege Kontakte nach Kaschmir, Südostasien und China. Spezifisches Ordenskennzeichen war ferner, dass hier alle drei buddhistischen Schulrichtungen praktiziert wurden – Theravada, Mahayana und Vajrayana. Ein Beleg für den großen Reichtum sind die zahlreichen hochrangigen Kunstwerke, die heute im Abhayagiri Vihara bewundert werden können: Lotusteich, Samadhi-Buddha, die große Dagoba und nicht zuletzt die wundervollen Mond- und Wächtersteine. Wegen der Fülle an Relikten werden in der Folge lediglich die wichtigsten Highlights beschrieben.

▲ Das rituelle Reinigungsbecken Kuttam Pokuna ist ein Blickfang
▼ Kolossaler Abhayagiri Dagoba

Kuttam Pokuna: Das schönste und am besten erhaltene Badebecken Sri Lankas diente Mönchen, die unmittelbar im nördlichen Teil des Klosters wohnten, zur rituellen Reinigung. Es handelt sich um ein Zwillingsbad mit zwei nebeneinander liegenden Bassins, von denen das nördliche das ältere ist (6. Jh.). Das Nordbecken ist 28 m lang und 17 m breit, wohingegen das Südbecken mit einer Länge von 40 m und einer Breite von 16 m erheblich länger ist. Pumpen beförderten das zuvor gefilterte Wasser von den unterirdischen Leitungen nach oben, aus Wasserspeiern ergoss es sich dann in die Bassins. Am nördlichen

Ende des Pools steht eine Reliefskulptur, die eine Kobra darstellt – nicht ungewöhnlich, denn in der hinduistischen Mythologie bevölkern Schlangengottheiten *(naga)* den Grund stehender und fließender Gewässer.

Bodhigara und Samadhi-Buddha: Auf etwa halber Strecke zwischen Zwillingsbad und der großen Dagoba stand der Schrein *(bodhigara)* für den Bodhibaum, wobei es auf dem gesamten Klosterareal insgesamt vier Bodhibäume gab. Ein beliebtes Pilgerziel ist die 2,40 m hohe Buddhastatue aus Granit, die Einheimische genau ansehen, denn je nach Perspektive blickt der Erleuchtete ernst oder heiter. Die Skulptur aus dem 3./4. Jh. n. Chr. gilt als ein Meisterwerk der plastischen Kunst in Sri Lanka und hat es daher zu einer gewissen Berühmtheit gebracht. Unter *samadhi* versteht man gemeinhin einen tiefen, wenn nicht *den* tiefsten Zustand meditativer Versenkung, der in der spirituellen Praxis möglich ist. Die sitzende Figur stellt den Buddha während seiner Erleuchtung dar, ausgedrückt u. a. durch die Stellung der Hände *(dhyana mudra)*. Die ursprüngliche Bemalung ist nicht mehr erhalten, die Juwelen in den Augenhöhlen entfernten Schatzräuber.

Abhayagiri Dagoba: Auf den ersten Blick gleicht der Koloss aus Ziegeln ums Haar dem Pendant im Jetavana Vihara (s. o.). Der chinesische Pilgerreisende Faxian schrieb im 3./4. Jh. n. Chr., dass die Pagode eine Höhe von 122 m erreichte (also ebenso hoch wie ihr Zwilling). Eine Inschrift weist König Valagamba die Rolle des Stifters zu, wobei aber erst König Gajabahu I. durch bauliche Veränderungen im 2. Jh. n. Chr. dem Stupa zu seiner mächtigen, heute noch sichtbaren Erscheinung verhalf. In der Großen Chronik wird der Regent als Prototyp eines mächtigen, vorbildlich regierenden Herrschers beschrieben. Heute reckt sich die Dagoba immerhin noch 75 m in die Höhe, ihr Basisumfang beträgt 120 m. An den vier Torhäusern, die wie üblich die Himmelsrichtungen definieren, befinden sich Wächtersteine mit Reliefs von Schutzdämonen. Die Mauer aus Elefanten ist heute ebenso verschwunden, wie ein 6 m hoher Buddha aus Jade, den der chinesische Pilgerreisende Faxian erwähnte. Auf der Nordseite der Plattform kann allerdings ein **Fußabdruck Buddhas** bewundert werden. Singhalesen dient er als Beweis, dass der Erleuchtete – wie in der Großen Chronik kolportiert – tatsächlich zu Lebzeiten die Insel aufsuchte.

Königinnenpalast (Mahasena): Westlich der großen Dagoba schließt sich ein aus fünf Einzelgebäuden bestehender Komplex an, der insbesondere wegen seines **Mondsteins** *(sandakada pahana)* – der schönste und kunstvollste des Landes – interessant ist. Das Kunstwerk befindet sich am Eingang zum Zentralgebäude und hat wie üblich die Form eines Halbkreises mit konzentrisch verlaufenden Reliefbändern. Von innen nach außen betrachtet sind unterschiedliche Motive zu erkennen, die nicht immer einheitlich interpretiert werden: Der Lotusblütenhälfte im Zentrum folgt ein Band mit Akanthusranken sowie ein weiteres Band mit Schwänen, die Opferblumen im Schnabel halten. Nach einem weiteren Pflanzenzierband folgt ein Ring mit Tieren: Bullen, Elefanten, Pferde und Löwen. Möglicherweise symbolieren sie den Kreislauf der Wiedergeburten *(samsara)* mit den Lebensstufen Geburt, Adoleszenz, Alter und Tod. Pilger berühren den Mondstein, weil sie sich davon Wohlstand versprechen. Die Datierung des Kunstwerks ist unbekannt.

Ratnaprasada: Gegenüber des Mahasena-Palasts liegt die ehemalige Mönchsversammlungshalle (wörtlich: Juwelenpalast) aus dem 2. Jh. n. Chr. Der Wettbewerb zwischen den drei Hauptorden führte dazu, dass man hier hinsichtlich Prunk und Glanz nicht hinter dem Lovamahapaya (s. o.) des Maha Vihara zurückstehen wollte. Die ursprüngliche Gebäudehöhe lässt sich heute nur grob schätzen, der Bau dürfte aber über mehrere Etagen verfügt haben. Die Große Chronik spricht von

Das kulturelle Dreieck und Hochland → Karte S. 310

sieben Stockwerken. Die Überbleibsel werden auf das 7./8. Jh. n. Chr. datiert, was belegt, dass das Areal mindestens einmal generalüberholt wurde. Während einer tamilischen Invasion im 9. Jh. n. Chr. wurde die Versammlungshalle gebrandschatzt, geplündert und eine wertvolle goldene Buddhaskulptur geraubt. Hauptanlass für die Besichtigung ist der **Wächterstein** *(muragala)*, der zu den kunstfertigsten Steinmetzarbeiten der Insel zählt. Er befindet sich am inneren Eingang. Die Skulptur stellt den König der Schlangen *(nagaraja)* dar. Dessen Haupt wird von einer Kobrahaube geschützt, zu seinen Füßen tummeln sich zwei Dämonen in Gestalt kleiner Zwerge. Die beiden Drachenmäuler an der Einfassung symbolisieren das Werden und Vergehen – mit anderen Worten: die Vergänglichkeit der Welt. Die reich verzierten Schmuckbalustraden an den Treppen lohnen ebenfalls einen ausführlichen Blick.

Lankarama Dagoba: Den südwestlichen Abschluss des Klosterkomplexes markiert ein weiterer Pagodenbau, der auf eine Stiftung von König Valagamba im 1. Jh. v. Chr. zurückgeht. Die weiß getünchte Dagoba steht auf einer kreisrunden Plattform, die von vier Seiten zugänglich ist. Erhaltene Steinsäulen auf der Terrasse verweisen darauf, dass den Reliquienschrein ursprünglich – ähnlich wie im Fall des Thuparama – ein Rundtempel schützte.

Abhayagiri Museum: Die wertvollsten Fundobjekte befinden sich heute entweder im Nationalmuseum in Colombo oder sind in den großen Museen westlicher Länder zu finden. Die bronzene Tarastatue aus dem 8. Jh. n. Chr. beispielsweise erbeuteten die Engländer nach dem Fall des Königsreichs von Kandy – sie bereichert bis heute die Altertumssammlung des British Museum in London. Dennoch lohnt sich der abschließende Besuch des Museums am südlichen Ende des Klosterareals. In der äußeren Umlaufgalerie stehen eine Handvoll Torsi von Buddhastatuen, Säulenfragmente, heilige Steine mit Fußabdrücken des Erleuchteten sowie Steine mit Inschriften, die Wissenschaftlern wertvolle Aufschlüsse über die Klostergeschichte gaben. Innen ergänzen Münzen, Schmuck, Bronzestatuen sowie weitere Steinskulpturen die Sammlung.

Tägl. 10–17 Uhr.

Weitere Sehenswürdigkeiten in der Sacred City

Folk Museum: Das zwischen Ruwanweli Seya und Basawakkulama Wewa gelegene, privat geführte Museum beschäftigt sich mit der Alltagskultur der Menschen. Im Außenbereich sind Vorrichtungen zum Trocknen von Ton, Heu und Tropenholz zu bestaunen, wobei auch geernteter Reis nach den gleichen Verfahren getrocknet wurde. Einst verfügte jeder ländliche Haushalt über solche Trockenvorrichtungen. Innen werden weitere Requisiten der bäuerlichen Alltagskultur präsentiert, u. a. Reusen für den Fischfang sowie verschiedene Gerätschaften für Viehzucht und Ackerbau.

Di–Sa 8–17 Uhr. 300 Rs, erm. 150 Rs, Fotografier-Erlaubnis 250 Rs (das Museum gehört zu den wenigen Attraktionen, die nicht mit dem Kombiticket zugänglich sind).

Archäologisches Museum: Nur wenige Schritte südlich des Folk Museums befindet sich in einem schmucken Ensemble von Gebäuden im Kolonialstil *(Puravidu Bhavan)* die archäologische Sammlung. Die hier ausgestellten Exponate stammen nicht nur aus Anuradhapura, sondern auch aus anderen Teilen der Insel. Unter den zahlreichen Buddhastatuen befindet sich der älteste sitzende Buddha Sri Lankas. Die Sandsteinskulptur wurde 1962 bei Ausgrabungen auf dem Areal des Abhayagiri Vihara entdeckt und stammt aus dem 3. Jh. v. Chr. Ein weiteres bedeutendes Ausstellungssück ist ein kunstvoller Heldenstein: Der in der Schlacht getötete Krieger, so die Aussage, geht als Held in den Götterhimmel ein. Ähnliche Heldensteine sind aus Südindien bekannt. Im Obergeschoss werden einige wunderbare Bronzearbeiten ausgestellt, z. B. der elefantenköpfige Ganesha, der tanzende Shiva *(nataraja)* oder der Gott Rama. Repliken der großen Dagoben von Anuradhapura vermitteln ein besseres Verständnis der architektonischen Strukturprinzipien. Das Modell von der Thuparama-Pagode illustriert u. a., wie der Rundtempel *(vatadage)* einmal ausgesehen haben könnte. Steine mit Inschriften, Latrinensteine, Münzen, Perlen, Juwelen sowie Puppen runden den Sammlungsbestand ab.

Tägl. außer Di und feiertags 9–17 Uhr.

Mirisawetiya Dagoba: Der nachts stimmungsvoll beleuchtete Stupa liegt etwas abseits und ist vom Damm des Tissa Wewa aus ausgezeichnet zu erkennen. Er markiert den westlichen Abschluss des Maha-Vihara-Areals und wurde unter König Dutthagamani nach seinem Sieg über Ellalan im 2. Jh. v. Chr. erbaut. Eine Legende erzählt, wie der Regent die Reliquien zunächst in einen Kasten platzierte und unmittelbar danach ein Bad zur rituellen Reinigung im Tissa Wewa nahm. Als er im Anschluss den Kasten wieder aufnehmen und zum endgültigen Bestimmungsort tragen wollte, rückte der sich keinen Deut von der Stelle. Dutthagamani blieb daher nichts anderes übrig, als den Stupa an Ort und Stelle zu bauen. Der heutige Stupa entstand jedoch erst in den 1990er-Jahren. Rundherum sind Reste ehemaliger Mönchsbehausungen sowie die Ruine der Versammlungshalle zu erahnen.

Isurumuniya Vihara: Das Kloster, das von einheimischen Pilgern regelmäßig aufgesucht wird, liegt nur wenige Meter vom Staudamm des Tissa Wewa entfernt im Süden der Sacred City. Das idyllisch gelegene Tempelareal geht auf König Devanampiya Tissa (Regierungszeit 307–267 v. Chr.) zurück und gruppiert sich vor dem Hintergrund massiver Granitblöcke. Ein Höhlentempel gehört zur Anlage, ebenso wie ein Bodhibaum, von dem es heißt, er sei einer der acht (legendären) Ableger des Mahabodhibaums. Der Höhlentempel diente als ursprünglicher Aufbewahrungsort der Zahnreliquie Buddhas. Am höchsten Punkt der Felsen befinden sich außerdem ein Aussichtspunkt sowie ein Fußabdruck des Erleuchteten. Die eigentliche Besonderheit sind jedoch die qualitativ hochwertigen **Flach-** und **Hochreliefs**. Zwei prominente Beispiele verstecken sich zwischen dem modernen Tempel und der Südwestecke des Wasserbassins. Es handelt sich zum einen um ein Hochrelief, das zu zahlreichen Spekulationen Anlass gegeben hat: Ein kauernder Mann, möglicherweise der Gott des Regens, blickt huldvoll vom Felsen auf die Reisfelder hinab, links hinter ihm ist ein Pferdekopf abgebildet. Das zweite Kunstwerk ist ein Flachrelief und zeigt

Liebesspiel im Isurumuni-Tempel

spielende Elefanten. Pilger werfen Münzen ins Wasser und hoffen auf die Erfüllung ihrer Wünsche. Großartige Exemplare der Steinmetzkunst sind zudem nebenan im **Museum** zu entdecken, so auch der berühmte Stein der Liebenden: Die kunstvolle Darstellung zeigt den Bodhisattva Manjushri und seine Gefährtin. Ein weiteres Relief stellt möglicherweise die königliche Familie dar, etwa Dutthagamani nebst Frau, Sohn und Gefolge. Die Kunstwerke stammen aus dem 6. Jh. und sind sichtlich von der nordindischen Gupta-Periode beeinflusst.

Tägl. 6–20 Uhr. 200 Rs (das Kloster gehört zu den wenigen Attraktionen, die nicht mit dem Kombiticket zugänglich sind).

Sehenswertes in der Umgebung

Westliche Klöster: Etwa 1 km von der Sacred City entfernt befinden sich westlich des Basawakkulama Wewa die Reste mehrerer Klöster und Waldeinsiedeleien. Sie wurden vom 8.–10. Jh. n. Chr. für Mönche errichtet, die die Rolle des Haushälters vorübergehend gegen die Rolle des Einsiedlers eintauschten – ein völlig üblicher Abschnitt im Leben eines Bhikkhu. Einfach waren die Bedingungen keinesfalls, wie ein Blick auf die verschiedenen Gebäude zeigt. Die schönsten Dekorationen jedoch zeigt ausgerechnet ein **Latrinenstein**.

Sri Charikarama Maha Viharaya: Das Kloster in Nellikulama 9 km nordöstlich von Anuradhapura wird von Reisenden bislang eher selten aufgesucht, es kann jedoch auf dem Weg nach Tantirimalai (s. u.) besichtigt werden. Als Hingucker erweisen sich die modernen Skulpturen von 500 Arhats in roten Roben. Sie bilden eine Phalanx, die sich wie eine Schlange durch den Park windet (→ Foto, S. 422). Als Arhat werden im Theravada-Buddhismus Schüler bezeichnet, die „erwacht" sind und den Zustand eines Buddhas erreicht haben. Arhats üben aus diesem Grund im Theravada die Funktion aus, wie sie den Bodhisattvas in der Mahayana-Tradition zukommt – sie unterstützen andere Schüler auf ihrem spirituellen Weg. In dem modernen Höhlentempel hinter dem Park illustrieren verschiedene Panoptiken lehrhafte Anekdoten aus dem Leben des Erleuchteten.

Tägl. 6–20 Uhr. Nellikulama, www.nellikulamatemple.com.

Thanthirimale Raja Maha Vihara: Das beliebte Pilgerziel 40 km nordwestlich von Anuradhapura liegt in reizvoller Natur eingebettet. Der Abstecher führt durch ein wichtiges Mangoanbaugebiet und lässt sich am Bestimmungsort mit kürzeren Spaziergängen verbinden, die buchstäblich über Stock und Stein führen. Der Legende nach legte der Tross aus Indien, der den Bodhibaum auf die Insel brachte, eine Tagesreise vor dem Ziel hier einen Stopp ein. Dabei passierte es, dass quasi über Nacht der erste der acht berühmten Ableger der heiligen Pappelfeige dem Setzlingstopf entsprang. An Ort und Stelle wurde flugs der junge Trieb in die Erde versenkt. Der Baum wird von Pilgern noch heute hochverehrt. Bei so viel spiritueller Bedeutung verwundert es ein wenig, dass der Ort über viele Jahrhunderte vergessen war und erst in den 1960er-Jahren als Pilgerziel reanimiert wurde. 1909 hatte der britische Archäologe John Still – er war auch an Arbeiten in Sigiriya und Polonnaruwa beteiligt – mit Ausgrabungen begonnen. Heute grüßt dort eine schneeweiße Dagoba ins Land. Sehenswert ist obendrein eine mit 14 m Länge außerordentlich imposante Skulptur eines liegenden Buddhas, der friedlich ins Parinirvana gleitet. Ein Felsaltar zeigt einen sitzenden Samadhi-Buddha aus dem 8./9. Jh. n. Chr. im Relief. Forscher entdeckten zudem in einer Höhle prähistorische Malereien. Ein bescheidenes **Museum** am Eingang präsentiert eine Handvoll archäologischer Funde.

Museum: Tägl. außer feiertags 8–16.30 Uhr. Eintritt frei. Die Fahrt mit dem Taxi sollte nicht mehr als 2500 Rs kosten. Busse fahren vom Old Bus Stand in der New Town.

Mihintale

Das mit Abstand wichtigste Ziel in der Umgebung befindet sich 12 km östlich von Anuradhapura an der Straße nach Trincomalee (A 12). Der Überlieferung zufolge begegneten sich hier im 3. Jh. v. Chr. Mahinda und der König Devanampiya Tissa zum ersten Mal. Ersterer, Mönch und Sohn des nordindischen Maurya-Herrschers Ashoka, war im Auftrag seines Vaters auf einer Missionsreise. Die Große Chronik berichtet, wie der Regent sich gerade auf der Jagd befand, als der Mönch ihn hinderte, auf einen flüchtenden Hirsch zu schießen. Schließlich ist die Nichtverletzung von Lebewesen ein wichtiges buddhistisches Gebot. Man schrieb die Zeit des Vollmonds im Monat Poson (Ende Mai/Anfang Juni), als der Regent anschließend Zeuge der ersten Predigt des indischen Missionars wurde und danach zum Buddhismus konvertierte. Das Ereignis gilt bis heute als offizieller Startschuss für die Ausbreitung des Buddhismus über die Insel und ist deshalb für die Anhänger der Theravada-Tradition von allergrößter Bedeutung. Der Name der Örtlichkeit *Mihintale* leitet sich von *thale* (Plateau) sowie *Mihindu* ab – der singhalesischen Lokaldialektvariante von *Mihinda*. Der Ort des Zusammentreffens lautet daher Plateau des Mihinda.

Mit dem Plateau ist eine felsige Anhöhe 305 m über dem Meeresspiegel namens *Missaka Pabhata* gemeint, die Teil eines Bergzuges östlich von Anuradhapura ist. 1829 Stufen führen von der Ebene hinauf zum Ort der denkwürdigen Begegnung. Für die Besichtigung der Sehenswürdigkeiten sollte man gut und gern einen halben Tag einplanen. Das Eintrittsticket wird oben auf dem Bergsattel gelöst (hier befindet sich auch ein Parkplatz).

Mihintale Museum: Das 1984 eröffnete archäologische Museum befindet sich am Eingang zum heiligen Areal und präsentiert wichtige Funde, die von Ausgrabungen in und um Mihintale stammen: Votivfiguren aus Bronze und Terrakotta, Artefakte von Buddha- und Bodhisattvastatuen sowie Fragmente von Malereien und Fresken.

Mihintale gilt als Wiege des Buddhismus in Sri Lanka

Zu den Prunkstücken der Sammlung zählen eine aus Persien stammende Vase aus dem 8./9. Jh. n. Chr. sowie ein mit Goldplatten verziertes Palmblattmanuskript aus dem 9. Jh. n. Chr.

Vedasala (Hospital): Unmittelbar westlich des Museums schließen sich die Ruinen eines Krankenhauses an, über die 1975 der Mediziner Heinz Müller-Dietz in einem Beitrag für das Jahrbuch der Deutschen Gesellschaft für Krankenhausgeschichte schrieb, dass es sich vielleicht um das weltweit älteste Hospital gehandelt habe. Eine Inschrift gibt Aufschluss über die vormalige medizinische Funktion der Anlage, die auf die Regierungszeit von König Sena II. (866–901 n. Chr.) zurückgeht. Erhalten geblieben ist auch eine Steinwanne für medizinische Ölbäder, im Zentrum stand ein Buddhaschrein. Die Behandlungsräume für die Patienten maßen lediglich 3 m in der Länge und Breite. Neben dem Krankenhaus sind die Fundamente eines großen Klosters, **Indikatu Seya,** mit dem Torso einer Dagoba zu sehen. Sehenswert sind die Balustraden und Wächtersteine der quadratischen Haupthalle.

Kantaka Cetiya: Auf dem mittleren Absatz zwischen Ebene und Bergplateau liegt zur Rechten auf einer Anhöhe einer der ältesten Stupas Sri Lankas. Die erst in den 1930er-Jahren wiederentdeckten Ruinen gehen auf die Regierungszeit von König Suratissa im 3. Jh. v. Chr. zurück. Der Reliquienbehälter misst an seiner Basis einen Umfang von 130 m und erreicht eine Höhe von 12 m. Bemerkenswert sind die kunstvoll gefertigten Altaraufbauten, die wie üblich die Himmelsrichtungen anzeigen. Am besten ist der Altaraufbau an der Südseite erhalten. Neben floralem Rankenschmuck sind zwergenhafte Gestalten mit Tierköpfen zu erkennen, die Musikinstrumente in den Händen halten. Möglicherweise handelt es sich bei der elefantenköpfigen Figur um den Gott Ganapati (Gebieter der Scharen), ein populärer Beiname des Elefantengotts Ganesha. Auch die unterschiedlichen Tierköpfe auf dem oberen Abschluss der Stelen verdienen genauere Betrachtung: an der Südseite der Stier, im Osten der Elefant, im Norden das Pferd sowie an der Westseite der Löwe. Man fühlt sich unweigerlich an das Schmuckband des Mondsteins im Abhayagiri Vihara erinnert – und tatsächlich kursieren auch hier unterschiedliche Interpretationen: So könnten die Tiere die Vier edlen Wahrheiten Buddhas (→ S. 57) symbolisieren. Andererseits sind auch am berühmten Löwenkapitell der indischen Ashoka-Säule, die in Sarnath gefunden wurde, Tiere an den Seiten abgebildet, dort jedoch gemeinsam mit dem Rad des Lebens, das wiederum dem Kreislauf der Wiedergeburten entspricht.

Ebenfalls auf dem mittleren Absatz befinden sich die **Reste eines Klosters,** u. a. der 19 m lange sowie knapp 8 m breite Speisesaal, direkt daneben lag das Lagerhaus. Überdies fanden Archäologen Überreste eines Rohrleitungssystems, die auf einen hohen zivilisatorischen Standard der Anlage schließen lassen. Große Bedeutung für die Geschichtsschreibung genießen ferner die Inschriften, die Aufschlüsse über die Klosterregeln sowie über die adminstrativen Verhältnisse geben. Eine Inschrift z. B. dokumentiert Zahlungen des Königs an das Klosterpersonal. Beim **Naga Pokuna,** den man auf dem Weg nach oben passiert, handelt es sich um eine natürliche Quelle, die schon in der Großen Chronik erwähnt wird. Schlangendämonen sollen für die Reinheit des Wassers bürgen.

Ambasthala Dagoba: In der kleinen Senke links unterhalb des Bergsattels befindet sich ein weiß getünchter Stupa, der von Säulenresten umgeben ist. Die Kultstätte markiert den Ort, an dem Mahinda und Devanampiya Tissa sich erstmals trafen. Es ist darüber hinaus möglich, dass die heilige Asche Mahindas im Innern der Dagoba verwahrt wird. Ein Pfad führt vom Stupa zur Höhle, in der Mahinda als Eremit lebte *(Mihindu guhawa)*. Die Säulen gehörten einst zu einem Rundtempel, der den Stupa schützend umgab.

Maha Seya und **Aradhana Gala:** Gleich einem Wahrzeichen thront die blütenweiße große Dagoba auf dem Sattel der Anhöhe. Ursprünglich unter König Mahadathika Mahanaga im 1. Jh. n. Chr. erbaut, befand sich das Bauwerk noch zu Beginn des 20. Jh. in einem erbärmlichen Zustand. Nach umfänglichen Restaurierungsmaßnahmen erstrahlt es inzwischen wieder in neuem Glanz. Das Plateau darf nur barfuß betreten werden, dennoch lohnt der kurze Abstecher auf den blanken Granitfelsen *Aradhana Gala*. Der schmale Weg ist mit einem Eisengeländer gesichert. Von oben genießt man den allerbesten Ausblick, bei klarer Sicht ist sogar im Westen Anuradhapura zu erkennen. Die Große Chronik berichtet, dass hier oben der durch die Lüfte reitende Mahinda nebst Gefolge in Sri Lanka gelandet sei.

Kaludiya Pokuna: Die Trinkwasserversorgung der Mönche sicherten Brunnen und Reservoirs in der unmittelbaren Umgebung. Wer nach dem Gipfelsturm noch Zeit hat, kann – zu Fuß oder mit dem Tuk-Tuk – den in der Nähe der *Old Road* südwestlich des Gipfelplateaus gelegenen „See des schwarzen Wassers" aufsuchen. Das Wasser *(diya)* des Brunnens *(pokuna)* ist scheinbar schwarz *(kala)*, zumindest aber wirkt es ziemlich dunkel. Die Bauten am Ufer verweisen auf den fortschrittlichen Entwicklungsstand der antiken „Bewässerungszivilisation", u. a. sind Reste eines Badehauses inklusive Abortanlagen zu erkennen. In der Umgebung befinden sich fast **70 Höhlen**, in denen einst Mönche als Einsiedler lebten. Das Seeufer ist reich an Heilpflanzen, die im Hospital verwendet wurden.

Die Ausgrabungsstätten sind jederzeit zugänglich, das Museum öffnet tägl. außer an Feiertagen 8–16.30 Uhr. Eintritt 500 Rs. Öffentliche Busse fahren ca. alle 20 Min. vom New Bus Stand in der New Town ab.

Basis-Infos

Hin & weg Anuradhapura liegt 64 km nördlich von Dambullla, 74 km östlich von Puttalam, 106 km westlich von Trincomalee sowie 200 km südlich von Jaffna.

Bahn: Das Bahnhofgebäude stammt noch aus britischer Zeit. Züge fahren nach Colombo (ca. 10-mal tägl.), Jaffna (5-mal), Insel Mannar (2-mal) und duchgehende Züge nach Matara (2-mal).

Bus: Es gibt zwei Busbahnhöfe – der **Old Bus Stand** liegt im Norden der New Town. Von hier fahren Busse nach Colombo, Kandy, Kurunegala, Matale, Puttalam und Thanthirimale. Der **New Bus Stand** liegt im Zentrum der New Town. Busse fahren von hier nach Jaffna, Mannar, Mihintale, Polonnaruwa und Trincomalee.

Safaris in den **Wilpattu-Nationalpark** (→ S. 171) organisiert u. a. Lievi's Tourist Accomodation (s. u.).

Taxi/Tuk-Tuk: Ein freundlicher und vertrauensvoller Fahrer ist Mr. Prasad. ✆ 077-648005.

Einkaufen **Wochenmarkt**, betriebsamer Obst- und Gemüsemarkt in der Nähe des neuen Busbahnhofs am Ufer des Kumbichchan Kulama, dort gibt es auch Gewürze, Bürsten, Plastikartikel und Billigklamotten. Der Nachtmarkt ist ein Erlebnis (Sa/So).

Ärztliche Versorgung **Anuradhapura Teaching Hospital**, die Renommierklinik befindet sich in der New Town. Harischandra Mw., ✆ 025-2222261.

Veranstaltungen **Poson Festival**, es gedenkt der Einführung des Buddhimus auf der Insel, insbesondere der ersten Unterweisung durch Mahinda in Mihintale. Die meisten Hotels und Gästehäuser sind in der Zeit ausgebucht. Am meisten Betrieb herrscht am Poson Poya. Juni.

Unduvap Festival, die Feierlichkeiten sind der Ankunft des nordindischen Bodhibaums auf der Insel im 3. Jh. v. Chr. gewidmet. Mitte/Ende Dez.

Das kulturelle Dreieck und Hochland → Karte S. 310

Übernachten
1 Heladiv
2 Andorra Tourist Rest
3 Forest Rock Garden
6 Lievi's
7 Sacred City Tourist Resort
8 Milano
9 Little Paradise
10 Secret Sanctuary
12 Diamond Lake
Essen & Trinken
4 Rangiri
5 House of Taste
6 Lievi's
8 Milano
11 Mango Mango
Cafés
11 Mango Mango
Abhayagiri Vihara
Abhayagiri Dagoba
Mondstein
Kuttam Pokuna
Samadhi Buddha
Ratnaprasada
Abhayagiri Museum
Lankarama Dagoba
Dalada Maligawa
ehem. Königspalast
Zitadelle
Thuparama
Basawak Kulama
Malwathu Oya
Jetavana Dagoba
Jetavana Vihara
Ruwanweli Seya
Jetavana Museum
Folk Museum
Maha Vihara
Archäol. Museum
Mirisawetiya Dagoba
Lovamahapaya
Mahabodhibaum
Bahnhof Anuradhapura
Jaffna Jc.
Puttalam, 3
Sanctuary at Tissawewa
Sacred City
Jayanthi Mw
Main St
Nuwara Wewa
Old Bus Stand
Tissa Wewa
Isurumuniya Vihara
Bandaranaike Mw
Uhrturm
New Town
Dhamapala Mw
Harischandra Mw
Kurunegala
Godage Mw
New Bus Stand
Wochenmarkt
Kumbichchan Kuluma
Anuradhapura
340 m
A12
A13

Übernachten / Essen & Trinken

Das einstige Grand Hotel aus britischer Zeit und staatliche Resthouse in der Old Puttalam Rd. wird heute unter dem Namen The Sanctuary at Tissawewa privat geführt. Allerdings sind die Glamour-Zeiten längst vorbei und auch bei der Servicequalität herrscht reichlich Luft nach oben (www.tissawewa.com).

Übernachten **Forest Rock Garden Resort 3**, ⑦–⑧. Die Komfortherberge liegt 15 km südlich der Stadt an der Straße nach Puttalam und zählt zu den berühmten Übernachtungsadressen in Sri Lanka. Das Boutiquehotel befindet sich auf einem 20 ha großen Parkareal und verbindet Nostalgie mit modernem Komfort. Gebäude im traditionellen Stil sind durch Holzstege miteinander verbunden, der Außenpool gleicht den königlichen Ritualbädern von Anuradhapura. Ayurveda-Bereich, Restaurant, Meditationsraum. 15 Zimmer und 6 Suiten. Grama Niladhari Division 341, Andarawewa, ✆ 025-2033000, www.forestrockgarden.lk.

››› Mein Tipp: **Hotel Heladiv 1**, ③–④. Das Haus ist eine echte Überraschung abseits der ausgetretenen Pfade: behagliches, familiäres Ambiente, kleiner Garten mit Kokospalmen, alles sehr gepflegt im Stil eines Boutiquehotels. 6 DZ und 2 Familienzimmer, Restaurant für Hausgäste, Radverleih, nur 350 m vom Nordufer des Nuwara Wewa entfernt. Gutes Preis-Leistungs-Verhältnis. Kandy Rd., 4th Lane (von der Kandy Jc. ca. 1 km nach Norden, dann auf Hinweisschild nach links achten), ✆ 025-2056438, www.hotelheladiv.com. ‹‹‹

Sacred City Tourist Resort 7, ③. Mitten in der New Town und nur wenige Schritte vom New Bus Stand entfernt – zentraler geht es nicht mehr. 3 DZ und ein Dreibettzimmer im 3. OG, wohnliche Terrasse, engagierte Leitung. Leihfahrräder für Gäste, auf Wunsch wird gekocht. Maiththripala Senayanake Mw. 9 A, Purahala Pedesa, ✆ 071-4411769, Buchung über die gängigen Buchungsportale.

Little Paradise Holiday Home 9, ③. 4 DZ und 2 Familienzimmer in einem ruhig gelegenen Wohnhaus zwischen New Town und Nuwara Wewa. Alle Zimmer mit behaglicher Veranda, gut geführt sowie picobello sauber. Auf Wunsch wird am Abend für Hausgäste gekocht. Fahrradverleih (kostenpflichtig). Godage Mw. 622/18, ✆ 025-2235132, Buchung über die gängigen Buchungsportale.

Secret Sanctuary Resort 10, ②–③. Sympathisches Quartier am Rand der New Town, zurückgesetzt in der 2. Reihe neben dem modernen Crescent Park Hotel. 6 unterschiedlich geschnittene Zimmer, auf Wunsch Mittag- und Abendessen. Der Besitzer spricht etwas Englisch und hilft rührend bei der Reiseplanung (Taxi, Fahrradverleih, Exkursionen). Godage Mw. 560/4, ✆ 025-2227648, Buchung über die gängigen Buchungsportale.

Andorra Tourist Rest 2, ②–③. Landhaus mitten im Nirgendwo, familiär und sauber, auf Nachfrage wird für Hausgäste gekocht. 5 ordentliche DZ im unteren Mittelklassesegment. Eine gute Option für sportlich Veranlagte, denn die Mountainbikes, die an Gäste verliehen werden, sind die besten in der Stadt. Nuwarawewa Weththa 10/2 L (Nähe Jaffna Jc.), ✆ 025, 2235607, Buchung über die gängigen Buchungsportale.

Diamond Lake Tourist Rest 12, ②–③. Mittelklassehotel am Ostufer des Kumbichchan Kulama oder Kulama Wewa. Schick gestaltetes Entree, minimalistisches Ausstattungskonzept, ruhige Lage. 7 Zimmer, davon 2 mit Balkon und Seeblick. Frühstücksraum im 1. OG, Fahrradverleih an Gäste. Kumbichchan Kulama Wewa Rd. 522/5, ✆ 071-4506535, Buchung über die gängigen Buchungsportale.

Lievi's Tourist Accomodation 6, ②. Günstig zwischen New Town sowie Sacred City gelegenes Budgethotel mit empfehlenswertem Restaurant und hübschem Hofgarten. Nur 15 Gehminuten zum Bodhibaum, 8 einfache Zimmer mit AC, Warmwasser und Moskitonetzen, die schöneren mit Veranda zum Hof. Der Inhaber leitet eine Reiseagentur mit Taxi- und Safariservice (Willpattu-Nationalpark). Gepflegter Gesamteindruck. Vidyala Mw. 319/1, ✆ 077-3206073, www.lievistourist.com.

Essen & Trinken **Milano Tourist Rest. 8** Seinerzeit das erste Domizil am Nuwara Wewa, bietet es noch immer einen der schönsten Biergärten der Stadt. Angenehme Sitzplätze im Garten. Sri-lankische,

Das kulturelle Dreieck und Hochland → Karte S. 310

panasiatische und internationale Küche, Hauptgerichte um 1000 Rs. Auch Zimmervermietung und Hilfe bei der Organisation von Ausflügen und Safaris. J. R. Jaya Mw. 596/40, Stage 1, 025-2222364, www.milanotouristrest.com.

Lievi's Restaurant 6. Zwischen Sacred City und New Town mit angeschlossenem Gästehaus. Man sitzt gut auf der Hofveranda, Rice & Curry, Fried Rice, Fried Noodles und Sandwiches zu leicht gehobenen Preisen. Auch frische Säfte. Frühstück, Mittag- und Abendessen. Tägl. geöffnet. Vidyala Mw. 319/1, ✆ 077-3206073, www.lievistourist.com.

The House of Taste (Rasa Gedara) **5**. Ein Restaurant im traditionellen Stil würde man in der New Town so nicht erwarten. Rustikales Ambiente, nostalgische Architektur mit viel Holz, authentische Küche, gekocht wird weitgehend ohne Verwendung von Industrieprodukten, gegessen wird auf einem Lotusblatt. Harte Sitzhocker. Nur Frühstück- und Mittagsbüfett, abends geschlossen. Überraschend preiswert. Tägl. 7.30–17.30 Uhr. Main St. 275, ✆ 077-2591990.

Mango Mango 11. Café, Bistro und Restaurant mit modern gestaltetem, klimatisiertem Innenraum 2 km südwestlich der New Town (Nähe Pothanagama Jc.). Mittags und abends à la carte, kleine Häppchen aus der Frischetheke, sri-lankische, panasiatische sowie westliche Küche. Kaffee und Kuchen. Sa/So Mittagsbüfett. Frühstück 7–10.30 Uhr, Mittagessen 11.30–15.30 Uhr und Abendessen 18–22 Uhr. Jayanthi Mw., ✆ 025-2227501.

Rangiri Restaurant 4. Typisches Straßenrestaurant ohne Ambiente im Basar zwischen Old Bus Stand und Hauptstraße. Frühstück, Fried Rice, Rice & Curry, Hoppers. Relativ sauber, die Qualität stimmt, kleine Preise. Tägl. 5–23 Uhr. Marketside (Dharmapala Mw. 111), ✆ 025-2235200.

Yapahuwa

Im späten 13. Jh. avancierte die Festung auf dem 90 m hohen Felsen für kurze Zeit zur Hauptstadt der singhalesischen Zivilisation. Wichtigstes Überbleibsel aus jener Zeit ist die Prunktreppe am Fuße des Berges. Von der runden Gipfelkuppe fällt der Blick auf die umliegende Landschaft.

Neben Sigiriya bietet Yapahuwa die eindrücklichste Felsenfestung im sri-lankischen Norden. Die Anfahrt zur 50 km nördlich von Kurunegala sowie 70 km westlich von Dambulla liegenden Sehenswürdigkeit ist weit, wobei der lediglich 6 km entfernte Bahnhof die Reise mit öffentlichen Verkehrsmitteln erheblich vereinfacht. Am Fuß des Festungsareals befindet sich das buddhistische Kloster **Yapawwa Raja Maha Viharaya,** das gegen Ende des 18. Jh. vom vorletzten Herrscher von Kandy Sri Rajadhi Rajasinha gegründet wurde und heute noch aktiv ist. Den Mönchen obliegt auch die Aufsicht über die archäologische Stätte. Zum Kloster gehört ein sehenswerter Höhlentempel mit prachtvollen Wandfresken im Kandy-Stil sowie einer Phalanx sitzender Buddhas im Hauptheiligtum. Allenfalls einen kurzen Blick lohnt das kleine, etwas angestaubte **Museum** in der Nähe des Eingangs.

Unbestrittene Hauptattraktion ist der beeindruckende Rest der Prunktreppe aus der zweiten Hälfte des 13. Jh. am Fuß des Felsenbergs. Die Steinmetzarbeiten sind vom Feinsten und weisen künstlerische Einflüsse aus Südindien sowie aus dem chinesischen Kulturkreis auf. Am deutlichsten zeigt sich die große Kunstfertigkeit örtlicher Steinmetze an den imperialen Löwenskulpturen beiderseits der Treppe. Die Tatsache, dass der **Löwe von Yapahuwa** sogar die sri-lankischen 10-Rupien-Noten schmückt, unterstreicht die herausragende Stellung dieser Skulpturen in der Kunstgeschichte des Landes. Auch sonst birgt die Freitreppe, die man aus Platzgründen so steil anlegen musste, manche Überraschung: Tierhafte Mischwesen – halb Elefant, halb Löwe –, laszive Himmelsfeen mit prallen Brüsten, zwergenhafte Gestalten als Träger und Akanthusranken von herausragender Qualität. An südindische Tempelkunst erinnert der Fries, dessen Halbreliefs Tänzer und Musiker in unterschiedlichsten Posen und Haltungen darstellen. Die Treppe endet 35 m über Bodenniveau auf einem natürlichen Felsabsatz. Archäologen vermuten, dass sich hier einst der Palast und das zentrale Heiligtum befanden. Nachdem sich das singhalesische Königreich von Polonnaruwa unter dem Druck des tamilischen Invasors Kalinga Magha aufgelöst hatte, entstand 70 km südlich von Yapahuwa in Dambadeniya das Zentrum eines neuen singhalesischen Königreichs. König Bhuvanaikabahu I. von Dambadeniya, der von 1271 bis 1283 regierte, befestigte Yapahuwa, um sein Reich nach Norden abzusichern. Auf dem Weg von Polonnaruwa nach Süden machte auch die **Zahnreliquie Buddhas** in der Bergfeste Station und wurde wahrscheinlich einige Jahre lang im Hauptheiligtum verwahrt.

Repräsentativer Treppenaufgang

Vom oberen Ende der Treppe führt ein gut ausgebauter Fußweg aufs **Gipfelplateau** mit den Resten eines Stupas sowie einiger Mauern undefinierbarer Herkunft. Trotz des steilen, schweißtreibenden Weges lohnt wegen des herrlichen Rundblicks der Aufstieg auf den unbezwingbar erscheinenden Felsen, dessen Felskanten nach nahezu allen Seiten senkrecht in die Tiefe fallen.

Tägl. 8–17 Uhr. 1000 Rs (Kombiticket Ausgrabungsstätte, Kloster und Museum).

Hin & weg **Bahn**: Am **Bahnhof** Maho Junction teilt sich die Strecke, Züge von Colombo fahren von hier via Anuradhapura nach Jaffna oder über Habarana und Polonnaruwa nach Trincomalee. Schnellzüge halten nicht.

Tuk-Tuk: Von der Bahnstation zur Ausgrabungsstätte ca. 700 Rs hin und zurück inkl. Wartezeit.

Übernachten/Essen **Hotel Yapahuwa Paradise**, ⑥–⑦. Komfortquartier in Steinwurfentfernung zur Felsenfestung, der Inhaber ist Deutscher. Opulente Parkvilla mit 2 Etagen, 20 Zimmer und 4 Luxussuiten im zweigeschossigen Nebengebäude. Restaurant, Gartenpool und Bar. Im ausgezeichneten **Ayurveda-Bereich** werden Dampfbäder und Massagen angeboten, er steht auch Nicht-Hotelgästen offen. Rajadani Mw. (1 km von der Ausgrabungsstätte), ✆ 037-3975055, www.hotelyapahuwaparadise.com.

Hotel Shanti. Solides Straßenrestaurant an der B 326 etwa 1 km östlich der Maho Junction sowie 5 km westlich der Ausgrabungsstätte. Sauber eingedeckte Tische, Mittagsbüfett mit Rice & Curry ab 600 Rs, westliche und panasiatische Gerichte à la carte. Zimmervermietung in einer hübschen Gartenvilla, die zum Zeitpunkt der letzten Recherche restauriert wurde, 200 m von der Straße entfernt. Maho-Moragollagama Rd. 114/1, ✆ 037-2275569, http://hotelshanthi.com.

Das kulturelle Dreieck und Hochland → Karte S. 310

Habarana und Umgebung

In jüngster Zeit mauserte sich der überschaubare Ort zu einer guten Standortalternative im Norden. Gründe dafür sind die Nähe zum Kaudulla- und Minneriya-Nationalpark und die verkehrsgünstige Lage. Wichtigste kulturelle Sehenswürdigkeit sind die Ruinen von Ritigala 16 km nordwestlich von Habarana.

Reisende, die Habarana rasch durchqueren, entgeht leicht, dass es sich in den Seitengassen sowie in der Umgebung wunderbar logieren lässt. Auch wenn der Ort selbst nur wenige Attraktionen bereithält, so hat es die Umgebung durchaus in sich, wobei Naturerlebnisse eindeutig den Ton angeben. Gleich zwei Nationalparks mit zahlreichen Herden wilder **Elefanten** lohnen einen Aufenthalt. Allerdings scheren sich die Dickhäuter reichlich wenig um die von Menschenhand gezogene Grenzen, weswegen sie auch außerhalb der Parkterrains gesichtet werden. Schilder, die vor den Elefanten warnen, sind hier so häufig zu sehen wie nirgends sonst im Norden Sri Lankas. Und in der Abenddämmerung kann es durchaus passieren, dass ein verirrter Dickhäuter neben der vielbefahrenen Staatsstraße in aller Seelenruhe eine Mangoplantage „aberntet". Straßen aus allen Richtungen enden an der großen Kreuzung im Ortszentrum: Nach Norden geht es von hier zum Bahnhof und zum Kaudulla-Nationalpark, nach Osten zum Minneriya-Nationalpark und nach Polonnaruwa, nach Süden führt die A 6 nach Dambulla, auf der Straße nach Westen gelangt man zum Ritigala bzw. nach Anuradhapura.

Die Ausgrabungsstätte am **Ritigala** nordwestlich von Habarana erinnert ein wenig an Arankele bei Kurunegala, nur dass hier noch wesentlich mehr erhalten geblieben ist: Der 600 m aus der Ebene aufragende Berg ist eine imposante Erscheinung und hat wohl seit jeher die menschliche Fantasie beflügelt. Einer Legende zufolge begab sich der affengestaltige Gott Hanuman zum Himalaja um dort ein rettendes Heilkraut für Lakshmana, den Zwillingsbruder Ramas zu suchen, der auf dem Schlachtfeld schwer verwundet worden war. In der Eile fand der göttliche Helfer die Pflanze nicht, weshalb er kurzerhand einen ganzen Felsenbrocken ausriss, den er dann auf dem Rückweg an dieser Stelle zur Erde fallen ließ. Einer anderen Legende zufolge fiel der Felsbrocken nicht hier, sondern an der Südküste bei Galle auf sri-lankischen Boden. In der Tat sind auf dem Ritigala seltene Pflanzen beheimatet, darunter drei endemische Raritäten. Heute ist der Berg ein Totalreservat, das heißt, dass es – abgesehen von der Ausgrabungsstätte – nicht betreten werden darf. Ein ansteigender gepflasterter Weg verbindet die nach Osten ausgerichteten Terrassen mit den Fundamenten eines im 2. Jh. v. Chr. gegründeten Waldklosters. Nach der Erweiterung des Sakralkomplexes im 9. Jh. n. Chr. bedeckten die Gebäude eine beeindruckende Fläche von 24 ha. Wie in Arankele befindet sich im unteren Teil der Anlage ein gemauertes Wasserbecken, das vermutlich der rituellen Reinigung diente. Vom anderen Ende des Beckens führt der Pfad zum eigentlichen Klostereingang, in dessen Nähe sich auf gemauerten Plattformen die Wirtschaftsgebäude befanden. Kurze Abstecher vom Hauptweg enden jeweils nach wenigen Metern an weiteren Plattformen, die von immergrüner Vegetation umgeben sind. Um zu den Hauptgebäuden des Klosters zu gelangen, quert der Pfad ein Bachbett und steigt danach abermals an. Auch hier sind nur wenig mehr als die Mauern und die Plattformen erhalten, wobei letztere teilweise durch gemauerte Brückenübergänge miteinander verbunden sind. Ausnahmsweise wartet am Ende kein Aussichtspunkt, sondern himmlische Ruhe an einem nur spärlich besuchten Ort mit Paradiespotenzial.

Tägl. 8–16 Uhr. 300 Rs. Der Ritigala befindet sich 16 km nordwestlich von Habarana und ist am besten per Tuk-Tuk erreichbar (ca. 1500 Rs inkl. Wartezeit). An einigen Stellen ist der alte Pflasterweg zerstört; hier ist Trittsicherheit vonnöten.

Hin & weg Habarana liegt 22 km von Dambulla entfernt, 45 km von Polonnaruwa sowie 60 km von Anuradhapura.

Bahn: Der Bahnhof befindet sich an der A 6 etwa 2 km nördlich der zentralen Verkehrskreuzung. Wenige Verbindungen nach Colombo und in die Gegenrichtung nach Trincomalee bzw. Batticaloa.

Bus: Busse halten jew. kurz vor bzw. kurz hinter der zentralen Kreuzung. Regelmäßige Verbindungen nach Dambulla und in die Gegenrichtung nach Polonnaruwa, spärlicher sind die Busse in Richtung Anuradhapura. Es verkehren keine Direktbusse nach Sigiriya.

Ayurveda **Wedagedara Spa**. Hübsch gestaltete und bodenständig gebliebene Wellnessoase im Hotel Mutu Village (s. u.). Kräuterduftsauna, ayurvedische Anwendungen mit selbst hergestellten Ölen, die Zutaten stammen z. T. aus dem eigenen Kräutergarten. Eine einstündige therapeutische Anwendung kostet ca. 40 $. Kashyapagama, ✆ 077-2694579, www.mutuvillage.com.

Jeepsafaris **The Elephant Voyage Safari**. Am Eingang zur Cinnamon Lodge, sowie diverse andere Safarianbieter haben eine Repräsentanz an der A 6 Richtung Dambulla. Der Eingang des **Kaudulla-Nationalpark** befindet sich 22 km von Habarana entfernt, zum **Minneriya-Nationalpark** sind es lediglich 7 km.

Übernachten/Essen **Cinnamon Lodge**, ⑧. Der Platzhirsch im Zentrum von Habarana liegt zwischen der Dambulla Rd. und dem Habarana Wewa. Nobles Großhotel mit 137 Zimmern in einem weitläufigen Anwesen. Hauptgebäude mit Pool, Snackbar und 2 Restaurants, darunter das empfehlenswerte Büfettrestaurant Ehala, das nur wenige Wünsche offen lässt und auch auswärtigen Gästen offen steht (mittags und abends, ca. 3000 Rs). Dambulla Rd., ✆ 066-2270012, www.cinnamonhotels.com.

Sungreen Resort & Spa, ⑥. Das Resort liegt ca. 2 km von der Kreuzung im Ortszentrum entfernt. Weitläufige Anlage, 40 komfortable Zimmer gruppieren sich in zweigeschossigen Gebäuderiegeln rund

Gesehen in Habarana

um einen zentralen Pool. Spa, Restaurant und Bar mit Blick auf Ritigala. Puwakpitiya. An der A 11 in Richtung Anuradhapura auf Schild nach rechts achten. ✆ 066-7634000, www.sungreenhabarana.com.

››› **Mein Tipp: Mutu Village**, ②–⑤. Überraschend schön gestaltetes Resort mit großem Ayurveda-Bereich. Weitläufiger Garten, Restaurant, 7 Zimmer, die schöneren befinden sich im Baumhaus – viel Holz, schicke Bäder und behagliche Veranda. Obwohl die Zimmer teils etwas dunkel sind, vermitteln sie einen wohnlichen Eindruck. Kashyapagama. 10 Gehminuten von der Dambulla Rd., auf das Schild gegenüber der Zufahrt zur Cinnamon Lodge achten. ✆ 077-2694579, www.mutuvillage.com. ‹‹‹

Dewata Villas. Restaurant ganz in der Nähe der Einfahrt zur Cinnamon Lodge, ein schmaler Pfad führt von der Straße in den Garten und zu dem offenen Verandahaus im traditionellen Stil. Kleine Auswahl à la carte zu leicht gehobenen Preisen, der ganze Stolz des Inhabers gilt dem abendlichen

Das kulturelle Dreieck und Hochland → Karte S. 310

Candlelight-Büfett mit sri-lankischen Spezialitäten satt (ca. 2000 Rs). Tägl. 12.30–15 Uhr und 18.30–22 Uhr. Dambulla Rd. 106, ✆ 072-3076611.

Mihini. Restaurant mit angeschlossenem Gästehaus. Ansprechende Sitzplätze im hinteren Bereich des Haupthauses, sri-lankische und westliche Küche, die Spezialität ist Rice & Curry zum leicht gehobenen Preis. Auch Fisch- und Seafood-Gerichte. Der Besitzer organisiert Jeepsafaris in die Nationalparks. Tägl. 11.30–22 Uhr. Polonnaruwa Rd. (1 km von der zentralen Straßenkreuzung entfernt), ✆ 077-7913289.

Die Nationalparks im Norden

Der Minneriya-Nationalpark und der Kaudulla-Nationalpark sind die beliebtesten öffentlich zugänglichen Schutzgebiete im Norden. Geeignete Standorte für einen Besuch der Nationalparks sind Habarana, Sigiriya und Polonnaruwa. Die meisten Safarianbieter befinden sich an der A 6 im Ortszentrum von Habarana. Wer sich auf die Spuren wilder Elefanten heften möchte, sollte in der Regenzeit den Kaudulla-Nationalpark vorziehen. In der Trockenperiode wandern die Herden auf das Terrain des Minneriya-Nationalparks, das dann natürlich die besseren Chancen auf Sichtung der Dickhäuter bietet. Der flächenmäßig größte Nationalpark im Norden ist der Wilpattu-Nationalpark an der Westküste (→ S. 171), der am besten von Anuradhapura aus angesteuert wird.

Der **Minneriya-Nationalpark** liegt auf halber Strecke zwischen Habarana und Polonnaruwa und bedeckt eine Fläche von 89 km². Das Herzstück des Schutzgebiets ist der ca. 1900 ha große Minneriya Wewa, dessen 13 m hoher Staudamm König Mahasena im 3. Jh. n. Chr. erbauen ließ. Die beste Besuchszeit ist zwischen Juni und September, wenn bis zu 200 Elefanten am Seeufer entlangwandern oder im erfrischenden Nass ein Bad nehmen. Das flache Savannenland eignet sich vorzüglich zur Beobachtung der wilden Dickhäuter. Außerdem ist der Minneriya-Nationalpark ein bedeutendes Vogelschutzgebiet, in dem u. a. Pelikane, Kormorane und Störche gesichtet werden können. Neben Elefanten sind natürlich noch weitere Säugetiere wie Primaten, Sambarhirsche und Chitals im Schutzgebiet heimisch. Äußerst selten sieht man Lippenbären und Leoparden. Der Graue Schlankori ist nachtaktiv und verbirgt sich daher den Blicken. Bereits die britischen Kolonialherren erkannten die Bedeutung des Terrains, das 1997 offiziell in den Rang eines Nationalparks erhoben wurde.

Tägl. 6–18 Uhr. 15 $, erm. 8 $. Hinzu kommen Gebühren für die Jeeps sowie diverse Steuern.

Der lediglich 69 km² große **Kaudulla-Nationalpark** ist Teil eines größeren Schutzkorridors, der den Elefantenherden die Wanderung erleichtern soll. Die anderen Nationalparks in diesem Korridor sind der Minneriya-Nationalpark sowie der Wasgamuwa-Nationalpark (→ S. 382). Im Zentrum des Schutzgebiets liegt der Kaudulla Wewa, einer von 16 urkundlich erwähnten Stauseen, die unter der Regentschaft von König Mahasena im 3. Jh. n. Chr. zu Bewässerungszwecken angelegt wurden. Der See ist von dichten Wäldern umgeben, in denen Hirsche, Wildschweine, Lippenbären und Fleckenkantschile *(Moschiola)* leben. Letztere zählen zur Gattung der Hirschferkel und gehören zu den kleinsten Paarhufern weltweit. Reptilien, 160 Vogelarten und jede Menge Fische sind in und um den Kaudulla Wewa zu Hause. Am spannendsten ist der Besuch in der Regenzeit zwischen September und November, wenn sich rund um den Stausee wilde Elefantenherden tummeln. Seit 2002 ist das Schutzgebiet ein Nationalpark.

Tägl. 6–18 Uhr. 10 $, erm. 5 $. Hinzu kommen Gebühren für die Jeeps sowie diverse Steuern.

Beschauliches Treiben auf dem Topa Wewa (Parakrama Samudra)

Polonnaruwa

ca. 13.000 Einwohner

Die zweite Hälfte des 12. Jh. entpuppte sich als Goldenes Zeitalter, in dem Polonnaruwa zum politischen, wirtschaftlichen sowie kulturellen Nabel Sri Lankas aufstieg. Für den Besuch der Ausgrabungsstätten und des Museums sollte man einen kompletten Tag einplanen. Die Umgebung der Stadt hält ebenfalls einige Attraktionen bereit.

Kulturinteressierte legen auf einer Rundreise über die Insel in der ehemaligen Hauptstadt des singhalesischen Königreichs wenigstens einen Pflichtstopp ein. Wichtigste Sehenswürdigkeiten sind die Terrasse des heiligen Zahns, **Dalada Maluwa,** und die Reliefskulpturen von **Gal Vihara.** Im Vergleich zur älteren Königsstadt Anuradhapura sind die sehenswerten Kulturgüter, die zum **Welterbe** der UNESCO gehören, in Polonnaruwa zahlenmäßig überschaubarer: Das Ambiente ist ländlich, die Atmosphäre entspannt. Die wichtigsten Attraktionen lassen sich bequem zu Fuß, mit dem Taxi oder Three Wheeler ansteuern. Das beste Verkehrsmittel ist jedoch das Fahrrad, das in den meisten Unterkünften an Gäste und am Haupteingang zum heiligen Kloster- und Tempelbezirk an Tagesbesucher verliehen wird. Zudem eignet sich die flache Umgebung der Stadt mit ihren grünen Reisfeldern bestens zur Erkundung mit dem Drahtesel.

Die meisten Neuankömmlinge steigen am Verkehrskreisel mit dem Uhrturm, dem Zentrum der **Old Town,** aus dem Bus aus. Tagesbesucher aus Richtung Habarana sollten eventuell schon früher den Bus verlassen, um sich einige Schritte zum Museum und zur Ausgrabungsszone zu sparen, die sich unmittelbar nördlich der Old Town befinden. Vom Museum und dem Dipauyana Island Park ist es nur ein Katzensprung zum großen Reservoir im Westen, das auf Landkarten wahlweise als

Das kulturelle Dreieck und Hochland → Karte S. 310

Thopa Wewa oder **Parakrama Samudra** (Ozean des [Königs] Parakrama) verzeichnet ist. Der poetische Name spielt auf den bedeutendsten Herrscher der Polonnaruwa-Periode namens Parakramabahu I. an. Unter dessen Ägide entanden im 12. Jh. die meisten Profan- und Sakralbauten, deretwegen Reisende den Ort heute überhaupt ansteuern. Parakramabahu initiierte auch den Bau des besagten Wasserspeichers, in dem er einen bereits bestehenden Tank aus dem Ende des 4. Jh. n. Chr. zu einem System dreier Stauseen erweiterte, die mittels Kanälen untereinander verbunden waren. Der Regent, der sich noch um zahlreiche weitere Fortschritte verdient gemacht hatte, trägt in der Literatur daher häufig den Beinamen „der Große" (→ Geschichte, S. 41). Auf einer Halbinsel am Ufer befindet sich in idyllischer Lage ein ehemaliger Kolonialbungalow aus dem Jahr 1870. Aus dem **Resthouse** aus britischer Zeit wurde nach der sri-lankischen Unabhängigkeit ein staatlich geführtes Gästehaus, in dem 1954 sogar die englische Queen nächtigte. Nach der Privatisierung wurde das Anwesen 2017 grundlegend saniert und unter der neuen Bezeichnung *Ekho Lake House* als Viersternehotel wiedereröffnet. Was bei aller Veränderung blieb, ist die atemberaubende Lage am Seeufer und die kurze Entfernung zum archäologischen Museum (www.thelakehouse.lk).

Die meisten einfacheren Gästehäuser befinden sich südlich der Ausgrabungsstätte im Bereich der Old Town oder 3 km südlich in der **New Town,** einem beschaulichen Wohnviertel zwischen Reisfeldern und See. Die nobleren Unterkünfte liegen in der näheren und weiteren Umgebung verstreut, während sich die meisten empfehlenswerten Restaurants nördlich der Ausgrabungszone im Bereich der A 11 in Richtung Giritale/Habarana befinden. Dieses ebenfalls ländlich geprägte Viertel namens **Bendiwewa** ist zu weit von der Ausgrabungsstätte entfernt, um zu Fuß angesteuert zu werden, per Drahtesel jedoch ohne Weiteres gut zu erreichen. Polonnaruwa ist auch ein günstiger Ausgangspunkt für Ausflüge in die **Nationalparks** der Umgebung: Zum Minneriya-Nationalpark und zum Wasgamuwa-Nationalpark beträgt die Fahrzeit jeweils nicht mehr als 45 Minuten.

Geschichte: Nach dem Totalkollaps des Königreichs von Anuradhapura 993 n. Chr. verlegten die südindischen Cholas als neue Herren des sri-lankischen Nordens ihre Hauptstadt aus strategischen Gründen von Anuradhapura nach Polonnaruwa. Die 50 m hoch gelegene Stadt bot besseren Schutz vor Angriffen als die alte Hauptstadt, die sich immer wieder als anfällig gegenüber Invasionen erwiesen hatte. Der erste singhalesiche König war Vijayabahu I., der 1070 die Cholas außer Landes vertrieb und den Norden der Insel unter seiner Herrschaft vereinte. Wichtigster Regent war jedoch sein Enkel Parakramabahu I., dessen fruchtbare Herrschaftszeit (1153–86 n. Chr.) Stadt und Umland ein **Goldenes Zeitalter** bescherten. Für die Bewässerung der Reisfelder wurden lange brach liegende Bewässerungsprojekte wieder aufgegriffen und neue Reservoirs erbaut, die mit einer technisch verfeinerten Wasserregulierung versehen waren. Die anderen Königreiche auf der Insel, die sich unter der Chola-Herrschaft selbstständig gemacht hatten (Ruhuna, Rajarata und Dakkinadesa) machte Parakramabahu I. sich untertan. Auch das künstlerische Schaffen erreichte unter seiner Ägide zuvor selten gekannte Höhen. Sein Einfluss erstreckte sich sogar auf den asiatischen Kontinent: In Indien unterstützte Parakramabahu I. die Pandya-Dynastie gegen die Cholas, eine militärische Vergeltungsexpedition gelangte bis nach Burma. Auch die Handelskontakte zum Mittleren Osten und nach Ostasien wurden intensiviert. Sein – aus buddhistischer Perspektive – größtes Verdienst war die Neustrukturierung des Sangha, der in der Chola-Periode in drei unterschiedliche Ordensrichtungen zerfallen war.

Das Goldene Zeitalter reichte in die Regierungszeit des Nachfolgers Nissankamalla hinein. Dieser setzte die unter seinem Vorgänger begonnenen Projekte fort und fügte dem heiligen Tempelbezirk im Norden der Stadt mit dem Rankot Viharaya ein weiteres Kloster hinzu. Die Palastruinen nördlich des Museums stammen ebenfalls aus seiner Regentschaft. In diversen Felsinsschriften ließ er sich als „Beschützer der Erde“ oder als „Erleuchter der Welt“ feiern. Die vielleicht folgenreichste Maßnahme war die Proklamation einer Norm, derzufolge sämtliche Herrscher des Landes sich zum Buddhismus bekennen müssen – eine Order, an die sich die singhalesische Bevölkerung bis heute gern erinnert und die auch in die politische Rhetorik des sri-lankischen Nationalismus eingeflossen ist. Die Nachfolger von Nissankamalla waren größtenteils in interne Machtkämpfe um die Königsherrschaft verstrickt und erwiesen sich als zu schwach, um die Blüte der singhalesischen Hochkultur fortzusetzen. Den schleichenden Niedergang besiegelte 1212 der Einmarsch des Pandya-Königs Parakrama II. aus der südindischen Stadt Madurai. Ironischerweise handelte es sich um jenen Herrscher, den die Könige von Polonnaruwa – als Gegenpol zu den mächtigen Cholas – unterstützt und gefördert hatten. Zwar gelangen ihm die Eroberung von Polonnaruwa und die Absetzung des singhalesischen Königs, allerdings musste er sich drei Jahre später der Übermacht des tamilischen Heerführers Kalinga Magha beugen, der im Norden das **Königreich von Jaffna** begründete. Die Epoche der singhalesischen Königreiche war zu Ende.

Ausgrabungsstätte: Tägl. 9–18 Uhr, **Museum**: Tägl. 9–17 Uhr. 25 $, erm. 12,50 $. Die **Besichtigung** beginnt man am besten im Museum, in dessen Foyer sich die zentrale Kasse befindet.

Die innere und äußere Königsstadt

Archäologisches Museum: Das Museum liegt unweit des Thopa Wewa auf dem Gelände eines früheren Sportklubs und zeigt Münzen, Skulpturen, Basreliefs, Mondsteine, Steininschriften sowie Schmuck aus der Polonnaruwa-Periode (11.–13. Jh.). Es handelt sich um die hochkarätigste Schau von Objekten aus der Blütezeit des singhalesischen Königreichs (neben der im Nationalmuseum in Colombo). In den sechs Räumen im Erdgeschoss ist auch eine modellhafte Rekonstruktion der bedeutenden Sakral- und Profanbauten zu sehen, weshalb es sich empfiehlt, den Besichtigungstag hier einleitend zu beginnen. Neben den buddhistisch-religiösen Kultgegenständen fallen auch wertvolle Hindustatuen ins Auge, u. a. eine Chola-Bronze des tanzenden Shiva aus dem 12. Jh. im hintersten Raum. Dem Museum ist ein Buchladen angeschlossen.

Dipauyana Island Park (Deepa Uyana): In der Grünzone nördlich des Museums zwischen Bendi Wewa und A 11 liegen Ruinen, die von Archäologen als Reste des Palasts von König Nissankamalla aus dem ausgehenden 12. Jh. identifiziert wurden. Angeblich weigerte sich der Regent, die Wohnresidenz seines Vorgängers auf der anderen Straßenseite zu beziehen. Stattdessen entwarf er die Pläne für einen neuen Palast, von dem heute allerdings nicht mehr als ein paar Ruinen vorhanden sind. Am besten erhalten ist die **Audienzhalle** des Regenten: Auf einem soliden Steinpodest sind in vier Reihen 48 Säulen angeordnet, die einst ein Holzdach trugen. Eine Inschrift gibt Aufschluss über die exakte Sitzordnung bei den herrschaftlichen Empfängen. Ein weiteres Gebäude diente wohl als Gericht. Zerstreuung fand der Herrscher auf

Das kulturelle Dreieck und Hochland → Karte S. 310

einer vorgelagerten Insel im See. Das Parkareal hatte einst der Vorgänger Parakramabahu I. als Grünpuffer zwischen Zitadelle und Reservoir anlegen lassen.

Zitadelle: Östlich der A 11 befinden sich die bemerkenswerten Überbleibsel des Königspalasts mit einigen Repräsentationsbauten, die unter der Herrschaft von Parakramabahu I. und dessen Nachfolger Nissankamalla entstanden sind. Die Residenz wurde in der zweiten Hälfte des 12. Jh. aus Ziegeln errichtet und verfügte über einen Holzfußboden. Den Überlieferungen zufolge soll der Palast einst sieben Stockwerke sowie 1000 Räume gehabt und das schmückende Attribut *Vyjayanthi Prasad* (Wohnstatt des Gottes Indra) völlig zu Recht getragen haben. Beim Einfall des tamilischen Heerführers Kalinga Magha 1215 wurde der Palast niedergebrannt. Heute ragen die erhaltenen Seitenwände immerhin noch drei Etagen in die Höhe und vermitteln somit noch einen kleinen Hauch des verflossenen Glanzes.

Kumara Pokuna: Unmittelbar südöstlich der Zitadelle liegt das Bad der königlichen Familie. Das Bassin hat einen fast quadratischen Grundriss und wurde 1070 n. Chr. unter Parakramabahu I. mittels geglätteter Steinplatten verfugt. Zwei unterirdische Leitungen transportierten das Wasser aus dem benachbarten Kanal, das sich über zwei Wasserspeier in das Becken ergoss. An der Seite sind noch Reste des Umkleidebereichs zu erahnen.

Shiva Devalaya: Von 14 Hindutempeln im heiligen Bezirk – sie sind historisches Erbe mehrerer Einfälle aus Südindien im 10. Jh. – ist der Shiva-Tempel ganz im Süden am besten erhalten. Das Heiligtum bildet den Übergang vom profanen Palast- zum heiligen Klosterbezirk. Der Grund für den guten Erhaltungszustand ist die jüngste Restaurierung im Jahr 2015, bei der im Anastylosis-Verfahren die einzelnen Steine Stück um Stück abgetragen, analysiert, beschriftet sowie abschließend wieder aufgeschichtet wurden. Unverkennbar ist der architektonische Einfluss Südindiens, im Inneren des Tempels befindet sich ein Shiva-Lingam. Weil es noch drei andere Shiva-Tempel im heiligen Areal gibt, wird dieses Heiligtum auf Hinweistafeln und Karten gewöhnlich als Shiva Devale Nr. 1 bezeichnet.

Dalada Maluwa (Terrasse des heiligen Zahns)

Das Areal der Zahnreliquie Buddhas befindet sich unmittelbar nördlich des Palastbezirks und besteht aus einem ganzen Ensemble von Gebäuden auf einem quadratischen Steinpodest mit Seitenlängen von etwa 100 m. Weil dem Herrscher die Aufsicht über die wichtigste buddhistische Reliquie oblag, lag der Zahntempel innerhalb der Stadt – und somit im unmittelbaren Zugriffsbereich des Regenten. Eine weitere wichtige Reliquie, die den Weg von Indien auf die Insel gefunden hatte und wahrscheinlich hier verwahrt wurde, war Buddhas Almosenschale.

Vatadage: Der erste Sakralkomplex auf der Plattform zur Linken ist der imposante Rest eines Rundtempels *(vatadage)*. Die Rotunde ummantelt einen Stupa, wobei die in fünf konzentrischen Ringen angeordneten Steinsäulen einst ein Holzdach trugen. Bemerkenswert ist der architektonische Aufbau mit zwei Terrassenebenen: Die untere Terrasse hat einen Durchmesser von 37 m, die obere einen Durchmesser von 24 m. Während die untere Plattform nur einen einzigen Zugang von Norden hat, ist die obere Terrasse von allen vier Himmelsrichtungen zugänglich, sitzende Buddhas in Meditationshaltung im Zentrum des Heiligtums blicken wachsam auf die Eingänge. Die Buddhastatuen sowie die Mond- und Wächtersteine (→ Kunst und Kultur, S. 63) sind von außerordentlich hoher künstlerischer Qualität. Den Mondsteinen fehlt allerdings ein aus Anuradhapura vertrautes Reliefdetail: Der

Bulle wurde wohl wegen seiner Funktion als Reittier Shivas bzw. aus Respekt gegenüber den Hindus hier weggelassen. Errichtet wurde der Sakralkomplex wahrscheinlich während der Herrschaft von Parakramabahu I., obwohl eine Inschrift Nissankamalla als Bauherr und Stifter ausweist; letzterer hat prominenten Lehrmeinungen zufolge den Tempel lediglich vollendet oder auch nur restauriert. Rundtempel sind eine Bauform, die es in der buddhistischen Welt sowie in dieser Form nur in Sri Lanka gibt. Ein weiteres sehenswertes Exemplar befindet sich 40 km nordöstlich von Polonnaruwa in Medirigiriya (s. 342 f.).

Hatadage: Gegenüber dem Rundtempel befindet sich auf dem Podest zur Rechten der Schrein für die Zahnreliquie. Das „Haus der sechzig [Reliquienschreine]" wurde von Nissankamalla errichtet und hat eine Länge von 36,6 m sowie eine Breite von 27,4 m. In der Basis befinden sich drei Buddhaskulpturen, wohingegen die Reliquie mit ziemlicher Sicherheit im (heute nicht mehr erhaltenen) Obergeschoss aus Holz aufbewahrt wurde. Unmittelbar östlich des Komplexes befindet sich der 8 m lange und 1,25 m breite Steinblock **Galpota** mit der berühmtesten Inschrift aus der Amtszeit des Regenten (→ Geschichte, S. 336). Das „Steinbuch" wirkt wie ein Palmblattmanuskript, auf der Schmalseite sind zwei Elefanten zu sehen, die die Göttin Lakshmi mit Wasser bespritzen. Ebenfalls östlich des Hatadage steht der Pagodenbau **Satmahal Prasada** mit Wahrzeichencharakter: Die sechs Etagen verjüngen sich pyramidenförmig nach oben und erinnern eher an architektonische Vorbilder aus dem ost- und südostasiatischen Raum als an die buddhistische Kunst Südasiens.

Atadage (Dalada Mandira): Unmittelbar westlich des Hatadage steht der älteste Schrein der Anlage, in dem Buddhas Zahnreliquie unter den ersten Herrschern von Polonnaruwa verwahrt wurde. Als Erbauer des einst zweigeschossigen Schreins gilt König Vijayabahu I.; eine tamilische Inschrift bestätigt, dass dieser zum Schutz des wertvollen Kultgegenstands eigens Soldaten angeworben hatte. Vor dem Schrein befinden sich eine stehende **Bodhisattvafigur** sowie die Reste einer unter Nissankamalla erbauten Gebets- und Rezitationshalle im Stil eines nach allen vier Seiten offenen Pavillons.

Thuparama: Etwas abgesetzt am südwestlichen Abschluss der Plattform befindet sich ein buddhistisches Bilder- bzw. Statuenhaus unbekannter Datierung. Die 2 m dicken Wände dieses massiven Bauwerks trugen ein Dach aus Ziegeln. Architektur und künstlerische Ausgestaltung lassen auf Einflüsse aus Südindien schließen, der sitzende Buddha im Inneren ist fast gänzlich zerstört.

Sehenswertes im Kloster- und Tempelbezirk

Menik Vihara: Der auf einem gemauerten Podest stehende Dagoba-Stumpfkegel stammt aus dem 8. Jh. n. Chr. und ist somit der älteste erhaltene Reliquienschrein in Polonnaruwa und Umgebung. Zum Sakralkomplex gehörten zwei Tempel (oder Statuenhäuser), ein Hospital sowie Mönchswohnungen. Ferner sind drei stehende Buddhastatuen und eine Figur in sitzender Meditationshaltung von Interesse.

Rankoth Vihara: Die mächtige Dagoba im Zentrum des heiligen Bezirks wurde in der Regierungszeit von Nissankamalla erbaut. Andere Forscher gehen davon aus, dass der Regent den bereits bestehenden Stupa restaurierte und zur damals beachtlichen Höhe von 61 m aufgestockte. Heute misst der Tempel mit der Goldenen Spitze, so die Übersetzung aus dem Singhalesischen, lediglich 33 m in der Höhe sowie einen Basisdurchmesser von 170 m. In seinen Ausmaßen ist er damit der größte Stupa in Polonnaruwa und Umgebung. An den vier Himmelsrichtungen befinden sich große Altarzugänge, an denen Pilger ihre Blumenopfer vollziehen. Aufgrund der stilistischen Ähnlichkeiten zu den großen Dagoben in Anuradhapura wurde das Heiligtum lange Zeit auch als (zweites) Ruwanweli bezeichnet. Nördlich und südlich des Heiligtums befinden sich Reste von Mönchsbehausungen.

Bikkhu Hospital: Unmittelbar nördlich der großen Dagoba befinden sich die Reste eines Krankenhauses, das vermutlich unter König Parakramabahu I. erbaut wurde. Den Archäologen vermittelten die Ausgrabungen wesentliche Erkenntnisse zum damals existierenden medizinischen System: Diverse Kräuterbäder dienten z. B. zur Behandlung gegen Arthritis oder Schlangengift. Eine Abteilung war für die Mönche aus dem heiligen Bezirk reserviert, eine weitere diente auswärtigen Patienten.

Alahana Pirivena: Das 35 ha große Areal unmittelbar nördlich des Krankenhauses war einst eine Begräbnisstätte, auf der unter Parakramabahu I. das größte Kloster Polonnaruwas errichtet wurde. Auffälligste Orientierungsmarke ist eine fast 24,5 m hohe Dagoba namens **Kiri Vehera,** die einer Inschrift zufolge von der königlichen Gattin Parakramabahus I. gestiftet wurde. Die kleineren Stupas rundherum dienten als Reliquiar für die Asche verdienter geistlicher Würdenträger. Südlich der großen Dagoba befinden sich die Überreste des Bilder- oder Statuenhauses **Lankatilaka** – das „Kleinod Lankas" war wohl eines der prachtvollsten Gebäude auf dem Areal, wovon die meterhohen Ziegelwände noch eine Ahnung vermitteln. Allein die stehende – heute kopflose – Buddhastatue im Inneren maß eine Höhe von 12,4 m. Das etwa 38 m lange und 20 m breite Gebäude soll einst fünf Etagen gehabt haben, Steinsäulen an der Eingangsveranda verliehen dem Bilder- oder Statuenhaus ein repräsentatives Erscheinungsbild. Auf dem höchsten Punkt des Areals befanden sich die Wohnungen sowie die Versammlungshalle der Mönche, von denen jedoch nur noch spärliche Reste erhalten geblieben sind.

Gal Vihara: Historischen Quellen zufolge war der Felsentempel mit den berühmten Buddhafiguren Teil einer Klosteranlage, die ursprünglich *Uttarama Vihara* (Nörd-

Gal Vihara: eindrucksvolle Felsreliefs aus dem 12. Jh.

liches Kloster) hieß. Die vier imposanten aus Granitgestein gehauenen Buddhaskulpturen zählen zu den feinsten Arbeiten bildhauerischer Kunst in Sri Lanka. Beiderseits eines Höhlentempels, der einige kleinere Buddhas birgt, befinden sich jeweils zwei der beeindruckend großen Buddhastatuen: zwei in sitzender Meditationshaltung, davon der eine in einer Nische mit Resten von Wandmalereien, einer in stehender und der vierte in liegender Position. Der kleinste der vier Buddhas sitzt auf einem Podest und wird von einem fein ausgearbeiteten Baldachin geschützt. Der in tiefer Versenkung *(dhyana mudra)* befindliche Buddha ist 4,6 m hoch und wird von einem Reliefzierbogen mit allerlei Fabelwesen eingerahmt. Bei genauerem Hinsehen kann man auch stilistische Einflüsse aus der Mahayana-Tradition erkennen wie u. a. einen *Vajra* (tantrisches Kraftsymbol), der in einer Nische im Thronpodest abgebildet ist. Der knapp 7 m hohe stehende Buddha mit über der Brust verschränkten Armen auf der anderen Seite der Tempelhöhle wird unter Fachleuten kontrovers diskutiert, manche gehen davon aus, dass hier ausnahmsweise nicht der Erleuchtete selbst – sondern dessen Schüler Ananda dargestellt ist. Möglicherweise entstand diese Figur nicht unter Parakramabahu I., sondern bereits etwas früher. Die Figur ganz rechts ist ein über 14 m langer liegender Buddha, die seinen Eingang ins Parinirvana illustriert. Im rückwärtigen Felsen sind zwei Tempelsäulen angedeutet, möglicherweise war die Buddhafigur einst durch ein hölzernes Tempeldach geschützt.

Nelum Pokuna und Thivanka Pilimage: In der nördlichen Peripherie des Kloster- und Tempelbezirks befinden sich ein rituelles Reinigungsbecken in der Form einer Lotusblüte und die überaus ansehnlichen Überreste eines Statuen- oder Bilderhauses. Die Stuckarbeiten an der Außenfront sind vom Feinsten, ebenso die Reste der Wandmalerein im Inneren, die Szenen aus den Jatakas darstellen. Darstellungen von Bodhisattvas lassen auf einen erheblichen Einfluss der Mahayana-Schulrichtung schließen. Einen Blick verdienen auch die prachtvollen Eingangsbalustraden.

Sehenswertes in der New Town

Viel ist vom einstigen Kloster namens **Potgul Vihara** unmittelbar südlich des zweiten Kanals zwischen Bendi Bewa und New Town nicht mehr erhalten. Auch die Frage, ob sich hier tatsächlich einmal die wichtigste Bibliothek von Polonnaruwa befand, bleibt daher hypothetisch. Ursprünglich waren die Innenwände des aus Ziegeln gemauerten Hauptgebäudes vollständig bemalt gewesen. Ein paar Schritte weiter nördlich steht eine aus dem Felsen herausgeschlagene Skulptur, die häufig mit König Parakramabahu I. identifiziert wird. Ob es sich aber tatsächlich um den berühmten König Parakramabahu I. handelt, ist ungeklärt. Aufgrund diverser Attribute – langer wallender Bart, ein Palmblattmanuskript in der Hand – könnte die Figur auch einen weisen Gelehrten darstellen.

Sehenswertes in der Umgebung

Giritale: Der Verkehrsknoten mit einigen Hotels und Straßenrestaurants liegt 12 km westlich von Polonnaruwa an der Straße nach Habarana (A 11). Giritale ist ein guter Ausgangspunkt für den Besuch des Minneriya-Nationalparks (→ S. 334). Das Reservoir *Giritale Wewa* wurde am Übergang vom 6. zum 7. Jh. von König Agrabodhi II. von Anuradhapura erbaut und später von Parakramabahu I. von Polonnaruwa im Zuge der allgemeinen Wiederaufnahme der Bewässerungsprojekte erweitert.

Medirigiriya liegt zwar weit ab vom Schuss, lohnt jedoch den Abstecher

Dimbulagala Raja Maha Vihara: Das 20 km südöstlich von Polonnaruwa gelegene moderne Kloster befindet sich am Fuß eines markanten Bergzugs namens Dimbulagala. Die britischen Kolonialherren tauften die Erhebung schlicht *Gunners Quoin* (Jägerstand). Sri-lankische Ureinwohner, die Vedda, nutzten die Höhlen an den Bergflanken als Unterschlupf. Ein erstes buddhistisches Kloster ist an dieser Stelle mindestens seit dem 12. Jh. belegt. Die spärlichen Relikte aus jener Zeit, **Namal Pokuna** genannt, befinden sich 2 km vom neuen Kloster entfernt. Ein durch hügeliges Terrain führender Wanderweg ist leider häufig zugewachsen – neben ausreichend Trinkwasser ist ein gehöriges Maß an Improvisationstalent vonnöten, um zu den Ausgrabungen zu gelangen. Leichter ist der Zugang zu den Resten des **Pulligoda Raja Maha Viharaya** 3 km südlich am jenseitigen Ufer des Hitcha Pitcha Wewa. Etwas oberhalb befindet sich an einem natürlichen Felsüberhang eine Grotte mit Fresken von erstaunlicher Farbfrische. Zwar ist ihre Datierung umstritten, Kunsthistoriker zählen die fünf auf Lotoskissen sitzenden Figuren – Asketen, Brahmanen oder Himmelswesen – jedoch neben den Wolkenmädchen in Sigiriya zu den bemerkenswertesten Malereien aus der Epoche der singhalesischen Großreiche.
Je nach Wartezeit kostet die Fahrt mit dem Tuk-Tuk ca. 1500–1750 Rs.

Medirigiriya: Die imposanten Überbleibsel eines buddhistischen Klosters aus der Anuradhapura-Epoche, erstmalig 180 n. Chr. urkundlich erwähnt, liegen 40 km nördlich von Polonnaruwa und lohnen unbedingt den Abstecher. Kern der (zum Zeitpunkt der letzten Recherche) frei zugänglichen Ausgrabungsstätte ist ein Hügel mit den Resten eines **Rundtempels.** Die von kreisförmig angeordneten Säulen getragene Tempelhalle umgab schützend den eigentlichen Reliquienbehälter, der in diesem Fall aber nicht erhalten ist. Lediglich die schlanken Säulen mit hochwertig gearbeiteten Kapitellen ragen in den Himmel – ein erhebender Anblick! Die Kardinalpunkte des Rondells markieren vier verwitterte Buddhafiguren in sitzender Meditationshaltung. In unmittelbarer Nachbarschaft des Rundtempels sind noch ein Ritualbecken sowie die Fundamente zweier Statuenhäuser bzw. Schreine erhalten. Von einer Anhöhe in der Nähe grüßt eine aus Ziegeln gemauerte Dagoba.

Die Fahrt mit dem Tuk-Tuk sollte inkl. Wartezeit nicht mehr als 2000 Rs kosten.

Basis-Infos

Hin & weg **Bahn**: Der Bahnhof von Polonnaruwa liegt 3 km östlich des Museums im Stadtteil Kaduruwela. Züge verkehren 5-mal tägl. von bzw. nach Batticaloa, 2-mal tägl. von/nach Colombo sowie – mit Umstieg in Gal Oya – von/nach Trincomalee.

Bus: Der Busbahnhof befindet sich schräg gegenüber vom Bahnhof. Verbindungen über Habarana nach Dambulla und via Valaichchenai (Kalkudah und Passekudah) nach Batticaloa (Fahrzeit jew. 2–3 Std.). Wenige Direktbusse nach Colombo.

Tuk-Tuk: Die Ziele in der Umgebung sind am besten mit dem Three Wheeler zu erreichen. Ein Three Wheeler-Stand befindet sich an der Main Rd. (A 11) Nähe Kreisverkehr.

Taxi/Touren: Ausflüge in die Umgebung z. B. mit *Sada*, ✆ 077-9948532. Exkursionen oder Safaris in die umliegenden Nationalparks organisieren i. d. R. die Gästehausinhaber. Der umtriebige Manager des *Leesha Tourist Home*, Mr. Upali, ist ebenfalls ein ausgezeichneter Ansprechpartner mit guten Fahrerkontakten. New Town Rd. 105 A (B 579), ✆ 072-3340591.

Mietfahrzeuge **Fahrrad**: Weil das Fahrrad das beste Verkehrsmittel ist, um Entfernungen zwischen den Attraktionen zu überbrücken, verleihen zahlreiche Unterkünfte Drahtesel an Hausgäste. Auswärtige Gäste besorgen sich einen fahrbaren Untersatz für 300–400 Rs/Tag am besten an der A 11 gegenüber dem Haupteingang zum Tempelbezirk. Tägl. 7.30–17 Uhr. ✆ 076-7890299.

Ärztliche Versorgung **Polonnaruwa General Hospital**, das staatliche Krankenhaus liegt auf halber Strecke zwischen Bendi Wewa und Bahnhof. Main Rd. (A 11), ✆ 027-2222261.27-2222261.

Übernachten / Essen & Trinken

→ Karte S. 344

Übernachten **Ruins Chaaya Hotel 9**, ⑥. Resorthotel im Grünen südlich der Old Town. Pool, 12 Zimmer in einem dreigeschossigen weiß getünchten Gebäudeflügel, Restaurant. Alle Zimmer mit Balkon oder Terrasse und guten Bädern. Das freundliche Personal hilft bei der Organisation von Ausflügen und Safaris. Waragan Ela Rd. (ca. 1,5 km bis zum Museum), ✆ 027-2226999, www.ruinschaaya.com.

››› **Mein Tipp: Thidas Arana 2**, ④–⑤. Die Komfortunterkunft an der A 11 in Richtung Giritale wird von der Tochter des gegenwärtigen Präsidenten geführt. Ausgezeichnetes Preis-Leistungs-Verhältnis, 8 Zimmer in 4 separat gelegenen Gebäuden mit tadellosen Bädern, das Warmwasser stammt aus Fotovoltaikzellen, Pool. Das Restaurant steht auch auswärtigen Gästen offen, Mittagsbüfett ab 800 Rs. 23rd Mile Post in Bendiwewa, ✆ 027-2225577, www.thidasarana.com. ‹‹‹

Hotel Ancient Village 8, ③. Einfaches Mittelklassehotel in einem zweigeschossigen Gebäuderiegel am Ende einer 200 m langen Zufahrt vom Uhrturm-Kreisel. Zimmer im OG jew. mit Balkon oder Privatveranda, Frühstückspavillon im Grünen, Blick auf Reisfelder, günstig in Gehnähe zum Museum und zur Ausgrabungsstätte gelegen. Radverleih an Hausgäste (kostenpflichtig). Sri Sudharshana Rd. in Thopawewa, ✆ 027-2224050, www.hotelancientvillage.com.

Tishan Holiday Resort 4, ②–③. Empfehlenswertes Gästehaus 4 km westlich der Ausgrabungszone zwischen Palmen und Reisfeldern. 12 einfach aber geschmackvoll möblierte Zimmer, die 2 schönsten befinden sich im separaten Bungalow am kleinen Gartenpool. Gutes Frühstück, exzellentes Preis-Leistungs-Verhältnis, Fahrradverleih. Bendiwewa 1580, ✆ 027-2224072, Buchung über die gängigen Buchungsportale.

Man Guest House 7, ②–③. Gästehausvilla in einem ruhigen Wohnviertel zwischen Old Town und Thopa Wewa. 3 Zimmer im OG, ein einfaches Zimmer im EG (mit/ohne AC). Teils netter Blick von den Zimmern auf Reisfelder mit Palmen, das einfache Frühstück wird auf der Veranda serviert.

Übernachten
2 Thidas Arana
4 Tishan Holiday Resort
7 Man Guest House
8 Ancient Village
9 Ruins Chaaya
Essen & Trinken
1 Maha Kitula
2 Thidas Arana
3 Priyamali Gedara
5 Banana Leaf
6 Darshana
Medirigiriya
Nelum Pokuna, Thivanka
Gal Vihara
WC
P
Hinguragoda-Polonnaruwa Rd
Habarana,
A11
Hospital
Rankoth Vihara
Menik Vihara
Sacred City
Dalada Maluwa
(Tempel der Zahnreliquie)
Shiva Devalaya
Galthambarawa Rd
Kumara Pokuna
Somawathiya R
Königspalast
(Nissankamalla)
Dipauyana Island Park
Resthouse
Zitadelle
(Parakramabahu I.)
Archäolog. Museum
Old Town
BUS
Parakrama Samudra
Uhrturm
Circular Rd
New Town Rd
Potgul Mawatha
Leesha
Tourist Home
B529
New Town Rd
2nd Canal Rd
Janapada Mawatha
Maha
Parakramabahu
Statue
Potgul Vihara
Potgul
Mawatha
New Town
300 m
Polonnaruwa

10 Gehminuten zum Museum. New Rd. 30/7 (ausgeschildert), ✆ 027-2225635, Buchung über die gängigen Buchungsportale.

Essen & Trinken **Maha Kitula 1**. Namhafte sowie auch bei Reisegruppen beliebte Einkehr westlich der Ausgrabungszone. Familiäres Ambiente, trotz Plastikstühlen gemütliches Sitzen im ruhig gelegenen Hofgarten. Picobello sauber, engagiert geführt. Das Mittagsbüfett ist zwar etwas teurer, jedoch seinen Preis unbedingt wert. Tägl. 12–16 Uhr. Bendiwewa 1618 (3 km nördlich von Polonnaruwa an der A 11 in Richtung Habarana auf das Schild nach rechts achten, dann nach 200 m auf der linken Seite), ✆ 027-2223997.

››› Mein Tipp: **Priyamali Gedara 3**. Die kulinarische Perle westlich der Ausgrabungszone ist fast noch ein Geheimtipp. Traditionelles, dörfliches Flair am Rand von Reisfeldern, herzliche, authentische Gastfreundschaft. Gekocht, gegart und geschmort wird über der offenen Feuerstelle. Rice & Curry nach traditioneller Machart ab 900 Rs. Tägl. 11.30–16 Uhr, abends nach telefonischer Voranmeldung. Bendiwewa 1595 (4 Km nördlich an der A 11 am Bendiwewa Viharaya gegenüber der Tankstelle nach rechts in die Seitenstraße), ✆ 071-7216480. ‹‹‹

Banana Leaf 5. Rustikale Einkehr mit massiven Holztischen und -bänken unter einem nach vorne offenen Verandadach an der Straße zum Bahnhof. Nebenan befindet sich ein Obst- und Gemüsegeschäft. Mittags und abends gibt es ein traditionelles Rice & Curry-Büfett (die vegetarische Variante ab 500 Rs, mit Fleisch etwas teurer). Auch einige westliche und asiatische Gerichte à la carte. Tägl. 10–22.30 Uhr. Batticaloa Rd. 255 3 A, ✆ 027-2227556.

Hotel Darshana 6. Einfaches Straßenrestaurant an der Bushaltestelle Nähe Museum. Sauber und preiswert, Fried Rice, Kottu Roti, Rice & Curry (nur mittags) sowie Hoppers (abends). Auch kleine Snacks wie z. B. Samosas. Frühstück, Mittag- und Abendessen. Tägl. 7–21 Uhr. Habarana Rd. 63, ✆ 077-7782998.

Sigiriya

Der Ausblick von der imposanten Felsenfestung gehört zum Pflichtprogramm auf einer Inseltour. Der Aufstieg ist schweißtreibend und führt über schmale Treppen und über Trittleitern, lohnt sich aber. In der Hochsaison kommt es zu längeren Staus. Den schönsten Blick auf den Sigiriya-Felsen genießt man freilich vom weitaus weniger frequentierten Nachbarberg namens Pidurangala.

Das landwirtschaftlich und touristisch geprägte Dorf Sigiriya entpuppt sich als eine Streusiedlung zu Füßen eines markanten Inselberges, dessen Spitze die umliegende Ebene um 180 m überragt. Erreichbar sind Dorf und Berg nebst Felsenfestung über eine 9 km lange Straßenzufahrt (B 162), die nördlich von Dambulla am Kurunegala-Trincomalee-Highway (A 6) beginnt und sich unmittelbar hinter der Felsenburg in eine Handvoll schmaler Landsträßchen verzweigt. Dadurch entsteht das Gefühl, in einer friedliche Sackgasse gelandet zu sein – mit flachen Landhäusern inmitten von Feldern und Wiesen und dem halb verlandeten Sigiriya Wewa, an dessen Ufern man auf Elefanten reiten kann, sowie einigen Hotels und Restaurants. Quartiere und Einkehrmöglichkeiten sind beiderseits der Zufahrtsstraße zu finden, oder sie liegen verstreut in der Umgebung, wo sie oft nur über verschlungene Wege zu erreichen sind. Die attraktive Kombination von Hochkultur, Landleben und guten Gelegenheiten zur Freizeitgestaltung macht Sigiriya zum beliebtesten Standort im Norden Sri Lankas. Kein Wunder also, dass die Auswahl an Unterkünften verhältnismäßig groß ist, auch wenn sich nicht wenige von ihnen kilometerweit von der Felsenfestung entfernt befinden. Bei der Standortwahl ist zu berücksichtigen, dass aufgrund wilder **Elefanten** viele Straßen und Wege nach Einbruch der

Das kulturelle Dreieck und Hochland → Karte S. 310

Dunkelheit nicht mehr befahren oder begangen werden können. Wer z. B. im Niemandsland zwischen Sigiriya und Habarana logiert, sollte deshalb früh genug in die Unterkunft zurückkehren und am besten Halbpension buchen.

Ungeachtet aller reizvollen Möglichkeiten in und um Sigiriya ist die eigentliche Attraktion natürlich die **Felsenfestung,** die seit 1982 zum UNESCO-Weltkulturerbe zählt. Zwar hat sich der Begriff „Festung" durchgesetzt, trifft aber den Sachverhalt nicht ganz korrekt, denn tatsächlich handelt es sich um einen Palastbezirk, der von einer äußeren Planstadt umgeben war – mit dem markanten Inselberg als Zentrum. Der senkrecht aufragende Fels ist ein erstarrter Magmaschlot eines Vulkans, der vor zwei Milliarden Jahren aktiv gewesen war und seitdem durch die Einwirkung von Wind und Wasser erodierte. Die Bewohner haben dem Felsen wegen seiner Form den Namen *Singhagiri* (Löwenberg) gegeben, der sich zur heute gebräuchlichen Bezeichnung *Sigiriya* abgeschliffen hat. Für den Besuch sollte man genügend Zeit einplanen, die besten Zeitpunkte für den Rundgang sind die frühen Vormittags- und späten Nachmittagsstunden. Da die Verweildauer mehrere Stunden betragen kann, ist es ratsam, genügend Trinkwasser dabei zu haben. Auch das **Museum,** eines der besten in ganz Sri Lanka, lohnt einen ausführlichen Blick. Angesichts der gesalzenen Eintrittspreise ist es tröstlich, dass Museum und Ausgrabungsstätte mit dem gleichen Ticket zugänglich sind.

Wer den Touristenauflauf rund um den Löwenberg scheut, ist eventuell mit einem Abstecher zum **Pidurangala** gut beraten. Der Felsen befindet sich lediglich 500 m nördlich des Palastbezirks und ist am besten mit dem Fahrrad oder auf Schusters Rappen erreichbar. Aufgrund der exquisiten Aussicht auf die Felsenfestung erweist sich der Pidurangala als idealer Abschluss des Kulturprogramms und wird zuweilen sogar als „besseres Sigiriya" bezeichnet. Der Aufstieg ist allerdings ebenso schweißtreibend und alles andere als einfach. Insbesondere im letzten Abschnitt müssen an einigen wenigen Stellen sogar die Hände zu Hilfe genommen werden, ehe ein

Blick vom Sigiriya Wewa auf den Löwenberg

herrlicher Rundblick reichlich für die Mühe entschädigt. Der Zugang erfolgt von Nordwesten über ein Kloster, in dem das Eintrittsticket gelöst wird (500 Rs); anschließend führt ein schattiger Treppenweg aufwärts und berührt dabei Relikte eines Waldklosters aus vorchristlicher Zeit. Das Wahrzeichen am Gipfelplateau ist ein tonnenschwerer Gneisrundling – ein beliebtes Fotomotiv vor dem Hintergrund der Felsenfestung.

Geschichte: Sigiriya war seit jeher ein bedeutendes Zentrum der Eisenverarbeitung, diesbezügliche Aktivitäten sind bereits im 9. Jh v. Chr. historisch verbürgt. Seit dem 3. Jh. v. Chr. ist auf dem Felsen ein buddhistisches Kloster aktenkundig – mit ca. 30 Wohn- und Meditationshöhlen, die von Mönchen in Handarbeit in den Gneis gegraben wurden. Außerdem wurde die Örtlichkeit zwischen dem 1. Jh. v. Chr. und 4. Jh. n. Chr. durch eine Festungsanlage namens *Magapala* gesichert. Sie lag nicht auf dem Berg, sondern am Westufer des Sigiriya Wewa. Die Geschichte im engeren Sinn beginnt mit einem Bruderzwist: 473 n. Chr. ermordete Kassapa seinen Vater Dhatusena und usurpierte den Thron von Anuradhapura. Kassapa war der Sohn einer Nebenfrau des Ermordeten und galt deshalb nicht als legitimer Thronerbe. Aus Furcht vor der Vergeltung seines Halbbruders und rechtmäßigen Kronprinzen Moggallana, der inzwischen nach Südindien geflohen war, gab Kassapa die Hauptstadt Anuradhapura auf und verlegte den Hof nach Sigiriya. In den folgenden 15–20 Jahren verwandelte er das buddhistische Kloster in einen Palast, der sich um den Löwenberg erstreckte und durch zwei Mauerwälle gesichert war. Die von Archäologen seit den 1890er-Jahren freigelegten Grundmauern vermitteln ein anschauliches Bild von den Dimensionen des städtebaulichen Megaprojekts. Kassapa konnte sich seines neuen Herrschersitzes allerdings nur kurze Zeit erfreuen, denn Moggallana kehrte 495 n. Chr. in Begleitung einer waffenstarrenden Armee seiner südindischen Bündnisgenossen nach Sri Lanka zurück. Die Pali-Chronik Culavansa beschreibt in allen Einzelheiten die nachfolgende Niederlage des Usurpators: Ein taktisches Manöver Kassapas, der auf einem Elefanten ritt, missinterpretierten seine Streitkräfte als Signal zum Rückzug. Der alleingelassene Usurpator sah sich anschließend von feindlichen Soldaten umringt – und zog den Freitod einer demütigenden Gefangennahme vor. Nach seinem Sieg kehrte Moggalana nach Anuradhapura zurück, Sigiriya wurde wieder in ein Kloster umgewandelt.

Felsenfestung Sigiriya

Im 5. Jh. n. Chr. avancierte der markante Felsen von Sigiriya für ca. zwei Jahrzehnte zum politischen Nabel des sri-lankischen Nordens. Angesichts dieser kurzen Zeitspanne sind die riesigen Dimensionen der Festung auf dem markanten Inselberg erstaunlich. Wie eine Schlange arbeitet sich der gut ausgebaute Treppenweg am uneinnehmbar wirkenden Felsmonolith entlang nach oben und endet schließlich auf dem Plateau 180 m über der Ebene von Sigiriya. Der grandiose Ausblick entschädigt für die schweißtreibenden Mühen des Aufstiegs. Der Zugang zur Palastfestung erfolgt von Westen: Nacheinander passiert man die symmetrisch angelegte äußere und innere Stadt, die durch Wassergräben und Mauern klar gegliedert sind. Die Ausdehnungen (und somit auch die Distanzen, die zu Fuß zurückgelegt werden müssen) sind durchaus beträchtlich: Während die äußere Stadt eine Ost-West-Länge von 2750 m und eine Breite von 925 m aufweist, bedeckt die – östlich des Löwenbergs gelegene – innere Stadt eine Fläche von 700 mal 500 m. Ein Highlight auf halbem Weg zum Felsplateau sind die Fresken der 22 sinnlichen Wolkenmädchen.

Königliche Gärten: Die streng geometrische Gliederung der weitläufig angelegten Wasser- und Lustgärten der inneren Stadt erinnert an europäische Barockgärten. Eine breite Allee verbindet den Eingangsbereich im Westen mit dem Löwenberg im Osten und teilt das Areal in zwei Hälften. Eingefasst wird das Areal von einem Wassergraben und einer Stadtmauer mit drei Zugangstoren, von denen das Westtor am stärksten gesichert war. Eine ingenieurstechnische Meisterleistung ist das ausgeklügelte Bewässerungssystem mit Zisternen, unter- und oberirdischen Kanälen sowie rund und rechteckig geformten Bassins. Wasserspiele und Fontänen dienten im 5. Jh. n. Chr. dem Amusement des Hofstaats und der Herrscherfamilie.

Felsen- und Terrassengarten: Einen Kontrapunkt zur geometrischen Ordnung der königlichen Gärten setzt der labyrinthische Felsengarten am Fuß des Löwenbergs. Zahlreiche Wege und Pfade verlieren sich zwischen den Gneismonolithen, die den westlichen Zugang zur Zitadelle und zum Kloster bilden. Im 5. Jh. n. Chr. zierten Pavillons die einzelnen Brocken, während die ausgewaschenen Ausbuchtungen einst bemalt waren. Spuren der antiken Bebauung sind noch heute ansatzweise zu erkennen. Über dem Felsengarten befindet sich auf einer natürlichen, nach Süden ausgerichteten Geländestufe des Löwenbergs ein Terrassengarten.

Wolkenmädchen: Unbestritten das kunsthistorische Highlight von Sigiriya ist der bemalte Fries am lotrecht abfallenden Felsen des Löwenbergs: 22 vollbusige Schönheiten in anmutigen Posen und in leuchtenden Farben zieren die Felswand in einer Nische (→ Kasten, S. 349). Ein halsbrecherisch angelegter Steg zweigt von der üblichen Aufstiegsroute ab und endet an der wundervollen Open-Air-Galerie. In den Stoßzeiten kann es hier schon mal zu Staus kommen. Kopien dieser Fresken kann man auch im Museum bestaunen, das Fotografieren ist nicht erlaubt.

Spiegelgalerie: Die zweite Attraktion am Aufstieg zum Felsplateau ist eine ca. 3 m hohe Mauer mit blank polierter Innenseite. Wie in einem Gästebuch verewigten sich hier Pilger und Besucher, die ihre Eindrücke von den Wolkenmädchen in poetische Worte fassten. Gerühmt werden die „langäugigen Mädchen mit Zähnen, die wie Juwelen glänzen und Männerherzen zum Schlagen bringen“. Einige Fresken wirkten auf die Betrachter dergestalt perfekt ausgeführt, als wären die Mädchen lebendig. Archäologische Untersuchungen in den 1970er-Jahren dokumentierten fast 700 eingeritzte Graffiti-Sprüche. Sie datieren vom 6. Jh. bis zum 14. Jh. n. Chr. und stammen aus der Epoche, in der die Mönche in Sigiriya wieder den Ton angaben.

Löwentreppe: Vor dem letzten Steilansteig zum Felsplateau befinden sich auf einer natürlichen Geländestufe die Überreste der einstigen monumentalen Löwentreppe. Erhalten geblieben sind nur noch die Pranken beiderseits des Treppenaufgangs, die

Sinnliches Panoptikum: Die Wolkenmädchen von Sigiriya

Fraglos ein Höhepunkt am Aufstieg zum Felsplateau ist der bereits in seinen puren Ausmaßen beeindruckende Bilderfries an der Westseite des Sigiriya-Felsens. Der fast 140 m lange und bis zu 40 m hohe Fries fungiert als eine Art Open-Air-Galerie mit den vielleicht berühmtesten Zeugnissen bildender Kunst Sri Lankas: den Wolkenmädchen. Hinter dem poetischen Begriff verbergen sich Freskendarstellungen üppig geschmückter, barbusiger Schönheiten. Die Grazien tragen fantasievolle Kopfbedeckungen, einige scheinen an frisch gezupften Blütenblättern zu riechen, zu tanzen oder einem imaginären Gott opulent bestückte Opferschalen zu kredenzen. Ursprünglich soll es sich um rund 500 dieser ätherischen Schönheiten gehandelt haben; die meisten wurden jedoch zerstört, nachdem der verlassene Palastbezirk an die Mönche zurückfiel. Während die ästhetische Qualität der Fresken allgemein anerkannt ist, gehen die Meinungen bezüglich ihrer Interpretation auseinander: Ließ der König hier seine Gespielinnen verewigen oder handelt es sich um himmlische Apsaras? Interessant ist auch der Stil der Malereien, die zwar der Anuradhapura-Periode zuzuordnen sind (sie stammen aus dem 5. Jh. n. Chr.), aber in Sri Lanka ohne Vorbild sind. Sie erinnern am ehesten an die Kunst in den Höhlen von Ajanta im indischen Bundesstaat Maharashtra.

Bei der Restaurierung in den 1970er-Jahren wurden die Fresken in einigen Details verändert, z. B. sind die Brustwarzen der Grazien heute höher als bei den ursprünglichen Zeichnungen angesetzt. Seit 2017 ist das Ablichten der Wolkenmädchen strengstens verboten. Im Museum sind jedoch Kopien ausgestellt, die fotografiert werden dürfen.

Das kulturelle Dreieck und Hochland → Karte S. 310

jedoch durch ihre pure Größe die einstigen Ausmaße des „Treppenhauses“ erahnen lassen. Graffiti-Sprüche an der Spiegelwand lassen vermuten, dass das symbolische Kernstück der Palastanlage noch im 9. Jh. n. Chr. bemerkenswert gut erhalten war. Wie in vielen Kulturen galt auch in den alten Reichen des Nordens der Löwe als ein Sinnbild königlicher Stärke.

Felsplateau: Die königliche Residenz, von der nur noch die Grundmauern erhalten sind, befand sich auf der Spitze des 1,5 ha großen Felsplateaus. Die Anlage besteht aus drei Bereichen: dem äußeren oder unteren Palast auf der Ostseite, dem inneren oder oberen Palast im Westen sowie den Palastgärten im Süden. Das Palastzentrum markiert eine Wasserzisterne, die den von den Dächern ablaufenden Regen auffing. Überschüssiges Wasser wurde in ein weiteres Becken am Südwestrand des Plateaus abgeleitet, das wiederum der Bewässerung der inneren und äußeren Stadt diente. Abgesehen von den Grundmauern waren die Palastgebäude aus Holz errichtet. Die Hauptattraktion des Plateaus sind aber nicht so sehr die Überreste der Residenz, sondern der hinreißende Ausblick in alle Himmelsrichtungen.

Museum: Die sehenswerte Sammlung liegt in der Nähe der Kasse. Themeninseln vermitteln ein anschauliches Bild der geschichtlichen Entwicklung von der Frühzeit bis heute, Highlights sind u.a. die Terracotta-Figuren und die Schmucksammlung. Die Replik eines wertvollen Ohrrings aus dem 8./9. Jh. n. Chr. verdient ebenso Beachtung wie römische und chinesische Münzen, die auf einen intensiven Güteraustausch der Interimshauptstadt Sigiriya mit Europa und Ostasien schließen lassen. Hier kann man den Fries mit Kopien der berühmten Wolkenmädchen ungestörter betrachten als das Original in der Felsnische – und sogar fotografieren –, auch wenn die Nachbildungen die Kunstfertigkeit der Orginale nicht ganz erreichen.

Öffnungszeiten und Eintrittspreise: Tägl. 7–17 Uhr. 30 $ (Ausgrabungsstätte und Museum), 750 Rs (nur Museum).

Basis-Infos

Information Die **Touristeninformation** befindet sich im EG des Museums.

Hin & weg **Bus**: Unkomplizierte Anfahrt von Dambulla, Abfahrten ca. alle 30 Min. Reisende von Polonnaruwa und Anuradhapura steigen in Inamulawa an der A 6 um (Sigiriya Jc.). Die Endhaltestelle befindet sich allein auf weiter Flur am Sigiriya Wewa.

Morgenstimmung in der Umgebung der Felsenfestung

Flugzeug: Der kleine Airport (IATA-Code: GIU) liegt 3 km westlich der Felsenfestung und wird einmal tägl. von Colombo bzw. Trincomalee angesteuert. Die Flugzeit von Colombo beträgt 35 Min., www.cinnamonair.com.

Aktivitäten **Lake View Safari**, bietet Safaris zu den beiden umliegenden Nationalparks und **Elefantenreiten an,** ein halbstündiger Ritt kostet 25 $. Der Sitz der Agentur ist in Sichtweite zum Löwenberg am Sigiriya Wewa in der Nähe der Endhaltestelle der Busse. Kalapuraya, ✆ 077-4939107.

Jeepsafaris, Exkursionen in den 20 km entfernten Minneriya-Nationalpark oder zum 35 km entfernten Kaudulla-Nationalpark (→ S. 334) können über die Gästehäuser und Hotels in Sigiriya gebucht werden.

Übernachten / Essen & Trinken

In und um Sigiriya sind vor allem einfache Gästehäuser und Homestays stark vertreten. Einige Gastgeber kochen abends für ihre Gäste, die Auswahl an empfehlenswerten Restaurants im Ort ist dagegegen recht übersichtlich.

Übernachten **Sigiriya Hotel,** ⑥. Die beste Unterkunft in unmittelbarer Nähe zum UNESCO-Welterbe. 79 komfortable Zimmer in flachen Gebäuderiegeln, weitläufiges Parkgrundstück, Pool mit Blick auf die Felsenfestung, Ayurveda-Bereich, Restaurant. Organisation von Jeepsafaris und Ausflügen, Radverleih an Hausgäste (kostenpflichtig). Hotel Rd., ✆ 066-4790500, www.serendibleisure.com.

Kuwera Eco Lodge, ④–⑤. Das mit Solarenergie und mit eigenem Gemüseanbau konsequent ökologisch betriebene Resort liegt im Niemandsland zwischen Sigiriya und Habarana. Herzliche Gastfreundschaft, Pool und Baumhaus mit Blick auf die Felsenfestung. 3 Zimmer im traditionellen Stil mit Open-Air-Dusche, 2 Luxus- und 2 Standardchâlets jew. mit AC, luxuriös ausgestattet. Italienisch-sri-lankisches Management. Nach 19 Uhr ist die Anreise wegen wilder Elefanten nicht mehr möglich, Buchung nur mit Halbpension. Thakotte Rd., ✆ 066-5655060, www.kuweraecolodge.com. ■

››› **Mein Tipp:** **Sigiri Rockside Home Stay,** ③. Vorbildlich geführtes Gästehaus, 10 Gehminuten vom Ausgang der Felsenfestung entfernt. Weitläufiger Garten abseits der Ortsdurchfahrt, der Inhaber ist Guide und geizt nicht mit Erklärungen zur Ortsgeschichte. Organisation von Village Tours und Nationalparksafaris, Abendessen für Hausgäste auf Wunsch, exzellentes Frühstück. 6 saubere, geräumige Zimmer mit guten Bädern, AC, sowie großer Gemeinschaftsveranda. Sigiriya Rd., ✆ 072-4678845, Buchung über die gängigen Buchungsportale. ‹‹‹

Sigiri Lion Lodge, ②–③. Das Gästehaus im Stil eines Hotels der unteren Mittelklasse liegt etwas von der Ortsdurchfahrt zurückgesetzt. 18 geräumige, saubere Zimmer mit und ohne AC, die wohnlicheren befinden sich in der 2. und 3. Etage. Weitläufiger Verandabereich, Küche für Selbstversorger, kein Restaurant. Zentrale Lage mit kurzen Wegen zum Ein- und Ausgang der Felsenfestung. Main RD. 186, ✆ 071-4793131, http://sigirilionlodge.com.

Lal Homestay, ②. Die beliebte Unterkunft liegt günstig an der Ortsdurchfahrt wenige Schritte vom Eingang zur Felsenfestung entfernt. 5 geräumige Zimmer mit Moskitonetzen ohne AC, verbunden durch eine Gemeinschaftsveranda. 2 Zimmer im rückwärtigen Gebäudeteil. Auf Wunsch wird am Abend nach traditioneller Art gekocht. Ehelagala 209, ✆ 077-7045386, Buchung über die gängigen Buchungsportale.

Sigiriya Hostel, ①–②. Relativ neue Budget-Unterkunft etwa 600 m südlich der Bushaltestelle an der Hotel Junction. Die Schlafsäle mit 4 Betten werden bei Bedarf flugs in DZ oder Familienzimmer umgestaltet. Geräumige Veranda mit Hängematten, Garten, himmlische Ruhe. Der Inhaber betreibt eine Travel Agency und hilft bei der Reiseplanung. Ordentlicher Gesamteindruck. Kalapuraya, ✆ 066-205682, Buchung über die gängigen Buchungsportale.

Essen & Trinken **Gamagedara Village Food.** Das abseits der Ortsdurchfahrt gelegene Lokal kredenzt traditionelle sri-lankische Landkost in ausgezeichneter Qualität. Rice & Curry wird in Tontöpfen serviert, gegessen wird auf einem Lotusblatt. Herzlicher und freundlicher Familienbetrieb, absolut sättigende Portionen ab 750 Rs (inkl. Dessert, Tee sowie Wasser). Einfaches Ambiente in einem Verschlag, abgedeckt mit Palmblättern. Tägl. 9.30–21.30 Uhr. Kayamwala 65 A1, ✆ 071-7003706.

Nirwana. Bodenständiges, unprätentiös aufgemachtes Restaurant an der Ortsdurchfahrt, wenige Tische unter einem offenen Verandadach. Landestypische Küche, die Speisekarte ist übersichtlich. Rice & Curry, Fried Rice und schmackhafte Fisch- und Fleischgerichte zu leicht gehobenen Preisen. Tägl. 11–22 Uhr. Main Rd. (neben der Sigiri Lion Lodge), ✆ 071-3083086.

Ahinsa. Die beste Wahl im Restaurantviertel an der Ortsdurchfahrt: 3 Etagen in einem Mangobaumhaus, die schönsten Sitzplätze befinden sich ganz oben (allerdings nur 3 Tische). Freundlicher Familienbetrieb, preiswert, traditionelle Küche mit Rice & Curry, Kottu Roti, Hoppers, Frühstück, Mittag- und Abendessen. Tägl. 7–22 Uhr. Sigiriya Rd., ✆ 072-5884187.

Das kulturelle Dreieck und Hochland → Karte S. 310

Phalanx erleuchteter Meister in der „Halle der Großkönige"

Dambulla

Der betriebsame Straßenverkehrsknoten – mit allerdings wenig Charme – ist ein ausgezeichneter Standort für Exkursionen in die Königsstädte des Nordens. Hauptsehenswürdigkeit sind die fünf größten und bestkonservierten buddhistischen Höhlentempel der Insel. Seit 1991 ist das Heiligtum Weltkulturerbe der UNESCO.

Dambulla ist ein großer Umschlagplatz für Gemüse und weitere Agrarerzeugnisse, die von den Bauern aus den umliegenden Orten mit Kleintransportern zum Großmarkt im Stadtzentrum transportiert werden. Von dort bringen Großhändler die Ware dank der exzellenten Verkehrsanbindung schnell in die übrigen Inselteile oder vertreiben sie ins Ausland. Mit öffentlichen Verkehrsmitteln kommt man von hier ohne Probleme nach Anuradhapura, Sigiriya, Polonnaruwa und Kandy. Aus diesem Grund sind gerade in jüngerer Zeit neue Quartiere wie Pilze aus dem Boden geschossen.

Die mit Abstand bedeutendste Attraktion sind die grandiosen **Höhlentempel** 2 km südlich des Stadtzentrums, die zu den größten und bedeutendsten Heiligtümern dieser Art im Land gehören. Die zuweilen verwendete Bezeichnung **„Golden Temple"** bezieht sich nur auf den modernen Tempelbau aus dem Jahr 2001 am Fuß der Welterbe-Höhlen mit einem buddhistischen Museum im Inneren. Die 30 m hohe vergoldete Buddhastatue auf dem Dach ist ein weithin sichtbarer Orientierungspunkt. Das gesamte Areal rund um die Erhebung gilt den Singhalesen als heilig, weswegen der Konsum von Alkohol untersagt ist. Dass der heilige Bezirk schon in prähistorischer Zeit besiedelt war, zeigen die Grabungen von **Ibbankatuwa.** In einer 2700 Jahre alten Begräbnisstätte fand man menschliche Skelette sowie Grabbeigaben wie Schmuck, Tonwaren, Eisen- und Kupferartefakte. Die 1970 entdeckte und bis 1990 wissenschaftlich untersuchte Ausgrabungsstätte kann nicht besichtigt werden.

Auch die Umgebung von Dambulla hält die eine oder andere Überraschung parat. Verhältnismäßig einfach mit den Three Wheeler zu erreichen ist der **Kandalama**

Wewa 5 km östlich von Dambulla. Der knapp 5 km lange und etwa halb so breite Stausee wurde 1952–57 angelegt und dient zuvorderst der Bewässerung. Überdies ist das Gewässer eine Freizeit- und Erholungsoase, einige hochwertige Hotelresorts befinden sich in Ufernähe. Weit über die Landesgrenzen hinaus berühmt ist das Hotel *Heritance Kandalama* in exklusiver Alleinlage am Ostufer (→ Übernachten, s. 355). Die Edelunterkunft mit Prachtblick von der Terrasse auf die Wasseroberfläche liegt inmitten des Waldschutzgebiets *Kaludiya Pokuna Archeological Forest Site* mit einer reichen Fauna und Flora. Hotelgäste dürfen es im Beisein hoteleigener Ranger besuchen. Kenner bezeichnen das Hotel als Meisterstück des renommierten sri-lankischen Architekten Geoffrey Bawa. Eine kilometerlange Privatstraße führt zum 1992–95 erbauten Gebäudekomplex, der völlig eingebettet in grüne Natur mit ihr verwachsen zu sein scheint. Die meisten Bauwerke von Bawa befinden sich in der immerfeuchten Klimazone der Tropeninsel, dieses Hotelflaggschiff liegt hingegen in der Trockenzone. Das Klima wirkte sich auf das verwendete Baumaterial aus, wobei sich der „Meister" der Tropischen Moderne hier zusätzlich noch an strengen Umweltauflagen zu orientieren hatte. Auf diese Weise ist aus dem Fünfsternedomizil ein vorbildliches Ökoresort entstanden – mit ausgeklügeltem Abfallentsorgungssystem, Sozialmaßnahmen in den umliegenden Dörfern und einer weitgehend klimaneutralen Bewirtschaftung.

Rangiri Dambulu Vihara (Dambulla Höhlentempel)

Die fünf Welterbe-Höhlentempel befinden sich gut 100 m über der Ebene von Dambulla und sind über eine Treppe erreichbar. Einer Brahmi-Inschrift zufolge wurden die Höhlen bereits in vorchristlicher Zeit zu Kultzwecken genutzt. Wie eine Auster öffnet sich die Erhebung nach Westen, ein weiß getünchter Vorbau und Kolonnadengang schützt den Eingang zu den Höhlen, auf der Freifläche davor befinden sich ein Lotusteich sowie ein geschmückter Bodhibaum.

Die Höhleninnenwände sind kunstvoll ausgestaltet, die Seitenwände werden von einer Phalanx von Buddha- und Königsfiguren sowie Abbildungen diverser Gottheiten bewacht. Der Überlieferung zufolge entstand der Sakralkomplex zu Beginn des 1. Jh. v. Chr., nachdem König Valagamba infolge einer Invasion aus der Hauptstadt Anuradhapura fliehen musste und in Dambulla Unterschlupf fand. Nach der Rückkehr aus dem Exil veranlasste der Regent aus Dankbarkeit die Umwandlung der natürlichen Grotten in buddhistische Heiligtümer. Bei näherem Hinsehen wird deutlich, dass die einzelnen Kultstätten in unterschiedlichen historischen Epochen entstanden sind. Die letzten Umbau- und Restaurierungsmaßnahmen fanden im 18. Jh. statt.

Am Fuß des Bergs befindet sich an der Ausfallstraße nach Kandy der Hauptzugang mit dem modernen **Goldenen Tempel.** Neben dem Tempel hat sich eine erkleckliche Anzahl von Institutionen angesiedelt, darunter ein Studienzentrum nebst Bibliothek, eine Konferenzhalle sowie ein Radiosender. Die Einrichtungen spiegeln das Selbstbild Dambullas als zeitgemäße Speerspitze des Theravada-Buddhismus. Das **Museum** im ersten und zweiten Obergeschoss des Hauptgebäudes lohnt nicht unbedingt einen Besuch, es zeigt Buddhaskulpturen aus vielen asiatischen Ländern (und Schulrichtungen) sowie ein Modell des berühmten Kandy-Perahera-Fests (tägl. 7–21 Uhr; 200 Rs).

1. Höhlentempel (Devaraja lena): Die „Höhle des gesegneten Königs" wird im Inneren von einer 14 m langen liegenden Buddhafigur dominiert. Zu Füßen der aus Granit geschlagenen und seither viele Male übermalten Figur sitzt Buddhas Lieblingsschüler Ananda. Neben seinem Haupt ist Vishnu im Lotussitz zu sehen, dessen übernatürliche Kräfte der Überlieferung zufolge die Entstehung des Sakralheiligtums erwirkten. Die Inschrift über dem Eingang deutet auf die Entstehung der Höhle um das 1. Jh. v. Chr. hin, die Wand- und Deckenbemalungen datieren auf das 15. bis 18. Jh.

2. Höhlentempel (Maharaja lena): Die „Höhle der Großkönige" ist der größte und mit Abstand sehenswerteste Tempel und erweist sich als ein spirituell-ästhetisches Gesamtkunstwerk. Allein die Ausmaße sind beeindruckend: Der Raum misst an der längsten Stelle eine Ausdehnung von 52 m, die Decke erreicht eine Maximalhöhe von 7 m. Neben den Wandmalereien aus dem 18. Jh. ziehen 16 stehende sowie 40 sitzende Buddhas die Blicke magisch auf sich. Besonderes Augenmerk gebührt dem aus dem Granitgestein geschlagenen Buddha zur Linken, der von zwei Bodhisattvas aus Holz flankiert wird. Außerdem befinden sich in der Höhle Figuren von Vishnu, von der sri-lankischen Schutzgottheit Saman sowie von zwei Königen. Die erste Figur stellt König Valagamba dar, dem Historiker die Gründung dieses Höhlenheiligtums zuschreiben, die zweite wird mit König Nissankamalla Malla von Polonnaruwa in Verbindung gebracht, der gemäß einer Inschrift über dem Eingang die Buddhafiguren im 12. Jh. stiftete.

3. Höhlentempel (Maha Alut Vihara): Der „Große neue Tempel" mit über 50 Buddhas entstand im 18. Jh. unter der Regentschaft von Kirti Sri Rajasingha. Der König von Kandy erwies sich als eifriger Förderer und Reformer des Theravada-Buddhismus, der innere Schrein des Zahntempels entstand u. a. unter seiner Herrschaft. Die dritte Skulptur rechts vom Eingang stellt den König dar.

4. Höhlentempel (Paccima Vihara): Der „Westliche Tempel" ist mit einer Länge von 15 m und einer Breite von etwas über 8 m eher kleiner. Hauptattraktion ist der sitzende Buddha, der in tiefe Meditation versunken ist und von einem drachenähnlichen Fabeltier *(Makara Torana)* eingerahmt wird. Zudem befindet sich in der Höhle eine Dagoba, die einst einen wertvollen Saphir enthielt. Bedauerlicherweise wurde der kostbare Stein in einer Nacht- und Nebelaktion entwendet.

Höhlentempel Devana Alut Vihara: Beim „Zweiten neuen Tempel" handelt es sich unverkennbar um die jüngste der fünf zu besichtigenden Tempelhöhlen. Im Zentrum befindet sich die annähernd 10 m lange Statue eines liegenden Buddhas, zwei kleinere Buddhas in Sitzstellung werden von Kobras beschützt.

Tägl. 8–17 Uhr. Eintritt 10 $.

Abstecher in die Umgebung

Aukana: 40 km nordwestlich von Dambulla steht eine aus einem Granitfelsen gemeißelte Statue, die wahrscheinlich aus dem 5. Jh. n. Chr. stammt. Die ca. 14 m hohe Buddhafigur gilt als Meisterwerk der Steinmetzkunst. Besonders gut gelungen sind aus künstlerischer Perspektive der beinahe transparent wirkende Faltenwurf des Gewands sowie das ausdrucksvolle Gesicht nebst Haarpracht. Untypischerweise präsentiert sich der Erleuchtete hier mit der Geste des Segnens *(Asisa mudra)*, die Hand ist seitlich gewendet (die Betrachter blicken auf die Handkante). Vom Schrein, in dem die Kolossalfigur einst stand, sind nur noch die Grundmauern erhalten, ein Wellblechdach verleiht heute dem wertvollen Objekt Schutz. Die Skulptur blickt nach Osten, der aufgehenden Sonne entgegen. Womöglich verdankt der heilige Ort diesem Umstand seinen Namen, denn *aukana* bedeutet „die Sonne essend". Vor dem Aukana-Buddha befindet sich ein neues Kloster mit einer aktiven Klosterschule. Die Eintrittsgelder kommen den Sozialaktivitäten der Klosterleitung zustatten. Eine weitere Buddha-Kolossalstatue, die unvollendet geblieben ist, **Ras Vehera Buddha,** befindet sich 20 km weiter westlich. Legenden, die von einem Künstlerwettstreit unter beider Standorten berichten, sind historisch bislang nicht verifiziert.

Eintritt 750 Rs. Nach 20 km auf der A 9 Dambulla–Anuradhapura in Kekirawa links auf die B 213, nach weiteren 5 km abermals links (B 423). Die Bahnstation Aukana liegt auf der Strecke Colombo–Habarana mit wenigen Verbindungen in beide Richtungen. Für die Anfahrt mit dem öffentlichen Bus empfiehlt sich der Umstieg in Kekirawa.

Nalanda Gedige: Die archäologische Ausgrabungsstätte liegt auf halber Strecke zwischen Dambulla und Matale und markiert das geografische Zentrum Sri Lankas. Der Name der ehemaligen buddhistischen Tempelanlage ist prominent – die bedeutendste Universität des Altertums in Nordindien hieß ebenso. Aufgrund eines Staudammprojekts am Mahaweli Ganga wurde das Monument in den 1970er-Jahren abgetragen und jeder Stein numeriert. Um es vor Überflutungen zu sichern, wurde an der selben Stelle das Plateau erhöht und der Tempel darauf Stein für Stein wieder aufgebaut. Einer Inschrift zufolge datiert der Komplex, bestehend aus einem Schrein, einer Stupa und Resten einiger Skulpturen, auf die Zeit 8.–10. Jh. n. Chr. Von Bedeutung ist insbesondere der Schrein aus Stein *(gedige)*, der sich architektonisch an die hinduistische Pallava-Kunst Südindiens anlehnt. Als künstlerisches Vorbild diente der *Ganesha Ratha* in Mahabalipuram – einer der „Fünf Rathas" aus dem 7. Jh. v. Chr. vor den Toren der tamilischen Küstenstadt. Im Unterschied zum prominenten Vorbild diente hier jedoch nicht Granit, sondern Kalkstein als Baumaterial. Der Schrein vereinigt hinduistische und buddhistische Stilelemente.
Die Ruinen liegen 1,2 km östlich der A 9, Nähe Kilometerstein 48. Busse von Dambulla nach Matale/Kandy halten an der Abzweigung. Eintritt frei.

Basis-Infos

Hin & weg **Bus**: Der Busbahnhof befindet sich an der Hauptstraße auf halber Strecke zwischen den Höhlentempeln im Süden und dem Stadtzentrum. Busse, die entlang der A 9 Kandy–Anuradhapura unterwegs sind, halten auch vor dem Goldenen Tempel sowie im Zentrum. Regelmäßige Verbindungen in alle Richtungen, u. a. nach Kandy, Anuradhapura, Polonnaruwa, Habarana, Sigiriya und Colombo.

Aktivitäten **Sun Rise Ballooning, Fahrten** mit dem Heißluftballon über Dambulla – ein besonderes, aber keineswegs preiswertes Erlebnis. Das Familienunternehmen blickt auf 15 Jahre Erfahrung zurück, Kabinen gibt es in 3 Größen (für jew. 2–16 Pers.). Die Saison geht von Nov. bis Mai. 1 Std. für ca. 210 €. www.srilankaballooning.com.

> Privatbusse aus Richtung Kandy kooperieren zuweilen mit der örtlichen **„Tuk-Tuk-Mafia"**. Absprachen beinhalten in solchen Fällen, dass Touristen am Central Bus Stand abgesetzt und danach mit dem Three Wheeler zu überteuerten Preisen zum Höhlentempel oder ins Übernachtungsquartier kutschiert werden. Daher empfiehlt es sich, bei der Anreise den Busbahnhof zu meiden: Reisende von Kandy können vor dem Goldenen Tempel – also noch vor dem Busbahnhof – aussteigen. Übernachtungsgäste fahren am Busbahnhof vorbei ins Zentrum und steigen dort in ein Tuk-Tuk um.

Übernachten

Heritance Kandalama, ⑧. Nach Plänen Geoffrey Bawas erbautes, ökologisches Luxusresort und Rückzugsort am Kandalama Wewa (→ S.353), 152 Zimmer, 3 Pools, 2 Restaurants, Shoppingmall und großes Spa (Six Senses). Weitläufige Anlage mit Panoramablick. Hoteleigene Recyclinganlage. Kandalama, ✆ 066-5555000, www.heritancehotels.com. ■

Das kulturelle Dreieck und Hochland → Karte S. 310

Lake Lodge Kandalama, ⑦. Luxuriöses Domizil über dem Westufer des Kandalama-Sees mit 12 Zimmern und Suiten in 6 modernen Nebengebäuden. Freundliche Ausstattung, einfache Bäder und Balkon, von den oberen Zimmern genießen Gäste den Sonnenuntergang. Pool, Restaurant mit Blick auf den Sigiriya-Felsen von der Terrasse. Wewa Rd. (16th Division), Kandalama, ✆ 077-2087002, www.lakelodgekandalama.com.

Rangiri Dambulla Resort, ⑥. Die Hotelanlage in Gehentfernung zu den Höhlen wird von der Agentur Lanka Sportreizen (ALS) betrieben. Luxuriös ausgestattete Wohnzelte und großzügig geschnittene Chalets, Pool, Fahrradverleih. Das Restaurant verwendet u. a. das auf dem großen Gelände kultivierte Biogemüse. Kein Alkoholausschank, mitgeführtes Bier kann im Restaurant getrunken werden. Kurunegala Rd (ca. 2 km vom Zentrum entfernt), ✆ 066-2052770, http://rangiri dambullaresort.lsrhotels.com. ■

Gimanhala Hotel, ⑤. Das moderne Hotel an der Ortsdurchfahrt im Zentrum ist ideal für eine Zwischenübernachtung auf der Rundreise durch den Inselnorden. 30 Zimmer in 2 Flügeln, leicht zurückgesetzt von der Straße, atmosphärisch schön sind die älteren Zimmer im OG des linken Flügels. Gutes Büfettrestaurant (mittags Reis & Curry). Anuradhapura Rd. 754, ✆ 066-2284864, www.gimanhala.com.

››› Mein Tipp: **Dignity Villa,** ③. Komfortables Familien-Homestay, in dem fast alles stimmt. Günstige Lage im Grünen am Ortsrand, 700 m von der Hauptstraße entfernt, 5 klimatisierte Zimmer, relativ einfach ausgestattet, Warmwasser und Moskitonetze. Die Gemeinschaftsveranda mit Gartenblick wird am Abend zum geselligen Treff. Der Inhaber betreibt eine Reiseagentur, auf Wunsch wird abends gekocht. Yaya Rd. 29, ✆ 077-5180902, www.thesimpletraveler.com. ‹‹‹

Golden Rainbow Inn, ②–③. Familiäres, freundliches und ruhig gelegenes Quartier in Steinwurfentfernung zu den Höhlentempeln. Das flache Hauptgebäude im landestypischen Stil ist umgeben von einem großen Garten, 2 Zimmer mit AC und Moskitonetzen, ein Familienzimmer und ein kleineres DZ. Priwana Rd./Temple Jc. (800 m südlich des Goldenen Tempels an der A 9 auf ein unscheinbares schwarzes Schild achten), ✆ 077-3079437, Buchung über die gängigen Buchungsportale.

Dambulla City Hostel, ①–③. Die Zweigstelle des Colombo City Hostels (als gemeinsames Logo fungiert ein rotes Bett auf weißem Grund) entpuppt sich als einfache Budgetunterkunft. 12 Betten in 3 Zimmern sowie ein DZ. Kurunegala Rd. 320/35 (auf Anhieb nicht einfach zu finden), ✆ 076-5616223, www.dambullacityhostel.com.

Essen & Trinken

Sakura. Hochwertiges sowie auf die Bedürfnisse von Touristen spezialisiertes Straßenrestaurant 3,5 km nördlich des Uhrturms an der A 6 in Richtung Habarana. Tägl. 11.30–17 Uhr schmackhaftes Reis & Curry-Mittagsbüfett mit Suppe und Dessert, abends nur nach Voranmeldung. Angenehmes Ambiente mit großen Kapazitäten, nicht allzu scharf gewürzte, auch glutenfreie Gerichte. Trincomalee Rd. 420 A (ca. 200 Rs mit dem Tuk-Tuk), ✆ 077-5202995.

Benthota Bake House (BBH). Restaurant an der Hauptstraße im Zentrum mit nüchternem, klimatisiertem Speiseraum im 1. OG. Asiatisch-internationale Gerichte von guter Qualität und leicht gehobenen Preisen. Im EG befindet sich eine Bäckerei bzw. ein einfaches Bistro. Kein Alkoholausschank. Vermietung von 12 modern eingerichteten Zimmern im 3. OG, teils mit Balkon. Tägl. 11–22 Uhr. Anuradhapura Rd. 670, ✆ 066-4935985.

Mango Mango. Das Lokal an der Ortsdurchfahrt befindet sich direkt neben der Supermarktfiliale Cargill's City. Unten ist das Bistro mit Konditorei, oben das Restaurant. Klimatisierte Räume mit angenehmen Sitzplätzen, internationale Küche (Burger, ostasiatische und traditionelle sri-lankische Gerichte), eine Filiale befindet sich in Anuradhapura. Kein Alkohol. Tägl. ab 7 Uhr (EG), 11–15 und 19–22 Uhr (OG). Anuradhapura Rd. 641, ✆ 066-2285410.

Dumbara Food Court. Straßenlokal im landestypischen Stil, offenes Verandahaus mit nur wenigen Tischen. Einfaches Ambiente, Frühstück, Mittag- und Abendessen, preiswertes Mittagsbüfett. Matale Rd (1 km auf der A 9 in Richtung Kandy auf der linken Seite), ✆ 072-4708629.

Stimmungsvoller Sonnenuntergang am Mapakada Wewa

Kandy und Umgebung

Während die alten Königsstädte im Inselnorden zur klimatischen Trockenzone des Landes gehören, erreicht man auf dem Weg nach Süden unverkennbar die tropisch-feuchten Regionen. **Plantagen,** in denen Gewürze, Kaffee und Tee kultiviert werden, wechseln sich mit vegetationsreichem Gebirge ab. Während die Stadt Matale nördlich von Kandy als Zentrum der Plantagenwirtschaft fungiert und daher über ein verhältnismäßig dicht besiedeltes Umland verfügt, präsentieren sich die **Knöchelberge** *(Knuckles Range)* östlich von Kandy wild und abgeschieden. Die bis fast 1900 m hohen Berge bilden eine natürliche Barriere, vor der sich die mit Feuchtigkeit angereicherten Wolkenbänke stauen, was die hohe Menge an Niederschlägen in dieser Region erklärt.

Im Vergleich zu den Königsstädten im Norden setzte die **historische Entwicklung** des Großraums Kandy relativ spät ein. Das Inselzentrum *(Malayarata)* lag stets im Schatten großer politischer Ereignisse und wurde als strategischer Rückzugsraum betrachtet, dessen Bevölkerung von Zeit zu Zeit gegen unliebsame Fremdherrscher aufbegehrte. Die Inselmitte rückte erst seit dem 13./14. Jh. n. Chr. in den Fokus der politischen Ereignisse, nachdem die singhalesischen Regenten unter dem Druck der Tamilen im hohen Norden ihre Königsstadt Polonnaruwa aufgaben, um sich sukzessive in südlichere Inselgefilde zurückzuziehen. Nacheinander entstanden auf diese Weise regionale Herrschaftszentren – zunächst in Dambaneniya westlich von Kurunegala, später in Gampola und schließlich in der Königsstadt **Kandy,** die sich anschickte, für über drei Jahrhunderte das Erbe der traditionellen Königsstädte des Nordens anzutreten. Bis zum Ende des letzten singhalesischen Königreichs im Jahr 1815 gingen von Kandy wesentliche Impulse in Kunst und Religion aus, die das Selbstverständnis vieler Singhalesen bis heute entscheidend prägen. Heute ist die

 → Karte S. 310

zweitgrößte Stadt des Landes obendrein ein bedeutender Verkehrsknoten, man kommt an ihr schlichtweg nicht vorbei. Kandy liegt so zentral, dass viele Touristen sogar einen zweiten Stopp einlegen. Die mit Abstand wichtigste Sehenswürdigkeit ist der *Sri Dalada Maligawa* **(Tempel des heiligen Zahns)**. Die durch den „Zahntempel" ummantelte Reliquie ist der spirituelle Fixpunkt der sri-lankischen Religiosität (und zwar sowohl der Buddhisten als auch der Hindus). Der Zahn des Buddha steht jährlich bei der grandiosen Esala Perahera im Juli und August besonders im Fokus; das bedeutendste Festival Sri Lankas gehört zugleich zu den prachtvollsten buddhistischen Festivitäten überhaupt. Aus touristischer Sicht fällt es eventuell etwas schwerer, dem Nationalheiligtum das Prädikat „Highlight" abzuringen. Dafür bieten Kandy und Umgebung jede Menge kulturell und kunsthistorisch bedeutender Sehenswürdigkeiten, auch Naturliebhaber kommen dank des größten botanischen Garten des Landes auf ihre Kosten, sodass es in der und um die malerisch gelegene Stadt genug zu besichtigen gibt. Ein weiteres Städteziel ist Mahiyangana östlich von Kandy: Auch hier steht ein buddhistisches Heiligtum im Zentrum der Aufmerksamkeit, die Stadt ist überdies ein exzellenter Ausgangspunkt zum Besuch der **Dörfer der Vedda,** der **sri-lankischen Ureinwohner**. Außerdem ist Mahiyangana ein guter Standort für Abstecher in die Knöchelberge und eine Etappenstation auf dem Weg zur Ostküste. Während Kandy über eine stattliche Anzahl an Unterkünften verfügt, sind diese in Mahiyangana und in anderen Orten des zentralen Hinterlands entsprechend begrenzter. Und nicht alle Quartiere liegen hier im Zentrum in bequemer Gehentfernung zum Busbahnhof, sondern in der Peripherie. Bei zahlreichen abgelegenen Destinationen ist daher ein eigener fahrbarer Untersatz von Vorteil, den man sich jedoch unproblematisch samt Fahrer in Kandy mieten kann.

Kurunegala und Umgebung

Der Verkehrsknoten ist eine wichtige Etappenstation auf dem Weg von der Westküste zu den alten Königsstädten im Norden. In der Stadt und ihrer Umgebung findet man einige vielversprechende Ausflugsziele. Die buddhistischen Heiligtümer sind allerdings ohne eigenen fahrbaren Untersatz schwierig zu erreichen.

Reisende auf dem Direktweg von Colombo in den Inselnorden passieren i. d. R. die 28.500 Einwohner zählende Distrikthauptstadt am Kreuzungspunkt verschiedener Fernstraßen. Allerdings ist Kurunegala kaum auf die Bedürfnisse von Touristen eingestellt – entsprechend selten trifft man in den Straßen rund um den zentralen Busbahnhof auf Ortsfremde. Dabei bietet Kurunegala durchaus Sehenswertes: Die Stadt ist von mehreren beeindruckenden frei stehenden Granitfelsen umgeben, topografisches Wahrzeichen ist der **Elefantenfels** *(Ethagala)* mit einer Höhe von 325 m. Neben einer schmalen Straße führt ein Treppenweg auf das aussichtsreiche Plateau – der Einstieg befindet sich gegenüber dem Auditorium des Bezirksrats und ist mit einem gelben Schild gekennzeichnet. Der Aufstieg endet am sitzenden Buddha in Samadhi-Stellung, der bei Dunkelheit illuminiert wird. Die über 20 m hohe Statue wurde 2003 fertiggestellt und ist weithin sichtbar. Die markante Erhebung gab der Distrikthauptstadt auch ihren Namen, denn *gala* bedeutet Fels, während das singhalesische Wort *kurune* übersetzt Elefant heißt. Eine weitere Attraktion am nördlichen Stadtrand ist der **Kurunegala Wewa,** dessen Nordufer von einer, alles in allem, recht hübschen Promenade gesäumt wird *(North Lake Road)*. Am Morgen sowie am späteren Nachmittag genießen Passanten von hier den vielleicht

Ridi Viharaya: Ortsfremde verirren sich nur selten hierher

schönsten Blick auf den Elefantenberg. Außerdem befinden sich am Nordufer einige Villen und Gästehäuser, von denen viele ihr Geschäft mit Hochzeitsfeiern machen. Der Stausee wurde bereits im Mittelalter angelegt und diente später zur Bewässerung der umliegenden Kautschuk- und Kokosplantagen.

Dass Kurunegala über eine längere Tradition verfügt, als das heutige städtische Erscheinungsbild vermuten lässt, bestätigt auch der alte Sanskrit-Stadtnamen *Hasthisailapura*, was so viel wie „Stadt des Elefantenfelsens" bedeutet. Am Fuß des Hügels, ganz in der Nähe des Treppenweges, entdeckten Archäologen den Rest einer Festung aus dem 13./14. Jh. Sie diente vermutlich als Schutzburg der singhalesischen Könige, die von den Tamilen aus Polonnaruwa vertrieben worden waren und sich danach vorübergehend in **Dambadeniya** 31 km westlich der heutigen Distrikthauptstadt niedergelassen hatten. Es handelte sich um das erste singhalesische Herrschaftszentrum, das sich nicht im Inselnorden befand. Auch die Zahnreliquie Buddhas wanderte damals vom Norden in Richtung Inselmitte und könnte sogar für eine Weile hier am Fuß des Elefantenfelsens verwahrt worden sein. Während die Ausgrabungsstätte von Dambadeniya, die etwa auf halber Strecke nach Negombo liegt, heute kaum Sehenswertes bietet, lohnen sich die anderen Ziele in der Umgebung trotz der Abgeschiedenheit umso mehr, so die beiden Klöster bei Ridigama und in Padeniya sowie die Ausgrabungsstätte Arankele.

Sehenswertes in der Umgebung

Ridi Viharaya: Das Wallfahrtsziel in ländlicher Umgebung 24 km nordöstlich von Kurunegala lohnt den Abstecher allein schon aufgrund der wildromantischen Landschaft. In der Regierungszeit des singhalesischen Nationalhelden Dutthagamani (s. u.) beutete man hier eine Silbermine aus und finanzierte mit den Erlösen die Fertigstellung des grandiosen Stupa Ruwanweli Seya in Anuradhapura, wie die alten buddhistischen Chroniken berichten. Inschriften bestätigen zumindest das

Kulturelles Dreieck und Hochland → Karte S. 310

Alter der Anlage und datieren sie auf das 1.–3. Jh. n. Chr. Während der eine Treppenweg zu einem weißen Stupa auf einem Hügel *(Serasum gala)* mit Aussicht führt, wendet sich der Hauptweg vom Parkplatz nach links und führt nacheinander zu zwei Sakralkomplexen: Der untere Haupttempel *(Maha viharaya)* ist in einen Felsen mit der Form eines Kobrakopfes hineingebaut, es soll sich angeblich um die Höhle handeln, in dem das Silber entdeckt wurde. Vor der 9 m langen Figur des liegenden Buddhas schmücken mit Plexiglas geschützte Porzellanfliesen aus Delft den Fußboden. Kurioserweise zeigen die holländischen Importe auch biblische Szenen, etwa die Vertreibung von Adam und Eva aus dem Paradies. Der obere Tempel *(Uda viharaya)* verdient hauptsächlich wegen der hochwertigen Malereien aus der Kandy-Epoche einen Blick. Auf dem Weg zu den beiden Heiligtümern passieren die Pilger einen bemerkenswerten Granitpavillon aus der Polonnaruwa-Zeit, in diesem haben Mönche mutmaßlich die Opfergaben durchreisender Kaufleute entgegengenommen.

Die Anlage ist jederzeit frei zugänglich. Tempelbesichtigung gegen Spende. Das Heiligtum liegt 3,5 km vom Dorf Ridigama entfernt, das wiederum über einen kurzen Abstecher von der A 6 Kurunegala–Dambulla zu erreichen ist.

Padeniya Raja Maha Viharaya: Das buddhistische Kloster liegt 25 km nordwestlich von Kurunegala an der A 10 nach Puttalam. Im 2. Jh. v. Chr. ließ sich der Legende zufolge der Titan Therapuththabhaya hier als Mönch nieder, nachdem er – mit neun weiteren Recken von riesiger Gestalt – den singhalesischen Helden Dutthagamani (→ S. 40) bei seinem Sieg über das tamilische Heer in der Schlacht von Vijithapura unterstützt hatte. Hinter dem erst 1912 errichteten Portal entfaltet sich ein gepflegtes Parkareal, von dem Treppenstufen zum geschmückten Bodhibaum sowie zum Tempel mit den beiden charakteristischen Pagodendächern führen. Letzterer ist – ähnlich wie der Embekke Devalaya bei Kandy – wegen seiner Schnitzereien bemerkenswert. Die Kunstwerke aus Holz im Tempelinneren stammen aus der Kandy-Periode und zeigen u. a. Tiere, Tänzerinnen und ringende Athleten. Zwischen Bodhibaum und der Dagoba befindet sich ein unscheinbares Haus, das einst die Tempelschule beherbergt haben soll. Angeblich ritzten die Mönche die singhalesischen Schriftzeichen vor dem Haus zu Lehrzwecken in den Sand.

Tägl. 6.30–19 Uhr. Eintritt gegen Spende.

Arankele: Der Meditationsplatz *(aran)* im Wald *(kele)* liegt abseits der ausgetretenen touristischen Pfade rund 25 km nördlich von Kurunegala. Viel ist über die Geschichte der wunderschön zwischen vegetationsreichen Hügeln und satten Reisfeldern eingebetteten Ausgrabungsstätte nicht bekannt. Inschriften belegen an diesem Ort ein Waldkloster von beträchtlicher Ausdehnung mindestens seit dem 6. Jh. n. Chr., außerdem verweist der architektonische Stil der Gebäude auf die Anuradhapura-Periode. Am Eingang des jederzeit frei zugänglichen Geländes, auf dem noch immer einige wenige Mönche wohnen, befindet sich ein gemauertes Heißwasserbassin, das mit einer Länge von 30 m sowie einer Breite von 18 m eines der größten dieser Art in Sri Lanka ist. Steine, die wahrscheinlich zum Mahlen von Kräutern verwendet wurden, legen nahe, dass die Mönche hier eine medizinische Heilanstalt nach den Grundsätzen des Ayurveda betrieben haben. Im rückwärtigen Areal befinden sich Fundamente zahlreicher Dagoben und anderer Sakralgebäude verstreut unter Bäumen. Ein etwas versteckter Treppenweg führt in etwa 30 Minuten zu einem 549 m hoch gelegenen Felsentempel, der angeblich aus dem 3. Jh. n. Chr. stammt.

Hin & weg Nach 13 km in Ibbagamuwa von der A 6 in Richtung Dambulla auf die B 159 nach Kumbukgete einbiegen. Kurz vor Kumbukgete zweigt in Kumbukwewa die Zufahrtsstraße nach Arankele links ab (auf schwarze Schilder mit weißer Schrift achten).

Bahn: Der Bahnhof befindet sich außerhalb in der Nähe des Kandyan Reach Hotels. Tägl. mehrere Verbindungen nach Colombo und in die Gegenrichtung nach Anuradhapura.

Bus: Der Busbahnhof befindet sich im Stadtzentrum. Regelmäßige Verbindungen von und nach Colombo, Negombo, Kandy, Dambulla und Puttalam.

Übernachten **Kandyan Reach Hotel**, ④–⑥. Das Mittelklassehotel liegt 1 km südöstlich vom Busbahnhof an der Ausfallstraße nach Kandy. Großer, bereits etwas angestaubter Kasten mit Flügeln, die sich um einen Innenhof mit Pool gruppieren. Wenig empfehlenswerte, unrenovierte Standard-Zimmer sowie komfortable, aber überteuerte Superior-Zimmer. Restaurant. Kandy Rd. 344–350, ✆ 037-2224218, www.kandyanreach.com.

Hotel Kamrel, ③. Funktionales Stadthotel an der Ausfallstraße nach Dambadeniya (B 247) 3 km südwestlich vom Busbahnhof. Picobello sauber, nüchterne Lobby und Restaurant. 20 hübsche, funktional möblierte Zimmer mit AC, überwiegend positiver Gesamteindruck! Malkaduwawa Rd. 604, ✆ 037-2056711, www.hotelkamrel.com.

Hotel Viveka, ②–③. Von allen Gästehäusern am Nordufer des Kurunegala Lake hat das Quartier in einer nicht mehr ganz taufrischen Villa im kolonialen Stil den besten Eindruck gemacht. 4 einfach ausgestattete Zimmer, davon 3 mit AC, wohnlicher Verandabereich, freundlicher Service, die Bäder könnten sauberer sein. Das Restaurant ist hauptsächlich auf Hochzeiten ausgerichtet, Bar. North Lake Rd. 64, ✆ 037-2222897, www.hotelviveka.com.

Essen & Trinken **Saruketha.** Das hochwertige Restaurant liegt 3 km nordöstlich vom Zentrum an der Ausfallstraße in Richtung Dambulla. Weitläufiges gepflegtes Anwesen mit Sitzplätzen zwischen – abends stimmungsvoll illuminierten – Bambusbüschen oder unter den Veranden. Sri-lankische, panasiatische und internationale Küche, mittags gibt's ein Büfett für ca. 1350 Rs. Frühstück, Mittag- und Abendessen. Dambulla Rd., ✆ 037-4691123.

Diyadahara. Das Restaurant befindet sich am Nordufer des Kurunegala Lake. Akzeptable Sitzplätze direkt am See (in der Regenzeit abends Moskitos!), große Kapazitäten drinnen wie draußen, sri-lankisches Reis & Curry-Mittagsbüfett ab 1000 Rs. Abends sri-lankische, asiatische und westliche Gerichte à la carte. Zimmervermietung im Seasons Hotel gegenüber. North Lake Rd. 7, ✆ 037-2223452.

››› **Mein Tipp:** **Sathkaara Dehena**. Das Straßenrestaurant 15 km nordwestlich von Kurunegala bietet sich für einen Einkehrstopp im Anschluss an die Besichtigung des Padeniya Vihara an. Gepflegt und gut geführt, preiswertes Reis & Curry-Mittagsbüfett, sri-lankische und westliche Küche, auch Fruchtsäfte, Tee und Kaffee. Angenehme Sitzplätze auf der Veranda. Frühstück, Mittag- und Abendessen. Tägl. 7–22 Uhr. Kurungela–Minuwangate Rd. (A 10), Wariyapola, ✆ 037-3121919. ‹‹‹

Matale

ca. 36.000 Einwohner

Reisende auf dem Weg von Dambulla auf der A 9 nach Süden queren die Basarstadt 25 km nördlich von Kandy. Matale liegt eingebettet in eine fruchtbare Berg- und Hügellandschaft mit zahlreichen **Gewürzgärten** und Plantagen, in denen u. a. Zimt, Pfeffer, Chilis, Tee und – neuerdings wieder – Kaffee kultiviert wird. Einige Gärten an der A 9 nördlich von Matale können sogar besichtigt werden: Nach der Führung in englischer Sprache, bei der Heil- und Gewürzpflanzen kurz vorgestellt werden, gibt es meistens im angeschlossenen Shop noch Tees und Gewürze zu überteuerten Preisen zu kaufen. Impulsgeber für die Plantagenwirtschaft waren die britischen Kolonialherren, die seit den 1830er-Jahren in der Umgebung von Matale im großen Stil Kaffee anbauten. Eine Steuererhöhung 1848 als Reaktion auf fallende Preise für Gewürze und Kaffee war Anlass einer Revolte enteigneter Bauern, die als **Matale-Rebellion** in die Geschichtsbücher eingegangen ist. Das Ereignis ist deshalb wichtig, weil es sich um den ersten antikolonialen Aufstand handelte, der nicht von heimischen Königen angestiftet wurde, sondern seine Basis in der Bevölkerung hatte. Ein Denkmal erinnert in Matale an die Erhebung, die von den Engländern mit aller Härte beendet wurde.

Kulturelles Dreieck und Hochland → Karte S. 310

Wichtigste Sehenswürdigkeit ist der Höhlentempel **Aluvihara** an der A 9 4 km nördlich von Matale. Buddhisten aus allen Landesteilen Sri Lankas verehren den Ort, weil der Überlieferung gemäß hier erstmalig der Pali-Kanon (→ S. 58) schriftlich notiert wurde. Anlass war eine zwölfjährige Hungersnot im 1. Jh. v. Chr., die die Mönche in allen Inselteilen besonders hart traf. Viele zweifelten damals an der Lehre, der Theravada-Buddhismus – damals ein zartes Pflänzchen – geriet in eine ernste Krise. Nach Ende der Hungersnot beschlossen die *Bhikkhus*, die bis dato mündlich tradierten Texte schriftlich festzuhalten, um eine abermalige Krise der buddhistischen Lehre zu vermeiden. Geschrieben wurden die Unterweisungstexte traditionell auf Blätter der Talipot-Palme, die später jedoch durch Blätter der Palmyrapalme ersetzt wurden. Etwa 300 Jahre lang halten Palmblätter dem ansonsten für eine Konservierung eher abträglichen tropischen Klima stand, bevor sie durch neue ersetzt werden müssen. 1848 ging der große Schatz der Klosterbibliothek bei der Niederschlagung der Revolte durch die Engländer in Flammen auf und wurde zerstört. In der neuen Bibliothek oberhalb der Kasse wird auf Wunsch demonstriert, wie das Beschriften der Palmblätter genau funktioniert: Dabei wird das zunächst gereinigte und danach durch Reiben geglättete Blatt mit einem spitzen Griffel eingeritzt. Als „Tinte“ dient traditionell eine Mischung aus Holzkohlepulver, geriebenen Erden, Kokosnuss- und Rizinusölen. Nach dem Beschriften wird das Palmblatt mit Pulver aus rotem Reis noch einmal gesäubert. Die Klosteranlage liegt eingebettet in eine idyllische Landschaft und strahlt natürliche Ruhe aus. Gleich mehrere reich ausgestattete Höhlentempel, insgesamt gibt es 13, können besichtigt werden. In einem lebte der Überlieferung nach im 5. Jh. n. Chr. Buddhaghosa als Eremit. Er galt als einer der prominentesten Pali-Exegeten seiner Zeit und war von Nordindien nach Sri Lanka gekommen. Pilger verehren hier außerdem einen Fußabdruck Budddhas auf einem Felsen.

Tägl. 6.30–21 Uhr. 250 Rs. Busse auf der Strecke Kandy–Dambulla halten ca. alle 10 Min. vor dem Klostereingang. Alternativ mit dem klimatisierten Minibus von Kandy nach Matale und dann mit dem Tuk-Tuk für ca. 200 Rs bis zum Kloster.

Sri Muthumariamman Thevastanam

Architektonisch auffälligstes Bauwerk im Zentrum ist der **Sri Muthumariamman Thevastanam.** Der Tempel im dravidischen Stil mit dem auffälligen Tempeltorturm wurde 1852 von tamilischen Plantagenarbeitern aus Südindien gegründet. Geweiht ist das Heiligtum der indischen Regen- und Fruchtbarkeitsgöttin Mariamman oder schlicht Amman. In den meisten Fällen wird die Gottheit heute als ein Aspekt der Göttin Parvati betrachtet. Im Innern der Anlage

werden Shiva, Ganesha, Murugan und die anderen Götter der shivaitischen Hemisphäre verehrt. Während des Bürgerkriegs wurde das Heiligtum zerstört und 1983 wiederaufgebaut. Der vollständig mit Götterfiguren verzierte Torturm wurde erst 2005 errichtet, wichtigste Festivität ist das 26-tägige Theru Festival im Februar/März.
Tägl. 6–12.15 und 16.30–20 Uhr. 250 Rs.

Kandy

118.000 Einwohner

Die Königsstadt im Hinterland ist das spirituelle Herz des Landes und ein obligatorischer Stopp auf der Rundreise durch Sri Lanka. Bedeutendste Sehenswürdigkeit ist der Zahntempel – Nationalheiligtum und spirituelles Zentrum der gesamten Insel. Weitere religiöse Kultstätten befinden sich in der Umgebung von Kandy.

Die zweitgrößte Stadt Sri Lankas verfügt aufgrund ihrer Lage auf durchschnittlich 550 m Höhe über ein ganzjährig angenehmes Klima. Kein Wunder, dass zahlreiche Einheimische aus dem dicht besiedelten Großraum Colombo mit einem Umzug in die alte Königsstadt liebäugeln. Die Einwohnerzahl wächst demzufolge rasant, und die Stadt breitet sich immer mehr auf die umliegenden Hügel aus. Die Schattenseite des Booms ist das starke Verkehrsaufkommen. Besonders zu den Stoßzeiten leidet das Geschäftsviertel unter chronischen Staus, auf den Zufahrtsstraßen ins Zentrum gestaltet sich die Situation kaum besser. Das ist aber auch schon alles an kritischen Anmerkungen, denn abgesehen von der leidigen Verkehrssituation lässt Kandy nur wenig Wünsche offen. Das weitläufige Stadtgebiet liegt in einer großen Schleife des **Mahaweli Ganga,** der mit 335 km der längste und bedeutendste Fluss Sri Lankas ist. Das kompakt strukturierte Geschäfts- und Basarviertel befindet sich am Nordwestufer des **Kandy Lake.** Der von steilen Hügeln eingerahmte Stausee bedeckt eine Fläche von 19 ha und wurde erst ab 1807 unter der Ägide des letzten Königs von Kandy, Sri Vikrama Rajasinha, angelegt. Ein Spaziergang auf der gepflegten Promenade im Schatten tropischer Baumriesen zählt zu den bezauberndsten Aktivitäten in der Stadt. Besonders an sonnigen Spätnachmittagen entfaltet sich vom Südufer das urbane Panorama in seiner ganzen Pracht: Die historischen Gebäude des Palast- und Tempelbezirks spiegeln sich in der glatten Oberfläche des Sees; als Hingucker firmiert insbesondere das auf einer künstlichen Insel ruhende Sommerhaus der Königin, das nach der Eroberung durch die Briten 1815 als Munitionsdepot genutzt wurde. Auch das blendend weiß getünchte **Queen's Hotel** in prominenter Lage zwischen See, Tempelbezirk und Basarviertel ist eng mit der britischen Kolonialvergangenheit verknüpft. Bevor das Gebäude in ein Luxushotel umgewandelt wurde, residierte hier der Gouverneur von Ceylon. Die besten Tage des Traditionshotels sind Geschichte – längst haben andere Häuser dem Queen's Hotel den Rang als Luxusherberge abgelaufen.

Mit der Vollendung des Kandy Lake im Jahr 1812 erhielt der Palast- und Tempelbezirk am Nordufer sein repräsentatives Gesicht. Dort befindet sich **der Tempel der heiligen Zahnreliquie Buddhas**: Der *Sri Dalada Maligawa* ist bei den meisten Ankommenden der Hauptgrund für den Besuch der Königsstadt. Denn der „Zahntempel" ist das größte Nationalheiligtum Sri Lankas und mit Abstand das wichtigste Pilgerziel – für Singhalesen ebenso wie auch für Tamilen. Buddhas Eckzahn, der in einem Turm des Tempels aufbewahrt wird, gilt als Schlüsselreliquie der Buddhisten – und das nicht nur in Sri Lanka. Seit 1988 steht der Tempel, gemeinsam mit den

Kulturelles Dreieck und Hochland → Karte S. 310

historischen Stätten der Umgebung auf der Welterbeliste der UNESCO. Seit dem verheerenden Anschlag der tamilischen Befreiungsarmee (LTTE) auf das Nationalheiligtum am 25. Januar 1998 gibt es an den Eingängen hohe Sicherheitsvorkehrungen. In Schleusen werden mitgeführte Taschen durchleuchtet, bestimmte Gegenstände wie Feuerzeuge oder Streichhölzer dürfen nicht mit hineingenommen werden. Bei dem Anschlag der Tamil Tigers raste ein mit Sprengstoff beladener Bus in das Eingangstor, die nachfolgende Explosion zerstörte Teile der repräsentativen Front und riss zahlreiche Gläubige in den Tod.

Beschränken Sie den Besuch der Palastablage aber nicht nur auf den Zahntempel, auch in den übrigen Bereichen, die ohne Billett zugänglich sind, gibt es viel zu bestaunen, u. a. den ältesten Bodhibaum der Stadt und die Kultstätten für die vier Schutzgottheiten (*Devales*). Letztere stehen alljährlich bei der großen **Kandy Perahera** (→ Veranstaltungen, S. 374) besonders im Blickpunkt, da jeder dieser Schutzgottheiten eine eigene Prozession gewidmet ist. Das Tempelfestival zur Verehrung der Zahnreliquie findet in den Sommermonaten Juli/August – um den Vollmond des Monats Esala – statt und zählt zu den farbenprächtigsten buddhistischen Festen Asiens.

Oberhalb des Kandy Lake und des Palast- und Tempelbezirks liegt der ehemalige **Royal Forest Park** *(Udawattakele Sanctuary).* Obwohl sich Besucher eher selten ins 104 ha große Schutzgebiet verirren, ist die Bedeutung des Areals für die Geschichte der Stadt groß: Einst soll ein Brahmane namens Senkada hier in einer Höhle gelebt haben. Der alte Name von Kandy lautete *Senkadagala* und leitete sich von diesem heiligen Mann ab, so soll er u. a. einen Ableger des Bodhibaums von Anuradhapura nach Kandy gebracht haben. Später diente das Areal als Vergnügungspark für die königliche Familie, die Öffentlichkeit hatte keinen Zutritt. Sämtliche Zugangswege, wie der Lady Gordons Drive, entstanden erst während der britischen Herrschaft. 400 Pflanzenarten – darunter zahlreiche Orchideen, Kräuter und Farne – beherbergt das Waldgebiet. Ein Besuch lohnt sich – insbesondere für Ornithologen. Im Schutzgebiet sind drei buddhistische Waldeinsiedeleien versteckt. Die Gehzeit vom Zahntempel zum Eingang beträgt eine knappe halbe Stunde (tägl. 7–17 Uhr. 650 Rs, erm. 325 Rs).

Auch die **Umgebung von Kandy** bietet Sehenswürdigkeiten von Rang, wobei der botanische Garten in Peradeniya *(Royal Botanical Garden)* mit etwa 1,2 Millionen Besuchern jährlich die unangefochtene Spitzenposition innehält. Ein Besuch des größten und bestens in Schuss gehaltenen botanischen Garten des Landes ist auch dann lohnenswert, wenn man kein Hobbybotaniker ist. Kunstfreunde machen sich auf den Weg zu verborgenen Tempelkleinoden in der Umgebung Kandys. Die geben viel mehr als der Zahntempel Aufschluss über die Kunstfertigkeit von Handwerkern und Baumeistern – von Holzschnitz- und Steinmetzkunst bis Metallverarbeitung und Malerei. Naturfreunde unternehmen vielleicht einen Ausflug zum **Victoria Reservoir** 20 km östlich von Kandy. Der Mahaweli Ganga wurde hier in den 1970er-Jahren zu einem See mit zahlreichen fjordartigen Seitenarmen und einer Gesamtoberfläche von 22,7 km² aufgestaut. Die Staumauer gilt als höchster Damm des Landes, täglich produzieren Turbinen Strom für den Großraum Kandy. Reisende auf dem Weg nach Mahiyangana oder in die *Knuckles Range (*Knöchelberge*)* passieren den von Hügeln und Bergen umgebenen Stausee. Die Umgebung bietet außerdem ausgezeichnete Hotels, Ayurveda-Zentren und buddhistische Meditationszentren.

Geschichte: Das erste Regionalkönigreich im Zentrum der Insel bildete sich im 14. Jh. heraus mit dem Sitz in **Gampola** 25 km südlich von Kandy. In der Zeit entstanden die drei Tempelheiligtümer, die westlich von Kandy liegen. Die Straße

Pilger im Inneren des Zahntempels (Sri Dalada Maligawa)

sowie die Eisenbahnlinie ins Hochland queren die heute aber unbedeutende Basarstadt. Zu den Eigenheiten des Gampola-Reichs gehörte, dass es von einer königlichen Doppelspitze regiert wurde, deren Protagonisten sich aus ein und derselben Familie rekrutierten. Die Herrscher mussten sich nicht nur den expansiven Bestrebungen der Könige von Jaffna, sondern auch den zunehmenden Machtansprüchen der eigenen Minister erwehren. Später ging das Gampola-Reich im aufstrebenden Königreich von Kotte auf.

Das Goldene Zeitalter von Kandy begann mit der Regierungszeit von König Sena Samantha Vikramabahu (1473–1511). Der ursprünglich aus der Umgebung von Kurunegala stammende Herrscher ist der Gründer des **Königreichs von Kandy** *(Mahanuwara Rajadhaniya)*, das sich von den Anfängen als tributpflichtiger Vasallenstaat des Königreichs Kotte zum großen Antipoden der europäischen Kolonialmächte aufschwang. Bis zur Eroberung 1815 durch die Briten war Kandy die Hauptstadt des letzten unabhängigen Königreichs in Sri Lanka und der politische, gesellschaftliche sowie religiöse Mittelpunkt der Insel. Unter König Vimaladharmasuriya I. gelangte die Zahnreliquie nach Kandy. Um dem verehrten kostbaren Buddha-Zahn eine standesgemäße Hülle zu verleihen, baute der Herrscher einen neuen Tempel und integrierte diesen in das Areal des Königspalastes. Doch dieser hielt den mehrmaligen Eroberungsversuchen der Portugiesen nicht stand, zu Beginn des 17. Jh. wurde der Königspalast von den europäischen Kolonialherren zerstört und danach wieder aufgebaut. Letztes kriegerisches Aufeinandertreffen war im März 1638 die Schlacht von Gannoruwa in der Nähe des botanischen Gartens. König Rajasingha II. verließ das Feld als Sieger, während sich die verlustreich geschlagenen Europäer nicht mehr von der Niederlage erholen sollten: Rajasingha II. bildete mit den Holländern noch im selben Jahr eine Koalition gegen die Portugiesen, die letztlich dazu führte, dass die Niederländer Portugal als führende Kolonialmacht ablösten.

Kulturelles Dreieck und Hochland → Karte S. 310

Statt der Portugiesen mussten sich die Könige von Kandy nun gegen die Holländer behaupten. 1765 nahmen die holländischen Eroberer die Königsstadt ein, plünderten sie nach Kräften und verpflichteten danach König Kirti Sri Rajasinha im **Vertrag von Batticaloa** zu einer Reparationszahlung von 10 Millionen Gulden. Die Unabhängigkeit des Reichs ließ der Vertrag allerdings formal unangetastet. Weitaus unglücklicher agierte der letzte König der Nayak-Dynastie Sri Vikrama Rajasinha (1780–1832): Eine mutmaßlich von der eigenen Familie ausgehende Revolte konnte der Regent noch grausam niederschlagen, doch gegen den Zugriff der neuen britischen Kolonialherren war er nicht gewappnet. 1803 marschierten die englischen Truppen erstmals widerstandslos in die Hauptstadt ein, derweil der König heimlich in die Berge flüchtete. Nach altbewährtem Muster spielte England in der Folge die Interessen der nach Einfluss strebenden Stammesfürsten gegen den Herrscher von Kandy aus und nahm 1815 eine vorgeschobene Lappalie zum Anlass, um erneut ins Königreich einzufallen. Diesmal wurde der König festgesetzt und am 10. März zur Unterzeichnung der **Konvention von Kandy** gezwungen. Der Vertrag besiegelte das Ende des letzten unabhängigen Königreichs auf sri-lankischem Boden, Sri Vikrama Rajasinha starb 1832 im Alter von 52 Jahren im südindischen Exil an einem Ödem.

Traditionelle Sari-Mode im Kandy-Stil

Aufgrund der jahrhundertelangen Herrschaft des Königreichs von Kandy hat die Stadt bis heute kulturelle Eigenheiten bewahrt, die sich von denen in anderen Landesteilen unterscheiden, darunter auch modische Noten. Ein Beispiel ist der Festtags-Sari *(Osariya)*. Im Unterschied zum klassischen Sari in Nordindien wird der Stoff dabei nicht um die Taille gewickelt. Stattdessen wird das eine Ende der 5,5 m langen Sari-Stoffbahn am Taillengürtel festgemacht, während das andere Ende über die Schulter gelegt und am Oberteil befestigt wird. Die Stoffe sind meistens farbenprächtig und vorzugsweise aus Baumwolle, beliebt sind bunte Batikdrucke. Ihren Ursprung hat die dekorative Frauenmode von Kandy in Südindien.

Zahntempel (Sri Dalada Maligawa) und Königspalast

Die Hauptsehenswürdigkeit von Kandy ist nicht einfach nur ein Tempel, sondern eine Ansammlung von profanen und sakralen Gebäuden, die sich um einen heiligen Schrein gruppieren, in dem die **Zahnreliquie Buddhas** verwahrt wird. Ein Wassergraben trennt den Eingang zum Schrein *(mahawahalkada)* mit dem gedrungenen achteckigen Torturm *(pattirippuwa)* vom Vorplatz. Der Turm sowie der weiße Frontflügel sind bei Dunkelheit stimmungsvoll beleuchtet – ein Besuch am frühen Abend ist daher ganz besonders zu empfehlen. Im spärlich beleuchteten Gang illustrieren auf dem Weg ins Tempelinnere Fresken an der Wand den prächtigen Aufmarsch mit Elefanten und Tänzern bei der jährlich stattfindenden Kandy Perahera. Das Innere des Heiligtums *(Handun kunama)* wird seit 1987 von einem goldenen Pagodendach bekrönt und besteht aus einem Innenhof, dem zweigeschossigen Hauptschrein und einem quer verlaufenden Riegel im rückwärtigen Bereich. Im Untergeschoss des Hauptschreins *(Palle malaya)* verdienen der vergoldete Zaun, die reich verzierte Pforte sowie zwei beeindruckende Elefantenstoßzähne einen Blick. Der Eckzahn Buddhas befindet sich im über Treppen zugänglichen Obergeschoss *(Udu malaya)*. Im Vorraum harren die Pilger geduldig aus, bis sich

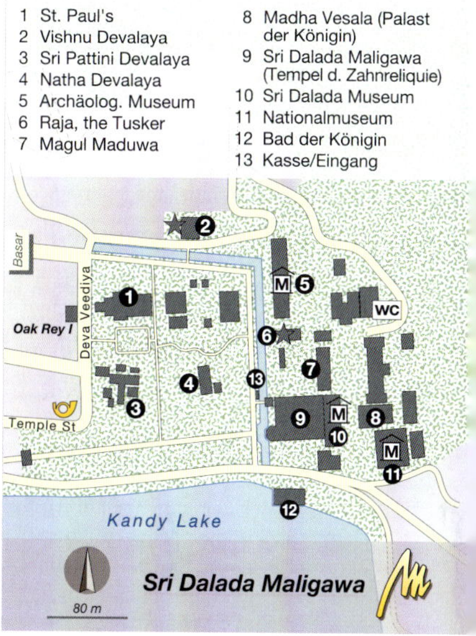

die Tür zur heiligen Kammer am Schluss der dreimal täglich stattfindenden Trommelpujas (5.30, 9.30, 18.30 Uhr) für kurze Zeit öffnet. Zu allen anderen Zeiten ist die kostbare Reliquie hinter einer reich verzierten, silberbeschlagenen Türe verborgen. Im hinteren Gebäuderiegel befindet sich auf zwei Etagen das kleine *Sri Dalada Museum,* in dem u. a. Geschenke von begüterten Pilgern und buddhistischen Abordnungen aus anderen Ländern ausgestellt sind (tägl. 7–19.30 Uhr).

Nördlich des Hauptschreins betreten die Besucher das **Palastareal** der Könige von Kandy *(Maligawa).* Das erste Gebäude von Rang nach Verlassen des Hauptschreins ist die ehemalige Audienzhalle der Regenten *(Magul maduwa).* Der luftige, gänzlich aus Holz sowie ohne Nägel errichtete Bau stammt aus dem Jahr 1783 und lädt zur wohlverdienten Pause ein. Bemerkenswert sind die Holzschnitzereien, die König Sri Rajadhi Rajasingha seinerzeit in Auftrag gab. In der Halle wurde 1815 die Übergabe des Königreichs an die britischen Eroberer offiziell besiegelt. Während große Teile des Palastes von den Engländern zerstört wurden, befinden sich in den erhalten gebliebenen Gebäudeteilen eine bescheidene archäologische Ausstellung sowie ein **Gedenkmuseum für Raja,** the Tusker. Das Museum erinnert an den prominenten Elefanten, der im ganzen Land Berühmtheit erlangte, weil er ein halbes Jahrhundert lang während der großen Kandy Perahera die heilige Zahnreliquie tragen durfte. 1988 starb der verdiente Dickhäuter an einer Krankheit. Ein Staatsbegräbnis wurde umgehend angeordnet, außerdem zierte der Elefantenbulle eine Briefmarke sowie eine 1000-Rupien-Note.

Tägl. 5.30–21 Uhr. 1500 Rs. In den Außenanlagen befindliche Heiligtümer und Sehenswürdigkeiten sind teils ohne Eintrittskarte zugänglich. Vor dem Betreten des Hauptschreins müssen die Schuhe ausgezogen werden. Trommelpujas finden tägl. um 5.30, 9.30 und 18.30 Uhr statt. Sri Dalada Veediya, www.sridaladamaligawa.lk.

Danach verdient der – ohne Eintrittskarte zugängliche – **Vorplatz** des Palast- und Tempelbezirks einen ausführlichen Blick. Die unterschiedlichen sakralen Stätten vermitteln ein recht vielseitiges Bild der Religionen in Sri Lanka. Zum einen befinden sich hier der prächtig geschmückte Bodhibaum auf einem blendend weißen Steinpodest, aber auch die von den Engländern 1843–48 als Herrschaftssymbol errichtete St. Pauls Church im neogotischen Stil. Bestaunen kann man insbesondere auch drei der vier Devales. Die Tempel der Schutzgottheiten veranschaulichen, wie sehr Buddhismus und Hinduismus in Sri Lanka miteinander verwoben sind:

Sri Pattini Devalaya: Der Tempel ist Pattini, der Göttin der Keuschheit und Fruchtbarkeit geweiht. Sie stammt ursprünglich aus Südindien und gehört heute zu den bedeutendsten Gottheiten der singhalesischen Landbevölkerung. Verehrt wird sie aus unterschiedlichen Gründen, so soll sie Kinder vor Krankheiten bewahren. Sie gehört indes auch zum illustren Verbund der vier (hinduistischen) Schutzpatrone,

Kulturelles Dreieck und Hochland → Karte S. 310

die die Zahnreliquie des Erleuchteten sowie das institutionelle Fundament des Königtums in unruhigen Zeiten beschützten sollten. In dem Heiligtum mit dem typischen Pagodendach im Kandy-Stil wird neben Pattini auch die Göttin Kali verehrt. Ein Blickfang ist die mit Messing beschlagene Eingangstüre. Zu Ehren Pattinis findet einmal im Jahr eine eigene Perahera statt.

Natha Devalaya: Der Schrein ist dem Areal des Zahntempels vorgelagert und einem der vier Schutzgottheiten der Zahnreliquie sowie des Königshauses von Kandy geweiht. Chroniken zufolge ließ ihn König Vikramabahu III. im 14. Jh., also noch vor der Verbringung der Zahnreliquie nach Kandy, errichten. Die Herkunft der hier verehrten Gottheit ist unklar, wahlweise wird Natha mit dem zukünftigen Buddha

Buddha-Zahn auf Wanderschaft: die Nationalreliquie Sri Lankas

Nach der feierlichen Einäscherung von Buddha Shakyamuni in Nordindien klaubte der Legende nach ein Schüler des Erleuchteten namens Khema den fünf (!) Zentimeter langen Eckzahn des Meisters aus der Asche. Er nahm ihn zunächst als Andenken an sich, reichte ihn jedoch später an den König von Orissa weiter. Die Schenkung zementierte ein bis heute wirksames Gerücht, demzufolge der Eigentümer der Zahnreliquie *(sri dalada)* ein quasi naturrechtlich verbrieftes Herrscherrecht hätte. Kein Wunder also, dass die heilige Reliquie mit Argusaugen beobachtet und gehütet wurde. Dies konnte indessen nicht verhindern, dass Kriege um sie gefochten und auf die heimliche Entwendung Belohnungen ausgesetzt wurden. Zu Beginn des 4. Jh. n. Chr. passierte es: Der Zahn wurde von der Prinzessin Hemamali und deren Gemahl gestohlen und klammheimlich außer Landes gebracht. Das Paar floh nach Sri Lanka, wo man das unschätzbar kostbare Kleinod in der damaligen Hauptstadt Anuradhapura natürlich hocherfreut in Empfang nahm. Die Begeisterung war deshalb so groß, weil die damals frisch eingeführte buddhistische Religion nach Reliquien verlangte. Neben dem Schlüsselbeinknochen des Religionsgründers verfügte man jetzt auch über dessen linken Eckzahn.

In der Folge zog der von geschulten Wächtern sorgsam in Tempeln gehütete Schatz mit den Königsresidenzen von Ort zu Ort. Auf diese Weise gelangte der heilige Zahn von Anuradhapura über Polonnaruwa und Dambadeniya nach Kandy. Auch Kotte sowie zahlreiche andere Städte im Südwesten Sri Lankas rühmten sich, die Reliquie vorübergehend oder dauerhaft verwahrt zu haben. Im frühen 15. Jh. war der chinesische Tang-General Zheng He bestrebt, die Reliquien des Erleuchteten ins Reich der Mitte zu überführen, scheiterte aber mit seinen militärischen Expeditionen ebenso, wie sein prominenter Vorgänger Kublai Khan gegen Ende des 13. Jh. Letzterer brachte zwar einen Zahn nach Peking zurück, doch die Singhalesen behaupteten steif und fest, dass es sich um eine Fake-Reliquie gehandelt habe. Auch die Portugiesen hatten sich der Reliquie zu bemächtigen versucht: Weil der damalige König von Kandy seine Hauptstadt dafür als nicht mehr sicher genug erachtete, ging der Zahn abermals auf Wanderschaft – über Ratnapura bis in die Gegend von Tangalle und dann wieder zurück nach Kurunegala. Einer anderen Version zufolge sei die Zahnreliquie von den Portugiesen nach Goa überführt und dort zerstört worden. Der Widerspruch der Singhalesen folgte natürlich postwendend.

Maitreya oder mit dem Bodhisattva Avalokiteshvara aus der Mahayana-Tradition verehrt. Im Zuge der großen Perahera ist dem Schutzpatron eine eigene Prozession gewidmet. Tempelzeremonien finden um 6.15, 13.30 und 20 Uhr statt.

Vishnu Devalaya: Der dritte Tempel befindet sich nördlich des Zahntempels. Er ist dem hinduistischen Hauptgott Vishnu geweiht. Allerdings wurde die hier verehrte Gottheit erst in jüngerer Zeit mit Vishnu identifiziert, zuvor firmierte der wahrscheinlich aus dem Süden Sri Lankas stammende Schutzpatron unter anderen Namen, z. B. *Aluth Nuwara Deviyo*. Das von einer Mauer umgebene Areal liegt leicht erhöht und ist über Treppenstufen zu erreichen. Im Hof steht ein steinalter Bodhibaum mit riesiger Krone. Zeremonien finden um 5.15, 9.30 sowie um 18.30 Uhr statt. Der vierte Schrein, der Kataramgama Devalaya, liegt außerhalb des Geländes im Basarviertel von Kandy (siehe unten).

Im Vishnu Devalaya

Sehenswertes in der Stadt

National Museum: Das kürzlich grundlegend renovierte und sehenswerte Museum zur Kulturgeschichte des Königreichs von Kandy liegt hinter dem Zahntempelareal und ist am besten vom Nordufer des Kandy Lake zu erreichen. Das Haus im traditionellen Kandy-Stil wurde während der Herrschaft von Sri Vikrama Rajasinha erbaut, der auch den See anlegen ließ. Das Haus diente als Residenz für die Herrscherfrauen. Ab 1832 nutzte die neu gegründete *Kandy Art Association* das Gebäude als Lager für Antiquitäten, bevor es 1942 als Museum der Öffentlichkeit zugänglich gemacht wurde. Rund 5000 Objekte beleuchten das Königreich von Kandy, seine Geschichte sowie die Periode der britischen Kolonialzeit vom 17.–19. Jh. Zu sehen sind u. a. Holzschnitzereien, Schmuck, Textilien, Tonvasen und als ganz besonderes Schmankerl die Krone der Herrscher von Kandy. Ausgestellt ist auch eine Kopie der Kapitulationsurkunde 1815, die die Übergabe des Königreichs an die britischen Kolonialherren rechtlich fixierte.

Di–Sa 9–17 Uhr. 600 Rs, Fotoerlaubnis 200 Rs.

Madha Vesala (Palast der Königin): Unmittelbar nördlich des Nationalmuseums befindet sich die ehemalige Wohnresidenz von Venkatha Rengammal. Die Ehefrau des letzten Regenten von Kandy war Tamilin und entstammte einer reichen Nayak-Familie aus Chennai. Das Gebäude im traditionellen Stil steht zwar nicht unbedingt

Kulturelles Dreieck und Hochland → Karte S. 310

an erster Stelle der Attraktionen von Kandy, wer jedoch etwas Zeit übrig hat, sollte es vielleicht in Augenschein nehmen. Das Holzdach ist feinste Zimmermannskunst und wurde ganz ohne Nägel zusammengefügt. Zwei Modelle erklären die Prinzipien traditionellen Bauens. Außerdem lohnt ein Blick auf die verzierten Holzsäulen. Der Innenhof vermittelt einen anschaulichen Eindruck von der Wohnkultur im beginnenden 19. Jh.

Mo–Fr 7–17 Uhr. 150 Rs.

Kataragama Devalaya: Der dem Schutzgott Kataragama alias Sri Murugan/Skanda (→ Kasten, S. 254) geweihte Tempel gehört zu den vier Devales (s. o.), den Schreinen der vier (hinduistischen) Wächtergottheiten Sri Lankas. Als einziger der vier befindet er sich nicht auf dem Zahntempel-Gelände, sondern versteckt sich im Basarviertel. Im Gegensatz zu den drei anderen Devales, steht an der Spitze der Tempelhierarchie kein buddhistischer Mönch, sondern ein Brahmane. Hindus und Buddhisten pilgern gleichermaßen hierher und ehren Kataragama. Weitere Schreine dienen der Verehrung der neun Planetengottheiten sowie des erleuchteten Buddhas.

Tägl. 5.30–20 Uhr. Sri Skanda Kumara Devala Lane, Kotugodella Vidiya.

Malwathu Maha Viharaya: Das Kloster am Südufer des Kandy Lake gehört zwar nicht zu den Hauptsehenswürdigkeiten Kandys, lohnt jedoch zumindest eine Stippvisite beim obligatorischen Spaziergang um den See. Das buddhistische Mönchsdomizil steht in einer ursprünglich aus Thailand stammenden und heute nur noch im Raum Kandy verbreiteten Ordenstradition *(Siam Nikaya)*. Der Begründer Upali Thera kam 1753 nach Sri Lanka und ordinierte in der Königsstadt einige Theravada-Mönche. Das Ereignis ist erwähnenswert, weil es einen bedeutenden Beitrag zur Renaissance des bis dato darbenden Buddhismus in Sri Lanka leistete. Sein Meditationsraum ist heute ein Museum und kann besichtigt werden, der rückwärtige Bereich des Klosters ist den Mönchen vorbehalten.

Royal Botanical Garden: Der schönste und meistbesuchte botanische Garten des Landes liegt 6 km südwestlich von Kandy im Vorort Peradeniya. Das 60 ha große Areal liegt in einer Flussschleife des Mahaweli Ganga und beherbergt über 4000 tropische und subtropische Pflanzen, darunter in einem Gewächshaus im viktorianischen Stil rund 170 Orchideenarten, wovon 70 in Sri Lanka endemisch sind. Weitere Besonderheiten sind ein kleiner See in der Grundrissform Sri Lankas sowie Gewürzgärten, Palmenalleen und Bambuswälder. Mit etwas Glück stehen tropische Bäume wie der Toha- oder der Kanonenkugelbaum in prächtiger Blüte (→ Foto, S. 32). Die wechselhafte Geschichte des Gartens geht zurück auf das Jahr 1371, als König Vikramabahu III. seine Residenz in die geschützte Flussschleife verlegte. In der zweiten Hälfte des 18. Jh. befanden sich hier ein Tempel sowie die königlichen Gärten, die in der britischen Kolonialzeit in eine Zimt- und Kaffeeplantage umgewandelt wurden. 1843 brachten die Engländer Pflanzen von der Westküste mit und verwandelten das Areal in einen öffentlich zugänglichen Lehrgarten. Im Zweiten Weltkrieg war hier das Oberkommando der alliierten Streitkräfte von Südasien unter Leitung von Lord Louis Mountbatten, dem letzten britischen Vizekönig Indiens, stationiert.

Zwei Stunden sollte man mindestens für einen Rundgang veranschlagen. Ein Restaurant sowie ein Café sorgen für das leibliche Wohl. Mit der Eintrittskarte erhalten Besucher einen ausführlichen Informationsprospekt, eine zusätzliche Orientierung bietet die Übersichtstafel am Eingang.

Tägl. 7.30–17 Uhr. 1500 Rs, erm. 750 Rs. Peradeniya Rd., www.botanicgardens.gov.lk.

Sehenswertes in der Umgebung

Ceylon Tea Museum: Das staatlich geführte Museum befindet sich oberhalb von Kandy in einer ehemaligen Teefabrik und ist über eine 4 km lange Straßenzufahrt zu erreichen. Ausgestellt werden historische Objekte mit Bezug zur Geschichte des Teeanbaus in Sri Lanka, u. a. Maschinen, Dokumente, Bücher sowie historische Aufnahmen. Auch einige Gegenstände aus dem Besitz von James Taylor, dem srilankischen Teepionier, werden gezeigt. Im dritten Obergeschoss befindet sich ein großer Verkaufsraum. Vom Dachgeschoss genießt man einen fantastischen Rundblick über die umliegenden Teeplantagen. Anschließend kann man sich im Tea Café vom Museumsbesuch erholen.

Di–Sa 8.30–16.30 Uhr (letzter Einlass um 15.45 Uhr), So bis 15.30 Uhr (14.45 Uhr). 800 Rs, erm. 400 Rs. Hantane (am General Hospital auf ein Schild nach links achten, ab der Hantane Rd. ist der Weg ausgeschildert), www.ceylonteamuseum.com.

Degaldoruwa Maha Raja Vihara: Der von Reisenden eher selten besuchte Tempel liegt jenseits des Mahaweli Ganga 3 km östlich der Stadt. Der Abstecher lohnt sich besonders wegen der prächtigen und gut erhaltenen Wandmalereien im Kandy-Stil. König Sri Rajasinha gab den Auftrag für die Ausgestaltung der Grotte unmittelbar nach seiner Inthronisierung 1751. Die buddhistische Kultstätte besteht aus einer Vorhalle und dem Hauptschrein mit einem 9 m langen liegenden Buddha, dessen Kopfkissen ein Saphir schmückt. Nachdem der wertvolle Schmuckstein von Dieben entwendet wurde, ersetzte man ihn durch ein Glasimitat. Beim Einbruch wurden auch Edelsteine aus den Türen herausgebrochen, die der Beleuchtung des Tempelinneren gedient hatten. Nach der Besichtigung des Höhlenheiligtums lohnt sich der Treppenaufstieg zum Bodhibaum, um von oben die Aussicht zu genießen.

Eine kleine Tempelzeremonie findet tägl. um 18.30 Uhr statt. Eintritt gegen Spende.

Gadaladeniya Vihara: Die buddhistische Anlage liegt 8 km westlich von Kandy auf einer erhöhten Granitplatte und wurde einer Inschrift zufolge unter der Patronage

Beliebter abendlicher Programmpunkt: die Kandy-Tänze

Kulturelles Dreieck und Hochland → Karte S. 310

des Königs von Gampola Bhuvanekabahu IV. im 14. Jh. errichtet. Der Abstecher ist wegen der bemerkenswerten Steinmetzarbeiten am Eingang zum Haupttempel von Interesse: Zu sehen sind zwei mythische Wächterskulpturen mit Elefantenkopf und Löwenkörper sowie eine reich im dravidischen Stil verzierte Säule in der aus Südindien importierten Kunsttradition. Wer den verwitterten Sockelfries ein wenig exakter unter die Lupe nimmt, entdeckt außerdem die Halbreliefs von Kandy-Tänzern. Innen genießt der goldbeschichtete Buddha die größte Verehrung.

Tägl. 6–19 Uhr. 300 Rs. Busse von und nach Colombo halten an der Galadeniya Jc. (A 1) 7 km westlich von Kandy, der Tempel liegt 1 km südlich vom Ausstieg (mit dem Tuk-Tuk oder zu Fuß).

Sri Lankathilaka Raja Maha Viharaya: Wie die drei anderen buddhistischen Tempel westlich von Kandy ist auch dieser in der Epoche des Königreichs von Gampola entstanden. Er erhebt sich spektakulär auf einer felsigen Kuppe über einem mit Reisfeldern bewirtschafteten Tal. Einer Inschrift zufolge besaß der Haupttempel ursprünglich vier Etagen, von denen nur das Sockelgeschoss erhalten geblieben ist. Das dekorative Obergeschoss mit seinem abgeknickten Pagodendach wurde später hinzugefügt. Neben dem in Meditationshaltung sitzenden Buddha im südindischen Pallava-Stil sind aus kunsthistorischer Perspektive die Deckenfresken in der Eingangshalle bemerkenswert. Insbesondere das Emblem der vier ineinander verschlungenen Schwäne gilt als künstlerischer Höhepunkt der Malerei der Kandy-Periode. Außerdem beachtenswert ist die Doppelflügeltüre zum Allerheiligsten, das aus einem nach Osten gerichteten buddhistischen Schrein und einem in die Gegenrichtung blickenden hinduistischen Schrein besteht. Links vom Haupttempel informiert eine großformatige Felsinschrift mit singhalesischen sowie tamilischen Lettern über den Stifter der Anlage.

Tägl. 6–19 Uhr. 300 Rs. Der Tempel befindet sich 16 km südwestlich von Kandy in der Nähe des Dorfes Daulagala und ist am besten per Three Wheeler erreichbar. Empfehlenswert ist eine **Kombi-Rundtour**, die die Besichtigung des benachbarten Embekke Devalaya einschließt (ca. 2500 Rs mit dem Tuk-Tuk von Kandy).

Embekke Devalaya: Die Gründungslegende handelt von einem Trommler, der an einer Hautkrankheit litt und daher nach Kataragama in den Inselsüden pilgerte. Als er durch die Gnade der Gottheit geheilt wurde, reiste er jedes Jahr zum Wallfahrtsort, um dort aus Dankbarkeit zu trommeln, bis ihm das Alter das Reisen unmöglich machte. Die Gottheit erschien ihm darauf im Traum und kündigte ein Wunder an, das in Gestalt eines Zerberusbaums mit blutrotem Pflanzensaft in Erscheinung trat. Nachdem sich die Gottheit solcherart an seinem Wohnort offenbart hatte, konnte ihr der Trommler in der Heimat Verehrung zollen. An der Stelle des Zerberusbaums steht heute der Kataragama geweihte Tempel mit bemerkenswerten Holzschnitzereien. Die einstöckige Säulenhalle aus dem Jahr 1371 bestand ursprünglich aus drei Etagen und wurde gänzlich ohne Nägel zusammengefügt. Die 32 reich verzierten Säulen sowie der Deckenschmuck – Musiker, Tänzerinnen, ringende Krieger, Elefanten fressende Löwen und Drachen – zählen zu den künstlerisch hochwertigsten Schnitzereien in Sri Lanka. Zwei Löwenskulpturen behüten den Zugang zum Allerheiligsten mit dem Abbild der Gottheit Kataragama. In einem Seitenschrein beschützen Skulpturen hinduistischer Götter einen sitzenden Buddha.

Tägl. 6–19 Uhr. 300 Rs. Pujas finden um 6, 11.30 und 19 Uhr statt. Der Tempel befindet sich 17 km südwestlich von Kandy und ist am besten per Tuk-Tuk erreichbar. Empfehlenswert ist eine **Kombi-Rundtour**, die den Besuch des benachbarten Sri Lankathilaka Raja Maha Viharaya einschließt (ca. 2500 Rs mit dem Tuk-Tuk von Kandy).

Highlight der Kunst im Kandy-Stil: vier ineinander verschlungene Schwäne

Basis-Infos

Information www.kandycity.org. Das **Infobüro der Central Province** befindet sich oberhalb des Busbahnhofs für Nahdistanzen in der Nähe des Uhrturms. Tägl. 8.30–19 Uhr. Peradeniya Rd. (A 1), ✆ 081-3122143. Ein weiteres **Infobüro der Stadt Kandy** liegt im 2. OG des Kandy City Centre. Tägl. 8.30–16.15 Uhr.

Hin & weg **Bahn**: Kandy liegt an der Hauptstrecke von Colombo ins südliche Hochland mit dem Endhaltepunkt Badulla. Täglich gibt es mehrere Verbindungen in beide Richtungen. Es gibt zwei Bahnhöfe: Der **Stadtbahnhof** liegt zentral in Gehentfernung zum Zahntempel, während sich der **Bahnhof Peradeniya** 6 km westlich des Zentrums befindet. Die meisten Züge halten am Stadtbahnhof, einige wenige jedoch ausschließlich in Peradeniya. Die aussichtsreicheren Sitzplätze auf der Fahrt nach Colombo befinden sich auf der linken Seite.

Bus: Der etwas unübersichtlich strukturierte Busbahnhof befindet sich schräg gegenüber dem Stadtbahnhof. Regelmäßige Verbindungen führen in viele Städten im ganzen Land, u. a. nach Dambulla, Colombo, Anuradhapura, Hatton, Kurunegala sowie Mahiyangana. Busse zu den Nahzielen in der Umgebung starten vom Platz vor dem Uhrturm. Klimatisierte Busse nach Colombo und nach Matale fahren in der Nähe des Uhrturms bzw. an der Straße zwischen Uhrturm und Busbahnhof ab.

Flugzeug: Wasserflugzeuge landen auf dem Mahaweli Ganga (Polgolla Reservoir Airport) 5 km nördlich vom Zentrum. Regelmäßige Verbindungen zwischen Kandy und Colombo sowie zu mehreren Destinationen an der Südküste, teils mit Zwischenstopps. Die Flugzeit von/nach Hambantota beträgt 45 Min., www.cinnamonair.com.

Taxi: **Gamage Sudesh** betreibt eine zuverlässige und preiswerte Taxiagentur. Kurzfahrten sowie mehrtägige Inselrundreisen, u. a. mit kleinen Tata-Nano-Limousinen. ✆ 077-2068018, www.agskandytaxi.com. Die Taxifahrt zum internationalen Flughafen Colombo kostet ca. 8000 Rs.

Mietfahrzeuge: **Settle Inn Tourist Lodge** verleiht u. a. gepflegte Scooter für 1500–2000 Rs/Tag. Scooter sind ideal zur Erkundung der Gegend, wobei im unübersichtlichen Stadtverkehr entsprechend Vorsicht angebracht ist. Tägl. 7.30–20 Uhr. Östlich des Kandy Lake, Louis Peiris Mw. 53, ✆ 081-2222421, www.settleinnkandy.com.

Parken: An der Südseite des Kandy City Center befindet sich ein Parkhaus.

Kulturelles Dreieck und Hochland → Karte S. 310

Touren **Trekking Expeditor Kandy**, die Reiseagentur im Hotel Expeditor (s. u.) ist auf Trekkingtouren in den Knöchelbergen spezialisiert. Jahrzehntelange Erfahrung, Ein- und Mehrtagesausflüge, auch Abstecher in diverse Nationalparks oder in die Dörfer der Ureinwohner. Eigene Zeltplätze. Saranankara Rd. 41, ✆ 071-7204722, www.trekkingexpeditor.com.

Ärztliche Versorgung **Kandy Teaching Hospital**, das zweitgrößte Krankenhaus in Sri Lanka befindet sich in der Nähe des Bahnhofs. William Gopallawa Mw., ✆ 081-2222261.

Veranstaltungen **Kandy Esala Perahera**, das Festival zu Ehren der Zahnreliquie Buddhas und der vier Wächtergottheiten Natha, Vishnu, Kataragama und Pattini ist eines der größten und farbenprächtigsten religiösen Feste Asiens. Hunderttausende Besucher und Pilger aus aller Welt strömen nach Kandy, wenn zur Zeit des Esala-Vollmonds die berühmte Zahnreliquie Buddhas aus dem Schrein genommen und in einer feierlichen Prozession mit prachtvoll geschmückten Elefanten durch die festlich beleuchteten Straßen der Stadt zieht, begleitet von Tänzern, Akrobaten und Trommlern. Die Reliquie wird dabei auf dem Rücken eines mit prunkvollen Brokatdecken ummantelten **Tusker** (männlicher Elefant) mit gewaltigen Stoßzähnen getragen. Eröffnet wird der Festreigen traditionell mit dem rituellen Setzen des Jackfruchtbaums. Das Fest dauert 15 Tage, die Prozessionen werden dabei täglich größer und schillernder bis zum feierlichen Höhepunkt in der Vollmondnacht am Ende der Esala Perahera. Mitte/Ende Juli bis Anfang/Mitte Aug.

Kandy-Tänze, auch außerhalb der Esala Perahera kann man die traditionellen Kandy-Tänze sehen. An vier Orten in der Stadt finden tägl. um 17 bzw. 17.30 Uhr Tanz-, Gesang- und Trommelshows mit Laiendarstellern statt. Die Veranstaltungen sind für Touristen konzipiert und dauern etwa 1 Std. Wegen seiner gut erreichbaren Lage Nähe Zahntempel sind die Aufführungen im **Kandyan Cultural Centre** am Nordufer des Kandy Lakes zu empfehlen. Ein Beiblatt gibt knappe Infos zu den dargebotenen Stücken. 17–18 Uhr (rechtzeitig vorher da sein, um einen Platz mit guter Sicht zu ergattern). Ab 1000 Rs. Sangaraja Mw., ✆ 077-8125722.

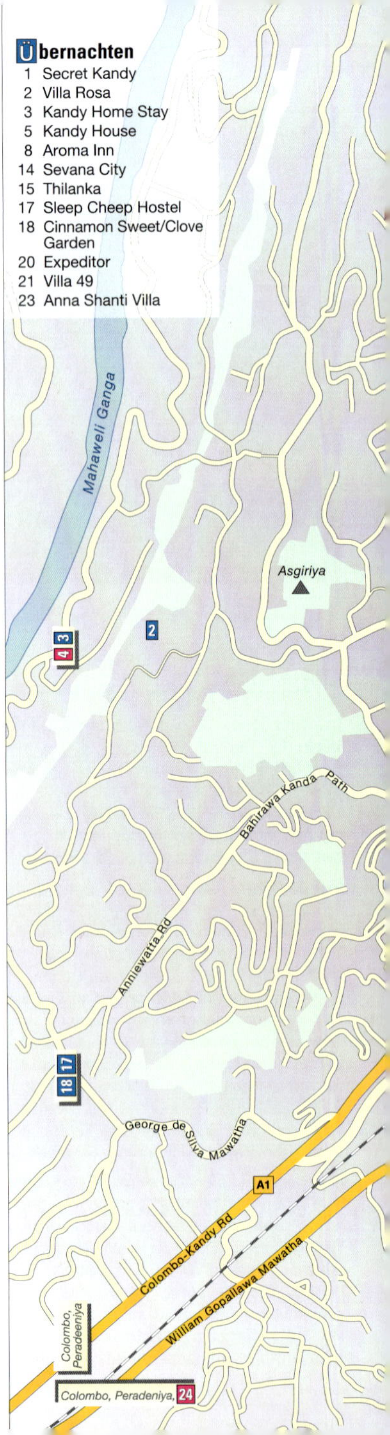

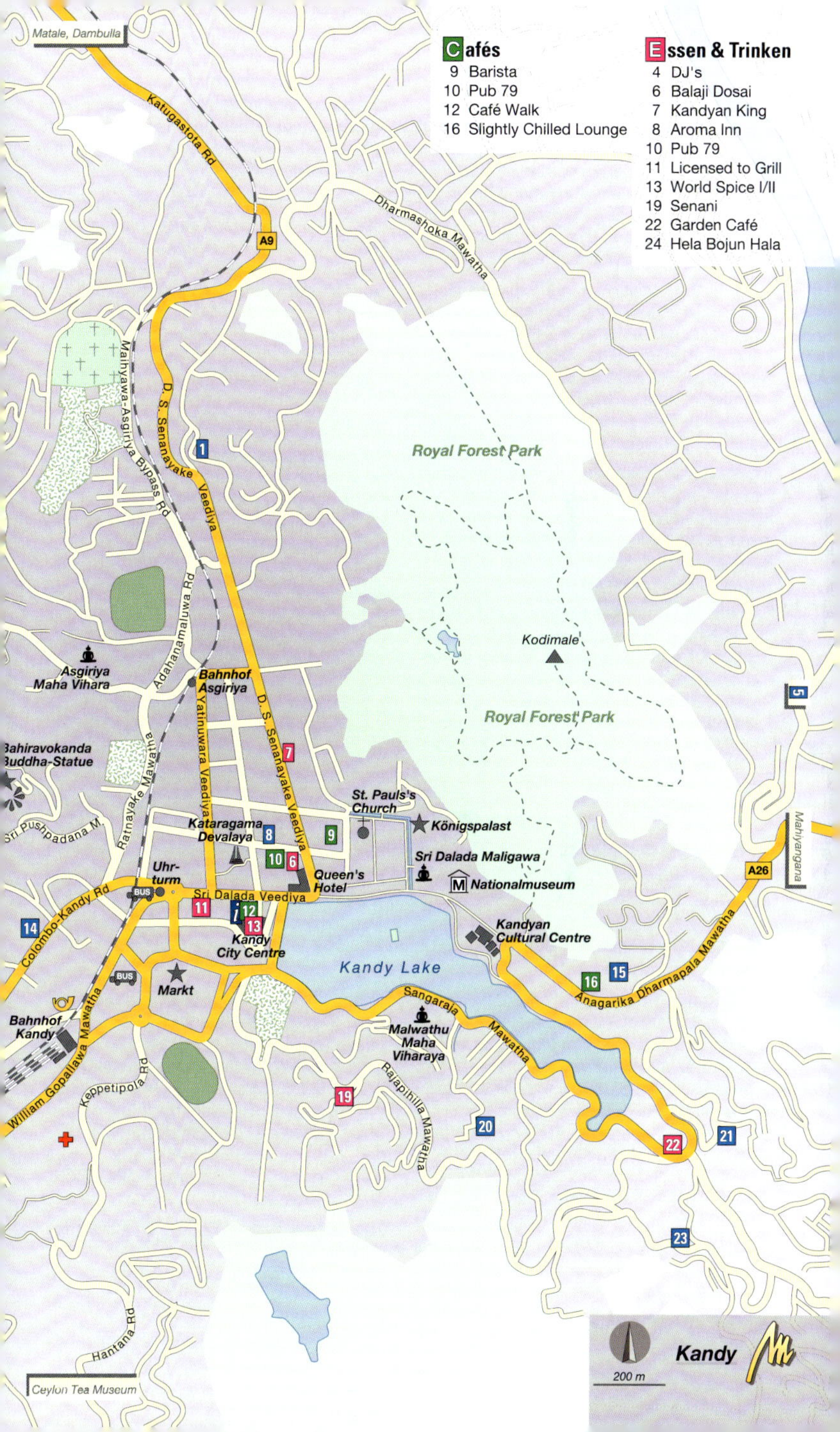
Cafés
9 Barista
10 Pub 79
12 Café Walk
16 Slightly Chilled Lounge
Essen & Trinken
4 DJ's
6 Balaji Dosai
7 Kandyan King
8 Aroma Inn
10 Pub 79
11 Licensed to Grill
13 World Spice I/II
19 Senani
22 Garden Café
24 Hela Bojun Hala
Matale, Dambulla
Katugastota Rd
A9
Dharmashoka Mawatha
Royal Forest Park
Mahiyawa-Asgiriya Bypass Rd
D. S. Senanayake Veediya
Adahanamaluwa Rd
Kodimale
Royal Forest Park
Asgiriya Maha Vihara
Bahnhof Asgiriya
Yatinuwara Veediya
Bahiravokanda Buddha-Statue
Ratnayake Mawatha
Sri Pushpadana M.
St. Pauls's Church
Königspalast
Kataragama Devalaya
Sri Dalada Maligawa
Uhr-turm
Queen's Hotel
Nationalmuseum
Mahiyangana
A26
Colombo-Kandy Rd
BUS
Sri Dalada Veediya
Kandy City Centre
Kandyan Cultural Centre
Kandy Lake
Anagarika Dharmapala Mawatha
BUS
Markt
Sangaraja Mawatha
Bahnhof Kandy
William Gopallawa Mawatha
Malwathu Maha Viharaya
Keppetipola Rd
Rajapihilla Mawatha
Hantana Rd
Ceylon Tea Museum
200 m
Kandy

Einkaufen **Kandy City Centre (KCC).** Moderne Einkaufsmall nach westlichem Vorbild zwischen Zahntempel und Bahnhof. Ladengeschäfte auf mehreren Etagen, im UG befindet sich ein Supermarkt, im 4. OG ein Food-Court. Ein **Geldautomat** ist vorhanden. Tägl. 9–20 Uhr. Sri Dalada Veediya 5, www.kandycitycentre.lk.

Oak Ray. Boutique im edel-schicken Outfit neben dem gleichnamigen Restaurant in einer Seitengasse vor dem Zahntempelareal. Gut sortierte Schmuckabteilung, Holzschnitzereien, Kaffeetassen mit Sri Lanka-Motiven und Räucherstäbchen. Tägl. 8–20 Uhr. Deva Veediya 41 (schräg gegenüber der St. Pauls Church), ✆ 081-2223710.

Laksala. Die Dependance des staatlichen Kunsthandwerkvertriebs befindet sich zwischen Kandy City Centre und Kandy Lake und ist am besten über die Einkaufsmall zu erreichen. Tägl. 9–19 Uhr. Sangaraja Mw. 5, ✆ 081-2222087, www.laksala.gov.lk.

Opanima Gems & Jewellery. Kandy ist einer der beliebtesten Orte der Insel, um Schmuck und Edelsteine zu kaufen, zahlreiche Läden unter muslimischer Leitung wetteifern an der Ausfallstraße nach Colombo um Kundschaft. Traditionsbetrieb (seit 1956), ein großes Plus ist der kurze, informative Einführungsfilm zum Abbau und zur Verarbeitung der Edelsteine (auch auf dt.). Tägl. 8–17 Uhr. Old Peradeniya Rd. 933 A, ✆ 081-4940911, www.opanima.com.

Yoga/Meditation **Sanatha Suwaya Meditation & Retreat Center.** Meditationsübungen ohne Ausrichtung auf bestimmte religiöse Schulrichtungen in ruhiger Umgebung und mit schöner Aussicht (seit 2005). Ein- und mehrtägige Meditationsaufenthalte, auch Yoga und ayurvedische Behandlungen. Tägl. 8–19 Uhr. Araliya Mw. 112/1, Balagolla (10 km östlich an der A 26 in Richtung Mahiyangana), ✆ 081-5659567, www.sanathasuwaya.org.

Nilambe Buddhist Meditation Centre. Das bei westlichen Reisenden geschätzte Zentrum für buddhistische Retreats liegt 24 km südlich von Kandy und ist nur mit dem Tuk-Tuk zu errreichen. Zu den Meditationen wird man nach vorheriger Onlineanmeldung eingeladen. Nilambe, Galaha, www.nilambe.net.

Yoga Reiki Meditation. Empfehlenswerte Yogastunden mit Saman, Termine erfolgen nach Absprache. Tägl. 6–19 Uhr. Dharmashoka Mw. 142/5 A (jenseits des Royal Forest Park an der B 550), ✆ 071-8230829.

Übernachten

→ Karte S. 374/375

Wer länger in Kandy bleibt, wählt eventuell ein außerhalb gelegenes Quartier und genießt die Lebensqualität, die mit einer Lage im Grünen verbunden ist. Generell ist das Preisniveau in Kandy eher hoch. In jüngerer Zeit haben jedoch östlich des Kandy Lake einige preiswerte Hostels für junge Budgetreisende eröffnet. Während der Perahera im Juli/August sind schon lange im Voraus sämtliche örtlichen Hotels ausgebucht.

The Kandy House 5, ⑧. Das Nobelhotel östlich von Kandy liegt in der Nähe des Degaldoruwa Maha Raja Vihara und ist von einem großen Park umgeben. Hier stimmt einfach alles: In der denkmalgeschützten Villa residierte einst der leitende Minister des letzten Königs von Kandy. 9 Standard- und Superior-Zimmer gruppieren sich um einen bildschönen Hof, teils mit Privatveranda, erlesenes Antikmobiliar. Pool, Spa-Bereich, Restaurant. Amunugama Waluwa, Gunnepana, ✆ 081-4921394, www.thekandyhouse.com.

Villa Rosa 2, ⑦–⑧. Das ruhig gelegene Boutiquehotel in den Hügeln gehört einem Deutschen aus Hamburg. Prachtblick vom Garten auf die Umgebung, 9 stilvoll möblierte Zimmer verteilen sich auf zwei Gebäude links und rechts der Gasse. Das Restaurant mit Aussichtsterrasse kredenzt srilankische und westliche Küche (Kochkurse inkl. Einkauf auf lokalen Märkten). Kleiner Massagebereich, die Möbel stammen aus der eigenen Schreinerwerkstatt! Dodanwella Passage 17/18, Asgiriya, ✆ 081-2215556, www.villarosa-kandy.com.

The Secret Kandy 1, ⑥–⑦. Kultiviertes Quartier in einem Stadthaus im Kolonialstil nördlich des Zentrums, der Zahntempel ist in 20 Min. zu Fuß erreichbar. Stilvoller Innenhof mit festlich beleuchtetem Pool, antikes Mobiliar, 5 komfortable Zimmer und

Suiten mit Holzfußboden. Lady Gordon's Drive 25, ✆ 057-2226333, www.thesecrethotels.com.

Thilanka Hotel 15, ⑤–⑦. Komfortables Hotel mit traumhaftem Ausblick auf den Kandy Lake. Auch Reisegruppen steigen hier gern ab. Garten mit Pool, routinierter Service, Restaurant mit guter Küche, der Zahntempel ist zu Fuß erreichbar. Aufgrund der aufdringlichen Affen im nahen Royal Forest Park *(Udawattakele)* müssen die Fenster aber unbedingt geschlossen bleiben. Sangamitta Mw. 3, ✆ 081-4475200, www.thilankahotel.com.

Aroma Inn 8, ⑤. Eines der wenigen empfehlenswerten Stadthotels mitten im Basarviertel. Café und Restaurant im EG, 9 Standard- und Superior-Zimmer im OG, oberer Mittelklassestandard, alles in allem keine schlechte Wahl für einen kurzen Zwischenstopp. Gutes Frühstück. Colombo St. 98 (Sir Benet De Soyza St.), ✆ 081-2229950, www.cafearomainn.com.

Anna Shanti Villa 23, ⑤. Ruhig gelegenes, gepflegtes Landhaus in leicht erhöhter Lage östlich des Kandy Lake, Zahntempel und Stadtzentrum sind noch zu Fuß erreichbar. 5 klimatisierte Zimmer im EG, alle unterschiedlich geschnitten, alle mit Veranda nach vorne oder nach hinten. Frühstücksraum. Sauber, freundlich und familiär. Beliebt, daher frühzeitig buchen. Rajapihilla Terrace 203, ✆ 081-2223315, Buchung über die gängigen Buchungsportale.

Cinnamon Sweet/Clove Garden 18, ④–⑥. Unterkunft wahlweise im Bungalow einer ehemaligen Tee- und Kautschukplantage oder in den nobleren Zimmern der dazugehörigen Villa (Cinnamon Sweet), einfachere Zimmer gibt es im Arbeitergebäude (Clove Garden). Seit 1942 in Familienbesitz, 10 Zimmer, sauber, bodenständig und entspannt, auf Wunsch wird abends für Hausgäste gekocht. Einfache Bäder, kleiner Gartenpool, ideal für Familien mit Kindern. George E. de Silva Mw. 198/11, ✆ 081-2232173, Buchung über die gängigen Buchungsportale.

»» **Mein Tipp: Villa 49** 21, ④–⑤. Kultiviertes Mittelklassehotel in einem gepflegten Wohnhaus oberhalb des Kandy Lake. 6 behaglich mit warmen Farben gestaltete AC-Zimmer auf 4 Etagen, alle mit Balkon, alle unterschiedlich geschnitten. Gut geführt, kleine Dachterrasse, Garten, geschmackvoll eingerichteter Frühstücksraum. Familiär, auf Wunsch wird abends für Hausgäste gekocht. Louis Peiris Mw. 49, ✆ 081-2241142, www.villa49.weebly.com. ««

Botanischer Garten: Orchideenhaus

Expeditor 20, ③. Eine der besten Budgetunterkünfte in Kandy, allerdings etwas abgelegen über dem Südufer des Kandy Lake. 9 unterschiedlich geschnittene Zimmer mit kleiner Veranda, verteilt auf 3 Etagen, darunter 2 Zimmer mit AC. Frühstücksraum, im EG befindet sich eine Reiseagentur (s. o.). Nicht von der unansehnlichen Hausfassade abschrecken lassen! Saranankara Rd. 41, ✆ 081-2238316, www.expeditorkandy.com.

Sevana City Hotel 14, ③. Typisches Stadthotel in der Nähe des Bahnhofs und des Busbahnhofs. Etwas zurückgesetzt in der 2. Reihe, sauber, 15 Zimmer mit und ohne AC, kein Restaurant. Angesichts der wenig erquicklichen Umgebung überraschend solide, jedoch keinesfalls für einen längeren Aufenthalt geeignet. Peradeniya Mw. 84 (A 1), ✆ 081-2222861, www.sevanakandy.com.

Kandy Home Stay 3, ③. Das liebenswerte Privatquartier liegt ruhig am Mahaweli

Kulturelles Dreieck und Hochland → Karte S. 310

Ganga. Grüne Umgebung, himmlische Ruhe. Für Gäste wird lecker gekocht. Hübsches Familienzimmer mit feudalem Bad im 1. OG, 2 weitere Zimmer teilen sich ein Bad. Familiär, einfach möbliert. Kudarathwatta Mw. 250/1, ✆ 081-2204864, sudeshini91408@gmail.com.

Sleep Cheep Hostel 17, ①–③. Das abseits und ruhig gelegene Backpackermekka oberhalb des Zentrums ist auf eigene Faust nicht einfach zu finden. Ein gemischter Schlafsaal, ein weiterer nur für Frauen sowie 2 DZ, darunter eines mit Etagenbett. Alle Zimmer teilen sich die Bäder, Veranda, kleiner Garten mit Hängematten, das Personal hilft bei der Reiseplanung. George E. De Silva Mw. 43 C1, ✆ 077-2260009, Buchung über die gängigen Buchungsportale.

Essen & Trinken / Nachtleben

→ Karte S. 374/375

Senani Restaurant 19. Restaurant hoch über dem Südufer des Kandy Lake mit prächtigem Ausblick auf Stadt und Umgebung. Große Kapazitäten, jedoch nicht unbeeinträchtigt vom Verkehrslärm. Fisch- und Fleischgerichte, Reis- und Nudelgerichte, Biriyanis, Pasta und kleine Snacks. Aufgrund des Ausblicks etwas teurer. Tägl. 11–22 Uhr. Rajapihilla Mw. 30, ✆ 081-2224833, www.oakrayhotels.com/senani-restaurant/.

››› Mein Tipp: **DJ's Restaurant 4**. Das außerhalb des Zentrums am Mahaweli Ganga gelegene Restaurant ist auf Reis & Curry nach traditioneller Art spezialisiert. Auch westliche sowie asiatische Gerichte à la carte. Ruhig gelegenes Landhaus, simples Ambiente, ansprechende Sitzplätze unter einem Verandadach. Tägl. mittags und abends. Deveni Rajasinghe Mw., ✆ 081-2225738.-2225738. ‹‹‹

World Spice I/II 13. Angesagtes, modern gestaltetes Konzeptrestaurant im 4. OG des Kandy City Centre. Chinesische, indische, thailändische sowie italienische Küche, teils kann man den Köchen über die Schulter schauen. Gerichte um 700–1000 Rs. Die Dependance auf dem gleichen Level im Außenbereich ist auf traditionelle sri-lankische Küche spezialisiert. Frühstück von 7–10.30 Uhr, Mittagsbüfett von 11.30–15.30 Uhr, abends à-la-carte. Sri Dalada Veediya 5, ✆ 081-2202844.81-2202844.

Aroma Inn 8. Gestyltes Café mit Restaurant in Gehentfernung zum Zahntempelbezirk. Angenehme Sitzplätze im klimatisierten Innenraum, panasiatische und westliche Küche (Hauptgerichte ab 500 Rs, Meeresfrüchtegerichte sind teurer), Kuchen, Cappuccino aus der italienischen Maschine. Ausgezeichnetes Frühstück. Zimmervermietung im OG. Tägl. geöffnet. Colombo St. 98 (Sir Benet De Soyza St.), ✆ 081-2229950, www.cafearomainn.com.

Kandyan King Restaurant 7. Bäckerei sowie Restaurant in einem gepflegten Gebäude mit kolonialem Charme. Kuchen, Snacks und preiswertes Reis & Curry-Mittagsbüfett, frische Säfte, Mocktails im EG. Das Restaurant mit asiatischer sowie westlicher Küche befindet sich ein Stockwerk darüber. Tägl. 6–22 Uhr, Mittagsbüfett 11–15 Uhr. D. S. Senanayake Veediya 146, ✆ 081-2203491.

The Garden Café 22. Landestypisches Straßenlokal am hinteren Ende des Kandy Lake. Bei Einheimischen beliebt, denn hier wird alles frisch zubereitet. Deckenventilatoren, diverse Currygerichte und Snacks, jedoch ungeeignet, um länger sitzenzubleiben. Tägl. 7.30–22.30 Uhr. Sangaraja Mw. 9, ✆ 081-4953602.

Balaji Dosai 6. Das einfache Basarrestaurant befindet sich in der Nähe des Queens Hotels. Sauber und gut geführt, sri-lankische und südindische Küche u. a. mit Dosas und Reis & Curry. Frühstück, Mittag- und Abendessen, schnelle Abwicklung, aber kein Ort, um länger zu verweilen. Tägl. 7.30–21.30 Uhr. D. S. Senanayake Veediya 9, ✆ 081-2224593.

Licenced to Grill 11. Die einfache Garküche im Torington Park neben dem Kandy City Centre besteht aus einem Zeltstand mit einem Tisch und einigen Hockern. Spezialität sind Burger sowie Chicken Barbecue mit diversen Toppings. Preiswert, überwiegend jugendliches Publikum. Gegenüber befindet sich ein weiterer Stand mit indisch-sri-lankischen Gerichten. Tägl. außer Mo und Vollmondtagen 17–23 Uhr. Sri Dalada Veediya, ✆ 077-7410666.

Hela Bojun Hala 24. Der Garküchenmarkt unter staatlicher Obhut liegt 4 km außerhalb an der Ausfallstraße nach Colombo. Traditionelle sri-lankische Spezialitäten satt, preiswert, sauber und von herausragender Qualität, gegessen wird mit den Händen.

Plastiktische und -stühle im parkähnlichen Anwesen mit Parkplatz davor. Tägl. außer an Vollmondtagen 7–18.30 Uhr. High Level Rd. 216/1, Peradeniya, ✆ 077-7123555.

Café Walk (Heritage Coffee House) **12**. Café im urbanen Stil am Eingang zum Kandy City Centre. Kuchen, Snacks, Salate, Sandwiches, Burger und mutmaßlich der beste Cappuccino in Kandy. Frühstück, Mittag- und Abendessen. Innenplätze mit Holztischen und Barhockern, keineswegs preiswert. Tägl. 7–22 Uhr. Sri Dalada Veediya 5, ✆ 071-0257601.

Barista **9**. Der Ableger der inselweit verbreiteten Kaffeehauskette ist der ideale Einkehrstopp nach der Besichtigung des Zahntempels. Kuchen, Burger, Waffeln, kleine Snacks, leckerer Cappuccino, fantasievolle Eiscafé-Kreationen. Auch Frühstück. Wenige Plätze innen und außen. Deva Veediya 41 (schräg gegenüber St. Pauls Kirche), ✆ 081-2223710, www.barista.lk.

Nachtleben **Pub 79/Victory Hotel** **10**. Einer der seltenen Orte im Basarviertel für ein kühles Bier am Abend. Drei Tische mit Loungesesseln auf der Veranda, ansprechende Sitzplätze im Innenraum, auch Restaurant mit sri-lankischer, panasiatischer sowie westlicher Küche. Leicht gehobenes Preisniveau, auch Einheimische kehren gern hier ein. Tägl. 7–23 Uhr. Colombo St. 79 (Sir Benet De Soyza St.), ✆ 081-2222524, www.victorycityhotelkandy.com.

Slightly Chilled Lounge **16**. Beliebte Einkehr hoch über den Dächern der Stadt mit Prachtblick auf den Kandy Lake von der Dachterrasse. Junges Publikum, entspannte Atmosphäre, Fr ab 19 Uhr Livemusik. Bier, Spirituosen, Meeresfrüchte, Fried Rice, Pasta, Salate und einige chinesische Gemüsegerichte ab 500 Rs aufwärts. Tägl. 11–21 Uhr (Restaurant), 11–14 und 17–24 Uhr (Bar). Anagarika Dharmapala Mw. 29 A, ✆ 081-2238267, www.slightly-chilled.com.

Helga's Folly: Ein Gästehaus wie ein surrealistisches Kunstwerk

Wer ein Faible für exzentrische und skurrile Kunst hat, sucht in Kandy am besten das seit Generationen familiengeführte Gästehaus von Helga de Silva Blow Perrera auf. Das Haus aus den 1930er-Jahren liegt in den grünen Hügeln hoch über der Stadt und ist eine der skurrilsten Übernachtungsadressen Sri Lankas. Die Innenräume bersten nur so von Mosaiken, Stilmöbeln, Scherben, Keramiken, Muscheln, Gemälden und Kitsch. Wer hier ein Zimmer reserviert, sollte aber trotz gehobener Preise keinen First-Class-Komfort erwarten, sondern im Gegenteil Bereitschaft mitbringen, sich auf ein gewisses Maß an Verrücktheit – das englische Wort *folly* (Torheit, Narretei) zeigt es ja schon an – einzulassen. Wenn man das Haus kennenlernen möchte, ohne dort zu nächtigen, kann man sich auch nur für ein stimmungsvolles Abendessen anmelden.

DZ ab 100 $, Menü 20 $. Rajapihilla Mw. (Mahamaya Mw.) 70, ✆ 081-2234571, www.helgasfolly.com.

Die Knöchelberge (Knuckles Range)

Wie die Knöchel einer Hand ragen die Gipfel im schwer zugänglichen Hinterland von Kandy in die Höhe, was den auf den ersten Blick etwas eigenartigen Namen des Gebirges erklärt. Die einheimische singhalesische Bevölkerung nannte das von den Briten Knuckles Range getaufte Land *Dumbara Kanduvetiya*, was soviel wie Nebelgebirge bedeutet. In der Tat präsentieren sich die Berge oft wolkenverhangen, es handelt sich um eine der regenreichsten Regionen im zentralen Hinterland. Die abgeschiedene Lage der Knöchelberge im Verbund mit reichlichen Niederschlägen führte zur Entwicklung einer artenreichen Vegetation und vielen endemischen Pflanzen wie die exotische Nebelblume. In den Tälern wachsen auf Plantagen Tee

Kulturelles Dreieck und Hochland → Karte S. 310

Das charakteristische Horn des 1310 m hohen Lakegala

und Kardamom. Höchste Erhebung ist der Gombaniya (1906 m), doch weitaus auffälliger ist der lediglich 1310 m hohe Lakegala. Die eindrucksvolle, fast unbezwingbar erscheinende Bergpyramide ist von Legenden umwoben: Einheimische lokalisieren hier das Zentrum des Reichs des mythischen Königs Ravana. Der Überlieferung zufolge soll Ravana den Berg als Startrampe für seine häufigen Fernreisen genutzt haben. Das Gefährt des Dämonenkönigs wird im Singhalesischen *Dhadu Monara* genannt, was entweder ein von Rössern gezogener goldener Streitwagen oder ein Flugobjekt bedeutet, das gleich einem Raumschiff mit „modernen" technischen Finessen ausgestattet war. Der mythische Berg beherrscht den hinteren Abschluss eines Tals mit dem Dorf **Meemure.** Lange Zeit war der Ort ein abgeschiedener Posten, der erst vor wenigen Jahren an die Stromversorgung angeschlossen wurde. Der letzte König von Kandy besaß hier ein Haus, in das er sich in Notzeiten flüchten konnte, um sich dem Zugriff fremder Invasoren zu entziehen. Das Refugium kann gegen ein Trinkgeld besichtigt werden. Mit der Abgeschiedenheit ist es allerdings heute nicht mehr weit her, seit die Piste bis zum Talende verlängert und Meemure besonders an Wochenenden zum Ziel von Tagesausflüglern wurde. Seit 2010 sind die Knöchelberge, gemeinsam mit dem zentralen Hochland, Weltnaturerbe der UNESCO.

Die Straßenpiste ist bis heute der einzige Zugang ins Herz der Knöchelberge. Vor dem Abstieg nach Meemure quert sie einen Pass mit dem klangvollen Namen **Corbet's Gap.** Vom 1129 m hohen Sattel genießt man erstmals den Ausblick auf die Hauptkette des Gebirges mit den typischen „Knöcheln". Die Zufahrtsstraßen zu dem Pass beginnen in den Ortschaften Hunnasgiriya bzw. Madugoda an der A 26 Kandy–Mahiyangana. Kandy sowie Mahiyangana sind auch die beiden am günstigsten gelegenen Ausgangspunkte für Trekkingtouren in die Knöchelberge – mit Übernachtung im Zelt, bei einheimischen Familien oder in einer Pension an der Straße zum Corbet's Gap (Hinweise auf Tourenanbieter in den Ortskapiteln Kandy und Mahiyangana).

Mahiyangana

Die von Individualreisenden eher selten aufgesuchte Stadt liegt auf einer Nebenroute von Kandy zur Ostküste. Wichtigste Attraktion ist der Raja Maha Vihara mit zwei Reliquien des Erleuchteten. Mahiyangana ist darüber hinaus ein günstiger Ausgangspunkt für den Besuch der Dörfer der sri-lankischen Ureinwohner sowie zweier Nationalparks.

Der Ort von überschaubarer Größe ist zunächst nicht mehr als ein Verkehrsknoten mit begrenzter Aufenthaltsqualität. Der zunächst spröde erste Eindruck verdeckt, dass es in der näheren und weiteren Umgebung des zentralen Kreisverkehrs mit dem Uhrturm und dem Busbahnhof einiges zu entdecken gibt. Mithin sogar so viel, dass auch ein mehrtägiger Aufenthalt durchaus überlegenswert erscheint. Die bedeutendste Sehenswürdigkeit der Stadt ist der **Mahiyangana Raja Maha Vihara.** Die buddhistische Klosteranlage 2 km südlich des Kreisels zählt zu den wichtigsten Orten singhalesischer Spiritualität im zentralen Hinterland. Grund dafür ist der in alten Texten erwähnte (allerdings historisch nicht verbürgte) erste Besuch des Erleuchteten auf der Insel. In Mahiyangana soll Buddha den versammelten Naturgeistern und Dämonen höchstselbst mit den Kernelementen der buddhistischen Lehre vertraut gemacht haben, um auf diese Weise die Ausbreitung des Buddhismus in Sri Lanka zu fördern. Selbigem Zweck diente auch die Überlassung einiger seiner Haare als Reliquie für die künftigen Gläubigen. Besagte Stücke ruhen heute im Zentrum der weißen, in der Vergangenheit mehrfach veränderten und vergrößerten Dagoba – dem Wahrzeichen der Klosteranlage. Rundherum gruppieren sich Tempel, die verschiedenen Göttern geweiht sind, u. a. der vom Adam's Peak (*Sri Pada*) bekannten Schutzgöttin Saman (erkennbar an ihrem Reittier, einem weißen Elefanten). Gegenüber dem Saman-Heiligtum wird in einem weiteren Gebäude eine Schlüsselbeinreliquie des Erleuchteten verwahrt. Sie steht täglich vormittags und am Abend im Zentrum einer kleinen Zeremonie. Der geschmückte Bodhibaum und der Tempelelefant komplettieren das Aufgebot. Auch im Dunkeln lohnt sich ein Besuch des stimmungsvoll illuminierten Stupas.

Mahiyangana liegt in einer fruchtbaren Ebene zwischen leuchtenden Reisfeldern und im Sonnenlicht glitzernden Stauseen. Wie eine märchenhafte Kulisse überragt das steil nach Osten abfallende Bergland die Stadt und ihre sehenswerte Umgebung. Der Verkehrsknoten ist in mehrfacher Hinsicht ein günstiger Ausgangspunkt – z. B. für den Besuch der Vedda-Dörfer, der Nationalparks im Norden sowie im Osten und für Exkursionen in die Knöchelberge.

Sehenswertes in der Umgebung

Horabora Wewa: Der in der Antike künstlich angelegte Stausee liegt 3 km nördlich des Zentrums und ist eine Oase der Erholung. Der Legende nach wurde der Damm von einem Riesen namens Bulatha (Betelblatt) während der Herrschaft des singhalesischen Nationalhelden Dutthagamani im 2. Jh. n. Chr. errichtet. Die originalen Wehrstrukturen sind noch erstaunlich gut erhalten, außerdem kann der See mit Booten befahren werden. Am schönsten ist der

Kulturelles Dreieck und Hochland → Karte S. 310

▲ Der Stupa bei Nacht

▼ Elefanten schützen das Klosterareal

Besuch am frühen Morgen zur Vogelbeobachtung. Ein kurzer Fußweg führt vom Parkplatz am Ende der Zufahrtsstraße zum Damm.

Mit dem Tuk-Tuk ca. 300 Rs. inkl. Wartezeit.

Wasgamuwa-Nationalpark: Das sowohl von Mahiyangana als auch von Polonnaruwa zugängliche Terrain ist mit einer Fläche von 393 km^2 der drittgrößte Nationalpark Sri Lankas. Das Terrain besteht aus Primär- und Sekundärwald sowie Trockensavannen, das landschaftliche Spektrum reicht von Hügelland bis zu flachen Ebenen. Größte Attraktion sind Herden wilder Elefanten, die v. a. in der trockenen Jahreszeit gesichtet werden können. Unter den 22 hier vorkommenden Säugetierarten sind Leoparden und der seltene Lippenbär besonders hervorzuheben. Darüber hinaus leben Wasserbüffel, Chitals, zahlreiche Primaten, Vögel sowie der endemische Goldmusang, eine Schleichkatzenart, im Park. Außerdem liegen auf dem Parkterrain einige historische Stätten aus der Polonnaruwa-Periode wie die Reste einer buddhistischen Gebetshalle mit riesigen Dimensionen: Der Rest der Umfassungsmauer misst eine Länge von 294 m. Bis zur Eröffnung 1984 war das Gebiet ein Totalreservat, erst in jüngerer Zeit rückte der Nationalpark am Westufer des Mahaweli Ganga allmählich auf die touristische Landkarte.

Tägl. 6–18 Uhr. 10 $, erm. 5 $, plus Kosten für die Safari. Der Parkeingang befindet sich in Handungamuwa 40 km nördlich von Mahiyangana. Nächster größerer Ort am Kreuzungspunkt mehrerer Fernstraßen ist Hettipola.

Maduru-Oya-Nationalpark: Das zuvor wegen des vergangenen Bürgerkriegs selten aufgesuchte Schutzgebiet kann – wie der oben erwähnte Wasgamuwa-Nationalpark – auch von Polonnaruwa angesteuert werden. Im Zentrum des 1983 gegründeten Parks liegt der gleichnamige Stausee – ein Erbe des groß angelegten Mahaweli Development Projects. Zwischen 1977 und 1995 legte die sri-lankische Regierung eine kleine Reihe von Stauseen beiderseits der wichtigsten Wasserstraße Sri Lankas an, um Teile des zentralen Hinterlandes mit Strom zu versorgen und landwirtschaftliche Nutzflächen zu bewässern. Auf dem Nationalparkgelände leben einige Vedda-Gemeinschaften (s. u.), die aus anderen Inselteilen hierher umgesiedelt wurden. Abgesehen von einer 8 km langen Bergkette im Südwesten und zahlreichen markanten Felssolitären ist das Schutzgebiet überwiegend flach. Sekundärwald, Seen und offenes Grasland wechseln sich ab, die Tier- und Pflanzenwelt weist Ähnlichkeiten mit dem nicht weit entfernten Wasgamuwa-Nationalpark auf. Besonders Wasservögel fühlen sich in den Feuchtgebieten wohl, darunter Pelikane, Störche, Seeadler oder die seltenen Rotgesicht-Malkohas. Ein weiteres Augenmerk der Safaritouren liegt auf Reptilien wie der Indischen Sternschildkröte, dem Sumpfkrokodil, diversen Waranen und der Tigerpython.

Tägl. 6–18 Uhr. 10 $, erm. 5 $, hinzu kommen die Kosten der Safari, die am besten über das Quartier in Mahiyangana gebucht wird. Der Parkeingang (Gelkada Gate) befindet sich 12 km östlich des Zentrums an der Straße nach Padiyathalawa (A 26).

Mawaralagala Aranya Senasanaya: Die Besichtigung des buddhistischen Klosters 15 km östlich von Mahiyangana an der A 26 kann gut mit einem Abstecher zu den Vedda-Dörfern oder zum Nationalpark Maduru Oya verknüpft werden. 30 Mönche leben heute noch in der idyllischen und erstaunlich weitläufigen Waldeinsiedelei, die sich zwischen riesigen Granitfelsen erstreckt. Um 11 Uhr vormittags kommen die Mönche aus allen Richtungen herbei, um gemeinsam zu speisen. Kunsthistorisch ist der Höhlentempel ohne Bedeutung, wer noch mehr Bewegung braucht, kann jedoch auf schweißtreibenden Pfaden anschließend die Bergspitze erklimmen und von oben den Rundblick auf die Umgebung von Mahiyangana genießen.

Vedda-Dörfer in der Umgebung: Auch bei Einheimischen erfreut sich der Abstecher zu den 25 km östlich von Mahiyangana gelegenen Dörfern der indigenen Vedda-Bevölkerung des Landes (→ S. 54) steigender Beliebtheit. Wichtigster Anlaufpunkt ist das aus 375 Häusern bestehende Dorf **Dambana.** Die hier lebenden Menschen haben sich zu großen Teilen dem Tourismus geöffnet, ohne jedoch dabei ihre Identität preiszugeben. Das didaktisch ansprechend gestaltete **Museum** *Wariga Mahagedara* informiert über die Geschichte und die Alltagskultur der Vedda. Religiöse und soziale Riten werden ebenso veranschaulicht, wie die historische Entwicklung von der einstigen Jäger- und Sammlerkultur der „Pfeilmenschen“ (der Sanskritterminus *veddhr* heißt wörtlich übersetzt „Derjenige, der durchbohrt“) bis zu ihrer heutigen Sesshaftigkeit am äußersten Rand der sri-lankischen Gesellschaft. Hin und wieder geben Dorfbewohner vor dem Museum bei kurzen Demonstrationen Einblick in die archaischen Rituale der sri-lankischen Ureinwohner.

Museum: Tägl. 8–17 Uhr. 500 Rs. **Demonstrationen**: 1100 Rs. Die Vedda-Kolonie liegt 21 km östlich von Mahiyangana. Regelmäßige Verbindungen mit dem Bus auf der A 26 bis kurz vor Padiyathalawa, die restliche Distanz mit dem Tuk-Tuk (ca. 500 Rs inkl. Wartezeit).

Hin & weg **Bus**: Regelmäßige Verbindungen nach Kandy (Fahrtzeit ca. 2:30 Std.) und nach Ampara, seltenere Verbindungen nach Badulla, Nuwara Eliya und an die Ostküste nach Batticaloa.

Einkaufen **Wochenmarkt**, Obst und Gemüse aus den umliegenden Dörfern, auch die Vedda verkaufen hier ihre Produkte. Sa 8–15 Uhr.

Kulturelles Dreieck und Hochland → Karte S. 310

Veranstaltungen **Mahiyangana Perahera**, das sechstägige Tempelfest findet am Vollmond statt, der der ungleich berühmteren Kandy-Perahera folgt. Höhepunkte sind die Tänze von Frauen, die dabei Körbe auf ihren Köpfen balancieren, sowie der Festzug mit geschmückten Elefanten und der Umzug der Vedda. September.

Übernachten/Essen **Mapakada Village**, ⑤. Gut geführtes Hotel am Mapakada Wewa 12 km südöstlich von Mahiyangana. 14 Zimmer mit Balkon, manche mit Seeblick, sauber, guter Mittelklassestandard. Der Eigentümer organisiert Touren u. a. zu den Vedda-Dörfern in der Umgebung. Restaurant, eigenes Boot für Ausfahrten auf dem Mapakada Wewa. Badulla Rd., ✆ 055-4936937, www.mapakadavillage.lk.

The Nest, ③. Familiengeführtes Gästehaus mit Garten an der Straße nach Padiyathalawa 2 km östlich des Zentrums. Relaxte Atmosphäre, 5 Zimmer mit/ohne AC im bunt getünchten Nebenhaus, das Verandarestaurant serviert Frühstück, Mittag- und Abendessen. Der Inhaber organisiert Exkursionen in die Vedda-Dörfer sowie in die Nationalparks der Umgebung. Padiyathalawa Rd. (A 26), ✆ 077-7652670, www.nest-srilanka.com.

Samanala Bake House. Eine der wenigen akzeptablen Einkehrmöglichkeiten liegt wenige Schritte vom zentralen Uhrturm am Kreisverkehr und vom Busbahnhof entfernt. Restaurant im 1. OG mit gutem Reis & Curry-Mittagsbüfett ab 300 Rs, Bäckerei im EG für kleine Snacks. Tägl. 6.30–20.30 Uhr (Bäckerei) 12–17 Uhr (Restaurant). Kandy Rd. 5, ✆ 055-227347.

Hela Bojun Hala. Der vom Landwirtschaftsministerium initiierte Food-Court befindet sich in einer unscheinbaren Nebengasse ganz in der Nähe des Busbahnhofs. Authentische Kost zu Schnupperpreisen, entspannte Atmosphäre, sauberes Ambiente, Plastiktische und -stühle unter einem Wellblechdach. Kein Besteck, gegessen wird traditionell mit der Hand. Tägl. außer an Vollmondtagen 7–19 Uhr. Puhulyaya Rd.

Vedda: Symbolische Hochzeitsriten sri-lankischer Ureinwohner

Neben den Bestattungsriten genießt der archaische Hochzeitskult die größte Bedeutung im Alltag der Vedda. Das Prozedere gestaltet sich dabei denkbar simpel: Ziemlich klassisch bewirbt sich der Mann beim Brautvater um die Hand seiner Zukünftigen. Allerdings muss der zugehörige Clan ebenfalls in die Eheschließung einwilligen. Beide Seiten bringen eine Art „Aussteuer“ in den gemeinsamen Haushalt ein: Symbolhaft reicht die Frau ihrem Ehemann z. B. Pfeil und Bogen oder auch einen Hund (Jagdglück), während der Gatte seiner Angebeteten Reis, Fleisch oder Betelblätter (Vorräte) kredenzt. Als für die ganze Dorfgemeinschaft sichtbares Zeichen der Verbindung trägt die Frau bei der Hochzeit einen selbstgeflochtenen Strick um ihre Taille. Die Pflanzenfasern stammen von einem Spargelgewächs. Es handelt sich um die gleichen Fasern, mit denen Männer ihre Bogen bespannen.

Auch wenn man Frauen in den Vedda-Dörfern kaum außerhalb ihrer Häuser antrifft, gelten sie doch in der Ehe als gleichberechtigt. Ohne Zustimmung der Frau darf keine Ehe geschlossen werden. Die Tatsache, dass Vedda-Clans grundsätzlich matrilinear (in der Erbfolge der mütterlichen Linie folgend) organisiert sind, stärkt zusätzlich die Stellung der Frauen. Monogamie ist die Regel, in den Sozialbeziehungen gibt es kein Kastenwesen. Eheliche Verbindungen zwischen Blutsverwandten sind aber in der Praxis relativ häufig anzutreffen, was nicht zuletzt ursächlich für die rückläufige Zahl der Vedda ist. Die Vedda-Dörfer liegen verstreut teils über erhebliche Distanzen auseinander, ein Dorf besteht aus maximal 400 Häusern.

Teeplantagen säumen die Ufer des Castlereigh Reservoirs

Das Hochland im Süden

Das südliche Hochland zählt zu den spektakulärsten und populärsten Regionen Sri Lankas überhaupt. Und dies zu Recht, denn die Landschaft ist wirklich grandios. Überraschenderweise ist das Gebiet verhältnismäßig dicht besiedelt, was nicht zuletzt an den **Teeplantagen** liegt, die das Land bedecken – manchmal so weit wie das Auge reicht. Das Bild der tamilischen Teepflückerinnen in ihren bunten Kleidern inmitten sattgrüner Teebüsche ist ein beliebtes Fotomotiv. Im Hochland gehört der **Besuch einer Teefabrik** selbstredend zum Pflichtprogramm einer Tour. Die mit Abstand beliebtesten Ziele in dem Gebiet sind die beiden Orte Ella und Nuwara Eliya, gefolgt vom **Adam's Peak** (Sri Pada) und vom **Nationalpark Horton Plains.** Ein glücklicher Umstand ist, dass viele interessante Ziele im Hochland mit der **Eisenbah**n erreichbar sind. Die **Bahnfahrt** von Kandy in Richtung Badulla zählt zu den schönsten Reiseerlebnissen überhaupt: Gemütlich durchpflügt der Zug die immergrüne Vegetation, derweil der Blick aus den Fenstern in die Ferne schweift. Wagemutige hält es dabei kaum auf ihren Sitzen; sie platzieren sich an offenen Waggontüren, lassen ihre Beine nach draußen baumeln und genießen das Abenteuer auf dem Schienenstrang. Allerdings sind die Züge häufig überfüllt und in der zweiten und dritten Klasse herrscht heftiger Andrang. Hinzu kommen die chronischen Verspätungen, deshalb sollten Sie Verzögerungen und Wartezeiten bei der Reiseplanung immer einkalkulieren!

Noch zum Beginn des 19. Jh. zeigte das Hochland ein völlig anderes Gesicht. Bevor die Engländer ankamen und im großen Stil Bergnebelwälder rodeten, um an deren Stelle Tee zu kultivieren, streiften zahlreiche Wildtiere durch das dicht bewaldete Land. Dieser Wildreichtum forderte zu seinem eigenen Verhängnis den Jagdehrgeiz der englischen Kolonisten heraus. Deren Leidenschaft bekamen ganz besonders die

Bergelefanten zu spüren. Sie wurden damals von den Europäern fast völlig ausgerottet. Einer der passionierten Jäger aus dem Vereinigten Königreich, Kolonialmajor Thomas William Rogers, rühmte sich, allein 400 Elefanten abgeschossen zu haben. Sein Grab befindet sich am Golfplatz von **Nuwara Eliya**, der einstigen britischen **Hill Station** auf einer Höhe von rund 1800 m. Wie der legendäre Hill Club und das exklusive Grand Hotel ist der Golfplatz ebenfalls ein Erbe der kolonialen Vergangenheit. Die beste Aufenthaltsqualität im sri-lankischen Hochland bietet jedoch nicht Nuwara Eliya, sondern der kleine Flecken **Ella:** Das angenehme Klima, eine Vielzahl kleiner, gut geführter Gästehäuser und die zahlreichen Wandermöglichkeiten schaffen einen starken Anreiz, sich hier für ein paar Tage einzuquartieren, was insbesondere auch jüngere Reisende in großer Zahl anlockt.

Serpentinenreiche Straßen dehnen die Fahrten in die Länge, zumal öffentliche Busse nur langsam vorankommen. Ansonsten ist die touristische Infrastruktur in vielen Orten überraschend gut ausgebaut, allen voran natürlich in Ella und Nuwara Eliya. Das **Preisniveau** ist aber alles andere als niedrig, besonders Fahrten mit dem Three Wheeler sind wegen des höheren Treibstoffverbrauchs im Bergland teurer als in flachen Küstengebieten.

Kitulgala

Im tief eingeschnittenen Tal des Kelani Ganga, der bei Colombo ins Meer mündet, dreht sich beinahe alles um **Rafting.** Adventure-Agenturen säumen die Fahrstraße (A 7) und reihen sich aneinander wie Perlen an der Schnur. Allerdings könnte es mit dem florierenden Wassersportboom in nächster Zukunft vorbei sein, wenn die sri-lankische Regierung mit ihren Vorhaben ernst macht und das Tal mit Staustufen und Wasserkraftwerken zur Stromgewinnung zupflastert. Den besten Blick auf die ankommenden Schlauchboote hat man von der Drahtseilhängebrücke über den Fluss. Brücken haben in Kitulgala gewissermaßen Tradition, seit hier 1956 die Dreharbeiten für David Lean's epischen Filmklassiker **„Die Brücke am Kwai"** (1957) stattfanden. Die Brücke, die eigens für den Leinwandstreifen errichtet wurde, galt in ihrer Zeit als größte Brückenkulisse der Filmgeschichte. Sie war beeindruckende 120 m lang, verarbeitet wurden rund 1200 Bambusrohre. Leider wurde sie am Schluss der Filmaufnahmen dem Drehbuch entsprechend gesprengt.

Hängebrücke über den Kelani Ganga

Dass die Ortschaft streng genommen noch nicht im Hochland liegt, zeigen die hier zahlreich wachsenden Toddy- oder Fischschwanzpalmen *an.* Aus ihren Früchten wird ein süßer Sirup gewonnen, der wie die Palme *kitul* heißt und bevorzugt zu Büffelmilchjoghurt als Nachtisch gereicht wird. Sogar der Ortsname deutet auf das Vorkommen dieser Palmenart hin.

Hin & weg Kitulgala liegt 33 km nordwestlich von Hatton, 87 km östlich von Colombo und ist von beiden Richtungen gut mit öffentlichen Bussen zu erreichen. Der nächste Bahnhof liegt 20 km entfernt in Watawala.

Rafting Rafting Team 39. Die professionelle Wildwasseragentur hat ihren Sitz ganz in der Nähe der Hängebrücke über den Fluss. Der einstündige Raftingtrip auf dem Kelani Ganga kostet ab 4000 Rs/Person. Viel Betrieb an Wochenenden und in den sri-lankischen Ferien. Tägl. 8–17 Uhr. ✆ 077-3559945, www.raftingteam39.com.

Übernachten/Essen Plantation Hotel, ⑤. Das Mittelklassehotel überzeugt v. a. durch seine tolle Lage am Fluss, die Raftingagenturen befinden sich in bequemer Reichweite. Es gibt einen Garten mit üppiger Vegetation. Das Restaurant mit seiner aussichtsreichen Terrasse serviert westliche und sri-lankische Küche (an manchen Tagen mittags Reis & Curry-Büfett). Ordentliche Deluxe- und Superior-Zimmer. Weitere Kapazitäten in der Dependance (Royal River Resort). Kalukohuthanna 250, ✆ 362-287575, www.the-plantation-hotel-kithulgala-sri-lanka.en.ww.lk.

Breeta's Garden, ③. Gästehaus in einer charmanten weißen Villa 9 km oberhalb von Kitulgala an der A 7 Richtung Hatton. Die Uhr an der Rezeption zeugt noch vom früheren deutschen Inhaber. 8 Zimmer, davon 5 mit Balkon, nicht luxuriös, aber ordentlicher Gesamteindruck. Restaurant mit stimmungsvollen Verandaplätzen, Pool, Teeplantage in der Nachbarschaft. Ginigathhena, ✆ 051-2242020, www.breetasgarden.com.

Hatton und Dickoya

Das lebhafte Basarstädtchen Hatton ist ein wichtiger Verkehrsknoten im südlichen Hochland. Reisende auf dem Weg zum Adam's Peak und nach Kitulgala steigen hier vom Zug in den Bus um. Der 1884 eröffnete Bahnhof an der Eisenbahnstrecke Colombo–Badulla ist einer der betriebsamsten Stationen des Hochlands, besonders während der Sri-Pada-Pilgersaison zwischen Dezember und Mai.

4 km südlich von Hatton liegt Dickoya eingebettet zwischen malerischen Teeplantagen. Die öffentlichen Busse nach Dalhousie bzw. zum Adam's Peak quälen sich durch das enge Zentrum, das sich am südlichen Ortsausgang jäh zum herrlich gelegenen **Castlereigh Reservoir** öffnet. Der Anblick der fast vollständig mit Teeplantagen besetzten Hügel und im Vordergrund der ebenmäßige Spiegel des Stausees ist wirklich bezaubernd. Gespeist wird der See von Zuläufen aus den Horton Plains, alles abfließende Wasser ergießt sich letztlich in den Kelani Ganga, der bei Colombo ins Meer mündet. 9 km westlich der Staumauer befindet sich ein wichtiger Flussübergang namens **Norton Bridge.** Am 4. Dezember 1974 zerschellte in den Bergen ein indonesisches Charterflugzeug mit Pilgern auf dem Weg nach Mekka. Alle 191 Passagiere und Besatzungsmitglieder starben, ein Denkmal an der Norton Bridge weist auf das tragische Ende von „Martinair Flight 138" hin.

Unbedingt zu empfehlen ist ein Zwischenstopp an der **Warleigh Church** über dem Nordostufer des Castlereigh Reservoir. Vor dem Hintergrund wolkenverhangener Berge wirkt das 1878 errichtete Gotteshaus mit seinen Natursteinquadern wie aus einem schottischen Reiseprospekt geschnitten. Die Küsterfamilie lebt nebenan und öffnet gegen eine Spende die ansonsten verschlossene Türe. Prunkstück im Innern ist eine ehrwürdige Bibel aus dem Jahr 1879. Eine weitere Attraktion sind die 12 km von Hatton entfernt an der A 7 in Richtung Nuwara Eliya gelegenen **Devon Falls.** Der 97 m hohe Wasserfall ist von einer Aussichtsplattform an der Straße zu sehen. Einen Steinwurf vom Belvedere entfernt erhebt sich auf einer Felsnase ein trutziges Landschloss nebst zinnenbewehrtem Rundturm, in dem eine namhafte sri-lankische Teefirma ein Geschäft und Café betreibt (→ S. 388).

Kulturelles Dreieck und Hochland → Karte S. 310

Hin & weg **Bahn**: 5-mal tägl. Züge von und nach Colombo bzw. Kandy und in die andere Richtung nach Nuwara Eliya (Nanu Oya) bzw. Badulla.

Bus: Regelmäßige Verbindungen von Hatton nach Nuwara Eliya, Kandy und via Kitulgala an die Westküste. In der Pilgersaison häufige Verbindungen via Dickoya nach Dalhousie.

Flugzeug: Einmal tägl. fliegt die Gesellschaft *Cinnamon Air* vom internationalen Flughafen Colombo nach Hatton. Die Wasserflugzeuge landen auf dem Castlereigh Reservoir (IATA-Code: NUF), www.cinnamonair.com.

Einkaufen/Übernachten/Essen **Ceylon Tea Trails**, ⑧. Ultimativer Luxus im südlichen Hochland: Fünf exklusive Bungalows mit 4–6 Zimmern inmitten weitläufiger Teeplantagen rund um einen See 7 km südlich von Dickoya. Himmlische Ruhe, Privatbutler sorgen für das Wohl der Gäste. Resplendent Ceylon Ltd., ✆ 011-7745700, www.teatrails.com.

››› Mein Tipp: **Upper Glencairn Bungalow**, ③. Das 1906 erbaute Herrenhaus liegt aussichtsreich am Ortsrand von Dickoya in einer Teeplantage. 5 stilvoll möblierte Zimmer mit hohen Decken und warmen Farben. Gemütliche Lounge, Restaurant. 5 weitere Zimmer befinden sich im Lower Glencairn Bungalow 500 m weiter. Dalhousie Rd. (auf der B 149 2 km Richtung Maskeliya, hinter der Warleigh Church am Krankenhausschild links), ✆ 051-2240270, www.upper-glencairn-bungalow-dickoya-hatton-sri-lanka.en.ww.lk.lk. ‹‹‹

Mlesna Tea Castle. Das trutzige „Teeschloss" liegt in der Nähe der Devon Falls an der A 7 nach Nuwara Eliya, 12 km von Hatton entfernt. In der Lobby erinnert eine überlebensgroße Skulptur an Teepionier James Taylor. Rechts befinden sich Restaurant und Teestube mit sri-lankisch-internationalen Gerichten zu leicht erhöhten Preisen, Plätze innen und auf der Terrasse, große Kapazitäten. Linker Hand liegt das schick designte Teegeschäft. Die **Teefabrik** ist 1 km entfernt und kann gegen ein Entgelt von 350 Rs besichtigt werden. Mo–Fr 8–18 Uhr, Sa/So 8–18.30 Uhr. Patena, Talawakelle, ✆ 051-2244028 (Geschäft), ✆ 051-2244026 (Restaurant), www.mlesnateas.com.

Rosita Farm. Verkauf und Verkostung von Kuhmilch- und Ziegenmilchprodukten in einem Ausflugskiosk 7 km von Hatton an der Straße nach Nuwara Eliya. Lecker und erfrischend, nur wenige Tische auf der Veranda. Tägl. 8–16.30 Uhr. Kotalgala (A 7), ✆ 051-5675404.

St. Clair's Tea Center. Der einladende Teepavillon liegt an der Straße nach Nuwara Eliya, 13 km von Hatton entfernt. Der Traditionsbetrieb geht auf den britischen Teepionier James W. Ryan zurück (seit 1875). Verschiedene Teesorten mit Keksen und Snacks. Nur wenige Sitzplätze auf der Veranda. Auch Verkauf. Tägl. 8.30–17.30 Uhr. Patena, Talawakelle, ✆ 051-4422104, www.stclairstea.com.

Dalhousie und der Adam's Peak (Sri Pada)

Der einzige Grund für den Abstecher nach Dalhousie ist die Besteigung des Adam's Peak bzw. Sri Pada, wie die Einheimischen ihren heiligen Berg nennen. Die fantastische Aussicht bei Sonnenaufgang teilt man sich in der Hochsaison von Dezember bis Mai mit Tausenden Pilgern, die sich auf dem kalten Gipfelplateau drängeln.

Der 2243 m hohe Adam's Peak ist zwar nicht die höchste Erhebung der Insel, wohl aber eine der markantesten. Schon vor der Ankunft der europäischen Kolonisten diente der Berg Seefahrern als Orientierung – wie prominente Reisende von Marco Polo bis Ibn Battuta in ihren Tagebüchern vermerkten. Außerdem wird der Adam's Peak von Anhängern fast sämtlicher Weltreligionen als heilig verehrt und ist daher ein bedeutendes Pilgerziel. Muslime wie sri-lankische Christen glauben, dass Adam nach der Vertreibung aus dem Paradies auf dem Gipfel 1000 Jahre in asketischer Meditation verbracht hat.

Auch ohne Sonnenaufgang lohnt sich der Aufstieg auf den Adam's Peak

Der Buddha nebst Gefolge soll nahe dem Berggipfel beim dritten Besuch auf der Insel einen einen **Fußabdruck** hinterlassen haben, weshalb ihm die Singhalesen den Namen *Sri Pada* (Heiliger Fußabdruck) gaben. Tatsächlich ist in Gipfelnähe eine 1,50 m lange und 60 cm breite merkwürdige Vertiefung im Stein zu erkennen, die als *Sri Pada* gedeutet wird. Für die tamilischen Hindus war es dagegen der Gott Shiva, der den Fußabdruck hinterlassen hat. Zu sehen bekommen die Gläubigen den Fußabdruck allerdings nur in der Hauptpilgerzeit, die sich vom Dezember-Vollmond bis zum Mai-Vollmond erstreckt. Zu allen anderen Zeiten verhindert ein hermetisch abgeschlossener Tempel auf dem kleinen Gipfelplateau den Zugang zu dem Heiligtum. Im Zusammenhang mit Sri Pada wird auch **Saman** oder Mahasumana – eine wichtige Schutzgottheit Sri Lankas und Wächterin über den Berg und seine heiligen Stätten – verehrt. Die buddhistische Chronik Mahavamsa berichtet, wie Saman den erleuchteten Buddha anlässlich seines dritten Besuchs in Sri Lanka traf und von ihm in der Lehre unterwiesen wurde. Das wichtigste Heiligtum für die Schutzgottheit befindet sich in Ratnapura (→ S. 417 f.) südlich des heiligen Berges, von wo ein weiterer Pilgerweg auf den Gipfel führt, der aber seltener begangen wird.

Der **Gipfelsturm** stellt auch Durchtrainierte vor nicht geringe Herausforderungen. Alle zurückliegenden Anstrengungen sind jedoch spätestens dann vergessen, wenn die Strahlen der aufgehenden Sonne große Teile der Insel in ein märchenhaftes, gleißendes Licht tauchen. Mit etwas Glück bildet sich der Schatten des Berges als dunkle Pyramide in der Ebene ab. Spätestens dann ist es Zeit für das Läuten der Tempelglocke auf dem Gipfelplateau – wer bereits das zweite Mal oben steht, darf sogar zweimal am Seil ziehen. Geduldig reihen sich die Pilger oben in eine lange Schlange ein, um zunächst dem Fußabdruck die gebührende Verehrung zu zollen und danach die Glocke zu schlagen, bevor sie sich wieder an den Abstieg machen. In der Hauptpilgerzeit ist das Gedränge in der Gipfelregion groß, und mancher Tourist berichtet, dass er nach zwei Dritteln des Wegs wieder umkehren musste, weil nichts mehr voran ging. Eine weitere Unwägbarkeit ist die **Witterung.** Zwar ist die Wahrscheinlichkeit für gute Sicht in den frühen Morgenstunden am höchsten, eine Gewähr dafür gibt es freilich nicht. So mancher harrt zähneklappernd auf dem Gipfel aus, derweil dieser sich beharrlich in Nebel hüllt.

Klassisches Basislager für den Aufstieg ist die kleine Streusiedlung **Dalhousie** am Ende einer schmalen Fahrstraße. Außer den umliegenden Bergen prägen Teeplantagen das Bild. Zur Hauptpilgerzeit haben die zahlreichen Kioske Hochkonjunktur. Neben Trinkwasser kann man hier Taschenlampen und Kekse für die nächtliche

Wanderung kaufen. Außerdem säumen einige simple Gästehäuser und Garküchen die Ortsdurchfahrt. Zu anderen Zeiten geht es in Dalhousie beschaulich zu, allenfalls einige Touristen vertreiben sich die Zeit bis zum Aufbruch oder sammeln Kraft für die bevorstehenden Strapazen. Denn vor ihnen liegt ein mehrstündiger Aufstieg mit 4500–5000 Treppenstufen.

Hin & weg **Bus**: Öffentliche Busse verbinden die Bahnstation Hatton etwa 3-mal tägl. mit Dalhousie, u. U. mit Umsteigen in Maskeliya. Häufigere Verbindungen in der Pilgersaison. Die Fahrtzeit beträgt ca. 2 Std. Wenige Direktverbindungen gibt es darüber hinaus von Colombo.

Taxi/Tuk-Tuk: Die Taxifahrt vom Bahnhof Hatton nach Dalhousie kostet ca. 3000 Rs, die Fahrt mit dem Three Wheeler ca. 1800 Rs.

Wandern **Adam's Peak**, der Pilgerweg von Dalhousie ist 7 km lang und überwindet einen Höhenunterschied von knapp 1000 m. Der Einstieg befindet sich kurz hinter der Brücke am Ende der Fahrstraße, ein Wegweiser „Adam's Peak" weist nach rechts. Das erste Teilstück verläuft überwiegend bequem auf einem breiten Weg, den Teestuben, Klöster und Schreine säumen (bei Nässe auch einige Blutegel). Danach beginnen die Treppen – teils unregelmäßig und zum Gipfel hin immer steiler werdend. Wer den Sonnenaufgang erleben möchte, sollte spätestens um 6 Uhr morgens oben angekommen sein. Dann öffnet ein Mönch die Türe zum Tempel, der den geheiligten Fußabdruck birgt. Der Tempelbereich darf nur barfuß betreten werden. Zum Teil weht ein frostiger Wind und die Temperaturen liegen nur wenige Grade über Null. Der Aufbruch erfolgt i. d. R. um 2 Uhr nachts, die Gehzeit hin und zurück beträgt ca. 5–6 Std. In der Hauptpilgersaison kommt es in Gipfelnähe oft zu Staus.

Ausrüstungsempfehlungen für den Gipfelsturm: Warme Jacke, ausreichend Trinkwasser (es gibt unterwegs zwar einige Teestuben, aber außerhalb der Hauptpilgerzeit sind sie u. U. geschlossen), Verpflegung und Kekse oder Nüsse zur Stärkung, Ersatz-T-Shirt und Ersatzsocken, Taschenlampe, Regen- und Sonnenschutz.

Gartmore Falls, oberhalb des Südufers des Maskeliya Reservoir führt eine unspektakuläre Wanderung auf einer wenig befahrenen Piste zwischen Teeplantagen zu einem Wasserfall. Von den Gästehäusern in Dalhousie auf der Ortsdurchfahrt bergab und nach 10 Min. an der Verzweigung rechts, die einfache Gehzeit beträgt ca. 1:30 Std. (die Hinfahrt kann man auch mit dem Tuk-Tuk zurücklegen).

Übernachten/Essen Nachfolgend empfohlene Unterkünfte liegen in Gehentfernung zur Endhaltestelle der Busse. Der Zimmerstandard ist oft bescheiden, das Preisniveau dagegen hoch. Zum Pilgerweg auf den Adam's Peak gelangt man von den Quartieren in 10 Min. zu Fuß. In der Hauptpilgerzeit empfiehlt sich frühzeitige Reservierung. Weitere Unterkünfte finden Sie im Ortskapitel Hatton und Dickoya.

Punsisi Rest, ③–④. Gästehaus mit Cottages am Steilhang, die über Stufen erreichbar sind. Die schönsten Cottages (Nr. 5 und 6) befinden sich ganz oben. Schlichte Ausstattung, von der Veranda teilweise Blick auf den Adam's Peak. Restaurant im 4. OG des Haupthauses, in dem sich auch die einfacheren Zimmer befinden. Hotelneubau oberhalb mit 40 Komfortzimmern und eigener Zufahrt (zum Zeitpunkt der letzten Recherche noch nicht fertig). ✆ 051-4920313, Buchung über die gängigen Buchungsportale.

»> Mein Tipp: Hugging Clouds, ③. Freundliche Unterkunft, der eloquente Inhaber ist auch Tour-Veranstalter und steht Gästen mit Rat und Tat zur Seite. 5 geschmackvoll gestaltete Zimmer mit Balkon und 2 nagelneue Zimmer im Nebenhaus ohne Balkon. Restaurant im OG. Ruhig, da von der Ortsdurchfahrt abgewandt. ✆ 052-2055529, Buchung über die gängigen Buchungsportale. «<

Green Food Corner/Green View Guest Inn ③, sehr einfaches Straßenrestaurant im Stil einer Garküche, Gäste aus dem Green View Guest Inn auf der anderen Straßenseite frühstücken hier. Authentische Küche mit Rice & Curry- sowie Kottu-Roti-Gerichten, kein Alkohol, kleine Preise. 5 schlichte, aber saubere Gästezimmer mit Warmwasser und kleiner Veranda. ✆ 071-6026484.

Diese Teefabrik in der Umgebung entpuppt sich als Nobelhotel

Nuwara Eliya

ca. 25.000 Einwohner

Die ehemalige britische Hill Station liegt im Schnitt 1850 m über dem Meeresspiegel und ist ein Pflichtstopp auf der Reise durch das Hochland. Aus jedem Winkel der Stadt dringt die koloniale Vergangenheit, die sich hier so unverfälscht wie nirgends sonst auf der Tropeninsel erhalten hat.

Die Kolonialgebäude mit gepflegten Vorgärten im Tudorstil liegen überwiegend auf den Hügeln oberhalb des Basars verstreut. Augenfälliges Gegenbeispiel ist das fotogene **Postamt:** Das 1894 erbaute Gebäude aus roten Ziegeln und mit Glockenturm liegt wenige Schritte vom Busbahnhof entfernt. Es handelt sich um eines der ältesten Postgebäude Sri Lankas und zierte als Motiv sogar einmal eine 10-Rupien-Briefmarke. Unweit der Post sind weitere Institutionen aus der Epoche britischer Kolonialherrschaft zu finden, z. B. der gepflegte Golfplatz oder der öffentlich zugängliche **Victoria Park.** Den Namen erhielt die grüne Lunge der Stadt 1897 anlässlich des diamantenen Thronjubiläums von Queen Victoria. Den ersten Baum dort – eine Eiche – pflanzte eine deutsche Prinzessin während ihres Besuchs im Hochland (tägl. 7–18 Uhr, 300 Rs). „Very british" geht es auch auf dem **Racecourse** zu, auf dem von Zeit zu Zeit noch immer Pferderennen stattfinden. Das erste Rennen ging 1875 über die Bühne, zuvor befand sich hier eine Trainingsstation für Importpferde aus dem Vereinigten Königreich. Initiator in den 1840er-Jahren war ein gewisser John Baker, der Bruder des viel bekannteren Naturforschers und Abenteurers Samuel White Baker (→ Geschichte S. 392). Letzterer gilt nicht nur hochoffiziell als Gründer der Stadt, er versuchte sich hier auch im Bierbrauen: Die **erste Hausbrauerei Sri Lankas** ging nach mehrfachen Besitzerwechseln 1911 in der neugegründeten *Ceylon Brewery Limited* auf. Das Unternehmen existiert unter anderem Namen noch heute und braut Biere wie Anchor und Lion.

Ebenfalls in Steinwurfnähe zum Postamt und zum Busbahnhof liegen zwei weitere prominente Häuser aus der Blütezeit der britischen Hill Station: der legendäre **Hill**

Club (→ Kasten, S. 394) sowie das mondäne **Grand Hotel** mit seinen 154 Zimmern, drei Präsidentensuiten und der *Governor's Suite*, die noch im originalen elisabethanischen Stil möbliert ist. Wer im kolonialen Luxus schwelgen möchte, muss sich dafür aber nicht unbedingt im Hotel einquartieren, denn die Restaurants und die Tea Lounge stehen allen Gästen offen. Das Preisniveau der örtlichen Unterkünfte ist allgemein hoch, bei den Restaurants hat man jedoch die übliche Auswahl zwischen exklusiven und preiswerteren Einkehrmöglichkeiten. Bei der Quartiersuche empfiehlt es sich, sich zu vergewissern, dass genügend warme Decken vorhanden sind. Denn die Nächte sind kalt in Nuwara Eliya, und auch tagsüber kann es in dieser Höhenlage während der Regenzeit empfindlich frisch werden. Gar nicht so selten liegt eine dicke Nebeldecke über der Stadt oder bedeckt die umliegenden Hügel. Manche Spötter witzeln, dass die „Stadt in den Wolken" – so ein beliebter Beiname von Nuwara Eliya – die britischen Kolonialherren im 19. Jh. deshalb so angezogen hätte, weil sie hier ihren Londoner Nebel gefunden hatten, den sie so sehr vermissten.

Nuwara Eliya (ausgesprochen: Norélia) liegt günstig für **Touren in die Umgebung**, z. B. in den Nationalpark Horton Plains (→ S. 398 f.). Vieles dreht sich hier um den Teeanbau, und wer bisher noch keine Teefabrik besucht hat, kann dies hier nachholen. Für einen kurzen Spaziergang bietet sich der Abstecher zum **Gregory Lake** östlich des Stadtzentrums an. Bevor der See 1873 unter der Ägide des britischen Gouverneurs Sir William Gregory durch eine Staumauer geschaffen wurde, befand sich an gleicher Stelle ein Sumpfgebiet. Ein für Ornithologen interessantes Ziel ist das **Galway's Bird Sanctuary** nördlich des Sees. Das 27 ha große Reservoir ist seit 2006 offiziell ein Nationalpark und beherbergt rund 50 Vogelarten, darunter 20 Zugvogelspezies (tägl. 6–17 Uhr, 10 $, erm. 5 $). Als Ausflugsziel aber überraschend wenig geeignet ist der **Pidurutalagala** 8 km nördlich von Nuwara Eliya. Die alternativ auch als *Mount Pedro* bezeichnete Erhebung ist zwar mit 2534 m der höchste Berg Sri Lankas, allerdings ist die gesamte Gipfelzone militärisches Sperrgebiet. Mit dem Reisepass im Gepäck kommt man zwar am Kontrollposten vorbei, Ferienstimmung kommt jedoch keine auf.

Geschichte: Einer der Gründerväter der Stadt war Samuel White Baker (1821–1893), der in Nuwara Eliya einen florierenden Landwirtschaftsbetrieb gründete und später als Afrikaforscher zu Ruhm und Ansehen gelangte. Die *Baker's Falls* im Nationalpark Horton Plains sind nach dem umtriebigen Multitalent benannt. In „Little England", wie die Briten den Flecken im Hochland nannten, frönten die Kolonialoffiziere in der Freizeit ihrer **Jagdleidenschaft** oder trafen sich zu Soireen im Ferienbungalow des Gouverneurs. Den besten Ruf genoss die Residenz von Edward Barnes, dem 5. Gouverneur von Ceylon. Das Haus, das zu seinen Lebzeiten schlicht Barnes Hall genannt wurde, beherbergt heute nach umfassender Neugestaltung das Grand Hotel. Andere namhafte Institutionen waren das Queen's Cottage, das St. Andrew's Hotel und der berühmte Hill Club. Seit den 1870er-Jahren profitierte Nuwara Eliya vom beginnenden **Tee-Boom** und etablierte sich als Zentrum der Hochlandplantagen in der Umgebung. Einen großen Ehrgeiz zur Standortentwicklung entfaltete insbesondere Sir William Gregory, nach dem der Gregory Lake östlich der Stadt benannt ist. In seiner Eigenschaft als Gouverneur lockte er ab 1872 zahlreiche Glücksritter und Entrepreneurs an, sein Nachfolger setzte die Bemühungen mit dem **Eisenbahnbau** fort.

Sehenswertes in der Umgebung

Botanischer Garten Hakgala: Die 28 ha große Gartenanlage liegt 10 km südöstlich des Zentrums an der A 5 in Richtung Badulla und hält den Vergleich mit dem ungleich berühmteren botanischen Garten in Kandy nicht ganz stand. Für Pflanzenfreunde lohnt sich der Besuch insbesondere im Frühling, wenn weite Teile der Parkanlage in prachtvoller Blüte stehen. Die Höhenlage auf rund 1750 m über dem Meeresspiegel begünstigt das Gedeihen subtropischer Pflanzen wie Araukarien und die in Sri Lanka beheimateten Gordonien – ein Teestrauchgewächs. Außerdem sind hier verschiedene Orchideen- und Rhododendronarten heimisch.

Tägl. 7.30–16.30 Uhr. 1500 Rs, erm. 750 Rs. Hakgala, www.botanicgardens.gov.lk.

Dekorativer Sita Amman Kovil

Sita Amman Kovil: Das Heiligtum an der A 5 nach Badulla liegt ganz in der Nähe des botanischen Gartens und ist ein Pflichtstopp für Pilger auf den Spuren der Ramayana-Kultstätten. Denn die von Ravana entführte Sita soll hier in einer Höhle gefangen gehalten worden sein – wobei diese Verortung auch das Bergdorf Ella für sich beansprucht. Die fotogene Tempelgruppe oberhalb eines Wildbachs ist neueren Datums, von der Plattform ist auf der anderen Seite des Bachs der Ort zu erkennen, an dem der Überlieferung zufolge Hanuman der badenden Sita begegnete und der Schönen einen Gruß ihres Gatten Rama überbrachte. Die gelb markierte Stelle neben dem Denkmal markiert den angeblichen Fußabdruck des Affengottes.

Tägl. 7.30–18 Uhr. Eintritt gegen Spende.

Teefabriken in der Umgebung: Das namhafte **Mackwood's Labookellie Tea Centre** liegt praktischerweise an der A 5 in Richtung Kandy und kann sich über einen Mangel an Besuchern nicht beklagen. Die Teefabrik ist einer der ältesten und renommiertesten in der Region. Seit 2016 gibt es neue Betreiber, ob sie die bekannt hohe Qualität aufrechterhalten, ist noch nicht abzusehen. Das Museum war zum Zeitpunkt der letzten Recherche geschlossen, in Betrieb ist aber der Teesalon mit Shop (12 km nördlich von Nuwara Eliya).

Unbedingt einen Abstecher wert ist die von der B 332 in Richtung Kandapola zugängliche **Pedro Estate Tea Factory** 4 km östlich des Zentrums. Die in wunderbar gepflegten Plantagen eingebettete Vorzeigefabrik beschäftigt auf einer Fläche von 800 ha 1250 Arbeiter, die in der Hochsaison täglich bis zu 20 Tonnen Tee produzieren. Die tamilischen Teepflücker werden vorbildlich versorgt, die Firma hat deshalb bereits mehrere Ethik-Zertifikate erhalten. Der Tee wird noch nach

Kulturelles Dreieck und Hochland → Karte S. 310

traditioneller Art an 50–60 Jahre alten Maschinen verarbeitet. Den Betrieb gibt es seit 1885, die Führungen sind überdurchschnittlich gut.

Tägl. außer an bestimmten Feiertagen wie z. B. dem sri-lankischen Neujahrsfest 8–17 Uhr. 200 Rs.

Männersache: der legendäre Hill Club

Der 1876 von britischen Kaffeepflanzern aus der Taufe gehobene Herrenklub bestand ursprünglich nur aus einem Billardraum und einer Bar. In der Folge mauserte er sich zum illustren Treff der Kolonialgesellschaft. Angehörige des Ceylon Civil Service, Offiziere, Plantagenbesitzer und Teehändler gaben sich ein munteres Stelldichein. In den 1930er-Jahren bezog man ein neues Refugium mit Vorgarten und englischem Rasen oberhalb des Grand Hotels, wo der Klub bis heute seine Kolonialvergangenheit konserviert. Das Klubleben war vorwiegend Männersache, Frauen durften das Gebäude nur durch einen Seiteneingang betreten. Heutzutage haben sich die strengen Sitten spürbar gelockert: 1954 dinierte hier Ihre Majestät, Queen Elisabeth II., das Konterfei der damals jungen Königin schmückt das Kaminzimmer im EG. Natürlich trifft man dort längst auch Frauen und nicht nur in der „Mixed Bar", sondern auch in der „Men's Bar". Der Krawattenzwang besteht zwar noch, die guten Stücke können aber samt des ebenfalls obligatorischen Jacketts für den Zeitraum des Diners am Empfang ausgeliehen werden. Von den Damen wird eine standesgemäße Garderobe erwartet. Auswärtige Gäste, die hierher zum Essen kommen wollen, erhalten für den Minibetrag von 100 Rupien eine Tagesmitgliedschaft. In den nostalgisch möblierten Räumen kann inzwischen auch jedermann und -frau übernachten (s. u.). Heute rekrutieren sich die rund 450 Mitglieder des Hill Club aus der feinen Gesellschaft der Insel, das heißt aus alteingesessenen und neureichen Unternehmern sowie Vertretern der politischen und gesellschaftlichen Elite. Auch Briten, die nach der Unabhängigkeit in Sri Lanka geblieben sind, finden sich noch auf der Liste.

Der Salon im legendären Hill Club

Basis-Infos

Information www.nuwaraeliyainfo.com. Ein **Infokiosk** befindet sich zwischen Busbahnhof und Victoria Park. Mo–Sa 8–16.30 Uhr.

Hin & weg **Bahn**: Der Bahnhof liegt 8 km südlich in Nanu Oya. 5-mal tägl. halten Züge von und nach Badulla sowie in die Gegenrichtung von und nach Colombo und Kandy. Die Fahrt mit dem Three Wheeler zum Bahnhof sollte nicht mehr als 500 Rs kosten.

Bus: Der Busbahnhof liegt zentral zwischen Basar und Victoria Park. Busse von und nach Colombo fahren über Kandy. Regelmäßige Verbindungen gibt es außerdem nach Hatton und nach Badulla.

Tuk-Tuk: Ein zuverlässiger Fahrer ist Mr. Weerakoil. ✆ 072-8003271.

Taxi: ✆ 077-3560116. Eine Fahrt nach Kandy kostet ca. 3000–4000 Rs, zum Flughafen Colombo ca. 6000–7000 Rs.

Ärztliche Versorgung **District General Hospital**, das Krankenhaus liegt 2 km östlich des Stadtzentrums und ist auf der B 332 in Richtung Pedro Tea Estate erreichbar. Uda Pussellawa Rd., ✆ 052-2222261.

Safaris/Mietfahrzeuge **Single Tree Jeep Safari**, das Reisebüro im Single Tree Hotel organisiert u. a. Trekkingtouren sowie Sammelfahrten zum Ausgangspunkt der Wanderung im Nationalpark Horton Plains – eine preiswerte Transfergelegenheit für Individualreisende. Auch Verleih von **Mountainbikes** für 1500 Rs/Tag (japanische Markenräder). Haddon Hill Rd. 1/8, ✆ 077-3560116.

Golf **Nuwara Eliya Golf Club**. Der 18-Loch-Golfplatz liegt zwischen Basar und Hill Club und steht auch auswärtigen Gästen offen. Mit Restaurant, Bar und Übernachtungsmöglichkeit. Der Golfklub wurde bereits 1889 gegründet. ✆ 052-2222835, www.nuwaraeliyagolfclub.com.

Veranstaltungen **Royal Turf Club**, der exklusive Klub führt ein- bis zweimal im Monat Pferderennen auf der ehrwürdigen Rennbahn durch. Tickets gibt's ab 2750 Rs aufwärts, für die nicht überdachten Plätze ist der Zutritt kostenlos. Aktuelle Termine werden auf der Website bekannt gegeben, www.royalturfclub.com.

Übernachten

→ Karte S. 397

Wer etwas mehr Geld in die Hand nimmt, wohnt in Nuwara Eliya standesgemäß in einer Villa im Kolonialstil und genießt das Flair vergangener Zeiten. Nachts wird es allerdings empfindlich frisch. Abhilfe schaffen eine warme Bettdecke und womöglich das flackernde Kaminfeuer in der Hotellobby.

Heritance Tea Factory 10, ⑧. Das Renommeehotel befindet sich allein auf weiter Flur 11 km von Nuwara Eliya entfernt in einer feudal umgebauten Teefabrik. 50 Zimmer in verschiedenen Kategorien auf 4 Etagen, Spa-Bereich, Tea Bar sowie ein ultraschickes Restaurant, letzteres steht nach vorheriger Anmeldung auch auswärtigen Gästen offen. Eine Teefabrik nebenan kann von Hausgästen besichtigt werden. Häufig auf viele Wochen im Voraus ausgebucht, daher frühzeitig reservieren! Kandapola (das letzte Teilstück auf enger Straßenzufahrt), ✆ 052-2229600, www.heritancehotels.com.

Ferncliff Hotel 6, ⑦. Exklusive Kolonialvilla in erhöhter Lage umgeben von einem großen Garten. Das Anwesen gehörte einst Sir Edward Barnes, dem ehemaligen Gouverneur von Ceylon. 4 stilvoll eingerichtete Zimmer, schöne Sitzplätze in der standesgemäß möblierten Lounge und im Garten, hochwertiges Restaurant. Wedderburn Rd. 7/10, ✆ 077-2312560, www.ferncliff.lk.

Albany Villa 16, ⑥–⑦. Modernes Wohnhaus in ruhiger Lage mit Zentrumsblick vom Dach. Terrasse, kleiner Garten, wohnlich eingerichtete Lounge, 2 DZ und 3 Suiten verteilen sich auf 2 Etagen. Auf Wunsch wird am Abend gekocht, bodenständig, etwas überteuert. Upper Lake Rd. 11/4, ✆ 052-2224432, www.albanynuwaraeliya.com.

The Hill Club 8, ⑥. 40 Zimmer im ehrwürdigen Klubgebäude (s. o.), umgeben von gepflegten Grünanlagen, das exklusive Ambiente hat freilich seinen Preis. Das Restaurant serviert an angelsächsische Traditionen angelehnte Gerichte, mehrere Bars und Lounges, Lesesaal, Billardraum, reichlich

Kulturelles Dreieck und Hochland → Karte S. 310

koloniale Atmosphäre. Grand Hotel Rd. 29, ✆ 052-2222653, www.hillclubsrilanka.lk.

Bungalow 1926 **2**, ⑥. Das zentral in der Nähe der Moschee gelegene Hotel in einer Kolonialvilla aus dem Jahr 1926 ist stilvoll möbliert und wirkt dennoch bodenständig. Ein DZ und 2 Familiensuiten, kleiner Hinterhof, das Restaurant serviert sri-lankische und westliche Spezialitäten und ist ausschließlich Hausgästen vorbehalten. Cross St. 20, ✆ 052-2223168, www.bungalow1926.com.

Villa Tea Fields **19**, ④–⑥. Das gepflegte Landhaus befindet sich auf der anderen Seite des Gregory Lake 4,5 km vom Busbahnhof entfernt. Rundherum Teeplantagen, 4 wohnlich eingerichtete Zimmer auf 2 Etagen, die oberen Zimmer mit schönem Ausblick. Badulla Rd. 13/111 (A 5), Magastota, www.villateafields.com.

Havelock Cottage **11**, ③–⑤. Freundliches und familiäres Landhaus mit viel Fachwerk. 6 Zimmer, alle unterschiedlich geschnitten (Nr. 705 ist wegen der geringen Größe nicht für einen längeren Aufenthalt geeignet), Küche für Selbstversorger, auf Wunsch wird am Abend gekocht, der Inhaber hilft bei der Tourenplanung. 20 Min. zu Fuß ins Zentrum. Havelock Drive 9/2 (Old Military Rd.), ✆ 052-2222219, Buchung über die gängigen Buchungsportale.

Chez Allen **1**, ③. Das familiäre Gästehaus weit oberhalb des Zentrums ist in 20 Min. zu Fuß vom Basar erreichbar. Angenehm wohnlich gestalteter Gemeinschaftsbereich mit Kamin im 1. OG, 9 saubere, einfach möblierte Zimmer mit Holzfußböden, 6 davon mit Blick auf die Stadt. Dachterrasse, Radverleih, Restaurant. Underbank 45 B (St. Andrews Rd.), ✆ 072-3478515, Buchung über die gängigen Buchungsportale.

Backpack Lanka Hostel **9**, ①–②. Ruhig gelegene Budgetunterkunft in einem denkmalgeschützten Landhaus mit Garten in Gehentfernung zum Stadtzentrum. Charmant mit Holzdielenböden eingerichtet, 2 DZ, ein Dreibettzimmer und 2 Schlafsäle mit jew. 6 Betten. Dependancen der Hostelkette befinden sich in Kandy und in Colombo. Wedderburn Rd. 18, ✆ 077-0300900, www.backpacklanka.com.

Essen & Trinken

Grand Thai **12**. Das Edelrestaurant mit ausgezeichneter thailändischer Küche im Grand Hotel ist über das Hoteluntergeschoss oder den direkten Seiteneingang zugänglich. Innenplätze mit stilvoll eingedeckten Tischen, Salate, köstliche Suppen, vegetarische Currys, Fisch- und Fleischgerichte. Hauptgerichte ab ca. 1200 Rs. Tägl. 12–15.30 Uhr und 19–22 Uhr. Grand Hotel Rd. 5, ✆ 052-2222881, www.grandhotel.tangerinehotels.com.

Grand Indian **15**. Auf indische Küche spezialisiertes Restaurant in einem Kolonialpavillon vor dem Grand Hotel, nebenan befindet sich die Kaffeebar. Für die Lage erstaunlich akzeptable Preise, auf der Karte finden sich die einschlägigen nordindischen Klassiker: vegetarische Gerichte, Fisch und Fleisch. Nur wenige Tische. Tägl. 12–15.30 Uhr und 18.30–22 Uhr. Grand Hotel Rd. 5, ✆ 052-2222881, www.grandhotel.tangerinehotels.com.

»» Mein Tipp: **Indian Summer** **18**. Das ausgezeichnete Restaurant liegt über dem Südufer des Gregory Lake und ist auf nordindische und chinesische Küche spezialisiert. Schickes Outfit, guter Service, auch Speisen zum Mitnehmen. Außenterrasse mit Seeblick, kein Alkohol. Hauptgerichte um 1000 Rs. Tägl. 10–22 Uhr. Gemunupura 96 (A 5), Mahagastota, ✆ 052-2224411. ««

Milano **5**. Kulinarische Institution im Basarviertel auf zwei Etagen. Im EG befinden sich eine Bäckerei und ein einfaches Lokal, im 1. OG wird zu akzeptablen Preisen sri-lankische und chinesische Küche serviert. Schlicht ausgestattete Räume, eine Spezialität des Hauses ist Reis mit Lamm im Bananenblatt (nur mittags und nur im EG). New Bazar St. 24, ✆ 052-2222763.

Tea Lounge **13**. Koloniales Flair vom Feinsten im Café des Grand Hotels, gediegenes Ambiente in einer luftigen Vorhalle sowie auf der Terrasse davor. Auf der Karte: diverse Tees, Mocktails, Cocktails und feine Snacks. In Anbetracht der Örtlichkeit sind die Preise angemessen. Tägl. 10–22 Uhr. Grand Hotel Rd. 5, ✆ 052-2222881.

Restaurant Two **14**. Das originelle Straßenrestaurant mit Garküchencharakter befindet sich an der Auffahrt zum Grand Hotel. Gekocht und gespeist wird in einem umgebauten und innen mit Holz verschalten Truck. Weitere Sitzplätze außen sowie im umgebauten Bus nebenan. Nasi Goreng, Fried Rice, gegrillter Fisch, sri-lankische

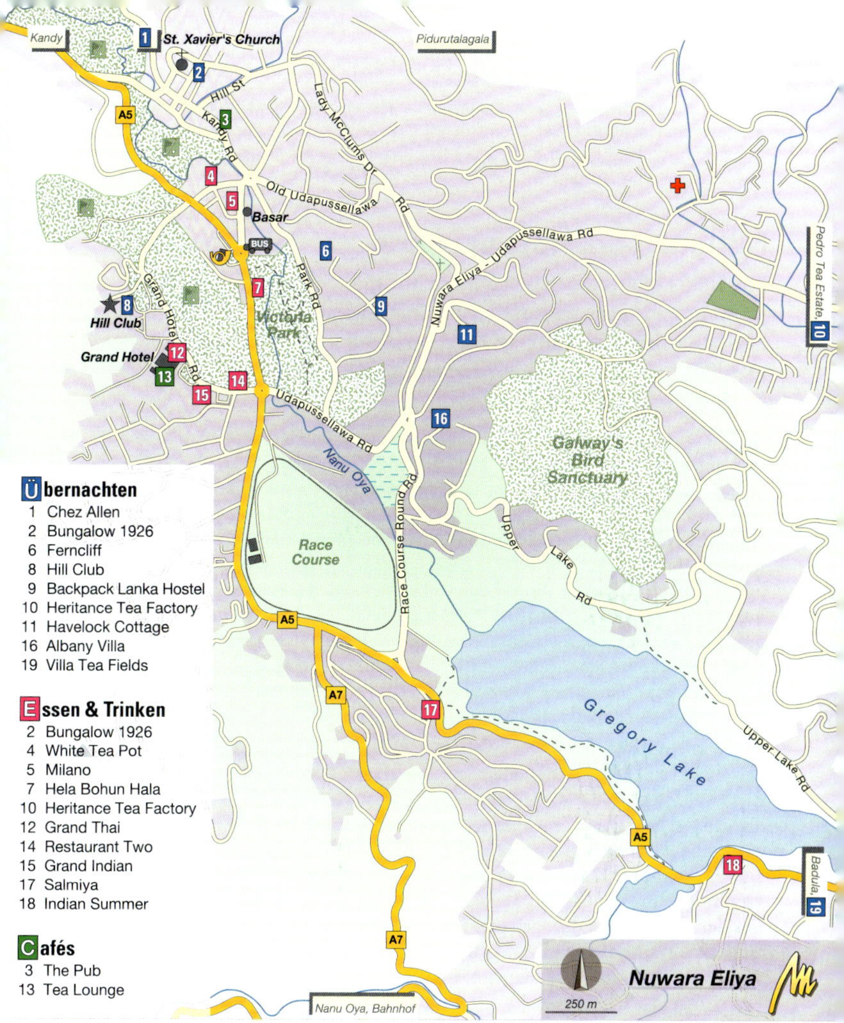

sowie chinesische Gerichte, serviert wird auf Einwegtellern. Frühstück, Mittag- und Abendessen, Hauptgerichte ab 700 Rs. Tägl. 8–22 Uhr. Grand Hotel Rd., ✆ 077-7833716.

Salmiya 17. Einfach gestalteter Pizza-Pavillon mit hohem Kultfaktor am Südufer des Gregory Lake. Ausgezeichnete italienische Pizzen aus dem Elektroofen, die Pizza Margherita mit Basilikum kostet ca. 700 Rs, es gibt auch Pastagerichte. Improvisiertes Ambiente, zwei Tische drinnen und draußen. Tägl. 12–21 Uhr. Cargills Ground 8 (Badulla Rd.), ✆ 077-9135263.

White Tea Pot 4. Hinter dem klangvollen Namen verbirgt sich ein beliebtes, schlichtes Straßenrestaurant im Basar, aber gut geführt, akzeptabel sauber und schnell im Service. Rice & Curry und Kottu Roti zum kleinen Preis, die Hausspezialität heißt Dolfin Kottu und schmeckt ganz ausgezeichnet. Tägl. 7–22.30 Uhr. Lawson Rd. 37/1.

Hela Bojun Hala 7. Der staatliche Foodcourt mit Garküchen sowie diversen landestypischen Spezialitäten liegt günstig am Rand des Victoria Park. Geboten werden leckere Gerichte zu wirklich kleinen Preisen. Man sitzt an Plastiktischen und

-stühlen, gegessen wird nach Landesart mit den Händen. Tägl. außer an Vollmondtagen 7–19 Uhr. New Bazaar St.

The Pub 3. Rustikale Einkehr auf 3 Etagen in Zentrumsnähe. Bier vom Fass, warme Gerichte und Snacks, man sitzt an Holztischen. Tägl. 11–22 Uhr. Kandy Rd. 20, ✆ 052-2235788.

Nationalpark Horton Plains

Das 2000–2300 m hoch gelegene Schutzgebiet ist der einzige Nationalpark im Hochland und zählt mit zu den meistbesuchten Zielen im Hinterland. Ziel der Rundwanderung ist die Abbruchkante zum Tiefland mit dem Namen „World's End". 2010 wurde der Nationalpark in die Liste des UNESCO-Weltnaturerbes aufgenommen.

Am **„World's End"** ist buchstäblich die Welt zu Ende: Der Aussichtsbalkon ist Teil der topografischen Grenzlinie zwischen dem Hochland und der Tiefebene des Inselsüdens – der Blick fällt über einen gähnenden Abgrund auf tiefer gelegene Gefilde und verliert sich im Dunst der sich scheinbar endlos ausdehnenden Ebenen. Um dem Naturschauspiel teilhaftig zu werden, muss man allerdings bereits frühmorgens an Ort und Stelle sein. Je nach Jahreszeit steigen Wolken aus der Ebene auf und verhüllen – ähnlich wie auf dem Adam's Peak – das Landschaftspanorama. Zur Beliebtheit des 31,6 km^2 großen Parks trägt auch bei, dass sich das Schutzgebiet gut individuell erkunden lässt. Zum Ausgangspunkt der Tour gelangt man in geländetauglichen Fahrzeugen, die eigentlichen Attraktionen sind aber ausschließlich zu Fuß erreichbar. Für die **Rundwanderung** sind etwa drei Stunden Gehzeit einzukalkulieren, die Steigungen sind moderat.

Archäologische Funde zeigen, dass die *Maha Eliya Thenna* (große offene Ebene) bereits in der Steinzeit besiedelt war. Im ersten Drittel des 19. Jh. benannten die Briten die Hochebene nach Sir Robert Wilmot-Horton, dem Gouverneur Ceylons, der die Gegend 1836 bereist hatte. Bereits in der englischen Kolonialepoche griffen die ersten Maßnahmen zum **Schutz der Bergnebelwälder** – seit 1873 herrschte ab einer Höhe von 1500 m ein rigoroses Abholzungsverbot. Die ökologischen Beweggründe spielten damals allerdings nur eine Nebenrolle, vorrangig ging es den Briten um den Erhalt ihrer Jagdgebiete. Einer der passionierten Jäger und Gründer von Nuwara Eliya war Samuel White Baker. Nach ihm sind die Wasserfälle am Wanderweg zum „Ende der Welt" benannt: **Baker's Falls.**

Große Teile der Horton Plains haben den Charakter einer flachwelligen Hochebene. Einen archaischen Eindruck vermitteln die mit Sumpfgras umflorten Teiche und Moore, die von Wildbächen entwässert werden. Andere Teile des Nationalparks wiederum wurden leider durch Buschbrände und intensive Beweidung beschädigt – wie man bei der Anfahrt mit dem Jeep oder Kleinbus zum Ausgangspunkt der Wanderung feststellen kann. Ausnahmsweise sind in den Horton Plains nicht Tiere, sondern die Landschaft und die **Pflanzenwelt** die Stars. Hohe Niederschlagsmengen und ganzjährig kühle Temperaturen schaffen ein Mikroklima, das für die Vegetation in nebelverhangenen Bergwäldern wie geschaffen ist. In Bodennähe wächst Farn, in den Ebenen gedeihen Rhododendren. Außerdem wachsen Myrten, Akanthusgewächse, Zimtbäume, Zwergbambus sowie jede Menge Beeren, Flechten, Binsen und Krautgewächse. Zur Monsunzeit taucht die von Einheimischen *Nelu* genannte Blume die Wälder in ein grandioses violett-pink-weißes Blütenmeer. Auch wenn der **Fauna** nicht die hohe Priorität gebührt, sind in den Horton Plains natürlich auch interessante Tierarten beheimatet: Sambarhirschen und Primaten wie

z. B. Weißbartlanguren begegnet man relativ häufig, außerdem kann man – mit einer gehörigen Portion Glück – Mangusten, Fischkatzen, Muntjaks und Wildschweine beobachten. Noch etwa 15 Leoparden sollen in den Horton Plains auf Beutezug gehen. Unter den 87 offiziell registrierten Vogelarten sind der Nepaluhu – auch Teufelsvogel genannt –, der Schmuckkitta oder das wilde Ceylonhuhn erwähnenswert.

Tägl. 6–18 Uhr. 15 $, erm. 8 $, zuzüglich Fahrzeuggebühr und Steuer.

Der Nationalpark Horton Plains ist eine **plastikfreie Zone**. Vor der Wanderung lässt man am besten sämtliche Verpackungen wie Plastiktüten, Feucht- oder Taschentücher im Auto. Auch Zigaretten und Feuerzeuge sind nicht erlaubt, an den Eingängen wird kontrolliert. Mitgeführt werden dürfen Plastikflaschen mit Trinkwasser, wenn zuvor die Banderole entfernt wurde.

Hin & weg Der Nationalpark liegt 32 km südlich von Nuwara Eliya und 35 km westlich von Haputale. Die überwiegende Mehrzahl der auswärtigen Gäste besucht die Horton Plains im Rahmen eines Tagesausflugs von Nuwara Eliya und betritt den Nationalpark am **Pattipola Entrance**. Vom Gate bis zum Parkplatz am Startpunkt der Wanderung beträgt die Fahrzeit 10 Min. Besucher aus Richtung Haputale oder Bandarawela betreten das Parkgelände am **Ohiya Entrance** auf der Ostseite.

Bahn: Der **Bahnhof** Ohiya liegt 11 km vom Osteingang entfernt, Pattipola 6 km.

Taxi/Tuk-Tuk/Kleinbus: Die Fahrt von Nuwara Eliya dauert 1 Std. und kostet ca. 2500–4000 Rs pro Fahrzeug inkl. Wartezeit. Von Bandarawela betragen die Kosten ca. 4500–5000 Rs. Anbieter für Safaris finden Sie im Ortskapitel Nuwara Eliya (→ S. 395).

Wandern **World's End**, vom Checkpoint am Beginn der Wanderung führt ein gut erkennbarer Stichweg in südliche Richtung. In der weiten Hochebene gabelt sich der Weg: Während sich die meisten hier links halten, um ans „Ende der Welt" zu gelangen, empfiehlt es sich wegen des Steigungsprofils zunächst rechts weiterzugehen. Ein Abstecher durch den Wald führt binnen Kurze zu den *Baker's Falls*. Danach gehen Sie weiter bis *World's End* (Aussichtsbalkon an der Traufkante zum Tiefland). Wenn Sie genug vom Ausblick haben, wenden Sie sich anschließend nach links bzw. nach Nordost und gelangen in kurzer Zeit zum nächsten Aussichtspunkt *Little World's End*. Zurück geht es danach auf dem eindeutig erkennbaren Parcours durch herrlichen Bergnebelwald. Festes Schuhwerk ist besonders bei Nässe zu empfehlen. Gehzeit: ca. 3 Std.

Übernachten Unterkünfte in einfachen **Bungalows** und **Zelten** können über Hotels oder Agenturen in Nuwara Eliya sowie über die Homepage des Department of Wildlife Conservation der sri-lankischen Regierung gebucht werden, www.dwc.gov.lk.

Sambarhirsch in den Horton Plains

Haputale

Der kleine Ort liegt spektakulär auf einem Sattel mit Fernblick ins Hochland im Norden und auf der anderen Seite ins südliche Tiefland. Bedeutendste Attraktion in der Umgebung ist ein berühmter Aussichtspunkt namens Lipton's Seat. Die Landschaft rund um Haputale wird von Teeplantagen dominiert.

Neben immergrünen Bergen prägen Teeplantagen das Landschaftsbild rund um die herrlich gelegene Hill Station Haputale. Unter den Teegärten in der Umgebung verstecken sich unbekannte Perlen, z. B. eine Kooperation von Kleinunternehmern, die sich gemeinsam zur ältesten Bio-Teeplantage Sri Lankas zusammengeschlossen haben. Deren Produkte werden unter anderem von der Firma ChariTea vertrieben – die sich mit angesagten, frischen Kreationen und stylischem Verpackungsdesign auch hierzulande einen Namen gemacht haben (www.charitea.com). Noch namhafter ist der Ruf der **Dambatenne Tea Factory** 9 km östlich von Haputale. Der 1566 m hoch gelegene Gebäudekomplex in Staatsbesitz misst eine beeindruckende Länge von über 105 m und gilt somit als die längste Teefabrik Sri Lankas. Sie ist auch eine der ältesten, denn hier startete Sir Thomas Lipton 1890 die Teeproduktion und legte damit den Grundstein für sein Ceylon-Tee-Imperium (→ Kasten, S. 33). Die Fabrik ist öffentlich zugänglich, sie liegt am Weg zum Aussichtspunkt **Lipton's Seat,** dem wichtigsten Ausflugziel in der Umgebung von Haputale. Zwischen wunderbar gepflegten Teegärten windet sich ein schmales Sträßchen hinauf bis an die Stelle, an der angeblich bereits der „master of tea" in seinen wenigen einsamen Stunden den perfekten 360-Grad-Rundumblick genoss. Am besten ist die Sicht am Morgen und am frühen Vormittag, bevor die aus dem Tiefland aufsteigenden Wolken den Blick versperren. Ein Denkmal, lebensgroß in Bronze, erinnert an den Entrepreneur aus Glasgow (tägl. 6–17 Uhr; 50 Rs zuzüglich Parkgebühren für Pkw oder Scooter).

Ein weiteres Ausflugsziel in der Umgebung ist ein Benediktinerkloster, das mit seinen Natursteinwänden wie ein schottisches Landhaus wirkt: Die klösterliche Eremitage **Adisham Monastery** befindet sich 4 km westlich von Haputale und ist über einen kurzen Abstecher von der B 353 in Richtung Welimada zu erreichen. Erbauer war ein gewisser Sir Thomas Lister Villiers, der 1869 im Dorf Adisham in der englischen Grafschaft Kent geboren wurde und in Ceylon als Plantagenbesitzer eine typische Kolonialkarriere hinlegte. Villiers war zugleich der Enkel des britischen Premierministers Lord John Russell und nutzte, lange bevor die Mönche einzogen, das Anwesen als Wohn- und Arbeitshaus. Die vorderen Räumlichkeiten atmen jede Menge koloniales Flair und können besichtigt werden. Außerdem befindet sich auf dem Areal ein Naturkostladen. Der Rest ist Klausurbereich, wobei Gästezimmer temporär für geringes Entgelt an Ruhesuchende vermietet werden (Sa/So, an Poya-Tagen und in den sri-lankischen Schulferien 9–16.30 Uhr. 250 Rs. www.adisham.org).

Basis-Infos

Information www.haputale.de

Hin & weg Bahn: Der Bahnhof liegt günstig im Ortszentrum. 5-mal tägl. halten Züge von und nach Badulla (2 Std.) und in die Gegenrichtung nach Colombo (8–9 Std.) bzw. Kandy (5–6 Std.).

Bus: Der Busbahnhof liegt im Basar. Busse fahren alle 30 Min. via Bandarawela nach

Badulla bzw. nach Wellawaya, 2-mal tägl. nach Nuwara Eliya.

Einkaufen **Adisham Natural Products**. Der Naturkostladen im Adisham-Kloster vertreibt allerlei Gesundes, u. a. Mango- und Ananassirup, Mango- und Guavenchutney sowie Holzapfel- und Tomatenmarmelade. Sa/So, an Vollmondtagen und in den Schulferien 9–16 Uhr. Die Eintrittsgebühr von 250 Rs für das Kloster muss bezahlt werden. Nach 2,5 km an der B 353 auf Schild nach links achten, ✆ 057-2268030, www.adisham.org. ■

Teefabrik **Dambatenne Tea Factory**. Die Nachfolgeinstitution der Teefabrik von Thomas Lipton bietet ein authentisches Erlebnis und ist den Besuch unbedingt wert. Pro Tag verarbeiten ca. 800 Angestellte 3000–5000 kg Tee, gearbeitet wird auch an Wochenenden. Zwar ist die Führung eher mittelmäßig, der Anblick der altertümlichen Maschinen sowie die unvergleichliche Atmosphäre machen das Manko wieder wett. Tägl. 8–17 Uhr. 250 Rs. 9 km auf der B 147 in Richtung Lipton's Seat (tagsüber alle 30 Min. mit dem öffentlichen Bus vom Busbahnhof), ✆ 057-5670595.

Wandern **Lipton's Seat**. Der 6 km lange Spazierweg auf einer schmalen Asphaltstraße von der Busendhaltestelle an der Dambatenne-Teefabrik zum berühmten Aussichtspunkt lässt sich auch problemlos zu Fuß bewältigen. Schöne Ausblicke über gepflegte Teegärten.

Teeplantage bei Haputale

Übernachten / Essen & Trinken

't En Zal, ⑥. Das exklusive Gästehaus neben dem Hotel Olympus Plaza gehört einem Kunst- und Antiquitätensammler aus Belgien. Das Gebäude gleicht einem Museum und ist liebevoll eingerichtet – wer sich hier einmietet, sollte schönen Dingen zugewandt sein. 3 stilvoll möblierte Zimmer mit Traumausblick auf zwei Seiten. Sehr privat und familiär. Garten und kleine Dachterrasse. Welimada Rd. 79 A, ✆ 077-7586584, www.tenzal.com.

Olympus Plaza Hotel, ⑤. Modernes Businesshotel in aussichtsreicher Ortsrandlage sowie in Gehentfernung zum Zentrum. 42 Zimmer, die meisten mit Balkon, die empfehlenswerteren befinden sich im von außen unprätentiösen Neubau. 2 barrierefreie Zimmer im EG. Ordentlicher Mittelklassestandard, ansprechendes Restaurant. Welimada Rd. 75 (Temple Rd.), ✆ 057-2268544, www.olympusplazahotel.com.

Lilly Guest Inn, ③. Familiäres Gästehaus in ruhiger und ländlicher Lage 1 km vom Ortszentrum entfernt. 10 saubere Zimmer mit Fliesenböden, davon 8 Zimmer mit Balkon sowie 2 mit AC. Restaurant. Der Inhaber hilft bei der Tourenplanung. Ein kurzer Fußweg führt zu einem Aussichtspunkt mit Blick auf's Tiefland. Lilly Av. 35 (zweigt von der Welimada Rd. nach links ab), ✆ 077-4759753, Buchung über die gängigen Buchungsportale.

››› **Mein Tipp: Leisure Mount View Holiday Inn**, ②–③. Das Gästehaus mit schönem Blick aufs Tiefland liegt 1,5 km westlich des Zentrums. 10 Zimmer mit Balkon

Kulturelles Dreieck und Hochland → Karte S. 310

und Blickrichtung Süden, das Restaurant ist auf traditionelle sri-lankische Küche spezialisiert und verwendet Biogemüse von ausgewählten Kleinbauern der Umgebung. Auch auswärtige Gäste sind im Restaurant willkommen (besser vorher reservieren). Einfacher Mittelklassestandard, sauber, gut geführt, der Eigentümer geizt nicht mit ausgezeichneten Wandertipps. Welimada Rd. (B 353), ✆ 057-2268327, Buchung über die gängigen Buchungsportale. «

Sri Lak View Holiday Inn, ②–③. Einfaches Mittelklassehotel mit gutem Preis-Leistungs-Verhältnis in einem Bungalow wenige Schritte unterhalb des Busbahnhofs. Ruhige Lage, gut geführt, 8 Zimmer, einige davon mit Balkon bzw. Terrasse und Prachtblick aufs Tiefland. 15 Zimmer im viergeschossigen Neubau mit Gemeinschaftsveranden nebenan. Behagliche Ausstattung, nicht allzu geräumig, einfache Bäder. Das Restaurant bewirtet auch auswärtige Gäste. A. W. Arthur Sirisena Mw., ✆ 057-2268125, Buchung über die gängigen Buchungsportale.

Glacé Pastry & Bakery. Das Café in einem Vorbau an der B 353 gehört zum Hotel Olympus Plaza und liegt in Gehentfernung zum Bahnhof und Ortszentrum. Ansprechende Sitzplätze auf kleinem Außenbereich, im Angebot Snacks, Sandwiches, Reis & Curry-Mittagsbüfett und sri-lankische sowie panasiatische Gerichte zu moderaten Preisen. Kaffee, Tee und frische Säfte. Welimada Rd. 75 (Temple Rd.), ✆ 057-2268543, www.olympusplazahotel.com.

Queens Rest Inn. Das Restaurant mit Gästehaus liegt 300 m vom Busbahnhof entfernt an der A 16 in Richtung Bandarawela. Innenplätze im 1. OG eines unscheinbaren Neubaus mit Blick durch die Glasscheibe nach Norden. 12–16 Uhr Rice & Curry-Mittagsbüfett um 500 Rs. Abends reduziertes Angebot: Seafood, Fried Rice, Fried Noodles sowie Chinesisches. Auch sri-lankisches und westliches Frühstück. Die Gästezimmer sind schlicht. Tägl. 6–22 Uhr. Badulla Rd., ✆ 057-2051998.

New Spice Hotel. Das einfache tamilische Straßenrestaurant befindet sich am Stichweg zum Bahnhof. Gute Bistroküche mit Fried Rice, Kottu Roti etc. zu kleinen Preisen, früh am Morgen öffnet schräg gegenüber die Bäckerei unter gleicher Leitung. Tägl. 8–18 Uhr, Bäckerei ab 6 Uhr. Station Rd. 6–8, ✆ 077-5949488.

Bandarawela

Die quirlige Basarstadt auf einer Höhe von 1230 m ist eine wichtige Etappenstation auf der Fahrt von Haputale nach Ella. Allerdings präsentiert sich das Zentrum laut und hektisch, am zentralen Straßendreieck staut sich oft der Verkehr. Ein Erlebnis ist der große **Sonntagsmarkt** neben dem Busbahnhof, auf dem man sich spielend leicht mehrere Stunden aufhalten kann. Neben Obst und Gemüse gibt es jede Menge Gewürze sowie Haushaltswaren zu kaufen, außerdem bietet der Markt eine gute Gelegenheit, mit Einheimischen ins Gespräch zu kommen. Allerdings ist das Preisniveau in Bandarawela nicht gerade niedrig. Dies gilt sowohl für die Preise in den Geschäften als auch für die Zimmerpreise in den Hotels. Wer eine günstigere Bleibe sucht, der sollte in den nur 12 km von Bandarawela entfernten Ort Ella ausweichen. Die einzige nennenswerte Sehenswürdigkeit in Bandarawela ist die 1961–62 nach Plänen des sri-lankischen Architekten Geoffrey Bawa (→ Kasten, S. 71) errichtete **Konventskapelle des Guten Hirten** *(Chapel for the Good Shepherd Convent)*. Das von außen unscheinbar und trutzig wie ein Normannenkastell wirkende Kirchlein befindet sich 1 km nordöstlich vom Zentrum

Kapelle des Guten Hirten

und besticht innen durch eine außergewöhnlich harmonische Ästhetik (im Schwesternkolleg nebenan nach dem Schlüssel fragen; So, Mo und Do finden Gottesdienste statt). Außerdem kann man von Bandarawela aus dem 6 km entfernten Dowa-Felsentempel (→ S. 405) einen Besuch abstatten. Auch Haputale, die Ziele in und um Ella und selbst der Nationalpark Horton Plains liegen noch in Reichweite.

Hin & weg Bahn: Züge von und nach Badulla sowie in die Gegenrichtung nach Colombo bzw. Kandy halten 5-mal tägl. am günstig gelegenen Bahnhof.

Bus: Busse fahren regelmäßig nach Haputale, Ella, Badulla sowie nach Nuwara Eliya.

Taxi/Tuk-Tuk: Die Hin- und Rückfahrt mit dem Taxi zum Nationalpark Horton Plains ist mit ca. 4500–5000 Rs zu veranschlagen. Der Trip zum Dowa-Höhlentempel sollte nicht mehr als 600 Rs kosten (inkl. Warten). Bei einer Fahrt mit dem Three Wheeler nach Haputale sind ca. 800 Rs, nach Ella ca. 500 Rs zu kalkulieren.

Einkaufen Wochenmarkt, der Besuch des Basars im Stadtzentrum ist ein Erlebnis. So ganztägig.

Übernachten/Essen Bandarawela Hotel, ⑥. Das Traditionshaus im Ortszentrum (seit 1893) liegt nicht weit vom Busbahnhof entfernt. 32 Standard- und Deluxe-Zimmer gruppieren sich um 3 kleine Höfe. Kolonialer Charme, dunkel getäfelte Ausstattung, etwas angestaubt. Das exquisite, nicht gerade preiswerte Restaurant steht auch auswärtigen Gästen offen (mittags u. a. Reis & Curry für ca. 800 Rs, abends Fünfgangmenü 2000 Rs. Welimada Rd. 14, ✆ 057-2222501, www.aitkenspencehotels.com.

»» **Mein Tipp:** Orient Hotel, ⑤. Gut geführtes Mittelklassehotel am Steilhang mit kurzen Wegen ins Zentrum. 50 freundlich eingerichtete Zimmer in einem etwas unübersichtlich wirkenden Komplex, ein großes Plus ist das exzellente Restaurant (abends Fünfgangmenü 1700 Rs, sri-lankische, asiatische sowie internationale Gerichte ab 1000 Rs). Bar, gepflegter Garten mit Ayurveda-Zentrum. Dharmapala Mw. 12, ✆ 057-2222407, www.orienthotelsl.com. ««

Chandanie Bakers. Bäckerei mit (süßen) Snacks, Getränken sowie akzeptablen Sitzplätzen. Am Tuk-Tuk-Stand schräg gegenüber vom Busbahnhof. Main St. 11, ✆ 057-2222534.

Ella

Der kleine Ort liegt rund 1050 m über dem Meeresspiegel und verfügt über ein gesegnetes Klima. Die wunderschöne Landschaft lädt zum Wandern ein, außerdem lohnt die eine oder andere Teefabrik einen Besuch. Daher verwundert es nicht, dass Ella zu den populärsten Destinationen im südlichen Bergland zählt.

Ella ist eigentlich kein richtiger Ort, sondern eine Ansammlung von Gästehäusern und Restaurants, die größtenteils auf die Gewohnheiten von Rucksackreisenden zugeschnitten sind. Beinahe ideale Standortbedingungen machen den Ort zum Pflichtziel auf der Rundreise durch das Hochland; viele Gäste bleiben für mehrere Tage, erwandern die umliegenden Berge, unternehmen von hier Ausflüge nach Haputale, Badulla und Wellawaya oder genießen einfach das geruhsame Landleben. Der Boom führte in den zurückliegenden Jahren dazu, dass neue, gut geführte Gästehäuser wie Pilze aus dem Boden schossen. Nirgendwo sonst im Hinterland Sri Lankas hat sich die touristische Infrastruktur so perfekt an die Interessen von Reisenden aus westlichen Ländern angepasst: Mit dem motorisierten Zweirad kann man unproblematisch die herrliche Umgebung erkunden; geschäftstüchtige Einheimische organisieren Kochkurse oder bieten sich als kundige Führer für Wanderungen und Ausflüge an. Zu den Schattenseiten des Booms zählen leider der fortschreitende Landschaftsfraß sowie bettelnde Kinder, denen man in den umliegenden Teeplantagen begegnet. Zentraler Knoten im Ort ist die *Ella Junction* – eine Kreuzung wenig befahrener Straßen, die zu den

Hochlandblick vom Gipfel des Ella Rock

verstreut in der Umgebung liegenden Quartieren führen. Der Bahnhof ist von hier innerhalb weniger Gehminuten erreichbar.

Ein Hauptgrund für die Beliebtheit des Ortes ist der Umstand, dass man in der landschaftlich überaus reizvollen Umgebung nach Herzenslust **wandern** kann. Die technisch einfachste Tour führt auf dem Gleis der Eisenbahn zur sogenannten Neunbogenbrücke, auch wenn die zahlreichen Verbotsschilder am Bahnhof zunächst skeptisch stimmen. Anspruchsvoller, wenn auch keineswegs schwierig, ist die Tour auf den 1151 m hohen **Little Adam's Peak.** Der Gipfel ist Teil einer kleinen Bergkette, von der der Blick weit ins Hügelland fällt. Am schönsten ist es hier bei Sonnenauf- oder Sonnenuntergang. Auf dem am einfachsten erkletterbaren Gipfel der Bergkette herrscht tagsüber mächtig Betrieb, dabei ist es streng genommen gar nicht der Little Adam's Peak, letzterer ist an seiner typischen Pyramidenform zu erkennen, er liegt etwas weiter hinten und ist schwieriger zu besteigen. Am besten kann man die typische Pyramidenform von den Ravana-Wasserfällen unterhalb von Ella erkennen. Trittsicherheit und gute Kondition benötigt man für den Aufstieg auf den **Ella Rock.** Viele Wege führen auf den Hausberg, und wer sich nicht sicher fühlt, kann sich von einem lokalen Führer bis auf den Gipfel begleiten lassen. Schuhe mit Profilsohle, Kopfbedeckung sowie ausreichend Trinkwasser sollten bei der Bergwanderung unbedingt mit dabei sein!

Ella eignet sich überdies wunderbar für den Besuch einer **Teefabrik.** Drei Möglichkeiten bietet die Umgebung: Am populärsten ist die Halpewatte-Teefabrik oberhalb von Kumbalwela. Die Biografie des Eigentümers bedient übrigens den sri-lankischen Traum von einer Aufsteigerkarriere à la „vom-Tellerwäscher-zum-Multimillionär": A. P. D Abeyrathne begann seine Karriere als Zeitungsverkäufer und stieg dann zum Teebaron auf, dem nebenbei auch noch ein exklusives Hotelresort gehört. Die Teefabrik ist keine Touristenfalle und gut zu Fuß auf dem *Tea Trail* zu erreichen. Unkomplizierter ist die Tour zur Grünteefabrik des Unternehmens Finlays an der Straße nach Passara, wobei die Führungen hier durchaus Verbesserungspotenzial haben. Dieselbe Firma besitzt mittlerweile auch die traditionsreiche

Oodoowerre-Plantage (seit 1885). Die Teefabrik liegt auf 1070 m Höhe und ist nur mit einem eigenen fahrbaren Untersatz oder per Tuk-Tuk erreichbar. Vom Gipfel des Ella Rock kann man das Fabrikgebäude auf der anderen Seite des Tals gut erkennen.

Sehenswertes

Dowa Raja Maha Viharaya : Der auf halber Strecke zwischen Ella und Bandarawela liegende Felsentempel zählt zu den atmosphärisch schönsten und interessantesten buddhistischen Kultstätten im Hochland. Vom reich verzierten Portal an der A 16 Bandarawela–Badulla führen Treppenstufen hinunter zum Tempel über dem Fluss und zur Hauptsehenswürdigkeit: einer 12 m hohen Buddhastatue aus der Mahayana-Tradition. Das Halbrelief ist unvollendet, ihr Alter ist nicht bekannt. Im eigentlichen Hauptheiligtum sind Wandmalereien aus verschiedenen Epochen zu bestaunen, die meisten von ihnen sind im Kandy-Stil gestaltet und zeigen Szenen aus den Jatakas. Andere Malereien sind sichtlich neueren Datums. Einer Überlieferung zufolge wurde das Kloster in der Regierungszeit von König Walagamba gegründet, der im 2./1. Jh. v. Chr. in Anuradhapura herrschte und sich nach verlustreicher Schlacht gegen tamilische Eroberer vorübergehend im Hochland verbergen musste.

Tägl. 7–17 Uhr. 250 Rs. Die Fahrt mit dem Tuk-Tuk von Ella oder Bandarawela sollte nicht mehr als 700 Rs inkl. Wartezeit kosten.

Neunbogenbrücke (Nine Arches Bridge): Der 91,5 m lange Eisenbahnviadukt liegt auf halber Strecke zwischen den Bahnhöfen Ella und Demodara und wurde 1913 in der britischen Kolonialzeit erbaut. Die Brücke ziert den blauen 50-Rupien-Schein, im Singhalesischen heißt sie *Ahas namaye palama* (Neun-Himmel-Brücke). Der beliebte Bahnwanderweg verbindet den Bahnhof Ella mit dem unmittelbar hinter einer Tunnelausfahrt liegenden Viadukt. Von einem bescheidenen Tea Stall oberhalb genießt man den besten Blick auf die neun gemauerten Bögen – besonders dann, wenn ein Zug in gemütlicher Fahrt passiert (→ Foto, S. 111). Wer den richtigen Zeitpunkt dafür abpassen möchte, sollte sich (Stand 2016) um 9.20, 10.50, 11.50, 13.30, 15.30 oder 17.30 Uhr am Viadukt einfinden. Man kommt auch mit dem Three Wheeler von Ella aus zum Viadukt. Eine weitere Attraktion für Eisenbahnfreunde ist die berühmte Bahnschleife *(Demodara Loop)* hinter der Bahnhaltestelle Demodara.

Rakkhiththa Kanda Aranya Senasanaya: Das Felsenkloster 14 km südlich von Ella ist malerisch gelegen und lohnt durchaus einen Abstecher. Angeblich ist die Eremitage durch einen unterirdischen Gang mit dem Dowa-Tempel (s. o.) verbunden. Hat man sich erst einmal durch den Bergwald bis zum Eingang vorgearbeitet, erwarten einen in den Höhentempeln faszinierende Wandmalereien, die 1886 letztmalig erneuert wurden. Eine Besonderheit sind die Anspielungen auf die Kolonialepoche: Die Schutzgottheit Kataragama trägt als Schmuck ein christliches Kreuz um den Hals, über dem Eingang prangt das verwaschene Antlitz von Königin Victoria, zwei auf Elefanten reitende Krieger schützen zu britischen Kolonialuniformen gehörige Helme. Einige Plateaus bieten einen hinreißenden Ausblick auf das Hügelland und werden hin und wieder auch von westlichen Meditationsgruppen angesteuert, drei Mönche leben gegenwärtig in einfachen Behausungen unter Felsen. 1994 entdeckte man weit oberhalb in der Felswand prähistorische Malereien von bemerkenswerter Qualität, u. a. Darstellungen von Hirschen und Vögeln.

Die Kultstätte ist jederzeit frei zugänglich. Nach 12 km auf der A 23 in Richtung Wellawaya auf ein Schild nach rechts achten, der Tempel befindet sich nach 2 km am Ende der Piste.

Ella und der Mythos von Ravana, Rama und Sita

Ella bedeutet übersetzt Wasserfall, was angesichts zahlreicher Katarakte in der Umgebung mehr als gerechtfertigt ist. Am populärsten sind die **Ravana Falls** 9 km südlich von Ella an der Straße nach Wellawaya. An der Stelle, wo heute Verbotsschilder vor dem Baden warnen, soll sich die vom mythischen Dämonenkönig Ravana geraubte Sita im kühlenden Nass erfrischt haben, während Ravana mit einer Pferdegeige für Unterhaltung sorgte.

Es fällt auf, dass zahlreiche Örtlichkeiten in und um Ella auf Ravana und das klassische Epos Ramayana (→ S. 69 f.) Bezug nehmen: Einen Steinwurf von den Wasserkaskaden entfernt soll der Beherrscher Lankas die entführte Sita vor dem Zugriff ihres Gatten Rama in einer Höhle versteckt haben (**Ravana Ella Cave**. Obwohl Broschüren vollmundig auf die nur zu Fuß von der A 23 erreichbare Grotte hinweisen, lohnen sich die Mühen des Anstiegs aber kaum. Zudem konkurriert die Höhle mit einem weiteren Unterschlupf bei Nuwara Eliya, wo sich die Verschleppte ebenfalls aufgehalten haben soll. In Ella soll sich auch ein Zugang zur unterirdischen Hauptstadt *Lankapura* befunden haben. Einen weiteren Eingang lokalisiert die Überlieferung in Anuradhapura – dezenter Hinweis auf Größe und Herrlichkeit des Reichs, dem der König vorstand. Nicht zuletzt soll Ravana auf dem **Little Adam's Peak** während seiner Meditationen Kraft getankt haben.

Basis-Infos

Information Ein bescheidener **Infopoint** befindet sich an der Ella Junction. Dort sind u. a. auch Broschüren mit einer Übersichtskarte und Hinweisen zu Ausflugszielen erhältlich. Frei zugänglich, daher ohne Öffnungszeiten, Infobroschüren solange der Vorrat reicht.

Hin & weg Ella liegt 12 km von Bandarawela und 24 km von Badulla entfernt an der A 23 Kumbalwela–Wellawaya.

Bahn: Der Bahnhof liegt günstig in Gehentfernung zum Zentrum. 5-mal tägl. Züge in Richtung Badulla (Fahrzeit: 1 Std.) sowie in die Gegenrichtung über Bandarawela und Haputale nach Kandy (6:30 Std.) bzw. nach Colombo (9:30 Std.), Nanu Oya (2:30–3 Std.).

Bus: Die Bushaltestelle befindet sich nur wenige Schritte von der Ella Junction entfernt. Regelmäßige Verbindungen nach Wellawaya sowie in die Gegenrichtung nach Badulla oder nach Bandarawela (dort jew. Umstieg zu den weiteren Bestimmungszielen). Morgens sowie am frühen Vormittag verkehrt jew. ein Direktbus nach Matara an die Südküste.

Tuk-Tuk: Ein vertrauenswürdiger Fahrer ist Mr. Madawa. ✆ 071-7733325.

Mietfahrzeuge Zahlreiche Hotels und Gästehäuser verleihen **Scooter** an Hausgäste für ca. 1500 Rs/Tag. Reservierungen unter ✆ 072-5275363.

Aktivitäten

→ Karte S. 409

Kochkurse **Ella Spice Garden**. Der eintrittspflichtige Kräutergarten (100 Rs/Person) neben dem Lizzie Villa Guesthouse gehört zu einer alteingesessenen gastronomischen Institution, die seit vielen Jahren Kochkurse veranstaltet (Reis & Curry). Kurse für 2–8 Pers. nach Voranmeldung. Tägl. 17–20 Uhr. 2500 Rs/Person inkl. Abendessen. Der Kräutergarten hat tägl. 9–17 Uhr geöffnet. Main St., ✆ 075-2363636.

Lanka Restaurant **17**. Das familiengeführte Restaurant steht für traditionelle Küche und

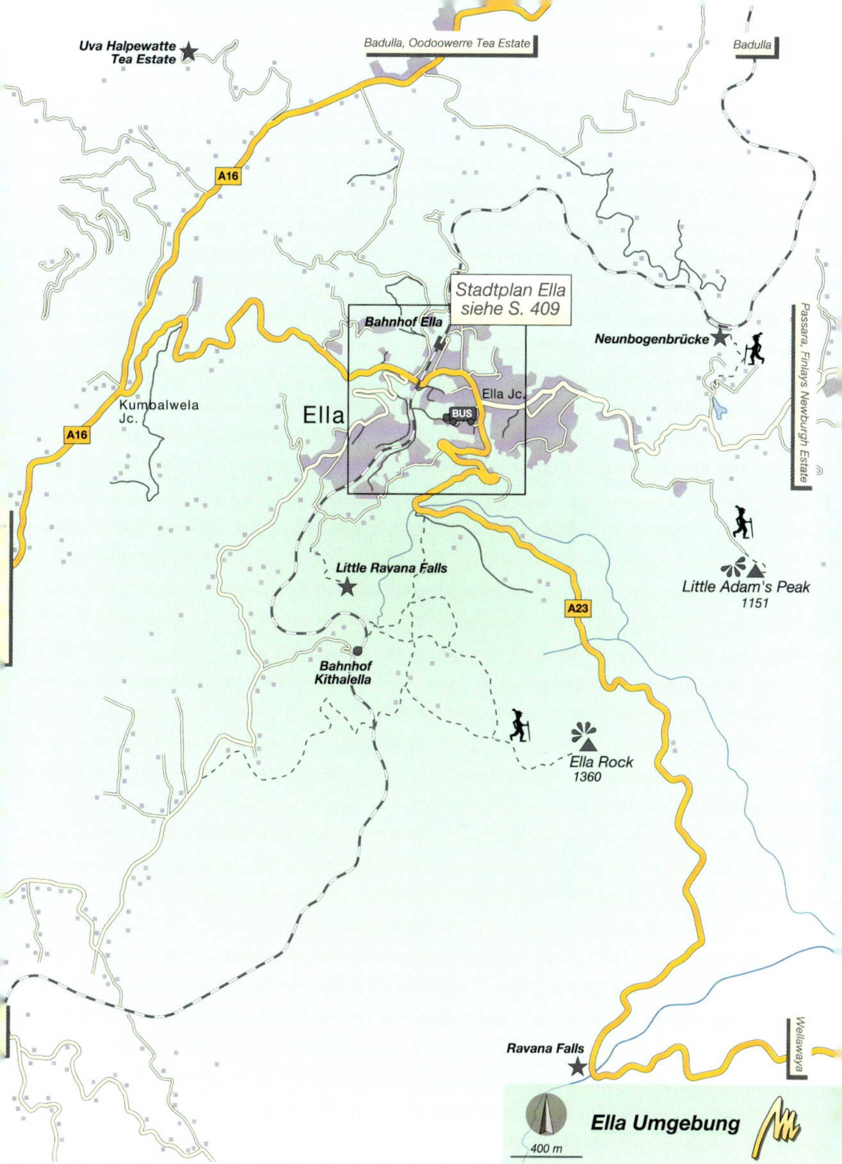

bietet tägl. nach Voranmeldung Kochkurse für 1500 Rs/Person an. Der Kursbeginn ist um 16.30 Uhr, anschließend gibt's ein leckeres Abendessen. Passara Rd., Sapumaltenna, ✆ 077-6957495.

Jade Green **10**. Das Restaurant veranstaltet ebenfalls Kochkurse (s. u.).

Teefabriken **Finlays Newsburgh Estate**. Die auf die Herstellung von Grüntee spezialisierte Fabrik liegt günstig an der Straße nach Passara und in der Nähe des Wanderwegs von der Neunbogenbrücke zum Little Adam's Peak. Die Qualität der kostenpflichtigen Führungen ist jedoch bescheiden. Besucher erhalten Schuhüberzieher und

Kopfhaube, später kommt noch ein Mundschutz hinzu. Tägl. 8–17 Uhr. 500 Rs. Passara Rd., ✆ 034-4297500.

Uva Halpewatte Tea Estate. Das große Plus dieser Teefabrik 5 km von Ella entfernt ist der Teesalon mit Ausblick im OG, der auch ohne Führung zugänglich ist. Kleine Veranda mit Blick auf Ella. Die beste von allen Teefabriken rund um Ella. Die Firma betreibt in Ella ein Hotel und ein Restaurant (s. u.). Tägl. 7.30–17 Uhr. 300 Rs. Hela Halpe (an der Kumbalwela Jc. auf der A 16 in Richtung Badulla auf ein Schild nach links achten, die steile Piste endet nach 1700 m an der Teefabrik), ✆ 057-2228530, www.halpetea.com.

Oodoowerre Tea Estate. Bei der etwas abgelegenen Teefabrik handelt sich um einen der traditionsreichsten Herstellerbetriebe im sri-lankischen Hochland. 1992 wurde die Plantage an die Firma Finlays verkauft. Wer den Weg hierher findet, wird vom Direktor per Handschlag begrüßt. Tägl. 8–18 Uhr. 500 Rs. Langwierige Anfahrt über die A 16 in Richtung Badulla, hinter Demodara auf ein Schild nach links achten, dann in Serpentinen den Berg hoch.

Wandern **Neunbogenbrücke**, trotz der vielen Verbotsschilder am Bahnhof nutzen auch die Einheimischen die Bahngleise für den Nachhauseweg. Dennoch sollte man sich vergewissern, dass in der nächsten Stunde kein Zug verkehrt! Um zur Neunbogenbrücke zu gelangen, wendet man sich am Bahnhof Ella nach Norden bzw. in Richtung Demodara/Badulla. Wer möchte, kann sich anschließend vom Viadukt durch Teeplantagen nach oben arbeiten, der Weg mündet in der Nähe der Finlays-Teefabrik auf die Passara Rd. Einfache Gehzeit zum Viadukt: ca. 45 Min.

Little Adam's Peak, der beliebteste Aussichtspunkt in der Umgebung von Ella ist relativ einfach zu erreichen: Von der Ella Junction folgt man zunächst für 1000 m der Passara Rd. bis zum Ella Flower Garden Resort zur Rechten. An der Linkskurve der Straße zweigt nach rechts ein Wirtschaftsweg ab, der in der Folge eine Teeplantage quert. An der folgenden Wegkreuzung passieren Sie ein Eisentor und folgen dem Weg bis zum Gipfel. Gehzeit: ca. 2 Std.

Ella Rock, der meistbegangene Weg zum 1360 m hohen Aussichtspunkt oberhalb von Ella beginnt am Bahnhof und folgt für die ersten 1500 m dem Bahngleis Richtung Süden (bzw. in Richtung Bandarawela). Kurz vor der Bahnhaltestelle Kithalella am Restaurantwegweiser „Madhushanta" links runter und hinter der Einkehr den Bach auf einem Steg queren – zur Linken befinden sich die **Little Ravana Falls**. Hinter dem Steg geht's erst rechts weiter und bei der ersten Gelegenheit links die Böschung hoch. Der Saumpfad quert eine Teeplantage und verflacht anschließend. Bei einer Kreuzung von Saumpfaden halten wir uns abermals links. Im schattigen Wald gibt es danach zwei Möglichkeiten: entweder ein Steilanstieg oder flache Serpentinen, wobei die erste Option bei Nässe nicht zu empfehlen ist. Gehzeit: ca. 3:30 Std.

Übernachten

→ Karte S. 409

Das Preisniveau bei den Quartieren in Ella ist nicht so niedrig, wie man erwartet. Erfreulicherweise ist aber die Auswahl an gut geführten Gästehäusern sehr groß, sodass auch Spontanbucher meistens eine Bleibe finden.

98 Acres Resort & Spa **11**, ⑧. Das luxuriöse Hotel in idyllischer Lage außerhalb von Ella liegt in einer Teeplantage und gehört zum Imperium der Uva-Halpewatte-Teefabrik. 28 Zimmer in diversen Kategorien, darunter 6 Standard-DZ in verstreut liegenden Chalets, alle mit Blick auf Ella Rock und Little Adam's Peak. Pool, Spa-Bereich, Yogakurse, Organisation von Ausflügen in die Umgebung. Das Restaurant heißt auch auswärtige Gäste willkommen. Passara Rd., ✆ 057-2050050, www.resort98acres.com.

The Moutain Heavens **16**, ⑦. Exklusives, familiäres Hotel in einem terrassenförmig gestuften Bau mit Traumblick auf Ella Rock und Little Adam's Peak. 20 Gehminuten vom Zentrum entfernt, günstiger Ausgangspunkt für Wanderungen zum Ella Rock. 3 Zimmer mit Balkon, 3 weitere mit Terrasse sowie 3 mit Gartenzugang. Großzügig mit frischen Farben gestaltete Räume mit eleganten Bädern, Restaurant und Bar. Waterfall Rd., Wemullahena, ✆ 057-4925757, www.mountainheavensella.com.

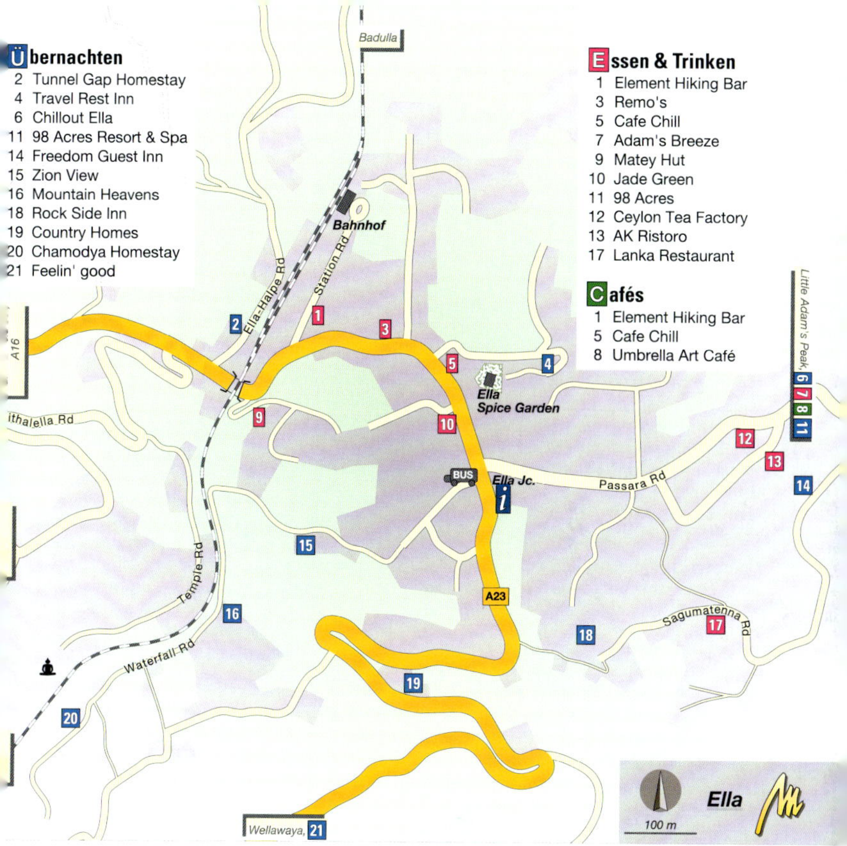

Zion View 15, ⑥. Die namhafte und familienfreundliche Hochland-Institution war eines der ersten Hotels in Ella. 15 Zimmer, davon 9 für Familien (meist mit zusätzlichem Doppelstockbett), alle mit Veranda und Blick auf den Ella Rock. Restaurant mit gemütlichen Sitzplätzen mit Aussicht. Waterfall Rd., Wemullahena (300 m vom Zentrum auf steiler Betontrasse), ✆ 077-3810313, www.ella-guesthouse-srilanka.com.

Country Homes 19, ③–⑤. Die familiäre Unterkunft befindet sich 1 km vom Bahnhof entfernt am Ortsausgang in Richtung Wellawaya. 6 überraschend komfortable Zimmer mit Blick auf den Ella Rock, wohnlich mit viel Holz eingerichtet, dazu eine helle Suite mit AC und Aussicht im 1. OG. Scooterverleih und Taxiservice. Wellawaya Rd., ✆ 071-8213424, www.countryhomestravels.com.

Feelin' good Resort 21, ③–⑤. Das gut ausgeschilderte Mittelklassehotel befindet sich an der A 23 zwischen Ella (11 km) und Wellawaya (16 Km). Der Inhaber stammt aus Augsburg und geizt nicht mit Insiderkenntnissen. Abgelegen, gepflegte Anlage, 5 Zimmer mit Balkon im Haupthaus, 3 Budgetzimmer im modernen Nebengebäude, 2 hochwertige Zimmer in separaten Cottages. Kein AC (ist in dieser Lage nicht nötig), Bushaltestelle vor der Tür, das Restaurant heißt auch auswärtige Gäste willkommen. 10th Mile Post, Karandagolla, ✆ 055-2055303, www.feelingoodresort.com.

Rock Side Inn 18, ③. Das gut geführte, saubere Gästehaus liegt mitten im Grünen über der Ausfallstraße nach Wellawaya. 3 DZ und 3 Familienzimmer für 3 Pers., erstaunlich geräumig und mit Ella-Rock-Blick von der Veranda. Trotz abgeschiedener Lage ist man in 5 Min. im Ortszentrum. Für Hausgäste wird abends gekocht. Wellawaya Rd., Sapumal Tenna, ✆ 072-4609177, www.rocksideinnella.webs.com.

Kulturelles Dreieck und Hochland → Karte S. 310

Freedom Guest Inn 14, ③. Ruhig gelegenes Gästehaus abseits der Straße, bodenständig, in Gehentfernung zum Ortszentrum. 6 saubere Zimmer, 3 mit Balkon, darunter ein Familienzimmer mit 4 Betten. Nüchterner Gesamteindruck, die schöneren und größeren Zimmer befinden sich im 1 OG. Frühstück auf der gepflegten Gemeinschaftsveranda. Passara Rd. 132/1, ✆ 071-6897778, Buchung über die gängigen Buchungsportale.

The Chillout Ella 6, ③. 3 DZ sowie ein Familienzimmer mit 3 Betten in einem Landhaus mit 2 Etagen oberhalb von Ella. Einfach aber sauber, jew. mit großer Gemeinschaftsveranda, freundlich und familiär, auf Wunsch wird am Abend gekocht. 1 km vom Zentrum entfernt. 3rd Mile Post, Passara Rd., ✆ 077-4049777, Buchung über die gängigen Buchungsportale.

Chamodya Homestay 20, ③. Das routiniert und charmant geführte Gästehaus liegt 1000 m vom Zentrum entfernt. 3 Zimmer im Haupthaus, 3 weitere, komfortable Zimmer, jew. mit großer Terrasse, im oberhalb gelegenen Nebenhaus. Prachtblick auf Ella Rock und Little Adam's Peak, den Sonnenaufgang kann man direkt von der Unterkunft aus erleben. Sri-lankisches und westliches Frühstück, auf Wunsch wird abends Reis & Curry serviert. Waterfall Rd., Kithalella, ✆ 078-5354726, Buchung über die gängigen Buchungsportale.

Tunnel Gap Homestay 2, ③. Die familiäre Bleibe liegt günstig zwischen der Ortsdurchfahrt und dem Bahnhof. Relaxte Atmosphäre, saubere, wenn auch nicht allzu geräumige Zimmer mit wohnlicher Gemeinschaftsveranda. Kleiner Vorgarten mit Terrasse, Teeplantage nebenan, zum Frühstück gibt es hinreißende Bananenpfannkuchen. Rathnagiriya Rd. 2, ✆ 057-2226199, Buchung über die gängigen Buchungsportale.

Travel Rest Inn 4, ③. Bodenständiges Gästehaus in ruhiger Seitenlage neben dem Ella Spice Garden. Reduziertes Ausstattungskonzept, sauber, 3 Zimmer, davon 2 mit Balkon, kleine Frühstücksveranda, serviert wird sri-lankisches und westliches Frühstück. Kurze Entfernungen ins Ortszentrum. Main St. 42, ✆ 077-3790501, Buchung über die gängigen Buchungsportale.

Essen & Trinken

→ Karte S. 409

Das Hauptgeschäft der meisten Restaurants läuft mittags und nachmittags, weil die Unterkünfte in Ella am Abend für ihre Hausgäste kochen. Die größte Auswahl an Einkehrmöglichkeiten findet sich im Ortszentrum beiderseits der Durchfahrtsstraße.

98 Acres Resort & Spa 11. Das zum Luxusresort in der Nähe des Little Adam's Peak gehörige Restaurant liegt in inmitten der 40 ha großen Teeplantage. Beschauliches Ambiente in einem luftigen Verandahaus, als Träger dienen recycelte Materialien, u. a. ausgediente Eisenbahnschwellen. Traditionelle sri-lankische und internationale Küche zu gehobenen Preisen, das Set-Menü kostet ca. 1700 Rs. Auch Bar und Café. Tägl. geöffnet. Passara Rd. (Uva Greenland Estate), ✆ 057-2050050, www.resort98acres.com.

Ceylon Tea Factory 12. Das aufwendig gestylte Restaurant auf 2 Etagen befindet sich in einer umgebauten Teefabrik im Zentrum von Ella und gehört zum Imperium des Uva Halpewatte Estate. Hausspezialität sind traditionelle Currygerichte, serviert in heißen Sizzler-Pfannen aus dem Ofen (ab 1100 Rs). Auch internationale Fusionsgerichte, Desserts, Tee, Kaffee, Bier und Softdrinks. Eine weitere Getränkespezialität sind Smoothies und Mocktails basierend auf Tee. Tägl. 10–22 Uhr. Passara Rd. 4, ✆ 057-4933943, www.halpetea.com.

Cafe Chill 5. Eine v. a. bei jungen Leuten beliebte Einkehrinstitution im Ortszentrum an der Durchfahrtsstraße. Dezente Loungemusik, gemütliche Plätze auf 2 Etagen, hinten kann man den Köchen bei der Zubereitung der Mahlzeiten zuschauen. Saftige Steaks, herzhafte Burger, Pizza, Pasta, kleine Snacks, leckere Fruchtsäfte, ausgezeichneter Cappuccino mit veganer Kokosmilch. Hauptgerichte ab 1000 Rs. Wellawaya Rd., ✆ 077-1804020.

AK Ristoro 13. Das Restaurant mit gehobenem Ambiente befindet sich wenige Schritte von der Passara Rd. entfernt. Chillige Musik, reichlich Design-Accessoires, große Kapazitäten drinnen wie draußen auf der Veranda. Internationale Fusionsküche, die Spezialität des Hauses sind Pasta- und Tapasgerichte, auch traditionelle sri-lankische Spezialitäten. Bier, Cocktails, Arrak und Wein. Hauptgerichte um 1000 Rs. Tägl.

außer an Vollmondtagen 12–21.30 Uhr. Grand View 37 (Passara Rd.), ✆ 057-2050676.

Lanka Restaurant 17. Landhaus im Grünen in erhöhter Lage am Ortsrand, 5 Gehminuten von der Passara Rd. entfernt. Hier wird nach traditioneller Art authentisch gekocht. Saubere Küche mit Holzfeuer auf der Veranda, einfache Tische und Bänke. Reis & Curry ab 1000 Rs. Viele Gäste belegen nachmittags einen Kochkurs (s. o.) und bleiben dann zum Essen. Nach Voranmeldung tägl. um 19 Uhr. Passara Rd., Sapumaltenna, ✆ 077-6957495.

Jade Green 10. Gutes Restaurant etwas abgesetzt oberhalb der Ortsdurchfahrt, die Inhaberin gibt auch Kochkurse. Mit Sorgfalt hergestellte Gerichte, Spezialität des Hauses ist Reis & Curry. Fisch- und Fleischgerichte, frische Obstsäfte, Frühstück, Mittag- und Abendessen zu moderaten Preisen. Angenehme Sitzplätze auf der Veranda sowie im gediegen möblierten Innenraum. Tägl. 8.30–21 Uhr. Ella Jc., ✆ 057-2228786.

››› Mein Tipp: **Element Hiking Bar 1**. Eigenwilliges Restaurant mit Bar am Beginn der Zufahrt zum Bahnhof. Hütte mit Naturmaterialien im traditionellen Stil, entspannte Atmosphäre, der Koch lernte sein Handwerk im Cinnamon Hotel in Colombo. Traditionelle Küche mit wenigen Gerichten (um 500 Rs), westliches und sri-lankisches Frühstück, Bier, Lassi, gesunde Säfte, Tee und Kaffee. Tägl. 10–21 Uhr. Railway Station Rd., ✆ 057-2226193. ‹‹‹

Adam's Breeze 7. Das einfache, bodenständige und preiswerte Straßenrestaurant ist die ideale Einkehr nach der Wanderung zum Little Adam's Peak. 7 Tische unter einem luftigen Verandadach, Spezialität des Hauses sind Kottu Roti in vielerlei Varianten. Tägl. 8–19.30 Uhr. 3rd Mile Post, Passara Rd., ✆ 078-5750314.

Umbrella Art Café 8. Kultivierte und relaxte Einkehr mit künstlerisch-kreativem Anstrich an der Straße nach Passara. Geführt von einem jungen sri-lankisch-russischen Paar, Frühstück (auch Müsli), frische Säfte, Tee- und Kaffeespezialitäten, Snacks sowie Hauptgerichte (ab 800 Rs). Auch leckere Desserts, u. a. Büffelmilchjoghurt mit Kitul. Tägl. 8–19.30 Uhr. Passara Rd., ✆ 057-2050580.

Matey Hut 9. Die bei Rucksackreisenden beliebte Einkehr thront wie ein Piratenhorst etwas oberhalb der Ortsdurchfahrt. Wenige Plätze, einfaches Ambiente, traditionelle sri-lankische Küche, alles wird frisch zubereitet, preiswert und überaus bodenständig. Tägl. 11–20 Uhr. Kumbalwella Rd. 91, ✆ 077-2583450.

The Remo's Restaurant 3. Eines von zahlreichen einfachen Straßenrestaurants im Zentrum an der Ortsdurchfahrt. Hausspezialität ist Reis & Curry, frisch gegart im Bananenblatt (die Zubereitung dauert 20–25 Min.). Auch sri-lankisches und westliches Frühstück, nur 5 Tische. Tägl. 10–22 Uhr. Wellawaya Rd., ✆ 057-4545073.

Besuch in einer Teefabrik mit anschließender Verkostung

Kulturelles Dreieck und Hochland → Karte S. 310

Badulla und Umgebung

Die 42.000 Einwohner zählende Distrikt- und Provinzhauptstadt ist ein wichtiger Verkehrsknoten, aber kein Touristenmekka. Einige lokale Legenden verorten im fruchtbaren, 680 m hoch gelegenen Tal des Badulu Oya die legendäre Hauptstadt des mythischen Dämonenkönigs Ravana. Außerdem befindet sich etwa auf halber Strecke zwischen dem Bahnhof sowie dem Geschäftszentrum auf einer flachen Hügelkuppe die bedeutende buddhistische Kultstätte **Muthiyangana Raja Maha Viharaya.** Ein weiteres Heiligtum, **Kataragama Devale,** befindet sich neben dem Busbahnhof im Basar, es ist dem Gott Kataragama geweiht. Die übrigen Sehenswürdigkeiten wie der populäre Dunhinda-Wasserfall und die Bogoda-Holzbrücke liegen außerhalb der Stadt. Sämtliche Sehenswürdigkeiten werden meist im Rahmen eines Tagesausflugs von Ella aufgesucht. Trotz der Größe der Stadt eignet sich Badulla mangels fehlender touristischer Infrastruktur nicht als Standortquartier.

Sehenswertes

Muthiyangana Raja Maha Viharaya: Die Legende berichtet, dass Buddha Shakyamuni mit einem Gefolge von 500 erlauchten Arhats anlässlich seines dritten Besuchs auf der Insel an dieser Stelle einen Zwischenstopp einlegte, um zu meditieren. Angeblich wurde der Erleuchtete von der regionalen Schutzgottheit Indaka hierher eingeladen. Letzterer erbat sich von Buddha als Reliquie einige Tropfen geheiligten Schweißes, die sich augenblicklich in Perlen verwandelten. Diese werden auf dem Tempelareal in der weißen Dagoba verwahrt und gaben der Kultstätte ihren Namen: *Muthu* heißt auf Deutsch Perle. Vor diesem Hintergrund wundert man sich natürlich nicht über die Scharen weiß gekleideter Pilger, die täglich hier zusammenkommen. Neben dem imposanten Bodhibaum ist auch das mit einem Drachenkopf verzierte Eingangsportal *(thorana)* unbekannten Erbauungsdatums sehenswert. Erstmals wurde eine religiöse Kultstätte an diesem Ort im 5. Jh. n. Chr. erwähnt.

Dunhinda-Wasserfall: Der Wasserfall befindet sich 5 km nördlich von Badulla an der Straße nach Mahiyangana (B 36) und ist auch bei Einheimischen ein beliebtes Ausflugsziel. Der Badulu Oya stürzt 64 m in die Tiefe und produziert dabei jede Menge Gischt, die dem Naturschauspiel seinen Namen gab: *Duhinda* bedeutet Nebel oder Sprühregen. Zahlreiche Garküchen und Souvenirstände künden von seiner Popularität. Von der Kasse am Eingang führt ein ca. 1500 m langer Fußweg mit Treppenstufen hinunter zu einer Plattform, die einen schönen Blick auf das Schauspiel gewährt. Das Baden ist zwar untersagt, was einige Besucher aber nicht davon abhält, ein paar Runden im kreisrunden Bassin zu drehen.

Tägl. 7.30–17 Uhr. 200 Rs, erm. 100 Rs. Busse fahren ca. alle 30 Min. zum Wasserfall.

Bogoda-Brücke: Wahrscheinlich aufgrund der abgeschiedenen Lage lockt die Brücke nicht allzu viele Touristen an. Dabei lohnt sich die Fahrt schon wegen der idyllischen Landschaft. Die 15 m lange und 1,5 m breite, überdachte Holzbrücke überspannt den hier wild rauschenden Gallanda Oya. Einst führte eine bedeutende Handelsstraße über den Fluss. Das Original aus dem 16. Jh. war ein Meisterstück der Handwerkskunst – ganz ohne Nägel. Bei dem heutigen Übergang handelt es sich um einen Nachbau. Die Brücke gehört zu einem Waldkloster mit Tempel, alten Inschriften und Bodhibaum. Weil sie Teil des Klosterareals ist, müssen am Eingang die Schuhe auszogen werden.

Eintritt frei. Ausgangspunkt für den Abstecher ist der Ort Hali Ela 6 km südlich des Stadtzentrums an der A 5 Badulla–Nuwara Eliya. Von Hali Ela sind es 10 km bis zur Brücke (auf Ausschilderung achten).

Buddhastatue im Muthiyangana-Tempel

Hin & weg **Bahn**: Badulla ist Endhaltepunkt der 241 km langen Hauptstrecke (Main Line) von Colombo, andere Bahnhöfe auf der Strecke sind u. a. Nanu Oya (Nuwara Eliya), Ella und Haputale. Tägl. 4 Züge nach Colombo Fort mit Umstieg in Peradeniya zur Weiterfahrt nach Kandy. Der Bahnhof liegt am südlichen Stadtrand, 800 m vom Basar und 400 m vom Muthiyangana Raja Maha Viharaya entfernt.

Bus: Gut organisierter, zentral gelegener Busbahnhof mit regelmäßigen Verbindungen u. a. nach Kandy, Batticaloa, Matara und Nuwara Eliya. Auch Direktbusse mit und ohne AC nach Colombo.

Ärztliche Versorgung **Provincial General Hospital**, das Krankenhaus befindet sich am westlichen Stadtrand an der A 5. Bandarawela Rd., ✆ 055-2222261, www.badullapgh.org.

Übernachten/Essen **Ranjaya Guest Inn**, ①. Das sehr einfache Gästehaus versteckt sich in einer Seitengasse zwischen Bahnhof und Basar und ist in 5–10 Min. zu Fuß vom Bahnhof erreichbar. 8 Zimmer im 1. und 2. OG, ein für Kleingruppen geeignetes Zimmer für 4 Pers. befindet sich im Nebenhaus. Wenigstens einigermaßen sauber, kein Frühstück. Kanupelella Rd. 89 (Station Rd.), Mailagasthenna, ✆ 072-8516096.

Hotel Onix. Das nördlich des Zentrums gelegene Restaurant ist die ideale Einkehr nach der Besichtigung des Duhinda-Wasserfalls. Luftige Hinterhausatmosphäre mit eingedeckten Tischen und kleinem Garten mit Minipool. Frühstück, Mittag- und Abendessen, Sandwiches, Salate, Fried Rice/Noodles, Fisch- und Fleischgerichte. Hauptgerichte um 600 Rs. Vor dem Restaurant befindet sich ein Bakery-Shop (The Deli Hut). Die Hotelzimmer sind weniger zu empfehlen. Tägl. geöffnet. Bandaranayake Mw. 69 (an der Ausfallstraße nach Norden in Richtung Duhinda-Wasserfall auf ein Schild nach links achten), ✆ 055-2222426.

Wellawaya und Umgebung

Der an sich wenig attraktive Ort am Kreuzungspunkt von wichtigen Fernstraßen ist eine Etappenstation auf dem Weg vom Hochland zur Ostküste und zur Südküste. Die bedeutendste Sehenswürdigkeit in der Umgebung sind die grandiosen Felsreliefs von Buduruwagala.

Die Basarstadt Wellawaya liegt nur 30 km südlich von Ella, befindet sich jedoch nicht mehr im Hochland, sondern bereits im Hügelland. Reisende auf dem Weg nach Arugam Bay, zum Yala-Nationalpark oder zu den Stränden der Südküste queren i. d. R. den Ort oder wechseln im Busbahnhof das Transportmittel. Mehr als den modernen Busbahnhof bekommen Neuankömmlinge daher meistens nicht zu sehen. Dabei gibt es in der Umgebung von Wellawaya durchaus Sehenswertes, das man allerdings auch im Rahmen eines Tagesausflugs von Ella, Bandarawela oder Haputale erreichen kann. Eine auch bei den Einheimischen beliebte Sehenswürdigkeit ist der **Diyaluma-Wasserfall** an der A 4 ca. 12 km westlich von Wellawaya. Mit einer Höhe von 191 m ist er der dritthöchste Wasserfall Sri Lankas. Außerhalb der Monsunzeit ist er aufgrund der geringen Wassermenge allerdings weniger imposant. Die mit Schlaglöchern übersäte Straße nach Colombo führt direkt an dem Naturdenkmal vorbei (mit dem Tuk-Tuk ca. 1000 Rs inkl. Wartezeit).

Die bedeutendste Sehenswürdigkeit in der Umgebung sind jedoch die Felsenreliefs von **Buduruwagala.** Der Ortsname, „Fels der Buddhafiguren“, ist zugleich Programm: Denn inmitten eines friedlichen Hains sind in der Tat sieben monumentale Buddha- und Bodhisattva-Skulpturen im Halbrelief in eine Felswand eingemeißelt, die zu den kunsthistorisch bemerkenswertesten Objekten im Süden der Insel gehören.

Bemerkenswert insbesondere deshalb, weil die Boddhisattva-Figuren beiderseits des Buddhas im Zentrum nahe legen, dass es sich einst um eine **Mahayana**-Kultstätte aus dem 9./10. Jh. n. Chr. gehandelt haben könnte. Die exakte Datierung ist unklar, allerdings weiß man, dass in diesem Zeitraum die Tradition des Mahayana-Buddhismus in der damaligen Hauptstadt Anuradhapura regen Zulauf hatte. Der stehende Buddha im Zentrum des Figurenfrieses mit einer Höhe von über 16 m zählt zu den größten Buddhastatuen in Sri Lanka. Allerdings handelt es sich hier nicht, wie üblich, um den Religionsstifter und historischen Buddha Shakyamuni, sondern um den Buddha Dipamkara. Anhängern der Mahayana-Tradition gilt er als 24. Buddha in einer Reihe von 28 Erleuchteten. Vom Zentrum aus betrachtet zur Linken der zentralen Figur befinden sich nacheinander die weibliche Gottheit Tara, entstanden aus einer Träne von Avalokiteshvara, dem Bodhisattva des Mitgefühls, und ganz außen der insbesondere in Ostasien beliebte Schüler und Erleuchtungssuchende Sudhana. Die Dreiergruppe rechts besteht aus dem „Herrn der Geheimnisse“ Vajrapani, der v. a. im tibetischen Buddhismus verehrt wird, dem zukünftigen Buddha Maitreya sowie einer Figur unbekannter Zuordnung, bei der man einen Musikanten bzw. Brahma Sahampati vermutet.

Felsreliefs von Buduruwagala

Die Kultstätte liegt 10 km südwestlich von Wellawaya und ist über einen Abstecher von der A 2 Wellawaya–Hambantota erreichbar. 500 Rs. Die Anlage ist jederzeit frei zugänglich, das Restaurant an der Zufahrt zu den Felsreliefs ist nicht immer in Betrieb. Die Fahrt mit dem Tuk-Tuk kostet von Wellawaya inkl. Warten ca. 750 Rs.

Hin & weg Bus: Alle 30 Min. Busse nach Colombo (via Uda Walawe Jc. in Thanamalwila), nach Monaragala sowie nach Ella. Der schnelle Direktbus nach Matara benötigt ca. 4 Std., nach Arugam Bay 3:30 Std.

Einkaufen Wochenmarkt, das Marktgelände befindet sich im Zentrum am Beginn der Old Ella Rd. Fr 7–17 Uhr.

Übernachten/Essen Saranga Holiday Inn. Das Restaurant liegt ruhig am Ortsrand nur 5 Min. zu Fuß von der zentralen Kreuzung entfernt. Nette Sitzplätze auf luftigen Veranden und freundlicher Service. Frühstück, Mittag- und Abendessen, Reis & Curry, Gemüse- und Fleischgerichte, diverse Menüs ab 500 Rs. Auch Gästehaus, die Zimmer sind okay, falls man keine größeren Ansprüche stellt. Bar, Hochzeiten an Wochenenden. Tägl. geöffnet. Old Ella Rd. 37, ✆ 071-2410448, Buchung über die gängigen Buchungsportale.

Brücke über den Kalu Ganga

Ratnapura

ca. 52.000 Einwohner

Im Edelsteinmekka zwischen Hügeln und waldreichen Bergen herrscht das ganze Jahr über Goldgräberstimmung. Die ergiebigen Schürfgründe liegen außerhalb der Provinzhauptstadt. Ähnliches gilt für die meisten anderen Sehenswürdigkeiten, darunter eine Dependance des Nationalmuseums und zwei buddhistische Tempel.

Das Hauptbusiness der Stadt schlägt sich bereits im Namen nieder, denn Ratnapura heißt übersetzt nichts anderes als **„Stadt der Edelsteine"**. Vieles dreht sich hier um Saphire in vielerlei Varianten, um Rubine, Citrine und Alexandrite (→ Kasten, S. 419.), die aus bis zu 20 m tiefen Schächten in der Umgebung der Stadt zutage gefördert werden. Viele der Schachtanlagen liegen – äußerlich unscheinbar – an Flüssen sowie in den Reisfeldern beiderseits der A 4 östlich von Ratnapura; auf den ersten Blick sehen sie den landwirtschaftlichen Nutzhütten zum Verwechseln ähnlich. Die Minenarbeit leisten Kleinunternehmen mit acht bis zwölf Arbeitern, die den Fundort vom Grundstückseigner für einen bestimmten Zeitraum pachten. Letzterer stellt – klassische kapitalistische Arbeitsteilung – neben dem Grund und Boden die Ausrüstung und behält dafür den Löwenanteil des Ertrags. Jeden Morgen pumpen die Arbeiter zunächst die Schächte ab, die über Nacht mit Grundwasser vollgelaufen sind. Danach erst beginnt die eigentliche Schürfarbeit, indem händisch und mechanisch der Kies nach oben gebracht und peinlich genau auf Rohedelsteine gefilzt wird. Die Gästehäuser in und um Ratnapura organisieren Fahrten mit Taxi oder Tuk-Tuk zu Schürfstellen und weiteren Orten, die mit der Edelsteinwirtschaft zusammenhängen. Der Blick in den Schacht ist jedoch keineswegs kostenlos – ein üppiges Trinkgeld ist das Mindeste, was die Arbeiter von neugierigen Fremden erwarten.

Der Ausflug zu den Schürfstellen lässt sich gut mit einer Stippvisite der täglich stattfindenden **Edelsteinmärkte** im Zentrum verbinden. Bevor die Minenarbeiter zu ihren Schürfstellen gehen, verscherbeln sie am Uhrturm Kleinstedelsteine (tägl. 7.30–10.30 Uhr). Die wertvolleren Fundstücke werden anschließend in der Council Avenue verhökert (tägl. 10.30–13 Uhr). In der verkehrsberuhigten Gasse, die an der Fußgängerbrücke über den Kalu Ganga endet, befinden sich auch einige kleine Schleifereien. In Ratnapura sind wie anderswo die meisten Händler Muslime, nur eine Minderheit sind Singhalesen oder Tamilen. Gleich zwei **Museen** kreisen um die wertvollen Bodenschätze; es handelt sich – man ahnt es schon – um Privatausstellungen mit angeschlossenem Verkaufsraum. Durchaus lohnend ist ein Besuch im **Gemmological Museum** *(Gem Bank)* in der Nähe einiger Schürfstellen an der Ausfallstraße nach Osten. Zu sehen gibt es u. a. ein Minenmodell, außerdem werden verschiedene Edelsteine klassifiziert sowie diverse Fundorte auf der Insel näher spezifiziert (Ehelepola Mw. 6, Batugedara, tägl. 9–17 Uhr, Eintritt frei). Wer zum Einkaufen nach Ratnapura kommt, ist gut beraten, genügend Edelstein-Know-how mitzubringen. Zweifelsfälle hinsichtlich Echtheit und Qualität der guten Stücke klärt die *National Gem & Jewellery Authority* am Uhrturm, eine Dependance der Regierungsstelle in Colombo, auf. Sie stellt u. a. auch Echtheitszertifikate aus (www.ngja.gov.lk).

Die Provinzhauptstadt ist ein wichtiger Verkehrsknoten im Süden, der auch auf den dritten Blick noch unübersichtlich wirkt. Bei klarer Sicht ist im Norden das Hochland zu erkennen, dann und wann rückt sogar der **Adam's Peak** ins Blickfeld. Der heilige Berg wird zwar heute vorzugsweise über die Nordroute von Dalhousie (→ S. 388 ff.) bestiegen, gleichwohl handelt es sich beim schwierigeren Ratnapura-Palabadalla-Trail von Süden um die eigentliche klassische Route mit größerem spirituellen „Ertrag“. Wer von Süden anreist, die lange Anreise über Dalhousie scheut und obendrein über ausreichend Kondition verfügt, kann sich in örtlichen Hotels und Gästehäusern über die genauen Aufstiegsmodalitäten erkundigen.

Sehenswertes

Nationalmuseum (Ehelepola Walauwa): Bei dem außerhalb des Zentrums gelegenen Feudalanwesen handelt es sich um den einstigen Amtssitz des Provinzgouverneurs in den Diensten des Königs von Kandy. Der letzte Amtsinhaber und Bewohner war Ehelepola Nilama, der sich freilich an einer Rebellion gegen den Regenten beteiligte. Nach ihrem Scheitern flüchtete er in die Arme der britischen Kolonialherren und unterstützte diese 1814 bei dem erfolgreichen Unterfangen, den König zu stürzen. Die Parteinahme für die fremden Herren nutzte ihm jedoch nichts, denn nach der Niederschlagung des großen Aufstands 1818 wurde er der Teilhabe verdächtigt und nach Mauritius ins Exil geschickt, wo er 1829 starb. Seit 1988 befindet sich im von holländischer Kolonialarchitektur inspirierten Gebäude ein Museum, das eine bunte Mischung von Exponaten zeigt: Waffen, Schmuck, Porzellan, Textilien sowie Masken und religiöse Kultgegenstände. Zwei Abteilungen beschäftigen sich mit geologischen, biologischen und paläontologischen Aspekten der Region, wobei auch der Edelsteinsektor knapp gestreift wird. Der Park, der das Gebäude umgibt, entpuppt sich als schlichter Schaugarten für Fossilien. Informationstafeln verweisen auf Fossilien aus dem Pleistozän und Holozän, die in der unmittelbaren Stadtumgebung gefunden wurden.

Di–Sa 9–17 Uhr. 300 Rs, Kameragebühr 250 Rs.

Maha Saman Devalaya: Der von Pilgern häufig besuchte und vor Wohlhabenheit strotzende Tempel auf einem Hügel über dem Fluss ist der Schutzgottheit Saman geweiht. Dies erinnert daran, dass Ratnapura traditioneller Ausgangspunkt für den Pilgermarsch auf den Sri Pada (Adam's Peak) ist. Der heilige Berg Sri Lankas gilt

Kulturelles Dreieck und Hochland → Karte S. 310

den Gläubigen als Sitz der Göttin Saman und wird daher alternativ auch *Samanthakuta* (Berg der [Göttin] Saman), genannt. Aus diesem Grund überrascht es nicht, dass diese Schutzgottheit in Ratnapura eine ganz besondere Wertschätzung genießt. Unabhängig von den Legenden, die den Ursprung des örtlichen Kultes in graue Vorzeiten verlegen, gilt das letzte Drittel des 13. Jh. unter der Ägide des Königs Parakramabahu II. für einen ersten Tempelbau als gesichert. Nach üblichem Muster wurde der Schrein im 17. Jh. von den Portugiesen zerstört und danach unter Rajasingha II. im einfacheren Stil wiederaufgebaut. Neben dem neuen Haupttempel sind noch die Reste der alten Tempelanlage – der Torso einer Ziegel-Dagoba und einige Säulen – erhalten. Wichtigstes Tempelfest ist alljährlich Ende August/Anfang September die 13-tägige Maha Saman Devalaya Esala Perahera.

Vom Uhrturm 3 km auf der A 8 in Richtung Panadura.

Delgamuwa Maha Raja Viharaya: Der ca. 12 km nördlich von Ratnapura gelegene Tempel leitet seine spirituelle Bedeutung von der Tatsache ab, dass hier über einen längeren Zeitraum von über vier Dekaden (1549–92) Buddhas Zahnreliquie vor dem Zugriff der westlichen Kolonialherren verborgen wurde – zwischen zwei Steinen zum Mahlen von Hirse. Die betreffenden Mühlsteine sind heute ein Wallfahrtsziel und befinden sich im achteckigen Pavillon neben einem Bodhibaum. Einige Jahre nachdem die Reliquie wieder nach Kandy gelangt war, zerstörten die Portugiesen den Tempel und erbauten an gleicher Stelle eine Kirche. Der danach wiederaufgebaute Tempel liegt heute unerschütterlich friedlich auf einem Hügel mit Blick auf das südliche Hochland.

Auf dem Colombo-Highway 10 km bis Kuruwita, dort links abbiegen, der Tempel befindet sich nach 1 km am Ende der Piste.

Basis-Infos

Hin & weg **Bus**: Stündlich via AB 35 und A 4 nach Colombo (ca. 100 km, 3 Std.) und auf der A 8 nach Panadura an der Westküste (2:30 Std.). Der klimatisierte Direktbus Nr. 99 fährt nach Badulla ins Hochland. Ebenfalls stündlich starten Busse zum Sinharaja Forest Reserve (Kudawa).

Einkaufen **New Market Complex**. Ratnapura ist ein Agrarzentrum, dementsprechend herrscht immer Betrieb rund um die Markthalle an der Senanayake Mw. Tägl. 5–19.30 Uhr.

Gem Market. Wer hier auf der Straße Saphire, Schmuck oder Edelsteine kauft, sollte genügend Kenntnisse und am besten auch eine LED-Taschenlampe mitbringen. Tägl. 10.30–13 Uhr an der Council Rd.

Viele **Hotels und Gästehäuser** in und um Ratnapura verfügen über einen angeschlossenen Edelsteinhandel.

Wandern **Adam's Peak/Sri Pada**, der längere Aufstiegsweg von Süden ist weniger stark frequentiert und sollte nur von geübten Wanderern in Erwägung gezogen werden. Dafür geht man in der Pilgersaison in den unteren und mittleren Abschnitten den Pilgermassen aus dem Weg. Um rechtzeitig zum Sonnenaufgang auf dem Gipfel zu sein, sollte man schon um 22–23 Uhr aufbrechen! Die Anfahrt zum Ausgangspunkt des Pilgerwegs erfolgt am besten mit dem Three Wheeler (1500–2000 Rs), zurück geht es dann mit dem Bus (verkehrt stündlich von 6–18 Uhr). Einfache Aufstiegszeit, je nach Kondition: 5–6 Std.

Übernachten / Essen & Trinken

Lake Serenity Boutique Hotel, ⑥. Das noble Resort liegt in einer 22 ha großen Teeplantage unweit des Delgamuwa Maha Raja Vihara und verfügt über 13 Chalets rund um einen Hügel mit Pool und Ausblick auf das Hochland sowie 3 weitere Chalets im Landwirtschaftstrakt. Kultiviert wird der Bio-Anbau von Obst und Gemüse, die dann in der Restaurantküche verarbeitet werden. Gonapitiya, Kuruwita (nach 12 km am Colombo-Highway auf ein Schild nach links achten), ✆ 045-4928666, www.lakeserenity.lk. ■

Sapphire Holiday Resort, ③. Gästehaus mit Dschungelambiente nur 1,5 km vom Busbahnhof entfernt, in der Nachbarschaft befindet sich eine Teefabrik. Rustikale Zimmer am langen Verandagang mit Betten aus grob zusammengeschnürten Hölzern. Natursteinambiente, zahlreiche traditionelle Requisiten, freundliches Restaurant mit offener Veranda. Der Eigner ist bei der Tourenplanung behilflich. Polhengoda, ✆ 045-2230303, Buchung über die gängigen Buchungsportale.

Rathna Gems Halt, ①–②. Einfaches Gästehaus 15 Gehminuten vom Busbahnhof entfernt – und dennoch auf dem Land mit Blick auf ein grünes Tal. Terrassenförmig angeordnete Häuser mit 7 Zimmern in unterschiedlichen Kategorien (mit/ohne AC). Die besten Zimmer befinden sich oben, das Restaurant ist unten. Der Inhaber war einst Edelsteinschleifer und kennt sich in der Szene bestens aus. Outer Circular Rd. 153/47/5, ✆ 071-6884828, Buchung über die gängigen Buchungsportale.

Hotel Garland/Garland Cafe. Familiengeführtes Restaurant in der New Town (städtisches Entwicklungsgebiet mit Wohn- und Geschäftshäusern an der Ausfallstraße nach Colombo). Moderner Pastry-Shop/Café an der Straße mit preiswertem Frühstücks- und Mittagsbüfett, hinten befindet sich das Restaurant mit à-la-carte-Gerichten, z. B. Fried Noodles in vielen Varianten, und Tischen im Freien. Kein Alkohol. Tägl. 7–21.30 Uhr (Café), 9–22 Uhr (Restaurant). New Town Rd., Hiddalana, ✆ 045-2228916.

Diamond Rest. Genau zwischen Old und New Town an der AB 35 gelegenes Restaurant mit Bar nebenan. Ein Innenraum mit Ventilator im 1. OG, bodenständiges Ambiente, Frühstück (u. a. String Hoppers), mittags schmackhaftes Reis & Curry-Büfett ab 450 Rs, am Abend à la carte. Tägl. 7–22 Uhr, Bar 17–23 Uhr. Colombo Rd. 315, Weralupa, ✆ 045-2223484.

Berühmte Kostbarkeiten: blaue Saphire aus Ratnapura

Der 1926 am Nordrand des Sinharaja Forest Reserve gefundene **„Blue Belle of Asia"** schimmert kornblumenblau und wiegt im geschliffenen Zustand 392 Karat. Er wanderte zunächst von Händler zu Händler, bevor er 35 Jahre lang gänzlich von der Bildfläche verschwand. Entsprechend groß war daher der Hype, als das kostbare Stück wieder auftauchte. 2014 wurde in Genf der kostbare Stein vom Auktionshaus Christie's für 14 Millionen Euro versteigert. Er gilt damit als der teuerste jemals gehandelte Saphir der Geschichte.

Dabei ist er jedoch „nur" der viertgrößte Saphir, der jemals entdeckt wurde. Ganze 563 Karat wiegt der – ebenfalls in der Umgebung von Ratnapura entdeckte – **„Star of India"**. Der Name leitet sich von einer typischen Sternspiegelung ab, die durch eingelagerte Rutilnadeln hervorgerufen wird. In der Gemmologie, der Edelsteinkunde, wird der optische Effekt als Asterismus bezeichnet. Der US-amerikanische Investmentbanker J. P. Morgan präsentierte das vor rund 300 Jahren entdeckte, golfballgroße Schmuckstück auf der Weltausstellung 1900 in Paris und vermachte es danach dem American Museum of Natural History in New York. 1964 wurde das gute Stück gemeinsam mit anderen Schmucksteinen im Gesamtwert von 400.000 $ entwendet. Zwei Tage später wurden die Diebe verhaftet, darunter der prominente Profisurfer Jack Roland Murphy alias „Murph the Surf". Das Diebesgut tauchte nach einem Vierteljahr wieder auf – in einem Schließfach am Busbahnhof in Miami.

Ebenfalls zur Gruppe der Sternsaphire gehört der 1404 Karat wiegende **„Star of Adam"**, der erst im August 2015 bei Ratnapura zutage gefördert wurde.

Kulturelles Dreieck und Hochland → Karte S. 310

Fliegender Händler im Hinterland

Schaulaufen von 500 Arhats in Nellikulama bei Anuradhapura

Register

Wochenmarkt in Anuradhapura

Ein Buntstorch auf Nahrungssuche im Nationalpark

Tamilische Teepflückerinnen im südlichen Hochland

ISBN 978-3-95654-552-8

 Druck: Westermann Druck Zwickau GmbH.

Was haben Sie entdeckt? Haben Sie eine gemütliche Strandbar, eine schöne Wanderung oder ein nettes Hotel entdeckt?
Wenn Sie Ergänzungen, Verbesserungen oder neue Tipps zum Buch haben, lassen Sie es uns bitte wissen!

Schreiben Sie an: Andreas Haller, Stichwort „Sri Lanka" |
c/o Michael Müller Verlag GmbH | Gerberei 19, D – 91054 Erlangen |
andreas.haller@michael-mueller-verlag.de

Palk Strait
Bay of Bengal
Indian Ocean
Palk Bay
Gulf of Mannar
Kankesanthurai
Point Pedro
Sri Sangamitta Viharaya
Atchuvely
Pandattarippu
Manalkadu
St. Anthony's Church
Karaitivu
Chunnakam
Fort Hammenhiel
Jaffna
AB31
Analaitivu
AB19
Dutch Fort
Chavakachcheri
Nainativu
Kayts
Mandaitivu
Maveliturai Jetty
Veeramalai
Punkudutivu
A32
Jaffna Lagoon
A9
Theethakarai
Elephant Pass
Poonakary
Delft
Palaitivu
B357
Paranthan
Killinochchi
A35
Iranativu
Mullaitivu
A34
B297
Vellankulam
B269
Thunukkai
Mannar Island
A32
Mankulam
Adam's Bridge
Pesalai
Talaimannar
Thiru Ketheeswaram Kovil
Nedunkerni
Mundumurippu
Kokkilai
Mannar
Madhu Road Sanctuary
Kokkilai Bird S.
B211
Pulmoddai
A9
Giant's Tank S.
Shrine of Our Lady
Madhu
Ilamarutankulam
B424
Padaviya Wewa
Alutgama
Kuchchaveli
Arippu
Doric House
Madhu Road
Kalmadu
A30
Vavuniya
Paraiyanalankulam
A14
A29
Velgam Raja Maha Viharaya
Nilaveli
B403
B325
Kebitigollewa
B283
Uppuveli
Mullikkulam
Thanthirimale
Trincomalee